作 者 简 介

宋功德

1971年生，中共中央办公厅法规局局长、机关党委书记，法学博士、教授、中国法学会常务理事，主持完成“马工程”项目《党内法规学》等国家级、省部级课题十余项，出版《行政法的均衡之约》等法学专著十多部，发表《坚持依规治党》等文章百余篇，获中国法学优秀成果奖论文类一等奖和著作类一等奖、“全国十大杰出青年法学家”提名奖等奖励十余项。

党规之治

党内法规一般原理

宋功德　著

法律出版社
LAW PRESS·CHINA

图书在版编目(CIP)数据

党规之治 : 党内法规一般原理 / 宋功德著. -- 北京 : 法律出版社, 2021
ISBN 978-7-5197-1944-9

Ⅰ. ①党… Ⅱ. ①宋… Ⅲ. ①中国共产党—党的建设—法规—研究 Ⅳ. ①D262.6

中国版本图书馆 CIP 数据核字(2021)第 013922 号

党规之治
——党内法规一般原理
DANGGUI ZHI ZHI
—DANGNEI FAGUI YIBAN YUANLI

宋功德 著

策划编辑 张发靖 李 群
责任编辑 李争春 董 昱 张婉凝
装帧设计 汪奇峰

出版 法律出版社
总发行 中国法律图书有限公司
经销 新华书店
印刷 中煤(北京)印务有限公司
责任校对 晁明慧
责任印制 张建伟
编辑统筹 法规出版分社
开本 787 毫米×1092 毫米 1/16
印张 55
字数 710 千
版本 2021 年 4 月第 1 版
印次 2021 年 4 月第 1 次印刷

法律出版社/北京市丰台区莲花池西里 7 号(100073)
网址/www.lawpress.com.cn
投稿邮箱/info@lawpress.com.cn
举报维权邮箱/jbwq@lawpress.com.cn
销售热线/400-660-8393
咨询电话/010-63939796

中国法律图书有限公司/北京市丰台区莲花池西里 7 号(100073)
全国各地中法图分、子公司销售电话:
统一销售客服/400-660-8393/6393
第一法律书店/010-83938432/8433 西安分公司/029-85330678 重庆分公司/023-67453036
上海分公司/021-62071639/1636 深圳分公司/0755-83072995

书号:ISBN 978-7-5197-1944-9
定价:168.00 元
(如有缺页或倒装,中国法律图书有限公司负责退换)

前言：一种写照

这本书的从无到有，与其说是经历了一场书写，不如说是完成了一个写照，一种解读波澜壮阔的新时代全面从严治党、依规治党伟大实践的理论写照。

中国特色社会主义进入新时代，以习近平同志为核心的党中央统揽“四个伟大”，以非凡之举全面从严治党，党的建设成就非凡。随着全面从严治党向纵深推进，党内法规制度建设如火如荼，依规治党功能充分彰显，管党治党效能全面释放。习近平总书记深刻指出：“党的十八大以来，党中央高度重视党内法规制度建设，推动这项工作取得重要进展和成效。加强党内法规制度建设是全面从严治党的长远之策、根本之策。我们党要履行好执政兴国的重大历史使命、赢得具有许多新的历史特点的伟大斗争胜利、实现党和国家的长治久安，必须坚持依法治国与制度治党、依规治党统筹推进、一体建设。”

这种写照，是以在党和国家大局中定位党规之治为视角。中国共产党是中国特色社会主义事业的领导核心，总揽全局、协调各方。党政军民学，东西南北中，党是领导一切的。党的领导地位决定着党规之治的“一规多治”：服务政治大局、始终围绕党和国家事业实践发展“公转”，聚焦管党治党、着力保持党的先进性和纯洁性，着眼执政治国、坚持和加强党的全面领导，保障依法治国、坚持走中国特色社会主义法治道路，引领国家治理、为建设社会主义现代化强国提供坚强政治保证。

这种写照，是以党内法规制度建设的时代特征为底色。新时代党内法规制度建设贯彻落实习近平新时代中国特色社会主义思想，以习近平法治思想为行动指南，紧跟管党治党、执政治国新形势，把握党的领导、党的建设新要求，坚持与时俱进、守正创新，具有鲜明时代特征：坚持思想建党和制度治党紧密结合，注重制度创新与理论创新同向发力、同频共振；坚持政治逻辑和专业逻辑紧密结合，制度导向始终对标正确政治方向；坚持系统思维和问题意识紧密结合，制度制定瞄准形成完善的党内法规体系；坚持顶层设计和实践探索紧密结合，制度建设始终贯彻“两个维护”；坚持提质增效和查漏补缺紧密结合，制度变革以推进制度“供给侧结构性改革”为主线；坚持立柱架梁和添砖加瓦紧密结合，制度制定以准则条例高位引领配套法规；坚持建章立制和贯彻落实紧密结合，制度保障站得稳靠得住用得好见实效。

这种写照，是以呈现对党内法规制度现象的学理探究为主旨。党内法规制度现象是党内法规学的研究对象，党内法规学以描述、解释、评价、建构这一社会现象为己任。党内法规研究是一门朝气蓬勃的年轻学问，党内法规学科是一门横跨多领域的新兴学问，党内法规学理是一门探究依规治党实践之理的现实学问。本书通过对新时代党内法规制度建设实践的研究解读，试图发现和揭示党内法规的一般原理。本书由4编23章构成：第一编以“坚持依规治党”为题，主要阐述党内法规基础知识、依规治党一般要求、党内法规制度建设目标任务、推进党内法规制度“供给侧结构性改革”；第二编以“党内法规调整”为题，主要阐述党内法规针对党务关系作出分类调整、精准调整，研究党内法规如何规定党务关系的主体、客体和内容；第三编以“党内法规维度”为题，主要阐述党内法规的形态与理念、实践与理论、时间与空间等6个维度，以及“一规多治”的功能定位；第四编以“党内法规体系”为题，主要阐述党内法规体系的构成和制度板块，探讨党章、准则、条例和规定、办法、规则、细则等在这一体系中所处地位，以及文件“造规”有关问题。

每一种写照都只能反映作者眼中的风景。本书也是如此。书中内容，作为我自己对党内法规一般原理的所思所想，它是不全面的，未必是准确的，肯定是不完美的。不过，假如读者能够从中领略到新时代党内法规制度建设的非凡风采，假如这些粗浅思考能够对推动形成与党内法规实践相匹配的理论体系有所裨益，那么这场“写照”就不虚此行了。

2011年，我从国家行政学院调到中央办公厅法规局工作。其时，迎接我的是扑面而来的一系列党内法规学理问题，党内法规是什么为什么、怎么看怎么办，一长串的问题清单从一开始便困扰着我。从那时起，我就下定决心要写一本党内法规方面的书来消化这个问题清单。一边干一边看、一边想一边写，历经4年学思践悟，终于在2015年完成了《党规之治》。这本书有幸列入中央宣传部、国家新闻出版广电总局《2015年主题出版重点出版物选题》，2016年获得第三届全国党员教育培训教材展示交流活动“创新教材”奖，在理论界和实务界产生了一定影响。可是，两三年之后，我开始对这本书不满意，越到后来越不满意，最后告知法律出版社不要再加印了。之所以如此，不仅是因为自己对党内法规学理问题又有了新的认识思考，更重要的是党内法规制度建设的推进速度实在太快了，使2015年版的《党规之治》很快就成了“旧照”。经过这两年断断续续的修订，现在终于完成了一本“新照”。

大象无形，小虫化蝶。这是我写这本书的感受。探究党内法规一般原理，这的确是一件“苦差事”，既要在宏大视野中观照党内法规世界的纷繁复杂、气象万千，又要有着化蝶的执着和细致，离不开坚持不懈的苦思冥想、锲而不舍的刻苦钻研，只有通过一点一滴地积蓄力量才能最终破茧而出。坦率地说，平时公务极重，我又是人到中年，写这样一本书，是要咬牙扛住体力和能力、毅力和定力上的挑战的。倘若没有对党内法规制度建设事业的这份热爱，我是坚持不下来的。倘若没有来自领导的鼓励、同事的帮助、亲友的支持，我也难以完成这个任务。因此，我必须衷心感谢这些无私支援！当然，文责自负，书中的任何不妥，皆与他们无关。

今年是中国共产党成立100周年。百年成就彪炳史册，百年恰是风华正茂。2021年，我们党要形成比较完善的党内法规体系，这是一个重要历史成就。回望党内法规制度建设的光辉历程，展望党内法规制度建设的光明前景，我作为一名党内法规工作者出版本书以“立此存照”，是一种责任，更是一种荣光。

全面从严治党永远在路上。

党内法规制度建设一直在路上。

党内法规学理探究一直在路上。

目　　录

第一编　坚持依规治党

第二编 党内法规调整

第三编　党内法规维度

第四编 党内法规体系

第一编　坚持依规治党

“一把钥匙开一把锁。”党和国家治理的领域纵横交错、事项纷繁复杂，这就要针对不同领域“量体裁衣”，作出与之匹配的制度安排。中国特色社会主义制度是党和人民在长期实践探索中形成的科学制度体系。坚持和完善中国特色社会主义制度、推进国家治理体系和治理能力现代化，需要同步建立健全4类制度：一是由党章所统率的党内法规制度体系，它体现的是党的统一意志，主要适用于党的工作活动领域，规范的是党的领导和党的建设活动；二是以宪法为核心的国家法律制度体系，它体现的是国家意志，主要适用于国家管理领域，规范的是国家机关、公民、法人和非法人组织的活动；三是以党中央文件为主要载体的党的政策体系，它体现的是党的领导主张，主要用来确定党的路线方针政策，部署、指导和推动经济社会发展活动；四是各类政治经济文化社会组织和基层群众性自治组织等的自律性制度，它体现的是组织意志，主要适用于各类组织的自我规制。在中国特色社会主义制度中，起四梁八柱作用的是根本制度、基本制度、重要制度，其中居于统领地位的是党的领导制度。党内法规制度属于党的领导制度的重要组成部分。

党依法执政，既要求党依据宪法法律治国理政，也要求党依据党内法规管党治党、从严治党。习近平总书记深刻指出：“依规治党深入党心，依法治国才能深入民心。”十九大党章修正案明确提出要“坚持依规治党、标本兼治”，在党的历史上首次将依规治党要求载入党的根本大法。我们党是中国特色社会主义事业的领导核心，总揽全局、协调各方，这就决定了依规治党在新时代中国特色社会主义战略布局中位居枢纽，是党的领导与党的建设、治国理政与管党治党、国家治理与法治建设、党内法规与国家法律、深化党的建设制度改革与加强党内法规制度建设等若干重大主题的交汇点，这个“点”通了则一通百顺，这个“点”堵了则一堵百塞。办好中国的事情，关键在党。“中国之治”的关键是“党规之治”。在这个意义上，打铁必须自身硬，坚持全面从严治党、依规治党，全面加强党内法规制度建设，事关保持党的先进性和纯洁性，事关党长期执政和国家长治久安。

第一章　党内法规

我们党作为执政党，坚持全面从严治党、依规治党，统揽伟大斗争、伟大工程、伟大事业、伟大梦想，离不开党规之治，需要充分发挥党内法规的引领和保障作用。在党和国家治理的“大棋局”中，党内法规是实施党的领导活动的重要遵循，是管党治党的主要依据，是党的制度的主干部分，是建设中国特色社会主义法治体系的重要内容，是推进国家治理体系和治理能力现代化的政治保证。本章主要讨论党内法规基础知识，包括党内法规的定义、本质、属性、特征、功能以及发展历程等，掌握这些内容，是深刻理解党规之治的前提和基础。

定　义

什么是党内法规？这是我们认知和研究党内法规碰到的第一个问题。要回答这个问题，就得尽可能科学地定义“党内法规”概念，努力把握其内涵和外延。

所谓概念，根据《现代汉语词典》的解释，它是思维的基本形式之一，反映客观事物一般的、本质的特征。人类在认识过程中，把所有感觉到的事物的共同特点抽出来加以概括，就成为概念。既然概念属于认知范畴，那么对特定概念的定义就难免会见仁见智。党内法规概念亦然。

一、“党内法规”概念的提出和实践发展

历史地看，先有党内法规实践，再有党内法规概念，党内法规作为制度现象的出现，要比党内法规概念的提出和使用早得多。党内法

规制度建设始于党的诞生。1921 年 7 月，中国共产党第一次全国代表大会在上海召开，宣告中国共产党成立，会议通过了《中国共产党纲领》，这可以算作党的历史上第一部党内法规。1922 年 7 月，党的二大制定出台《中国共产党章程》，这是党的历史上的第一部党章。党章是党的根本大法，是最根本的党内法规。直到 1938 年，在党内法规制度事实上已经成为管党治党重要依据 10 多年之后，我们党创造性提炼概括出党内法规这一概念。

作为管党治党实践产物，在党内法规概念的提出、使用和发展历程中，以下 10 个标志性的“第一”具有里程碑意义。

第一次正式提出党内法规概念的是毛泽东同志。1938 年 9 月至 11 月，在延安召开的扩大的六届六中全会上，毛泽东同志作了《论新阶段》政治报告，鉴于张国焘分裂党中央事件和王明在长江局工作期间违反党的政治纪律的行为，毛泽东同志指出：“鉴于张国焘严重地破坏纪律的行为，必须重申党的纪律：（一）个人服从组织；（二）少数服从多数；（三）下级服从上级；（四）全党服从中央。谁破坏了这些纪律，谁就破坏了党的统一……为使党内关系走上正轨，除了上述四项最重要的纪律外，还须制定一种较详细的党内法规，以统一各级领导机关的行动。”这在党的历史上第一次提出了“党内法规”概念。

第一次对党内法规与国家法律关系作出深刻阐述的是邓小平同志。1978 年，邓小平同志在为党的十一届三中全会作准备的中央工作会议闭幕会上的讲话中指出：“国要有国法，党要有党规党法。党章是最根本的党规党法。没有党规党法，国法就很难保障。”

第一个使用党内法规概念的法规文件是《关于党内政治生活的若干准则》。1980 年，党的十一届五中全会通过的该准则强调其本身是“党的重要法规”，要求全党同志一定要“维护党规党法”。

第一个由党中央对党内法规概念正式作出定义的是《中国共产党党内法规制定程序暂行条例》。1990 年出台的该条例第 2 条第 2 款规定：“党内法规是党的中央组织、中央各部门、中央军委总政治部和各省、自治区、直辖市党委制定的用以规范党组织的工作、活动和党员的行为的党内各类规章制度的总称。”

第一次将党内法规概念载入其中的党章是党的十四大党章。1992年，党的十四大修改通过的党章明确规定，党的各级纪委的主要任务是“维护党的章程和其他党内法规”。2001年，江泽民同志在庆祝中国共产党成立80周年大会上的讲话中指出，“各级党组织和每个党员都要严格按照党的章程和党内法规行事，严格遵守党的纪律”。2006年，胡锦涛同志在十六届中央纪委六次全会上明确提出，“要适应新形势新任务的要求，加强以党章为核心的党内法规制度体系建设”。

第一次使用党内法规概念的党的全国代表大会报告是党的十九大报告。习近平总书记在报告中指出，十八大以来的5年，“党的建设制度改革深入推进，党内法规制度体系不断完善”。在强调要全面增强执政本领时指出，“增强依法执政本领，加快形成覆盖党的领导和党的建设各方面的党内法规制度体系，加强和改善对国家政权机关的领导”。

第一次对加强党内法规制度建设提出明确要求的中央全会是党的十八届四中全会。这次全会通过的《中共中央关于全面推进依法治国若干重大问题的决定》将“形成完善的党内法规体系”确立为中国特色社会主义法治体系的重要组成部分，强调“依法执政，既要求党依据宪法法律治国理政，也要求党依据党内法规管党治党”，“党内法规既是管党治党的重要依据，也是建设社会主义法治国家的有力保障。党章是最根本的党内法规，全党必须一体严格遵行。完善党内法规制定体制机制，加大党内法规备案审查和解释力度，形成配套完备的党内法规制度体系。注重党内法规同国家法律的衔接和协调，提高党内法规执行力，运用党内法规把党要管党、从严治党落到实处，促进党员、干部带头遵守国家法律法规”。习近平总书记在《关于〈中共中央关于全面推进依法治国若干重大问题的决定〉的说明》中指出，“在我们国家，法律是对全体公民的要求，党内法规制度是对全体党员的要求，而且很多地方比法律的要求更严格。我们党是先锋队，对党员的要求应该更严。全面推进依法治国，必须努力形成国家法律法规和党内法规制度相辅相成、相互促进、相互保障的格局”。

第一个专题研究部署加强党内法规工作的中央会议是第一次全国党内法规工作会议。2016 年 12 月 24 日至 25 日，全国党内法规工作会议在北京召开。习近平总书记会前专门作出重要指示：“党的十八大以来，党中央高度重视党内法规制度建设，推动这项工作取得重要进展和成效。加强党内法规制度建设是全面从严治党的长远之策、根本之策。我们党要履行好执政兴国的重大历史使命、赢得具有许多新的历史特点的伟大斗争胜利、实现党和国家的长治久安，必须坚持依法治国与制度治党、依规治党统筹推进、一体建设。要按照十八大和十八届三中、四中、五中、六中全会部署，认真贯彻落实《中共中央关于加强党内法规制度建设的意见》，以改革创新精神加快补齐党建方面的法规制度短板，力争到建党 100 周年时形成比较完善的党内法规制度体系，为提高党的执政能力和领导水平、推进国家治理体系和治理能力现代化、实现中华民族伟大复兴的中国梦提供有力的制度保障。”这次会议指出，要落实好习近平总书记重要指示和党中央部署，牢牢把握党内法规制度建设的正确方向，以党章为根本依据，切实体现党的意志主张，体现全面从严治党要求，强化“四个意识”特别是核心意识、看齐意识，坚持依法治国与制度治党、依规治党统筹推进、一体建设，推动党的制度优势更好地转化为治国理政的实际效能；要突出工作重点，坚持目标导向和问题导向相统一，抓紧建立和完善主干性、支撑性党内法规制度，健全相关配套法规制度，统筹推进立改废释工作，加快形成内容科学、程序严密、配套完备、运行有效的党内法规制度体系；要以改革创新精神推进党内法规制度建设，在解决突出问题、补齐法规制度短板上下功夫，提高党内法规制度质量；要抓好党内法规制度的落实，发挥领导干部带头示范作用，加强监督检查和追责问责，注重以良好的党内政治文化提升法规制度的执行力和影响力；中央各部门和地方各级党委要强化政治责任和领导责任，把党内法规制度建设纳入党的建设总体安排，与党建其他工作一同部署、抓好落实，为党内法规制度建设提供有力保证。

第一个专门部署全面推进党内法规制度建设的中共中央文件是《中共中央关于加强党内法规制度建设的意见》。2016 年 12 月 13

日，《中共中央关于加强党内法规制度建设的意见》发布实施。党中央就加强党内法规制度建设制定出台专门文件，这在党的历史上是第一次，具有重大现实意义和深远历史意义，这充分表明以习近平同志为核心的党中央把党内法规制度建设的重要性提到前所未有高度，标志着党内法规制度建设由此进入全面推进、纵深发展新阶段，它是党内法规制度建设长征路上的一块重要里程碑。该意见立足管党治党、执政治国实际，注重继承和创新相结合，坚持目标导向和问题导向，分 4 大板块 14 个部分，阐明了加强党内法规制度建设的重要性和紧迫性，明确了指导思想和总体目标、重点任务和重要举措，为新形势下加强党内法规制度建设提供了行动纲领。该意见明确指出要努力形成“三大体系”，即完善的党内法规制度体系、高效的党内法规制度实施体系、有力的党内法规制度建设保障体系。

第一个实现党内法规制定和实施活动全面贯通的工作链条是在党的十八大后逐步建立起来的。党内法规的制定和实施工作机制，包括规划计划、起草与审批、解释、实施评估、备案审查、清理以及执行等若干环节，它们环环相扣共同构成相辅相成的工作链条。党的十八大以来，党中央通过陆续出台相关专门规定，打造了一个完整的党内法规工作链条。(1) 编制规划计划。2013 年 11 月，党中央发布《中央党内法规制定工作五年规划纲要（2013—2017 年）》，习近平总书记指出，编制党内法规制定工作五年规划是一个创新之举，在我们党的历史上是第一次，是推进党的建设制度化的一个重要举措。2018 年，为深入贯彻落实习近平新时代中国特色社会主义思想和党的十九大精神，党中央出台《中央党内法规制定工作第二个五年规划（2018—2022 年）》。近年来，党中央每年都制发中央党内法规制定工作年度计划。(2) 起草与审批。2012 年、2019 年，党中央先后两次修订党内“立法法”，在《中国共产党党内法规制定条例》中对党内法规的起草与审批提出高标准严要求，为不断提升党内法规制定质量提供制度保障。(3) 解释。2015 年，党中央制定出台《中国共产党党内法规解释工作规定》，对党内法规的解释情形、解释主体、解释程序、解释效力等作出具体规定。(4) 备案审查。党中央于 2012

年制定《中国共产党党内法规和规范性文件备案规定》、2019年修订为《中国共产党党内法规和规范性文件备案审查规定》，对主体、备案、审查、处理、监督与保障等作出具体规定，提出有件必备、有备必审、有错必纠原则，建立起横向到边、纵向到底、全面覆盖的备案审查工作体系。（5）清理。2012年，党中央批准印发《中共中央办公厅关于开展党内法规和规范性文件清理工作的意见》；2013年、2014年，在完成对1978—2012年、1949—1978年两个阶段的中央党内法规和规范性文件第一次集中清理任务之后，党中央作出了两个废止和宣布失效一批党内法规和规范性文件的决定。2018年，为适应党和国家机构改革的需要，党中央部署开展涉及党和国家机构改革的党内法规和相关文件专项清理，作出《中共中央关于涉党和国家机构改革党内法规和相关文件专项清理的决定》。2018年11月，党中央部署开展党内法规和规范性文件第二次集中清理工作，并于2019年发布《中共中央关于废止、宣布失效和修改部分党内法规和规范性文件的决定》。（6）执行。2019年，党中央制定出台《中国共产党党内法规执行责任制规定（试行）》，对责任主体、责任内容、责任履行、监督和奖惩等作出具体规定，督促党组织和党员领导干部切实履行党内法规执行责任制，维护党内法规权威，提高党内法规执行力。（7）评估。根据有关部署，2020年下半年党中央组织开展了一次针对党的十八大以来党内法规制度建设情况的综合评估。这促进了党内法规制度的坚持和巩固、完善和发展、遵守和执行。

党的十八大以来，党内法规制度建设驶入快车道，党中央对党内法规制度建设重视程度之高、制定修订党内法规数量之多、强化党内法规执行力度之大、党内法规权威提升幅度之快，皆是前所未有。党中央明确提出要坚持依规治党，把党内法规制度建设贯穿于以党的政治建设为统领的各项党的建设的全过程和各方面，将加强党内法规制度建设确定为全面从严治党的长远之策、根本之策，这就使党内法规概念迅速“走红”为一个法治热词、党建热词，社会知晓率、关注度和认同感都达到空前高度。

党的十八大以来，习近平总书记针对加强新时代党内法规制度建设作出一系列重要指示和重大论断，这些重要论述主要涵盖 6 个方面：（1）坚持全面从严治党、依规治党，把制度建设摆在党的建设的重要位置；（2）党章是党的根本大法，是全党必须遵循的总规矩；（3）全方位扎紧制度笼子，形成完善的党内法规体系；（4）提高党内法规制定质量，确保每项法规制度都立得住、行得通、管得了；（5）狠抓制度执行，让遵守法规制度蔚然成风；（6）注重党内法规同国家法律的衔接和协调。这些重要论述，是习近平新时代中国特色社会主义思想重要组成部分，是指导推进新时代全面从严治党、依规治党的强大思想武器，对于我们深刻理解加强党内法规制度建设重要性和紧迫性，准确把握其目标要求、重点任务和内在规律，不断健全完善党内法规体系，开辟管党治党新境界，具有十分重要的政治意义、理论意义和实践意义。

综上可知，自 1938 年以来，“党内法规”这一概念先是由党的领导人提出和使用，而后为党中央文件和党章正式确认，经过学界的使用和研究，现已成为一个重要的实践概念、制度概念、学术概念。

二、1990 年版、2012 年版“党内法规”定义

定义“党内法规”这一概念，需要在准确把握党内法规制度现象本质特征基础上，明确界定其内涵和外延。

针对“党内法规”概念提出一个定义，既简单又复杂。所谓简单，是指我们可以从不同角度提出若干种定义。定义“党内法规”概念属于认知范畴，人们可以根据自己的理解完成这个任务，可以朴素地将其定义为“党的规矩”，也可以比较专业地将其定义为“党的行为规范”。在这个意义上，由于不同认知主体之间存在明显的价值偏好差异和认知能力差异，出现相同的定义是偶然的，而定义的多样化则是必然的。所谓复杂，是指如何提出一个获得广泛认同的权威定义。不同认知主体在讨论交流党内法规问题时，应当使用的是同一个或者基本相同的定义，否则就成了自弹自唱、自说自话，造成“你讲的党内法规与我讲的党内法规不是一回事”的尴尬，无法有效对话、准确沟通。确立权威定义，最好不要硬来诉诸“强制”方式，应当以

理服人，通过提取不同定义最大公约数的方式来反映共识。一个权威的定义之所以权威，靠的是它能更加全面、准确地揭示党内法规制度现象的内涵和外延，在与其他定义的“竞争”中因具有后者所不能及的科学性，故而得到自愿认同、广泛认可。

什么是党内法规？1990 年制定《中国共产党党内法规制定程序暂行条例》时，在理论界和实务部门中并不存在一个现成的、得到普遍认同的权威定义。这就意味着，制定该条例必须直面定义问题，下定义是不应绕过去、事实上也绕不过去的前提问题，该条例只有首先对党内法规作出定义，然后才能在此基础上规定党内法规的制定程序。鉴于此，该条例第 2 条第 1 款规定：“党内法规是党的中央组织、中央各部门、中央军委总政治部和各省、自治区、直辖市党委制定的用以规范党组织的工作、活动和党员的行为的党内各类规章制度的总称。”这一“官方”定义确立以来，对人们认知党内法规概念产生了深刻影响。

初次定义 20 多年后，2012 年印发的《中国共产党党内法规制定条例》第 2 条第 1 款将这个定义调整为：“党内法规是党的中央组织以及中央纪律检查委员会、中央各部门和省、自治区、直辖市党委制定的规范党组织的工作、活动和党员行为的党内规章制度的总称。”

衡量这一关于党内法规概念的定义周全与否，可从内涵和外延两方面分析评价。

一方面，2012 年印发的《中国共产党党内法规制定条例》所作的定义部分地揭示了党内法规概念的内涵。

所谓内涵，是指一个概念所反映的事物的本质属性的总和，也就是概念的内容。从应然角度来看，党内法规概念的完整内涵应当同时具备以下 4 个要件：

要件一：党内法规在本质上体现的是党的统一意志。

根据党章规定，民主集中制是党的根本组织原则，党是根据自己的纲领和章程，按照民主集中制组织起来的统一整体，坚持民主集中制，就是努力造成又有集中又有民主，又有纪律又有自由，又有统一意志又有个人心情舒畅的生动活泼的政治局面。党内法规体现的是党的“统一意志”，党章是党的“统一意志”的最集中体现。

一则，这表明中国共产党的党内法规体现的是中国共产党的意志，它区别于体现国家意志的国家法律，体现其他政治组织意志的政协和群团组织章程，体现文化组织、经济组织、社会组织等意志的公司章程、行规等。二则，尽管党内法规是由党的特定组织按程序制定发布的，但不能因此将其理解为只是制定机关的意图，或者只是相关党组织的主张，或者只是部分党员的意愿，甚至只是领导干部个人意思的反映，党内法规所体现的只能是作为“统一整体”的党的意志，它是一种属于全党的“公意”。

在这个问题上，对党中央制定的党内法规体现的是党的“统一意志”比较容易理解，有的人认为中央部委、省级地方党委制定的党内法规做不到体现党的“统一意志”。这种理解不符合坚持党中央集中统一领导的原则，也不符合我们党是一个“统一整体”的要求。部委党内法规、地方党内法规固然直接反映的是制定机关的意思表示，但由于中央部委、省级地方党委属于党这个“统一整体”的组成部分，以贯彻落实党中央决策部署为己任，部委党内法规、地方党内法规的制度规定必须以符合中央党内法规为前提。因此，究其根本，中央部委、省级地方党委的“意思表示”乃是党的“统一意志”在不同领域或者地域的具体呈现。

要件二：党内法规在功能上属于行为规范。

一则，党内法规主要规范的是“党务”。党务，即党的组织工作活动和党员行为所涉事务，主要包括党的领导和党的建设两方面事务。作为党内法规的调整对象，双方或者至少一方主体应当是党的组织或者党员。当党内法规规范党的建设活动时，调整的是党内关系，调整对象双方都是党内成员，要么是党的组织，要么是党员；当党内法规规范党的领导和执政活动时，调整的主要是党的组织与非党组织的关系，一方是党的组织，另一方是人大、政府、政协、监察机关、审判机关、检察机关、武装力量、人民团体以及经济组织、文化组织、社会组织和其他非党组织。

二则，党内法规属于指向“行为”的规范。党内法规直接规范的是党的组织工作活动和党员行为，而非内心活动或者思想观念——即使是有关党的思想建设方面的党内法规，其所直接规范的也主要是思想建设“行为”而非思想本身，解决的是谁来建设、建设什么、怎么建设等行为问题。

三则，党内法规属于影响行为选择的“规范”。党内法规这种制度安排亦规亦范，按照管党治党、执政治国的要求塑造党的组织工作活动和党员行为，明确告知党务关系主体什么可为、什么当为、什么禁为，并规定其当为不为时或者禁为而为时将会受到的制裁。党内法规规范的逻辑结构包括假设、行为模式、法规后果 3 个部分，党内法规的实施会直接实现引导和约束党务关系主体行为选择的预期效果。

要件三：党内法规在形态上表现为规章制度。

制定党内法规就是立规矩、定遵循。党内法规制定活动，属于针对不特定人或者不特定事所作出的抽象党务行为，区别于针对特定人或者特定事所作出的具体党务行为，后者往往是对党内法规的具体实施。抽象行为的产物是可以普遍适用、反复适用、长期适用的制度规定，而具体行为的产物通常是只能一次性适用的决定。

要件四：党内法规在实施上依靠党内激励和党的纪律。

党内法规确立的制度预期的实现，固然离不开党员自觉遵从的觉悟，但完全指望觉悟是靠不住的，还得建立相应的实施保证机制。这主要包括“软”“硬”两手：一手是党内激励机制，通过给予精神和物质奖励等方式保证党内法规规定特别是鼓励性、倡导性规范得以实施；另一手是监督惩戒机制，通过严明党的纪律约束来保证党内法规规定特别是义务性、禁止性规范得以遵从。

对照党内法规内涵的以上 4 个要件，2012 年印发的《中国共产党党内法规制定条例》作出的定义包含了第二、三个要件，未明确第一、四个要件。

另一方面，2012 年印发的《中国共产党党内法规制定条例》所作的定义比较明确地界定了党内法规概念的外延。

所谓外延，是指概念所确指的对象的范围。界定党内法规概念的外延，需从多个角度交织形成其所涵盖的范围。

第一，党内法规属于党的制度体系中的高级规范。

党的制度体系由各类各级规范构成，不同规范的属性不同、等级不同。比如，或者存在内外之别，有的规范党的机关内部管理事项，有的规范党的组织对外履行管理职能；或者存在高低之别，有的是由党的中央组织、中央部委等较高层级党的组织制定，有的是由党的地方组织、基层组织等较低层级党的组织制定；或者存在轻重之别，有的对党务关系主体的权益产生的影响较大，有的对其权益产生的影响较小；或者存在长短之别，有的效力持续期较长，有的只在较短一段时间内有效，等等。在整个党的制度体系中，党内法规属于高级规范，它主要是由外部的、层级较高的、影响力较大的、成熟稳定的制度构成；至于内部的、层级较低的、影响力较小的、效力存续时间较短的制度，达不到党内法规的"规格"。2012 年印发的《中国共产党党内法规制定条例》将党内法规制定主体限定为党的中央组织以及中央纪委、中央各部门和省级地方党委，其实就是将党内法规定位为党的制度体系中的高级规范。

当然，这个定位还有必要再作明确和细化。譬如，那些没有对外管理职能的中央部门是否有权制定党内法规？中央纪委以及中央各部门制定的主要用来规范机关内部事务的制度是否属于党内法规？是否应当明确党内法规区别于规范性文件的一个重要之处在于其可以创设党的组织职权职责、党员义务权利并规范其行使？等等。

第二，党内法规一般应当使用专属名称。

党内法规不同于一般公文，通过规定其使用专属名称的方式，既可以将其与一般公文在名称上加以明确区分，也有利于彰显其严肃性和权威性。2012 年印发的《中国共产党党内法规制定条例》第 4 条规定党内法规的名称包括党章、准则、条例、规则、规定、办法、细则 7 种，这就意味着一个文件如果没使用这 7 类名称之一，通常就不能算作党内法规。不过，在实践中，特别是在 1990 年《中国共产党党内法规制定程序暂行条例》出台前，对党内法规名称的使用未作明确要求，党中央出台的许多文件虽未使用党内法规专属名称，但应当被归入党内法规范畴。

第三，党内法规一般应当使用条款形式表述。

2012年印发的《中国共产党党内法规制定条例》第5条规定：“党内法规的内容应当用条款形式表述，不同于一般不用条款形式表述的决议、决定、意见、通知等规范性文件。”形式服从内容。制定党内法规是在建章立制，用条款形式而非段落形式表述更契合党内法规的内容特点，有助于保证制度安排的简明准确，也便于理解、执行、遵守、引用和废止、修改。

第四，党内法规一般以制定机关文件形式发布。

党的制度一般要以文件形式发布，文件内容的重要程度决定发文规格和发文形式，不同“分量”的制度对应不同等级的发文规格和不同类型的发文形式，因此，我们也可以从文件规格和形式上大致判断其所发布的制度的重要程度。在实践中，“分量”相对较轻的党的制度往往以党的机关内设机构的名义发文，比如中央部委内设机构的内部管理规定；与之形成鲜明对照的是，党内法规只能以制定机关名义、以制定机关文件形式发布，这是党内法规的一个重要形式要件。对此，2012年印发的《中国共产党党内法规制定条例》第23条第2款明确规定，党内法规一般采用中共中央文件、中共中央办公厅文件、中央纪律检查委员会文件、中央各部门文件和省区市党委文件、党委办公厅文件的形式发布。

第五，党内法规属于专门规范集合体。

2012年印发的《中国共产党党内法规制定条例》在两种意义上使用党内法规概念。第一种是狭义上的，指代的是“专门文本”意义上的党内法规，比如该条例规定党内法规一般应当采用党章、准则、条例等7类名称。当我们说出台了多少“部”党内法规，或者说《中国共产党重大事项请示报告条例》是“一部”党内法规，使用的就是狭义上的党内法规概念。第二种是广义上的，指代的是“行为规范”意义上的党内法规，即党内法规是由若干“部”专门党内法规文本与分散在有关规范性文件中的若干“条”党内法规规范共同构成的一个规范集合体。该条例在定义党内法规概念时将其称为“党内规章制度的总称”，就是在广义上使用党内法规概念的，因为它指的是“规章制度”即党内法规规范的总称，而不仅仅是指那些使用了党章、准则、条例等7类名称的相关规范的简单相加。

换言之，2012年印发的《中国共产党党内法规制定条例》所界定的党内法规概念的外延，主要由两种意义上的党内法规规范构成：一是集中在党章、准则、条例等7类党内法规专门文本中的那些党内法规规范，这些规范通常以条款形式表述，比如《中国共产党重大事项请示报告条例》共有48条规定；二是分散在有党内法规制定权的制定主体所制定的有关规范性文件中的那些党内法规规范，这些规范一般未采用条款形式表述，比如《中共中央关于加强党的政治建设的意见》明确要求，“要以正确的认识、正确的行动坚决做到‘两个维护’，坚决防止和纠正一切偏离‘两个维护’的错误言行，不得搞任何形式的‘低级红’、‘高级黑’，决不允许对党中央阳奉阴违做两面人、搞两面派、搞‘伪忠诚’”。需要注意的是，规范性文件中提出的与制度有关的要求，有的属于党内法规规范，有的则属于提出建章立制要求，后者不属于党内法规规范。比如，该意见要求：“研究制定党领导经济社会各方面重要工作的党内法规。健全党中央集中统一领导重大工作的体制机制。完善地方党委、党组、党的工作机关实施党的领导的体制机制。”这些要求，属于对制定出台相关党内法规作出部署安排的“规范化”要求，而非“规范性”条款，它们本身不是党内法规。

由此可见，2012年印发的《中国共产党党内法规制定条例》将党内法规定义为“党内规章制度的总称”，这就将“由特定主体制定”这个标准确定为划定党内法规外延的决定性标准，至于“文本应当使用专属名称”“内容应当采用条款形式表述”这两个标准，更接近于选择性要件而非必要条件。这种界定外延的方式，可能使党内法规在规范形态和表述形式上显得不那么纯粹，但这种看似“妥协”的做法其实更符合当时党内法规制度建设的实际。当然，随着党内法规制定工作的规范化程度不断提高，党内法规文本应当越来越多地采用7类专属名称，不再使用意见、决定、决议、通知等规范性文件名称；党内法规规范应当越来越多地以条款形式出现在专门的党内法规文本中，尽可能少地以非条款方式分散在有关法规性文件中。

综观以上关于党内法规定义的内涵和外延的讨论，应当说，2012年印发的《中国共产党党内法规制定条例》所作的定义，一方面具有权威性，因为它是通过有约束力的法规条款的方式确定的，在全党范围内必须被接受和遵从；另一方面具有科学性，因为它对党内法规概念的内涵和外延的界定较为全面、准确，切合实际，能够最大限度地体现当时理论界和实务界对党内法规概念认知上的共识，具有较强的可接受性。

当然，从学理角度看，这个定义的完善也还有研究讨论的空间。比如，在定义中是否有必要明确党内法规应当体现党的统一意志？中央所有部委是否都有权制定党内法规？党中央决策议事协调机构是否有权制定党内法规？在整个系统发挥领导作用的中央国家机关党委是否有必要经过党中央授权制定有关党内法规？党内法规能否由党政机关联合制定？鉴于党内法规中的党的领导和执政制度所调整的是党的组织与非党组织关系，称“党的法规”是否比“党内法规”更合适？党内法规的形成除源于“创制”外，是否还应当包括对党内规矩、惯例等的“认可”？在定义中是否需要明确党内法规是依靠党内激励和党的纪律来保证实施？等等。

诸如此类问题，是2019年修订《中国共产党党内法规制定条例》时需要回答的。

三、2019年版“党内法规”定义

党的十八大以来，党内法规制度建设取得的成就之大前所未有，关于党内法规的理论研究推进之快也前所未有。全面总结党的十八大以来党内法规制度建设的宝贵经验，参考理论界和实务部门提出的意见建议，2019年修订的《中国共产党党内法规制定条例》对党内法规概念的定义作了进一步完善。该条例第3条第1款规定：“党内法规是党的中央组织，中央纪律检查委员会以及党中央工作机关和省、自治区、直辖市党委制定的体现党的统一意志、规范党的领导和党的建设活动、依靠党的纪律保证实施的专门规章制度。”

不难看出，较之2012年版定义，2019年版定义有3个明显调整。一则，强调了党内法规体现的是“党的统一意志”。党内法规体现的是党的意志，这就将其与体现国家意志的国家法律等区别开来。同时，通过强调党内法规要体现“党的统一意志”，也凸显了维护党中央权威和集中统一领导、维护党的统一整体等鲜明政治要求。二则，拓展了党内法规的调整范围。2019年修订的条例将2012年条例所规定的党内法规是用以“规范党组织的工作、活动和党员行为的党内规章制度的总称”，调整为“规范党的领导和党的建设活动、依靠党的纪律保证实施的专门规章制度”。之所以作此修订，主要是因为2012年条例确定的调整范围主要对应于党的建设领域，但是，党的领导领域的党内法规所规范的党的领导活动，既要对党的组织的领导活动作规范，又要对所涉非党组织提要求，这就导致“规范党组织的工作、活动和党员行为”这一界定难以全面涵盖党的领导法规的内容。鉴于此，将党内法规的调整领域和规范事项确定为“规范党的领导和党的建设活动”，就解决了这个问题。作此规定，也是对党的十八大以来特别重视加强党的领导法规制度建设的理论创新、制度创新、实践创新的总结。三则，明确了党内法规的实施保证。2019年修订的条例规定，党内法规“依靠党的纪律保证实施”。一方面，这一规定回答了党内法规靠什么来保证实施的问题。“依靠党的纪律保证实施”，意味着遵守和执行党内法规是一项党的纪律要求，如果不遵守不执行就会招致组织处理或者党纪处分。党内法规的实施要靠党的纪律来提供保证，这是一种“底线”要求，它既不意味着每项党内法规规定的实施都必然要“运用”组织处理或者党纪处分，相反，绝大多数党内法规只要靠党的纪律震慑就应当能够得到自觉遵从，也不排斥通过加强思想教育、提高党性觉悟、强化激励奖励等方式来推动党内法规贯彻落实，但无论如何，如果没有党的纪律来提供“保证”，就无法保证党内法规实施到位。另一方面，这一规定也将党内法规的实施保证与国家法律的实施保证严格区分开来，后者可以依靠国家强制力来保证实施。

需要提醒的是，要全面准确把握2019年版定义，除掌握以上3

点外，还要精准深刻理解党内法规定义中的一个关键词——“专门规章制度”中的“专门”。

所谓专门，主要包括：党内法规规范调整的应当是专门事项，党内法规只能由专门主体制定，党内法规制定主体应当遵循专属权限，党内法规应当使用专属名称，党内法规的表述应当使用专门形式，党内法规的制定应当遵循专门程序，党内法规的发布应当使用专门形式。

“专门”的涵义如此丰富，而这些内容皆是界定党内法规这一概念的内涵和外延所不可或缺的，可这些又不宜在定义中一一列明，否则会导致定义冗长繁琐。鉴于此，出于制定技术的考虑，2019 年修订的条例第 3 条在给党内法规这一概念下定义时，就通过使用“专门”这一高度概括性表述来指代相关内容，至于“专门”的要求有哪些，则在该条例其他相关条款中逐一予以明确。在这个意义上，我们要全面准确把握党内法规这一概念的内涵和外延，不能只看 2019 年修订的条例第 3 条，还要以此为逻辑起点去学习领会整个条例，准确把握党内法规的“专门”属性和特征。

第一个“专”：党内法规规范调整的应当是专门事项。

作为一种不可替代的制度安排，党内法规无疑应当有与众不同的调整领域和调整事项。从认知逻辑来看，完成对党内法规调整事项的清晰界定，要分 3 步走、由大到小画出 3 个同心圆。

第一步是画一个外圆，在厘清党内法规与党外制度规定二者边界基础上，框定一个适合党内法规调整的领域，这个范围就是“规范党的领导和党的建设活动”。

在画这个圆时，主要任务是厘清党内法规与其他社会规范特别是国家法律的关系。为此，2019 年修订的条例第 7 条确定的党内法规制定原则之一就是“坚持党必须在宪法和法律的范围内活动，注重党内法规同国家法律的衔接和协调”，这就要求，党内法规应当有所为、有所不为，着眼于“大法治”视野，形成一种党内法规制度和国家法律法规相辅相成、相互促进、相互保障的格局。

2019 年修订的条例第 3 条将党内法规的规范调整事项确定为

“党的领导和党的建设活动”，这就意味着，党内法规的规范调整事项不宜超出这个范围，换个角度看，国家法律、社团章程等其他社会规范也不宜对这个范围的事项进行调整——诸如《立法法》《高等教育法》《村民委员会组织法》等国家法律法规中虽然也规定了党的领导问题，但它们侧重于确定党在相关事项上的领导地位，而非对党的领导事项、领导体制、领导方式等作出具体规定。

考虑到党内法规既要规范调整党的自身建设活动，又要规范调整党的领导活动，二者皆属“党的”工作活动，但已不限于“党内”，特别是党的领导法规更是如此。鉴于此，2019 年修订的条例不再保留 2012 年条例定义中的“党内规章制度”中的“党内”二字，这就保证了党内法规的定义更加契合其调整范围。

第二步是画一个中圆，在党的领导和党的建设活动这个范围中进一步框定哪些事项适合由党内法规来规范调整。

不言而喻，党的领导和党的建设活动在范围上极其广泛、在内容上极其丰富、在事项上极其繁杂，对相关活动进行规范，不可能也没必要事无巨细皆诉诸党内法规。实践中，党的领导和党的建设活动，有些是依惯例而为，并无明确规定；有些可以通过制定规范性文件来作出具体安排，无须制定党内法规；有些通过各级各类党的组织在职权范围内作出具体规定即可，不必上升到党内法规这个“规格”。党内法规规范调整的事项，应当是大事要事。因此，通过制定党内法规来规范党的领导和党的建设活动时，应当抓大放小，聚焦建纲定目，没必要也不可能将所有事项包揽其中。

鉴于此，2019 年修订的条例第 4 条第 1 款规定：“制定党内法规，主要就以下事项作出规定：（一）党的各级各类组织的产生、组成、职权职责；（二）党的领导和党的建设的体制机制、标准要求、方式方法；（三）党组织工作、活动和党员行为的监督、考核、奖惩、保障；（四）党的干部的选拔、教育、管理、监督。”据此，适合制定党内法规的主要有 4 类事项，其他事项则不适合制定党内法规。

需要注意的是，制定党内法规主要针对这 4 类事项，并不意味着针对这 4 类事项只能通过制定党内法规来规范和安排，而排除通过其他党的制度来作出相关规范和安排。比如，关于党的领导和党的建设的方式方法问题，不仅有权的党的组织可以通过制定党内法规来规范，没有党内法规制定权的县委也可以依据《中国共产党地方委员会工作条例》等党内法规，结合本地区实际，通过制定县委常委会工作规则来作出更为具体的规范。也就是说，2019 年修订的条例列举这 4 类事项的逻辑是，这 4 类事项是适合制定党内法规的，制定党内法规主要针对的就是这 4 类事项，不宜超出这个范围去制定党内法规；不过，这并不意味着针对这 4 类事项只能制定党内法规，并不是作出排他性规定，并未将这 4 类事项列为非制定党内法规不可的专属事项。

第三步是画一个内圆，框定只能通过制定党内法规来规范的重要事项，它们属于党内法规专属事项。

2019 年修订的条例第 4 条第 2 款规定："凡是涉及创设党组织职权职责、党员义务权利、党的纪律处分和组织处理的，只能由党内法规作出规定。"该规定在党的历史上第一次明确了只能由党内法规来规范调整的专属事项，这标志着我们对党内法规基本功能认识的深化达到新高度，进一步凸显了党内法规的独特作用，进一步彰显了全面从严治党、依规治党的极端重要性，具有里程碑意义。

准确理解该规定，有 3 点要注意。一则，这 3 方面事项属于党内法规专属事项，只能由党内法规作出规定，至于党的规范性文件、其他党的制度等都不得对其作出规定，即关于专属事项的规定乃是排他性规定。二则，这 3 方面专属事项是属于上述适合制定党内法规的 4 类事项之中的，之所以将这 3 方面事项确定为党内法规专属事项，是因为它们对应于党内法规制度安排的核心内容——究其实质，党内法规是关于职权职责、义务权利、处分处理的制度安排。三则，只有涉及从无到有的"创设"时，这 3 方面事项才属于党内法规专属事项，如果并不是创设，而是在既定框架范围内作进一步细化，那就未必是非制定党内法规不可，也可以在党内法规之下制定其他配套规定。

第二个"专"：党内法规只能由专门主体制定。

我们党有着完善的组织体系，在党中央集中统一领导下，有 3200

多个地方党委、10 万多个党组、460 多万个党的基层组织，还有大量党的纪检机关、工作机关、事业单位等。加强党的制度建设、深化党的制度改革，从严管党治党、制度治党，需要各级各类党的组织都拥有并用好规则制定权，共同推进党的领导和党的建设制度化、规范化、程序化。虽然所有党的组织都应当有权制定规则，但并非所有党的组织都应当有权制定党内法规这种高级规则。党内法规可以创制职权职责、义务权利、处分处理，立规问题事关重大。为了保证党的团结统一、行动一致，保证党内法规制定质量，只能将党内法规制定权限定在较高层级党的组织，不宜广泛授予。就较低层级党的组织而言，其职责主要就是贯彻落实较高层级党的组织特别是党中央制定的党内法规，出于落实落细党内法规的需要，它们可以紧密结合自身实际针对党内法规制定一些配套性制度规定。

2019 年修订的条例和 2012 年条例都规定党的中央组织、中央纪委、省级地方党委有权制定党内法规，二者在这一点上没有差别。但 2019 年修订的条例将 2012 年条例所规定的“中央各部门”调整为“党中央工作机关”，这就缩小了党内法规制定主体的范畴，那些虽然属于“中央各部门”范畴但不属于“党中央工作机关”范畴的有关中央部门，就不再具有党内法规制定权了。

作此调整的主要考虑是，虽然所有中央部委都具有机关内部管理权，但并非所有中央部委都具有对外对下的业务领导、指导、监督职能；虽然多数中央部委的工作领域呈现为一个“系统”，但也有少数中央部委的工作不具有系统性。根据立规逻辑，一个中央部委当且仅当对本系统、本领域具有实施领导、指导、监督等职能时，才有必要、有可能通过在“条”上建章立制来提供行为规范，倘若无此职能，那就没有制定部委党内法规的必要性和可能性。在实践中，根据在其系统履行职能的需要而授予相关部委“条”上的立法立规权，是中央和国家机关立法立规的基本逻辑，正是基于这一点，《立法法》将部门规章制定权只授予国务院各部委等，至于国务院直属事业单位等则没有规章制定权。

那么，哪些中央部委属于党中央工作机关呢？《中国共产党工作机关条例（试行）》第2条规定：“党的工作机关……主要包括办公厅（室）、职能部门、办事机构和派出机关。”第3条规定：“本条例适用于中央和地方党的工作机关。党委直属事业单位、设在党的工作机关或者由党的工作机关管理的机关，参照本条例执行，法律法规和中央另有规定的除外……”据此，党的工作机关指的是党委办公厅（室）、职能部门、办事机构和派出机关，至于党委直属事业单位、设在党的工作机关或者由党的工作机关管理的机关等，严格说来，不属于党的工作机关范畴。

根据该条例，党中央工作机关主要包括中共中央办公厅、党中央职能部门、党中央办事机构、党中央派出机关。如此一来，一些虽属“中央各部门”但不在“党中央工作机关”之列的部门和单位，除非中央党内法规另有规定，否则就不具有党内法规制定权。这类部门和单位主要包括：（1）党中央直属事业单位，比如中央党校（国家行政学院）、中央党史和文献研究院；（2）设在党中央工作机关的机关，比如设在中央政研室，与之为一个机构、两块牌子的中央改革办；（3）由党中央工作机关管理的机关，比如中央保密办、国家保密局为一个机构、两块牌子，由中央办公厅管理；（4）设在党中央工作机关并由其代管的机关，比如设在中央宣传部、由中央宣传部代管的中央文明办。需要注意的是，经过2018年机构改革，中央编办由中央组织部归口管理，它不同于“管理”和“代管”，也不同于国家民委由中央统战部“归口领导”，因此诸如中央编办等中央部门，仍然属于党中央工作机关，是有权制定党内法规的。

第三个“专”：党内法规制定主体应当遵循专属权限。

确定立规主体，主要解决的是党的组织有无立规权问题；确定立规权限，主要解决的是不同立规主体的权限划分问题。划分立规权限的依据主要有两个：一个是不同立规主体在党的组织体系中的地位、功能、职责任务；另一个是不同立规主体在构建党内法规体系中扮演的角色、发挥的作用。

2019年修订的条例第2章专门规定了立规权限问题。大致说来，包括完全型、有限型、授权型、特批型4类。

一是完全型——党的中央组织具有完全立规权。

2019 年修订的条例第 9 条第 1 款规定，党的中央组织就下列事项制定中央党内法规：（1）党的性质和宗旨、路线和纲领、指导思想和奋斗目标；（2）党的各级各类组织的产生、组成和职权职责的基本制度；（3）党员义务权利方面的基本制度；（4）党的领导和党的建设各方面的基本制度；（5）涉及党的重大问题的事项；（6）党的纪律处分和组织处理方面的基本制度；（7）其他应当由中央党内法规规定的事项。在此基础上，第 9 条第 2 款规定："凡是涉及党中央集中统一领导的事项，只能由中央党内法规作出规定。"由此可见，党的中央组织拥有完全立规权限。

把握这种完全立规权时要注意 4 点：一则，党的中央组织的立规权限是完整的、开放的，无论是对党的领导还是对党的建设活动，只要党的中央组织认为有必要，皆可制定相应党内法规。二则，坚持"中央党内法规保留原则"，党的基本制度，只能由中央党内法规来规定；凡是涉及党中央集中统一领导的事项，只能由中央党内法规作出规定，部委党内法规和地方党内法规不能涉足。三则，因为在中央党内法规之下还有部委党内法规和地方党内法规，所以，党的中央组织制定党内法规坚持"抓大放小"，聚焦的是"基本制度"，不必事无巨细都去制定中央党内法规。四则，党的中央组织的"完全立规权限"是相对于中央部委和地方而言的，不能简单地认为党的中央组织中的各种组织形态都具有完全立规权限，比如党章的修订权就专属党的全国代表大会，中央委员会等党的中央组织无权修订。事实上，根据规范调整的事项的不同，对于党章、准则、条例、规定等不同位阶的党内法规的制定和修订，党的中央组织会视情况以党的全国代表大会、中央委员会、中央政治局、中央政治局常委会等名义来审议批准。

二是有限型——中央纪委以及党中央工作机关、省级地方党委具有有限立规权。

2019 年修订的条例第 10 条第 1 款规定，中央纪律检查委员会以及党中央工作机关就其职权范围内有关事项制定党内法规：（1）为贯彻执行中央党内法规作出配套规定；（2）履行党章和中央党内法规规定的党的工作相关职责。该条例第 11 条规定，省、自治区、直辖市党委就其职权范围内有关事项制定党内法规：（1）为贯彻执行中央党内法规作出配套规定；（2）履行党章和中央党内法规规定的领导本地区经济社会发展和负责本地区党的建设相关职责。同时，为了提高配套法规质量，解决实践中配套法规制定存在的缺位、越位、错位、不到位以及简单照搬照抄等形式主义问题，该条例第 14 条对是否制定以及怎么制定配套法规提出明确要求："上位党内法规明确要求制定配套党内法规的，应当及时制定；没有要求的，一般不再制定。制定配套党内法规，不得超出上位党内法规规定的范围，作出的规定应当明确、具体，具有针对性、可操作性。除非必要情况，对上位党内法规已经明确规定的内容不作重复性规定。"

三是授权型——党中央将其特定制定权限授予中央部委行使。

2019 年修订的条例第 12 条规定："根据党中央授权，就应当制定中央党内法规的有关事项，中央纪律检查委员会以及党中央工作机关和省、自治区、直辖市党委可以先行制定党内法规，待条件成熟时再制定中央党内法规。根据党中央授权制定党内法规的，制定机关应当严格遵循授权要求，及时向党中央请示报告有关重大事项，经报党中央批准后方可发布。"不难看出，党中央授权制定部委党内法规或者地方党内法规的相关事项，属于原本应当制定中央党内法规的事项，即该条例第 9 条所规定的事项，但因制定出台中央党内法规条件尚不成熟，实践又迫切需要有章可循，故党中央授权中央部委或者省级地方党委先制定部委党内法规或者地方党内法规，同时，考虑到授权事项事关重大，该条例对其制定内容及制定程序等作出严格规定。需要注意的是，该条例只规定党中央可以授权，并未规定中央部委和省级地方党委可以将其立规权限授予没有立规权的部门或者地方党委来行使，之所以如此，一个基本理由就是根据该条例第 4 条的规定，凡是立规事项不得通过制定规范性文件等方式作出规定。

四是特批型——党中央批准有关中央国家机关党委可以就特定事项制定党内法规。

2019 年修订的条例第 10 条第 2 款规定："确有必要的，经党中央批准，有关中央国家机关部门党委可以就特定事项制定党内法规。"准确理解"特批型"立规要把握好两点：

一则，中央国家机关党委本身并没有党内法规制定权，当且仅当有党中央特批时才可立规。在这一点上，"特批型"区别于"授权型"，前者指的是因党中央特批而从无到有地获得相应立规权，后者指的是因党中央授权而获得较高位阶事项的立规权。

二则，获得特批的情形是极其严格的。第一，"确有必要"，比如涉及某个系统的有关职权职责、义务权利、处理处分等的创制问题，但现有党内法规尚未作出规定且作出规定的条件尚未成熟；第二，仅限于中央国家机关部门"党委"才可能获得授权，中央国家机关部门"党组"不能获得授权；第三，只有"有关"中央国家机关部门党委才能获得授权，并非凡是中央国家机关部门党委都能获得授权（目前党中央设立党委的中央国家机关主要包括外交部、公安部、国家安全部、应急管理部、中国人民银行、国务院国资委、海关总署、税务总局以及中国证监会、中国银保监会等）；第四，可以立规的事项只能是党中央批准的"特定"事项，并不是中央国家机关部门党委职权范围内的所有事项皆可立规。

第四个"专"：党内法规应当使用专属名称。

我们党管党治党、执政治国，既要依靠党内法规，也要依靠党的规范性文件。党内法规与党的规范性文件在功能上各有侧重：前者侧重于建章立制，立规矩、定遵循；后者侧重于部署推进工作，定政策、提要求。与其功能和内容相匹配，二者在名称上也有所区别：更加适合党内法规的名称是准则、条例、规定、办法、规则、细则等，这些名称含有规章制度之意；更加适合党的规范性文件的名称是决议、决定、意见、通知等，这些名称含有部署安排和政策要求之意。

在 2012 年条例的基础上，2019 年修订的条例第 5 条针对党内法规专属名称使用问题作出进一步规定。全面准确理解这一规定，要注意以下几点：

一则，党内法规有其专属名称。

2019年修订的条例第5条第1款规定：“党内法规的名称为党章、准则、条例、规定、办法、规则、细则。”较之2012年条例，2019年修订的条例将“规则、规定、办法、细则”调整为“规定、办法、规则、细则”，将“规则”与“规定”二者次序调整，这一排序更加契合各自调整事项的特性。通常而言，“规定”更多介于条例与办法两个名称之间，而“规则”则离“细则”更近些。

在实践中，有人将党内法规使用的从党章到细则7个名称的排序，理解为由高到低的7个位阶，这严格来说是不准确的，特别对于规定、办法、规则、细则4个名称而言更是如此。事实上，我们不能抽象地讲“规定”在位阶上一定高于“办法”，或者“细则”在位阶上一定低于“规则”。衡量党内法规位阶高低的标准，主要是其制定机关级别高低以及审批程序规格高低，不能只简单地看其使用的名称。比如，党中央制定的“办法”，其位阶显然高于中央部委或者省级地方党委制定的“规定”。只有对于同一主体按照同一审批程序制定的两部党内法规，我们才可以从名称先后排序去判断二者位阶高低。

此外，还有一点需要提醒。从逻辑语义上来看，“党内法规的名称为党章、准则、条例、规定、办法、规则、细则”这一规定，意指凡制定党内法规就得使用这7个名称，未在这7个名称之列的就不属于党内法规。不过，我们不能将该规定倒过来理解——“党章、准则、条例、规定、办法、规则、细则是党内法规名称”。除党章这一专用名称外，从准则到细则等其他6个名称，在实践中既可用作党内法规名称，也可以用作国家立法名称，还在各级各类党组织与非党组织制定的规章制度中被普遍使用。鉴于此，对于具有党内法规制定权的党组织而言，当且仅当其制定党内法规时方可使用也应当使用这7个名称，其制定的规范性文件不宜使用这些专属名称。

二则，党内法规各名称有其特定适用情形。

2019年修订的条例第5条第2款至第5款依次规定了7个专属名称的适用情形。其中，党章侧重作出根本规定——党章对党的性质和宗旨、路线和纲领、指导思想和奋斗目标、组织原则和组织机构、党员义务权利以及党的纪律等作出根本规定；准则侧重作出基本规定——准则对全党政治生活、组织生活和全体党员行为等作出基本规定；条例侧重作出全面规定——条例对党的某一领域重要关系或者某一方面重要工作作出全面规定；规定、办法、规则、细则等侧重作出具体规定——规定、办法、规则、细则对党的某一方面重要工作的要求和程序等作出具体规定。不难看出，从党章、准则到条例再到规定、办法、规则、细则，从根本规定、基本规定到全面规定再到具体规定，党内法规名称的适用在范围上由大到小、在事项上由重到轻、在内容上由粗到细。因此，党内法规体系是由 1 部党章，少量准则，一定数量条例，大量规定、办法、规则、细则构成的。

三则，党内法规名称的使用主体。

2019 年修订的条例第 5 条第 6 款规定："中央纪律检查委员会以及党中央工作机关和省、自治区、直辖市党委制定的党内法规，可以使用规定、办法、规则、细则的名称。"据此，党的中央组织制定党内法规，可以视情况使用 7 个名称之一，而中央部委和省级地方党委制定党内法规，不得使用党章、准则、条例这 3 个名称，只能使用规定、办法、规则、细则这 4 个名称。

党章只有党的全国代表大会才有权修订，任何其他党的组织都不得使用党章之名，这一点不言自明。为什么不允许部委党内法规和地方党内法规使用准则、条例的名称，只能使用规定、办法、规则、细则 4 个名称呢？这主要是因为，准则是对全党政治生活、组织生活和全体党员行为等作出的基本规定，条例是对党的某一领域重要关系或者某一方面重要工作作出的全面规定。无论是制定准则还是条例，无论是作出基本规定还是全面规定，这些都属于党中央集中统一领导的事项，中央部委和省级地方党委不能涉足，这就决定了中央部委和省级地方党委制定的党内法规，自然不可使用准则或者条例的名称，否则，要么是"小规大名"用错了名称，要么是突破权限越位立规。

第五个"专"：党内法规应当使用专门表述形式。

内容决定形式。法律法规一般采用条款形式表述，规范性文件一般采用段落形式表述，这已经成为惯例。之所以如此，是因为法律法规采用条款形式表述，更有助于把职权职责、义务权利、处分处理等内容定明白；规范性文件采用段落形式表述，更有助于把决策部署的道理、政策和要求讲明白。

2012 年条例第 5 条规定：“党内法规的内容应当用条款形式表述，不同于一般不用条款形式表述的决议、决定、意见、通知等规范性文件。”2019 年修订的条例第 6 条规定：“党内法规一般使用条款形式表述，根据内容需要可以分为编、章、节、条、款、项、目。”这次修订，删除了“不同于一般不用条款形式表述的决议、决定、意见、通知等规范性文件”，这主要是考虑到该条例所规范的是党内法规制定工作，只需规定党内法规的表述形式，不宜规定规范性文件的表述形式。同时，这次修订增加了条款形式表述的逻辑层次，即根据内容需要可以分为编、章、节、条、款、项、目。

需要注意的是，2019 年修订的条例将使用条款形式表述的要求从“应当”如此修改为“一般”如此。作此调整，更契合现实情况。关于党内法规使用条款形式表述，这一要求在实践中确实不宜绝对化。不可简单地认为凡是党内法规皆须用条款形式表述，凡是未采用条款形式表述的就不能算作党内法规。事实上，一些党内法规并未使用条款形式表述。在 1990 年《中国共产党党内法规制定程序暂行条例》出台前，由于对党内法规的表述形式未作严格要求，那时出台的不少中央文件，虽然既未使用党内法规专属名称，也未使用条款形式表述，但还是应当将其归入党内法规范畴。即使是 2012 年《中国共产党党内法规制定条例》出台后，也并非所有党内法规都使用条款形式表述，比如，党章的总纲部分一直是采用段落形式表述的，中央八项规定是采用段落而非条款形式表述的，1980 年出台的《关于党内政治生活的若干准则》和 2016 年出台的《关于新形势下党内政治生活的若干准则》也都未使用条款形式表述。

在制定党内法规时一般使用条款形式表述，特殊情况下也可以使用段落形式表述，总的要求是坚持实事求是，坚持原则性与灵活性相结合，不宜简单搞“一刀切”。例如，党的十八届六中全会审议通过的两部党内法规：一部是《中国共产党党内监督条例》，采用的是条款形式；另一部是《关于新形势下党内政治生活的若干准则》，采用的就是段落形式。对此，习近平总书记在会上所作的《关于〈关于新形势下党内政治生活的若干准则〉和〈中国共产党党内监督条例〉的说明》中指出："在征求意见过程中，一些地方和单位建议，把准则稿搞成条例那样的体例。我们考虑，准则在党内法规体系中位阶比较高，仅次于党章。这次制定的准则，是一个思想性、政治性、综合性很强的文件，要总结我们党长期以来在开展党内政治生活方面形成的宝贵经验和基本规范，阐明党关于开展严肃认真的党内政治生活的原则和立场，有很多问题需要讲讲道理。做到这些，用条例那样的体例是难以容纳的。至于涉及的一些具体规定，有些党内有关法规已经明确了，有些要进一步在今后其他有关法规的制订中贯彻落实。现在的准则稿同1980年准则风格是一致的。"

关于这一点，在国家立法中也有类似情况。根据《立法法》第61条的规定，法律应以条款形式表述，而全国人大常委会审议通过的一些法律性文件并未以条款形式表述，如2012年出台的《全国人民代表大会常务委员会关于加强网络信息保护的决定》。

第六个"专"：党内法规的制定应当遵循专门程序。

一切制度规定皆为制定程序的产物。制定程序如同模型，有什么样的程序模型就会塑造出什么样的制度规定。制定党内法规事关重大，要保证制定出台的党内法规能够体现党的统一意志，于规周详、于事简便、质量过硬，立得住、行得通、管得了，那就要靠严格规范的制定程序去"塑造"。为此，2019年修订的条例进一步完善了2012年条例有关制定程序的规定，从规划计划到起草再到审批，确定了一套严格的规范化程序。

一则，要遵循规划、计划编制的专门要求。

经过建党100年、新中国成立70多年、改革开放40多年，特别是党的十八大以来的努力，党内法规制度建设已经处于需要更加重视前瞻研究、顶层设计的新的历史方位。党中央提出，到建党100周年时要形成比较完善的党内法规体系，同时要搞好"制度的供给侧结构性改革”，这就要求我们科学编制规划计划，据此循序渐进推进党内法规制定工作。为此，2019 年修订的条例第 3 章专门规定了规划与计划问题。该条例第 15 条规定：“制定党内法规应当统筹进行，科学编制党内法规制定工作五年规划和年度计划，突出重点、整体推进，构建内容科学、程序严密、配套完备、运行有效的党内法规体系。”根据该条例，中央党内法规应当编制制定工作五年规划与年度计划。截至目前，党中央已经编制了两个五年规划，有力地推动了新时代党内法规制度建设；部委党内法规和地方党内法规可以根据职权和实际需要，编制本系统、本地区党内法规制定工作规划和计划。为了保证规划、计划的编制质量和落实落地，该条例对规划和计划的编制程序、审批程序及其动态调整等作出明确规定。

二则，要遵循党内法规起草的专门要求。

2019 年修订的条例第 4 章对党内法规起草工作作出专门规定。

一方面，该条例第 20 条逐一规定了党内法规的起草主体。其中，中央党内法规按其内容一般由中央纪委以及中央有关部门等起草（此处的“中央有关部门等”不仅指有关中央部委，还包括有关中央国家机关、群团组织等）；综合性中央党内法规由中央办公厅协调中央纪委以及中央有关部门等起草或者成立专门起草小组起草（比如，近年来中央办公厅牵头协调起草了《中国共产党中央委员会工作条例》《中国共产党党组工作条例》《中国共产党地方委员会工作条例》《中国共产党工作机关条例（试行）》《中国共产党重大事项请示报告条例》《中国共产党党务公开条例（试行）》《中国共产党党内法规制定条例》等）；特别重要的中央党内法规由党中央组织起草（比如，党中央成立专门起草组起草党章修正案、起草党的十八届六中全会审议通过的《关于新形势下党内政治生活的若干准则》《中国共产党党内监督条例》等）；中央纪委以及党中央工作机关和省级地方党委制定的党内法规，由其自行组织起草。

另一方面，该条例第 21～26 条，对党内法规草案内容、调查研究、协商一致、与现行党内法规相衔接、征求意见、报送制定说明等起草问题逐一作出明确规定，以保证党内法规的起草贯彻落实民主集中制，通过科学化、民主化、规范化的起草过程，群策群力、集思广益，把党中央要求、群众期盼、实践经验等紧密结合起来，起草出高质量的党内法规草案。

三则，要遵循党内法规草案审核的专门要求。

大智立法。起草党内法规是一项政治性、政策性、专业性、技术性要求都很高的工作，起草部门代制定机关起草党内法规，应当提高政治站位、增强大局意识、坚持系统思维，不能囿于部门视野，更不能塞入部门利益和地方保护的“私货”。为了防患于未然，保证进入制定机关审议程序的党内法规草案质量过硬，防止草案“带病上会”，避免会议审议通过后再对党内法规草案作实质性修改而损害审议结果的严肃性、权威性，非常有必要将草案审核关口前移，在审议前将草案交制定机关所属党内法规工作机构进行前置审核。为此，2019 年修订的条例第 27 条将前置审核确定为审议前的一道必经程序，明确规定“审议批准机关收到党内法规草案后，交由所属法规工作机构进行前置审核”。由党内法规工作机关进行前置审核，就是要发挥其参谋助手作用，通过专业化审核为制定机关把好关。

该条例要求党内法规工作机构对党内法规草案作全面体检，从政治性、合法性、合规性、协调一致性、正当性等各方面进行全方位审核。具体而言，前置审核主要包括 8 项内容：（1）是否符合增强“四个意识”、坚定“四个自信”、做到“两个维护”等政治要求；（2）是否同党章、党的理论和路线方针政策相抵触；（3）是否同宪法和法律不一致；（4）是否同上位党内法规和规范性文件相抵触；（5）是否与其他同位党内法规和规范性文件对同一事项的规定相冲突；（6）是否就涉及的重大问题与有关部门和单位协商；（7）是否存在谋求部门利益和地方保护问题；（8）是否符合制定权限、程序以及规范表述要求。需要注意的是，由党内法规工作机构进行前置审核，这是“规定动作”、必经程序，而不是可做可不做的“自选动作”，党内法规工作机构的前置审核是在为审议批准机关把关，起草部门和单位应当认真对待其审核意见。该条例第 27 条第 2 款明确规定：“对存在问题的党内法规草案，法规工作机构经批准可以向起草部门和单位提出修改意见。如起草部门和单位不采纳修改意见，法规工作机构可以向审议批准机关提出修改、缓办或者退回的建议。”

四则，要遵循党内法规审批的专门要求。

在整个党内法规制定程序中，审批环节是一个“点石成金”的关键环节，原本没有效力的党内法规草案一旦经过审批就变成了有效力的党内法规。在这个意义上，审批环节的意义不仅仅在于对党内法规草案质量进行严格审查，更在于从无到有地赋予其效力。准确把握2019年修订的条例第28条关于党内法规审批的专门规定，有3点需要注意：

一是谁制定，谁审批。中央党内法规、部委党内法规、地方党内法规，分别由党的中央组织、中央部委、省级地方党委负责审批。除非是根据该条例第12条规定由党中央授权中央部委或者省级地方党委制定的党内法规，在经过中央部委、省级地方党委审批后还需再报党中央批准后方可发布，其他党内法规都是由制定机关实行最终审批。当然，有些党内法规在审批过程中，可能自下而上经历多次审议环节，比如，最终由中央全会审议通过的党内法规，此前通常要先由中央政治局常委会会议审议、再由中央政治局会议审议。

二是分级审批。不同党内法规的“规格”和效力位阶有高有低，党内法规的审批主体应当与所审批的党内法规草案相匹配。党内法规的审批究竟应当由什么主体按照什么程序来完成，主要取决于审批主体的权限，并直接决定了所审批的党内法规的效力高低。根据党章及该条例，党内法规实行的是分级审批：就中央党内法规而言，党章修正案由党的全国代表大会通过，准则草案一般由中央全会审议批准，条例草案一般由中央政治局会议审议批准，规定、办法、规则、细则草案一般由中央政治局常委会会议审议批准；就部委党内法规和地方党内法规而言，其草案由制定机关的领导机构会议审批。

三是以会议审议为原则。该条例确定党内法规的审批以会议审议批准为原则。较之传批，会议审议批准在程序上更加正式：起草部门和单位要在会上作起草说明，参会人员可以发表意见并交叉讨论，会议主持人要基于会议审议情况作出审议通过与否的结论。会议审议批准的审议程序更有助于贯彻落实民主集中制，更有助于体现集体领导决策，更有助于保证党内法规制度安排的科学合理，更有助于彰显党内法规的严肃性和权威性。根据该条例，中央党内法规的审议批准，除“对调整范围单一或者配套性规定、办法、规则、细则草案，可以采取传批方式”之外，其他党内法规原则上采用会议审议方式审批；至于部委党内法规和地方党内法规，则一律采用会议方式审批，不得传批。实践中，中央部委和省级地方党委一般每年制定的党内法规在10件左右，采用会议方式审批是有必要也是能做到的。

第七个“专”：党内法规发布应当使用专门形式。

2019年修订的条例规定，党内法规以文件形式发布。

在该条例修订过程中，有人建议，为了在发布方式上把党内法规与规范性文件区分开来，党内法规可以借鉴国家法的发布方式，采用签署命令而非印发文件的方式发布。无论是国家法律法规还是党内法规，其发布方式都不只是一个形式问题，而是与审议批准机关的领导决策体制密切相关。

根据《立法法》，国家法的发布方式主要有4种：（1）全国人大及其常委会通过的法律由国家主席签署主席令予以公布；（2）行政法规由总理签署国务院令公布；（3）地方人大制定的地方性法规由大会主席团发布公告予以公布，地方人大常委会制定的地方性法规由常委会发布公告予以公布；（4）部门规章由部门首长签署命令予以公布，地方政府规章由政府主要负责人签署命令予以公布。由此可见，国家法的发布方式，是根据制定机关的领导决策体制来确定的，而不是简单地皆由制定机关主要负责人签署命令发布。具体而言，法律是由国家最高权力机关制定、由国家主席签署主席令予以公布；实行集体决策的地方人大及其常委会制定的地方性法规，是以大会主席团或者常委会发布公告的方式公布；实行行政首长负责制的行政机关制定的行政法规、部门规章、地方政府规章，是以行政首长签署命令的方式发布。

同理，党内法规究竟应当采用何种方式发布，也要依党的领导体制而定。根据党章以及《中国共产党中央委员会工作条例》《中国共产党地方委员会工作条例》《中国共产党工作机关条例（试行）》等党内法规规定，党的组织实行集体领导和个人分工负责相结合的制度，凡属重大问题都要按照集体领导、民主集中、个别酝酿、会议决定的原则，由党的组织集体讨论、作出决定。也就是说，党的机关的领导决策方式明显区别于行政机关，前者实行的是集体领导，后者实行的是行政首长负责制。据此，党的组织制定的党内法规，其公布方式就不宜简单参照行政机关公布行政法规、部门规章、地方政府规章的方式，由党的组织主要负责人签署命令予以公布，而应采用大会决议或者制发文件的方式来公布。

鉴于此，2019 年修订的条例第 29 条要求，党内法规采用文件形式发布。其中，中央党内法规采用中央文件形式发布，在实践中主要包括中共中央文件（中发）、中央办公厅文件（中办发）、中央办公厅（厅字）3 种形式，一般不用中央发电、中办发电等其他中央文件形式发布，更不用党中央决策议事协调机构文件形式等发布；部委党内法规只能采用部委文件形式发布，不得采用部委办公厅文件形式发布；地方党内法规视情况采用省区市党委文件或者党委办公厅文件形式发布，如其属于中央党内法规的配套法规，那么对以中共中央文件（中发）形式发布的一般采用党委文件形式，对以中央办公厅文件（中办发）、中央办公厅（厅字）形式发布的一般采用党委办公厅文件形式。

关于党内法规发布问题，2019 年修订的条例除进一步完善了发布文件的形式外，还在 2012 年条例基础上增加了两项新要求：

第一，要求党内法规标题应当添加题注，载明制定机关、通过日期、发布日期。该规定是推进党内法规发布方式规范化的一项重要举措。如何添加题注，要区分是制定还是修订、修订主体是原制定机关还是其他制定机关、发布方式是制定机关直接发布还是授权发布等具体情况而定。需要注意的是，添加题注时要与附则中相关条款保持联动。比如，今后无论是新制定还是修订的党内法规，一般使用诸如“本条例自发布之日起施行”的表述，遇有特殊情形的，也可以明确规定为发布后某一个具体日期开始施行。之所以如此，主要是考虑到题注中已经载明了发布日期——或者是新制定的首次发布日期，或者是经过修订的新发布日期，由于具体的发布日期是明确的，因此“自发布之日起施行”的具体日期也就是明确的。又如，此前，在修订的党内法规最后一条一般载明“某年某月某日发布的某某党内法规同时废止”；今后修订党内法规不再规定将原法规废止，之所以如此，是因为一部法规从制定到修订，虽然内容发生了变化，但不宜废止原法规，否则就没了“根”——这就类似于一棵小树长成大树，虽然不再是原来的那棵小树，但还是那棵树，倘若“废止”它就无异于把它连根拔起。

第二，完善了公开发布要求。2019 年修订的条例第 29 条第 3 款规定：“党内法规除涉及党和国家秘密不得公开或者按照有关规定不宜公开外，应当在党报党刊、重点新闻网站、门户网站等党的媒体上公开发布。”据此，就确定了党内法规一般应当公开发布的原则。在实践中，法律、行政法规、地方性法规、规章都应当公开发布，党的规范性文件要视情况决定公开发布与否，而党内法规公开发布的比例大致介于国家法律与党的规范性文件之间。我们既不能简单参照国家法的公开发布逻辑，认为凡是党内法规皆应公开发布，也不能简单参照党的规范性文件的审慎公开发布逻辑，认为党内法规不必公开发布。一部特定党内法规是否适合公开发布，要具体情况具体分析，综合考虑内容是否涉密、公开发布的必要性及其社会效果而定。那些涉及各级各类党的组织和全体党员的党内法规一般应当公开发布，而那些只涉及特定党的组织和党员干部且内容敏感的党内法规就不宜公开发布。同时，按照惯例，党内法规发布一般按照先党内后党外原则，先在党内公布，而后再向社会公布。需要注意的是，在研究决定配套性法规是否公开发布时，要与主体性法规保持一致，与主体法规是否定密、定什么密级、发布范围大小、公开发布时间等保持联动，避免出现主体法规定密而配套法规公开、主体法规密级高而配套法规密级低、主体法规公开发布而配套法规却定密等不合规问题。

综上可知，2019 年修订的条例对 2012 年条例所作党内法规概念定义的发展完善，标志着我们对党内法规的认知有明显进展，更好地解答了党内法规制度建设中的一些困惑，回应了理论和实务的基本关切，缓解了定义与现实之间的紧张关系。当然，既没有无可挑剔的完美概念，也没有一成不变的定义。从学理上看，研究完善党内法规概念的定义只有起点、没有终点，一种新的定义一经提出，同时意味着研究探讨提出另一种更加完善的更新的定义的工作由此正式开始。

四、“党内法规”定义的不断完善

概念只有经过定义，涵义才会变得清晰和确定。不过，对党内法规概念下定义，充满着诱惑和迷惑。每个党内法规的研究者或多或少都心存定义党内法规概念的冲动，以示其对这个概念内涵和外延的独到见解。下定义经常是一种冒险，因为党内法规制度现象错综复杂，而我们的认知能力毕竟有限，我们的发现与客观存在之间总有一段差距；党内法规制度建设是动态发展的，而概念一旦被定义就容易故步自封，在保守倾向的概念定义与变动不居的实践之间总会有张力。就此而言，定义党内法规概念只有具备高超的平衡技艺，才能在概念的逻辑性与实践性、一致性与灵活性、稳定性与包容性之间找到一种微妙平衡。

提出和定义党内法规概念，是一个由繁到简、由具体到抽象的类型化过程。通过梳理、归纳和概括那些纷繁的、弥散的、看似杂乱无章的党内法规制度现象，以合乎逻辑的方式在碎片化的党内法规制度经验之间建立起一种内在联系，最终将其抽象为一个类型，提取出一种整体认知。这个归纳和抽象过程，必须兼顾党内法规制度现象的多个面向。比如，在时间维度上，定义概念要兼顾党内法规制度的历史、当下与未来，赋予概念一种历史延续性；在空间维度上，定义概念要兼顾各层次、各领域的党内法规制度现象，保证它们在概念内部的协调统一；在功能维度上，定义概念要全面覆盖党内法规实然与/或应然的调整对象和事项，涵盖党的领导和党的建设活动、党的组织集体活动与党员个人行为；在特征维度上，定义概念要深刻揭示党内法规的独特性，彰显党内法规与党的制度、党的规范性文件、国家法律等相关概念的差别，等等。据此定义的概念，就将各种经验性、碎片化的党内制度现象中的共性抽取出来，并在各个碎片之间建立起内在联系，形成一幅内容简约、结构完整的党内法规影像。是故，当一个研究者在宣示其对党内法规概念的定义时，他所展示的不是一幅逼真的油画，而是一幅传神的素描。

从具体到抽象、再从抽象到具体，从实践中来、回到实践中去，党内法规概念被定义之后，随之而来的就是具体化。党内法规定义特别是权威定义的使用，对党内法规制度变革的反作用具有两面性：

一面是推动党内法规实践标准化的积极作用。定义是标准，使用定义就是在推广和适用标准，2019 年修订的《中国共产党党内法规制定条例》所作的定义代表的是中央标准。定义是风向标，会有力引导党内法规制度建设活动朝着符合定义的方向行动；定义是模板，会对党内法规制度变革的方式和内容等产生塑造作用；定义是纽带，会促成党内法规的制定者、执行者、遵守者和研究者在意识、思维和行为等各个方面实现对接。归总起来，权威定义的普遍使用会促成一种标准化作业效果，人们可以依据定义来梳理、评判甚至格式化各类党内法规实践活动，推动形成一个协调统一、井然有序的党内法规制度建设格局。

另一面则是概念的简单套用会产生抑制党内法规实践发展创新的消极作用。我们的认知能力总是有限的，所作定义对实践的反映很难做到完整、清晰，更多时候只能是近似。定义概念总是受制于立场方向、价值偏好以及特定时空情境，而这些要素总是在发展变化的，这就使概念一经定义就已成为过去时，已然滞后于实践了。更关键的是，人们一旦对概念提出定义后，就会产生一种思维惰性和守成倾向，自觉不自觉地套用现成概念去观察、指导和评判实践，难免会产生合乎定义的才合理、不符合定义的就不正常的错觉。可是，党内法规制度建设实践本身总是不断向前发展的，它要及时对党的领导和党的建设活动所提出的更多更高更新制度需求作出回应。从这个角度看，定义概念有可能产生概念异化问题，概念本位主义会不合理地要求党内法规制度建设实践去迁就它的定义。这种本末倒置、削足适履的做法，无疑会抑制党内法规制度建设实践发展创新的活力。

由此可见，党内法规定义的“确定性”与“适应性”就成为概念本身的一对基本矛盾，二者之间此消彼长的关系决定了一个定义的生命周期。

通常而言，一个定义在形成之初，积极作用会居于主导地位，具有较高的可接受性。不过，随着党内法规制度建设实践发展，定义的确定性与实践之间的紧张关系会不断加剧，定义的消极作用日益强化，抵消其积极作用，定义的可接受性每况愈下。在这种情境下，党内法规概念定义为了维持其必要的可接受性，就会被迫向实践让步，通过对其内涵和外延作扩大或者缩小解释来适应实践。不过，解释的弹性空间毕竟有限，一旦通过解释已无法自圆其说，修正定义的时刻就到来了，起决定性作用的实践会挣脱概念定义束缚，催生新的定义，完成概念定义的新陈代谢。

建构、解构、重构党内法规概念的定义，这是在寻求概念确定性与维持定义适应性的客观规律，如同适者生存的自然法则。任何一个定义都有生命周期，不同定义之间的差别主要在于“寿命”长短。一个定义要做到“延年益寿”，就要持续不断地在概念的刚性与弹性之间寻找平衡。一方面，在定义党内法规概念时要有理想但不能理想化，不宜过分追求其内涵和外延的确定性，否则就会因微小的党内法规制度建设实践发展变化造成概念定义不切实际的问题，为此，在定义党内法规概念时应当保持必要的模糊性，以便为将来的解释和自我调整预留回旋余地。另一方面，也不可为了保证适应性而损害定义的确定性，一个粗线条的甚至模棱两可的定义，一个内涵和外延含混不清的概念，难以得到广泛接受，是不可能产生很强的实践生命力的。

本　质

本质，即事物的根本性质。深刻认识一个事物，必须把握其本质。2019 年修订的《中国共产党党内法规制定条例》规定，党内法规体现的是“党的统一意志”，这就揭示了党内法规的本质。关于党内法规本质问题，我们应当从哲学而非物理学意义上去把握。在物理学意义上，党内法规作为一种载体形态，其所承载的内容是党的统一意志，这就像一瓶水，是以瓶子为载体装着水这一内容。在哲学意义上，党内法规作为一种制度安排，其所体现的是党的统一意志而不是别的什么意志，这就内在地规定了党内法规的本质。

一、党是具有统一意志的有机整体

我们党是一个大党，现有党员 9100 多万人，地方党委 3200 多个，党组（党委）10 万多个，党的基层组织 460 多万个。由如此之多的党员和党的组织构成的党，只有形成统一意志、保证思想统一，才能保证全党团结统一、行动一致——全党因统一意志而团结如一人。

早在 1941 年出台的《中央关于增强党性的决定》中，党中央就强调指出："中国共产党经过二十年的革命锻炼，现在已成为全国政治生活中的重要的决定的因素，然而放在我们面前的仍然是伟大而艰难的革命事业。这样就要求我们的党更进一步地成为思想上政治上组织上完全巩固的布尔什维克的党，要求全党党员和党的各个组成部分都在统一意志、统一行动和统一纪律下面，团结起来，成为有组织的整体。没有这样坚强统一的、集中的党，便不能应付革命过程中长期残酷的斗争，便不能实现我们所担负的伟大历史任务。因此今天巩固党的主要工作是要求全党党员，尤其是干部党员更加增强自己党性的锻炼，把个人利益服从于全党的利益，把个别党的组成部分的利益服从于全党的利益，使全党能够团结得一个人一样。"

党的统一意志，是一个极其重要的党章概念。党章要求，全党要坚持民主集中制，努力造成又有集中又有民主，又有纪律又有自由，又有统一意志又有个人心情舒畅的生动活泼的政治局面。

"意志"这个概念比较抽象，它是从脑子或者心里生成的，意志的形成是一种心理过程。对于自然人而言，只要心智正常就会有意志。人是有意志的，这是人的意识能动性的集中表现，是人类特有的心理现象。人的行动，主要是有意识、有目的的行动，无意识的本能活动、盲目的冲动或者一些习惯动作都不含有或很少含有意志的成分。可是，问题在于，一个似乎“没有快乐和悲伤”的组织，是否也会有意志呢？

对此，卢梭有一个绝妙比喻：“个别地看，政治体可以被认为是一种类似人体的有机的、有生命的团体。主权代表头；法律与习俗代表脑，即神经的根源和意志、理解力、感觉的所在地；法官和行政官是器官；商业、工业和农业是供应一般必需食物的口和胃；公共收入是血液，精明的经济在执行心的功能时，使血液把营养与生命力分布于全身；公民是身体和四肢，它使机器能够生存、行动且工作起来。”德国的基尔以生物学方式解释团体概念，讨论群体人格（group personality）和群体意志（group will），认为国家或其他任何团体远不是假设的社会契约的产物，它有着真实的、几可感知的群体人格，是其成员的共同行动创造出来的，它不仅仅是“联系各人思想线索的心理组织”，还是“高级的实体及超验性秩序”，“它与孤立的个人实体不同并高于个人”；群体意志指的是“人们”的意志，即一种与该群体中其他人意志相协调并一起发挥作用的意志，它区别于相对孤立的个人意志。

有时，人们不太情愿将组织视作一个有生命、有意志的主体，这可能是警惕组织变异成一个能够自我思考和行动、背叛组织成员的怪物。不过，在法律逻辑上，假定组织具有独立的人格和意志确有必要，只有将组织拟制为“法人”，才能赋予其权力或者权利，要求其履行职责或者义务，并责令其以自己名义独立承担相应法律后果。

作为政治组织，党不仅有自己的意志，而且应当有统一意志。党内法规应当体现“党的统一意志”，党内法规只能体现“党的统一意志”。在实践中，每个党员都有个体意志，每个党的组织也都有组织意志。如此一来，准确把握党的统一意志，就要搞清楚两个逻辑问题：

第一，在党的统一意志中，每个党员的个体意志、每个党的组织的集体意志到底扮演什么角色？思考这个问题，我们可以从恩格斯提出的“历史合力论”中找到启发。根据恩格斯晚年提出的“历史合力论”，历史的发展不是个人意志的产物，而是许多有目的的人的活动的结果，“这样就有无数互相交错的力量，有无数个力的平行四边形，由此就产生出一个合力，即历史的结果”，“以往的历史总是像一种自然过程一样地进行，而且实质上也是服从于同一运动规律的”，“每个意志都对合力有所贡献，因而是包括在这个合力里面的”。据此，党的统一意志，是经由对每个党员的个体意志和每个党的组织的集体意志整合而成的，党员的个体意志和党的组织的集体意志是赖以形成党的统一意志的基础。

第二，党员的个体意志和党的组织的集体意志，在数量上不计其数，在内容上有可能不尽一致甚至相互矛盾，那么，如何将分散的、零碎的党员个体意志和党的组织的集体意志整合成有机统一的党的统一意志呢？

这个诀窍就是全体党员和各级各类党的组织在党的指导思想科学指引下，坚持党中央权威和集中统一领导，贯彻落实好民主集中制。正如党章所规定的：“党是根据自己的纲领和章程，按照民主集中制组织起来的统一整体。”

一方面，自下而上，在民主基础上进行集中以形成党的统一意志。这是一个民主决策过程。在党中央以及上级党的组织作出决策、确立党的统一意志之前，充分发扬党内民主，下级党的组织和相关党员可以自由表达自己的意志，认真负责地提出自己的意见建议。既然鼓励各持己见、各抒己见，那么有时见解各异、意见不同就是正常的，不可能总是异口同声，不必非得强求一致。同时，为了防止正确意见因层级限制得不到充分反映，提出意见建议可以不受层级限制，全体党员和各级党的组织都可以按程序向上级党的组织直至中央提出意见建议。党中央以及上级党的组织按照少数服从多数原则，在综合各方面意见基础上进行科学集中，最终作出决策、形成党的统一意志。

另一方面，自上而下，在集中指导下发扬民主以贯彻执行党的统一意志。这是一个执行决策过程。上级党的组织一旦作出决策、统一意志一旦形成，那就应当按照个人服从组织、下级组织服从上级组织、全党服从中央的要求，全面准确地贯彻执行党的统一意志。在这个过程中，党员个人和下级党的组织应当增强“四个意识”、做到“两个维护”，对标对表党中央决策部署以及上级党的组织决定，修正自身意志与统一意志之间的偏差，同其保持高度一致。在执行决策过程中，党员个人、下级组织固然可以结合本人、本地区、本部门实际各具特色地贯彻执行统一意志，但要以坚决贯彻落实党中央决策部署为前提，必须把党中央以及上级党的组织明确的“规定动作”不折不扣地做好，“自选动作”也应当不跑题、不走调，决不能另搞一套。同时，为了保证及时发现和纠正决策失误，根据党章规定，党员对党的决议和政策如有不同意见，在坚决执行的前提下，可以声明保留，并且可以把自己的意见向党的上级组织直至中央提出。

由此可见，党的统一意志既不是党员个体意志的简单相加，也不是党的组织意志的简单折中；既不能是“一把手”意图的直接体现，也不能苛求全体成员意见的完全一致，而是依靠民主集中制“合成”的整体意志，它源于个体意志和组织意志，但高于个体意志和组织意志。就全党统一意志而言，有资格确定并代表它的只能是党的中央组织。全体党员和各级党的组织通过严格贯彻落实党中央决策部署形成的个体意志和组织意志，同全党的统一意志是高度一致的，属于全党的统一意志在不同主体、不同领域、不同事项、不同行动上的具体体现和最终实现。据此，我们党成为一个团结统一、行动一致的整体。

二、党章集中体现党的统一意志

“意志”这个词中的“意”，指的是主体心理活动的一种状态，“志”指的是主体对目的方向的坚信和坚持。“意志”指的是主体自觉确定目的，并根据目的调节支配自身行动，克服困难，实现预定目标的心理过程，是一种主体的思维过程见之于行动的心理过程。党的统一意志，究其根本，所要反映的乃是党的初心和使命。为中国人民谋幸福，为中华民族谋复兴，这就是中国共产党人的初心和使命。而要保证全党同志明初心知使命、守初心担使命，就必须旗帜鲜明地宣示党的统一意志，以坚定信仰信念信心，确保全党统一思想、统一行动、步调一致向前进。

在党的统一意志中，党的性质和宗旨、指导思想和奋斗目标、路线和纲领以及党的基本理论、基本路线、基本方略等，它们集中回答了党的初心是什么，使命是什么，以及如何确保党坚守初心、担当使命，如何团结带领人民群众实现党的奋斗目标。这些事关根本的核心要素，属于党的统一意志的基本内容。党章作为党的统一意志的集中体现，要对这些根本问题作出明确规定。

第一，党章确立了党的性质、地位、宗旨和奋斗目标。中国共产党是中国工人阶级的先锋队，同时是中国人民和中华民族的先锋队，是中国特色社会主义事业的领导核心，代表中国先进生产力的发展要求，代表中国先进文化的前进方向，代表中国最广大人民的根本利益。党的最高理想和最终目标是实现共产主义。党的根本宗旨是全心全意为人民服务，党除了工人阶级和最广大人民的利益，没有自己特殊的利益。党在任何时候都把群众利益放在第一位，同群众同甘共苦，保持最密切的联系，坚持权为民所用、情为民所系、利为民所谋，不允许任何党员脱离群众、凌驾于群众之上。党在自己的工作中实行群众路线，一切为了群众，一切依靠群众，从群众中来，到群众中去，把党的正确主张变为群众的自觉行动。中国共产党党员必须全心全意为人民服务，不惜牺牲个人的一切，为实现共产主义奋斗终身。

第二，党章确立了党的指导思想。中国共产党以马克思列宁主义、毛泽东思想、邓小平理论、“三个代表”重要思想、科学发展观、习近平新时代中国特色社会主义思想作为自己的行动指南。

党的十八大以来，以习近平同志为主要代表的中国共产党人，顺应时代发展，从理论和实践结合上系统回答了新时代坚持和发展什么样的中国特色社会主义、怎样坚持和发展中国特色社会主义这个重大时代课题，创立了习近平新时代中国特色社会主义思想。习近平新时代中国特色社会主义思想是对马克思列宁主义、毛泽东思想、邓小平理论、“三个代表”重要思想、科学发展观的继承和发展，是马克思主义中国化最新成果，是党和人民实践经验和集体智慧的结晶，是中国特色社会主义理论体系的重要组成部分，是全党全国人民为实现中华民族伟大复兴而奋斗的行动指南，必须长期坚持并不断发展。

习近平新时代中国特色社会主义思想内涵十分深刻，涵盖新时代坚持和发展中国特色社会主义的总目标、总任务、总体布局、战略布局和发展方向、发展方式、发展动力、战略步骤、外部条件、政治保证等基本问题，并根据新的实践对经济、政治、法治、科技、文化、教育、民生、民族、宗教、社会、生态文明、国家安全、国防和军队、“一国两制”和祖国统一、统一战线、外交、党的建设等各方面作出新的理论概括和战略指引。

习近平新时代中国特色社会主义思想的核心内容是“八个明确”和“十四个坚持”。其中，“八个明确”包括：一是明确坚持和发展中国特色社会主义，总任务是实现社会主义现代化和中华民族伟大复兴，在全面建成小康社会的基础上，分两步走在21世纪中叶建成富强民主文明和谐美丽的社会主义现代化强国；二是明确新时代我国社会主要矛盾是人民日益增长的美好生活需要和不平衡不充分的发展之间的矛盾，必须坚持以人民为中心的发展思想，不断促进人的全面发展、全体人民共同富裕；三是明确中国特色社会主义事业总体布局是“五位一体”、战略布局是“四个全面”，强调坚定道路自信、理论自信、制度自信、文化自信；四是明确全面深化改革总目标是完善和发展中国特色社会主义制度、推进国家治理体系和治理能力现代化；五是明确全面推进依法治国总目标是建设中国特色社会主义法治体系、建设社会主义法治国家；六是明确党在新时代的强军目标是建设一支听党指挥、能打胜仗、作风优良的人民军队，把人民军队建设成为世界一流军队；七是明确中国特色大国外交要推动构建新型国际关系，推动构建人类命运共同体；八是明确中国特色社会主义最本质的特征是中国共产党领导，中国特色社会主义制度的最大优势是中国共产党领导，党是最高政治领导力量，提出新时代党的建设总要求，突出党的政治建设在党的建设中的重要地位。“十四个坚持”包括：坚持党对一切工作的领导，坚持以人民为中心，坚持全面深化改革，坚持新发展理念，坚持人民当家作主，坚持全面依法治国，坚持社会主义核心价值体系，坚持在发展中保障和改善民生，坚持人与自然和谐共生，坚持总体国家安全观，坚持党对人民军队的绝对领导，坚持“一国两制”和推进祖国统一，坚持推动构建人类命运共同体，坚持全面从严治党。

第三，党章确立了坚持和发展新时代中国特色社会主义这一时代主题。改革开放以来我们取得一切成绩和进步的根本原因，归结起来就是：开辟了中国特色社会主义道路，形成了中国特色社会主义理论体系，确立了中国特色社会主义制度，发展了中国特色社会主义文化。全党同志要倍加珍惜、长期坚持和不断发展党历经艰辛开创的这条道路、这个理论体系、这个制度、这个文化，高举中国特色社会主义伟大旗帜，坚定道路自信、理论自信、制度自信、文化自信，贯彻党的基本理论、基本路线、基本方略，为实现推进现代化建设、完成祖国统一、维护世界和平与促进共同发展这三大历史任务，实现“两个一百年”奋斗目标、实现中华民族伟大复兴的中国梦而奋斗。党章规定，必须按照中国特色社会主义事业“五位一体”总体布局和“四个全面”战略布局，统筹推进经济建设、政治建设、文化建设、社会建设、生态文明建设，协调推进全面建成小康社会、全面深化改革、全面依法治国、全面从严治党。

第四，党章明确了加强新时代党的建设的基本要求。坚持党的基本路线；坚持解放思想，实事求是，与时俱进，求真务实；坚持全心全意为人民服务；坚持民主集中制；坚持从严管党治党。针对全面从严治党，党章规定，全面从严治党永远在路上。新形势下，党面临的执政考验、改革开放考验、市场经济考验、外部环境考验是长期的、复杂的、严峻的，精神懈怠危险、能力不足危险、脱离群众危险、消极腐败危险更加尖锐地摆在全党面前。要把严的标准、严的措施贯穿于管党治党全过程和各方面。坚持依规治党、标本兼治，坚持把纪律挺在前面，加强组织性纪律性，在党的纪律面前人人平等。强化管党治党主体责任和监督责任，加强对党的领导机关和党员领导干部特别是主要领导干部的监督，不断完善党内监督体系。深入推进党风廉政建设和反腐败斗争，以零容忍态度惩治腐败，一体推进不敢腐、不能腐、不想腐的有效机制建设。

第五，党章确定了坚持和加强党的全面领导的根本要求。中国共产党的领导是中国特色社会主义最本质的特征，是中国特色社会主义制度的最大优势。党政军民学，东西南北中，党是领导一切的。党要适应改革开放和社会主义现代化建设的要求，坚持科学执政、民主执政、依法执政，加强和改善党的领导。党必须按照总揽全局、协调各方的原则，在同级各种组织中发挥领导核心作用。党必须集中精力领导经济建设，组织、协调各方面的力量，同心协力，围绕经济建设开展工作，促进经济社会全面发展。党必须实行民主的科学的决策，制定和执行正确的路线、方针、政策，做好党的组织工作和宣传教育工作，发挥全体党员的先锋模范作用。党必须在宪法和法律的范围内活动。党必须保证国家的立法、司法、行政、监察机关，经济、文化组织和人民团体积极主动地、独立负责地、协调一致地工作。党必须加强对工会、共产主义青年团、妇女联合会等群团组织的领导，使它们保持和增强政治性、先进性、群众性，充分发挥作用。党必须适应形势的发展和情况的变化，完善领导体制，改进领导方式，增强执政能力。共产党员必须同党外群众亲密合作，共同为建设中国特色社会主义而奋斗。

不忘初心，方得始终。为中国人民谋幸福、为中华民族谋复兴，这个初心和使命是激励中国共产党人不断前进的根本动力。党的十九大号召全党同志一定要永远与人民同呼吸、共命运、心连心，永远把人民对美好生活的向往作为奋斗目标，以永不懈怠的精神状态和一往无前的奋斗姿态，继续朝着实现中华民族伟大复兴的宏伟目标奋勇前进。

三、党内法规是体现党的统一意志的基本形式

在本质上，党内法规体现的是党的统一意志。不过，需要注意的是，我们不能反过来说，党的统一意志只能由党内法规来体现。

在实践中，党的意志可以有多种载体形态，包括请示、报告、会议纪要、领导讲话、情况通报、党内法规、党的规范性文件、机关内部工作制度和工作方案等。从组织行为角度看，体现党的意志的形式可以分为两种：一种是具体行为，它是党的组织针对特定人或特定事作出的一次性决定，诸如人事调整决定、机构设置决定、评比达标表彰决定、组织处理决定、纪律处分决定等；另一种是抽象行为，它是党的组织针对不特定人或不特定事作出的可以反复适用、普遍适用、长期适用的规定，主要是指制定党内法规和规范性文件的行为。无论是具体决定还是抽象规定，其所体现的都应当是党的意志。

用以体现党的意志的载体形态固然是多样的，但党内法规应当是体现党的统一意志的基本形式。较之其他载体形态，运用党内法规来确认党的统一意志、通过党内法规来体现党的统一意志、依靠党内法规来保证实现党的统一意志，应当是更加合适、更加基础、更加完整、更加明确、更加有效的。

所谓更加合适，是指党内法规制度体系本身的统一性，是拒绝不同规范之间的冲突的。此与党的统一意志不允许党内存在“噪声杂音”“山头派性”等是相通的，意志的统一性决定着规范的统一性，而规范的统一性反映和保证意志的统一性。

所谓更加基础，是指党内法规可以直接体现党的统一意志，而诸如人事调整决定、表彰决定等具体决定，通常是以党内法规为基础、依据党内法规而为的。

所谓更加完整，是指党内法规可以全面完整地体现党的统一意志中的目标与对策两方面因素，通过相应的制度安排将其转化为立规目的，以及由假设、行为模式、法规后果三者构成的规范逻辑结构。

所谓更加明确，是指党内法规可以通过清晰地设定党的组织的职权职责、党员的义务权利，明确规定党的组织和党员的可为、当为、禁为等情形，明确规定党务活动的目的、条件、主体、权限、方式、步骤、期限、效果等内容，准确反映党的统一意志。

所谓更加有效，是指党内法规具有一套长期性、稳定性、权威性的内嵌性的自执行机制，可以依靠党的思想政治教育、纪律要求、组织动员、监督检查以及违规追责等方式，保证党内法规所体现的党的统一意志得以全面实现。

就此而言，我们党管党治党、执政治国，无疑要将党内法规作为体现党的统一意志的基本方式。

通过党内法规来体现党的统一意志，或者说，在制定党内法规过程中要解决好凸显其本质属性的问题，重点是在制度规定的“核心层”发力。大致说来，党内法规由浅到深、由表及里包括5个层面：第一层是文字表述，即编、章、节、条、款、项、目等逻辑层次；第二层是规范形态，其逻辑结构包括假设、行为模式、法规后果等；第三层是制度安排，包括党的组织职权职责、党员义务权利的配置，以及履职尽责、实现义务权利的体制机制标准要求等规定；第四层是权益分配，对应于资源配置和利益分配；第五层是立场观念，包括建章立制的政治立场和价值取向。不难看出，从第一层面到第五层面，立规所要解决的问题逐步由“术”及“道”，党内法规所体现党的统一意志的“含金量”由低到高，党内法规的本质属性也由弱变强。这就意味着，在起草一部党内法规时，要确保它把党的统一意志体现好，关键不是在技术规范等表面问题上做文章，而是要基于正确的政治立场和价值取向来对权益作科学配置——这就是基于人民立场这一党的根本政治立场，围绕坚持和加强党的全面领导、坚持党要管党全面从严治党，对党的组织职权职责、党员义务权利进行科学配置，为实现党执政兴国的历史使命提供坚强的党内法规制度保障。相应地，当我们面对一部党内法规时，要深刻理解它、把握其本质，那就要透过“规范”的表面看到“权益”的实质。

党内法规在本质上是党的统一意志的体现，这就决定着如何真正发现并正确体现党的统一意志，成了立规的核心问题。解决好这一问题，根本上要靠民主集中制。在形成党的统一意志并运用党内法规予以体现的过程中，坚持民主集中制在不同阶段和环节应当各有侧重——在党的统一意志的形成阶段，应当更加强调在民主基础上进行集中；而在党的统一意志的体现阶段，应当更加强调在集中指导下发扬民主。同时，制定不同位阶的党内法规在坚持民主集中制上也应当各有侧重——制定较高效力位阶党内法规，要凸显在民主基础上进行集中，以利于发现、凝聚、形成党的统一意志；而制定较低效力位阶党内法规，要凸显在集中指导下发扬民主，以保证体现在较高位阶党内法规中的党的统一意志能够得到准确细化。

四、运用统分结合的立规体制充分体现党的统一意志

将党内法规视作体现党的统一意志的基本形式，随之而来的一个问题就是，凡是党内法规制定主体都应当有资格以某种方式去代表党的统一意志，那么哪些党的组织可以担此重任？

党的中央组织无疑有这个资格。党章明确规定，党的最高领导机关，是党的全国代表大会和它所产生的中央委员会；全党各个组织和全体党员服从党的全国代表大会和中央委员会；党的全国代表大会享有修改党的章程、讨论并决定党的重大问题等职权；党的全国代表会议享有讨论和决定重大问题等职权；在全国代表大会闭会期间，中央委员会执行全国代表大会的决议，领导党的全部工作，对外代表中国共产党；在中央委员会全体会议闭会期间，中央政治局和它的常务委员会行使中央委员会的职权。据此，党的全国代表大会、全国代表会议、中央委员会、中央政治局及其常委会等党的中央组织，有资格代表党的统一意志，有权制定党内法规。

党的中央组织有权代表党的统一意志，但这并不意味着，所有立规事项，不分大小巨细、轻重缓急皆只能由党的中央组织完成。

一方面，所有党内法规皆由党的中央组织制定，这不太现实。制定党内法规是一项任务繁重的经常性工作。起草党内法规需要开展大量的调研论证工作，审议党内法规需要专门开会反复研究讨论，立规活动程序要求高、花费时间多、投入精力大。如果由党的中央组织承担所有制定党内法规任务，那么立规效率就很难得到保证。党的全国代表大会每5年举行一次，按党章规定及惯例只修改党章，很少去制定修订其他党内法规；党的全国代表会议极少召开，其主要任务不在于审议通过党内法规；中央全会虽然一般每年至少举行一次，但重点是审议中央政治局工作报告、审议通过有关重大决定，迄今为止只审

议诸如《关于党内政治生活的若干准则》《关于新形势下党内政治生活的若干准则》《中国共产党党内监督条例》等特别重要的基础主干党内法规，极少去审议其他党内法规；需要中央政治局及其常委会研究讨论决定的重大事项很多，涉及治党治国治军、改革发展稳定、内政外交国防等各个方面，中央政治局及其常委会很难抽出过多时间经常性地专门研究讨论和审议批准大量的党内法规。

另一方面，所有党内法规皆由党的中央组织制定，也不太必要。我们党管党治党、执政治国，坚持贯彻民主集中制这一根本领导制度和组织制度。党章确立了党的组织制度和组织架构，在党中央集中统一领导下，中央各部委和各级地方党委各负其责，研究决定其职权范围内的事项。在这些事项中，就包括通过制定党内法规以规范相应的党的领导和党的建设等具体活动，这是其职权职责的重要内容。如果针对具体部门和地方决策范围内的事项，由党中央去一一制定党内法规，就有“超规格”之嫌。此外，各部门业务各有侧重、各地方区域差异明显，如果皆由党中央制定党内法规来作出同一规定，则容易造成“一刀切”问题，不利于调动部门和地方的主动性、积极性、创造性，实施效果也未必很理想。

鉴于此，实事求是的做法是实行统分结合的制定体制——党中央把向定调、抓大放小，亲自制定重要党内法规；各地区各部门在党中央集中统一领导下，承担一些具体立规任务。

党中央加强对党内法规制定工作的领导。整个党内法规制定工作是在党中央领导下进行的。党中央确定党内法规制定工作的方针政策、指导思想、基本原则、价值取向和战略目标，编制党内法规制定工作规划计划，搞好顶层设计，确立重要制定项目，突出重点、整体推进，有计划、分阶段、按步骤地推动建成完善的党内法规体系。

同时，由党中央针对重要事项亲自制定党内法规，这些事项属于中央党内法规保留事项。对此，《中国共产党党内法规制定条例》第9条第1款规定了7类由中央党内法规规定的事项；第2款规定：“凡是涉及党中央集中统一领导的事项，只能由中央党内法规作出规定。”概括起来，中央党内法规保留事项主要有4类：一是党的根本制度，这是由党章规定的；二是党的基本制度，这主要是由准则、条例来规定的；三是涉及党的重大问题的事项，这主要是指党中央面向全党作出的有关规定；四是涉及党的中央组织、中央和国家机关具体职权职责等，这可以视情况使用条例、规定、办法、规则、细则等名称。

党中央在解决“抓大”问题之后，接下来要解决的是“放小”问题。这要回答3个基本问题，即放什么、放给谁、怎么放。

第一个问题：应当放什么？

相对于中央党内法规的“大”而言，可放的“小”主要是指那些调整领域地域较小、调整事项较小，或者影响党的组织和党员权益程度较小等的党内法规。相对而言，党中央制定的“大”法规主要属于从无到有的创制性立规，这些“小”法规往往属于对中央党内法规的细化、配套等执行性立规。此外，中央党内法规所涉事项属于中央事权，这些“小”法规所调整的事项则一般在中央部委和地方党委的职权职责范围之内。

《中国共产党党内法规制定条例》明确回答了党中央“放什么”的问题。一则，明确了中央部委就其职权范围内有关事项制定党内法规。制定部委党内法规，要么是为贯彻执行中央党内法规作出配套规定，要么是为履行党章和中央党内法规规定的党的工作相关职责。二则，明确了省级党委就其职权范围内有关事项制定党内法规。制定地方党内法规，要么是为贯彻执行中央党内法规作出配套规定，要么是为履行党章和中央党内法规规定的领导本地区经济社会发展和负责本地区党的建设相关职责。同时，与事项的放“小”相匹配，《中国共产党党内法规制定条例》在党内法规名称使用限制上体现了放“小”，即部委党内法规、地方党内法规不得使用准则、条例等“大”名称，可以根据需要使用规定、办法、规则、细则等“小”名称。

第二个问题：应当放给谁？

党的组织体系是由各级各类党的组织构成的。除党的中央组织外，党的组织体系当中还有中央纪委、党中央决策议事协调机构、党中央工作机关（包括中央办公厅、党中央职能部门、党中央办事机构、党中央派出机关)、党中央直属事业单位等；党的地方组织（包括省市县3级地方党代会及地方党委），地方党委议事协调机构、党的地方纪委，地方党委工作机关、地方党委直属事业单位等；党的基层组织，党的基层纪委，基层党委工作部门、直属事业单位等；党组（党委），即党在中央和地方国家机关、人民团体、经济组织、文化组织和其他非党组织的领导机关中设立的领导机构，等等。

面向整个党的组织体系，党中央将部分党内法规制定权下放给哪些党的组织，这是一个重要政治决断。《中国共产党党内法规制定条例》将党内法规制定权下放至中央纪委，党中央工作机关，有关中央国家机关党委，省（自治区、直辖市）党委。在由超过470万的党的组织共同构成的党的组织体系中，党中央审慎地将党内法规制定权只下放给50个左右的党的组织，绝大多数党的组织是无权制定党内法规的。这是基于对各级各类党的组织是否适合去体现党的统一意志、其履行职责是否有必要制定党内法规、是否具备制定党内法规的政治能力和专业水平等各方面因素综合考虑作出的科学决定。

比如，就地方党委而言，未授予省级党委以下的市县两级地方党委党内法规制定权，有助于避免因党内法规制定权放得范围过大、层级过低产生体现党的统一意志有偏差、规出多门、党内法规制度不统一等隐患。市县两级地方党委的职责主要是抓好党中央决策部署以及上级党的组织决定的贯彻落实，它们在本地区贯彻落实这些重大决策部署过程中，可以运用制定规范性文件、提出务实管用举措等方式细化上级党的组织出台的党内法规和规范性文件规定，可以通过上级党的组织授权试点改革进行地方创新探索，还可以采用多种方式将其有关制定党内法规的意见建议反映给上级党的组织。同时，地方党委所属工作部门主要负责执行上级党的组织和本级党委的决议决定命令等，其身份主要是党内法规执行主体，不宜授予其党内法规制定权，否则就会集制定和执行规则于一体，而规则自己制定、自己执行的行为素为法治之忌。

比如，对于党中央决策议事协调机构而言，如果所涉事项的“格”较高，则可以通过制定中央党内法规来解决；如果“格”不够又需要制定相应党内法规，则可以通过其常设办公室或者相关部委单独或联合制定部委党内法规的方式来解决，不必授予其党内法规制定权。至于省级党委议事协调机构，因其没有决策权，自然不宜授予其地方党内法规制定权。

比如，针对除党中央工作机关之外的其他有关中央部门，因其不具有管理职能，故没有必要授予其为规范管理活动而制定党内法规的职权。党中央直属事业单位主要职责是开展宣传教育、理论研究、政策咨询、信息服务、教学培训等活动，并不直接影响党的组织职权职责和党员义务权利，故不存在授予其党内法规制定权以规范党务管理的必要性。

比如，就基层党组织而言，460 多万个设在企业、农村、机关、学校、科研院所、街道社区、社会组织、人民解放军连队和其他基层单位的党的基层组织，主要发挥战斗堡垒作用，作为党的基层单位，显然不适合代表党的统一意志，不宜授予其党内法规制定权。

第三个问题：应当怎么放？

科学的权力配置必须解决好一放就乱、一收就死的难题。党中央在授予中央有关部委和省级党委制定党内法规权时，需要建立一套防止和纠正授权被滥用或者误用的控制机制，在授权与控权之间找到一个平衡点，实行严格的附条件下放。为此，根据《中国共产党党内法规制定条例》，中央有关部委和省级党委开展立规活动应当具备两个前提：一是遵循中央党内法规保留原则，禁止部委党内法规和地方党内法规涉足相关事项；二是遵循党内法规效力位阶，地方党内法规不得同部委党内法规相抵触，二者都不得与中央党内法规相冲突。

在这两个前提下，《中国共产党党内法规制定条例》建立一套事前、事中、事后三位一体的控制机制，以确保部委党内法规和地方党内法规正确体现党的统一意志。其中，事前的控制手段包括提出规范党内法规制定工作的原则要求、建立党内法规制定工作领导体制、授权中央办公厅承担党内法规制定的统筹协调和督促指导工作等；事中的控制手段包括要求党内法规草案提交审议前应当交党内法规工作机构作合法合规性前置审查，应当以会议审议方式审批党内法规，应当以中央纪委文件、中央各部门文件、省区市党委或其办公厅文件形式发布党内法规等；事后的控制手段主要是备案审查，要求部委党内法规和地方党内法规在发布之日起30日内报请党中央审查，对发现违法违规或者不适当等问题的党内法规，党中央责令其限期自行纠正或者直接予以撤销。

综上所述，究其本质，党内法规体现的是党的统一意志。其中，党章是党的统一意志的集中体现，其他中央党内法规是体现党的统一意志的主要形式，部委党内法规和地方党内法规是体现党的统一意志的重要形式。党内法规不仅是体现党的统一意志的基本形式和重要载体，也是保证党的统一意志得以实现的重要依托，没有权威统一的党内法规制度，就很难有全党的团结统一和行动一致。

属　性

党内法规属性，主要包括政治属性和规范属性两个方面。

一方面，党内法规作为“党”制定的规章制度，它姓的是“党”，体现的是党的统一意志，反映的是党的政治立场、政治方向、政治原则、政治道路，必然具有鲜明而独特的政治属性。作为执政党的党内法规，其制定和实施要紧紧围绕加强党的长期执政能力建设、先进性和纯洁性建设这条主线，既要回应加强党的自身建设需要因此具有“自律性”，又要回应保障党的领导和执政活动需要因此具有“执政性”。另一方面，党内法规作为党制定的“法规”，它具有一切规章制度共有的规范属性，包括确定性、稳定性、普遍适用性、反复适用性、长期适用性，以及不同规范之间的相辅相成性、协调一致性等特性，据此形成一个具有“统一性”的协调一致整体。党的第一属性是政治属性，这就决定了党内法规的第一属性必然是政治属性，规范属性是其第二属性。政治属性事关根本，规范属性事关效果。

一、自律性

自律性，指的是中国共产党通过党内法规来规范党的组织和党员，加强党的自身建设，保持党的先进性和纯洁性，这是党内法规的基本属性。

政党是一种政治组织，不是国家政权组织。党内法规直接体现的是政党意志，姓“党”不姓“国”，在这一点上其区别于直接体现国家意志的国家法律。政党组织主要依靠内部规章制度加强自身建设，依据这些规章制度来规范党的组织和党员。政党通过“自己制定管自己”的规章制度来实行组织自治，在这一点上其与经济组织、文化组织、社会组织等其他组织并无根本区别；党内法规具有自律属性，在这一点上其与其他组织内部规章制度无本质差异。

在公共治理模式、市场经济体制下，政府应当是有限政府，国家不必也不能对个人和组织的行为选择大包大揽。国家权力和国家管理范围的有限性，集中表现为国家政权组织无论多么强大，都只是公共治理主体当中的一种而非唯一的组织形态，全体公民通过制宪方式在将部分权利让渡给国家、形成国家政权组织的同时，还通过宪法确认的结社自由来保留缔结或者参与其他组织的权利，实现共商共建共享，这是调动各方治理主体积极性、主动性、创造性的必然要求，也有助于防止国家权力的专横和滥用。如此一来，现代社会就主要存在5类组织形态，即国家政权组织、政治组织、经济组织、文化组织、社会组织等。其中，国家政权组织姓“国”，代表国家对外行使主权、对内行使治权；政治组织姓“政”，旨在执掌、参与或影响国家政权，寻求的是政治影响力；经济组织姓“经”，追求经济效益、市场利润最大化；文化组织姓“文”，旨在满足公众的精神文化需求；社会组织姓“社”，旨在满足特定群体的社会权益诉求。在公共治理格局下，政治、经济、文化、社会等4类组织在宪法法律范围内，根据自己的意志制定内部规章制度，对其组织成员的权利与义务、组织的职权与职责、机构的设立与运行、组织与成员之间的关系等作出规定，根据内部自治制度实行自我管理、自我服务、自我教育、自我监督，这种自治性排除包括国家政权组织在内的其他组织和个人的非法干预。

作为现代政治组织最重要的形态之一，政党组织虽然与国家政权组织有着千丝万缕联系，但它仍然姓“党”不姓“国”，政党组织主要是依据内部规章制度而非国家法律法规来实行内部治理。

一则，政党组织自治的典型形态是规则之治。历史地看，各类政党的自身建设和内部治理，固然也存在依靠政党领袖个人魅力的“威权型”模式，但普遍的、成熟的政党组织自治主要是奉行规则之治的“法理型”模式，即在政党内部建立起一套由章程所统率的政党规章制度体系，依靠普遍适用、反复适用、长期适用的制度来管党治党，在制度化、规范化、程序化轨道上推进政党的工作和活动。

二则，政党组织自治的要害是保证党内规章制度在制定和实施上的自主性。一方面，就其制定而言，作为政党统一意志的体现，党内规章制度如果不是“内生”、由政党组织自主制定并自愿形成的，而是“外来”、由国家政权组织强加的，那么政党组织就变成了国家政权组织的下属，其意思自治就无从谈起。另一方面，就其实施而言，它应当依靠党内的组织力量来保证实施，如果其执行和遵守不是依靠党的纪律，而是依赖行政、司法等国家强制力，那就变成了国家权力的从属，政党组织也就无所谓自治了。

三则，政党组织自治的前提是党内规章制度不得与国家法律法规相抵触。如果我们认为政党组织自治就意味着国家法律法规不能对其作出任何规定，那就失之简单了，这既不符合治理逻辑也不符合治理经验。一般来说，有关政党的设立与运行的政党制度，源于宪法规定，宪法框定了政党制度的调整范围、规范对象和调整方式等基本问题，而宪法乃是国家的根本法。事实上，外国专门的政党法、社团法或者其他有关法律，通常会根据宪法，对政党组织的缔结和解散应当履行国家登记义务、政党组织应当制定合法的章程、政党组织应当完善内部管理、党内规章制度不得增减国家法律规定的公民权利义务等作出明确规定。

那么，国家法律作出相关规定是否意味着否定了政党组织的自治性呢？我以为二者并不矛盾。出于维护国家利益、公共利益和公民个人合法权益等考虑，与政党有关的国家法律可以从多个角度对党内规章制度提出要求。首先，国家法律可以在“其上”规范政党组织与国家的关系。比如，明确要求政党组织的成立应当符合必要条件并履行到国家机关登记的义务，这并不影响党内自治。其次，国家法律可以在“其中”对政党组织的自治规则的架构、基本要素等“形式要件”提出强制性或指导性要求，但不能更进一步对党员义务权利配置、党组织职权职责配置、党组织权力与党员权利配置等“实质性内容”作出规定。比如，国家法律可以规定政党组织的登记成立以拟定章程为条件，至于章程的具体规定则属党内自治事项，国家法律不宜对诸如党内领导职务的产生是票选、推选还是委任等党内自治事项作出规定。最后，国家法律可以在“其下”禁止党内规章制度作出的规定与其相抵触，以维护国家法制的统一性。比如，国家法律通常禁止党内规章制度作出减损公民人身权的规定，因为公民人身自由和生命健康属于国家法律调整范围，党内规章制度不宜减损这些法定权利，不能剥夺或者限制公民人身自由、伤害生命健康。正因如此，党内规章制度虽然往往援引国家法律作为其制定依据或者底线限制，但这并不妨碍政党组织在国家法律界定的“自治空间”内享有进行自身建设和党内治理的意思自治。

1949 年新中国成立，1954 年颁布实施新中国第一部宪法。1921 年中国共产党宣告成立，1922 年制定第一部党章。党的成立比新中国成立早了 28 年，第一部党章比第一部宪法早出台 32 年。新中国是在中国共产党的领导下建立的，党的领导地位是历史形成和人民选择的结果，显然不能机械套用政党成立要到国家机关依法登记这个逻辑。宪法以国家根本法形式旗帜鲜明地确认了党的领导地位，赋予党的领导以最大的合法性。回顾历史，宪法明确：“中国新民主主义革命的胜利和社会主义事业的成就，是中国共产党领导中国各族人民，在马克思列宁主义、毛泽东思想的指引下，坚持真理，修正错误，战胜许多艰难险阻而取得的。”着眼当下和未来，宪法明确：“中国各族人民将继续在中国共产党领导下，在马克思列宁主义、毛泽东思想、邓小平理论、‘三个代表’重要思想、科学发展观、习近平新时代中国特色社会主义思想指引下，坚持人民民主专政，坚持社会主义道路，坚持改革开放……把我国建设成为富强民主文明和谐美丽的社会主义现代化强国，实现中华民族伟大复兴。”

总而言之，中国共产党主要运用党内规章制度加强自身建设、管党治党，在这一点上与其他政治组织并没有什么不同，这是所有政治组织的共有特征，党内法规因此具有“自律性”这一基本属性。类似于别的政党以及其他政治组织，我们党通过自我制定和实施党内规章制度，主要依据党内法规而非国家法律实行党内治理，全面从严治党所依“法度”主要是党内法规，要把党内法规制度建设贯穿于党的政治建设、思想建设、组织建设、作风建设、纪律建设等党的建设各方面，运用党内法规规范调整党内成员关系，依靠党内法规规范党的组织工作活动和党员行为。同时，同民主党派以及其他政治组织一样，中国共产党必须在宪法法律范围内活动。尽管党早于新中国成立，尽管第一部党章早于第一部宪法出台，尽管党是发挥总揽全局、协调各方领导核心作用的执政党，但党作为一种政治组织，必须在宪法法律范围内活动。宪法法律是在党的领导下制定、修订的，也是在党的领导下实施的，党的组织和党员应当模范遵守宪法法律，不具有超越于国家法律之上的特权。党不仅要保证其制定的党内法规不同国家法律相抵触，而且要遵循“立规克制”原则，在制定有关党内法规时应当遵循宪法规定，不对那些应由国家法律规定的事项如人大及其常委会、政府、监委、法院、检察院等国家机关的产生、组织、职权和运行等作出创设性规定，特别是不应涉及《立法法》规定的法律保留事项，包括国家主权、国家政权组织的产生和运行、犯罪和刑罚、剥夺公民政治权利和限制公民人身自由、征收非国有财产、诉讼和仲裁等有关事项。

二、执政性

执政性，指的是中国共产党通过党内法规来规范党的领导工作和执政活动，发挥党内法规在巩固党的执政地位、完善党的领导体制机制、改进党的领导方式上的重要作用，这是执政党的党内法规的独特属性。

政党作为一种政治组织，总是与国家政权、执政、国家政治生活等密切相关。由于不同的政党所处的执政和参政议政等政治地位不同，其所制定的规章制度在执政性上强弱不等，在涉及的执政内容以及涉及的方式上也有明显差异，有的侧重于规范执政活动，有的则侧重于规范参政议政活动。

在中国，中国共产党是最高政治领导力量，必须坚持党对一切工作的领导。党章明确规定："中国共产党的领导是中国特色社会主义最本质的特征，是中国特色社会主义制度的最大优势。党政军民学，东西南北中，党是领导一切的。"《宪法》也明确规定："社会主义制度是中华人民共和国的根本制度。中国共产党领导是中国特色社会主义最本质的特征。"

较之中国的其他政党，作为长期执政的执政党，中国共产党所制定的党内法规的一个最显著、最独特的属性就是执政性。党通过制定和实施用以加强和改进党的领导和执政活动的法规制度，调整党的组织与人大、政府、政协、监察机关、司法机关、人民团体、国有企业事业单位、军队等形成的领导与被领导关系，既支持它们依法依章程履行职能、开展工作，又保证党的理论路线方针政策和党的决策部署得到落实。就此而言，在中国特色社会主义民主政治体制下，中国共产党的党内法规是党治国理政的重要依据，是坚持依法执政的重要遵循，是中国特色社会主义法治规范的重要形态。

第一，党内法规以推动实现执政目标为重。

我们党特别重视依靠党内法规制度加强自身建设，以保持党的先进性和纯洁性。不过，党的自身建设无论多么重要，它本身都不是最终目的，坚持从严管党治党的最终目的在于提高党的执政能力，实现党长期执政，为党履行好执政兴国的政治使命，为全面建设社会主义现代化国家、实现中华民族伟大复兴的中国梦提供坚强法规制度保障。在党内法规体系中，虽然有些党内法规是直接用来规范党的机关运行保障，有些党内法规是为了提高党的自身建设制度化、规范化水平，有些党内法规属于党的领导制度和执政制度，但这些分工只是相对的，究其根本，所有党内法规制度都应当直接或间接地服从和服务于党的执政这个最终目标。在这个意义上，倘若认为党内法规制度建设主要是为了满足党建而非执政需要，那就是本末倒置；倘若将党内法规制度建设局限于党的自身建设范畴，那就会导致党内法规功能大打折扣；倘若在制定党建方面的法规时未能心系执政，那就是一种短视；倘若党内法规制度安排偏离或者背离了执政目标，那就是跑题；倘若将党内法规建设与依法执政对立起来，那就是一种错误。党内法规建设要“不忘初心，牢记使命”，无论怎么发展变化，都万变不离其宗，总是要围绕中心、服务大局，最终要有利于党的长期执政，有利于党的执政兴国。

第二，党内法规为依法执政提供制度保障。

如何规范党政关系，这是政治学和法学上的一个难题。在西方国家，主张党政分开如同坚持国家与社会二分，对党政关系以及党际关系的规范主要依靠国家法律，要么依据宪法的明文规定或者宪法惯例，要么适用政党法或者社团法。获得执政地位的政党组织，主要是通过议会中的党员议员、内阁中的党员官员等个人的公务行为选择来体现政党组织的意愿。

与之不同的是，我们党长期执政，坚持党对一切工作的领导。党依法执政的核心问题是科学界定党的组织与国家政权机关、政协、人民团体、国有企业事业单位等非党组织之间形成的领导与被领导关系。在宪法法律框架下，主要依靠党内法规来规范这种领导与被领导关系；至于这些领导对象与其管理对象之间的关系，则主要依靠国家法律或者组织章程来规范。比如，在党委、政府、公民个人形成的三角关系中，党委与政府间的领导与被领导关系主要依靠党内法规来调整，党委主要通过设在行政机关中的党组（党委）将党的意志体现在行政活动中，支持并保证其依法行政；行政机关与公民之间的行政关系主要依靠国家法律来调整，政府应当依法行政；党委与公民个人有无直接关系，则取决于公民个人是否为党员，党内法规通常不直接适用于党外群众因而不会直接影响其公民权益。由此可见，党内法规直接规范党委“执政”行为、深刻影响政府“行政”行为、间接影响公民个人行为。党通过制定和实施党内法规来影响国家法律的制定和实施以保证执政目标的实现，这与党要善于通过国家政权机关治国理政是契合的。

第三，党内法规因执政形势任务而变。

在不同历史时期，随着党的执政地位、执政理念、执政方式和执政环境的发展变化，党内法规一直如影随形，通过立改废释及时反映和确认形势任务的新变化，为党执政提供制度保障。党的领导机关在国家机关、人民团体、经济组织、文化组织、社会组织等非党组织的领导机关中派设的党组（党委），可谓党政关系的一个缩影。从党章关于党组的设与不设及其职能定位调整等相关规定的修订中，我们可以一窥党内法规是如何顺应执政形势任务的变化而与时俱进的。

在建党后至新中国成立前这段时期，我们党是革命党和领导党，还不是实现全面执政的执政党。这个历史时期的党内法规制度烙下深深的革命党和领导党痕迹，重在反对反动政府，旨在全面夺取政权、成为执政党。比如，1921 年党的一大通过的《中国共产党纲领》第 2 条规定，党的纲领之一是“革命军队必须与无产阶级一起推翻资本家阶级的政权，必须援助工人阶级，直到社会阶级区分消除的时候”。第 14 条规定：“党员除非迫于法律，不经党的特许，不得担任政府官员或国会议员。士兵、警察和职员不受此限。”1927 年党的中央政治局会议审议通过的《中国共产党第三次修正章程决案》，专设第 10 章规定“党团”，第 71 条规定：“在所有一切非党群众会议，及执行的机关（国民党国民政府工会农协会等等）中，有党员三人以上，均须组织党团，党团的目的，是在各方面加紧党的影响，而实行党的政策于非党的群众中。”

新中国成立后，我们党实现了全面执政，但直到改革开放前这段时间内，革命党的色彩、一元化领导和无产阶级专政的色彩浓厚，党政关系经历的各种变化在党内法规中得到及时反映。比如，1956 年党的八大修改通过的党章“总纲”提出，“现在，我国的社会主义改造在各方面都已经取得了决定性的胜利……中国共产党的任务，就是有计划地发展国民经济”。第 59 条规定：“在国家机关和人民团体的领导机关中，凡是有担任负责工作的党员三人以上的，就应当成立党组。党组的任务是在这些组织中负责实现党的政策和决议，加强同非党干部的团结，密切同群众的联系，巩固党和国家的纪律，同官僚主义作斗争。”1969 年党的九大修改通过的党章“总纲”提出，“中国共产党是由无产阶级先进分子所组成，领导无产阶级和革命群众对于阶级敌人进行战斗的朝气蓬勃的先锋队组织”。第 5 条第 5 款规定：“无产阶级专政的国家权力机关，人民解放军，和共产主义青年团、工人、贫下中农、红卫兵及其他革命群众组织，都必须接受党的领导。”第 7 条规定：“党的各级委员会，根据一元化领导、密切联系群众和精简的原则，设立办事机构，或者派出自己的代表机关。”1973 年党的十大修改通过的党章“总纲”提出，“社会主义社会是一个相当长的历史阶段。在这个历史阶段中，始终存在着阶级、阶级矛盾和阶级斗争，存在着社会主义同资本主义两条道路的斗争，存在着资本主义复辟的危险性，存在着帝国主义、社会帝国主义进行颠覆和侵略的威胁。这些矛盾，只能靠无产阶级专政下继续革命的理论和实践来解决”。第 7 条规定：“国家机关，人民解放军和民兵，工会、贫下中农协会、妇女联合会，共产主义青年团、红卫兵、红小兵及其他革命群众组织，都必须接受党的一元化领导。在国家机关和人民团体中，可以设立党的委员会或党组。”1977 年党的十一大修改通过的党章“总纲”规定，“中国共产党在整个社会主义历史阶段的基本纲领，是坚持无产阶级专政下的继续革命，逐步消灭资产阶级和一切剥削阶级，用社会主义战胜资本主义。党的最终目的，是实现共产主义”。第 14 条规定：“国家机关，人民解放军及民兵，工会、共产主义青年团、贫下中农协会、妇女联合会和其他革命群众组织，都必须接受党的绝对领导。在国家机关和人民团体中，应设立党组……”

改革开放后，党的路线和纲领经历了较大调整，党的执政模式发生深刻变革，党政关系也呈现出或紧或松、有合有分的显著变化。1982 年党的十二大修改通过的党章“总纲”提出：“中国共产党工作的重点，是领导全国各族人民进行社会主义现代化经济建设。”第 46 条规定：“在中央和地方国家机关、人民团体、经济组织、文化组织或其他非党组织的领导机关中成立党组。党组的任务，主要是负责实现党的方针政策，团结非党干部和群众，完成党和国家交给的任务，指导机关党组织的工作。”第48条规定：“在需要对下属单位实行高度集中统一领导的国家工作部门中，党组的职权和工作任务，以及是否把这些部门的党组改为党的委员会，由中央另行规定。”1987年党的十三大通过的《中国共产党章程部分条文修正案》载明，将党章第46条中的“在中央和地方国家机关、人民团体、经济组织、文化组织或其他非党组织的领导机关中成立党组”改为“在中央和地方各级人民代表大会、政治协商会议、人民团体和其他非党组织的经选举产生的领导机关中，可以成立党组”，在行政机关、审判机关、检察机关、企业事业单位等中不再设立党组。1992年党的十四大修改通过的党章第46条规定：“在中央和地方国家机关、人民团体、经济组织、文化组织和其他非党组织的领导机关中，可以成立党组。党组的任务，主要是负责实现党的路线、方针、政策，讨论和决定本部门的重大问题，团结非党干部和群众，完成党和国家交给的任务，指导机关和直属单位党组织的工作。”1997年党的十五大修改通过的党章对有关党组设立及其职权的规定未作修改。2002年党的十六大修改通过的党章第46条规定：“在中央和地方国家机关、人民团体、经济组织、文化组织和其他非党组织的领导机关中，可以成立党组。党组发挥领导核心作用。党组的任务，主要是负责贯彻执行党的路线、方针、政策；讨论和决定本单位的重大问题；做好干部管理工作；团结非党干部和群众，完成党和国家交给的任务；指导机关和直属单位党组织的工作。”2007年党的十七大修改通过的党章对党组设定内容进行了微调，将“团结非党干部和群众”改为“团结党外干部和群众”。2012年党的十八大对这部分内容未作修改。2013年，《中央党内法规制定工作五年规划纲要（2013—2017年）》提出要“制定《中国共产党党组工作条例》”。2015年，《中国共产党党组工作条例（试行）》出台，对党组（委）的设立、职责、运行等作出全面规范，这是完善党的领导制度和执政制度的一个重要举措。2017年党的十九大对党章的修改，充实完善了党组的职权职责。2019年，党中央根据党的十九大《中国共产党章程（修正案）》以及新形势新任务新要求，修订出台《中国共产党党组工作条例》。

实践证明，党组作为党在中央和地方国家机关、人民团体、经济组织、文化组织和其他非党组织的领导机关中设立的领导机构，在本单位发挥把方向、管大局、保落实的领导作用，是党对非党组织实施领导，进而领导经济社会发展的重要组织形式，在党的组织体系中具有特殊地位。在非党组织的领导机关中设立党组，就是将党的组织嵌入非党组织领导机关中，这就为党委在人大、政府、政协、司法机关、国有企业事业单位等非党组织当中建立了“桥头堡”。党组制度，是我们党从国情出发的一大发明和创造，体现了我们党独特的政治优势、组织优势和制度优势，有利于确保党的理论和路线方针政策得到贯彻落实，有利于更好发挥党总揽全局、协调各方的领导核心作用。

三、统一性

统一性，指的是有关党的组织针对不同方面在不同时期制定的党内法规，具有融为一体的逻辑自洽性。不同规范具有内在的协调一致性，这属于党内法规的规范属性。

第一，统一性意味着不同党内法规规范同根、同质、同心、同向。

所谓“同根”，是指一切党内法规制度建设活动皆以党章为根本。党章是整个党内法规规范群的“鼻祖”。党章规范的根本性、抽象性、概括性和原则性，决定了它具有广泛的覆盖性和极强的包容性，在由党章统率的党内法规制度体系中，每一条规范都能直接或间接地从党章中找到根本依据，都必须符合党章的具体规定或者原则精神。反言之，如果某条具体规范最终在党章上找不到出处，那么这种规定的“出身”的正当性就会受到质疑。

所谓“同质”，是指所有党内法规在本质上都是党的统一意志的体现。尽管有的党内法规是党的中央组织制定的，有的是中央纪委、党中央工作机关制定的，有的是省区市党委制定的，但无论由谁制定，它们形异质同，体现的都是党的统一意志，而非某个党委部门、某个地方党的组织的意图，更非某个领导干部的个人意愿。

所谓“同心”，是指所有党内法规规范都围绕民主集中制这个核心展开。虽然不同党内法规各有侧重，有的侧重于发扬党内民主、保障党员民主权利，有的侧重于强调党的组织纪律性、维护全党的集中统一，但这种“侧重”强调的是在体现民主与集中时二者程度上的差异，可以在从“一九开”到“九一开”的光谱中选择合适的定位，而不能因其各有侧重而失之偏颇，陷入极端的民主或者极端的集中。民主与集中的辩证统一性如同基因的双螺旋结构，决定着每一种党内法规的制度构造，所有党内法规的血管中都应当同时流淌着民主与集中两种因子化合而成的血液。

所谓“同向”，是指所有党内法规都坚持共同的行动指向。都要把牢政治方向，符合增强“四个意识”、坚定“四个自信”、做到“两个维护”的政治要求，都要坚持“四个服从”，始终同党中央的重大决策部署保持高度一致；都要合乎主旋律，坚持党的性质、地位、奋斗目标、指导思想、宗旨、路线方针政策，坚持党的基本理论、基本路线、基本方略；都要围绕中心、服务大局，坚持统筹推进“五位一体”总体布局和协调推进“四个全面”战略布局，统筹推进“四个伟大”，不断提高党的执政能力和执政水平，永葆党的先进性和纯洁性；都要坚持正确的制度变革导向，科学制定、民主制定、依规制定，为更加坚定地做到“两个维护”、更加充分地保障党员民主权利、更加有效地规范党的组织和党员领导干部的权力提供制度保障。

第二，统一性意味着党内法规建设一脉相承、守正创新。

党内法规建设不可能一蹴而就，需要久久为功；党内法规体系不可能一成不变，需要与时并进。经过建党100年、新中国成立70多年特别是改革开放40多年的不懈努力，涵盖党的领导和党的建设各方面、各领域、各层次的比较完善的党内法规体系即将形成。在这个经过几代共产党人前后接力形成的党内法规体系中，我们既能看到不变的红色基因，又能看到跳动的时代脉搏，党内法规正是在这种变与不变中实现承前启后、继往开来。

1938年，毛泽东同志首次提出要通过制定党内法规来规范党内生活，这个初衷至今未变，但党内法规的调整范围、调整对象和事项、调整方式、调整效果已今非昔比。从党的三大开始，形成每次党的全国代表大会都要修改党章这个惯例，但每次党章修改的背景、意图、精神和内容都明显不同。加强党的建设向来离不开党的制度保障，而党的制度建设在党建格局中的定位越来越重要、越来越准确。为回应党的自身建设与党的领导和执政活动的现实需要，党内法规制度一直在作适应性的立改废释，但不同时期的制度变革的速度和力度差之甚远。党内法规制度安排既要体现民主又要体现集中这个要求一直未变，但不同时期的党内法规存在更强调党员权利保障还是更强调纪律约束的重心选择的差异。

党内法规建设的代代相传、前后接力前进，形成了“四世同堂”的党内法规体系，既有少数几部新中国成立之初制定出台的“年事已高”的“老年”法规，又有大量改革开放之后制定出台的“年轻力壮”的“中年”法规，还有一大批进入21世纪之后制定出台的“英气逼人”的“青年”法规，更有许多问世不久的“朝气蓬勃”的“少年”法规，它们齐心协力为管党治党、执政治国提供强有力的制度保障。

第三，统一性意味着党内法规规范群内部上下左右协调一致。

整个党内法规体系如同一个人丁兴旺的大家族。

在纵向上，从党内法规家族的“家谱”能看出不同党内法规之间的高低有序。在位阶上，党章高居顶端，在党章之下依次是其他中央党内法规，中央纪委和党中央工作机关制定的部委党内法规，省区市党委制定的地方党内法规。在逻辑上，党章是最根本的党内法规，在这个“根”上生长出的依次是基础主干性党内法规、枝桠性党内法规和细枝末节性党内法规。在名称上，党章为首，之后包括准则、条例以及规定、办法、规则、细则等。

在横向上，从党内法规家族的“家谱”能看出相关党内法规之间的“同辈”比肩。在调整事项上，中央党内法规居中，中央纪委与中央组织部、中央宣传部、中央统战部、中央政法委等党中央工作机关制定的部委党内法规分列左右。在调整领域上，党章居中，党的组织法规、党的领导法规、党的自身建设法规、党的监督保障法规等分列左右，形成“1+4”的基本架构。在调整地域上，党章与其他中央党内法规居中，部委党内法规、地方党内法规分列左右。在调整对象上，党章居中，规范党的领导工作的法规和规范党的建设活动的法规分列左右。在规范功能上，综合性党内法规居中，实体性规范与程序性规范、制约性规范与激励性规范、组织性规范与行为性规范等分列左右……

总之，所有党内法规都姓“党”，都是党的统一意志的体现，彼此分工不分家，既要为我们党管党治党立规矩，更要为我们党执政治国定遵循。

特　征

特征，是指可以作为人或事物特点的征象、标志等。党内法规的本质和属性是内在的、抽象的，需要依靠理性思维去洞察。毛泽东同志说，凡属本质和规律的东西，眼睛看不见，只能用心思去想一想。相形之下，党内法规的特征则是外在的、具象的，是能够感受到的，是眼睛可以看得见的。党内法规的征象、标志，既是由党内法规的本质和属性所决定的，也是以比较对象作为参照而彰显出来的。较之党的规范性文件、党的组织的具体决定、领导讲话等，党内法规呈现组织性、规范性、抽象性、泛适性等基本特征。

一、组织性：党内法规是特定党的组织集体决策的产物

党内法规乃治党执政公器，因公而立、因公而行、因公而生威。党内法规从无到有、从旧到新、从生到灭，皆是以党的组织名义而为的集体决策的产物，直接反映的是制定主体的意图，最终体现的是党的统一意志，“公”字贯穿始终。

首先，制定党内法规是为了满足公共目的需要。立规的直接目的是规范和保障党的领导和党的建设活动、规范党的工作和党员行为、调整特定党务关系；主要目的是保障和约束党的组织和领导干部的权

力、保障党员民主权利；最终目的是保持党的先进性和纯洁性、巩固党的长期执政地位，实现党执政兴国的历史使命。其次，制定党内法规应当以组织行为为据。立规直接依据的是上位党内法规或者上级党的组织作出的决定、决议、命令和报告等。再次，党内法规的制定活动属于组织行为。党内法规由特定党的组织负责起草，一般应由党的会议集体审议通过，以党的组织文件形式发布，解释、备案、清理、评估等党内法规工作也是以党的组织名义开展。最后，党内法规的效力状况取决于党的组织决定。党内法规的效力因党的组织的“立”而生、因党的组织的“改”而变、因党的组织的“废”而止。一言以蔽之，党内法规制定活动只能以组织名义开展，是集体决策的产物。

根据《中国共产党党内法规制定条例》，只有特定党的组织才有权立规，领导个人显然不能作为立规主体。虽然发表指示、批示、文章、讲话等往往被当作领导履职的重要方式，但其中含有不少领导本人的看法、见解、意见、建议等，这就使其在反映党的组织意图方面经常不那么纯粹。更重要的是，较之领导作出的指示、批示、文章、讲话等，以党的组织名义开展的党内法规制定活动，对制定主体要求更为严格，只有党的中央组织、中央纪委、党中央工作机关、各省区市党委等的组织意图可以转化为党内法规；对制定程序要求更为严格，应当始终坚持民主集中制，在起草时广泛征求党员干部群众意见，在审批时一般采用会议审议方式；对制定内容要求更为严格，有关党的组织的职权职责、党员的义务权利以及开展党的领导和党的建设活动的体制机制、方式方法等方面的规定应当明确具体。

当然，这并不否认党的组织意图与领导言论通常应当是一致的。领导言论能否作为党内法规制定依据，要具体区分其发表的意见究竟是组织意见还是个人看法。凡是经过组织授权发表、内容经过组织审定的意见，代表的都是组织意图，反之则不是。

一则，对于领导人代表党的组织所作的工作报告，特别是在党的代表大会、全会上所作的报告，它的形成历经党的组织反复研究讨论，还须经会议审议通过，其所体现的是属于党的组织意图而不再是领导的个人意志，它们本身就具有约束力，相关要求可以直接转化为党内法规制度。例如，党的十九大报告作出的加强党的制度建设方面的决策部署，可以直接作为党内法规制定依据，其要求可以直接转化为党内法规制度。

二则，对于领导人发表的其他讲话或者重要文章，凡是经过党的组织审定的，也可视为党的组织意思表示，可以按照《中国共产党党内法规制定条例》规定的程序转化为相应的党内法规制度规定。

三则，至于领导人发表的未经组织审定的其他指示、批示、文章或者讲话等，主要属于领导个人意见，不宜直接作为党内法规制定依据，其精神可以在制定党内法规时予以参考。

二、规范性：党内法规是逻辑严密的行为规范

观其外形，党内法规明显不同于党的规范性文件。在名称上，党内法规使用的是党章、准则、条例、规定、办法、规则、细则等专属名称，这区别于规范性文件使用意见、决定、决议、通知等红头文件名称；在表述形式上，党内法规通常采用编、章、节、条、款、项、目等条款方式，这区别于规范性文件一般采用段落方式；在文本框架上，党内法规一般以总则、分则、罚则、附则方式“设定”党的组织职权职责、党员义务权利，提出令行禁止要求，并规定相应的追责机制，这区别于规范性文件一般要“阐明”解决主旨问题的必要性和可行性、指导思想和主要原则、目标任务和工作要求、主要举措和组织保障等内容。

较之党的规范性文件，党内法规具有清晰、严密、完整的逻辑结构。大致说来，党内法规规范的逻辑结构包括以下 3 个部分：一是适用假设，它设定的是法规适用条件；二是行为模式，它设定党的组织职权职责、党员义务权利及其实现方式，这部分是党内法规的主体；三是法规后果，它设定党务关系主体作出禁为行为承担的否定性后果与作出倡导行为获得的肯定性后果。相形之下，规范性文件虽然也会对特定党的组织和党员提出要求，但一般不会去建构一套完整的逻辑结构，尤其是不去针对各种禁止性行为或者义务要求逐一设定相应的

奖惩后果，至多笼统提出要建立健全责任制等要求，更多地侧重于从建立健全组织保障机制等角度来保证令行禁止。

党内法规具有一套完整的逻辑结构，这使党内法规制度安排具有确定性、严密性、可预期性、稳定性等特点。

所谓确定性，是指党内法规使用的一般是涵义确定、少有歧义的法言法语及党言党语，较少使用感情色彩词语，尽量避免使用模棱两可表述，以免因规范要求的含糊不清造成随意裁量。这与规范性文件明显不同，后者经常会使用“明显”“一般”“大幅度”“更加”“非常”“特别”“紧迫”“至关重要”“关键”等模糊表述。

所谓严密性，是指党内法规的总则、分则、罚则、附则 4 个板块齐全，不同制度安排环环相扣，实体性规定、程序性规定、保障监督性规定相互匹配，规范逻辑结构的假设、行为模式和法规后果 3 个部分紧密关联，每一种行为都对应特定的适用条件和法规后果，有权必有责、用权受监督、违规须担责。这与规范性文件明显不同，后者往往遵循发现问题、分析问题、解决问题的思路，重在提出研究解决问题的具体政策措施，不在于作出逻辑严密的制度安排。

所谓可预期性，是指党内法规具有较强的行为指引和后果预测功能，党的组织和党员依据党内法规在事前已存在的明文规定，可以较为准确地预测选择为或不为某种行为后所产生的法规后果，可以较为准确地预测守规的成本收益与违规的成本收益，只要规定科学合理，违规得不偿失，那么理性的行为就是选择合规。这与规范性文件不同，其所提供的往往是方向性的大概行为预期。

所谓稳定性，是指党内法规的制度安排通常是成熟定型的，有实践经验支撑，具有较强的适应性，可以在较长时间内维持不变、持续有效，据此维护党务关系的稳定性、连续性，避免出现短期行为和以机会主义方式行事。这与规范性文件不同，规范性文件的优点往往在于“短平快”，更加注重灵活多样，可以根据形势任务的发展变化及时调整其政策措施。

三、抽象性：党内法规的规定要求是经过概括提炼的

党内法规反映的是党的组织意图，但并不是所有党的组织意思表

示都能成为党内法规。大致说来，党的组织意思表示分为两种：一种是针对特定人、特定事，在事后作出的只能使用一次的具体决定，比如，针对党员的纪律处分决定，它是对特定党员在处分之前已经实施的违纪行为的确认和处理，只能使用一次；另一种是针对不特定人、不特定事，在事前作出的可以普遍适用、反复适用、长期适用的抽象决定，比如，制定禁止党员领导干部经商办企业的办法，它是针对不特定人（所有党员领导干部）、不特定事（不限于某次具体经商行为或者经营某个企业）作出的要求，在该办法出台后不得去实施的行为，具有规范功能。能够成为党内法规的，只能是后一种意思表示。

作为一种制度规范，党内法规的典型特征之一是其呈现的抽象性。

党内法规旨在规范党的工作活动、理顺党务关系，但党的工作活动千姿百态，党务关系错综复杂，每一种行为、每一种关系都有其鲜明个性。党内法规要广泛适用于多种党的工作活动和党务关系，就离不开概括和抽象，将党的组织工作活动和党员行为的共性提炼出来，变成具有高度涵盖性的制度安排。

概括抽象所运用的方法是类型化，即以若干相近的行为方式为基础，在其上确立一个上位概念来指代这些现象。比如，将复杂的党内法规制定过程概括抽象为规划、起草、审批、发布、解释、备案、清理、实施评估等几个主要环节，每一环节即成一个行为类型，并运用“制定”概念指代所有相关行为。

党内法规是抽象的，这并不意味着所有党内法规的抽象程度都是相同的，按照党内法规对生动具体的党的工作活动的抽象概括程度的高低，会形成一个由低到高的类型化光谱。一般而言，抽象程度越低，则越多体现调整对象的个性、越接近实践、适用范围越窄、效力位阶越低；反之，抽象程度越高，则越多体现调整对象的共性、越远离实践、适用范围越宽、效力位阶越高。抽象程度最高的是党章，适用于全党所有行为，准则、条例等基础主干党内法规次之，规定、办法、规则、细则等配套党内法规再次之。以规范党内法规制定工作为例，党章规定最为抽象，提供的是根本遵循；《中国共产党党内法规制定条例》比较抽象，对各类制定行为作出全面规定；《中国共产党党内法规和规范性文件备案审查规定》比较具体，对备案范围、主体、审查、处理等作出具体规定。就此而言，在制定一部特定党内法规时，需要根据其在整个光谱中所处位置来定位其抽象程度，该抽象的不能太过具体，应当具体的不能失之抽象。

四、泛适性：党内法规具有普遍适用、反复适用的效力

党内法规体现的是党的统一意志，具有权威性和严肃性，在其效力存续期间，应当具有泛适性，得到反复适用和普遍适用。

党内法规的适用范围指向的是效力范围，包括对人的效力、对事的效力、时间效力和空间效力等几种形态。一般而言，指向相同主体或事项的不同党内法规，效力位阶越高，则适用空间范围越广、有效时间越长。在这个意义上，虽然每一部党内法规都只有其特定的适用范围和调整对象，但各类各级党内法规从不同角度、在不同层次上同时规范党的工作、活动和党员行为，就形成了一种相互交织的互补性调整，避免出现制度死角和规范盲区。打个比方，运用党内法规规范党的领导和党的建设活动，规范党的组织工作活动和党员行为，如同运用一盏无影灯照亮手术台，虽然每一个灯泡的光不能独自解决手术活动形成的阴影问题，阴影却在所有灯泡的多角度交织照射下荡然无存。

党内法规的泛适性，主要包括普遍适用和反复适用两个方面。

党内法规的普遍适用性，是针对被纳入其适用范围的调整对象而言的，凡是属于其调整对象的党的组织和党员都应当遵循其规定，不得例外、不能豁免，凡是这些党的组织和党员实施相关活动都应当依规行事，不得规避、不容突破，至于未被纳入其适用范围的其他党务活动则不受其约束。比如，所有符合条件的领导干部都要遵循《领导干部报告个人有关事项规定》，但普通党员则不受此限。又如，《中国共产党党内法规制定条例》对党内法规的制定活动具有普遍适用性，无论是党的中央组织还是中央纪委、党中央工作机关和省区市党委，也无论是编制规划计划、起草还是审批发布、解释等活动，都应

当普遍适用，但制定规范性文件却不受此限，其所遵循的是《党政机关公文处理工作条例》等。党内法规具有普适性，但不能因此机械地认为每一部党内法规都能适用于所有党的组织和所有党员。事实上，除党章外，没有一部党内法规能够规范所有党的工作活动、调整所有党务关系；相反，每部党内法规的调整范围都是特定的，每部党内法规都应当聚焦其规范事项和调整对象。

关于不能将党内法规的普遍适用性作绝对化理解这个问题，有一种情形需要注意，即不同党内法规针对同一主体作出的一般规定与特别规定二者要求不一致时，特别规定优先适用，一般规定的适用性事实上就会受到限制。比如，针对支部建设，《中国共产党农村基层组织工作条例》《中国共产党党和国家机关基层组织工作条例》《中国共产党普通高等学校基层组织工作条例》等作出的一般规定，与《中国共产党支部工作条例（试行）》不一致时，优先适用《中国共产党支部工作条例（试行）》。特别规定优于一般规定，仅限于同一位阶不同党内法规之间，不适用于不同位阶。对此，《中国共产党党内法规制定条例》第 33 条明确规定："同一制定机关制定的党内法规，一般规定与特别规定不一致的，适用特别规定；旧的规定与新的规定不一致的，适用新的规定。"严格说来，不同位阶之间的规定是不允许作出相左规定的，下位阶规定与上位阶规定不一致的，属于应当纠正的情形，不能被错误地当作特别规定。对此，《中国共产党党内法规制定条例》第 32 条明确将"同上位党内法规和规范性文件相抵触"列为责令改正或者撤销的情形之一。

当然，我们也不能一见到下位规定与上位规定不完全相同，就简单地认为下位规定违反了上位规定。在实践中，类似情形往往属于下位法规对上位法规作出的配套性规定。在上位规定"预留"空间内，下位法规应当作出更加具体、更有针对性、更具有可操作性的规定，这就是配套法规的意义所在；如果下位法规简单照抄照搬照转上位法规，那么这种所谓的保持一致是毫无意义的。鉴于此，主体法规与配套法规、原则性要求与具体规定的关系，不同于一般规定与特别规定的关系，我们不能将二者混为一谈。比如，《中国共产党党内法规制定条例》第 35 条对党内法规的备案审查作出原则性规定，在此基础上，《中国共产党党内法规和规范性文件备案审查规定》作出具体规定，二者之间是主体法规与配套法规的关系，在开展备案工作时，我们往往直接适用的是后者而非前者，主要是因为后者的规定更为具体，但不能错误地将这种就近适用理解为特别规定优先适用于一般规定。

党内法规泛适性的另一个方面是其反复适用性。党内法规因其可以反复适用，故而有利于提高党的组织的工作活动和党员行为选择的可预期性，有利于节减管党治党、执政治国的治理成本。

试想一下，倘若没有党内法规制度，那么每一个党的组织在作出每一个具体决定时，都要就党务关系主体的权利义务、职责职权等进行一次界定，重复界定的成本之高可想而知。以交纳党费为例，每名党员在向党组织交纳党费时，都存在应当交纳多少、交给谁、怎么交、不交怎么办等问题，如果没有相关制度明确规定，那就免不了每人每次交纳时都要与党组织讨论这个问题，这种讨论不仅会造成结果的随意性，还会耗费大量“谈判成本”，因此，很有必要就党费交纳问题作出相关规定，今后任何党员只要依规交纳即可。为此，1952 年制定《中共中央关于党员缴纳党费的规定》、1954 年制定《关于包干制党员与候补党员缴纳党费问题的规定》、1955 年制定《全国人民代表大会党员代表每月从所得工作费中缴纳党费的办法》、1956 年制定《中共中央关于共产党员缴纳党费的规定》等。党章规定：“党员如果没有正当理由，连续六个月不参加党的组织生活，或不交纳党费，或不做党所分配的工作，就被认为是自行脱党。”关于党费交纳问题现行有效的党内法规主要是《关于中国共产党党费收缴、使用和管理的规定》。

制度作为规矩可以反复适用，不仅如同科斯定理所揭示的那样能够节减交易费用，还能保证适用结果的公正性和确定性，同样情形同样对待、不同情形区别对待。在这一点上，抽象的党内法规与具体的组织决定之间存在根本区别，即党内法规是一次制定、多个相关主体可以多次适用、反复适用，只要出现了党内法规设定的假设条件，那么相关主体即可以特定党内法规为依据形成某种党内法规关系，而具体决定只能适用一次。作为作出具体决定的制度依据，党内法规可以与特定党的工作活动或者党务关系的事实相结合，产生成千上万的具体决定，其道理如同使用一把圆规可以画出无数个圆、使用一把尺子可以画出无数条直线。

党内法规的生命力与其反复适用的频率是正相关的：频率越高，表明其生命力越旺盛，产生的具体决定就越多；如果一部党内法规几乎不被适用，那就意味着它属于束之高阁的“死规”。当然，我们也不能将党内法规的反复适用特性绝对化：一则，党内法规的反复适用不是无条件的，只有当其规定的条件情形出现时才会产生拘束力、发挥规范作用，如同只有画圆时才有必要使用圆规一样；二则，党内法规的反复适用仅限于其效力存续期间，一旦某一制度规定被修改、废止或者宣布失效，那它就不再被适用了。

党内法规要得到普遍适用、反复适用，一个必要前提是它被知晓，特别是被其调整规范的对象知晓。未公开、不被知晓的法律文件不得作为执法和司法依据，这是法律常识。政务公开首先是执法依据公开，党务公开首当其冲的也是党内法规公开，这是党内民主的最低要求，也是程序正义题中应有之义。

一方面，党内法规制定过程应当保持最大限度的开放性。立规过程不仅是一个确立制度安排的决策过程，还是一个统一思想、提高认识、增进共识的教育动员过程。广泛听取党员群众建议，征求相关党政机关意见，这既是科学、民主立规的必然要求，也是尊重党员知情权、参与权和表达权的需要。制定党内法规倘若闭门造车，导致与之相关的党的组织和党员一无所知，那就既不利于集思广益，也有悖于科学、民主的立规原则，不利于保证党内法规的制定质量和实施效果。

另一方面，党内法规的内容要求应当尽可能公开。党内法规是党的领导和党的建设活动的依据，党的组织和党员只有知晓其具体要求才有可能依规办事。党内法规制定出台后倘若被锁在保密柜里不为人知，那就很难做到让相关党的组织和党员办事依规、遇事找规、解决问题用规、化解矛盾靠规。当然，提高党内法规的透明度、公开性、知晓率，并不意味着所有党内法规在出台时都要一律向全社会公开发布。实践中，就党内法规公开范围而言，有些是有限公开，即党内法规只向其所涉的党的组织和党员公开，凡是被纳入调整范围、其权益有可能受到直接影响的党的组织和党员，都能知悉其内容规定；有些是全面公开，即党内法规出台后在党报党刊上向社会公开发布，人所共知。就党内法规公开时间而言，有些是即时公开，即党内法规的印发之日即为公开发布之时；有些是适时公开，即先按党内法规密级高低在党内一定范围发布，待解密后先在党内公开，而后再在党报党刊上刊发向全社会公开。

《中国共产党党内法规制定条例》第 29 条第 3 款规定："党内法规除涉及党和国家秘密不得公开或者按照有关规定不宜公开外，应当在党报党刊、重点新闻网站、门户网站等党的媒体上公开发布。"据此，党内法规在发布上以公开为原则，以不公开为例外。应当说，党内法规的公之于众，有利于党内法规的普及、宣传和研究，有利于党内法规的执行和遵守，有利于广大党员群众对党内法规的实施情况进行监督。

功　能

党内法规之所以如此重要，是因为它具有极其重要的作用。党内法规的制定和实施会带来治理成效，这是以付出相应社会资源为成本的，只有当其收益不小于成本时才是划算的。党内法规的收益，即党内法规应当具备的规范功能，更准确地说，就是党内法规产生的实际作用。党内法规到底有什么用？党内法规的定义回答了这个问题：党内法规是用来规范和保障党的领导和党的建设活动的。具体而言，党内法规具有规范党的生活、调整党务关系、引导党的组织和党员作出正确行为选择、预测行为结果、评价行为是非并作出奖惩的作用。为形象起见，我们可以借用若干隐喻来揭示和描述党内法规的这些功用。

一、党内法规是规矩

“没有规矩，不成方圆。”

我们党是一个百年大党和长期执政的党，坚持和加强党的全面领导，坚持党要管党、全面从严治党，离不开党内法规提供的坚实制度保障。党要管党、从严治党，是党的建设的一贯要求和根本方针。全面从严治党，基础在“全”、核心是“加强党的领导”、关键在“严”、要害在“治”。如果没有一套完善的用来规范党的建设活动的党内法规制度，那就难以把党要管党、全面从严治党的方针落到实处，就难以保证党的先进性和纯洁性，就难以保证全党的团结统一、行动一致。我们党是执掌治国理政权力的长期执政的党，如果没有一套完善的用以规范和加强党的领导和执政活动的党内法规制度，那就难以保证执政权的科学设定、规范运行，就难以保证党科学执政、民主执政、依法执政，就难以正确发挥党总揽全局、协调各方的领导核心作用。因此，要规范党的领导和党的建设活动，要保证管党治党和执政治国行为的规范性、可预期性和有效性，就离不开党内法规来为党的领导和党的建设活动提供行为规矩。

有了规矩，党的领导和党的建设活动该直则直、宜圆则圆，不会失之随意；有了规矩，就可以“线”和“圆”为基本要素绘制党的领导和党的建设活动的工作蓝图；有了规矩，就可以做到治党执政的内方外圆——党内宜方，对按照民主集中制原则作出的组织决定，党的组织和党员必须无条件服从，党外宜圆，不简单搞以党代政、强迫国家政权机关和其他组织接受党的组织意见，而是依靠其正确性、权威性赢得领导对象的信服和自觉遵从，彰显党的政治领导力、思想引领力、群众组织力、社会号召力，把坚持党对一切工作的领导落到实处。

作为规和矩，党内法规应当简洁明了、不能晦涩难懂，应当易于操作、不能笨拙难用，应当标准清晰、不能含混不清，应当全党通用、不能各搞一套。既然党的领导和党的建设活动涉及方方面面，党的组织工作活动和党员行为有繁有简、有轻有重、有高有低，那么党的规矩就应当有大有小、有长有短，才能保证针对各种行为都能画出相应的“方”和“圆”。在党的规矩中，党章是全党的总章程，是全体党员和各级党的组织都必须遵从的总规矩，是最大的“规”和最长的“矩”；其他中央党内法规次之，部委党内法规又次之，地方党内法规再次之。

规矩的长短和大小，直接决定着党内法规调整范围的大小和调整对象的多少。制定党内法规时，应当按照《中国共产党党内法规制定条例》关于7类党内法规分工的规定，因事而异，针对调整对象和规范事项的不同选择合适的名称、合适的位阶，提供长短大小适宜的规矩，做到合乎比例、恰到好处，既要避免失之于短和小、力不能及，也要避免失之于长和大、过犹不及。

二、党内法规是轨道

我们常说，要把党的领导和党的建设活动纳入制度化轨道，这个比方是将党的领导和党的建设活动比作列车，而轨道则是党内法规制度。只有将党的组织的工作、活动和党员行为纳入党内法规的轨道，才能保证治党执政这个高速列车实现方向可控，朝着既定的提高党的长期执政能力和保持党的先进性、纯洁性的目标前进，不偏不倚；实现速度可控，按照新时代党的建设总要求指明的方向和党的建设新的伟大工程的决策部署所设计的速度循序渐进，不会过快或过慢；实现结果可控，在预计时间到达目的地，实现全面建设社会主义现代化国家的奋斗目标和中华民族伟大复兴的中国梦。

轨道的意义不是自足的，而要见之于列车，以保障列车安全高速运行为要旨。

为了保障党的领导和党的建设活动向前推进，要加强党内法规制定工作，加快形成覆盖党的领导和党的建设各方面的党内法规制度体系，建成四通八达的铁路网，越是偏远地区越要加大建设力度以填补空白，保证党的工作活动有章可循、党的建设列车有路可走。鉴于此，要保证党内法规内容标准统一、全线贯通，不能各管一段、各搞一套，防止出现部门标准相左、地方标准各异，因条块分割、政出多门导致党的工作活动无法贯通一体。

要注重党内法规制定的科学民主，坚持解放思想、实事求是、求真务实、与时俱进，既要实地调研、仔细勘察，立足实际、因势而定、顺势而为，最大限度保证制定出台的党内法规切合实际，立得住、行得通、管得了，又不能一味迁就现实的地形条件限制，不去直面现实问题和突出矛盾，搞躲闪、绕行、变通那一套，要有逢山开路、遇水搭桥的勇气和智慧，保证轨道尽可能平直，为列车的安全高速运行提供制度条件。

要注重党内法规运行的日常维护，不能以为制定出台、通车运行之后就万事大吉了，还要通过经常性开展解释、清理、备案、实施评估等各类法规工作，对轨道进行保养、检修，消除安全隐患，保证轨道始终牢固安全可靠。要确保党内法规制度变革的与时并进，立足中国特色社会主义进入新时代的历史方位，全面把握世情国情党情发展变化的新特点，胸怀中华民族伟大复兴战略全局和世界百年未有之大变局，适应我国日益走近世界舞台的中央的新形势，顺应坚持和完善中国特色社会主义制度、推进国家治理体系和治理能力现代化的新要求，顺应全面推进“五位一体”总体布局和协调推进“四个全面”战略布局的新实践，顺应加强新时代党的建设的新部署，全方位立体式推进“高铁”时代党内法规制度建设，以党内法规制度供给侧结构性改革为主线，通过全面及时开展党内法规的立改废释工作，铺设新轨、升级现轨、淘汰老轨，确保党内法规之轨能够始终承受党统揽“四个伟大”之重。

三、党内法规是地图

地图是出行指南，我们的生活处处离不开地图。

初到一个陌生地方，我们总想找到一幅当地的地图以迅速熟悉情况，搞清楚自己在哪里、目的地在哪里、如何到达目的地。通过党内法规规范治党执政活动也是这个道理。党的建设新的伟大工程是一项宏大复杂的系统工程，要完成这个艰巨任务就得从党内法规制度上对其进行整体设计、全面部署，而编制党内法规制定工作规划计划，类似于制作党建工程的设计图纸和施工图。党的自身建设与党的领导活动纷繁复杂，如同一望无际的茂密森林，要保证行走其中不迷路、不落入陷阱、不被藤萝绊倒，就得按照党内法规指明的方向前行。党务关系如同一个道路纵横交错、街巷星罗棋布的超大城市，各种党的组织和党员在这座城市中生活和工作，就要随身携带一幅党内法规地图，知道自己身处何地、路在何方。

党内法规是地图，意味着如同在地图上标注地理分布状况，我们要在党内法规上标明党的组织的职权职责和党员的义务权利配置情况。党内法规地图是一幅党务关系的制度设计图，它不是实然而是应然意义上的地图，不是对现有党的生活的写实或者翻拍，而是对党的工作活动预期理想状态的描绘，它源于实践又高于实践，党内法规上标明的职权职责和义务权利，只有与特定事实或者行为结合之后才会形成真正的义务权利关系。

党内法规应当对党的工作活动具有清晰的指引功能，这是将党内法规比作地图的核心喻义。作为地图，党内法规应当有所缩略，对千姿百态、生动具体的党的工作活动作适当浓缩，凸显重点、淡化细节，将其抽象为特定的职权职责和义务权利；应当标注清晰，明确标注不同党务关系主体特别是各级各类党的组织在党和国家治理坐标系中的位置，以及党的组织职权职责和党员义务权利的边界，特别是在容易造成关系失序、行为失范、职权和权利出界越轨的转弯地点，容易造成主体活动“撞车”、职权和权利冲突的十字路口，容易迷失方向、误入歧途的高架桥边，更要标注清晰，不能含糊其词、模棱两可；应当按图索骥，党的组织和党员只要按照党内法规设定的行为模式，在党内法规制度规定的“导航”下即可预知其行为结果，明白开展相关党的工作活动需要经历的步骤、环节和期限，明白采用什么方式、遵循什么程序、具备什么条件、经由什么路线即可到达目的地，实现预定的目标任务。

四、党内法规是衣

若将治党执政比作体，那么党内法规就是衣，制定党内法规要根据党的领导和党的建设活动需要量体裁衣。

人有衣食住行，衣居首位。衣不蔽体难以生存，人要依赖衣服御寒保暖，并随气温升降减增衣服以保持体温恒常。党内法规之于党的领导和党的建设活动也有类似保温功能。党内法规制度要适应世情国情党情之变而变，为党的领导和党的建设活动遮风蔽雨、保驾护航，确保党的工作活动风雨无阻、一往无前。

制定党内法规如同制衣。从朴素简单的权益诉求到缜密精致的制度安排，制定党内法规大致要经历3个步骤：

一是将权益诉求纺理成线。在党的工作活动中，党的组织和党员会提出各种权益诉求，比如党员需要知情、参与、表达、批评、选举与被选举、检举、控告、申诉、关爱帮扶等，党的组织需要教育、管理、监督、指导、命令、协商、处理、处分、决定等手段，这些都需要在党内法规中得到反映。发现和确立每一项权益诉求都是在纺一根线。各种细长的权益诉求之线很容易纠缠成一团乱麻，剪不断、理还乱，党内法规制定者必须对其进行耐心梳理分类，一类权利形成一个权利束，每个权利束绕成一个线团。

二是将权责义务编织成布。党的工作活动是一个党务关系集合体，党的组织职权职责和党员义务权利不是互不相干的平行线，而是纵横交错的千丝万缕，党的组织的职责与党员权利息息相关，党员义务与党的组织职权息息相关，义务与权利、职权与职责、职权与权利共同交织成复杂多样的党的工作活动状态。制定党内法规如同织布，在党的领导和党的建设各方面配置职权与职责、义务与权利、职责与义务、职权与权利，就是将这些立规要素组合配对、编织成布。

三是制定党内法规成衣。由布到衣须经关键一步，即量身定制。除党章为党的领导和党的建设各领域各方面普遍提供根本遵循之外，其他党内法规都有其特定调整范围和规范对象，不同的党的组织工作、活动和党员行为需要不同的党内法规去规范，不同的党务关系需要与之匹配的党内法规去调整，这就要求制定者针对不同的制度需求制定相匹配的党内法规。这个立规过程，首先是测量，根据调整对象、事项和范围提出制度安排方案，以保证制定出的党内法规合体；

然后是剪裁，对职权与职责、义务与权利、职责与义务、职权与权利之布进行科学合理取舍；最后是缝合，由分到总，将不同功能的规范缝合起来形成一部完整的党内法规，进而将不同的党内法规联结成一个完善的制度体系。

党内法规发展如同换衣。衣服旧了、破了、小了就得换，衣随体变。随着党的领导和党的建设活动不断向前推进，党内法规难免也要新陈代谢、不停换衣。实践发展了，党内法规会产生各种不适应问题，或者是老化，需要立新替旧；或者是破了有漏洞，需要修改缝补；或者是小了穿不上，需要决定废止或者失效。党内法规的制度变革频率在不同发展阶段明显不同：在党的领导和党的建设活动的体制机制形成阶段一般要频繁进行，伴随党的工作活动的快速成长而不断放大尺寸，这一阶段奉行的是“宜粗不宜细”制定原则；一旦成熟定型，尺寸调整就不再是主要问题，制度变革的重点主要不是调整框架，而是在既定体系下精耕细作，奉行“宜细不宜粗”制定原则，更加注重提升衣服的质量和品位，反映更高的党性修养要求、更高的制度文明、更成熟的管党治党经验、更高超的执政治国本领。

党内法规的实施，如同穿衣。衣服的作用在于穿而非藏，党内法规的生命在于用而非立。一则，衣须穿，党内法规一旦制定出台，就得付诸实践，成为党的领导和党的建设活动的遵循，不能锁在柜里、挂在墙上，不落地不落实就不起实际作用。二则，衣须够穿，要适应四季更替变换着装，针对不同的党的工作活动和党务关系适用不同的党内法规，保证治党执政实践产生的各种党内法规制度需求都能得以满足。三则，衣须会穿，讲究合理搭配，执行党内法规要讲究方式方法、技巧技艺，制约与激励相容、权利保障与义务履行并重、程序规范与实体规范匹配，形成党内法规制度合力，实现执行效果的最大化。

五、党内法规是笼子

如果权力未被关进制度笼子，掌权者就会滥用它，这是一条亘古不变的真理。因此，每种权力，无论是党的执政权，还是国家机关的管理权，都要戴上制度的“枷锁”，实行依法治国和依规治党。制约和监督国家权力主要靠国家法律，规范和保障党的权力主要靠党内法规。

作为党的专门规章制度，党内法规旨在规范党的领导和党的建设活动，既要约束党员权利以免其滥用，也要制约党的组织权力以免其专横，但重点和难点是制约和监督党的组织的权力。之所以如此，是因为党的组织的权力具有广泛性、主动性、集中性、强制性、裁量性等特点，相对而言，党员权利显得消极、被动、分散、弱小。在这个意义上，党内法规最重要的作用就是把党的组织的权力关进制度笼子里。进言之，因为党的组织的权力主要是通过党员领导干部代表党的组织来行使，所以，把党的组织的权力关进制度的笼子，重点是依规制约和监督党员领导干部的用权行为，关键是要管住“一把手”。权力滥用势必殃及权利，把党的组织和党员领导干部的权力关进党内法规的笼子，也就是在为维护党员权利提供制度屏障。

党内法规应当打造什么样的制度笼子才有可能管住党的组织和党员领导干部的权力呢？至少要做到以下 5 个方面：

一是权力授予必须有限。无限权力必然失控，可控的只能是有限权力。要管住党的组织和党员领导干部的权力，首先要树立有限权力理念。党的组织无论是相对于党员还是领导对象，都不应当拥有无限权力，权力应当有边界；都不能是全能组织，应当有所为有所不为，特别是要完善党的领导制度和执政制度，科学合理界定党的组织与领导对象之间的领导与被领导关系，既要坚持和加强党的领导，坚持党对一切工作的领导，发挥党的领导核心作用，又要支持国家政权机关依法用权，支持人民团体依据章程开展活动。

二是权力授予必须依规。类似于“无法律则无行政”原则对政府管理提出的职权法定要求，党的组织的权力一般源于党内法规明确规定。对此，《中国共产党党内法规制定条例》第 4 条第 2 款明确规定：“凡是涉及创设党组织职权职责、党员义务权利、党的纪律处分和组织处理的，只能由党内法规作出规定。”这就意味着，党内法规之外的其他文件，包括党的组织制定的规范性文件、领导指示批示等，是不能创设党的组织职权职责的。党的组织和党员领导干部不允许存在规外特权或者违规获权，各级各类党的组织的权力都应当源自党章党规，实现“职权法定”，这个“法”就是党章党规。

三是权力授控必须平衡。凡授予一份权力，就必须同步规定与之匹配的监督制约。授控平衡是制约权力的基本要求，授而不控，权力必然变异；授而失控，权力必遭滥用。为此，要依靠党内法规建立一套授控平衡机制，比如，贯彻落实民主集中制要求，依靠党内民主力量避免“一把手”专权；将党委的具体职权授予不同党的工作机关行使，彼此之间既合作又牵制，形成制衡；将决策、执行、监督 3 种权力授予党委、党的工作机关、党的纪检机关等不同党的组织行使，实现权力运行流程的相互制约和控制；综合运用党内监督方式，特别是依靠纪检机关的专门监督，建立健全预防滥权谋私的体制机制；赋予党员以知情权、表达权、参与权、批评权、检举权、选举权、监督权等权利，通过权利制约权力；实行党务公开，最大限度公开党的组织的权力清单、议事决策规则、办事流程等，依靠社会监督来预防和矫正权力滥用问题，等等。

四是用权监管必须突出重点。党的组织的各类权力影响力大小不一，外溢效应强弱不等，滥用概率高低不同，这就意味着党内法规在作出监管权力的制度安排时，不能平分秋色、眉毛胡子一把抓，而要有所区分、突出重点，聚焦易生腐败的高危权力，聚焦重点领域、重要岗位、关键环节的权力。比如，要重点规范党的组织“三重一大”权力，要重点管住“一把手”权力，要重点防范管人管钱管工程等重要岗位发生权力寻租。

五是滥权追责必须严厉。党内法规的有效性既要依靠严细规定，更要依赖严厉惩戒。没有责任的党内法规如同没牙齿的老虎，党内法规威慑力依靠严厉的责任。责任是驯服权力的鞭子，逃出笼子的权力要依靠责任的鞭子将其赶回笼子。只有在授权必控基础上规定违规必究，才能实现有规必依。党内法规责任条款必须面面俱到，各类违规行为须有责任与其一一对应，避免因责任漏洞出现漏网之鱼；违规责任规定必须合乎理性，使违规收益为违规成本所抵消，让违规行为得不偿失；违规发现和追责机制必须有效管用，凡违规必败露遭严惩，让蠢蠢欲动者受到警示而不敢越雷池。

编织党内法规之笼，通过党内法规制约和监督党的组织和党员领导干部手中的权力，这是依规治党的核心要义。党内法规笼子要把权力收入其中、看严管住，就要按照于法周延、于事简便原则，保证实体性规定、程序性规定、保障性规定、监督惩戒性规定的协调一致、紧密衔接，明确权力主体、设定用权条件、规范用权行为、强化用权监督、严明违规责任，特别是要防止因挂万漏一留下制度漏洞，把党内法规笼子扎牢编严，防止出现“牛栏关猫，来去自如”现象。同时，还要提高掌权者的尊规学规信规用规守规意识，将依规治党要求内化于心、外化于行，形成依规用权的自觉和习惯，不愿、不能、不敢逾规滥权。

六、党内法规是准绳

准绳，是指测定平直的器具，比喻言论和行动等所依据的原则或标准。党内法规是准绳，指的是党内法规具有评判功能，能够作为判定特定党的组织工作活动和党员行为是非曲直的标准。以事实为根据、以党内法规为准绳，定分止争，保护合规权益、惩治违规行为，维护党的团结统一、行动一致。

通过党内法规进行治理，就是对党的组织和党员的行为进行合规/违规二元编码，合规的得到认可和保护，违规的遭受谴责和制裁，而党内法规就是判断合规与否的依据。

合规/违规二元编码的内在机理是：

一则，逻辑周延。可以穷尽所有调整对象的主要活动，要么合规、要么违规，非此即彼，不会存在模棱两可的灰色区域。

二则，普遍认同。合规与违规的划分，能够得到绝大多数党的组织和党员的认可和拥护，反映的是各类党的组织和全体党员关于规矩看法的最大公约数，绝大多数党的工作活动通常应当处于合规而不是违规状态。

三则，必要性。合规/违规标准的确立，是根据维护党的集中统一的起码要求确定的，这个标准不能再低，否则容易造成组织涣散、党将不党，也不能再高，否则容易导致不切实际、法不责众。

四则，具体化。将抽象的党的工作活动具体化为各类党的组织和党员的行为，转化为党的组织之间、党员之间、党的组织与党员之间、党的组织同非党组织和党外群众之间的具体关系，一一作出针对性的规范。

五则，可识别性。在制定党内法规时需对合规/违规行为进行描述，在实施党内法规过程中需对一项具体行为合规与否进行判断，这就要求能够纳入党内法规调整范围的活动应当具有可识别性，它应当是容易识别的外在言行，原则上不能是不易识别的内心活动和思想观念，后者主要属于道德、信念支配范畴。

六则，可转换性。对党的组织和党员实施的某项行为，如果规范得当、预防有力就会成为合规行为，反之则成为违规行为。

诚然，合规/违规的划分标准，只是对党的组织和党员活动的一种评判方式，除此之外，还有其他多种评价标准，比如是与非、对与错、好与坏、优与劣、正与反、积极与消极等。党内法规在确定合规/违规“准绳”时，要注意与其他标准衔接呼应，以期在合规与正当、违规与不正当之间建立起更加紧密的联系。因为道德等其他规范的要求有时比党内法规更高，所以，合规的虽然未必总是但通常应是对的、好的、优的、正的、积极的、可接受的，而违规的则必然是错的、坏的、劣的、反的、消极的、不能容忍的。制定党内法规时注意保持合规性标准与正当性标准的衔接以及评判结果的更多重合，以便借助道德教化等力量提高对党内法规正当性的认同感。

作为准绳，党内法规的评判功能主要见之于具体事项，当党的组织和党员为或不为某种行为时，我们即可根据相应的党内法规来判断其行为合规与否。一般而言，这个判断过程属于三段论式推理。首先，作为大前提，针对特定行为党内法规是否有规定，如有规定那么规定的是禁为、可为、当为还是奖为。对于党的组织活动特别是其作出的对党员权益不利处分的决定而言，一般奉行“党内法规未规定即不可为”，保证权出于规；对于普通党员而言，一般奉行的是“党内法规未禁止即可为”。其次，作为小前提，特定党的组织或者党员是否实施了某一特定行为、是否存在某种事实，这需要依靠证据来证明，包括当事人陈述、书证、物证、证人证言、视听材料、鉴定意见、现场笔录等。只有形成足够的证据支持才能证明事实的存在。最后，得出结论，将证据证明存在的事实对照党内法规的相关规定，直接得出该行为合规/违规的评判，进而作出相应处理，保护合规行为、制裁违规行为。

需要注意的是，如果党内法规是公开的，那么党内法规的评判功能就会包括执规主体评判与社会评判两种形态，不仅党委（党组）、纪检机关以及党委部门可以依规履职作出评判，而且其他党员、群众特别是党内法规研究者等也可以依规作出自己的判断。通常而言，公正的执规评判应当同社会评判一致或者接近，如果二者差之甚远、甚至截然相反，那么执规评判的公正性就会受到社会质疑。也正因如此，推进党务公开，包括公开作为裁判依据的党内法规和裁判结果，会形成有利于作出公正评判的压力机制，督促执规者准确适用党内法规、避免误判。

应当说，党内法规的这种判断合规与违规的准绳地位，具有不容挑战的权威性，因为党内法规体现的是党的统一意志，可以依靠党的组织的力量保证实施。不过，如果要使这种权威性主要不是依赖组织强制确立，而是因其科学合理故而为各级党的组织和广大党员所自愿认可，那么它就需要满足以下几个要件：一是基于党内共识。党的领导和党的建设活动中的哪些事项可以入规、什么行为属于违规、对违规行为应当怎么惩罚等，这些认知都具有阶段性，党内法规的规定要能得到普遍认同，就必须基于党内共识、符合经验支撑、得到党员干部和群众认可、赢得理论支持。在这个意义上，党内法规如同党的治理经验的蓄水池，能够累积经验、固化经验。二是合乎法治精神。党内法规制度安排本身应当合乎理性、公平公正，合乎比例原则，符合实体正义、程序正义等要求，回应权力制约和权利保障的制度需求。三是符合治党执政规律。党内法规应当遵循治党执政的内在规律，科学合理界定党政关系、党内关系、权力/权利关系、义务权利关系、职权职责关系等。显然，党内法规要实现良规善治，其制定过程必须坚持民主集中制，科学制定、民主制定，举全党之力、集全党之智、聚全党之识。

除以上 6 个隐喻外，可能还有其他一些关于党内法规功用的比方。对于规范党的工作活动、调整党务关系而言，党内法规具有规范、指引、控制、保障、监督制约、评价等功能，这些隐喻可以揭示党内法规的这几种主要功能，其中，“规矩”重在揭示党内法规的规范功能，“轨道”重在揭示党内法规的控制功能，“地图”重在揭示党内法规的指引功能，“衣”重在揭示党内法规的保障功能，“笼子”重在揭示党内法规的监督制约功能，“准绳”重在揭示党内法规的评价功能。仅就这 6 个隐喻而言，党内法规功用的重要性已是不言而喻，可以说，党内法规强则党治国兴，党内法规弱则党乱国衰。正是在这个意义上，2016 年出台的《中共中央关于加强党内法规制度建设的意见》开宗明义：“治国必先治党，治党务必从严，从严必依法度。”这个“法度”，主要就是党内法规，依规治党据此成为全面从严治党的长远之策、根本之策。

简　史

习近平总书记强调指出：“我们这么大一个政党，靠什么来管好自己的队伍？靠什么来战胜风险挑战？除了正确理论和路线方针政策外，必须靠严明规范和纪律。”在革命、建设、改革各个时期，我们党坚持思想建党、理论强党、制度治党，既注重教育引导全党坚定理想信念、强化宗旨意识，又注重用党的创新理论武装头脑、指导实践、推动工作，还注重立法规、定遵循、明规矩，依靠党内法规管党治党。

根据马克思和列宁的观点，无产阶级政党是具有明确政治纲领和严格组织的团体，需要有一定的规范来约束党的组织和每名党员，因此，我们党从建党至今一直重视发挥党内法规的作用，致力于建立一个具有严密组织纪律性的政党。回顾党百年发展历程，党内法规制度建设一直随着党的诞生和发展壮大。

党内法规史，从来就是党史的重要维度之一。

中国共产党诞生于国难当头、民族危亡的动荡年代。1921 年 7 月，党的一大通过《中国共产党纲领》，全文共 15 条，这是党的历史上第一部具有党章性质的党内法规。1922 年 7 月，党的二大制定了第一部《中国共产党章程》，共 6 章 29 条，我们党自此有了自己的根本大法。1923 年 6 月，党的三大通过了《中国共产党中央执行委员会组织法》，这是党的第一部组织法规；同年，中央局发布了《教育宣传委员会组织法》，这是第一部规范党的工作部门的党内法规。1925 年 1 月，党的四大通过了《对于组织问题之决议案》，规定党的支部是党的最基本的组织，党的组织体制是中央集权制度。1927 年，党的五大通过了《对于组织问题决议案》，确立了党的集体领导制度，明确规定党部的指导原则是民主集中制。1927 年 8 月 7 日，党中央召开紧急会议（史称“八七会议”），通过了《党的组织问题决议案》，规定了白色恐怖时期党的组织和各级党委的工作方式、职责任务和纪律要求等。1931 年 5 月，党中央通过《中央巡视条例》，要求各省各地区参照条例建立自己的巡视制度。

1937 年 7 月 7 日，日军发动“卢沟桥事变”，标志着中国人民抗日战争全面爆发。1938 年 9 月至 11 月，在延安召开的扩大的六届六中全会上，毛泽东同志作了《论新阶段》的政治报告，在党的历史上第一次提出了“党内法规”的概念。在这次会议上，刘少奇同志代表中共中央规则起草委员会就《关于中央委员会工作规则与纪律的决定》《关于各级党部工作规则与纪律的决定》《关于各级党委暂行组织机构的决定》作了《党规党法的报告》，提出“中央委员及政治局委员在执行此党规党法上应表现为模范”。1942 年 9 月，为适应残酷的战争环境，解决抗日根据地党政军民关系中存在的不协调问题，中央政治局通过了《关于统一抗日根据地党的领导及调整各组织间关系的决定》，强调党的领导一元化。1943 年 3 月，中央政治局作出《关于中央机构调整及精简的决定》。这一段时期，中央政治局、中央书记处、中央组织部等先后制定了《中央关于大量发展党员的决议》

《中央关于增强党性的决定》《关于调查研究的决定》《关于内奸及不良分子的处理办法》《关于对党员察看处分的执行办法的指示》《关于审查干部的决定》等重要法规文件。

抗日战争胜利后，中国革命进入了全国解放战争阶段。1947 年 2 月，党中央发布《关于在军队中组织党的委员会的指示》，加强党对军队的领导。1948 年 1 月，毛泽东同志为党中央起草《关于建立报告制度》的指示，要求必须建立严格的报告制度，克服党内和军队内存在的无纪律无政府状态。之后，党中央又先后印发了《关于建立报告制度的补充指示》《关于宣传工作中请示与报告制度的规定》《关于在全党全军中开展对执行请示报告制度检讨的指示》等法规文件，进一步健全请示报告制度。1948 年 9 月，党中央发布毛泽东同志起草的《关于健全党委制》的决定，要求必须建立健全党委会议制度，强调“集体领导和个人负责，二者不可偏废”。

新中国成立后，从 1949 年至 1978 年，党内法规制度建设经历了艰难探索和曲折发展时期。

1949 年 11 月，党中央作出《关于在中央人民政府内组织中国共产党党委会的决定》和《关于在中央人民政府内建立中国共产党党组的决定》，初步确立了党的一元化领导制度。1949 年 11 月，党中央发布《关于成立中央及各级党的纪律检查委员会的决定》。1949 年 12 月，党中央出台《关于中央人民政府成立后党的文化教育工作问题的指示》。1951 年 2 月，党中央出台《关于加强理论教育的决定（草案）》等，进一步规范宣传思想工作的内容。1953 年 3 月，党中央出台《关于加强中央人民政府系统各个部门向中央请示报告制度及加强中央对于政府工作领导的决定（草案）》。同时，在一元化领导格局下，党注意到要避免以党代政问题，为此，根据党中央要求，中央宣传部和新华总社发出《关于中央人民政府成立后宣传工作中应注意事项的指示》，明确规定“凡属政府职权范围者应由中央人民政府讨论决定，由政府明令颁布实施”，“不要再如过去那样有时以中国共产党名义向人民发布行政性质的决定、决议或通知”。1953 年 11 月，党中央出台《关于加强干部管理工作的决定》。1954 年 2 月，党的七届四中全会通过了《关于增强党的团结的决议》，总结高岗、饶漱石反党分裂活动的教训，强调增强和维护党的团结的极端重要性。1955 年 5 月，党中央转发《中共中央监察委员会工作细则》，对中央监察委员会的工作任务、工作关系、领导机构和内部机构设置、职权等作出具体规定。

从 1956 年到 1966 年，一批重要党内法规出台。比如，党的八届九中全会后，党中央出台《关于调整管理体制的若干暂行规定》，贯彻落实“大权独揽、小权分散”原则，对党和国家的管理体制进行调整。1961 年 9 月，党中央出台《关于轮训干部的决定》。1963 年 1 月，党中央对《组织工作会议纪要》作出批示，强调必须把党的基层工作的正常秩序建立起来，要求各级党委可以根据中央组织部草拟的《中国共产党农村基层组织工作条例试行草案》、《中国共产党国营工业企业基层组织工作条例试行草案》和《中国共产党商业企业基层组织工作条例试行草案》进行试点，在试行一个时期后，再对这些条例进行修正。同月，党中央批转中央监察委员会报请审批的《党的监察工作人员守则草案》《中央监察委员会常驻各中央局、国务院所属各部门监察组试行工作条例草案》等法规文件作为试行草案下达，《中央监察委员会工作细则》附发参考。

“文化大革命”时期，党内法规制度建设遭受严重挫折。1969 年 4 月召开的党的九大修改的党章，仅 6 章 12 条，取消了党内民主、集体领导、党员权利和义务以及预备期等条文，取消了监察机关，特别是在党章上规定林彪为毛泽东的接班人。粉碎“四人帮”后，“文化大革命”中被打乱的党和国家政治生活的正常秩序逐步得到恢复。1977 年，党的十一大通过的党章虽然纠正了九大、十大党章的一些错误，但由于特殊的历史条件，仍然存在严重缺陷。

1978 年 12 月召开的党的十一届三中全会，作出把党和国家工作中心转移到经济建设上来、实行改革开放的历史性决策，实现了新中国成立以来党的历史上具有深远意义的伟大转折。与此相适应，党内法规制度建设也开始得到全面恢复和加强。我们党总结党的建设成功经验和深刻教训，从事关党长期执政和国家长治久安的战略高度强调加强党内法规制度建设的极端重要性。邓小平同志指出："国要有国法，党要有党规党法。党章是最根本的党规党法。没有党规党法，国法就很难保障。"江泽民同志要求，"各级党组织和每个党员都要严格按照党的章程和党内法规行事，严格遵守党的纪律"。胡锦涛同志强调："必须坚持用制度管权管事管人，健全民主集中制，不断推进党的建设制度化、规范化、程序化。"党的十八大以来，以习近平同志为核心的党中央创造性提出"坚持依规治党"，习近平总书记作出"加强党内法规制度建设是全面从严治党的长远之策、根本之策"重大论断，党的十九大明确要求"加快形成覆盖党的领导和党的建设各方面的党内法规制度体系"，党中央强调指出"治国必先治党，治党务必从严，从严必依法度"。

改革开放以来，在党中央集中统一领导下，以修订党章为统领，以制定修订准则、条例等基础主干法规为中坚，以制定出台规定办法规则细则等法规为配套，统筹推进各位阶党内法规制度变革，党内法规体系建设取得历史性成就。

与时俱进修订党章，以党的根本大法为"纲"，统领整个党内法规制度体系建构。近 40 年来，党的全国代表大会先后 8 次修订完善党章，实现党章与时代前进同频共振，为党和国家事业发展注入强大制度动力。1982 年，党的十二大修订的党章具有拨乱反正重大意义，清除了十一大党章中"左"的错误，继承和发展了七大、八大党章的优点，在总纲中阐明了党的领导地位和领导原则，对党的组织和党员提出了严格的纪律要求。1987 年，党的十三大对党章部分条文作了修订。1992 年，党的十四大修订党章的重点是突出建设有中国特色的社会主义的理论、党的基本路线以及一系列方针政策。1997 年，党的十五大对党章的修订集中在一个重大问题上，这就是在党章中将邓小平理论确定为党的指导思想。2002 年，党的十六大修订的党章把"三个代表"重要思想列入党的指导思想。2007 年，党的十七大修订的党章阐明了科学发展观，增写了"改革开放以来我们取得一切成绩和进步的根本原因，归结起来就是：开辟了中国特色社会主义道路，形成了中国特色社会主义理论体系"的重大论断。2012

年，党的十八大修订的党章将科学发展观列入党的指导思想。2017年，党的十九大修订的党章将习近平新时代中国特色社会主义思想写入党的指导思想，把党的十九大报告确立的管党治党、治国理政重大理论观点和重大战略思想转化为党章规定，为党的根本大法注入新时代血脉。

积极稳妥制定出台准则和条例，搭建党内法规制度体系的四梁八柱。准则和条例上承党章、下启规定办法规则细则，在党内法规制度体系中肩负四梁八柱重任。柱立则墙固，梁横则屋成。党中央一直将制定准则和条例当作建构党内法规制度体系的主体工程，审时度势，在不同历史时期有针对性地制定出台有关准则条例。1980年，党的十一届五中全会深刻总结历史经验特别是“文化大革命”教训，制定了《关于党内政治生活的若干准则》，对拨乱反正、恢复和健全党内政治生活、推进党的建设发挥了重要作用。之后，制定修订了《中国共产党党员领导干部廉洁从政若干准则》《中国共产党廉洁自律准则》。2016年，党的十八届六中全会通过《关于新形势下党内政治生活的若干准则》，从12个方面对新时代严肃党内政治生活提出明确要求、作出刚性规定，具有里程碑意义。同时，党中央在加强党的领导、推进党的建设方面制定出台一批条例，比如1990年出台《中国共产党基层组织选举工作暂行条例》，2002年出台《党政领导干部选拔任用工作条例》，2004年出台《中国共产党党员权利保障条例》。特别是党的十八大以来，制定修订了一大批条例，包括《中国共产党中央委员会工作条例》《中国共产党地方委员会工作条例》《中国共产党党组工作条例》《中国共产党工作机关条例（试行）》《中国共产党支部工作条例（试行）》《中国共产党宣传工作条例》《中国共产党统一战线工作条例》《中国共产党政法工作条例》《中国共产党农村工作条例》《干部教育培训工作条例》《中国共产党党员教育管理工作条例》《中国共产党党校（行政学院）工作条例》《中国共产党重大事项请示报告条例》《中国共产党党务公开条例（试行）》《党政机关厉行节约反对浪费条例》《中国共产党党内监督条例》《中国共产党巡视工作条例》《中国共产党问责条例》《中国共产党纪律处分条例》《中国共产党军队党的建设条例》《军队政治工作条例》《中国共产党党内法规制定条例》等，这些条例的出台为规范和加强党的工作提供了基本遵循。

有针对性制定出台相应配套法规，及时为党内法规制度体系添砖加瓦。由于准则和条例在制度安排上往往是抓大放小，这就需要制定相应的规定、办法、规则、细则来细化或者补充，进而在党内法规制度体系中形成若干个以准则和条例为龙头的“制度群”，它们是党内法规中的绝大多数，其数量占到99%以上。

回顾党内法规制度建设百年发展历程，《中国共产党纲领》特别是第一部党章的出台，实现了党内法规从“0”到“1”的突破，之后各个历史时期的党内法规制度建设虽有坎坷曲折，但总体上不断前进，在数量规模上实现从“1”到“N”的拓展，在质量效益上注重转型升级。依靠来自党内法规制度的坚强保障，我们党由小变大、由弱变强，实现了一个又一个奋斗目标，创造了一个又一个人间奇迹，团结带领中国人民不断从胜利走向胜利！

第二章　依规治党

在党的全国代表大会历史上，党的十九大首次提出要依规治党，加快形成覆盖党的领导和党的建设各方面的党内法规制度体系。党的十八大以来，以习近平同志为核心的党中央从统揽“四个伟大”战略高度，把加强新时代党内法规制度建设摆上前所未有的政治高度，习近平总书记作出一系列重要论述和指示要求，指引党内法规制度建设取得全方位、开创性成就。党管党治党、执政治国的历史经验表明，全面从严治党必须走依规治党的路子，发挥党内法规的治本作用。坚持依规治党，要立足坚持和完善中国特色社会主义制度、推进国家治理体系和治理能力现代化，以强化“治党必依党规”意识为基础，以实现“党规必成体系、立规必重质量、执规必动真格”三位一体为重点，以“坚持依法治国和依规治党有机统一”为遵循，把党的领导和党的建设活动纳入制度化规范化程序化轨道。

治党必依党规

“经国序民，正其制度。”党的十八大以来，以习近平同志为核心的党中央坚持和完善中国特色社会主义制度、推进国家治理体系和治理能力现代化，着力推进党的建设新的伟大工程、全面从严治党，着力建设中国特色社会主义法治体系、建设社会主义法治国家。在这个时代背景下，我们党前所未有地重视加强党内法规制度建设、坚持依规治党。习近平总书记高瞻远瞩，深刻阐明了治国与治党、从严治党与制度治党、制度治党与依规治党、依规治党与依法治国等若干重要范畴之间的密切联系，作出“加强党内法规制度建设是全面从严治党的长远之策、根本之策”这一重大判断，明确提出坚持依规治党，要依据党内法规管党治党、从严治党。

一、从严治党根本上要靠制度治党

党的十九大党章要求，坚持从严管党治党，全面从严治党永远在路上，要把严的标准、严的措施贯穿于管党治党全过程和各方面。习近平总书记指出：“全面从严治党，核心是加强党的领导，基础在全面，关键在严，要害在治。”

一方面，坚持全面从严治党是加强党的建设的必然要求。习近平总书记强调：“党要管党、从严治党，是党的建设的一贯要求和根本方针。”“党要管党，才能管好党；从严治党，才能治好党。”“先进性和纯洁性是马克思主义政党的本质属性，我们加强党的建设，就是要同一切弱化先进性、损害纯洁性的问题作斗争，祛病疗伤，激浊扬清。”

另一方面，坚持全面从严治党也是坚持和加强党的全面领导的必然要求。习近平总书记指出：“中国特色社会主义最本质的特征是中国共产党领导，中国特色社会主义制度的最大优势是中国共产党领导。”“在当今中国，没有大于中国共产党的政治力量或其他什么力量。党政军民学，东西南北中，党是领导一切的，是最高的政治领导力量。”“中国共产党是执政党，党的领导是做好党和国家各项工作的根本保证，是我国政治稳定、经济发展、民族团结、社会稳定的根本点，绝对不能有丝毫动摇。”“办好中国的事情，关键在党，关键在党要管党、从严治党。”“如果管党不力、治党不严，人民群众反映强烈的党内突出问题得不到解决，那我们党迟早会失去执政资格，不可避免被历史淘汰。”

但是，一段时期以来，管党治党宽松软问题十分突出，政治意识淡化，党的领导弱化，党建责任软化，“四风”问题突出，“灯下黑”现象严重。为下决心推动管党治党从宽松软转向严紧硬，以习近平同志为核心的党中央明确提出要全面从严治党并作出一系列重大部署。习近平总书记指出：“全面从严治党是党的十八大以来党中央抓党的建设的鲜明主题……新的历史条件下，我们要更好进行具有许多新的历史特点的伟大斗争、推进中国特色社会主义伟大事业，就必须以更大力度推进党的建设新的伟大工程，坚定不移推进全面从严治党，切实把党建设好、管理好，保持党的先进性和纯洁性，增强党的创造力凝聚力战斗力，提高党的领导水平和执政水平，确保党始终成为中国特色社会主义事业的坚强领导核心。”

那么，我们党主要靠什么来推进全面从严治党呢？法规制度带有根本性、全局性、稳定性、长期性。习近平总书记说，“纲纪不彰，党将不党，国将不国”，要“坚持思想建党和制度治党紧密结合。从严治党靠教育，也靠制度，二者一柔一刚，要同向发力、同时发力”，“思想教育要结合落实制度规定来进行，抓住主要矛盾，不搞空对空。要使加强制度治党的过程成为加强思想建党的过程，也要使加强思想建党的过程成为加强制度治党的过程”，“‘善除害者察其本，善理疾者绝其源。’铲除不良作风和腐败现象滋生蔓延的土壤，根本上要靠法规制度”，“加强党内法规制度建设是全面从严治党的长远之策、根本之策”。由此可见，在根本上，全面从严治党要靠制度治党，制度治党具有治本之用。

所谓“制度治党”，简言之，就是运用规章制度来引领和保障我们党管党治党、执政治国，既要建立健全党的领导体制和工作机制，在制度轨道上实施党对一切工作的领导，又要把制度建设贯穿于全面推进党的政治建设、思想建设、组织建设、作风建设、纪律建设之中，提升党的建设制度化水平，充分发挥制度对教育引导、调整规范、考评奖惩党的组织和党员的准绳作用，把党的领导和党的建设活动全面纳入制度化规范化程序化轨道。

为什么全面从严治党在根本上要依靠制度治党？

一则，这是由我们党是马克思主义政党的属性决定的。作为马克思主义政党，纪律严明要求是与生俱来的。习近平总书记指出：“古人说：‘欲知平直，则必准绳；欲知方圆，则必规矩。’没有规矩不成其为政党，更不成其为马克思主义政党。”

二则，这是由我们党是大党、执政党的特点决定的。我们党是大党，有 9100 多万名党员、460 多万个基层党组织、3200 多个地方党委、10.2 万个党组、2.6 万个党的工作机关；我们党是执政党，在 14 亿人口的大国长期执政，发挥总揽全局、协调各方的领导核心作用。党的组织和党员数量如此之多、活动范围如此之广、职责任务如此之重，要保证各级各类党的组织和全体党员的行为规范有序，要保证纵横交错复杂多样的党务关系有条不紊，要保证党的团结统一、行动一致，要保证全党同志树牢“四个意识”、坚定“四个自信”、坚决做到“两个维护”，实行制度治党是不二法门。

三则，这是由制度之治的优势决定的。事实胜于雄辩。古今中外法治实践证明，较之“人治”，依靠普遍适用、反复适用、长期适用、面向未来适用的规章制度来奉行制度之治，这是理性可靠的治理方式。对此，习近平总书记强调：“要坚持用制度管权管事管人，抓紧形成不想腐、不能腐、不敢腐的有效机制，让人民监督权力，让权力在阳光下运行，把权力关进制度的笼子里。”“铲除不良作风和腐败现象滋生蔓延的土壤，根本上要靠法规制度。”“反腐倡廉法规制度既‘禁于未然之前’，又‘禁于已然之后’，为党员、干部拉起了高压线、划出了警戒线，在党风廉政建设中具有规范引导、控制约束、警戒告诫、惩罚威慑的作用。”

鉴于此，《中共中央关于加强党内法规制度建设的意见》开宗明义：“治国必先治党，治党务必从严，从严必依法度。”这个“法度”，指的就是规章制度；“从严必依法度”，就是要求实行制度治党。党的十八大以来，党中央坚持问题导向，一方面，推进全面从严治党，抓思想从严、抓管党从严、抓执纪从严、抓治吏从严、抓作风从严、抓反腐从严；另一方面，紧紧围绕提高科学执政、民主执政、依法执政水平深化党的建设制度改革，加强民主集中制建设，完善党的领导体制和执政方式，保持党的先进性和纯洁性，为改革开放和社会主义现代化建设提供坚强政治保证。这两个方面相辅相成、相得益彰。“六个从严”虽各有侧重，但有一点是共通的，这就是每个“从严”都强调发挥制度的引领和保障作用，每个“从严”都是依靠建章立制来提供准绳，每个“从严”都要依据制度去衡量是非曲直，贯穿“六个从严”始终的是从严建章立制、从严执规执纪——这正是习近平总书记所要求的：“要把制度建设摆在党的建设的重要位置，以制度建设巩固思想建设、组织建设、作风建设、反腐倡廉建设成果，加强制度执行力建设，为党的长治久安提供坚强制度保障。”

如何做到真正发挥制度治党的治本作用？这既要在全党强化制度意识、树立制度权威、建设制度文化，形成尊崇制度、学习制度、遵守制度、运用制度的浓厚制度氛围，更要聚焦制度之治，建立常态化长效化机制，将制度治党这种方式嵌入全面从严治党的战略部署之中——这就是党的十九大所要求的“把制度建设贯穿其中”，把制度建设贯穿于全面推进党的政治建设、思想建设、组织建设、作风建设、纪律建设之中，据此推动制度建设与党的五大建设形成结构性耦合：一方面，充分发挥制度建设对全面推进党的建设的引领和保障作用，保证党的建设各方面工作都在制度轨道上进行，包括党的建设干什么、谁来干、怎么干等都有规可依、依规而为；另一方面，要求制度建设的谋划推进以及具体制度安排，要始终围绕推进党的建设新的伟大工程“公转”，不能自说自话、“自转”“空转”。这就使全面推进党的建设活动的过程，同时也是一个从严建章立制、从严执规执纪的过程，制度建设活动来自党的建设各方面工作又回到党的各方面建设活动中去，二者水乳交融、融为一体。

二、制度治党的重点是依规治党

制度治党中的“制度”，指的是党的组织和党员必须遵守的一切规矩。习近平总书记说：“党的规矩总的包括什么呢？其一，党章是全党必须遵循的总章程，也是总规矩。其二，党的纪律是刚性约束，政治纪律更是全党在政治方向、政治立场、政治言论、政治行动方面必须遵守的刚性约束。其三，国家法律是党员、干部必须遵守的规矩，法律是党领导人民制定的，全党必须模范执行。其四，党在长期实践中形成的优良传统和工作惯例。”据此，就其所涉范围来看，制度治党中的“制度”囊括党内党外，既包括党内各种规章制度，上至党章党内法规这种“大制度”，下至党的基层组织制定出台的各种“小微制度”；也包括国家法律制度，上至宪法法律，下至法规规章。就制度形态而言，制度治党中的“制度”既包括成文的规定要求，也包括党在长期实践中形成的不成文的优良传统和工作惯例，它们对党的组织和党员都有约束力。

在党的组织和党员所应遵循的各类制度中，相对而言，国家法侧重于划出底线，对包括党的组织和党员在内的所有组织和个人提出共性要求，而党内法规则是在国家法之上进行“二次调整”，对党的组织和党员提出更高标准更严要求，专为调整党务关系量身定制；党内法规重在创设党的组织职权职责、党员义务权利、针对违规违纪行为的处分处理，而“小微制度”则重在落实党内法规、作出细化配套；党务治理主要靠党内法规定规矩、明遵循，不成文的规矩发挥拾遗补阙作用。综合以上几点来看，在制度治党的诸多“制度”中，居于脊梁地位、发挥中坚作用的乃是党内法规。

正因为制度治党中“制度”的骨干是党内法规，所以制度治党的重点自然就是依规治党。

党的十八大以来，以习近平同志为核心的党中央创造性提出“坚持依规治党”，走出了一条通过依规治党推进全面从严治党的管党治党新路。“依规治党”概念的提出经历了一个发展过程。党的十八届四中全会首次提出“依法执政，既要求党依据宪法法律治国理政，也要求党依据党内法规管党治党”，此与明确提炼出“依规治党”概念仅有一步之遥。习近平总书记 2015 年 6 月 4 日在听取十八届中央第六轮巡视情况汇报时的讲话中明确提出“要坚持依法治国、依规治党”，这是习近平总书记第一次正式提出“依规治党”，且将其与依法治国相提并论，表明二者要统筹推进、一体建设。2015 年 6 月 11 日，党中央在印发《中国共产党党组工作条例（试行）》的通知中要求“各级党委要从全面从严治党、制度治党、依规治党的战略高度……”，这是中央文件首次使用依规治党概念。在党的十八届五中全会上的讲话中，习近平总书记首次提出“全面从严治党、依规治党”，这就明确了全面从严治党要走依规治党的路子。党的十八届六中全会修订的《中国共产党党内监督条例》第 2 条提出“尊崇党章，依规治党”，这就将“依规治党”概念第一次载入中央党内法规当中。党的十九大首次提出“依法治国和依规治党有机统一”，这是党的全国代表大会政治报告中首次提出“依规治党”。党的十九大党章强调要“坚持依规治党、标本兼治”，这是“依规治党”概念首次载入党的根本大法。

党的十八大至十九大期间，为适应全面从严治党新任务提出的从严建章立制新要求，党内法规制定工作驶入快车道，共制定修订96部中央党内法规，包括1部党章、2部准则、14部条例，占195部现行中央党内法规的近50%，制定修订党内法规数量之多、质量之高皆前所未有。同时，党中央高度重视制度执行，坚持有规必依、执规必严、违规必究，从严执规执纪。《十八届中央纪律检查委员会向中国共产党第十九次全国代表大会的工作报告》披露，党的十八大至十九大期间，经党中央批准立案审查的省军级以上领导干部及其他中管干部440多人，其中，十八届中央委员、候补委员43人，中央纪委委员9人；全国纪检监察机关共接受信访举报1218.6万件（次），处置问题线索267.4万件，立案154.5万件，处分153.7万人，其中厅局级干部8900余人，县处级干部6.3万人，涉嫌犯罪被移送司法机关处理5.8万人。可以说，只要党的领导和党的建设活动推进到哪里，全面从严治党就延伸到哪里，党内法规制度建设就跟进到哪里，制度治党的强烈信号和强大威力就释放到哪里，制度权威和规矩意识就强化到哪里，“四个意识”“两个维护”就在哪里落地生根。在党内法规的有力引领和坚强保障下，全面从严治党不断向纵深推进。

三、依规治党的涵义

第一，依规治党的“依”，指的是依据。

依据即是所依之据。将党内法规确定为管党治党的基本法度，确定为约束党的组织和党员的准绳，确定为衡量党的组织工作活动和党员行为对错是非的标准，这就牢固树立起党内法规制度的权威和尊严，各级党的组织和全体党员要以党内法规而不是其他什么作为行为遵循，任何党的组织和党员都不得凌驾于党内法规之上或者超越于党内法规之外。有令必行、有禁必止。党的组织和党员必须做什么、应当做什么、可以做什么、不得做什么、禁止做什么，应当由谁来做、怎么做，违规违纪应当承担什么后果，等等，这些都应当持之有据，由相应的党内法规作出明确规定。

需要注意的是，类似于强调宪法法律至上的“依法治国”严格区别于有法律工具主义之嫌的“以法治国”——“以”强调的是运用、使用，我们也不能将“依”规治党混淆于“以”规治党——“依”强调的是党的组织和党员要自觉对标党内法规、严格尊崇党内法规。

第二，依规治党的“规”，指的是党内法规制度。

党内法规制度即党内法规规范。法规规范是构成法规体系的细胞，每条规范含有假定、行为模式、制裁3个元素，整个党内法规体系是由若干条各司其职的规范共同构成的有机统一整体。就其形式渊源而言，党内法规规范大多数源于党章、准则、条例、规定、办法、规则、细则这7类党内法规，少数源于有党内法规制定权的党的组织制定的党的规范性文件。

需要注意的是，根据《中国共产党党内法规制定条例》，有党内法规制定权的党的组织制定的有关规范性文件，主要是针对党的领导和党的建设的体制机制、标准要求、方式方法等方面提出要求，它们不能创设党的组织职权职责、党员义务权利、党的纪律处分和组织处理等，这些内容只能由党内法规作出规定。至于没有党内法规制定权的党的组织在其制定的规范性文件中提出的那些规范党的组织和党员的规范性要求，并不属于党内法规规范范畴，它们作为党内法规规范的细化和延伸，属于党内法规规范的重要补充。

还有一点需要注意，在诸如《高等教育法》等国家法律法规中提出的坚持党的领导、设立党的组织并发挥其作用等要求，这些条款属于法律规范范畴，不属于党内法规规范范畴。

第三，依规治党的“治”，指的是治理。

治理，是一个实现从无序到有序、从涣散到统一、从失范到规范的过程。区别于单向度的自上而下的“管理”，“治理”更多强调双向度的上下互动。

全面从严治党，关键在严、要害在治。这就要求在“治”党上，应当兼具严管和厚爱，既要强化监督检查、考核评价、教育惩戒以实现从严管理，又要重视关爱帮扶、送去组织温暖；应当兼具治下与督上，既要坚持“四个服从”强调组织纪律性，又要注重自下而上的民主监督；应当兼具治行与治心，既要解决外化于行的问题以保证举止有度，又要解决内化于心的问题以坚定理想信念；应当兼具内治与外治，既要加强党的自身建设，又要规范党的领导和执政活动。

全面从严治党，要坚持思想建党和制度治党紧密结合，既要靠教育也要靠制度，更加注重发挥法规制度的治本和长治作用。比如，把强化理论武装、坚定理想信念这个“思想建党”问题载入党章和《关于新形势下党内政治生活的若干准则》，这就转化为“制度治党”范畴，每名党员都要据此履行好坚定理想信念这项党员义务。

新时代依规治党的丰富内涵，要求党内法规制度建设贯彻落实民主集中制要求，紧扣“治”来统筹推进，注重解决以往制度安排存在的管理多关爱少、治下多督上少、治行多治心少、内治多外治少等制度失衡问题，按照推进党务治理现代化要求补齐法规制度短板、推进党内法规模式转型，形成一个适应“严”的要求、契合“治”的特质的党内法规制度体系。

第四，依规治党的“党”，指的是党的组织和党员。

全面从严治党、依规治党的“党”，无论是主体还是对象，都指向整体意义上的党与个体意义上的党的组织、党员两个方面。

以党章为例，“总纲”中关于“两个先锋队”、领导核心地位、“三个代表”、奋斗目标、宗旨、指导思想、指导方针、基本理论、基本路线、基本方略等方面的规定，是针对“整体”上的党而言的；而党章正文部分的条款则主要是针对各级各类党的组织和党员、党的干部等“个体”作出的规定。

不过，在依规治党实践中，党内法规制度所要规范的“党”主要是指党的细胞，即党的组织和党员干部。我们党是伟大光荣正确的，但不能因此简单认为每个党的组织、每名党员干部都合格且一直合格，现实中不少党的组织和党员干部的所思所想、所作所为明显偏离了党的性质和宗旨、路线和纲领、指导思想和奋斗目标，这就要求各级各类党的组织肩负起全面从严治党的政治责任，依规防治党的细胞“病变生癌”、党的个体“离经叛道”，永葆我们党的先进性和纯洁性。

在这个意义上，那种担心依规治党会束缚党的手脚的想法，其实是似是而非的，把“个体”上的党的组织和党员干部纳入制度化轨道，恰恰是维护“整体”上的党的集中统一的内在要求。

依据党内法规治理党的组织和党员干部，不是抽象的而是具体的，最终要落实到用制度治事治人治官治权上，既要实现治理制度“探头”的全覆盖无死角，管住治好所有的工作活动和思想行为，更要将制度“聚光灯”对准治理的重点难点，把管住治好领导机关、领导机构和领导干部的用权行为当作关键和要害，把权力关进制度笼子里，确保有权必有责、用权受监督、滥权必追责。

四、依规治党首先是依党章治党

党章是全党统一意志的集中体现，是党的根本大法，在党内具有最高权威和最高效力。作为最根本的党内法规，党章在整个党内法规制度体系中居于统领地位，具有“母法”地位，是其他一切党内法规制度的源头，制定准则、条例、规定等其他党内法规，都要直接或间接以党章为依据。在这个意义上，依规治党所依之“规”，首先是指党章，全面从严治党、依规治党，首要的是依据党章，最根本的是依据党章。

党的十八大以来，以习近平同志为核心的党中央高度重视学习贯彻党章，无论是开展“学党章党规、学系列讲话、做合格党员”主题教育，还是开展“不忘初心、牢记使命”主题教育，都将学习贯彻党章作为重要内容。党的十八大后，习近平总书记公开发表的第一篇署名文章就是《认真学习党章，严格遵守党章》。在该文中，习近平总书记深刻阐明了党章的主要内容和崇高地位：“党章是党的总章程，集中体现了党的性质和宗旨、党的理论和路线方针政策、党的重要主张，规定了党的重要制度和体制机制，是全党必须共同遵守的根本行为规范。”“党章就是党的根本大法，是全党必须遵循的总规矩。”同时，习近平总书记对全党提出了必须认真学习、严格遵守党章的明确要求：“全党要牢固树立党章意识，真正把党章作为加强党性修养的根本标准，作为指导党的工作、党内活动、党的建设的根本依据，把党章各项规定落实到行动上、落实到各项事业中。建立健全党内制度体系，要以党章为根本依据；判断各级党的组织和党员、干部的表现，要以党章为基本标准；解决党内矛盾，要以党章为根本规则。要加强对遵守党章、执行党章情况的督促检查，对党章意识不强、不按党章规定办事的要及时提醒，对严重违反党章规定的行为要坚决纠正，全党共同来维护党章的权威性和严肃性。”

同时，推进依规治党是一个系统工程，只有同时做到有规可依、有规必依、执规必严、违规必究，才能真正实现依规治党。依规治党的这 4 个方面，主要对应于党内法规的制定、执行、遵守、适用等各项工作。针对坚持依规治党、加强党内法规制度建设的各方面工作，习近平总书记都作出针对性、指导性很强的指示要求。坚持依规治党，必须贯彻落实习近平总书记的重要指示要求，全方位推进党内法规制度建设，不断夯实全面从严治党的制度根基。

党规必成体系

坚持依规治党，首要问题是实现有规可依。显然，要把约束权力的制度“笼子”织牢编密，要为党员权利保障提供制度屏障，要为各级各类党的组织和全体党员行为提供制度遵循，光靠几部党内法规不行，光有很多党内法规但不成体系也不行，必须形成一个完善的党内法规制度体系。

对此，党的十八届四中全会提出，要“形成完善的党内法规体系”。《中共中央关于加强党内法规制度建设的意见》进一步明确，“到建党 100 周年时，形成比较完善的党内法规制度体系”，这个体系应当“内容科学、程序严密、配套完备、运行有效”。党的十九大报告指出，“增强依法执政本领，加快形成覆盖党的领导和党的建设各方面的党内法规制度体系”。习近平总书记要求，“以改革创新精神加快补齐党建方面的法规制度短板，力争到建党100周年时形成比较完善的党内法规制度体系”。

学习贯彻党中央决策部署和习近平总书记指示要求，加快形成党内法规制度体系，需把握好为什么要建成体系、建成什么样的体系、如何建成体系3个基本问题。

一、党内法规制度亟待体系化

在逻辑上，党内法规制度建设一般要经历一个由点到线、由线到面、由面到体的发展历程。制定党内法规的注意力起始集中在逐一解决一些重点、难点和关键点上党的组织工作活动和党员行为的规范化问题，但随着制度点的日益增多就逐渐形成一条制度线，若干条制度线纵横交织就形成了一个制度平面，而若干个制度平面的联结就会形成一个立体，它就是党内法规制度体系。

历史地看，在建党、新中国成立乃至改革开放之后很长一段时期内，我们党并未考虑、事实上也没多大必要考虑去顶层设计建成一个党内法规制度体系，这是因为早期的党内法规数量有限，不同党内法规之间的分工协作问题并不突出，体系化问题不是当时的主要问题。但是，进入新时代之后，统筹推进党内法规制度体系化建设的要求之所以越来越紧迫，除却织牢管住权力的制度笼子、强化权利保障屏障这一实质要求外，还有一些立规技术上的原因：

第一，制定主体越来越多。目前，党内法规制定主体自上而下包括3级，即党的中央组织、中央纪委和党中央工作机关、省级党委。此外，经党中央批准，有关中央国家机关部门党委可以就特定事项制定党内法规。这么多主体都有党内法规制定权，如何保证制定主体各负其责、各行其道就成了一个问题。

第二，法规数量越来越多。截至2020年年底，全党共有5178件党内法规，包括240部中央党内法规、308件部委党内法规、4630件地方党内法规。党内法规数量与日俱增，如何保证如此之多的法规制度协调一致就成了一个问题。

第三，党内法规制定工作驶上了快车道。党的十八大以来，党内法规制定力度之大、推进速度之快前所未有，党中央这些年共制定修订了169部党内法规，年均超过20部；中央各部委、省级党委年均制定修订党内法规数量为400件左右。党内法规制定工作加速推进，如何避免抢道、撞车，保证忙而不乱、有条不紊就成了一个问题。

第四，党内法规调整领域越来越广。党内法规的调整范围正朝着实现对党的领导和党的建设各方面工作全覆盖的方向推进，涉及治党治国治军、改革发展稳定、内政外交国防，调整领域日益拓展。党内法规调整范围越来越广，如何保证涉及党的领导和党的建设各方面工作的法规制度有机统一就成了一个问题。

第五，法规制度时间跨度越来越长。新中国成立70多年时间里，不同时期出台的党内法规是“老中青少”并存、“四世同堂”。年代久了，如何保证不同“年龄”的法规制度“和睦共处”就成了一个问题。

以上5方面因素交织成一点，那就是必须高度重视党内法规制度体系化问题。如果不加强顶层设计、注重统筹推进，那就很容易造成不同党内法规规范边界不清、叠床架屋、相互掣肘甚至冲突打架，就无法有效维护党内法规制度的协调统一，就会制约党的领导和党的建设活动的制度化规范化程序化。正因如此，着力统筹推进党内法规制度体系化建设问题，空前突出地摆在我们党面前。

二、党内法规体系的构成

新时代党的建设要求建成什么样的党内法规制度体系？《中共中央关于加强党内法规制度建设的意见》从两个方面作了回答：一方面，从逻辑结构来看，“党内法规制度体系，是以党章为根本，以民主集中制为核心，以准则、条例等中央党内法规为主干，由各领域各层级党内法规制度组成的有机统一整体”。另一方面，从质量要求来看，党内法规制度体系要满足“内容科学、程序严密、配套完备、运行有效”16字标准。根据该意见以及其他有关规定，党内法规制度体系是以两个“1+4”纵横交错为基本架构的。

第一个“1+4”指的是纵向上的效力位阶。“1”是指党章，“4”依次是指由党中央制定的中央党内法规，由中央纪委、党中央工作机关制定的部委党内法规，由有关中央国家机关部门党委制定的党内法规，由省级党委制定的地方党内法规。

第二个“1+4”指的是横向上的调整领域。“1”是指党章，它对党的性质和宗旨、党的指导思想和奋斗目标、党的领导、党的自身建设以及党的组织结构、党的组织职权职责、党员义务权利、党的纪律和纪检机关等作出基本规定；“4”是指按照“规范主体、规范行为、规范监督”相统筹相协调原则形成的4大制度板块，即党的组织法规制度、党的领导法规制度、党的自身建设法规制度、党的监督保障法规制度。其中，党的组织法规制度侧重从“主体”上规范党的中央组织、地方组织、基层组织，党的纪检机关、工作机关、党组以及其他党的组织的产生和职权职责问题；党的领导法规制度侧重规范和加强党对党外实施的领导“行为”，规范党组织领导经济建设、政治建设、文化建设、社会建设、生态文明建设以及国家安全、外事、国防军队建设等活动；党的自身建设法规制度侧重规范党在党内实施的自身建设“行为”，规范党的政治建设、思想建设、组织建设、作风建设、纪律建设等活动；党的监督保障法规制度侧重从“监督保障”上规范党内监督、问责、组织处理、党纪处分、奖励表彰、党员权利保障、党的机关运行保障等活动。据此，形成主体、行为、监督保障“三位一体”的党内法规制度架构。

三、党内法规体系的“四梁八柱”

如果将建构党内法规体系比作盖房子，那就要分三步走：第一步是夯基垒台，主要任务是修订完善党章；第二步是立柱架梁，主要任务是制定一批准则和条例；第三步是添砖加瓦，主要任务是制定一大批规定、办法、规则、细则等配套法规。柱立则墙固，梁横则屋成。在党的十九大党章基础上，党内法规体系建设的主要任务是制定相关准则和条例，搭建四梁八柱、形成主体框架。

习近平总书记对党内法规制度体系建设提出明确要求，“要本着于法周延、于事简便的原则，体现改革精神和法治思维，把中央要求、群众期盼、实际需要、新鲜经验结合起来，努力形成系统完备的制度体系”。

推进党内法规制度体系建设，必须加强顶层设计、搞好统筹推进。2013 年，党中央颁布《中央党内法规制定工作五年规划纲要（2013-2017 年）》，这在党的历史上是第一次，大大增强了党内法规制度建设的系统性和前瞻性。2017 年是第一个五年规划收官之年，2018 年是第二个五年规划开局之年，《中央党内法规制定工作第二个五年规划（2018-2022 年）》出台。为保证到建党 100 周年时如期形成比较完善的党内法规制度体系，近年来贯彻落实党的十九大决策部署，把党的制度建设贯穿于全面推进党的政治建设、思想建设、组织建设、作风建设、纪律建设之中，按照第二个五年规划提出的重点项目制定要求，制定修订有关准则和一批条例，着力“立柱架梁”。

关于研究制定有关准则问题。所谓准则，顾名思义，就是基准、通则。《中国共产党党内法规制定条例》规定，“准则对全党政治生活、组织生活和全体党员行为等作出基本规定”。准则集中体现党章精神，地位高、效力大，仅次于党章，对于构建党内法规制度体系具有极其重要的作用。将准则置于整个党内法规制度体系中去考察，较之条例、规定等其他党内法规，准则的独特性主要在于：就其规范事项而言，准则旨在筑牢严肃党内政治生活、提升党的政治能力这个党的建设“基点”；就其规范方式而言，准则重点是为建立健全党内政治生活的制度群提供“基准”；就其规范地位而言，准则在党内法规制度体系中扮演“梁”的角色。

目前，我们党已经制定出台了两部党内政治生活若干准则和一部廉洁自律准则。笔者理解，不同准则之间的逻辑关系是，《关于新形势下党内政治生活的若干准则》属于综合性准则，《中国共产党廉洁自律准则》属于专门性准则。《关于新形势下党内政治生活的若干准则》之所以称为“若干准则”，是指该文件提出了 12 条准则，即坚定理想信念、坚持党的基本路线、坚决维护党中央权威、严明党的政治纪律、保持党同人民群众的血肉联系、坚持民主集中制原则、发扬党内民主和保障党员权利、坚持正确选人用人导向、严格党的组织生活制度、开展批评和自我批评、加强对权力运行的制约和监督、保持清正廉洁的政治本色。其中,《中国共产党廉洁自律准则》可以看作专为“保持清正廉洁的政治本色”而制定的专门性准则。

考虑到准则有综合性与专门性之分,下一步完善准则的任务主要包括两个方面:一是根据新时代党的建设形势任务发展要求适时修订完善《关于新形势下党内政治生活的若干准则》;二是必要时针对该文件提出的“若干”方面陆续研究制定相应的专门性准则,据此形成“一主多副”的党内法规制度体系之“梁”。

关于研究制定一批条例问题。《中国共产党党内法规制定条例》规定,“条例对党的某一领域重要关系或者某一方面重要工作作出全面规定”。对于党内法规制度体系而言,条例如“柱”,独当一面,重在为党的组织和党员提供基本遵循。目前,党中央已经出台了40部条例,涵盖党的领导和党的建设的多数领域,下一步,要对照“1+4”框架结构再研究制定出台有关条例,实现条例对党的领导和党的建设各方面重要关系和重要工作的全覆盖。

第一,关于党的组织法规板块的条例。这个板块目前已经出台38部中央党内法规,其中的条例包括:《中国共产党中央委员会工作条例》《中国共产党地方组织选举工作条例》《中国共产党基层组织选举工作条例》《中国共产党地方委员会工作条例》《中国共产党党组工作条例》《中国共产党工作机关条例(试行)》《中国共产党农村基层组织工作条例》《中国共产党普通高等学校基层组织工作条例》《中国共产党党和国家机关基层组织工作条例》《中国共产党国有企业基层组织工作条例(试行)》《中国共产党党支部工作条例(试行)》《中国共产党机构编制工作条例》等。未来几年,为进一步夯实党的组织制度基础、完善党的组织体系,有必要再研究制定几部条例,对纪检机关、街道社区党组织等作出基本规范。

第二,关于党的领导法规板块的条例。这个板块目前已经出台43

部中央党内法规，其中的条例包括：《中国共产党宣传工作条例》《中国共产党政法工作条例》《中国共产党统一战线工作条例》《社会主义学院工作条例》《中国共产党农村工作条例》《军队政治工作条例》等。未来几年，为适应加强党的全面领导的需要，有必要再研究制定几部条例，对党领导经济、国家安全、外事和党的群团、人才工作等方面作出基本规范。

第三，关于党的自身建设法规板块的条例。这个板块目前已经出台79部中央党内法规，其中的条例包括：《党政领导干部选拔任用工作条例》《干部教育培训工作条例》《中国共产党党员教育管理工作条例》《干部人事档案工作条例》《中国共产党党校（行政学院）工作条例》《中国共产党重大事项请示报告条例》《中国共产党党务公开条例（试行）》《党政机关厉行节约反对浪费条例》等。未来几年，为进一步加大党的自身建设力度，有必要再研究制定几部条例，完善党的政治建设、思想建设、组织建设、作风建设等领域的基本规范。

第四，关于党的监督保障法规板块的条例。这一板块目前已经出台79部中央党内法规，其中的条例包括：《中国共产党党内监督条例》《中国共产党巡视工作条例》《中国共产党问责条例》《中国共产党纪律处分条例》《中国共产党党员权利保障条例》《党政领导干部考核工作条例》《中国共产党党内功勋荣誉表彰条例》《中国共产党党内法规制定条例》《党政机关公文处理工作条例》等。未来几年，有必要再研究制定几部条例，对党的纪律要求、组织处理问题等作出基本规范。

立规必重质量

有规可依不等于依规治党。我们不能简单认为，只要制定出台一大批党内法规，全面从严治党、依规治党的目标就会自然而然地实现。之所以如此，是因为法规制度质量有优劣之分，质量差的制度中看不中用；法规制度品质有善恶之别，方向错误的坏制度比没有制度更糟糕。习近平总书记指出："制度好可以使坏人无法任意横行，制度不好可以使好人无法充分做好事，甚至走向反面。各级党委要紧密结合这些年发生的腐败案例，寻找漏洞，吸取教训，全面深化改革，全面加强制度建设。"

习近平总书记特别强调要提高制度设计的科学性，要求我们牢牢抓住提高党内法规制度质量这个关键。"长期以来，我们制定的不少制度规定流于形式，其中一个重要原因就是制度本身不科学，脱离实际、没有可行性，有的规定过于原则、操作性不强，有的只有要求没有问责、刚性约束力不够，还有的规定交叉重复甚至文件打架。要提高党内法规制定质量，深入调查研究，广泛征求意见，掌握制度建设的周期性规律，及时进行立、改、废，既保证制度的活力，又注意保持制度的稳定性，不能朝令夕改、频繁'翻大饼'，确保每项法规制度都立得住、行得通、管得了。"

习近平总书记提出的"确保每项制度都立得住、行得通、管得了"这一要求，有很强的现实针对性，也是很高的标准，为做好党内法规制定工作指明了努力方向。在研究制定党内法规时，必须始终坚持以党章为根本、以民主集中制为核心，始终站稳政治立场、把牢政治方向，坚持问题导向和目标引领相结合，总结经验教训、科学设计制度，努力制定出高质量的党内法规。

一、党内法规必须彰显政治性

党的十九大指出，旗帜鲜明讲政治是我们党作为马克思主义执政党的根本要求。党的政治建设是党的根本性建设，决定党的建设方向和效果。要毫不动摇坚持正确政治方向，这是党内法规制定工作必须遵循的第一位要求，也是衡量党内法规制度质量的第一标准。毛主席说过，政治是统帅，是灵魂。我们党作为马克思主义执政党，是具有鲜明阶级性的政治组织，党内法规作为党的统一意志的体现，它只能姓"党"，它必须具有鲜明政治性，它必然有着与生俱来的红色基因。政治性，是党内法规的"魂"。

党的十九大强调，要以党的政治建设为统领，全面推进党的政治建设、思想建设、组织建设、作风建设、纪律建设，把制度建设贯穿其中。贯彻落实党的十九大精神和习近平总书记重要指示要求，在研究制定党内法规时必须时刻绷紧政治这根弦，以党的政治建设为统领，牢固树立“四个意识”、坚决做到“两个维护”，自觉站稳政治立场、把准政治方向、牢记政治使命、坚持政治观点，把讲政治要求落实到制定工作全过程，把政治性要求贯彻到党内法规制度安排各方面，确保制定出台的党内法规有利于全面从严治党、保持党的先进性和纯洁性，有利于巩固党的长期执政地位和总揽全局、协调各方的领导核心地位，有利于维护以习近平同志为核心的党中央权威和集中统一领导，确保设计的每一项制度、制定的每一部法规都能经得起政治检验、实践检验和历史检验。

党的十九大以来，在加强党的政治建设、严明党的政治纪律和政治规矩等方面，党中央专门制定出台相关法规文件，比如《中共中央关于加强党的政治建设的意见》《中共中央政治局关于加强和维护党中央集中统一领导的若干规定》等，同时，将讲政治要求鲜明体现到制定修订的有关党内法规当中。比如，在制定出台的《中国共产党重大事项请示报告条例》《中国共产党宣传工作条例》《中国共产党政法工作条例》等条例中，进一步严明政治纪律，强化“两个维护”的制度保障；在修订《中国共产党党组工作条例》《中国共产党纪律处分条例》《中国共产党问责条例》等法规时，都将严明政治纪律、严肃查处违反政治纪律的问题当作修订的重点内容。

二、制度设计要坚持问题导向、突出针对性

制定出台党内法规，不是为制定而制定，而是用来解决问题的。一项针对性强的制度安排，必然是发现了问题、找准了症结，然后去对症下药。

党内法规制度建设要着力破解哪些问题？

党的十九大指出，全党要清醒认识到，党内存在的思想不纯、组织不纯、作风不纯等突出问题尚未得到根本解决，要深刻认识党面临的执政考验、改革开放考验、市场经济考验、外部环境考验的长期性

和复杂性，深刻认识党面临的精神懈怠危险、能力不足危险、脱离群众危险、消极腐败危险的尖锐性和严峻性，坚持问题导向，保持战略定力，推进全面从严治党向纵深发展。习近平总书记指出，党内“一些问题依然存在，一些问题解决得还不彻底，一些问题还可能再冒出来，必须继续努力，不断从思想上、政治上、组织上、作风上、制度上防范和解决党内存在的突出矛盾和问题”，“问题是时代的声音。反腐倡廉建章立制怎么做？那就要有什么漏洞堵什么漏洞，有什么问题解决什么问题，兵来将挡，水来土掩”。

坚持问题导向，发现什么问题就解决什么问题，什么问题突出就重点解决什么问题，这是党的十八大以来党内法规制度建设的一个鲜明特点。无论是制定《关于新形势下党内政治生活的若干准则》《中国共产党廉洁自律准则》，还是制定修订《中国共产党党内监督条例》《中国共产党巡视工作条例》《中国共产党问责条例》《中国共产党纪律处分条例》，以及制定修订《中国共产党地方委员会工作条例》《中国共产党党组工作条例》《党政领导干部选拔任用工作条例》，都始终坚持问题导向，在起草过程中认真梳理实践中的突出问题，查找现有制度安排的漏洞短板，在此基础上有针对性地作出精准制度设计，有的放矢、一箭中靶。

需要注意的是，党内法规制度建设所要解决的问题不是一成不变的，一旦形势任务发生变化，有些之前不是什么问题的问题就变成了问题，这就要求及时通过制度创新来提出新的标准和要求。党的十八大以来，随着新形势下推进全面从严治党向纵深发展，对党的组织和党员提出更严标准和更高要求，那些过去被认为是生活小事、行为小节，见怪不怪、习以为常的做法，比如，对党的大政方针政策说三道四、动用公款吃吃喝喝、同志之间吹吹拍拍、官商之间拉拉扯扯等，现在对照全面从严治党的标准和要求，就成了为法规制度所不容的违纪违规问题。为此，党内法规制定工作要主动适应新形势下全面从严治党向纵深发展的现实需要，把严的标准和要求体现到各领域、各层级、各方面的法规制度中去，严明纪律规矩、严肃党内生活，切实把党的组织的工作活动和党员行为纳入法规制度轨道上来，实现真管真严、敢管敢严、长管长严。

坚持问题导向，不是机械要求党内法规制度安排平均用力、面面俱到，而是要善于运用矛盾分析方法，聚焦人民群众反映强烈的突出问题，紧紧抓住治官治权这个关键，以改革创新精神着力破解制约全面从严治党的体制性障碍。

习近平总书记指出："党内作风问题表现多样、成因复杂，有主要矛盾和矛盾的主要方面，也有次要矛盾和矛盾的次要方面。解决问题就要抓住主要矛盾和矛盾的主要方面。形式主义、官僚主义、享乐主义和奢靡之风是作风问题的集中表现，要作为主要矛盾和矛盾的主要方面来解决。"党的十九大以来，针对"四风"中的享乐主义、奢靡之风得到有效遏制而形式主义、官僚主义依然突出的问题，党中央将惩治工作确定为"不忘初心、牢记使命"主题教育的重要内容，专门制定出台相关中央文件惩治监督检查考核过多过滥的问题，集中惩治文件多会议多的"文山会海"问题，并将2019年确定为"基层减负年"。同时，在制定修订的《中国共产党党内法规制定条例》《中国共产党重大事项请示报告条例》《中国共产党问责条例》中，进一步建立健全防治形式主义、官僚主义问题的体制机制。

解决管党治党宽松软问题，关键是要完善治官治权方面的法规制度，规范领导机关和领导干部，把权力关进制度的笼子里。习近平总书记强调，要"抓住治权这个关键，构建严密的权力运行制约和监督体系"。"目前，在权力制约和监督方面，我们的制度设计和制度落实存在着一些问题，主要是一些制度执行力不强，权力运行监督体系不完善、不得力，特别是对领导机关、领导干部行使权力的制约和监督形同虚设。"推进制度创新、解决管党治党宽松软问题，表面上看是对着事，实际上是对着人，实质上是对着权，根本上是对着利益，随着全面从严治党日益向纵深发展，制度建设碰到的越来越多是难啃的"硬骨头"和既得利益者的"奶酪"，这就需要更大的制度创新勇气和建章立制智慧。习近平总书记强调，"要坚持查找问题和深化改革相统一。从问题入手，抽丝剥茧，查找根源，深化改革，破立并举，确保公权力在正确轨道上运行"。

三、制度安排要切合实际、保证可行性

经济基础决定上层建筑。全面从严治党、依规治党要坚持马克思主义立场观点方法，历史、辩证、唯物地推进党内法规制度建设。党内法规内容是由现实社会条件决定的。党内法规的制定和实施并不是无条件的，制定时机不适当、实施条件不成熟，即使有了规定也难以落地，即使一时落地也难以持久。

在实践中，有不少党内法规在制定出台时轰轰烈烈、万众瞩目，在制定出台后束之高阁、默默无闻，一个重要原因就是制度规定不接地气、脱离实际、没有可行性。鉴于此，提高党内法规制定质量，就必须实事求是，切实增强党内法规制度的可行性。

对此，习近平总书记强调指出："要实事求是，要考虑国情和党情，要考虑制度建设的周期，还要考虑一些条件和技术手段的局限。有些事情目前做不到就先不要强求，有些事情一下全面推开做不到就先试点，有些事情暂时做不到也不必急于做，可以等条件成熟了以后再做，不要搞层层加码，否则欲速则不达。"

在研究制定党内法规时要做到切合实际增强可行性，关键是坚持一个"实"字。一则，所立之规要做到求真务实，不能违背管党治党、执政治国的客观规律，不能不切实际搞一厢情愿。二则，所立之规要做到实事求是，既不能降格以求，在保持党的先进性、纯洁性标准线之下作规定，也不能不顾实际提出高得离谱、根本做不到的要求，否则必然导致所立之规无法落地。理性的做法是从实际出发提要求，只要党的组织和党员努力一下就能遵守，踮踮脚就能摘到"桃子"。三则，所立之规要做到实实在在，坚持问题导向，出实招、办实事，不能为了所谓政绩搞面子光鲜、里子败絮的"制度形象工程"，不能为了装点门面搞中看不中用的"制度花瓶"，在建章立制方面作秀搞形式也是严重的形式主义、官僚主义问题。四则，所立之规要做到朴实无华，一是一、二是二，写得明白、定得清楚，不能语焉不详、模棱两可，不能堆砌辞藻、花里胡哨。

习近平总书记强调："实践告诉我们，有的政策经过一段时间后

发现有偏差，要扭转回来很不容易。我们的政策举措出台之前必须经过反复论证和科学评估，力求切合实际、行之有效、行之久远，不能随便‘翻烧饼’。”坚持立规从实、保证质量，要求立规工作决不能拍脑袋、凭感觉，必须深入调研，把法规制度供求两方面的实际情况摸清楚。调研工作切忌“水中葫芦”——从下往上看似乎沉下来了，从上往下看还是浮在表面；必须反复论证，看看制度规定是否符合规律、切合实际；必须审慎权衡，综合考量制度安排的利弊得失，趋利避害，寻求制度效果的最大化。总之，从实立规，要求的是坚持科学立规、民主立规，在建章立制时立足实际、切合实际，发扬民主、集思广益，决不能脱离实际搞假大空，追求所谓的轰动效应。

四、制度规定要明确具体、强化可操作性

在研究制定党内法规过程中，经常会碰到一个两难问题：如果制度规定得细点、具体点，它的可操作性会强一些，但制度的适应性、稳定性就会弱一些；如果制度规定得粗点、原则点，它的灵活性会多一些，但滥用自由裁量权的风险就会陡然提高。

对此，习近平总书记提出了两方面要求：一方面要于事有效、不搞繁文缛节。“制度不在多，而在于精，在于务实管用，突出针对性和指导性。如果空洞乏力，起不到应有的作用，再多的制度也会流于形式。”另一方面要于法周延、严谨严密易行。“这些年来，从中央到地方搞了不少制度性规范，但有的过于原则、缺乏具体的量化标准，形同摆设；有的相互脱节、彼此缺乏衔接和协调配合，形不成系统化的制度链条，产生不了综合效应；有的过于笼统、弹性空间大，牛栏关猫，很多腐败问题不仅没有遏制住，反而愈演愈烈。”

贯彻落实习近平总书记的这一指示要求，关键是要把握好“度”字，当粗则粗、宜细则细，在建章立制时努力做到量身定制、量体裁衣。

有人说，现在党内法规太多、规定得太细，学都学不过来，还谈什么遵守，繁文缛节束缚了手脚，不便于工作。这话看似有理、实则不然。党统揽“四个伟大”，党的领导和党的建设战线很长，党的工

作千头万绪，9100多万名党员、470多万个各类党的组织之间形成的关系错综复杂。要把这些关系理顺，要把党的组织的工作活动和党员行为全面纳入制度化轨道，要为实现党执政兴国的历史使命提供全面有力的党内法规制度保障，光靠搞那么几条、提几个硬杠杠显然远远不够，只有形成一个完善的党内法规制度体系，才能做到于法周延、于事有效，才不会留下制度空白、制度漏洞，才能织密约束权力的制度笼子，避免出现“牛栏关猫”问题。

关于这个问题，可以交党费问题为例来说明。党章第9条规定，党员如果连续6个月不交纳党费就被认为是自行脱党。但是，仅靠这条原则性要求显然不足以解决交纳党费所涉的具体问题，比如，党员是应当主动交纳还是可以代交代扣，应当交给谁，应当按照什么标准确定交纳数额，应当多长时间交一次，等等，这些问题皆需作出具体规定。正因如此，《关于中国共产党党费收缴、使用和管理的规定》因需而立、应运而生。

制定党内法规到底是粗点好还是细点好，要具体情况具体分析，不可一概而论，既不能在宜粗不宜细时纠缠于鸡毛蒜皮，否则会出现繁琐哲学问题，也不能在宜细不宜粗时规定得粗枝大叶，否则就会出现“网大鱼小”问题。实事求是的做法是，宜粗则简、宜细则繁。

具体而言，一要区分党内法规的位阶高低，一般是位阶越高越原则，位阶越低越具体；二要区分是基础主干党内法规还是配套性法规，前者可以粗一点，但后者一定要细；三要区分是中央党内法规还是部委党内法规、地方党内法规，中央党内法规可以原则一些以免造成“一刀切”，而部委党内法规和地方党内法规就得紧密结合本部门本地区实际作出更加明确具体的规定；四要区分是总结经验还是实践探索，在将实践证明行之有效的经验提炼上升为党内法规时可以规定得细一点，而在鼓励先行先试探索积累经验时，就要规定得粗一点；五要区分是提出坚定理想信念等高线要求还是作出纪律规矩等底线规定，对于高线要求可以“写意”作山水画，但对于底线规定就必须“写实”作工笔画；六要区分是倡导性意见还是禁止性要求，前者可以规定得粗一点把意图表达清楚即可，但后者就得把子丑寅卯对错是非规定得明明白白。

就建构党内法规制度体系而言，在研究制定准则和条例“立柱架梁”时，可以规定得原则些，但“原则”不等于“粗糙”，制定这些基础主干性党内法规更要慎之又慎，要有工匠精神，坚持严谨细致、精准立规，把方方面面情况考虑仔细周全，对每一条每一款都要字斟句酌、精心打磨。待“四梁八柱”大体形成后，由于建设党内法规制度体系大厦的任务主要就是添砖加瓦、装修装饰，那就得更多重视在精细立规上下功夫，细致精致极致、无微不至，旨在把约束权力的制度笼子织得细密，保证党的纪律标尺刻度更加精细清晰。

执规必动真格

立规不易，执规更难。一分部署，九分落实。法规制度的生命力在于执行，束之高阁会造成制度浪费，形同虚设会损害党的权威。提高党内法规制度执行力，唯有讲认真动真格、狠抓落实，才能真正做到有规必依、执规必严、违规必究。

一、执规不力日益成为依规治党的主要问题

经过持续不断努力，有规可依问题总体上已经得到解决，当下的主要问题是执规不力。习近平总书记指出：“诚然，我们的制度体系还要完善，但当前突出的问题在于很多制度没有得到严格执行。”“存在一些重制定、轻执行的问题，有的制度先紧后松，有的上紧下松，有的外紧内松，有的违反之后未得到及时惩处，产生‘破窗效应’。”“现有制度都没执行好，再搞新的制度，可以预言也会是白搭。”“我们就是要以踏石留印、抓铁有痕的劲头抓落实，言必信、行必果，真正认真做，到最后自然能起到规范和指导作用。”

习近平总书记严肃指出法规制度执行不力的种种乱象：“现实生活中，组织不执行法规制度、个人不遵守法规制度的现象比比皆是。有的法规制度意识淡薄，没有养成按照法规制度办事的习惯；有的对

法规制度阳奉阴违，搞‘上有政策、下有对策’；有的对法规制度采取实用主义态度，合意的就执行，不合意的就不执行；有的甚至根本没有把法规制度放在眼里，为所欲为、独断专行，将个人凌驾于法规制度之上，使法规制度形同虚设。”“很多问题，不是没有政策规定，而是有政策规定却不执行。有些政策规定是约束性的，有些明确是刚性要求，却成了‘稻草人’，成了摆设。这样就会形成‘破窗效应’，打碎一块玻璃没人管，最后所有玻璃都会被打碎，因为打了不受惩罚。很多方面都有政策规定，现在也还适用，就是因为讲面子、讲人情，最后都被突破了。”鉴于此，习近平总书记要求，“制度一经形成，就要严格遵守，坚持制度面前人人平等、执行制度没有例外，坚决维护制度的严肃性和权威性，坚决纠正有令不行、有禁不止的各种行为，使制度真正成为党员、干部联系和服务群众的硬约束”。

二、执规不力由多种原因造成

之所以会产生党内法规执行不力问题，既是因为“执行难”这个几乎所有党和国家规章制度实施都会遭遇到的普遍性难题，也是因为党内法规党纪对党的组织和党员提出更高标准、更严要求从而造成执行到位更加不易这个特殊性问题。具体而言，造成党内法规执行乏力的症结主要出在六个“不力”上：

一是内力不够。一些制度规定面子好看里子不行，不切实际、扎不下根，先天不足、质量不过关，自然就难以付诸实施。

二是威力不够。党章党规权威还没有普遍牢固地树立起来，尊规学规守规用规意识还不够强，不少党内法规制度空间被潜规则挤占。习近平总书记指出，“这些年，一些潜规则侵入党内，并逐渐流行起来”，“在执行政策中，一些人信奉‘遇到黄灯跑过去，遇到红灯绕过去’”，“在干部任用中，一些人信奉‘不跑不送、降职使用，只跑不送、原地不动，又跑又送、提拔重用’；在人际交往中，一些人信奉‘章子不如条子，条子不如面子’，‘有关系走遍天下，没关系寸步难行’”。

三是定力不够。一些党员领导干部党性观念不强，挡不住利益诱惑，一遇“围猎”就落入陷阱，甚至自投罗网，违反党内法规党纪；一些党员在“破窗效应”作用下，认为法不责众，习惯随大流，结果踩了红线、破了底线、碰上了高压线。

四是毅力不够。执行规定需要钉钉子精神，持之以恒、常抓不懈。但一些党的组织和党员领导干部缺乏以踏石留印、抓铁有痕的劲头狠抓制度执行的韧劲，做不到善始善终、善作善成，抓一抓放一放，紧一阵松一阵，虎头蛇尾、有始无终。

五是动力不够。制度执行有赖于利害双方维护自身利益的内在动力。比如，国家法中的私法因双方都有维护自身权益的内在动力，双方“两头热”就容易实施得好；涉及具体相对人的公法经常只有“一头热”，执行力就打了折扣；而不涉及具体相对人的公法往往因“两头冷”很容易出现制度空转、执行落空。党内法规更接近于公法，一旦党员觉悟不够、党的组织责任不强，那就容易因内生动力不足造成实施不力。

六是压力不够。一些制度规定的执规责任不明确，存在“无主执行”问题，再加上督促落实跟不上、监督考评不到位、问责追责不严格，未形成督促制度严格实施的压力。习近平总书记指出：“不讲责任，不追究责任，再好的制度也会成为纸老虎、稻草人。”“很多情况没有监督，违反了也没有任何处理。这样搞，谁会把制度当回事呢？”

三、提高党内法规执行力要靠综合施策

提高党内法规执行力有无捷径可走？习近平总书记说：“贯彻执行法规制度没有绝招，关键在真抓，靠的是严管。”党的十八大以来，各级党的组织和广大党员、干部的党章党规党纪意识之所以明显增强，党内法规制度权威性之所以明显提高，党内法规制度执行力之所以明显提升，靠的就是真抓真管，对症下药、综合施策，打出一套组合拳。关于这一点，被誉为“铁八条”的中央八项规定就是一个成功范例。

中央八项规定之所以得到严格执行，概括起来主要有以下几方面原因：

一是群众期待。党的十八大后，改进党的作风任务非常繁重，中央八项规定就是一个切入口和动员令。习近平总书记指出："工作作风上的问题绝对不是小事，如果不坚决纠正不良风气，任其发展下去，就会像一座无形的墙把我们党和人民群众隔开，我们党就会失去根基、失去血脉、失去力量。""制定这方面的规矩，指导思想就是从严要求，体现党要管党、从严治党，对人民群众期盼作出积极回应，对党风政风乃至整个社会风气发挥导向作用。"实践证明，中央八项规定有力推动党风、带动政风民风明显好转，有人称"八项规定改变中国"。

二是以上率下。习近平总书记强调："'善禁者，先禁其身而后人。'各级领导干部要以身作则、率先垂范，说到的就要做到，承诺的就要兑现，中央政治局同志从我本人做起。""只要中央政治局的同志时时处处以身作则，就能上行下效、产生强大示范效应。""从中央做起，坚持领导带头、以上率下，层层立标杆、作示范。"

三是质量过硬。中央八项规定突出重点、抓住要害和关键，点准穴位、找准靶子，制度规定于法周延、于事简便，要求明确具体，针对性可操作性强，形成刚性约束。习近平总书记指出："规定就是规定，不加'试行'两字，就是要表明一个坚决的态度，表明这个规定是刚性的。'试行'给人感觉是不是还有点含糊。就先按这个规定去做，做了以后真正推开了，一两年后再完善。""开始有的规定写的是'一般'怎么样，大家说还是'一律'好。没有硬杠杠，最后都成了'二般'了。我们'安民告示'，对外公布了，要靠大家监督，也说明我们是动真格的，不是说说而已。"

四是配套完备。党中央出台了执行八项规定的实施细则，各地区各部门结合实际出台了一大批贯彻落实中央八项规定精神的制度规定，纵向到底、横向到边，实现了全覆盖，打通了制度执行"最后一公里"。

五是责任明确。涉及中央八项规定实施的相关部门，它们的服务保障、监督管理职责都很明确，该干什么不该干什么一清二楚，履职尽责要求标准明明白白，这就保证了执规责任主体严格按要求各司其职、各负其责。

六是广为人知。对中央八项规定精神广泛宣传、深度解读、持续报道，做到了家喻户晓、众所周知，在全党全社会营造了浓厚氛围。

七是督促检查。中央有关部门专门组织开展专项督查、定期督查，通过明察暗访督促推动制度规定落实落地。

八是全面监督。把自上而下的组织监督、自下而上的民主监督、纪检机关的专责监督、无处不在的社会监督紧密结合起来，上下互动、内外联动，形成监督领导干部执行中央八项规定精神的强大声势。

九是严肃查处。对违反中央八项规定精神的铁面执纪，发现一起查处一起，严肃问责追责，绝不姑息、不搞例外。严肃查处和曝光典型案件，形成不敢违反的高压态势。

十是常抓不懈。以钉钉子精神狠抓中央八项规定精神落实落地，常抓抓长、坚持不懈。中央政治局多次召开会议专题研究执行中央八项规定问题，每年中央政治局民主生活会听取中央八项规定贯彻落实情况报告，持续不断把贯彻落实中央八项规定精神、加强党的作风建设引向深入。习近平总书记强调："我们抓作风，无论使好的制度和规矩真正执行起来，还是使不良风气彻底得到扭转，都要有足够的力量和长期的作为，坚持稳扎稳打、步步为营、久久为功。"

执行中央八项规定的这些成功经验做法，被总结提炼进《中共中央关于加强党内法规制度建设的意见》当中。该意见强调要"坚持制定和实施并重"，提出要"形成高效的党内法规制度实施体系"，对提高党内法规制度执行力作出了全面部署。

提高党内法规执行力，破解党内法规"执行难"问题，关键是要紧紧扭住党的组织和党员领导干部执规责任制这个"牛鼻子"。为此，2019年9月，党中央专门制定出台《中国共产党党内法规执行责任制规定（试行）》，逐一明确规定党委、党组、党的工作机关、党的基层组织、党的纪检机关等各级各类党的组织和党员领导干部的执规责任，围绕部署推动执规工作、执规能力建设、实施评估等保障机制的建立健全，并对监督考核、责任追究等提出明确要求。

发挥好执规责任制的“杠杆”作用，撬动整个党内法规执行力提升，要做到以下几点：

一要强化党的机关是执规机关的意识。在行政管理领域，行政机关是执法机关，行政机关工作人员是执法人员，这一理念深入人心、不言自明。相形之下，党的机关目前尚未普遍树立起自身是“执规机关”的意识。比如，人们习惯于将党委组织部门当作干部管理部门，将宣传部门当作意识形态主管部门，而不是将这些部门视作贯彻执行相关党内法规的“执规机关”；习惯于将这些机关的工作人员当作干部，而不是将其当作执规人员。为此，要督促各级党的组织和党员领导干部树牢执规是本职、执规不力是失职的理念，切实担负起执行党内法规的政治责任。

二要压实执规责任。按照《中国共产党党内法规执行责任制规定（试行）》要求，建立健全党委统一领导、党委办公厅（室）统筹协调、主管部门牵头负责、相关单位协助配合、纪检机关严格监督的体制机制，明责知责、履责尽责、考责问责。该规定明确规定，党组织和党员领导干部有下列情形之一的应当依规依纪追究责任，涉嫌违法犯罪的，按照有关法律规定处理：不贯彻执行党中央关于党内法规执行的决策部署以及上级党组织有关决定；履行领导、统筹、牵头、配合、监督等执规责任不力；执行党内法规打折扣、搞变通或者选择性执行；本地区本单位在执规中出现重大问题或者造成严重后果的；其他应当追究责任的情形。

三要提高执规能力。党员领导干部要带头学习宣传党内法规，带头严格执行党内法规，带动广大党员、干部以尊崇的态度、敬畏的精神守规用规护规。

四要坚持执规必严。严肃查处违反和破坏党内法规的各种行为，防止形成“破窗效应”。《中国共产党党内法规执行责任制规定（试行）》明确规定，执行党内法规应当遵循 4 个基本要求，即担当作为，恪尽职守，不得不作为、乱作为；严格执规，令行禁止，不得打折扣、搞变通；公正执规，坚持党内法规面前人人平等，不得搞特殊、开后门；规范执规，按照规定的主体、权限、程序等执行党内法规。

依法治国和依规治党有机统一

正确处理依法治国和依规治党关系，事关党政关系、政治与法治关系、党的领导与法治建设关系，是我国社会主义民主政治建设的原创性主题，是中国特色社会主义法治建设的一个鲜明特色。解决这一问题，既无历史先例可循又无域外经验可鉴，只能依靠社会主义民主政治建设实践不懈探索。习近平总书记指出“必须坚持依法治国与制度治党、依规治党统筹推进、一体建设”，党的十九大强调要坚持“依法治国和依规治党有机统一”，并将其纳入习近平新时代中国特色社会主义基本方略之中，这就为我们准确把握二者关系提供了坐标定位。坚持依法治国和依规治党有机统一，是坚持党的领导、人民当家作主、依法治国有机统一的题中应有之义，是维护国家法制统一权威的必然要求，是党依法执政和法治中国建设的内在要求，二者统一于我国社会主义民主政治伟大实践。

二者相对独立。党领导人民治国理政，完善和发展中国特色社会主义制度、实现国家治理体系和治理能力的现代化，前提是把党的治理问题解决好，这就要坚持依规治党；重点是把国家治理问题解决好，这就要坚持依法治国。依规治党和依法治国各自聚焦解决治党和治国问题，二者在功能定位上各有侧重、相对独立，不仅不能缺位，更不能错位越位，避免出现“依规治国”或者“依法治党”。

二者相辅相成。一方面，依规治党要以依法治国为基础。究其根本，依规治党和依法治国都奉行规则之治，都寻求在制度轨道上开展活动，宪法法律为包括党的组织和党员在内的一切组织和个人提供了基本行为规则，依法治国要解决的是包括党的活动在内的一切政治和经济社会活动的制度化问题，至于依规治党，是在依法治国解决共性问题的基础上，进一步解决规范党的领导和党的建设活动的个性问题。另一方面，依法治国要靠依规治党来引领和保障。由于党的领导是中国特色社会主义法治最本质的特征和最根本的保证，党在整个经济社会发展中发挥总揽全局、协调各方的领导核心作用，如果不坚持依规治党、将党的领导活动纳入党内法规轨道，那就不可能实现经济社会发展活动的法治化，全面依法治国的目标就容易落空。对此，邓小平同志早就深刻指出："国要有国法，党要有党规党法。党章是最根本的党规党法。没有党规党法，国法就很难保障。"

二者殊途同归。依法治国和依规治党分工不分家，二者统一于我国社会主义民主政治伟大实践。就坚持和加强党的全面领导而言，二者共同支撑党依法执政。党的十八届四中全会指出："依法执政，既要求党依据宪法法律治国理政，也要求党依据党内法规管党治党。"这就明确了党坚持依法执政需要"双轮驱动"，一个轮子是依法治国，另一个轮子是依规治党，必须双轮驱动、齐头并进。就推进法治建设而言，二者同属法治中国建设重要内容。推进法治中国建设，在党的领导下建设中国特色社会主义法治体系、建设社会主义法治国家，依法治国与依规治党缺一不可。社会主义法治必须坚持党的领导，党的领导必须依靠社会主义法治。

坚持依法治国与依规治党统筹推进、一体建设，实现依法治国和依规治党有机统一，避免出现"两张皮"以及不协调不相容的问题，需要将它们置于社会主义民主政治的宏大视野下，解决好二者在政治立场、价值取向、功能定位、制度安排、贯彻实施以及领导体制和工作机制等各个方面的对接联动问题。由于依法治国所依之"法"是指国家法律，依规治党所依之"规"是指党内法规，因此坚持依法治国和依规治党有机统一，就集中体现为保证党内法规与国家法律的有机统一，关键是要注重党内法规同国家法律的衔接和协调。

如何正确处理党内法规与国家法律的关系，这是中国特色社会主义法治建设必须回答的一个重大政治、理论和实践问题，特别是在党的十八届四中全会明确将"形成完善的党内法规体系"确定为中国特色社会主义法治体系的重要组成部分之后，怎么把这个问题回答好、把二者关系理明白就显得尤为迫切。

正确认识和处理党内法规与国家法律的关系，要以党中央要求为基准，保证二者各司其职、各展其长，关键是要准确把握党的十八届四中全会提出的"注重党内法规同国家法律的衔接和协调"这一基本要求。具体而言，要着力把握好两个问题：

第一个问题：搞清楚为什么党内法规要注重同国家法律保持衔接和协调。

主要有两方面理由：

一是，这是党章规定的“党必须在宪法和法律范围内活动”的内在要求。党内法规属于党内规章制度，一旦出台就要在党内直接付诸实施，成为党的组织和党员的行为依据，党的组织和党员据此开展工作活动、实施相关行为。因此，有什么样的党内法规，党的组织和党员就会有什么样的行为活动。不言而喻，当且仅当作为行为依据的党内法规不突破国家法律时，才能保证党的组织和党员在宪法和法律范围内活动。换言之，如果党内法规突破国家法律，那么党的组织和党员据此实施的行为也势必违法。

二是，这是由党内法规在国家法的第一次调整之后又作第二次调整这一特点决定的。党内法规对党内关系的调整，往往是在国家法律对相关社会关系一次调整之后作出的二次调整，对党的组织和党员作出“新”的职权职责、义务权利规定，而党规党纪又严于国法，会对党的组织和党员提出更高标准更严要求，并对违规违纪课以相应处理处分。如此一来，为了避免党内法规“越界”规定属于国家法律保留的事项，特别是防止党内法规突破国家法律作出处分公民法定权利的规定，很有必要强调党内法规要注重同国家法律的衔接和协调。

第二个问题：把握好党内法规同国家法律保持“衔接”和“协调”这两个具体要求。

所谓“衔接”，是指党内法规与国家法律这两个制度链条要无缝对接，既不能脱节断档，也不能交叉重复，更不能错位越位。制定党内法规时，如果涉及国家机关的法定职权职责或者针对党的组织和党员涉嫌违法的法律责任追究等问题，则党内法规的规定只能点到为止，不宜作出具体规定。比如，对于党的组织和党员涉嫌违法的责任追究问题，党内法规不能去设定具体的违法情形以及相应的法律责任，只能原则性规定“涉嫌违法犯罪的，按照国家有关法律规定处理”，否则就会造成党内法规“越位”国家法律。同样，在制定国家法律时，也不宜对党的领导和党的建设活动作出具体规定。比如，在宪法确立党的领导地位基础上，诸如《公务员法》《高等教育法》《村民委员会组织法》《立法法》《国家安全法》《民族区域自治法》等相关法律都强调要坚持党对相关工作的领导，明确有关党的组织要发挥领导作用，至于党怎么领导经济社会发展、党的组织怎么开展领导工作，应当交由党内法规去作出具体规定，国家法律不宜作出过多过细规定，否则国家法律就有“越位”党内法规之嫌。此外，如果国家立法对党的组织职权职责、领导活动特别是党的建设问题作过多规定，则事实上也带来国家立法机关审议党务这个难题。关于“衔接”问题，打个比方，倘若将党内法规与国家法律二者规范的事项看作两个独立的圆，那么注重党内法规同国家法律的“衔接”，就是要让党内法规之“圆”与国家法律之“圆”保持相切。

所谓“协调”，是指虽然党内法规与国家法律可针对同一事项作出各有侧重的规定，但党内法规的要求不能与国家法律规定相左，以免造成规范冲突、令人无所适从。比如，作为党内法规的《党政领导干部选拔任用工作条例》与作为国家法的《公务员法》，二者从不同角度规定选人用人问题，但对于领导干部晋升年限、任职条件等相关事项，《党政领导干部选拔任用工作条例》及其配套规定，就要注意同《公务员法》《法官法》《检察官法》等的相关规定保持一致，不能作出与之相左的规定。关于“协调”问题，形象地讲，就是党内法规之“圆”与国家法律之“圆”部分相交，交集部分属于党内法规与国家法律皆可调整事项，但党内法规规定不得与国家法律相冲突。

在党的领导和党的建设实践中，在党内法规和国家法律的制定与实施两个层面上，我们只有把要“注重党内法规同国家法律的衔接和协调”的基本要求落实到位，才能形成习近平总书记所要求的那种良性互动的法治格局，即“全面推进依法治国，必须努力形成国家法律法规和党内法规制度相辅相成、相互促进、相互保障的格局”。

所谓“相辅相成”，强调的是党内法规和国家法律二者的各有侧重、功能互补。党内法规侧重体现党的统一意志、调整党务关系、规范党的组织工作活动和党员行为，可以依靠党的纪律保证实施，而国家法律侧重体现国家意志，调整社会关系，规范公民、法人和非法人组织的行为，可以依靠国家强制力保证实施；党内法规重在规范党的领导和党的建设活动，而国家法律重在解决国家和社会治理活动，二者是互补关系，互不替代、并行不悖。

所谓“相互促进”，强调的是党内法规和国家法律二者的交替领跑、相互强化。一方面，国家法律制度的完善会有力催化、推动党内法规制度的完善，比如《公务员法》确立的公务员分类管理规定，直接推动《行政执法类公务员管理规定（试行）》《专业技术类公务员管理规定（试行）》等相关党内法规的制定出台；另一方面，党内法规制度变革也会有力催化、推动国家法律制度的完善，比如，《党政机关厉行节约反对浪费条例》的制定出台，直接推动财政部《中央和国家机关差旅费管理办法》、财政部和外交部《因公临时出国经费管理办法》等一大批配套性部门规章的出台。

所谓“相互保障”，强调的是党内法规和国家法律二者的互为依托、互相借力。党内法规的任务是把党的组织工作活动和党员行为纳入制度化轨道，而国家法律已为包括党的组织在内的各类组织、包括党员在内的全体公民的行为活动制定了行为遵循，国家法律的强制性要求为党内法规解决党的组织和党员行为的制度化问题提供了“底线”要求和制度基础。同时，党内法规对党的组织和党员的二次调整，特别是坚持和加强党的全面领导方面的党内法规的制定出台，为国家法律的制定和实施提供了坚强有力的党规党纪保障，这种保障的实质是党的领导和政治保证。以党内法规制度建设保障法治建设为例，党中央通过制定出台《党政主要负责人履行推进法治建设第一责任人职责规定》等党内法规来加强党对法治工作的领导，通过制定出台关于加强党领导立法工作的意见来保证立法工作的方向正确、内容科学，通过制定出台《领导干部干预司法活动、插手具体案件处理的记录、通报和责任追究规定》来防止以权扰法问题，通过制定出台《保护司法人员依法履行法定职责规定》来支持司法机关依法履职，通过制定《从律师和法学专家中公开选拔立法工作者、法官、检察官办法》来加强政法队伍建设。

党的十八届四中全会指出："党规党纪严于国家法律，党的各级组织和广大党员干部不仅要模范遵守国家法律，而且要按照党规党纪以更高标准严格要求自己，坚定理想信念，践行党的宗旨，坚持同违法乱纪行为作斗争。"关于"党规党纪严于国家法律"，有的人不太理解，认为国家法律甚至可对违法犯罪的人设定死刑，党内法规怎么可能作出比这还严厉的规定呢？需要注意的是，这里强调的是党内法规针对党的组织和党员可以提出较国家法律更高的标准和更严的要求，而非设定较国家法律更重的责任和处罚。众所周知，党内法规规范在逻辑结构上包括假设、行为模式和责任 3 个部分，更高标准和更严要求主要体现在假设和行为模式部分，而非在"责任"追究上。适用党员的党纪处分包括警告、严重警告、撤销党内职务、留党察看、开除党籍 5 种，最严重的就是开除党籍。党纪处分无论怎么严厉，都不能涉及党员的人身权、财产权、政治权利等，在"责任"这一点上，作为政治性处分的党纪处分并不比法律责任更严厉。

第三章　党内法规制度建设

坚持依规治党，必须推进党内法规制度建设。党内法规制度建设是一个系统工程，需要顶层设计、科学谋划、协同推进、整体发力。为了加强新时代党内法规制度建设，党中央于2016年12月制发《中共中央关于加强党内法规制度建设的意见》，这是党的历史上第一个专门就加强党内法规制度建设作出全面部署的纲领性文件，标志着党内法规制度建设进入全面推进、纵深发展的新阶段，具有里程碑意义。该意见立足管党治党、执政治国的新形势、新任务，注重继承和创新相结合，坚持目标导向和问题导向，分4大板块14个部分，阐明了加强党内法规制度建设的重要性紧迫性，明确了指导思想和总体目标、重点任务和重要举措，对加快形成完善的党内法规制度体系、高效的党内法规制度实施体系、有力的党内法规制度建设保障体系作出部署安排。就"三大体系"而言，第一个体系是基础，第二个体系是关键，第三个体系是保障。

形成完善的党内法规体系

坚持依规治党，前提和基础是有规可依。加强新时代党内法规制度建设，首要任务是形成完善的党内法规体系。

党的十八大以来，党内法规体系化建设问题被摆上重要议事日程。习近平总书记指出，要构建以党章为根本、若干配套党内法规为支撑的党内法规制度体系，体系建设要坚持宏观思考、总体规划，要立治有体、施治有序，注重前后衔接、左右联动、上下配套、系统集成。《中共中央关于加强党内法规制度建设的意见》提出："党内法规制度体系，是以党章为根本，以民主集中制为核心，以准则、条例等中央党内法规为主干，由各领域各层级党内法规制度组成的有机统一整体。”该意见围绕加快构建完善的党内法规制度体系，从健全基础主干性中央党内法规、出台配套性部门和地方党内法规、坚持立改废释并举、提高制定质量4个方面作出决策部署、提出明确要求。

关于如何准确把握该意见提出的这几个要求，前文已经讨论过。本书第四编还要就建设党内法规体系问题作专门探讨。鉴于此，下面简要讨论构建党内法规体系要把握好的几个基本问题。

一、构建体系要兼顾外在与内在

外在，是指党内法规制度体系的外观形态。完善的党内法规制度体系呈现为一个涵盖全面、主次分明的系统。所谓涵盖全面，是指完善的党内法规制度体系如同一张大网，它的调整范围涵盖党的领导和党的建设全过程各方面，把所有重要的党务活动都囊括其中，使党的组织的工作活动和党员行为全面实现制度化规范化程序化。所谓主次分明，是指完善的党内法规制度体系如同一棵根基牢固、枝繁叶茂的大树，它是以党章为根本，以准则和条例等主体性法规制度为主干，以规定、办法、规则、细则等从属性法规制度为细枝末叶。

内在，是指党内法规制度体系的内容。完善的党内法规制度体系是由各类高质量的党内法规规范聚合而成的有机统一整体。归根结底，党内法规制度体系是由一条条具体条文聚积而成的，法规规范作为最基本的构成单位，是党内法规制度体系的细胞。完善的党内法规制度体系不仅在宏观上要架构合理、在中观上要项目齐全，还要在微观上保证不同规范的各安其位、系统集成。具体而言，一是不同领域的党内法规制度要功能清晰、左右联动，不重叠不冲突；二是不同位阶的党内法规制度要层次分明、上下配套，不越位不抵触；三是不同类型的党内法规制度要各就各位、相互匹配，实体性、程序性、保障性规范不缺位不脱节；四是不同形式的党内法规制度要各展其长、相得益彰，党内法规和有关规范性文件不错位不掣肘。

究其实质而言，党内法规制度体系是一个由成千上万条党内法规规范构成的有机统一整体，而非成百上千件准则、条例、规定等党内法规文本的简单相加。这就意味着，加强新时代党内法规制度建设，要注重提升党内法规体系的集成度。

二、构建体系要注重制度结构的均衡

习近平总书记强调指出，要搞好制度的“供给侧结构性改革”。这一指示要求极其深刻，有极强现实针对性，为我们指明了下一步党内法规制度体系建设的发力方向和着力点。从制度结构角度来看，现有党内法规还不能有效满足党的领导和党的建设活动制度化规范化程序化提出的制度需求，制度供给侧一定程度上存在结构缺陷，制度空白与制度过剩并存，造成制度不大好用、不大管用。

一方面，现有党内法规制度体系的构成要素不够完善。比如，一些制度安排在理念上还不太清晰，在价值取向上还不够正确，在职权职责和义务权利配置上还不够科学，在体制机制设计上还不够合理，制度的教育引导规范评价奖惩功能还不全面，等等。另一方面，现有党内法规制度体系不同要素间存在不衔接不配套不协调等碎片化和离心力问题。比如，制度理念、制度价值取向在一些制度安排中尚未得到应有体现，整个制度制定链条的各环节强弱不等，党的领导和党的建设两个方面的制度化进程不平衡，制度设计中重实体轻程序现象比较突出，制度间不一致不衔接不协调问题比较突出，同时还存在制度制定与实施一手硬一手软的问题，等等。

党内法规制度调整效能取决于制度建设各要素产生的合力，受制于最短的“桶板”。党内法规制度的这些结构性问题，阻碍着形成一个完善的党内法规制度体系。鉴于此，加快形成完善的党内法规制度体系，要贯彻落实习近平总书记的重要指示要求，着力推进制度供给侧结构性改革，填空白、补短板、强弱项，注重强化各要素间的关联性和匹配性，实现党内法规制度体系的结构均衡，依靠高质量的党内法规制度建设引领和保障全面从严治党向纵深推进，引领和保障党的执政能力和能力水平向更高层次提升。

党的十九大要求“加快形成覆盖党的领导和党的建设各方面的党

内法规制度体系”。在此基础上，党的十九届四中全会更进一步提出更加明确具体的建章立制要求。《中共中央关于坚持和完善中国特色社会主义制度、推进国家治理体系和治理能力现代化若干重大问题的决定》，一方面要求健全党的全面领导制度：“完善党领导人大、政府、政协、监察机关、审判机关、检察机关、武装力量、人民团体、企事业单位、基层群众自治组织、社会组织等制度，健全各级党委（党组）工作制度，确保党在各种组织中发挥领导作用。完善党领导各项事业的具体制度，把党的领导落实到统筹推进‘五位一体’总体布局、协调推进‘四个全面’战略布局各方面。完善党和国家机构职能体系，把党的领导贯彻到党和国家所有机构履行职责全过程，推进各方面协调行动、增强合力。”另一方面要求完善全面从严治党制度：“贯彻新时代党的建设总要求，深化党的建设制度改革，坚持依规治党，建立健全以党的政治建设为统领，全面推进党的各方面建设的体制机制。”为了贯彻落实好党中央提出的这些完善党的领导制度和党的建设制度的重大决策部署，应进一步提高党内法规制定工作的质量和效率，守正创新，确保党内法规制定工作与党和国家治理实践发展相适应。

三、构建体系要坚持“蹄急步稳”

党和国家治理总是特定国情下的治理，党和国家制度总是特定国情下的制度。党和国家治理制度从来都不是抽象的，而是特定时空中的具体制度，治理制度只有在契合基本国情时才能产生令人民满意的治理效能。习近平总书记指出：“一个国家选择什么样的国家制度和国家治理体系，是由这个国家的历史文化、社会性质、经济发展水平决定的。”“中国特色社会主义制度和国家治理体系是以马克思主义为指导、植根中国大地、具有深厚中华文化根基、深得人民拥护的制度和治理体系。”“制度更加成熟更加定型是一个动态过程，治理能力现代化也是一个动态过程，不可能一蹴而就，也不可能一劳永逸。我们提出的国家制度和国家治理体系建设的目标必须随着实践发展而与时俱进，既不能过于理想化、急于求成，也不能盲目自满、故步自封。”

习近平总书记的这些重要指示，对于我们推动形成和不断发展党内法规制度体系具有重要指导意义。就到建党 100 周年时形成比较完善的党内法规制度体系而言，在这一体系形成前，我们重点防止的是“一蹴而就”“过于理想化、急于求成”问题，不搞有条件要上、没有条件创造条件也要上的立规“冲刺”，没有脱离实际搞超前立规。这避免了建章立制中容易犯的主观主义错误，不切实际地加速、加码、加压。在这一体系形成后，应重点防止“一劳永逸”“盲目自满、故步自封”的问题，不能简单地认为建章立制工作大功告成，可以歇歇脚、喘口气、松松劲，不能片面地认为由于法规制度具有稳定性、长期性的特点，朝令夕改会损害稳定的制度预期的形成，更不能因为深化制度改革会招致既得利益者的反对而畏首畏尾、止步不前。在建党 100 周年之际形成比较完善的党内法规制度体系，这无疑是在一个重要时间节点发生的一个重要历史事件，标志着党内法规制度达到了更加成熟更加定型的新高度。不过，建章立制工作没有完成时只有进行时，要随着党的领导和党的建设活动制度化规范化程序化要求的不断提高而不断推进，要适应党和国家事业的不断发展而不断推进，永远在路上。

一言以蔽之，实践是脚、制度是鞋，脚长大了就得换新鞋，实践发展了制度创新就得如影随形。如果因循守旧，没有适应新的实践需要制定出台新规、修改废止旧规，那就会束缚实践发展、阻碍前进步伐。

适应实践发展、与时俱进开展建章立制工作，至少包括两个基本要求。

第一个要求是立规工作要坚持面向未来，以保证所立之规富有前瞻性。我们常说，法规制度是一种经验产物，这就意味着法规制度具有与生俱来的滞后性——我们“现在”进行的立规活动是对发生在“过去”的实践经验的总结提炼，它出台后却要适用于“将来”。为了尽量把这种制度与实践之间的时间差降到最小，避免出现制度“刚一出台就落伍”的问题，我们在立规时就要自觉树立面向未来的创新意识，既要基于以往经验又不能囿于以往经验，要善于发掘蕴含于过往经验之中的实践发展规律，科学预测未来的实践情况，据此量体裁衣、制定出台比较适合未来实践的法规制度。

不过，这种前瞻性立规固然可以解决过往经验与未来实践之间的紧张关系，但这种“解决”只能是一种缓解。之所以如此，不仅是因为立规预测只是预测，往往既难做到准确预测，更难做到长远预测，一旦被实践证明预测有误差就得及时修改或者废止；还在于前瞻性立规的“前瞻”到底应当看多远，这经常是一个远也不妥、近也不妥的两难选择问题——实践总是发展变化的，如果看得太远、就远不就近作出制度安排，就会导致近期实践“小人穿大衣”，如果看得太近、就近不就远作出制度安排，又会导致远期实践“大人穿小衣”。就此而言，即使我们在立规时做到了面向未来，也不可能保证所立之规一成不变。实践发展的脚步从来都不会停歇，这就决定着任何法规制度都要新陈代谢、都会生老病死。一旦法规制度不再适应实践发展需要、超出前瞻性立规预设的弹性区间，那就得根据实践及时修改甚至废止。

鉴于此，第二个要求就是立规工作要坚持与时俱进，根据实践发展持续不断推动法规制度变革，以保证法规制度始终跟上实践发展步伐、满足新实践提出的新需求。为此，我们在立规工作中要敢于创新、善于创新，努力审时度势、适时顺势，根据世情国情党情的发展变化，准确把握党内法规制度建设所处的新的历史方位，及时把习近平新时代中国特色社会主义思想体现到法规中去，及时把全面从严治党的新经验新标准新要求体现到法规中去，通过立新规、改旧规、废止过时法规，填补制度空白、强化制度链条薄弱环节、补齐法规制度体系短板，据此实现法规制度供求的动态平衡。

人们常说，法规制度是“被发现”的而非“被发明”的，这是因为法规制度所确认和反映的是一种客观治理规律，立规过程主要是一个寻找而非制造“制度密钥”的过程。因此，在制定修订党内法规、形成和完善党内法规体系过程中，要坚持以改革创新精神积极探索和及时总结管党治党、执政治国的内在规律，既反对不敢创新、不善创新、不愿创新的惰性和僵化，也反对脱离实际搞标新立异、违背规律搞拔苗助长。推进党内法规制度创新，既要有担当，也要有智慧，更要有理智和清醒。

形成高效的党内法规实施体系

“天下之事，不难于立法，而难于法之必行。”立规是基础，执规是关键，《中共中央关于加强党内法规制度建设的意见》将形成高效的党内法规制度实施体系确定为加强党内法规制度建设的重中之重。该意见强调要“坚持制定和实施并重”，并围绕“形成高效的党内法规制度实施体系”这一目标，从坚持以上率下、加强学习教育、强化监督检查、加强备案审查等4个方面，针对提高党内法规制度执行力提出明确要求、作出部署安排。

在党的领导和党的建设实践中，党内法规实施不到位问题集中体现为一些党的组织和党员、干部不学不懂、不信不用、不尊不怕党内法规。有的是不学党内法规、不懂规矩，法规知识贫乏，对明文要求和明令禁止一无所知，稀里糊涂踩了红线、破了底线，违规违纪被追责之后才恍然大悟、追悔莫及；有的是不信、不用党内法规，法规意识淡漠，自作聪明、自以为是，想问题、作决策、干工作凭经验靠感觉，甚至迷信关系学、奉行潜规则，把法规制度规定抛在一边；有的是不尊、不怕党内法规，法规观念缺失，搞权大于规、以权压规、以权代规，把严肃的纪律规矩当儿戏，消极执规、选择性执规、恶意避规甚至直接违规，有令不行、有禁不止，言谈举止超越于法规之外、凌驾于法规之上。

党内法规制度实施中的作选择、打折扣、搞变通甚至束之高阁等现象，为“潜规则”大行其道、歪风邪气盛行提供了可乘之机，产生“劣币驱逐良币效应”。这不仅严重损害党的组织的威信和公信力，而且严重影响党的形象；不仅严重危害党内政治生活和组织生活的政治性、原则性、时代性、战斗性，而且会危害党的领导地位和执政基础，危及党和国家事业。因此，加强党内法规制度建设，依据党内法规管党治党、从严治党，必须着力破解党内法规实施中的“蜈蚣效应”问题、“橡皮筋”问题、“暗门”“天窗”问题、“破窗效应”问题、“稻草人”问题等，不断提高党内法规执行力，真正把制度优势转化为治理效能。

关于如何确保党内法规制度实施到位，该意见坚持问题导向，总结党的十八大以来党内法规制度实施的新鲜经验，特别是贯彻执行中央八项规定精神的成功做法，坚持“高、全、要、长”4字要求，以切实提高党内法规制度的执行力。

一是坚持“高”字，该意见对加强执行力建设提出了高目标。将“形成高效的党内法规制度实施体系”确定为加强党内法规制度建设总体目标的重要内容，对加强党内法规执行力建设提出很高的目标，明确要求党内法规制度必须实施到位，广大党员特别是领导干部法规意识要明显增强，党规党纪严于国法的要求得到有效落实，党内法规制度得到严格遵守和执行，真正成为党员干部的硬约束。

二是坚持“全”字，该意见从知规、执规、评规、督规、护规5个方面整体部署、握成拳头。第一，强化“知规”这个贯彻落实的前提。不学不懂不知法规，严格遵守法规就无从谈起。该意见要求加大党内法规的公开力度、宣讲解读力度、教育培训力度、普及宣传力度等，提高党内法规制度的公开性、透明度、知晓率。第二，强化“执规”这个贯彻落实的重点。党内法规不仅要靠自觉遵守，更要靠严格执行，执规不严、违规不究必然造成有规不依、有规不守。该意见明确提出要实行党内法规制度执行责任制，做到一级抓一级、层层抓落实。各级党的组织作为执规主体，要牢记严格执规是本职、执规不力是失职。落实党内法规制度执行责任制，就要求党的组织严格履行执规主体责任，梳理执规职责清单、细化分解执行责任，做到责任到事、责任到岗、责任到人，做到有规必执、执规必严。第三，强化“评规”这个推动贯彻落实的抓手。实施评估制度之于推动党内法规制度的贯彻实施具有催化剂、推进器作用。该意见要求发挥实施效果评估在推动党内法规制度贯彻实施中的重要作用，建立健全党内法规制度执行情况、实施效果评估制度，特别是对准则、条例等重要党内法规要适时进行评估。第四，强化“督规”这个推动贯彻落实的关键。该意见要求强化监督检查，将党内法规制度实施情况作为各级党委督促检查、巡视巡察的重要内容，对重要党内法规制度开展定期督查、专项督查，并将监督检查结果在党内一定范围内通报，必要时可在新闻媒体公布，接受社会监督。要用监督传导压力、用压力推动落实，真正使党内法规制度成为硬约束。第五，强化“护规”这个保障贯彻落实的“压舱石”。教育千遍不如问责一次，违规必究多一分、有规不依少三分。维护党内法规制度权威始终要靠严肃查处违规行为、追究违规责任。该意见要求畅通党员群众对违规违纪、执规不严等行为的反映和检举渠道，加大责任追究和惩处力度，严肃查处违反和破坏党内法规制度的行为。据此，对有令不行、有禁不止、随意变通、恶意规避等违反党内法规制度的，要发现一起查处一起，形成不敢违规的震慑；对履行执规职责不力，不愿管、不敢管，纵容、隐瞒、包庇违规违纪行为的，要严肃问责追责，不搞法不责众、不搞情有可原、不搞下不为例，真正让铁规发力、禁令生威。

三是坚持“要”字，该意见强调抓住关键少数、坚持以上率下。习近平总书记指出，“全面从严治党，要抓住领导干部这个‘关键少数’”。“上梁不正下梁歪，中梁不正倒下来。”上面松一寸，下面松一尺。党内法规制度权威不足问题，暴露在面上、要害在根上，病症反映在普通党员身上、病灶出在领导干部身上，上行下效，所谓“其身正不令而行，其身不正虽令不行”，讲的就是这个道理。鉴于此，解决党内法规制度执行不力问题，关键是抓住要害、突出领导机关和领导干部这个重点，只要领导机关和领导干部尊崇党内法规、率先垂范，那么其他党的组织和广大党员不信不守规矩问题就会迎刃而解。该意见为此将坚持以上率下确定为提高党内法规制度执行力的第一招，也是关键一招，明确要求从各级领导机关和党员领导干部做起，以身作则、严格要求，带头尊规学规守规用规。党员领导干部要敢于负责、勇于担当，切实抓好分管领域、分管部门的党内法规制度贯彻落实工作。这就要求各级领导机关、领导干部特别是主要负责同志要坚持依据法规制度谋事管人用权，清醒认识到自己岗位的特殊地位和职责的特殊重要性，切实增强自律意识、标杆意识、表率意识，凡是要求别人做到的自己首先做到，凡是要求别人不做的自己首先不做。

四是坚持“长”字，该意见着力建立健全一套长效机制。提高党内法规制度执行力，不可能毕其功于一役，必须在“常”“长”二字上做文章，建立长效机制，提出刚性要求，常抓不懈。为此，该意见坚持问题导向和改革方向，着力建立健全加强党内法规执行力建设的机制制度。其主要内容有：实行党内法规制度执行责任制；探索建立党员领导干部任前党内法规知识考试制度；建立健全党内法规制度统一发布平台；对重要党内法规制度实施情况开展定期检查、专项督查；建立贯通上下的备案工作体系；建立健全备案审查衔接联动机制；建立备案工作考核通报制度；建立健全党内法规执行评估制度，等等。通过建立健全这些机制制度，久久为功，为提高党内法规制度执行力提供坚实机制保障。

形成有力的党内法规制度建设保障体系

加强党内法规制度建设，无论是制定工作还是实施工作，都离不开有力的组织保障，要解决好有人管、有人干，有决策、有落实，有理论指引、有经费支持，有考评、有奖惩等问题。因此，《中共中央关于加强党内法规制度建设的意见》着眼形成“有力的党内法规制度建设保障体系”，聚焦加强组织领导，从落实领导责任、完善体制机制、加强队伍建设、强化工作保障4个方面提出一整套组织保障措施，为加强党内法规制度建设提供坚实保障。

第一，该意见明确了领导责任以保证党内法规工作有人决策有人管。党内法规制度建设政治性、政策性强，必须强化组织领导把牢政治方向；系统性、关联性要求高，需要强化组织领导统筹谋划协同推进；公共性、组织性特征明显，要依靠自上而下的推动、引领、督促来输入内在动力和外在压力。因此，形成有力的党内法规制度建设保障体系，首要任务是明确领导职责、落实领导责任，抓住党内法规制度建设的“牛鼻子”。

实践中，组织领导不力问题比较突出。有的是不重视，觉得党内法规制度建设周期长、见效慢，不容易出政绩，对党内法规工作不研究不谋划不部署；有的是领导不力，口头上重视，实际上不上心、不用心，说得多、做得少，做样子、作作秀；有的是不会领导，一些领导干部甚至连党内法规的名称、体例、表述形式、制定权限等基础问题都不太明白，领导力不足。因此，该意见对强化党内法规工作的组织领导提出了明确要求。在中央层面，党内法规制度建设在党中央统一领导下进行，日常工作由中央书记处负责，中央办公厅按照中央要求做好统筹协调工作，要发挥好中央党内法规工作联席会议机制的重要作用。在部门和地方层面，中央各部门和地方各级党委要认真抓好职责范围内的党内法规制度建设工作，与党建其他工作一同部署、抓好落实。地方党委要建立健全党内法规工作联席会议机制，着力构建党委统一领导、办公厅（室）统筹协调、部门分工负责、各方面共同参与的工作格局，形成党内法规制度建设的合力。

对于地方和部门而言，贯彻落实该意见要求加强组织领导、落实领导责任，主要是做好4件事：一是按照党中央部署要求，积极做好本地区本部门配套党内法规制度建设的统筹谋划工作，确保中央党内法规制度在本地区本部门落实落地，中央各部门同时还要认真承担有关中央党内法规制度的组织起草工作。二是搞好本地区本部门的党内法规工作布局，推动形成一个由理论研究、制定、实施等部分构成的工作链条，包括拟订研究规划、落实研究项目、转化研究成果，编制制定工作规划计划、起草、前置审核、审议、发布、备案、清理、解释，以及学习宣传教育培训、执行和遵守、实施评估、督促检查等主要环节。三是推动形成一个上下贯通、内外联通的党内法规工作体系，不断提高党内法规工作的开放性和联动性。四是加强党内法规工作机构建设，充实配强工作力量。

第二，该意见要求健全机构队伍以保证党内法规工作有人落实有人干。承担党内法规制度建设任务的机构队伍，由专司立规工作的党内法规工作机构及其人员、承担执规任务的党政机关及其工作人员、从事党内法规教学研究工作的机构及其人员等几个部分构成。要形成有力的党内法规制度建设保障体系，当务之急是加强党内法规工作机构和专门工作队伍建设。

实践中，党内法规工作机构和专门工作队伍建设明显不适应新形势新任务需要，“小马拉大车”问题突出。截至该意见出台的2016年年底，就党内法规工作机构设立而言，在19个中央工作部门中，2/3以上未设立法规（法制）工作机构；在31个省区市和新疆生产建设兵团党委办公厅中，单设法规工作机构的有28个，还有4个省市未单设法规工作机构只加挂了牌子；在429个市级（含直辖市的76个区县）党委中，单设法规工作机构的173个，加挂牌子的65个，其余191个未设法规工作机构，未设的占45%；在2821个县级党委办公室中，单设法规工作机构的224个，加挂牌子的130个，其他2467个未设法规工作机构，未设的占87%。有的党内法规工作机构除承担党内法规工作外，还承担文电处理、会议服务、政府法制工作等职责。就党内法规专门工作人员配备而言，在中央部门法规（法制）工作机构中，中办法规局、中央纪委法规室从事法规工作的人员相对多些，有三四十人，其余的法规工作机构中专门从事党内法规工作的人员较少，多至六七人、少至一两人；在省级党委办公厅中，实际从事党内法规工作的人员约200人，省均六七个人，均龄37岁，本科、硕士以上学历各占38%、62%，法学、党建专业各占54%、42%。总体而言，党内法规工作机构不健全，设立比例层层递减；机构规格偏低，明显低于同级人大常委会和政府法制工作机构；承担职责宽窄不一，从法规工作到公文处理再到办文办会，从党内法规工作到政府法制工作再到服务党委领导法治建设。同时，党内法规工作人员行政编制明显不足，专业素养不适应问题比较突出，后备人才培养供给严重滞后。

该意见从实际出发，坚持问题导向，对症下药，为破解法规工作机构和工作队伍难题提供了方案。一是明确要求加强法规工作机构建设。中央纪委机关、中央各部门根据工作需要设立党内法规工作机构；省区市党委要根据工作需要设立党内法规工作机构，承担党内法规制度规划计划、起草审核、备案清理、督促指导和服务党委领导立法、法律顾问等职责；市、县级党委应有专门机构或专门力量承担党内法规制度建设相关工作。二是明确要求加强专门工作队伍建设。要制定党内法规人才发展规划。坚持把思想政治建设摆在首位，加强理想信念和党性教育，强化业务能力建设，加大党内法规人才培养选拔力度，优化专业和经历结构，着力打造一支对党绝对忠诚、综合素质高、专业能力强、勇于担当负责、甘于吃苦奉献的党内法规专门工作队伍。三是明确要求加强后备人才培养。要建立后备人才培养机制，抓紧在相关学科设置党内法规研究方向、开展研究生教育，将党内法规知识纳入高等学校思想政治教育课程，支持有条件的高等学校与党内法规工作机构联合培养党内法规专门人才。要组织编写专门教材。要实施教学科研机构与党内法规工作机构人员互聘计划。

第三，该意见要求强化理论支撑以保证党内法规工作谋得合理干得科学。加强党内法规制度建设、推进依规治党属于政治文明范畴，政治性、思想性要求高，相关工作和活动要有鲜明的立场、严密的逻辑、科学的方法、复杂的机理，需要立“论”探“理”以形成成熟的理论体系来科学指引党内法规制度的制定实施活动。作为形成有力的党内法规制度建设保障体系的一项重要任务，加强理论研究队伍建设、深化党内法规理论研究也是当务之急。

鉴于此，该意见有针对性地提出两个要求：一是加强理论研究队伍建设。要实施党内法规理论研究人才支持计划，培养选拔一批国家级领军人才、专家级骨干人才、优秀专业人才；建立党内法规专家库。二是加强党内法规理论研究。要适时成立全国党内法规研究会；支持有条件的党校（行政学院）、高等学校、科研院所设立党内法规研究基地或研究中心；在马克思主义理论研究和建设工程、国家哲学社会科学规划中增加党内法规研究项目。

第四，该意见要求健全考评奖惩机制以保证党内法规工作得到真抓实干。考评奖惩是指挥棒、风向标。只有考评奖惩有力，才会产生人人负责、招招落实的正激励；如果考评奖惩乏力，就容易生成消极应付的负激励。在由目标、举措、职责、考评、奖惩等环节共同构成的党内法规制度建设运行机制链条中，考评作为关键一环，既要为实施奖惩提供依据，也是推动开展工作的有力抓手，具有“四两拨千斤”之效；奖惩作为最后一环，意义在于产生激励作用，推动责任主体生成工作动力和压力。实践中，长期以来没有建立起一套完善的党内法规制度建设情况考评奖惩机制，这就造成对各地区各部门抓这项工作到底是紧还是松、成效究竟是好还是差的评价，因缺少明确的衡量标准只能停留在感觉或者印象的模糊认识上，特别是由于上级没有考评奖惩这个重要抓手，就难以解决下级干与不干、真干假干、干多干少、干好干坏一个样的问题。

该意见为此提出，要“健全考核评价机制，把党内法规制度建设情况作为考核评价领导班子和领导干部的重要内容。完善激励机制，定期表彰全国党内法规工作先进单位和先进个人”。各地区各部门在贯彻落实该意见提出的这一要求时，要注意以下几点：一是搞好统筹。将该意见要求与落实党建工作主体责任、推进法治建设主体责任等相关考评奖惩要求统筹考虑，结合本单位实际将党内法规制度建设情况作为重要组成部分，纳入现有考评奖惩体系中一并实施。二是设立指标。坚持定性与定量相结合，将党内法规制度建设情况分解成若干考评指标，建立一个涵盖各方面工作、各类责任主体、各种表现情形的多层次指标体系。三是衔接配套。各地区各部门可结合自身实际，进一步细化丰富该意见有关要求，在符合中央精神的前提下建立健全本地区本部门的考评奖惩机制。比如，可以参照党中央做法，按程序设立本地区本部门党内法规工作先进单位和先进个人表彰项目。四是注意挂钩。切实将领导班子和领导干部履行党内法规制度建设责任的考评情况，作为干部提拔使用、问责追责的重要依据，避免出现“两张皮”问题。

练就过硬的党内法规工作本领

党中央关于加强党内法规制度建设的一系列重大决策部署，最终要靠一项一项具体的党内法规工作贯彻落实，党内法规工作本领是否过硬，直接关系着党内法规制度建设任务的落地生根、开花结果。做好党内法规工作，必须勇于探索、科学总结党内法规制度建设规律，牢牢把握党内法规工作特性，用正确的方式做正确的事，确保党内法规工作沿着正确轨道朝着正确方向前行。我理解，党内法规工作本领高强，要做到又红又专、能够互联共创："红"指的是政治性，必须始终坚持正确政治方向；"专"指的是专业性，必须具备专业化水平；"联"指的是联动性，必须做到上下左右内外互联互通互动；"创"指的是创新性，必须勇创善创保持创新驱动。

一、把政治性当作立足之本

毛主席说过，政治是统帅、是灵魂。习近平总书记强调，政治问题任何时候都是根本性的问题。政治性，是党内法规工作的本质属性。坚持政治性，是党内法规工作的安身立命之本。任何党内法规工作都包含政治性要求，不存在脱离政治的单纯业务。党内法规工作链条很长、业务迥异，但无论哪个环节、哪种业务，都必须旗帜鲜明讲政治，自觉坚持正确的政治立场、政治方向、政治逻辑、政治观点。

实践中，党内法规工作者绝大多数能够牢固树立政治意识，自觉把政治性要求摆在各项工作首位，把政治性要求贯彻到法规工作全过程各方面。但是，也有少数同志在开展工作时存在政治意识似有非有、似强非强问题，起草、审核、备案、清理、解释法规聚焦的是机构编制、职级职数、经费保障等"含金量"高的内容，在严把政治关上意识不强、能力水平不够。

为什么开展党内法规工作必须始终坚持政治性要求？这是由党内法规本身的鲜明政治属性决定的。一则，党内法规作为上层建筑的重要内容，同上层建筑其他部分一样具有强烈的政治性。二则，党内法规作为中国特色社会主义法治体系重要组成部分，同国家法律法规一样具有天然的政治性。习近平总书记指出："法治当中有政治，没有脱离政治的法治……党的领导是中国特色社会主义法治之魂，是我们的法治同资本主义国家的法治最大的区别。"三则，党内法规作为党这种政治组织制定和实施的专门规章制度，因其传承的"红色基因"

而具有与生俱来的政治性。党内法规姓“党”，它体现党的统一意志，反映党的政治主张，这就决定上至党章、准则、条例，下至规定、办法、规则、细则，无党内法规无政治。

党内法规的鲜明政治性，要求党内法规工作者必须不断提高政治判断力、政治领悟力、政治执行力，自觉做政治上的明白人。

*第一，要始终站稳政治立场。*政治立场关乎大是大非，决定党内法规工作者怎么想、怎么看、怎么说、怎么干，含糊不得、糊涂不得、动摇不得。党内法规工作者必须站稳政治立场，强化党的意识，在党言党、在党忧党、在党为党、在党兴党，要坚定理想信念，善于运用马克思主义立场观点方法分析解决问题，用习近平新时代中国特色社会主义思想武装头脑，绝不能站在西方立场上套用西方政治理论、法学观点来想问题、做事情。

*第二，要始终把准政治方向。*政治方向决定价值取向、思维导向和工作走向。开展党内法规工作不能只低头拉车不抬头看路，要树立“100-1=0”意识，这个“1”就是政治。如果政治方向弄错了，那就是南辕北辙，干得越多越有害；如果政治方向跑偏了，干得再多也是无用功；如果政治方向把准了，工作有点瑕疵也不会出大错。党内法规工作者必须把准政治方向，树牢“四个意识”、坚定“四个自信”、坚决做到“两个维护”，自觉把每项具体工作放在改革发展稳定、治党治国治军、内政外交国防大局大势中定位，时刻注意与“大词”、关键词对表，包括党的十九大提出的“八个明确”和“十四个坚持”，党的十九届四中全会提出的“十三个坚持和完善”，党章提出的“两个先锋队”、“三个代表”、“四个服从”、四项基本原则、“五位一体”总体布局和“四个全面”战略布局、“四种危险”、“四大考验”、“三个基本”等，在每一项具体党内法规工作中都努力贯彻落实党的理论路线方针政策和党中央重大决策部署。

*第三，要始终牢记政治责任。*巩固党的长期执政地位，坚决做到“两个维护”，这是当今中国最大的政治。习近平总书记指出：“在当今中国，没有大于中国共产党的政治力量或其他什么力量。党政军民学，东西南北中，党是领导一切的，是最高的政治领导力量。”“我们

全面推进依法治国，绝不是要虚化、弱化甚至动摇、否定党的领导，而是为了进一步巩固党的执政地位、改善党的执政方式、提高党的执政能力，保证党和国家长治久安。”我们开展党内法规工作，无论工作半径怎么延长，中心主题是不变的，都要紧紧围绕巩固党的长期执政地位这个圆心展开；无论工作体制机制怎么创新，万变不离其宗，都要以有利于巩固党的长期执政地位为逻辑起点和落脚点；无论工作评价标准有多少条，最根本的一条就是必须有利于巩固党的长期执政地位。

二、把专业性当作保质之要

党内法规工作是政治性很强的业务工作，也是业务性很强的政治工作，政策密集、知识密集、文字密集、技术含量高。党内法规工作者只有成为懂行话、懂行规、懂行情、懂行道的行家里手，才能确保党内法规工作质量。

第一，党内法规工作者要“懂行话”，精通党内法规工作专门术语。

有的同志认为，做党内法规工作重在谋“大事”，对概念使用这些“雕虫小技”不必太较真。其实不然。党内法规工作专业化的最显著标志就是形成一套专用术语。概念是构成党内法规的基本单位，党内法规是由若干涵义明确的专门概念合乎逻辑组合而成，据此准确表达党的主张、传递组织意图，要求党的组织和党员令行禁止。党内法规工作者会讲会听党内法规“行话”，需要由低到高满足4个层次要求：

（1）搞清楚党内法规概念涵义。党内法规工作使用的每个专门概念都有其确定内涵与外延，我们既不能缩小概念，比如在应该使用“党的地方组织”时使用了“地方党委”，前者除地方党委外还包括地方党代会；也不能扩大概念，比如在应该使用“地方党委”时使用了“党的地方领导机关”，后者除地方党委外还包括地方党代会；更不能将两个概念混为一谈，比如不加区分地使用“党委（党组）”与“党组（党委）”，前者中的“党委”指的是党的中央和地方委员会，它是领导机关，而后者中的“党委”指的是部门党组性质的党委，它是党委在非党组织的领导机关中设立的领导机构。

（2）搞清楚党内法规概念的主要类型。我们可从不同角度对党内法规工作使用的概念作出各种分类：专用概念与通用概念，比如党的建设与经济建设；党建概念与法律概念，比如党的干部与公务员；种概念与属概念，比如党的地方组织与党的组织；普遍概念与单独概念，比如党的中央组织与党的全国代表大会；实体概念、性质概念与关系概念，比如党员、公道正派、监督；正概念与负概念，比如党的组织与非党组织；集合概念与非集合概念，比如党、党员。

（3）搞清楚党内法规概念间逻辑关系。究其外延而言，党内法规概念间关系包括相容、不相容两种。其中，相容关系分为 3 种情形：一是全同关系，即一概念的外延与另一概念的外延完全相同，比如党的根本大法与党章；二是包含关系，即一概念的部分外延与另一概念的全部外延相同，比如党的工作机关与党委组织部；三是交叉关系，即一个概念的部分外延与另一概念的部分外延相同，比如党员与党员领导干部。不相容关系分为 4 种情形：一是全异关系，即两个概念的全部外延都不同，且二者不包含于另一概念的外延，比如党的组织、党员之于国家机关；二是矛盾关系，即两个概念的全部外延都不同，但它们的外延之和等于邻近属概念的外延，比如党的组织、非党组织之于组织；三是对立关系，即两个概念的全部外延都不同，但它们的外延之和小于邻近属概念的外延，比如准则、条例之于党内法规名称；四是不相容并列关系，即在一共同属概念下，有 3 个及以上相互对立的种概念，比如，在党的自身建设这个概念下的党的政治建设、思想建设、组织建设、作风建设、纪律建设、制度建设。我们只有搞清楚党内法规概念间的逻辑关系，才能避免概念使用上的逻辑混乱。比如，人们常说“要加强党内监督和巡视工作”，这种表述就不准确，因为巡视属于党内监督的一种形式，两个概念是包含关系，不能并列。

（4）搞清楚党内法规概念体系的基本构成。如果将党内法规概念体系比作一个河系，那么它是由若干元概念为源头，以一批基本概念为支流，由大量专门概念汇聚而成的一条大河。其中，“元概念”包括党员、党的组织、民主集中制、全面从严治党等，几乎所有党内法规都要使用这些概念；“基本概念”包括党的领导、党的执政，党的工作、党的建设，党政机关、党委、党组、党员领导干部，党内监督、党的纪律、党纪处分等，它们属于党内法规中的高频词；“专门概念”对应党的领导和党的建设各领域具体工作的概念，比如，在党内法规工作领域，常用概念包括规划计划、起草、审核、审议、发布、解释、备案、清理、实施评估等。

第二，党内法规工作者要“懂行规”，遵守党内法规工作技术规范。

法规人从事“为党立规”工作，必须严格遵循相关技术规范，不能违反《中国共产党党内法规制定条例》《党政机关公文处理工作条例》等相关规定。在起草党内法规草案时，至少要符合5方面技术规范要求。

（1）党内法规标题要规范。标题一般由“制定主体+事由+名称”3部分构成，通常使用主谓结构而非动宾结构。比如，使用“党政领导干部选拔任用工作条例”而非“选拔任用党政领导干部工作条例”，不用“关于……的……”表述，一般不用标点符号，使用“……规定（试行）”而非“……暂行规定”。

（2）党内法规名称使用要规范。中央党内法规有权视情况使用党章、准则、条例、规定、办法、规则、细则等7类名称；部委党内法规和地方党内法规只能使用规定、办法、规则、细则等4类名称。同时，这7类名称是党内法规专属名称，有党内法规制定权的党的组织在制定规范性文件时不得使用这7类名称。

（3）党内法规表述形式要规范。《中国共产党党内法规制定条例》第6条规定：“党内法规一般使用条款形式表述，根据内容需要可以分为编、章、节、条、款、项、目。”现实中，党内法规主要存在3种表述形式：绝大多数采用条款形式；少量采用段落形式，如中央八项规定；极少数采用“段落+条款”混合形式，如党章、《中国共产党廉洁自律准则》，总纲或者导言等采用段落形式来述事论理、统一思想、宣示主张、提出要求，至于体制机制、职权职责、义务权利的设定则采用条款形式一一列明。

（4）党内法规的篇章结构要规范。党内法规要实现其规范、指引、教育、评价、奖惩等功能，其文本结构一般包括总则、分则、罚则、附则4个板块，缺一不可。其中，总则部分重在明确制定目的和依据、适用范围（对人对事、时间空间）、领导体制工作机制、工作原则等；分则部分是主体内容，对党的组织相关工作活动和党员相关行为提出规范性要求，作出“必须”（无条件服从、不容例外）、“应当”（一般要遵从、但特殊情形下可例外）、“可以”（自由裁量）、“不得”（对应“应当”性要求）、“禁止”（对应“必须”性要求）等规定；罚则部分要对照总则特别是分则中提出的行为规范要求，具体规定谁来监督、监督什么、怎么监督以及如何考评追责（包括组织处理、党纪政务处分、法律责任）等内容，有无罚则是党内法规区别于规范性文件的一个重要标志；附则部分重在明确参照适用、出台配套制度、保障性要求、解释机关、实施时间等内容。

（5）党内法规用语要规范。党内法规是规矩，必须“刻度”清晰、易于衡量，因此它严格区别于规范性文件或者领导讲话，要以严谨规范、威严庄重的用语最大限度避免语义的不确定性。在设定职权职责、义务权利时，应当使用祈使句开门见山、平铺直叙，不用倒装句、疑问句；不用比喻、夸张、拟人、排比等修辞手法，一般不用带有感情色彩的词汇，不用生僻词语、俚语土话，不引经据典；尽量避免使用很大、较大、进一步、非常、特别、可能、或许、大约、强化、增强、尽力、努力等涵义不易界定的词语。

第三，党内法规工作者要“懂行情”，在开展党内法规工作时心中有数。

党内法规工作者只有胸中有谱、心中有数，干工作才心中有底、胸中有丘壑。

（1）心中有数，最起码的要求是对各项党内法规工作基本情况如数家珍。比如，目前全党现行有效的党内法规共有多少部？中央党内法规、部委党内法规、地方党内法规各有多少部？有多少部准则、条例、规定、办法、规则、细则？党的组织法规、党的领导法规、党的自身建设法规、党的监督保障法规等各有多少部？每年制定修订的党内法规大约有多少部？每年办理多少备案审查件？等等，对这些基本问题要对答如流。

（2）心中有数，最重要的是清楚每部党内法规在党内法规制度体系中的坐标位置。在党内法规制度体系中，大到党章小到细则，每部已出台或者待制定的党内法规，都应当各即各位、各安其位。我们在起草一部党内法规时得根据其坐标定位来作出相应制度安排，这要分三步走：一是定位横坐标，即在党内法规制度体系的 4 大板块及其所属的相关领域中找准其定位；二是定位纵坐标，即在中央党内法规、部委党内法规、地方党内法规 3 个效力位阶以及党章、准则、条例、规定、办法、规则、细则等 7 类名称中找准其定位；三是量身定制其制度规定，不同位阶、不同领域的党内法规，其制度安排边界四至不同、创新空间大小不等、内容详略差之甚远、审议通过要求也有所不同，只有根据其横纵坐标定位作出相应的制度安排，才能避免法规的越位或者错位，防止出现脚小鞋大或者脚大鞋小问题。

（3）心中有数，最关键的是明了党内法规制度的供求两侧情况。研究制定党内法规，不能片面强调需求导向或者供给导向，否则容易造成制度过剩或者制度短缺问题，科学的做法是在综合考虑供求两侧基础上寻求供求平衡。一方面，要对党内法规的需求侧心中有数，综合考虑党中央要求、地方和部门工作需求、党员干部呼声、人民群众期待等多种因素；另一方面，要对党内法规的供给侧心中有数，把立规和执规的现实条件是否成熟研究清楚，力戒拔苗助长或者反应迟钝。

第四，党内法规工作者要“懂行道”，把握党内法规制度建设的精神实质。

“形而上者谓之道。”党内法规制度建设是个千头万绪、错综复杂的系统工程，只有抓住党内法规精神实质才能避免开展工作失之表面、片面。

一方面，要把准党内法规的价值取向，推动实现良规善治。价值取向决定制度走向。一部党内法规如果文字表述不当只是错一处，如果谋篇布局不当就会错一片，而如果价值取向偏了就会通盘皆错。开展党内法规工作，必须把牢的基本价值之一就是民主集中制。在发扬党内民主和强调维护党的集中统一这两个方面，不同历史时期的党内法规、不同领域的党内法规、不同层级的党内法规会各有侧重，这就需要找到一个合适的平衡点；形成完善的党内法规制度体系，更要在发扬民主与保证集中之间找到一个平衡点，以“努力造成又有集中又有民主，又有纪律又有自由，又有统一意志又有个人心情舒畅的生动活泼的政治局面”。

另一方面，要把准党内法规的权力/权利结构，推动实现党内法规体系结构性均衡。党内法规制度安排，表面上是对党的组织工作活动和党员行为提出要求，深层次是对党的组织权力和党员权利进行配置。党内法规的权力/权利结构呈现为“一体两翼”形态：以党的组织职权/党员权利配置为主体，一翼是党的组织职权/职责配置，特别是上下级党的组织间的职权配置；另一翼是党员义务/权利配置。整个党内法规制度建设过程，其实质是持续不断优化权力/权利配置的过程，它是以党的组织的职权/职责、党员义务/权利这“两翼”各自平衡为前提，进而在总体上实现党的组织权力与党员权利的结构性均衡。

三、把联动性当作运转之需

党内法规工作既要有序“自转”更要有力“公转”。所谓“自转”，是指由规划计划、起草、审核、审议发布、解释、备案、清理、实施评估等主要环节共同构成的党内法规工作链条自身的运转；所谓“公转”，是指党内法规工作要围绕中心、服务大局，按照党中央重大决策部署去谋划和推进，推动党内法规制度建设与管党治党、执政治国大局联动，最终体现为提升治理效能、推动党和人民事业发展。

第一，要推动党内法规工作链条的整体联动。

根据《中国共产党党内法规制定条例》，党内法规工作包括规划计划、起草、审核、审议发布、解释、备案、清理、实施评估等8个事项，它们共同构成一根前后接续的工作链条，形成了当前的党内法规工作格局。这些环节不是孤立的，而是各有侧重、相互联动的。比如，编制规划计划离不开清理工作摸清家底，也为启动起草工作、开展前置审核工作提供重要依据；法规起草工作与前端的规划计划密切相关，其质量高低会影响后续的审核环节和备案环节。

当前，强化党内法规工作链条的联动性要在两个方面同时用力：一方面，要做实每个环节。比如，规划计划要更加重视顶层设计，起草要提高科学性民主性，审核要把好政治政策关、合法合规关、文风文字关，审议发布要着重解决“认认真真走过场”的形式主义、官僚主义问题，解释要更加主动积极，清理要解决即时清理和专项清理不到位问题，备案要解决选择性报备和审查不严问题，实施评估要解决开展不充分问题。另一方面，要把各环节连为一体。既要注重解决各环节强弱不等、进度不一问题，比如审核、备案、清理工作比较强，规划计划、解释工作重视不够，起草工作相对薄弱，实施评估工作是明显短板；又要着力解决党内法规工作各环节脱节造成信息分享不足、同频共振不够、甚至各自为战问题，比如编制规划计划未注意到因集中清理的废止宣布失效所造成的制度空白，因“计划赶不上变化”造成大量计划外制定项目，下级党的组织的审核审议标准与上级党的组织的备案审查标准对表不够，起草法规未考虑即时清理导致留下新旧规定不一致的制度尾巴。

第二，要推动党内法规工作体系的互联互通。

开展党内法规工作需要建立健全工作体系，畅通各级各类党内法规工作机构之间的沟通交流和协调协作。近年来，在推动党内法规工作体系互联互通方面进行了许多积极探索，比如建立中央党内法规工作联席会议制度、法规规章规范性文件备案审查衔接联动机制、请示请求解释党内法规工作机制、党内法规和规范性文件清理联席会议机制、法规起草调研征求意见建议机制等，它们如同筋络和血管把各方面党内法规工作连成一体，为信息共享、交流沟通提供了渠道。但是，与全面推进党内法规制度体系建设的任务相比，特别是同确保党内法规制度体系的统一协调要求相比，目前党内法规工作体系之间还存在梗阻不畅、亟待强化联动的问题，主要包括上对下要加强情况通报、业务指导、工作培训，下对上要强化接受监督、报告情况、业务咨询，各地区之间要加强横向学习交流、取长补短，各部门之间要加强协作配合、增进共识，等等。

第三，要提高党内法规工作模式的透明度和开放性。

党内法规工作无疑必须严守保密底线，但目前的问题主要是“神秘化”工作模式明显超过保密需要，制约着党内法规工作的上下联动、内外联通。倘若我们将党内法规工作的成果比作一种产品，那么党内法规工作就处于“两头在外”的来料加工环节：在其“前头”要有足够的输入，包括党内法规工作人才、理论研究成果、实践经验、制度供求信息等；在其“后头”要能成功输出，离不开公开发布广而告之、宣传解读释疑解惑、教育培训、督促落实等，凭此才能把制度产品成功输送到“消费者”终端。

党内法规工作“两头在外”的特性决定它不能自我封闭，否则要么是“巧妇难为无米之炊”，要么是闭门造车做无用功。需要清醒看到，当前的党内法规工作一定程度上存在“中间热两头凉”问题。所谓“中间热”，主要表现为推进立规工作的广度深度力度速度前所未有，立规工作任务之重要求之高前所未有，党内法规工作者的责任感使命感荣誉感前所未有。所谓“两头凉”，一头是指前端的党内法规理论研究明显不够，基本上属于“社会科学的陌生人”，有深刻见解的专门研究成果不太多，开设党内法规学科或者专业来培养专门人才的高校还不够多；另一头是指后端的执行不力，尊规学规守规用规的浓厚氛围尚未形成，一些地方和部门把制定出台法规当作面子工程、政绩工程，重制定轻执行问题比较突出。造成党内法规工作内热外冷保温瓶效应的成因虽然很复杂，但其中一个重要原因就是党内法规工作开放透明不足，走出去请进来不够，沟通交流不充分，经常以单向度的吸纳或者推介取代双向度的交流互动，这就容易造成“局内人”自说自话与“局外人”充耳不闻并存。鉴于此，党内法规工作模式非转不可，只有切实增强党内法规工作的透明度和开放性，让更多专家学者和党员群众有机会更多了解、更多关注、更多参与党内法规工作，才能真正把党内法规工作从“小众”工作变成“大众”

事业。

第四，要注重推动党内法规制度安排的衔接协调。

增强党内法规工作的联动性，目的在于推动提升党内法规制度安排的科学性协调性，避免出现交叉重复、错位越位、冲突打架问题。

一要强化党内法规上下左右之间的联动。上下联动，要遵循中央党内法规保留原则与优先原则，中央党内法规重在创制、立柱架梁，部委党内法规和地方党内法规重在配套、添砖加瓦；左右联动，要解决好同位法规在“条”与“块”上的照应、在“统”与“分”上的互补、在“专”与“兼”上的转致。

二要强化党内法规与规范性文件、其他规章制度之间的联动。广义的党内法规制度，不仅包括使用7类名称的“标准”党内法规，还包括有关党的规范性文件，特别是用来部署推进党的自身建设工作的规范性文件中的制度性规定等。相对而言，“标准”党内法规规范属于高级形式、成熟形态。

三要注意党内法规同国家法律法规的衔接与协调。其中，党的领导法规要注意与国家法律法规相辅相成、协调一致，这是党依法执政的内在要求；党的自身建设法规，只要不同国家法律法规相抵触即可，不能强求与其保持一致，因为国法通常不涉足党建领域；涉及党的机关运行保障方面的党内法规，特别是行政后勤保障方面的规定，要注意同国家法律法规保持一致，因为它们一般也是法律法规的调整范围。

在这一点上，对党内法规与规范性文件二者提出的合法性要求明显不同。党内法规重在立规矩定遵循，而规范性文件重在作出工作部署；党内法规出台后直接付诸实施、无须转化，而规范性文件特别是党政联合制定的规范性文件，其内容主要反映党的政策主张，其中有不少属于法律法规立改废释的意见建议，它们还要通过法定程序转化为法律法规规章政令，因此不宜对规范性文件简单套用合法性审查标准，机械要求其与同一层级的法律法规保持一致。

四、把创新性当作动力之源

我们生活在一个坚持和完善中国特色社会主义制度、推进国家治理体系和治理能力现代化的新时代。适应新时代党内法规制度新要求，在党内法规工作的思想观念、体制机制、方式方法等方面要进一步深化改革、开拓创新。

在当前党内法规工作中，一定程度上存在不敢不愿不会创新问题。“不敢”创新主要是因为觉得党内法规工作直接服务党委，求稳保底不出事最重要，缺少改变工作惯例的勇气，害怕出错不敢试错。“不愿”创新主要是因为觉得党内法规工作涉及面广，改变体制机制牵一发动全身，创新难度大且麻烦，再加上不少现行做法出自我们之手，敝帚自珍导致改起来下不了决心动不了手。“不会”创新主要是因为创新能力水平上不够，尚未深刻把握党内法规工作的内在规律和发展大势，难以出金点子、探新路子、想好法子。要解决党内法规工作不敢不愿不会创新问题，就得通过引进竞争机制、提高党内法规工作开放性和透明度、建立健全激励创新和容错机制等方式，加大党内法规工作的创新压力和动力，从正向推动反向倒逼两个方面强化创新意识和创新自觉。

第四章　推进党内法规制度“供给侧结构性改革”

党内法规制度建设的主题主线和重点重心，并不是一成不变的，而是要适应经济社会发展阶段变化作出相应调整。当前，我们要把握新发展阶段、贯彻新发展理念、构建新发展格局、实现高质量发展，朝着全面建成社会主义现代化强国家目标迈进，这就对党内法规制度建设提出高质量发展要求。习近平总书记强调，要推进党内法规制度“供给侧结构性改革”。这一重要指示具有深刻思想性和鲜明时代性，为党内法规制度建设高质量发展指明了前进方向。加强新时代党内法规制度建设，要以推进“供给侧结构性改革”为主线，着眼提质增效，保证党内法规制度供给的适配性、全域性、有效性、实效性，进一步彰显依规治党政治优势，为党管党治党、执政治国提供更加有力的政治引领和政治保证。

注重从制度供给侧发力

制度是一种公共物品。从公共物品的生产和消费角度看，党内法规制度的制定和实施活动表现为一个需求牵引供给、供给创造需求的供需联动过程。一则，制度供给立足于实践需求。要坚持需求导向，通过制度需求牵引供给，只有当实践有需求才有必要去供给，没有需求的制度供给是毫无意义的无的放矢，只能成为无效供给。二则，制度供给面向实践需求。制度供给要坚持问题导向，不能搞无谓的制度自我繁殖、掉进“制度陷阱”，要直面实践需求来建章立制，不能为制定而制定，那种偏离甚至脱离实践需求的制度是没有生命力的。三则，制度供给理性回应需求。制度具有普遍适用性、反复适用性、长期适用性，是管全面、管长远的。制定出台党内法规应当审慎稳妥，综合考虑对应制度需求的人数多少、范围大小、程度强弱，认真研判制定时机条件是否成熟，不能简单地搞“有求必应”。四则，制度供给可以创造需求。制度的供与求是交互影响的，制度供给并非总是消极被动地适应需求，也可以刺激制度需求的产生和强化。实践中，一项创新性制度安排可以改变人们根深蒂固的思维习惯、重塑人们的行为方式，对制度需求产生正向激励。此外，一项上位制度的出台，也可以推动形成若干下位配套制度的立规需求。

相对而言，制度的供给侧主要对应制定和执行，需求侧主要对应于遵守和运用。在制度供求关系上，党内法规制度建设的理想目标是实现制度总供给与总需求的动态平衡，即所有制度需求都能得到满足，不存在有需求无制度的供不应求问题；所有制度供给都能落地见效，不存在制度浪费等供大于求问题。

当前，适应党和国家事业发展进入新阶段的现实需要，党内法规制度建设要更加注重通过供给侧发力进入高质量发展阶段。

第一，实现经济社会高质量发展需要高质量制度保障。推进供给侧结构性改革，始于经济领域。经济基础决定上层建筑，上层建筑反作用于经济基础。作为上层建筑组成部分，制度必须逻辑自洽，但并非自足、不能局限于“自转”，而应始终围绕现实经济活动“公转”。制度建设的着眼点和落脚点都在于推动经济社会发展，通过贯穿经济社会发展活动全过程并与之形成结构性耦合，彰显其提供运行规则、保障有序发展的重要价值。脚长大了就得换鞋。经济建设要推进供给侧结构性改革、实现高质量发展，自然就会对制度建设相应提出推进“供给侧结构性改革”、提供高质量保障要求。习近平总书记强调，经济、社会、文化、生态等各领域都要体现高质量发展的要求。据此，不仅经济制度，各方面的制度建设都要适应经济社会高质量发展要求，通过推进“供给侧结构性改革”来更好地调整社会关系、规范社会活动、保障经济社会发展。党内法规制度是国家治理体系重要组成部分，以规范党的领导和党的建设活动为己任。不言而喻，各方面制度建设都要适应经济社会高质量发展要求推进“供给侧结构性改革”，这当然也包括党内法规制度建设在内。不仅如此，由于党的领导制度和党的建设制度属于“制中之制”，具有政治引领和政治保证的重要功能，因此，推进党内法规制度“供给侧结构性改革”，对于牵引和推进各方面制度改革具有特殊重要意义。

第二，党规之治供求关系的主要矛盾在于“供”。一个社会对制度的需求不是一成不变的，而是可以引导和塑造的。党的十八大以来，党中央强调“治国必先治党，治党务必从严，从严必依法度”，坚持不懈推进制度治党、依规治党，这就使得党内外对党内法规制度的需求得到空前激发和释放：规范各级各类党的组织工作活动和广大党员行为需要制度，推进新时代党的建设伟大工程需要把制度建设贯穿党的各方面建设之中，坚持党要管党、全面从严治党需要制度，坚持和加强党的全面领导需要制度，提高党的长期执政能力、保持党的先进性和纯洁性也需要制度……可以说，党的建设活动推进到哪里，哪里就会产生对党内法规制度的强烈需求；党的领导活动覆盖到哪里，哪里就需要党内法规制度提供坚强保障。经过这些年的努力，坚持依规治党、发挥制度治党治本作用，已经在党内外形成普遍共识，遇事找规、办事依规、解决问题靠规已经成为党政机关和党员干部行动自觉，在制度化规范化程序化轨道上推进工作已经习惯成自然。“要不要”党内法规这个需求侧问题已经不是主要问题，主要问题在于供给侧的党内法规“有没有”“好不好”。鉴于此，加强新时代党内法规制度建设、实现高质量发展，重点要在供给侧发力。只有推进“供给侧结构性改革”，才能有效满足范围越来越广、质量越来越高的党内法规制度需求。

第三，党内法规制度建设进入“质量为上”新阶段。从制度供给侧看，经过长期发展特别是党的十八大以来的换挡加速，我们党在建章立制方面取得显著成效，“有规可依”的问题基本解决。同时，伴随着党管党治党、执政治国进入新阶段，对党内法规制度建设提出了提供更高质量保障的要求。一方面，就党管党治党而言，党内法规不仅要适应全面从严治党基本要求——核心是加强党的领导、基础在全面、关键在严、要害在治，而且要适应全面从严治党向纵深推进的发展要求——党的伟大自我革命更加坚决、管党治党标准更高要求更严、党的组织政治功能更加突出、党员领导干部政治能力更加高强、党要永葆旺盛生命力和强大战斗力，等等。另一方面，就党的领导而言，党内法规要适应坚持和加强党的全面领导要求——党的长期执政地位要更加巩固，要进一步提高党的政治领导力、思想引领力、群众组织力、社会号召力，要把党的领导落实到国家治理各领域各方面各环节，要确保党总揽全局、协调各方，始终成为中国特色社会主义事业坚强领导核心。不难看出，无论是全面从严治党向“纵深”推进还是坚持党的领导要“全面”加强，都要求党内法规制度提供更加有力的保障。因此，党内法规制度建设要从满足数量需求升级为满足质量需求，进入高质量发展新阶段。

较之党的领导和党的建设实践发展需要，目前党内法规制度建设还存在一些差距和不足，特别是在供给侧存在一些结构性问题。主要有：党内法规在国家治理体系中的定位还不够精准，党规国法政策之间的边界还不是那么清晰；党内法规制度系统性、集成性不够，制度体系内部缺项与重项并存，有的领域制度供给过剩与制度供给不足并存，一些制度之间存在不一致不协调不衔接等问题；党内法规制度规定的有效性针对性不够，一些制度质量不高，立不住、行不通、管不了；建章立制在一定程度上存在着滞后性问题，一些急需、紧缺的制度“千呼万唤”出不来，有的制度明显过时，已经不适应甚至制约着实践发展；党内法规实施效果不尽如人意，有规不依、执规不严、违规不究问题还比较突出，等等。由此可见，如何更好适应和回应新时代新要求，让制度更加完善，并把制度优势充分转化为治理效能，当前和今后一个时期的党内法规制度建设还有许多大文章要做。为此，我们要以“供给侧结构性改革”为主线，统筹推进新时代党内法规制度建设，努力改善制度供给结构、提高制度供给质量，在更高水平上坚持依规治党、实现良规善治。

需要注意的是，我们强调要注重从制度供给侧发力，并不是说可以不再重视需求侧问题，而是要在科学把握制度供求两侧辩证统一关系基础上，更加注重解决供给侧的突出问题。

聚焦提升制度供给效能

总的来说，在新的历史起点上推进党内法规制度建设，要紧紧围绕党管党治党、执政治国的工作活动建章立制，以“供给侧结构性改革”为主线，强化系统思维，统筹考虑外在结构、本体结构、微观结构、运行结构，在放眼国家治理体系、准确定位党内法规调整范围基础上，统筹解决党内法规制度供给的适配性、全域性、有效性、实效性等基本问题，聚焦提升制度供给效能，实现党内法规制度建设高质量发展。

第一，以保证制度供给的适配性为前提，精准定位党内法规调整范围。这是推进党内法规制度“供给侧结构性改革”要解决好的党内法规制度的外在结构问题。“尺有所短，寸有所长”，每种制度形态都有一个合理的调整范围，各种制度都应坚持有所为有所不为，准确把握其调整边界，既不能缺位，也不能错位，更不能越位。

保证党内法规制度发挥应有作用，首先要在国家治理体系中科学界定党内法规的调整范围，妥善处理好这一体系中党内法规与党的制度、国家法律、政策规范、社会规范等相关制度形态的关系，保证党内法规在制度供给上对制度需求的适配性。党内法规制度是国家治理体系的重要一维。国家治理体系是一个由多样化制度共同构成的有机统一整体，不同制度的功能定位和调整范围不同。按照制定主体和调整领域的标准，可以大致地将国家治理体系中的制度分为 4 类，即党内法规、国家法律、政策规范、社会规范。一方面，这 4 类制度之间是有区别的，在制定主体、体现意志、适用领域、实施方式等方面存在明显不同，不能混为一谈；另一方面，这 4 类制度之间又是有联系的，在调整事项和对象上有交集、相关规定需要衔接协调、作用发挥上功能互补，难以断然分开。

界定党内法规的调整范围，要聚焦党的领导和党的建设领域。在国家治理体系中，党内法规的调整范围主要框定在党的领导和党的建设两个方面。关于这一点，《中国共产党党内法规制定条例》已通过党内法规定义中的“规范党的领导和党的建设活动”这一表述予以明确。其中，针对规范党的领导活动制定党内法规，主要是用来规范调整党的领导关系，即规范调整党在发挥领导核心作用、实施领导活动过程中，与领导对象之间形成的领导与被领导关系。贯彻落实党的十九届四中全会提出的“坚持和完善党的领导制度体系”目标，主要任务是制定党内法规，同时也要在国家立法、制定群团组织章程等时落实坚持党的领导的政治要求。针对党的建设活动制定党内法规，就是要坚持制度治党、依规治党，在推进以党的政治建设为统领的党的各方面建设过程中，把党的制度建设贯穿其中，据此把党的建设活动纳入制度化规范化程序化轨道。需要注意的是，在法律法规、群团组织章程中也有一些涉及党组织和党员的条款，但它们不属于党内法规范畴。

第二，以保证制度供给的全域性为基础，不断完善党内法规制度体系。这是推进党内法规制度“供给侧结构性改革”要解决好的党内法规制度的本体结构问题。党的十九大提出“加快形成覆盖党的领导和党的建设各方面的党内法规制度体系”，这就要求党内法规制度供给应当是全域性的，通过形成一个完善的党内法规制度体系，把党的领导和党的建设活动全面纳入党内法规调整范围，要针对所有应由党内法规规范的对象和事项、调整的关系建章立制，不留空白死角，从而实现有规可依、有章可循。党内法规的制定经历了一个由点到线到面再到体的“成长”过程，经过长期以来特别是党的十八大以来的加速立规，已经形成数量足够大、分布足够广、层次足够多、比较完善的党内法规体系。历史地看，党内法规体系化建设呈现为一个循序渐进、发展升级的过程，从形成体系框架到形成比较完善的体系，之后还要朝着制度更加完善的目标迈进，形成完善的体系并继续丰富和发展。

第三，以保证制度供给的有效性为核心，全面提升党内法规制定质量。这是推进党内法规制度“供给侧结构性改革”要解决好的党内法规制度的微观结构问题。党内法规是否有效管用，主要取决于制定质量；推进“供给侧结构性改革”，关键在于提升党内法规制定质量。总的来说，改进制定工作、保证质量过硬，最重要的是把准政治方向，最核心的是科学配置党组织职权职责和党员义务权利，最要紧的是保证制度安排切合实际、逻辑严密。具体而言，要实现制度规定的提质增效、形成有效供给，不能做表面文章，而要由表及里、纵深推进，针对党内法规微观结构的各个层次同时发力、同向发力。

第一个层次是保证法规文本符合制定技术规范。这是保证立规质量的最低要求。制定党内法规要严格遵守《中国共产党党内法规制定条例》。要准确使用名称，既不能降格以求，也不能就高不就低，特别是部门和地方不得越权使用只能由党中央使用的“准则”“条例”等名称。要正确使用标题，要注意对于试行的党内法规不能使用“暂行”等表述；要正确添加题注。要严格遵守制定权限、审议批准程序，该上会审议的不得采用传批方式。表述方式要规范，一般应当采用条款形式表述，在语言使用上要把握好“精度”和“温度”关系，合理使用“法言法语”和“党言党语”。制度安排要视情采用羁束性或裁量性、强制性或倡导性、创制性或执行性条款。规范内容宜粗则粗、该细则细，不可强求整齐划一，不能简单搞一刀切。

第二个层次是保证制度规定逻辑严密。一方面，整体结构要严密周详。立规要合理谋篇布局，正确使用总则、分则、附则。其中，总则侧重规定立规目的和依据、设定工作目标、提出总体要求、明确工作体制等；分则主要设定开展工作的主体、事项、标准、程序、要求等基本问题；附则主要是明确配套制度、解释机关、施行日期等问题，不再创设新的要求。另一方面，具体制度安排要“于法周延”。在规范设计上要保证逻辑结构严密，假定、行为模式、后果处理三要素须齐全并且相互匹配，赋予党内法规以规范指引、教育评价、激励约束、奖励惩罚等功能，织密“制度笼子”、明确规矩标准。

第三个层次是保证职权职责和义务权利配置体现辩证统一。立规核心问题是确权。制定党内法规，总的要求是坚持以民主集中制为核心、着眼整个党内法规体系来配置党的组织职权职责和党员义务权利，体现职权与职责的辩证统一、义务与权利的辩证统一、职权与义务的辩证统一。在此基础上，要确保不同时期、不同领域、不同层次、不同文本的党内法规在配置上各有侧重、相辅相成，不能“只见树木不见森林”，机械追求单个文本中的权责对等、义务权利平衡。就党员义务权利配置而言，其本质上是以政治义务为导向赋予党员民主权利。就党的组织职权与党员权利配置而言，要坚持个人服从组织。就同一党的组织的职责与职权配置而言，要坚持权责匹配。就不同组织之间的职权配置而言，要坚持同级分工协作、下级服从上级、全党服从中央。

第四个层次是在利益维护上要正当合理。职权职责、义务权利对应的是利益。立规的要害之处在于确立利益分配标准。与国家法律法规和政策文件直接对各种利益作出分配不同的是，党内法规一般不直接分配社会利益。不过，这并不是说党内法规的制度安排与利益分配无关，否则制度之“脚”就无立足之“地”。党章对有关利益问题作出根本规定，“党除了工人阶级和最广大人民群众的利益，没有自己特殊的利益。党在任何时候都把群众利益放在第一位”，“坚持党和人民的利益高于一切，个人利益服从党和人民的利益”。因此，总体上我们要按照立党为公、执政为民要求制定党内法规。同时，对于具体的党的组织和党员而言，立规要科学把握公与私、大与小、上与下、长与短、远与近等利益关系，决不允许搞个人利益至上，防止出现搞部门利益、地方保护等“立规谋权”、“立规谋利”甚至“立规谋私”问题，坚决维护党和人民的利益。

第五个层次是在政治立场上必须绝对正确。讲政治是立规之本。立规工作既要重视政治逻辑也要重视技术逻辑，但技术逻辑最终要服从政治逻辑。制定党内法规，要坚持人民立场这一根本政治立场，把准政治方向、提高政治站位，保证制定出台的法规制度具有鲜明政治属性和政治功能；要坚持和加强党的全面领导，坚持党要管党、全面从严治党，着眼加强党的长期执政能力建设、先进性和纯洁性建设；要服从服务于坚持和发展中国特色社会主义伟大事业，贯彻落实好党的基本理论、基本路线、基本方略；要贯彻落实“两个维护”这一最高政治原则，并以此来检验制度建设的政治效果，保证党内法规鲜明体现、有力保障“两个维护”。

第四，以保证制度供给的实效性为关键，提升党内法规执行力。这是推进党内法规制度“供给侧结构性改革”要解决好的党内法规制度的运行结构问题。制度制定环节当然属于制度供给范畴，但制度供给范畴不限于制定环节，制度出台之后的宣介环节特别是执行环节，也是制度供给的重要环节，制度供给链条要贯通制度落地见效前的“最后一公里”“最后一百米”，一直延伸到遵守和运用党内法规这个“消费终端”。推进党内法规制度“供给侧结构性改革”，关键之举是强化执规主体责任、完善执规体制机制、改进执规方式方法，最大限度把制度优势转化为治理效能。

总体来看，党的十八大以来的党内法规执行情况令人满意。同时，党内法规执行实践中也存在一些突出问题，有的搞选择性执行，有的搞运动式执行，有的搞形式主义执行，有的搞规避式执行，有的搞机械性执行，有的甚至束之高阁不执行，等等。党内法规制定出台后，如果形同虚设得不到执行，那么不仅会造成制度浪费，更会损害制度权威——究其根本，损害的是党的形象和党中央权威。解决党内法规“执行难”问题、提升党内法规执行力需要综合施策，既要强化执规意识、提高执规能力，又要明确执规责任、创新执行措施。确保党内法规得到有效执行、落地见效，关键是要把《中国共产党党内法规执行责任制规定（试行）》这部“执规之规”执行到位。要坚持“责”字当头，进一步强化党委（党组）的执规主体责任，党委（党组）书记要履行好第一责任人职责，对有规不执、执规不严、违规不究的必须严肃问责追责。要循“规”而为，进一步强化党组织和党员领导干部依规用权办事的思想自觉和行动自觉，把开展工作与执行党内法规统一起来，不能搞成“两张皮”。要有“招”可用，进一步健全执规机制、创新执规方式，紧密结合工作实际多想一些执规的硬招、实招、管用的招。执规只是手段，目的在于见效。这个“效”，既是立规预期效果，也是实际工作成效，更是治理效能——也就是说，制定和实施党内法规，直接目的是坚持党的领导、加强党的建设，最终目的在于取得治理效能、推动经济社会发展。

齐心协力推进制度变革

推进党内法规制度“供给侧结构性改革”，是一个系统工程，是一项重要改革任务，是加强新时代党内法规制度建设的主线，是党内法规工作的“重整行装再出发”，其战略意义和艰巨性复杂性远非制定和实施一部具体的党内法规所能及。因此，推进党内法规制度“供给侧结构性改革”必须把准政治方向、加强顶层设计、科学谋篇布局，在党中央集中统一领导下步调一致向前进。

第一，坚持党的创新理论科学指引。理论是行动的先导。加强新时代党内法规制度建设，必须坚持以习近平新时代中国特色社会主义思想为指导，将“八个明确”“十四个坚持”贯彻落实到党内法规制度建设全过程各方面。制度是思想的载体，思想是制度的灵魂。制定修订党内法规，是一个贯彻落实党的指导思想的过程。研究起草每一部党内法规，都要自觉把习近平总书记关于本领域本部门本地方工作的重要指示要求学深悟透、体现转化为制度规定；审议批准每一部党内法规，都要把好政治关、方向关，自觉同党中央决策部署和习近平总书记指示要求对标对表。同时，做好党内法规制定和实施工作，还要把习近平总书记关于制度治党、依规治党的重要论述学习好贯彻好，用以武装头脑、指导工作。

第二，坚持党中央集中统一领导。党内法规是党管党治党、执政治国的“大制重器”，建章立制是在源头上立规矩定遵循，事关根本、事关全局、事关长远，必须坚决做到“两个维护”、始终坚持党中央集中统一领导，这是加强党内法规制度建设的根本政治保证。党中央注重顶层设计，在《中共中央关于加强党内法规制度建设的意见》《中国共产党党内法规制定条例》《中国共产党党内法规执行责任制规定（试行）》等重要法规文件中，对加强新时代党内法规制度建设作出全面部署。同时，在党的十九大和十九届四中、五中全会以及中央纪委全会等重要会议上，对完善党内法规制度体系、贯彻执行党内法规等提出一系列明确要求。此外，党中央还制定中央党内法规制定工作五年规划和年度计划、确定党内法规制度建设重点工作安排，等等。党中央的这些决策部署，为推进党内法规制度“供给侧结构性改革”提供了基本遵循，各地区各部门要紧密结合自身实际认真贯彻落实。

第三，各级党委（党组）要履行好主体责任。加强党内法规制度建设事关党长期执政和国家长治久安，是全面从严治党的长远之策、根本之策。推进党内法规制度“供给侧结构性改革”、实现党内法规制度建设高质量发展，肩负这项重要政治任务的责任主体是各级党委（党组），而非纪检机关或党委工作部门，更不是党内法规工作机构。各级党委（党组）的主体责任是全链条的，既包括加强党内法规制度建设的研究谋划、部署安排，也包括具体法规制度的制定和实施，这个责任链条贯通党内法规制度建设全过程；各级党委（党组）的主体责任是全方位的，既包括贯彻执行党中央以及上级党组织制定的党内法规制度并及时请示报告重要事项，也包括对本级党内法规制度建设工作的统筹协调和对下级工作的领导和监督，这个责任要求涵盖党内法规制度建设各方面。

第四，党内法规工作机构要当好“标兵”。党内法规的制定和实施工作涉及各部门各单位，但党内法规工作机构应当成为“排头兵”；推进党内法规制度“供给侧结构性改革”需要各部门各单位共同参与，但党内法规工作机构应当发挥“标兵”作用。党的十八大以来，在党中央高度重视和各地区各部门大力支持下，党内法规工作机构建设得到明显加强，干部队伍经受政治历练、思想淬炼、实践锻炼、专业训练，扛起了重要职责、发挥了重要作用。面对党内法规制度建设新形势新任务，要推进党内法规制度“供给侧结构性改革”，党内法规工作者肩上的担子只会加重不会减轻，参谋助手的责任只会加大不会减小，需要破解的难题只会更多不会更少，这就需要党内法规工作者进一步增强使命感和责任感，在党内法规工作上努力成为政治过硬、本领高强的“标兵”。切实把党中央和习近平总书记提出的推进党内法规制度“供给侧结构性改革”这一重要指示要求贯彻落实好，对“法规人”而言责无旁贷。开展党内法规工作，要胸怀中华民族伟大复兴战略全局和世界百年未有之大变局，不能只顾埋头拉车不会抬头看路；要提高政治站位干工作，不能只见具体文字不见主旨要义；要提升专业能力干工作，不能半通不通似懂非懂；要敢于担当负责干工作，不能左顾右盼上推下卸；要坚持守正创新干工作，不能因循守旧裹足不前。

第五，理论与实践要同频共振。没有理论上的清醒就没有行动上的坚定。习近平总书记的重要指示为我们指明了推进党内法规制度“供给侧结构性改革”这一前进方向，但在贯彻落实层面还有诸多理论和实践问题亟待认真研究逐一破解。较之其他领域的理论研究，党内法规研究有几个显著特点：政治性强，必须把准政治方向；实践性强，如果不了解真实的实践就没有发言权，如果未置身火热的实践研究起来就容易隔靴搔痒；交叉性强，涉及政治学、法学、党史党建等多个学科，需要多学科专家学者共同参与、让多学科知识产生“化学反应”。鉴于此，加强党内法规理论研究，既需要借助学界力量，充分调动专家学者积极性创造性，也需要党内法规实务部门特别是党内法规工作机构的同志发挥熟悉实践的独特优势，结合工作实践强化研究意识和理论思维，在发现问题、研究问题、解决问题上积极发挥作用、做出应有贡献。

第二编 党内法规调整

党内法规的功能和作用，只有借助“调整”这一过程才能得以实现。所谓“党规之治”，就是要通过党内法规治理党务，在党内法规制度轨道上推进党的领导和党的建设活动，运用党内法规来引领和规范党的工作和活动，据此实现我们党的管党治党、执政治国目标。通过党内法规实现党务治理，具体表现为依靠党内法规调整党务关系，这一调整过程经历前后相续两个环节：前一个环节是建章立制，即针对不同党务作出相应制度安排，建立党的领导和党的建设的体制机制、设定党的组织职权职责和党员义务权利、确定党的工作和活动的标准要求、明确党的工作和活动的方式方法、规定党的组织和党员干部的奖惩等，这一环节主要是将党务纳入党内法规的调整范围；后一个环节是贯彻落实，即将抽象的党内法规规定适用于具体的党的组织的工作活动和党员行为，促使相关组织和个人对照党内法规作出正确行为选择，这一环节主要是将纸面上“应然”规定转化为实践中“实然”行动，使党内法规的引领和规范功能得以实现。

研究党内法规调整，需要讨论两个基本问题：一个是厘清党内法规的调整要素及其相互关系，包括调整的对象和事项、调整的方式和方法、调整的效果和效能等。另一个是探析党内法规的调整机理，包括其共性特征和个性特点。党内法规调整的独特性主要包括：在调整底色上呈现强烈的政治色彩，始终要以党的政治建设为统领，把政治属性当作党内法规第一属性；在调整定位上呈现出鲜明的执政导向，要紧紧围绕坚持和巩固党总揽全局、协调各方的领导核心地位来定位，始终以加强党的长期执政能力建设、先进性和纯洁性建设为主线；在调整事项和对象上呈现出广泛性、多样性，囊括党对经济社会发展各领域的领导和党的建设各方面的事项，对象直接或间接涵盖党内党外，既包括党的组织和党员，又包括作为党的领导对象的国家机关、人民团体、经济组织、文化组织、社会组织以及广大人民群众；在调整方式上呈现强烈的组织领导特点，坚持思想建党、理论强党、制度治党相结合，发挥党的政治优势、组织优势和纪律严明优势，注重运用党的政治领导力、思想引领力、群众组织力、社会号召力；在调整效果上呈现明显的外溢性，凭借贯穿于党和国家机构履行职责全过程之中的无处不在的党的领导的体系体制机制，使党内法规的调整效果从党内延伸到党外、从党政机关延伸到经济文化社会组织、从体制内延伸到体制外、从党员延伸到群众。一言以蔽之，党内法规作为党的领导制度体系的主干部分，其调整逻辑折射出中国特色社会制度的内在机理、鲜明特性和显著优势，蕴含着一把“中国之治”的制度密钥。

第五章　分类调整党务关系

党内法规是党务关系的调节器。所谓党务，指的是党的组织的工作活动和党员行为所涉事务，主要包括党的领导和党的建设两方面既有所区别又紧密联系的事务。关于“党务”概念，党内法规作出明确界定。《中国共产党党务公开条例（试行）》第2条规定：“本条例所称党务公开，是指党的组织将其实施党的领导活动、加强党的建设工作的有关事务，按规定在党内或者向党外公开。”所谓关系，指的是主体以客体为中介而形成的权利义务关系。其中，党务关系的主体是指与党务有关的组织或者个人，包括党的组织和党员以及作为党的领导对象的非党组织和党外群众；党务关系的客体是指主体间关系据以形成的中介，包括党的领导和党的建设活动所涉的行为、人身权益、物及精神产品等；党务关系的内容是指主体的职权职责、义务权利以及体制机制、标准要求等。党务关系的主体、客体、内容三位一体，共同确立了党务关系的内涵与外延。通过党内法规治理党务，就是要实现党务关系的入规，运用党内法规科学设定党务关系的主体、客体和内容，明确党内法规的调整对象和事项，确立主体间的权利义务关系，明确党的组织的工作活动和党员行为的遵循，实现我们党的管党治党和执政治国活动有规可依、有章可循，为党统揽伟大斗争、伟大工程、伟大事业、伟大梦想提供坚强有力的制度保障。

本章所要讨论的是党内法规如何针对党务关系进行分类调整，这是为接下来的三章依次探讨党务关系的主体、客体、内容提供逻辑基础。

众所周知，法律是国家意志的体现，社会早于国家存在，有社会即有社会关系，部分社会关系经过法律调整之后便成为法律关系，其他社会关系主要依靠道德等其他社会规范调整，因此，法律关系的存在晚于社会关系，法律关系的范围小于社会关系。与之形成对照的是，党务关系的存在始于党的成立，党成立之后即开始依据党内规章制度开展活动，党务关系应当直接或间接源于党内法规制度的设定，绝大多数党务关系都应当是经过党内法规调整的“法规性”党务关系，未受党内法规调整的“事实性”党务关系应当只能是例外，党务关系的发展变化会推动党内法规制度作出适应性变革，在这个意义上，党务关系通常是党内法规制度安排和调整的产物，党内法规制度的调整范围与党务关系的涵盖范围应当基本重叠。

当然，在实践中，也会有不少党务关系的形成在党内法规上找不到直接依据。这主要包括两种情形：一种情形是因为“新”，即实践创新的发生先于党内法规制度创新，由此形成的“事实性”党务关系待相应的制度创新确认后才得以正式成为“法规性”党务关系；另一种情形是因为“小”，即有些非常具体琐碎或者不太确定的党务关系，其规范调整不必由党内法规作出规定，而是交由党的组织通过制定自我规制的“小微制度”来规范即可。

党的组织的工作、活动和党员行为千变万化，党的领导和党的建设活动千头万绪，党务关系自然就是千姿百态。要保证党内法规对应该由其调整的党务关系的全覆盖，最大限度避免出现党内法规调整空白，就得对其分类分级规范，量体裁衣，按照匹配性要求设定相应的主体、客体和内容，保证党内法规科学调整、精确规范。

党内治理关系、党的领导关系

这主要是从党的工作和活动指向的是党内还是党外这个视角，对党务关系所作的划分。

所谓党内治理关系，是指因党的自身建设及内部管理活动而在党的组织、党员之间形成的党务关系。它可细分为党的组织间关系、党的组织与党员间关系、不同党员间关系 3 类。

党内治理关系主要形成于党的建设活动及内部管理活动，即因开展以党的政治建设为统领的党的各方面建设及内部管理活动，包括党的思想建设、组织建设、作风建设、纪律建设、制度建设以及反腐败斗争等活动而形成的党务关系。党的自身建设每一方面的党内关系又可细化为若干具体种类，据此形成一种根状的党的建设关系系统。比如，党的作风建设关系包括思想作风建设关系、学风建设关系、领导作风建设关系、工作作风建设关系、生活作风建设关系等。

党章明确规定，“党是根据自己的纲领和章程，按照民主集中制组织起来的统一整体”。我们党是由数千万党员和数百万党的组织共同构成的，在开展党的工作和活动过程中，不同党的组织之间、不同党员之间、党员与党的组织之间势必会形成相应的党务关系，要保证全党的团结统一、行动一致，就必须坚持党要管党、全面从严治党，就必须坚持制度治党、依规治党，依靠党内法规制度来规范党内治理关系。由此可见，构筑于民主集中制这一基石之上的党内治理关系，必然是组织体系健全、组织纪律严明，必然是等级分明、规范有序，必然要坚持“四个服从”，特别是做到“两个维护”。

从管党治党的主体这个角度看，党内治理关系的产生主要基于以下几类党内治理——其要义是命令与服从：(1) 党中央对全党的集中统一领导。包括党的中央组织对各级各类党的组织和全体党员的集中统一领导，对党的一切工作和活动的集中统一领导。(2) 党的上级组织对下级组织的领导。包括上级地方党委对下级地方党委的领导，各级地方党委对同级纪委以及党的工作机关、直属事业单位等的领导，上级纪委对下级纪委的领导，党委通过其派出的工委对机关党的工作的领导以及对机关党委等基层党组织的领导，上级基层党组织对下级基层党组织的领导（比如机关党委领导党支部），等等。(3) 党的组织对党员的教育管理监督。包括各级地方党委对本区域内所有党员的教育管理监督，党的纪委以及党的工作机关、党委直属事业单位的领导班子对本单位班子成员及全体党员的教育管理监督，设在非党组织中的党组（党委）对党组成员（党委委员）及本单位全体党员的教育管理监督，党的基层党组织对所属党员的教育管理监督，等等。(4) 党员领导干部对所在单位的党员的教育管理监督。包括上级党员领导干部对下级党员领导干部的教育管理监督，党员领导干部对普通党员的教育管理监督，等等。

所谓党的领导关系，是指党在执政治国过程中因发挥领导作用、履行领导职责而与非党组织以及党外群众形成的党务关系。党章明确规定，中国共产党的领导是中国特色社会主义最本质的特征，是中国特色社会主义制度的最大优势，党政军民学、东西南北中，党是领导一切的。党的十九届四中全会强调，要健全总揽全局、协调各方的党的领导制度体系，把党的领导落实到国家治理各领域各方面各环节。党的组织因发挥领导作用与非党组织和党外群众之间形成党务关系。在党外领导关系中，党务关系的主体一方是党的组织，另一方是非党组织或者党外群众，党的组织处于领导方，非党组织和党外群众属于被领导方。

从履行党的领导职责的党的组织类型这个角度看，党的领导关系的产生主要基于以下几类党的领导活动——其要义是把握方向、把握大局、把握大势。

（1）党中央对全国的集中统一领导。包括党的中央组织对各级各类非党组织和广大人民群众的集中统一领导，对推进中国特色社会主义伟大事业建设的集中统一领导。

（2）各级地方党委对同级国家机关、人民团体、经济组织、文化组织、社会组织和其他非党组织以及这些组织中的党外干部的领导，对本区域所有非党组织和党外群众的领导，对本地区经济社会发展活动的组织领导。

（3）中央和地方各级党的工作机关等对本单位、本系统的所有非党组织和党外群众的领导，根据党内法规规定代表本级党委对相关领域经济社会发展工作的领导。比如，中央办公厅 2013 年公开发布《关于培育和践行社会主义核心价值观的意见》，提出培育和践行社会主义核心价值观是全社会的共同责任，要求农村、企业、社区、机关、学校等基层单位要重视社会主义核心价值观的培育和践行，使之融入基层党组织建设、基层政权建设中，融入城乡居民自治中，融入人们生产生活和工作学习中，努力实现全覆盖。其中，“融入基层党组织建设”的要求会形成党的内部治理关系，而融入基层政权建设、融入城乡居民自治中等要求则会形成党的外部领导关系。

（4）设在非党组织中的党组（党委）发挥把方向、管大局、保落实的领导作用，全面履行领导责任，加强对本单位业务工作的领导，推动党的主张和重大决策转化为法律法规、政策政令和社会共识，确保党的理论和路线方针政策的贯彻落实，在这个领导过程中，党组（党委）与所在单位的行政领导机关以及该单位党外干部群众之间形成领导关系。比如，人大常委会党组对人大常委会以及党外常委的领导。

（5）一些基层党组织领导本地区本单位工作。根据党章，街道、乡、镇党的基层委员会和村、社区党组织，领导本地区的工作和基层社会治理；国有企业党委发挥领导作用，把方向、管大局、保落实，依照规定讨论和决定企业重大事项。

从党内与党外的视角划分党务关系，如果关系主体各方都是党的组织或者党员，那就属于党内治理关系；如果关系主体一方是居于领导地位的党的组织或者党员领导干部，相对一方是非党组织或者党外群众，那就属于党的领导关系。党务关系的主体一般是双方，也可能是三方甚至三方以上。比如，当党的组织居间协调时，协调对象可以是双方或者多方。

将党务关系划分为党内治理关系和党的领导关系，对于实现党务关系理性入规、运用党内法规制度科学调整党务关系非常必要。

党内治理关系的主体是党的组织、党员，所涉事务纯属党内事务，相关的工作和活动属于党的自身建设和内部管理，制定相关党内法规应当充分体现民主集中制要求，既要充分发扬党内民主，又要实行正确集中，按照党员个人服从党的组织、少数服从多数、下级组织服从上级组织、全党各个组织和全体党员服从党的全国代表大会和中央委员会的“四个服从”要求，把党建设成为统一整体，保持党的先进性和纯洁性，增强党的凝聚力、创造力、战斗力。鉴于此，用来规范党内治理关系的党内法规制度，对党的组织和党员等主体作出的规定、提出的纪律要求可以是全面的、直接的、严格的，依靠党纪处分和组织处理等党的组织的强制力来保证实施。

与之形成对照的是，党的领导关系的主体中至少有一方是非党组织和党外群众，主体之间虽然存在领导与被领导关系，但并不是隶属关系，所涉事务也不是党内事务而主要是经济社会发展事务。非党组织和党外群众在接受党的全面领导的同时，还要依法依章程办事，公民个人还享有广泛的自由和法定权利。这就意味着制定与之相关的党内法规时要合理确定其调整范围和调整方式，坚持党依法执政，坚持依法治国和依规治党有机统一，把党总揽全局、协调各方同人大、政府、政协、监察机关、审判机关、检察机关依法依章程履行职能、开展工作统一起来，处理好党的集中统一领导、全面领导、政治领导这一方面与政府等非党组织对下级组织的统一领导、对职权范围内的业务工作活动的领导、对职权范围内事务的管理这一方面的关系。既要避免出现党的领导弱化，又要避免简单地以党代政；既要发挥国家法律在国家治理中的基础性作用，又要发挥党内法规的重要作用，避免一个单位或者一个地区的党的组织代替非党组织布置安排具体业务工作。因此，用来规范党的领导关系的党内法规制度，在针对领导对象作规定、提要求时，应当紧紧围绕党的组织把方向、管大局、保落实来展开，抓住选人用人这个关键，综合运用对领导对象提出建议、意见、号召、倡导等各种方式，实现党的领导意图，贯彻落实党的理论和路线方针政策。

在研究划分党内治理关系和党的领导关系时，有两个问题需要注意。

一则，党的组织与非党组织形成的关系，并非都是党的领导关系。

党的领导关系必然涉党，但未必凡是涉党的关系都是党的领导关系，只有当党的组织居于领导地位、发挥领导作用时，才能构成党的领导关系。如果党的组织或者党员是以行政管理相对人的身份出现在行政管理活动中，或者是以当事人身份出现在有关民事诉讼活动中，就不构成党的领导关系，而是行政关系、民事关系或者诉讼关系。比如，党的组织向有关行政机关申请财政拨款、建设办公用房时，其身份是申请人，是行政管理的相对人，它与行政机关之间形成的是一种非许可性审批关系，是一种行政关系，而不是党的领导关系。

二则，党的组织因发挥领导作用而形成的党务关系，未必都是党的领导关系。

党的领导关系的形成必然要求相关党的组织发挥领导作用，但在党内治理关系的形成中，也基本上是以党的组织发挥领导作用为前提条件。在党内党外两类关系中，党的组织虽然都发挥领导作用，但二者在“领导”涵义上相去甚远。在党内治理关系中，上级党的组织对下级党的组织的领导，主要是基于党的组织体系内上下层级之间的隶属关系，领导的事项属于管党治党事务，包括党的建设各方面工作，涉及的事务属于党内事务，这种意义上的“领导”含有强烈的监督管理色彩，旨在落实党要管党、全面从严治党方针，以保证党的团结统一、行动一致；而在党的领导关系中，党的组织对非党组织的领导，涉及党的组织体系与非党组织体系这两个体系，党的组织与非党组织二者之间既不存在国家法律上也不存在党内法规上的隶属关系，领导的事项属于经济社会发展事务，以领导国家政权机关的履职活动从而直接或间接涉及广泛的公民、法人和非法人组织的权益，这种意义上的“领导”强调的是引领指导、把握方向，旨在体现党的长期执政地位，落实的是“党是领导一切的”要求，目的在于实现执政治国、执政兴国，实现建成社会主义现代化强国的目标。

在理论上与实践上，党内治理关系和党的领导关系二者的界线是可以厘清也是很有必要厘清的，不能混为一谈。不难想象，如果把党内治理关系中的“领导”搞成了党的领导关系中的“领导”，就会因领导力度不够导致管党治党的宽松软；反之，如果把党的领导关系中的“领导”搞成党内治理关系中的“领导”，那就可能造成党的组织的越俎代庖从而使非党组织无法依法依章程开展工作。不过，当制定特定党内法规规范调整相关党务关系时，有时可以聚焦党内治理或者聚焦党的领导而制定出台专门的党内法规，比如，制定出台《中国共产党党和国家机关基层组织工作条例》主要指向的是党内治理关系，制定出台《中国共产党政法工作条例》主要指向的是党的领导关系，而针对党中央和地方党委、党组、党的工作机关等所制定的《中国共产党中央委员会工作条例》《中国共产党地方委员会工作条例》《中国共产党党组工作条例》《中国共产党工作机关条例（试行）》，其内容就既涉及党的自身建设和内部管理，又涉及党对经济社会发展工作的领导，既要规范调整党内治理关系，又要规范调整党的领导关系，这就使此类党内法规更多地属于混合性法规，而非单一性法规。

平权关系、管理关系、协调关系

党务关系纵横交错，形成一张党务关系之网。党务关系的核心是权力关系，其或纵或横取决于党的组织之间的职权配置，同时受到人、事、时、地等其他重要因素影响。党内法规只有统筹设定平权关系、管理关系和协调关系，才能避免党务关系之网的“断线”或者“短路”。

所谓平权关系，指的是一种平行关系，关系主体互不隶属、工作内容彼此独立。两个主体之间互不隶属并非就不会发生关系，全党是一个统一整体，各负其责的党的组织之间都负有党务协作的义务，因此形成各种协作关系。

平权关系的形成主要源于分人、分事、分地、分时、分条块等党务工作分工体制。“分人”是指党务关系因人而异，以党管干部为例，各级党委根据干部管理权限各管其人。“分事”是指党务关系因事而异，党委据此设立若干工作部门，各部门再设立若干工作机构，各部门、各机构各管其事、各负其责。“分地”是指党务关系因地而异，党的各级地方组织根据行政区划设立，同级异地党委互不隶属。“分时”是指党务关系因时而异，比如在入党前后、退党前后、工作时间内外、离职前后、退休前后等不同时间段，会形成内容不同的平行党务关系。“分条块”是指党务关系因条块而异，上级党委工作部门按“条”管理本系统党务，下级党委按“块”管理本地区党务，二者互不隶属，但下级党委作出的相关决定一般不得与上级党委工作部门作出的决定相抵触，这也是为了保证全国一盘棋。对此，《中国共产党党内法规制定条例》第31条第3项规定："中央纪律检查委员会以及党中央工作机关制定的党内法规的效力高于省、自治区、直辖市党委制定的党内法规，省、自治区、直辖市党委制定党内法规不得同中央纪律检查委员会以及党中央工作机关制定的党内法规相抵触。"不仅党内法规如此，党的规范性文件也是如此；不仅针对不特定人不特定事制定法规文件等抽象行为如此，针对特定人特定事作出处理处分决定等具体行为也是如此。

所谓管理关系，指的是一种垂直关系，这种关系的形成要么是基于主体间的隶属，比如党员隶属于党组织，下级党组织隶属于上级党组织；要么是基于业务上的管理或者领导，比如党组织对非党组织的领导，党对意识形态、干部、人才、保密、机要等工作的管理。

就管理关系而言，因关系主体存在同属党内或分属党内党外的组织性差异、所涉工作业务的政治性要求有高有低，根据管理力度与管理目标的匹配性原则，党的组织实施的管理或者领导活动会存在广度、深度、频度等方面差异，这就形成了管理强度强弱不等的管理关系"光谱"。按照由强到弱排序，这个"光谱"呈现为若干个梯次：

一是强管理。包括党的组织对其所属党员、干部的管理，上级党的组织对下级党的组织的领导（比如上级党委对下级党委的领导，党委对其设立的党组的领导），等等。

二是次强管理。包括党的组织对非由其批准设立的有关党的组织的领导（比如党组对机关党委的领导，上级纪委对下级纪委的领导），党的组织通过党政机关合署办公方式的管理（比如纪委监委合署办公），党的组织通过党政机关一个机构两块牌子方式的领导（比如中央台办、国务院台办），党的组织对相应非党组织开展工作的领导（比如党组对本单位行政领导班子开展工作的领导），党的组织对有关党的组织的归口管理（比如编办日常工作归口组织部管理），等等。

三是中强管理。包括党的组织领导有关国家机关、人民团体、军队等组织开展工作。这又可以细化为：党的绝对领导领域（比如党对军队的绝对领导），只能由党领导的工作（比如群团组织在党的领导下开展工作），通过在党的组织加挂有关国家机关牌子的方式管理［比如中央宣传部对外加挂国家新闻出版署（国家版权局）牌子］，确定为党管的领域（比如党管宣传、党管意识形态、党管媒体、党管干部、党管人才、党管机要、党管保密等，这些领域的工作一般由相应国家机关具体承担，但其开展工作要在党的集中统一领导下进行），由党的组织归口领导的工作（比如国家民委作为国务院组成部门，归口中央统战部领导），等等。

四是中弱管理。包括党的组织对非党组织的归口监督指导协调（比如党委政法委对审判机关、检察机关、公安机关、国家安全机关、司法行政机关等政法单位开展工作的统筹协调）等。

五是次弱管理。包括上级党委工作部门对下级党委工作部门开展工作的督促指导（比如省委组织部督促指导市委组织部开展工作），党委工作部门对同级党政机关开展相关工作的督促指导（比如省委组织部督促指导省级党政机关等开展组织人事工作），等等。

六是弱管理。主要是指党的组织对群众的领导，一般使用的是宣传、教育、引导、号召、倡导等非强制性方式，管理效果依赖于群众的自觉响应程度。

所谓协调关系，指的是一种交互关系，关系主体互不隶属，但工作内容有关联。垂直与平行是从纵横两个维度构筑的党务关系的基本骨架，但在纵向之间、横向之间以及纵横之间还有诸多缝隙，各类主体的许多活动之间存在大量需要沟通、协商、合作、会商、化解争议等事宜，这就形成了第三个维度的关系，即协调关系。随着党务活动范围的拓展、党务分工的细化，越来越需要重视发挥议事协调机制的统筹协调、督促指导、联络沟通、润滑催化作用，进而形成多种协调关系。

大致说来，协调关系的产生主要基于以下几种协调活动：

一是综合协调。这主要是由党委及其工作部门的办公厅（室）来承担，作为综合办事机构，办公厅（室）负责对本地区、本系统、本单位内部党务活动的日常性协调，以推动党的组织决策部署的贯彻落实。

二是专责协调。这主要是由党委工作部门在履职过程中与相关主体的协调，既包括以主管部门身份对完成特定工作任务所作的协调（比如党委组织部就干部跨地域交流开展协调工作），也包括以裁决者身份对化解相关争议所作的协调（比如编办对不同部门间职责争议所作的居间协调）。

三是专域协调。这主要由党委议事协调机构来承担。党在中央和地方设立了各类（决策）议事协调机构，承担跨部门、跨领域、跨系统、跨地域事务的协调工作。其中，在中央层面，为了坚持党的全面领导、加强党中央集中统一领导，党的十八大以来设立了许多决策议事协调机构，比如中央国安委、中央改革委、中央依法治国委、中央网信委、中央财经委、中央外事委、中央审计委以及中央农村工作领导小组、中央教育工作领导小组、中央军民融合工作领导小组等，这些委员会（领导小组）及其办公室（秘书组）承担着大量的统筹协调任务；在地方层面，相应地也设立了各类领导小组，但它们原则上属于议事协调机构，没有决策职能，决策权保留在地方党委。

四是专题协调。在贯彻落实党中央决策部署和上级党的组织决定过程中，有不少工作任务涉及多个部门职责，需要一个部门牵头、多个部门参与，为了群策群力完成相关工作任务，上级党的组织指定的牵头部门往往通过牵头成立工作专班、开会商议、联合调研、征求意见、会签等多种方式，各负其责、集思广益，形成工作合力。

通常而言，协调工作是作为党的组织决策的前置程序，具有过程性而非终局性、协商性而非强制性等特点，有助于在党的组织决策之前摸清情况、消化分歧、过滤异议、达成共识。

主体性公务关系、辅助性事务关系

在实践中，党的组织开展工作活动时一般要行使两种权力：一种是依规对外执行公务，另一种是管理本单位内部事务。相对而言，前者是主体性的，后者是辅助性的，后者服从和服务于前者。与这两种权力的行使相对应，形成主体性公务关系和辅助性事务关系这两类党务关系。

通常而言，党的组织一般都具有对外执行公务、对内实施管理这两方面工作职责，不过具体到特定党的组织又会存在一定差异。有些党的组织是同时承担这两方面事务，比如党委工作部门，既要以特定党务主管部门的身份，在本单位之外履行好党的领导和党的建设的某一方面职能，又要自己负责本单位内部的人财物管理以及办文办会办事等机关运行事务；有些党的组织所承担的这两方面的事务主要限于本单位之内，基本上不对外履行公务，比如机关、高校、企业等单位党的基层组织；有些党的组织只履行公务管理的职能，至于内部管理事务则不承担或者较少承担，比如地方党委将其运行服务保障等事务交由办公厅（室）承担，党组将本单位内部行政管理事务交由有关内设机构承担，而诸如精神文明办、改革办等设在党的工作机关等党委（决策）议事协调机构，则是依托其所设在的党的工作机关去承担人财物管理和机关运行服务保障等内部事务。

所谓主体性公务关系，是指党的组织为了贯彻实施党的理论和路线方针政策，根据党章党规特别是“三定”规定等，按照党中央决策部署，在其职责范围内组织开展党的领导和党的建设工作活动时，与党的组织、党员以及非党组织和党外群众之间形成的党务关系。主体性公务关系一般是外部公务关系。其中，“外部”指的是党的组织的履职活动对象主要是本单位之外的其他组织和个人，“公务”强调的是履职内容不是个人私务，也不是本机关内部事务，而是属于管党治党、执政治国范畴的公共事务。

每个党的组织在履行公务时，都会形成主体性公务关系，这是由党的组织设立和运行逻辑所决定的。党的组织因需而设，这个“需”包括坚持和加强党的全面领导、推进党的建设两个方面的现实需要；党的组织因“事”而生，这个“事”就是按规定应当由其承担的职责任务；党的组织因“责”而立，这个“责”既是职责也是责任，失职就要被问责追责，党的组织应当守土有责、守土负责、守土尽责。

没有规矩，不成方圆。党中央明确指出："治国必先治党，治党务必从严，从严必依法度。"这个"法度"，主要就是党内法规。党的组织履行职责、执行公务，无论是作出决策还是执行决策，体现的是公共意志，行使的是公共权力，为的是公共目的，指向的是公共领域，产生的是公共效果，无疑应当按照依法执政、依规治党要求，运用党内法规规范外部公务关系的形成、改变和消灭，保证党的组织始终依规定权、依规用权、依规担责。

关于"职权法定"这个问题，对于国家机构而言，因为依法治国基本方略的实施，多年前就已经不成其为问题了。但对于党的组织而言是否应当"职权规定"，即由党章党规来确定党的组织的职权职责及其履职方式，经历了一个认识深化的过程，直到近期才得以明确。此前，党的组织的职权职责，往往是由党的组织制定的规范性文件或者根据领导指示批示确定的，并非由党内法规来规定。党的十八大以来，随着党内法规制度建设的加速推进，人们对党内法规与规范性文件二者在功能定位、主要内容、实施方式、实施效果等方面的差异性上的认识进一步深化，对制度治党、依规治党重要性的认识进一步提高，逐步形成了应当且只能由党内法规来创设党的组织的职权职责等事宜的共识，党的规范性文件不宜创设党的组织的职权职责。这种认识和共识，明确载入 2019 年修订的《中国共产党党内法规制定条例》，该条例第 4 条第 2 款规定："凡是涉及创设党组织职权职责、党员义务权利、党的纪律处分和组织处理的，只能由党内法规作出规定。"这一规定确定了党的组织"职权规定"原则，对于规范党的组织的设立、职权职责、履职方式等具有重大意义，堪称依规治党推进历程中的一块里程碑。

通过党内法规来规范党的组织的公务活动、调节由此形成的公务关系，至少要做到以下几点：

一则，履职主体要依规而定。党的领导和党的建设各方面工作，应当由哪些党的组织来具体承担，这应当由党内法规来作出规定。党内法规在对职能进行配置以及设定职能履行主体时，应当统筹考虑、审慎决定如何在各级各类党的组织间分配领导、协调、审批、监管、惩处等管理职权，明确规定哪些党的组织可以自己名义作出直接影响特定党的组织和党员、非党组织和党外群众权益的决定。就现行党内法规来看，党的中央组织以及地方组织、基层组织，纪委，部分党的常设决策议事协调机构及其办公室，多数党委工作部门等，都有权依规管理外部事务。在党委工作部门中，诸如组织、宣传、统战、政法、工委等部门具有外部管理职能，而办公厅（室）、政策研究、党校（行政学院）、文献研究等工作部门一般没有外部事务管理权。党的组织为履行外部公务管理职能，需形成决策、执行、监督三位一体的体制机制。就一级党委而言，决策者主要是党委，执行者主要是党委各工作部门，监督者主要是纪律检查机关。就各级党委而言，上级党委侧重于决策和监督，下级党委侧重于执行。就党委工作部门而言，内部也存在决策、执行、监督的分工，部门层面侧重于决策和监督，内设机构、直属机构、派出机构及下级党委工作部门侧重于执行。

二则，职责权限要依规而定。各级各类党的组织的职权虽然在类型、数量、轻重上明显不同，但应当无一例外皆源于党章党规的授予，“无规定则无职权”，党的组织不能拥有规外治权，党的组织不宜行使非党组织的职权，特定党的组织也不得违规行使属于其他党的组织的职权，任何党的组织既不能消极怠工、不作为，也不能横冲直撞、乱作为，以免缺位、错位、越位、不到位。党内法规关于党的组织的职责权限、标准要求等方面的规定属于实体性规范，包括授权特定党的组织（主体）、在什么情形下（行为条件）、针对特定的组织和个人（对象）、就特定党务（事项）、按照什么要求（标准）采取特定方式（方式）等实施管理等内容。

三则，履职程序要依规而定。没有正当程序就很难有正当结果，保证程序正义是实现实体正义的必要条件。在国家法律中，程序正当理念已经成为一种共识，在党内法规制度建设中，程序正当观念也正在逐步确立。因党的组织履行职能而产生的外部公务关系，直接关乎组织和个人的权益，党的组织和党员干部依规履职的要求之一是遵循规定的程序，按照党内法规所确定的行为方式、步骤和期限行使职权。

鉴于此，党内法规应当紧扣党的组织行使职权打造一套完善的程序制度，涵盖党务活动的各方面、各领域、各层级、各行为、各环节。其中，“各方面”指的是党的领导和党的建设两个方面；“各领域”指的是管党治党、执政治国各个领域，包括党领导经济建设、政治建设、文化建设、社会建设、生态文明建设等领域，以及党的政治建设、思想建设、组织建设、作风建设、纪律建设、制度建设、反腐败斗争等领域；“各层级”指的是顶端上的党的中央组织以及中央各部委、中端上的党的地方组织以及地方党委工作部门、末端上的党的基层组织以及基层党委工作部门；“各行为”既包括出台决议、决定、法规、文件等抽象行为，也包括作出具体的决定，既包括命令、请示审批、报告、通报、组织处理、纪律处分等刚性行为，也包括鼓励、指导、号召、奖励、服务等柔性行为，还包括教育、宣传、培训等行为方式；“各环节”指的是决策、执行、监督等主要环节。建立健全这些程序制度，关键是党内决策程序制度，重点是选人用人和处理处分程序制度，核心是利害相关人听证制度，难点是党员群众广泛深度参与制度。

四则，履职保障机制要依规而定。要通过党内法规建立健全督导机制、监督机制、追责机制、纠纷化解机制等。具体而言：

一要完善督导机制。一分部署九分落实。行百里者半九十。坚持和加强党的全面领导，坚持党要管党、全面从严治党，党中央就此作出重大决策部署、制定出台一系列方针政策，这还只是履行职能的第一步，应当通过制定并实施中国共产党督促检查工作条例、《中国共产党党内法规执行责任制规定（试行）》等党内法规，针对各地区各部门党的组织建立健全督促检查机制，督促其以钉钉子精神抓好落实，应当通过制定并实施《中国共产党重大事项请示报告条例》等有关党内法规，建立健全针对性、可操作性强的业务指导机制，帮助执行者全面准确理解和执行党中央要求。

二要完善监督机制。信任不能代替监督。有权必有责、用权受监督。党的组织及其领导干部和工作人员手中的职权必须受到严格监督，党内法规应当建立健全权力监督制约机制，扎紧织牢编密监督制约权力的制度笼子，通过制定并实施《中国共产党党内监督条例》《中国共产党巡视工作条例》等党内法规，针对各级各类党的组织建立健全党内监督机制，督促党委（党组）实施全面监督、纪律检查机关实施专责监督，确保党的组织特别是党员领导干部依规使用决策决定权、选人用人权、处分处理权等。

三要完善追责机制。未装备责任保障的制度如同老虎掉了牙齿。教育千遍不如问责一遍。要通过制定并实施《中国共产党纪律处分条例》《中国共产党问责条例》《中国共产党纪律检查机关监督执纪工作规则》《纪检监察机关处理检举控告工作规则》等党内法规，建立健全针对党的组织、党员干部以及相关组织和个人违规违纪行为的发现、查处、惩治机制，实现违规必现、必查、必究，维护党内法规制度的严肃性和权威性，真正让铁规发力、让禁令生威。

四要完善权利救济和纠纷化解机制。没有救济就没有权利。缺失纠纷化解机制就等于锅炉没有“安全阀”。要通过制定并实施《中国共产党党员权利保障条例》等党内法规，建立健全党员权利保障机制，为党员权益不受违规侵犯构筑防护网、保护罩，坚决维护党员正当权益；要通过制定并实施党员申诉救济工作条例，畅通申诉渠道，回应救济请求，化解纠纷矛盾，明是非、定纷争、维权益。

所谓辅助性事务关系，是指党的组织出于履行职能工作需要而提供有关服务保障活动所形成的党务关系。

“兵马未动，粮草先行。”要保证党的组织全面履职，离不开必要的人财物和信息档案等方面的支持，党的组织的正常运转离不开相应的服务保障体系的支撑。这些服务保障活动，有些有必要纳入党内法规来规范调整，以保证其在制度化轨道上运行。

从主体角度来看，辅助性事务关系主要在以下主体间形成：（1）党委与其所属的办公厅（室）之间，党委工作部门与其内设机构之间；（2）党委职能部门与服务保障部门之间；（3）党委各部门与负责整个党委系统财、物、基建等事务的机关事务管理机构之间；（4）党委职能部门与其所属工作人员之间，等等。

从所涉事项角度来看，党的组织内部服务保障性事务，既有硬件意义上的住房、公务用车、财政经费、办公设备等，也有软件意义上的政策咨询、法规服务、文件会议、信息处理、档案资料等；服务保障的内容既包括提供“兵马粮草”，也包括出谋划策、当好参谋助手。大致说来，服务保障性事务主要有以下几类：(1) 决策咨询服务，包括政策研究、法规服务、文稿服务等工作；(2) 信息资讯服务，包括信息搜集处理、图书档案、资料编研、党史文献研究等工作；(3) 党的机关运行保障事务，包括公文处理、会议服务、请示、报告、通报、通信保障等事务；(4) 机构编制管理、人事管理、党员干部教育培训等方面的工作；(5) 安全保密工作；(6) 机关事务管理工作，包括为党委系统提供住房、公务用车、设备设施等相关后勤保障工作。

需要注意的是，存在于党的组织内部的这些服务保障性事务，不一定都是党务，并非皆由党内法规来规范，相关的服务保障关系也并非都是辅助性事务关系。根据其性质差异，不同的辅助性事务应当分别适用相应的制度规定。概括起来，主要有以下 5 种情形：

(1) 纯属党内事务的，应当由党内法规来调整。诸如党委政策研究、法规服务、党史文献研究、党际交流等，承担这些工作的机构名称中一般冠以“中共”之名，如中共中央党史和文献研究院，相关事务应当由党内法规来规范。

(2) 党务属性多于政务属性的，原则上应当由党内法规来调整。诸如党政机关公文处理、党政机关电子公文处理、中央文件发布阅读办理管理、密码电报使用管理、中央文物管理、党政机关通信保障等，按惯例一般由党内法规来规范。

(3) 涉及干部管理的，按照党管干部原则通常纳入党内法规调整范围。诸如党政领导干部选拔任用、领导干部教育培训、领导干部工作和生活待遇等，这些由党内法规调整更加合适。

(4) 纯属行政事务的，应当由行政法来调整。诸如公务员招录、财政预算、工资福利、建设规划、工程建设、交通消防、环境保护、公共卫生、民生保障等事务，存在于党的组织内部的这些事务，与存在于人大、政府、政协、监委、法院、检察院等非党组织中的类似事务并无实质区别，它们都属于行政管理活动，应当被纳入行政法调整范围，适用于《公务员法》《政府采购法》《预算法》《城乡规划法》《消防法》等相关国家法律法规调整。

（5）纯属民事活动的，应当由民商法等调整。诸如党委办公厅（室）特别是机关事务管理机构，因为签订民事合同、使用知识产权等而形成的民事关系，以及与其他民事主体产生的合同纠纷、债务纠纷、侵权纠纷等，据此形成的民事关系或者民事诉讼关系等，显然不属于党务关系，应当由《民法典》《民事诉讼法》《仲裁法》等来调整，而非由党内法规来调整。为贯彻落实党的十八届三中全会有关“推广政府购买服务，凡属事务性管理服务，原则上都要引入竞争机制，通过合同、委托等方式向社会购买”的精神，根据《党政机关厉行节约反对浪费条例》规定，按照建设节约型机关要求，党委及其工作部门所需的事务性管理服务，将会更多地转为购买方式，纳入行政合同或者民事合同治理范畴。

较之主体性公务关系，辅助性事务关系的特征主要有：一是内部性。此类关系主要是在党的机关之间、机构之间、干部职工与所属单位等之间形成，一般不涉及机关单位之外的组织和个人。这种特点决定辅助性事务的公开性要求和公开性程度一般要弱于主体性公务。此外，因辅助性事务而起的纠纷，其化解方式通常以内部协调解决为主，一般不诉诸诉讼机制，除非涉及民事、行政关系问题。二是服务性。此类关系的形成围绕着保证党中央决策部署和上级党的组织的决定的贯彻落实展开，目的在于为党委及其职能部门等的履职提供服务保障。三是从属性。此类关系是辅助性的，从属于主体性公务关系，应当根据党委及其职能部门等的履职需要，不断完善服务模式和管理体制机制，及时作出事务增减的动态调整。四是内控性。对此类事务的规范，要在党内法规和国家法律设定的基本框架下，由各单位针对具体事项和工作环节制定细密的内部工作规范，明确工作标准、工作流程、任务分工、协调配合、督促检查、考核评价机制，据此形成一个针对性、可操作性、指导性、约束性都很强的内部工作制度体系。

第六章　确定党务关系的主体

亚里士多德说，人是社会的动物。马克思说，人的本质是一切社会关系的总和。人类社会制定的一切规章制度，归根结底都是针对人的，是用来引领和规范人的社会实践活动，这里的“人”既包括自然人，也包括由自然人构成的组织，它们在规章制度上属于拟制的人，要么是法人要么是法人之外的其他组织。按照这个逻辑，人作为一切党内法规的调整对象，自然就是一切党务关系的总和。在整体意义上，党内法规的调整领域横跨党的领导和党的建设活动，党要管党、全面从严治党，党内法规的调整当然要涵盖一切党的组织和党员；由于党是领导一切的，必须坚持党对一切工作的领导，因此在理论上，党内法规的调整对象可以覆盖一切与党的领导活动有关的非党组织和群众，尽管党内法规并非针对所有组织和个人皆作出职权职责和权利义务方面的规定。在个案意义上，具体到特定党内法规，其所确定的适用对象即党务关系的主体总是特定的，一般要指向特定党的组织和党员、特定非党组织和群众，这就要求在制定出台党内法规时遵循适格性、关联性标准，精准确定党务关系主体，科学界定适用对象。本章主要讨论主体在多规的场域穿行、主角配角及其他参与者、主体的制度设定等3个问题，试图解析党内法规确定党务关系的主体的内在机理和逻辑。

在建章立制时，应当明确其适用对象、确定相应的主体，无论是制定党内法规还是制定国家法律和组织章程，概不例外。就制定党内法规而言，在确立党务关系主体时，既要符合建章立制的共性特点，更要把握好不同于国家立法等的个性要求。

在多规场域穿行的主体

当我们起草一部党内法规时，在其总则中碰到的首要问题之一便是如何确定这部党内法规的适用对象，以正确回答要调整的是谁与谁之间关系的问题。比如，制定《中国共产党重大事项请示报告条例》，要明确哪些党的组织应当就重大事项向什么党的组织请示报告；制定《中国共产党党内法规和规范性文件备案审查规定》，要明确哪些党的组织应当将其制定的法规文件报送给什么党的组织审查；制定《党政领导干部选拔任用工作条例》，要明确哪些党的组织有权选拔任用什么符合条件的干部；制定《中国共产党纪律处分条例》，要明确哪些党的组织有权对违规违纪的党的组织和党员作出党纪处分决定。在党内法规中明确规定其适用对象，就是通过党内法规确定党务关系的主体。

第一，一部党内法规可以设定多个主体。

作为不同主体间的关系，党务关系得以形成至少需有两个主体，有时是两个以上。因此，一部党内法规聚焦规范调整某一类党务关系，就必然会设定两个以上的主体，只去设定一个主体是不能形成党务关系的。这个道理，对于有些党内法规是不言自明的。比如，制定《中国共产党重大事项请示报告条例》，自然要规定谁向谁请示报告问题，至少要确定两种主体，即作出请示报告的主体与受理请示报告的主体。这个道理，对于有些党内法规似乎不太明显。比如，我们知道党章对党员，党的中央组织、地方组织、基层组织，党的干部，党的纪律检查机关，党组等都专章作出规定，这明显是一部党内法规设定多个主体，但如何理解党章不仅设定了多个主体，还同时规定了不同主体间的关系？其实，党章不仅在设定一个主体时就顺带界定了与之相关的主体的关系，更是通过在总纲部分提出党的建设要求，特别是通过专章规定党的组织制度、党的纪律等，对党内不同主体间的关系作出集中规定，据此保证全党成为一个有机统一的整体。

第二，一个主体可以见之于多部党内法规。

党员是组成党的细胞，无论是实施党的领导还是加强党的建设，一刻都离不开党员，因此各级各类党内法规中无疑都要涉及党员。党的组织体系固然极其宏大，但党的组织的类型并不多，主要包括党的中央组织、地方组织、基层组织、纪委、党组、（决策）议事协调机构和党委工作部门等。通过制定党内法规来规范和加强党的工作和活动，自然要频繁涉及这些党的组织，这就使某类党的组织会在多部党内法规中反复出现。

就其出现频率而言，有3个主体较高。一个是党的中央组织，这主要是因为各领域各方面党的工作都要坚决维护党中央权威和集中统一领导；另外两个分别是地方党委和党组（党委），这主要是因为它们是各方面工作和责任制的主体，在实施党的领导和加强党的建设工作中，各级党委（党组）承担的是主体责任，几乎在所有工作中都不可缺席。为了最大限度避免一个主体为多部党内法规规定时出现矛盾冲突，在立规技术上就需要采用统分结合方式：

所谓“统”，就是针对一类党的组织专门制定相应的党内法规来集中作出规定，比如，针对党中央工作制定《中国共产党中央委员会工作条例》，针对地方党委制定《中国共产党地方委员会工作条例》，针对党组制定《中国共产党党组工作条例》，针对党委工作部门制定《中国共产党工作机关条例（试行）》，针对各类党的基层组织分别制定《中国共产党普通高等学校基层组织工作条例》《中国共产党党和国家机关基层组织工作条例》《中国共产党国有企业基层组织工作条例（试行）》《中国共产党农村基层组织工作条例》，等等。

所谓“分”，是指在相关党内法规中对某一类党的组织的履职尽责有针对性地提出相应要求，以党组这一党的组织形态为例，在地方党委工作、党的宣传工作、党的组织工作、党的政法工作、基层党建工作、党内监督、党务公开工作、党的重大事项请示报告工作等相关条例中，都从各条例自身角度对党组应当承担的相应职责任务作出规定。

第三，党内法规中的主体不限于党的组织和党员。

在大多数场合，党的组织和党员自然是党的工作和活动的主角，相应地，党内法规所确定的党务关系主体，也主要指向党的组织和党员。不过，这并不意味着党内法规确定的所有主体，都仅仅局限于党的组织和党员，在不少情形下，非党组织和群众也会成为党内法规上的主体，其中有的还被规定了一些职权职责、权利义务。

由于各类党的工作在工作性质、工作领域、工作对象、工作方式等方面存在不同，这就导致涉及非党组织和群众在广泛程度和出现频率上会有差异：

一则，就党的建设与党的领导这两个方面而言，后者要多于前者，因为党的建设的主体主要是党的组织和党员，而党的领导的对象则主要针对非党组织和群众。

二则，就党的建设领域而言，党内法规在将非党组织和群众设定为主体时，会因情形不同而作出不同规定。有的是明确提出配合义务，比如在纪检监察机关办理案件时，涉案的非党组织和群众应当主动配合；有的是授权监督，比如关于人民群众针对党的组织和党员干部实施群众监督的规定；有的是对其发出号召而非作出义务性规定，比如号召人民群众自觉接受党的创新理论的教育，努力提高自身思想政治理论水平，等等。

三则，就党的领导领域而言，在党内法规中涉及各类非党组织和群众的频率以及提出的针对性要求也不尽一致。一方面，就其出现频率而言，在党内法规中出现最多的首先是国家机关，因为它们直接行使国家权力管理经济社会发展事务，我们党作为执政党，要坚持和加强党的全面领导，重中之重就是加强对这些国家机关的领导；其次是群团组织和国有企事业单位，它们在国家治理中发挥基础性作用，通过加强对这些政治性和公共性较强的组织的领导，可以将党的领导主张直接转化为经济社会发展活动；最后是社会组织、非公有制企业和群众，党内法规主要是号召引领他们听党话、跟党走，积极响应党的主张、落实党的理论和路线方针政策。另一方面，根据党的领导对象的政治性、公共性本身的强弱不等，党内法规针对不同主体提出的要求也明显不同。通常而言，党内法规针对领导对象提出的政治性要求要多于业务性要求，这主要是由我们党是最高政治领导力量决定的，党的领导主要是把方向，至于非党组织如何具体开展其业务工作，直接依法依章程即可。同时，党内法规针对组织提出的要求要多于群众，针对公共机构提出的要求要多于私人机构，针对国家机关提出的刚性要求要多于柔性要求，针对公共机构提出的义务性要求多于权利性要求，针对群众主要是发出号召倡导而非提出义务性要求。

第四，可以针对党的组织和党员的主体身份予以确定的制度也不限于党内法规。

总体来说，宪法法律侧重确定国家机关、公民以及其他法人、组织等主体，并对这些主体间的社会关系作出调整；党章党规侧重确定党的组织、党员以及党的领导对象等相关主体，并对这些主体间的关系作出调整；政治经济社会文化等组织的章程侧重确定人民政协等政治组织、工青妇等群团组织、公司等经济组织以及其他文化组织、社会组织等各类组织等相关主体，并对各自组织内部形成的关系作出调整。不过，具体而言，正如党章党规中会涉及国家机关、群团组织、企业事业单位等组织以及公民一样，在宪法法律和组织章程中也会涉及党的组织和党员。之所以如此，往往是基于坚持和加强党的全面领导的需要，有些情况下也与加强党的建设有关。

在国家法律中作出有关党的规定，首先见之于《宪法》。作为国家根本法，《宪法》第 1 条第 2 款明确规定："社会主义制度是中华人民共和国的根本制度。中国共产党领导是中国特色社会主义最本质的特征。禁止任何组织或者个人破坏社会主义制度。"在此基础上，诸如《立法法》《高等教育法》《村民委员会组织法》《公务员法》等相关法律对坚持党的领导以及特定党的组织发挥领导作用等问题作出明确规定，这就使在相关国家治理和社会治理活动中，将有关党的组织确定为主体之一。

《中共中央关于加强党的政治建设的意见》明确要求："贯彻落实宪法规定，制定和修改有关法律法规要明确规定党领导相关工作的法律地位。将坚持党的全面领导的要求载入人大、政府、法院、检察院的组织法，载入政协、民主党派、工商联、人民团体、国有企业、高等学校、有关社会组织等的章程，健全党对这些组织实施领导的制度规定，确保其始终在党的领导下积极主动、独立负责、协调一致地开展工作。”据此，出于坚持和加强党的全面领导的需要，未来会在更多的法律法规、组织章程中写入有关党的组织和党员的内容。与此同时，根据党中央有关要求，在有关法律法规和组织章程中，也要写入一些设立党的组织、发挥党员作用、加强党的建设等方面内容。就此而言，党的组织和党员，就不仅是党内法规中的行为主体，还是一些国家法律和组织章程中的行为主体。

综合以上4方面讨论，由于一部党内法规可以设定多个主体、一个主体可以见之于多部法规，党内法规不限于规定党的组织和党员，党的组织和党员也不限于见之于党内法规，这就会让我们眼前浮现出这样一个十分复杂的场景，即诸多主体在一个由诸多规则交织而成的党和国家治理场域中纵横穿行。一个问题或者疑惑因此随之而起，作为党务关系的主体，我们怎么能够做到在这种穿行中不撞车、不迷路？

解决这个问题的秘诀在于，党和国家治理中的同一“主体”，其实他是以多重“身份”出现的，同一主体在不同场合下其身份可以“七十二变”。这一点，就像一个自然人可以同时拥有多种身份——张三可以是祖父、父亲、儿子、孙子，岳父、女婿、侄子、叔叔，干部、处长、党员、支部书记……针对不同对象，在不同情境下，张三所呈现的是不同身份。在党和国家治理场域中，党的组织和党员也会在不同党务关系中担当不同角色、使用不同身份。

这可以党组为例来说明。相对于设立它的党委而言，党组的角色是下级，对党委的决定要不折不扣执行；相对于所在单位而言，党组的角色是领导机构，在本单位作决策、发指示、提要求，发挥领导作用；对于巡视工作而言，党组的角色是巡视对象，要自觉主动接受政治巡视这种党内监督并抓好巡视意见的整改落实；对于本单位加强党的建设而言，党组的角色是责任主体，要落实好全面从严治党主体责任；对于意识形态等党的工作而言，党组的角色是责任主体，要把意识形态工作责任制等有关责任落实好；对于同级其他国家机关党组等而言，党组的角色是协作主体，要按照党委统一部署安排协作其他党组（党委）开展工作。由此可见，同一党组，在不同场合不同关系中，其所扮演的角色、发挥的作用是不同的，只要其准确适用相应规则，就可以在多重身份间自如切换，选择合适身份履职尽责，实现不同身份的并行不悖，在党和国家治理的场域中自如穿行，有条不紊地开展各方面工作，一般不会在多规的场域中发生身份冲突、无所适从的问题。

当然，我们在现实中遇到的情形可能并不总是如此完美，经常见到一些党的组织、党员干部在开展工作时因角色的错位越位而致主体关系紧张。因此，要保证各级各类党务关系的主体在多规场域中能够自如穿行，就要求党和国家治理制度体系特别是党内法规把主体的角色塑造准并保证其扮演好。

做到这一点，概而言之，至少要满足 4 个条件：一是周延制定规则。坚持党和国家治理一盘棋的系统思维，在制定党内法规、国家法律、组织章程时通盘考虑，从不同角度塑造相应角色，避免因各自为战导致规则冲突，一旦规则冲突势必造成角色冲突。二是量身定制角色。建章立制时要尽可能根据主体所要承担的职能精准定位角色。在界定一项制度的适用对象时应当尽量具体，避免失之笼统，尽量使用“本条例适用于××主体的××工作”的表述而非“本条例适用于××主体”的表述，更不可不去明确其适用对象。三是准确适用规则。党的组织等在开展工作时，要准确判断工作内容、准确适用相关规则、准确使用相应身份，规则适用上的阴差阳错必然导致身份使用上的张冠李戴。四是及时纠准偏差。要建立健全针对制度的执行和实施的监督纠错机制，防止和纠正规则冲突、有规不依或者规则适用上的错误等问题。

总之，就党的组织和党员而言，无论其主体身份是如何通过“七十二变”来适应不同工作需要的，都要保证其万变不离其宗——总是符合党的组织和党员的本质属性。这就需要一个井然有序的治理场域，而这个场域，就得依靠治理制度特别是党内法规来建构。

主角、配角及其他参与者

前文论及，放眼整个党和国家治理视域，我们会发现存在各类主体，每类主体在不同情境下又会表现为不同身份。不过，就特定党务关系而言，其涉及的主体总是有限的，通常不会涉及各级各类党的组织、党员和非党组织、群众。就一个党务关系所涉有关主体而言，他们扮演的角色通常是不同的，有的是主角，有的是配角，有的则是其他参与者——类似于“群众演员”。通过制定党内法规来规范党务关系，通常要聚焦主角、围绕主角的设定作出制度安排。

第一，所谓“主角”，是指在特定党务关系中发挥主导性作用的主体。

但凡党务关系主体必有主角。当然，主角未必只有一个，可以是一个，也可以是两个、三个甚或更多，到底需要几个主角合适，在制定党内法规时要视所要规范的事项和对象的具体情形而定。

（1）单一主角。此种情形，一般是以规范该主角的名义专门制定一部某某工作方面的党内法规。比如，以党中央为主角制定《中国共产党中央委员会工作条例》，以党组为主角制定《中国共产党党组工作条例》，以地方党委为主角制定《中国共产党地方委员会工作条例》，以党的工作机关为主角制定《中国共产党工作机关条例（试行）》，以国有企业基层党组织为主角制定《中国共产党国有企业基层组织工作条例（试行）》，以党校（行政学院）为主角制定《中国共产党党校（行政学院）工作条例》。

（2）一类主角。此种情形是指主角不止一个，但它们属于同一类型，一般要专门制定一部党内法规对这类主体及其相互关系作出一揽子规定。比如，党和国家机关的基层党组织，包括机关党的代表大会、党的基层委员会、总支部委员会、党支部等，它们共同构成党的机关基层党组织这一主角，为此专门制定《中国共产党党和国家机关基层组织工作条例》对其作出规定。

（3）平行双主角。此种情形是指两个主角皆是履行相关职责的主体，二者处于平行关系，具有共性特点，可以通过制定一部党内法规一并作出规定。比如，针对党委和党组履行全面从严治党主体责任，专门制定《党委（党组）落实全面从严治党主体责任规定》。

（4）关系双主角。此种情形是指党务关系由双方主体形成，为了规范调整这一关系而制定党内法规对双方主体的职权职责等作出规定。双主角既可以只是两个主体，比如党中央专门针对规范部委党组与部门管理的国家局党组关系问题出台相关专门规定；也可以是两类主体，比如《中国共产党党内法规和规范性文件备案审查规定》规范的就是作为报备主体的下级党的组织与作为审查主体的上级党的组织二者的关系，其中“下级党的组织”包括地方党委、党组、党的工作机关、党委直属事业单位、党的决策议事协调机构等。后一种情形在党内法规中非常普遍，大量的党内法规的制定都是围绕规范调整两类主体间的关系。比如，在《中国共产党宣传工作条例》《中国共产党统一战线工作条例》《中国共产党政法工作条例》等党的领导法规中，主要规范的是作为领导主体的党的组织与作为领导对象的党的组织、党员或者非党组织、群众这两类主体。此外，比如《中国共产党党内监督条例》等也主要是围绕规范调整党内监督关系来设计制度的，分别对既作为监督主体也作为监督对象的党的中央组织、地方组织、基层组织、党组和党的工作机关、纪律检查机关等主体及其相互关系作出相关规定。

（5）平行多主角。此种情形是指党内法规要去平行规定多个主体，类似于一出戏的每一幕有一个主角，多幕戏对应多个主角。比如，党章的条文专章分别规定了党员、党的中央组织、党的地方组织、党的基层组织、党的干部、党的纪律检查机关、党组等，每一主体构成本章主角，各章之间逻辑关系是并列的，主体间关系是平行的。当然，这种平行指的是行文逻辑，而不是指主体之间的组织关系。党章通过专章规定党的组织制度、党的纪律等以保证党的团结统一和行动一致。

第二，所谓“配角”，是指在特定党务关系中发挥辅助性作用的主体。

配角是相对于主角而言的，没有配角则无所谓主角，配角衬托主角、主角带动配角。针对规范和加强党的工作制定党内法规，无论选择什么样的立规角度，一般都存在主角和配角之分，主角的“戏”离不开配角的配合。

（1）有些是通过专门制定一部党内法规来集中规范一类党的组织的行为，其立规思路一般是按照这一党的组织的产生设立、职权职责、工作体制机制、履职方式方法、监督追责等要素来谋篇布局的，在这种立规模式中，该党的组织是主角，在其设立和运行过程中涉及的相关组织和个人则是配角。比如，《中国共产党党组工作条例》的主角是党组，在党组的设立和运行过程中涉及的相关主体，包括设立党组的党委，党组所在单位的领导机关、机关党的基层组织、工青妇等群团组织、党员和干部职工，党工委，纪检监察机关，以及党组成员，等等，他们属于不同场景下的配角。

（2）有些是通过专门制定一部党内法规来集中规范只能由特定的党的组织承担的某方面党的工作，其立规思路一般是以这项工作所涉的事项、对象、范围、内容、步骤、方式方法、监督保障等要素来展开的，在这种立规模式中，肩负这项工作主体责任的党的组织是主角，承担辅助性作用的党的组织和非党组织等则是配角。比如，《中国共产党党内法规制定条例》的主角是党内法规制定主体，在立规过程中涉及的相关主体，包括起草者、审核者、发布者等，则是起辅助作用的配角。

（3）有些是通过专门制定一部党内法规来集中规范主要由双方主体来完成的某方面党的工作，其立规思路一般是以双方主体的职权职责以及开展这项工作所经历的主要环节为主线来进行制度设计的，在这种立规模式中，双方主体是主角，相关参与主体则是配角。比如，《中国共产党重大事项请示报告条例》的主角是请示报告的双方，配角包括党委办公厅（室）、党的组织综合部门、党的组织内设机构、纪检机关、党的组织负责人等。

（4）有些是通过专门制定一部党内法规来集中规范需要由若干不特定的党的组织共同完成的党的某方面的工作，其立规思路一般是以这项工作所涉具体内容或其工作流程来展开的，在这种立规模式中，发挥领导作用的党的组织和业务主管部门是主角，其他相关主体则是配角。比如，《中国共产党宣传工作条例》的主角是各级党委及其宣传部门，至于参与其中的基层党组织、纪检机关、党的工作机关、国家机关、人民团体、企事业单位等都属于配角。

为什么要在党务关系主体中区分主角和配角？这是因为开展党的工作需要明确职责分工。党的工作活动千头万绪、涉及各方主体，不同主体之间怎么分工，特定工作应当主要由哪些主体来承担，不同主体在同一活动中分别扮演什么角色、承担什么责任，以谁为主、以谁为辅，如何根据责任的大小实施科学评价奖惩，等等，这些都要对相关主体作主角与配角之分。

要正确和准确认识配角，有4个问题需要注意：

一则，配角也是重要的。红花配绿叶，主角配配角。开展党的工作当然要靠主角，但也离不开配角。比如，制定一部党内法规，制定机关通常是在审议程序中作为审议机关发挥决定性作用，但在立规过程中，起草机关是否认真履行职责起草一部高质量的法规草案，其影响不言而喻。又如，开展党内关怀帮扶工作，应当围绕党员这个主角来进行，但开展这项工作不可能离开党的组织，因此，《中国共产党党内关怀帮扶办法》主要是针对党的组织应当采取的帮扶措施提出相应要求。

二则，领导对象可以是主角而未必是配角。通过制定党内法规规范党的领导关系，不仅居于领导地位的党的组织是主角，属于领导对象的组织和个人往往也是主角，二者共同构成党的领导关系。同理，选拔任用的对象、党内监督的对象、组织处理的对象、党纪处分的对象等，他们作为相关党务关系的主体，也都是相关党内法规中的主角。在这个问题上，我们既不能把“主体”与“主角”混为一谈，因为主角是主体中的一种；也不能把责任制主体、承担主体责任的党的组织、责任人等概念与“主角”简单等同起来。

三则，没有永远的主角和配角。一般而言，党的各级各类组织和党员、干部等都有担当主角的机会，也都有可能成为某项工作的配角。主角与配角是就特定党务关系中的角色而言的，一部党内法规通常是针对一项特定的党的工作来设定主角和配角的，某类党的组织在一项工作中担当主角，在另一项党的工作中就有可能担任配角。比如，在《中国共产党地方委员会工作条例》中，地方党委是主角，基层党组织是配角；但在诸如《中国共产党党和国家机关基层组织工作条例》等规范党的基层组织党内法规中，基层党组织是主角，地方党委却成了配角。

四则，主角和配角之间未必是上下级关系。主角和配角是就其在开展特定工作活动中扮演的角色、承担的责任而言的，这种角色分配与级别高低之间没有必然联系。有的主角和配角是上下级关系，比如在《中国共产党地方委员会工作条例》中，地方党委是主角，其所设立的党组是配角，二者是上下级关系。有的主角和配角是下级和上级关系，比如在《中国共产党党组工作条例》中，党组是主角，而作为其上级、设立它的党委却是配角。有的主角和配角之间没有上下级关系，比如在《中国共产党工作机关条例（试行）》中，上一级党的工作机关是主角，下一级地方党委是配角，二者不存在上下级关系。

第三，所谓“其他参与者”，是指在特定党务关系中除作为“当事人”的主角和配角之外的其他有关组织和个人。

上演一出好戏，往往离不开别的演员来友情客串，有时还需要许多群众演员来助阵。同理，党的组织在开展某项工作过程中，在某个环节或者某个方面，有时也需要有关组织或者个人提供协作，这种协作尽管没那么重要，却也是不可或缺。在立规实践中，有些主体只在特定党内法规中出现，属于偶尔出场的“其他参与者”，比如，《中国共产党党内法规制定条例》第 25 条所规定的党内法规草案应当注意听取意见的对象中的“有关专家学者”；而有些主体却在相关党内法规中经常出现，属于常态的“其他参与者”，比如，许多党内法规在规定监督追责时，都会作出诸如“违规违纪的，由纪检监察机关依规追究责任”“涉嫌违法的，由监察机关、司法机关依法追究责任”之类的原则性表述，此时的纪检监察机关、司法机关就是常态的“其他参与者”。需要注意的是，在有的党内法规中，虽然也会出现相关组织或者个人，但他们并不是特定党务关系的主体，不属于“其他参与者”。比如，《中国共产党工作机关条例（试行）》第3条第3款规定：“党的纪律检查机关的产生和运行，按照党章和中央有关规定执行。”这一规定是将纪检机关排除在该条例适用范围之外，表明纪检机关不属于党的工作机关范畴。

需要特别提及的是，上文将主体划分为主角、配角以及其他参与者，这主要是针对具体的党务关系而言的。从这个角度看，某类党的组织到底扮演什么角色并非一成不变，具有多种可能性，可以因党务关系的不同而不同，在有的党务关系中扮演的是主角，在有的党务关系中扮演的是配角，在有的党务关系中还可能扮演其他参与者。不过，这绝不是说党的组织和非党组织可以不分大小、不论高低，在党务关系中可以平起平坐、平分秋色。一旦我们放眼整个党的工作活动，综观所有党务关系，就不难发现各级各类组织和个人特别是不同的党的组织，在党和国家治理体系特别是党的组织体系中，所处的地位、所担的责任、所发挥的作用等都明显不同。在党和国家治理体系中，党中央位居中枢，发挥举旗定向、掌舵领航，总揽全局、协调各方的领导核心作用，其他党的组织和非党组织都要自觉维护党中央权威和集中统一领导，全党全军全国人民都要在党中央领导下建设新时代中国特色社会主义伟大事业，“两个维护”是党和国家事业发展的最根本政治保证。

主体的制度设定

一个特定的党务关系的主体的最终形成，一般要经历两个环节。第一环节是通过制度对主体作抽象意义上的设定，在制度上明确该党务关系应当包括哪些主体，谁是主角、配角和其他参与者，不同主体以什么身份出现，等等，处在这一环节上的主体属于制度性主体，它是抽象的、应然的；第二环节是通过实践形成具体的主体，即党的组织和党员等在实施党内法规过程中，把党务关系从制度设计转化为实践形态，把制度性主体转化为实践性主体，从应然转变为实然。不难看出，前一个环节属于建章立制，主要解决主体的制度设定问题，后一个环节属于执规守规，主要解决主体的实践形成问题，两个环节前后相续最终确立起党务关系的主体。

第一个环节：党务关系主体的设定。

制定一部党内法规要科学设定主体，这个问题在相当程度上就是准确界定这部法规的调整对象。在确定哪些组织和个人适合列入主体范围时，既要防止将该列入的遗漏从而造成相关主体的“缺席”，又要防止列入了不该列入的从而造成相关主体的“陪场”。倘若将在党内法规上设定主体、界定合适的主体范围比作画一个圆，那么要想把这个圆画得不大不小刚刚好，就得解决定准“圆心”和把准“半径”这两个基本问题——进言之，在一部党内法规中要同时设定主角、配角和其他参与者3个角色，这就好比是由内而外画出3个同心圆。

圆心，指代的是党内法规在设定主体时所持的立场和中心意旨。在制定党内法规时，无论是设定主角、配角还是其他参与者，无论确定多少主体，都要坚持目标导向，紧紧围绕立规目的这个“圆心”展开，它是制度安排的立足点和出发点。在整体意义上，制定党内法规所要坚持的基本立场就是人民立场，所要实现的目的就是巩固党的长期执政地位、保持党的先进性和纯洁性，进而推动实现党执政兴国的奋斗目标。具体到制定某一部党内法规而言，在确定其适用对象、设定主体范围、定位主体角色时，其立足点、出发点以及中心意旨都是微观的、具体的，所要实现的目的都是特定的、直接的。由于不同的党内法规指向党的工作的不同方面，因此其具体制定目的这个“圆心”自然千差万别，不过，无论制定什么党内法规，都是旨在通过对相关主体行为的规范从而“加强和规范党的某方面工作”，在这一点上，所有党内法规是殊途同归的。

圆的大小取决于半径长短，而半径的长短则视实际需要而定。“圈定”主体范围的“半径”应当长短适宜。对于组织开展党的某项工作而言，这个“半径”如果短了会造成人手不足，如果长了会导致资源浪费。因此，在制定一部党内法规时，要坚持实事求是，根据做好党的某项工作的实际需要，基于主体的适格性和关联性两方面要求确定“半径”，据此画出一个大小适宜的主体范围之“圆”。

一方面，所谓“适格性”，是指相关组织和个人要具备必要资格才可以成为党务关系主体。主体应当适格，这是主体设定的基本条件。

一般而言，有资格成为党务关系主体的组织和个人，应当具有权利能力和行为能力。其中，权利能力是指由法规制度所确认的享有权利或承担义务的资格，它是参加任何党务关系的必备前提条件。自然人的权利能力始于出生、终于死亡，组织的权利能力始于依法依规设立、终于解散或者撤销；行为能力是指由法规制度所确认的能够通过自己的行为行使权利和履行义务的能力。

就个人特别是党员成为党务关系主体而言，一般应当既有权利能力又有完全行为能力，即已经成年且神智正常，可以独立处分自己的权利和义务，限制行为能力或者无行为能力的人通常不能成为主体。根据党章规定，公民只有年满 18 周岁才有资格自愿申请加入党组织，年满 18 周岁、自愿申请这两项要求就表明，申请人应当具有权利能力与行为能力。不过，实践中也存在一些例外情形，比如，党的组织对失去行为能力的困难党员提供关爱帮扶，党的组织表彰追认已去世的党员为优秀共产党员，党的组织为已去世的受到错误处理的党员干部平反、恢复名誉等。此种情形下，作为党务关系主体的党员，有的只有权利能力、没有行为能力，有的权利能力与行为能力都不复存在。

就组织成为党务关系主体而言，一般应当同时具有权利能力和行为能力，二者往往是一枚硬币不可分割的两面。成为党务关系主体的组织，一般应当具有权利能力和行为能力，但未必一定是法人，在实际工作中，有些组织要成为党务关系主体必须具有法人资格，而对有些组织则不必强求具有法人资格。实践中，党的工作机关应当具有法人资格，能以自己名义实施党务活动、开展党的工作。党组一般不具有法人身份，但这并不妨碍它依规成为本单位管党治党的责任主体。各级党委工作部门的内设机构往往没有法人资格，但在内部事务关系中也可以自身名义履职尽责。有些党委议事协调机构特别是临时性议事协调机构没有法人资格，但也可经设立它的党的组织的授权开展相关活动。一些党的基层组织虽无法人资格，但这并不妨碍其履行主体责任，依规开展党务活动、发挥战斗堡垒作用。在党际交流关系中，作为交流对象的国外政党，有的并未进行法人登记注册。

另一方面，所谓“关联性”，是指只有与特定党的工作有关联的组织和个人才可以成为相应党务关系的主体。关联性因素，是影响“半径”长短的核心因素。

通过党内法规设定主体、规范行为、调整党务关系，其逻辑基础在于，某些组织和个人与某项党的工作的开展是有关的，这些组织和个人因为围绕这项工作的开展而发生一定的关系。在这个意义上，党内法规设定主体、确定主体范围，乃是基于这些主体间原本就应当有“关系”的——这种关系虽然发端于制度确认，但其实源于党的工作客观实际。

深刻把握“关联性”的涵义，要由表及里观察行为、权责、利益3个层面。

第一个层面的关联性，指的是相关组织和个人的参与行为之于特定工作是不可或缺的，即特定工作需要有关组织和个人以“主体”身份共同参与、合力完成。

这是以“工作”为标尺去确定所涉主体的范围。一项党的工作的组织开展，通常需要各类组织和个人参与。参与各方固然在角色扮演上有主次之分，在任务承担上有轻重之别，有的牵头有的配合，有的主导有的协作，有的全程参与有的只参与其中一个环节，但每方主体都是不可或缺的。当然，不同组织和个人间据此的关系，多数情形下是同向同行、相辅相成的，少数情形下也可能是矛盾冲突、相反相成的——比如，在纪检监察工作中，纪检监察机关对违规违纪违法者的查处。另外，这种工作上的关联性，强调的是主体与工作间的必然联系而非不同主体间的必然联系，虽然各方共同参与、通力完成的是同一项工作，但各方之间未必就一定都会发生关系。也就是说，每个角色未必皆会与其他角色产生交集，每个角色未必皆有机会与“主角”同框，情况往往是，有的“配角”只会与别的“配角”甚至“其他参与者”发生关系，而没有机会与“主角”交手过招。

第二个层面的关联性，指的是相关组织和个人的权责与特定的履职活动紧密相关，即特定主体尤其是“主角”的履职需要有关组织和个人以“主体”身份的履职来协作。

这是以“权责”为标尺去确定所涉主体的范围。党和国家治理活动纷繁复杂，各种组织和个人参与其中，对应着一个纵横交错、科学严密的治理体系，不同的组织和个人在这个治理体系中各即各位、各负其责。通过党内法规确定某类主体职责并要求以其履职为主开展某项工作，在立规时必须坚持系统思维、进行整体谋划，综合考量、妥善处理与其履职活动有关的主体权责问题。通常而言，凡是涉及有关主体权责的，无论是涉及组织的职权职责还是个人的权利义务，都应当将该组织和个人纳入特定党务关系的主体范围，在这一党务关系中为其留下一席之地，这既有利于保证该主体能够依规依法正常履职尽责或者依法依规享受权利履行义务，也有助于该主体通过演好自己的角色从而为“主角”增光添彩。

需要注意的是，这种权责关联性既不是一种哲学意义上的无限的普遍联系，也不是一种混沌的事实性关联，而是一种有限的、清晰的制度性关联，即判断一个主体与有关主体是否存在权责上的关联性，主要是根据现有国家法律、党内法规（对于党政机关而言特别是“三定”规定）、组织章程等来判断。这种关联性，必要时还可以通过制度创新来建立或者撤销。当然，所涉各类主体间的权责关联程度并不是同等的，这就使参与人存在主角、配角及其他参与者等角色上的差异。

第三个层面的关联性，指的是利害关联性，即特定组织和个人之所以应当以“主体”身份参与特定党务关系，是因为与其存在利益关系。

这是以“利益”为标尺去确定所涉主体的范围。利害关联性包括利益相关性和价值相关性。党的组织的工作和活动不是在真空中进行的，不可能是利益无涉的，它总会对有关组织和个人的利益产生增损等深刻影响。究其实质，一切主体行动都与利益有关，一切制度安排都与利益有关，一切关系都是利益关系。应当“在场”的主体是不应当缺席的，缺席了必然带来利益缺失。在奉行法治的文明社会，当一个主体的行为选择有可能对另一个主体的利益产生影响特别是不利影响时，后一个主体应当有权知悉相关情况并依法依规维护自己的利益，这是程序正义题中应有之义。党内法规在建构党务关系、决定主体范围时，最终的考量标准是，其所规范的特定党的组织的工作活动和党员行为，会对哪些主体的利益产生直接影响，凡是受其影响的就属于存在利害关系，相应的组织和个人就应当成为该党务关系的主体。当然，这种利益关系或者利害关联性，应当是直接的而非间接的。所谓“直接”，是指这种关联性是发生于一个特定党务关系之中的；所谓“间接”，是指这种关联性要通过另外一个党务关系或者法律关系的转化才能形成。就“直接”本身而言，利害关联性的紧密程度也会存在差异，据此就会出现主角、配角及其他参与者之分。

在党务关系中，之所以会有多种意义上的主体，一个重要原因就是每一个主体都在利益代表上有其相对的独立性，他们或者代表的是不同的利益、维护的是不同的价值，或者在利益代表和价值追求上不存在本质差异，但在代表的方面和方式上有所不同，属于殊途同归或者异曲同工。一则，有些主体在利益诉求、价值取向、立场原则上是不尽一致甚或截然对立的。比如，党的组织作为公共主体，代表的是公共利益，维护的是公共价值，是站在人民立场上开展工作活动的，但对于党员个体，就制度设计的人性假设而言，将其假定为寻求私益最大化而非公益最大化可能更符合实际，特别是对于私欲膨胀、违法乱纪的那些“老虎”“苍蝇”而言，他们在利益追求上显然同党和人民的利益背道而驰，对其严肃查处严厉打击正是为了捍卫党和人民的利益。二则，有些主体固然代表的是同一种利益，但各自在代表的方面和方式上存在差异。比如，党政机关作为公共利益的化身，代表的都是党和人民的利益，但党的组织与国家机关之间，各级各类党的组织之间，它们是在不同领域或者地域，以不同方式代表着公益的不同方面，彼此间虽并不矛盾但也不可相互替代。因此，党内法规在设定党务关系主体时，就有必要将相关的党政机关纳入主体范围，以便更为全面地代表和维护党和人民的利益。在这个意义上，在经济社会发展活动的领导上，党的组织不能缺席；在保证本部门正确开展工作上，党组不能缺席；在推动本单位贯彻党的理论和路线方针政策上，党的基层组织不能缺席。

一部党内法规之所以区别于别的党内法规，是因为它是“特定”的，包括其设定的主体是特定的，主体行为指向是特定的，主体行为方式是特定的，主体间关系是特定的，等等，这些“特定”造就了它的独一无二。为此，党内法规在设定主体时，要把握好写什么、怎么写的问题。结合党内法规制定工作实践，需要注意以下几点：

一要扣“主题”。党的领导和党的建设活动是一个复杂系统，各方面工作都有联系，每方面工作又各有侧重；在整个党内法规体系中，每一部党内法规都要精准定位自己的角色和功能，紧扣主题建章立制，只能有限作为。这就要求制定党内法规时必须紧扣主题设定主体，把握好两个方面：一方面要避免散光、面面俱到。要始终聚焦主题，紧紧围绕所要规范的工作活动去设定主体，不可贪多求全，过多涉及其他工作和其他主体，至于这些“其他”可由其他党内法规去规范。另一方面要避免只见树木、不见森林。要厘清所要规范的工作与其他工作的关联性，紧紧围绕所要规范的工作设定必要的主体，并把相关主体间关系规定清楚，避免让主角变成没有配角的“光杆司令”，避免主体间关系的混沌不清。以《党委（党组）落实全面从严治党主体责任规定》为例，既要把党委（党组）这一主角的“主体责任”定明白，又要把其他相关党的组织怎么协作党委（党组）的要求写清楚。为此，该规定周全处理了各类党的组织的角色定位问题：针对地方党委和各类党组这个“主角”，分别规定了 12 项、11 项责任内容，并规定了履职方式及监督保障等，这是立规的重点；针对应当协作党委（党组）履行职责的“配角”，则紧扣“协作”角度，用一条的篇幅分款对党建工作领导小组，纪检机关，党委办公厅（室）、职能部门、办事机构，机关工委，机关党委等提出相应要求；同时，还对纪检机关、党的工作机关、党委直属事业单位等党的组织要在本单位对内（而作为履行某方面职能的机关对外）落实全面从严治党主体责任问题，作出“参照本规定执行”的规定，它们属于

“其他参与者”。

二要会“造句”。如果将起草党内法规比作造句，那就要注意句子结构的要素完整。其中，要有行为主体这个主语，它一般是主角；要有行为对象这个宾语，它有时是主角，有时是配角；要有行为方式这个谓语，它主要是主语施加于宾语的行为动作；要有对主角、配角以及其他参与者等角色的限定这个定语；要有对行为方式在广度深度等方面加以界定的状语；经常还要有对述语的结果、程度、趋向、数量、状态等作补充说明的补语。在立规实践中，不乏存在不会“造句”问题。比如，有的条款存在“无主”问题，在作出某一行为规定时却未明确应当由谁来实施、指向谁，容易导致因责任主体不明而无法落地。又如，有的条款“谓语”使用不当，没有依据权限、视工作需要正确选择决定、命令、指导、建议、鼓励、倡导等行为方式，出现党的组织对党外群众下命令等问题。

三要分“主次”。多个组织和个人共同完成一项工作，各自扮演的角色、发挥的作用、承担的责任通常是不同的，这就决定党内法规在设定主体时自然不宜在所有主体间平分笔墨。一般来说，制度安排是以塑造主角为重点，统筹安排好主角履职活动所涉的上下左右相关主体。比如，《中国共产党党组工作条例》以规范党组的设立和履职为重点，在浓墨重彩打造党组这个主角的同时，也用一些笔墨去厘清党组与上下左右主体的关系——上是设立党组的党委，下是接受党组领导的基层党组织和党员干部等，左右是同级党的工作机关、纪检机关等。

四要知“边界”。一部党内法规在设定主体时，应当根据“直接关联”标准确定其制度安排边界，否则就容易越界甚至越位。比如，制定《中国共产党工作机关条例（试行）》当然要回答党的工作机关是由本级党委按程序设立这个基本问题，但如果再进一步，就“本级党委”的设立问题作出规定，则没有必要；制定《中国共产党党组工作条例》当然要回答党组对本单位基层党组织工作活动的领导，但如果再进一步，就本单位基层党组织如何开展工作活动去作规定，则是多余。也就是说，制定一部党内法规要把握好自己的边界，只去设定直接相关的主体、规范直接相关的工作，不可“节外生枝”，去设定间接相关的主体、规范间接相关的工作，应当有所为、有所不为，应当该断则断否则反受其乱。

鉴于此，当我们思考针对一个组织和个人所为的一个事项进行规范时，要审慎研究是否适合某部党内法规去规定，甚至是否适合党内法规去规范。大致说来，有的是不该由这部党内法规去规范，应由其他党内法规去规范。比如，地方党委的设立和运行应由《中国共产党地方委员会工作条例》规范，而非《中国共产党工作机关条例（试行）》规范。有的是不该由党内法规去规定，而是适合制定规范性文件去贯彻落实。比如，党的组织作出有关领导经济社会发展的决策部署，这些政策性措施更适合由规范性文件去体现。有的是不适合由党的法规文件去规定，而适合由国家法律作出规定。比如，涉及罪与刑、司法诉讼事务，应当由法律来规定。有的事情甚至不适合由国家机关去规制，而应当主要交由市场机制去决定。比如，关于社会资源配置问题，应当依靠市场机制，发挥市场在配置资源上的决定性作用。有的事情纯属个人自由，其他组织和个人无权干涉。比如，公民个人可以有各种兴趣爱好，只要它们不违反法律道德就不受干预。

第二个环节：党务关系主体的具体形成。

一个特定党务关系的主体，最终是通过什么方式具体形成的？实践中，党务关系主体的具体身份，可以通过多种方式取得。

一是以规定为主、约定为辅。绝大多数主体是依规设定的，这不仅包括各级各类党的组织和党员，即便是国家机关，尽管它们是法定主体（也就是说它们是依法产生的），但从党务关系的角度来看，只有将其载入党内法规中才会成为党务关系的主体。同时，党内法规还授权一些组织和个人可以通过约定的方式形成特定党务关系。比如，两个基层党组织通过约定的方式形成结对帮扶关系。大多数党务关系的形成主要是通过党内法规作出规定，特别是对于比较重要的党务关系，原则上都应当由党内法规来设定，这是依规治党的必然要求。即使党内法规授权有关党的组织和党员可以通过约定的方式形成关系，该约定也以不违反党内法规规定为前提。在这一点上，党务关系更接近于行政法律关系而非民事法律关系——行政法律关系是以法定为主导、约定为补充，而民事法律关系的形成则是以约定为主。

二是存在依职权确立与依申请确立之别。有的主体是党的组织依照职权单方确立的，比如，组织人事部门单方确定拟选拔任用的考察对象。有的则是依申请确立的，比如，竞争性选拔是通过自愿报名取得参加竞争上岗资格。其中，依职权获得的主体身份，一般只要党务主管部门单方确定即可，不以相对人同意为前提；而依申请取得的主体身份，申请并不必然导致主体身份的确立，它是以党务主管部门的批准同意为条件。

三是存在授权与委托之别。有的主体身份是经由上级党的组织授权取得，比如，党委授权其设立的议事协调机构的办公室负责开展相关工作。有的主体身份基于委托产生，比如，需异地考察干部时可委托所在地组织人事部门代为进行。授权与委托的主要区别在于，获得授权的主体可以自己名义开展相关活动并承担相应后果，而接受委托的主体不能以自身名义、只能以委托主体名义开展活动，且行为后果通常也由委托主体承担。

在党的工作实践中，经常会见到一个党的组织或者党员、干部同时成为多个党务关系以及法律关系的主体、扮演多个角色，此种情形下，要特别注意防止主体的角色错位问题。

就个人而言，党员领导干部有时容易出现角色错位。党员领导干部具有普通党员和领导干部双重角色。在履行领导职务时，领导干部依法依规行使决策、命令等领导权力，与下属之间形成领导与被领导关系。但是，当其以普通党员身份参加党的组织生活时，应当听从党支部书记安排，与其他党员一样参加理论学习活动，平等接受教育管理监督和服务，平等遵守各项纪律规定，没有特权、不能例外，党支部书记作为领导者，与其形成领导与被领导关系。但在现实中，党员领导干部的角色错位问题屡见不鲜。比如，有的党员领导干部以普通党员身份参加其组织关系所在党支部的组织生活会时，仍然习惯于作指示、提要求。又如，有关党员领导干部住房、用车、工作人员等工作待遇的配备，是由党委办公厅机关事务管理机构作为主管者依规配备的，而领导干部是作为被管理者或者服务对象来接受配备的。但在现实中，有的党员领导干部却以领导者身份下命令、提要求。

就组织而言，党委及其工作部门有时也容易出现角色错位。比如，有的党委工作部门作为主管部门时，有权领导有关行政机关实施行政管理活动，但在预算、政府采购等事务上，应当接受财政、发改等行政主管机关的依法管理；有的党的组织在作为行政管理的对象时却对行政主管部门下命令、提要求，这就有反客为主之嫌。

党务关系是主体间关系，倘若主体身份不清，那就难以形成内容明确、权责一致的党务关系。组织机构是政党组织的实体，也是履行职能、达成组织目标的载体，设置科学合理、精干高效的组织机构，是政党组织建设的重要内容。因此，加强党内法规制度建设，一个重要任务就是将党的各级各类组织机构纳入党内法规调整范畴，以保证每个党的组织都能在党的组织法规制度坐标体系中找到合适位置，保证整个组织体系职能定位合理、分工科学、权责明确，保证各级各类党的组织之间做到边界清楚、关系清晰。

第七章　明确党务关系的客体

法规制度作为行为规范，是用来管人管权管事的。党内法规调整的领域覆盖党的领导和党的建设各方面，涉及多类主体的言谈举止，涉及多种有形和无形事务，涉及多方面权益，而凡其所涉之物，党内法规皆要作出有关规定，此即明确党务关系的客体。客体，是与主体相对应的存在，指的是主体以外的客观事物，它是主体认识和实践的对象。党务关系的客体是指主体的权利义务、职权职责所指向的对象。若无客体为中介，党务关系就无以形成。党务关系客体的种类和范围不是一成不变的，会随着科技进步和社会发展而变化，随着党的领导和党的建设的范围拓展和方式创新而变化，随着党内法规制度建设广度和深度的提升而变化。大体说来，党务关系客体主要包括党务行为、人身权益、物、精神产品等4类。

党务行为

党务行为，是党务关系主体在一定动机和目的支配下实施的有意识活动，反映的是主体意思意志，具有社会性、政治性、制度性、可控性、价值性等特征，外化为采用某种手段、见诸某种行动、造成某种后果。

《中国共产党党内法规制定条例》将党内法规定义为“规范党的领导和党的建设活动”的专门规章制度，这个“活动”泛指所有党务行为的总和，它要涵盖党的各方面工作，既包括党的政治建设、思想建设、组织建设、作风建设、纪律建设以及制度建设和反腐败斗争等党的建设方面的工作活动，也包括党领导经济建设、政治建设、文化建设、社会建设、生态文明建设以及国防和军队建设、民族宗教、外交外事等党的领导方面的工作活动；既包括党的组织实施的领导活动，也包括领导对象实施的相关活动；既包括制定法规文件、作出决策部署等抽象行为，也包括作出决定、发布命令等具体行为；既包括党的组织实施的组织行为，也包括党员个人实施的个体行为，等等。所有这些工作、活动和行为，都是党务行为，都应当受到党内法规的调整和规范。

一个党务行为可能包括若干环节，不能将某一环节视作一个独立的行为，只有这些前后相续的环节连在一起才能共同构成一个完整的行为。比如，党组织作出批准申请人入党的决定，它包括申请人提出申请及党的组织评议、作出准许与否的决定等环节，这些环节加在一起才能构成一个独立的党务行为。区分独立的党务行为与党务行为具体环节的主要标准是权益处理性，即党务行为会对主体权益产生直接且确定的影响，而行为过程中的一个环节则不能产生这种影响。

党内法规属于行为规范，规范党务行为是其主要任务。党的工作纷繁复杂、千姿百态，各级各类党务关系主体每时每刻都在开展各种工作、组织各种活动、实施各类行为，如何把这些工作活动行为统统纳入党内法规制度轨道，使之变得可以预期可以控制，避免捉摸不定、不可预期，这就需要党内法规作出科学精准规范。

这无疑是一个难题。破解这个难题的一个前提是将党务行为界定为意志行为，从而将事实行为排除在外。“意志行为”是指行为的发生基于主体意志，行为的客观效果之于主体是意料之中；“事实行为”是指并非主体有意而为的行为，行为的客观效果超乎主体意志之外。党内法规规范的通常是确定的、可控的意志行为。在此基础上，对党务行为作“类型化”处理，把成千上万具体的个性化党务行为抽象成若干类型，然后再分类规范、精准调整。

在理论上和实践中，可以将党务行为大致分为以下9类。

一是党的领导行为和党的建设行为。前者是指党发挥总揽全局、协调各方领导核心作用时实施的领导活动和执政活动，后者是为了保持党的先进性和纯洁性而开展的党的自身建设。通过这种划分，可以揭示和比较党执政治国与自身建设两类党务行为的不同属性，二者在作用原理与内在逻辑、行为方式与方法、职权与职责配置等方面皆有明显差异，在制定相关党内法规时应当区别对待。

二是领导行为和被领导行为。公域之治、集体行动天然地分为领导与被领导行为。“火车跑得快，全靠车头带。”管党治党、执政治国这个行动系统的基本原理，就是要求全党坚持民主集中制，在充分发扬民主基础上实行正确的集中，贯彻落实“两个维护”要求，通过坚强有力的领导，依靠自上而下、由内到外、高效运转的领导系统，维护党的集中统一，保证党的组织的凝聚力和战斗力，维护国家统一、民族团结、社会稳定和经济发展。领导行为和被领导行为的要义是命令与服从关系，依靠激励与制约机制来保证命令得到服从。划分领导行为和被领导行为这对相辅相成的基本范畴的意义在于，凸显领导行为更多是积极的、主动的、命令性的权力行为，而被领导行为更多是被动的、消极的、服从性的义务行为，前者的指令要求应当明确具体可执行，后者应当做到令行禁止。通过平衡性的权力/权利配置来设定科学合理的领导和被领导关系，是党内法规的核心问题。

三是党的组织集体行为与党员个人行为。这种划分的实质是公私有别。以党的组织名义实施的集体行为，反映的是公意，行使的是公权，追求的是公益，可以运用公共强制来保障；而以党员个人名义实施的行为，反映的是党员个人意志，不得运用公共强制。一方面，尽管党章要求“党员是中国工人阶级的有共产主义觉悟的先锋战士”，但难以保证每个党员皆能做到，且一直都有此觉悟，退一步说，即便绝大多数党员有此觉悟，不同党员之间也势必存在对党的理论和路线方针政策的理解力和执行力上的差异，这就需要党的组织来统一思想、统一行动，以党的组织名义开展工作、活动，作出决定。因此，集体行为是必不可少的，民主集中制原则要求党内个人服从组织、少数服从多数、下级服从上级、全党服从中央。另一方面，党员是党的细胞，党员居于主体地位，党的组织的工作活动最终要通过党员行为来体现，因此，如何规范党员行为是党内法规的一个重要任务。党章明确赋予党员权利，要求党员“不得谋求任何私利和特权”，但党员可以拥有“法律和政策范围内的个人利益和工作职权”，党员的正当权益受到党章保护，任何党的组织非经规定程序不得剥夺党章以及其他党内法规赋予党员的权利。在党内作集体与个人的区分，是要在党性与人性、组织与个人、公与私之间寻求一种平衡，避免陷入集体专横或者一盘散沙两种泥潭，既保证集中统一，又强调生动活泼。对于党内法规而言，划分党的组织集体行为与党员个人行为，要明确二者相互独立的行为领域，规定什么情形下个人应当服从组织，并明确当个人不服从组织决定时将面临相应的制裁。

四是抽象行为和具体行为。前者是指针对不特定人制定的可以普遍适用、反复适用、长期适用的党内法规和规范性文件的行为，既包括制定对外履行职能的文件，也包括制定党的机关内部管理的文件；后者是指根据党内法规和规范性文件等针对特定人特定事作出一次性适用的具体决定的行为。抽象行为是根，具体行为是叶，一个抽象行为可以派生出成千上万的具体行为。实施党的领导和加强党的建设，基本方式就是科学制定并严格实施党内法规和规范性文件，用抽象性的制度来管具体的人、权和事。从数量上讲，具体行为要远远多于抽象行为，因为一部党内法规或者规范性文件在其有效期内会一直被普遍适用、反复适用，可以据此产生大量具体行为。所有的党务关系主体都可以作出具体行为，区别是作为教育监督管理主体的党的组织作出的具体决定是职权性的，具有公定力、确定力、拘束力和执行力，而作为教育监督管理对象的党员个人作出的具体行为不具有这些效力。所有的党的组织都应当有权作出抽象行为，尽管只有极少数党的组织有权制定党内法规，但所有党的组织都可以制定规范性文件，特别是在该组织内部适用的规章制度。由于制定党内法规和规范性文件属于职权行为，因此，不是所有党务关系主体都可作出抽象行为，党员个人自然无权作出。就党务关系入规而言，划分抽象行为与具体行为的意义在于，应当针对两类行为的属性和重要性的不同分别作出严格程度不等的规定，抽象行为属于面向未来创制规则的行为，需要更多强调公正性、开放性、民主性、科学性和普适性，而具体行为属于基于以往事实适用规则的行为，需要更多强调效率、事实与规则的契合以及同案同判和个案差异等规则适用上的平等。

五是决策行为、执行行为和监督行为。从权力功能属性和运作逻辑角度，可以将党的组织的权力分解成决策、执行、监督 3 种权能，其中，行使决策权作出的是形成和表达意志的行为，行使执行权作出的是实施和实现意志的行为，行使监督权作出的是促成决策正确、执行有力的保障行为，三者形成一个稳固的三角形权力结构。将党的组织的复合性权力分解细化为 3 种各有侧重的权能，并授予不同主体行使、配以相应程序规范，这不仅有利于保证权力指向的精准性，更重要的是通过权能分解来形成权力运行内在分工制约，避免由同一主体自我决策、自我执行、自我监督，既当裁判员又当运动员。鉴于此，党的十八大报告提出，要确保决策权、执行权、监督权既相互制约又相互协调；党的十八届三中全会提出，必须构建决策科学、执行坚决、监督有力的权力运行体系。将党务行为划分为决策、执行与监督行为，主要是就党的组织活动而言的，党员主要是依规参与决策、执行、监督过程。

六是单方行为和双方行为。单方行为是指依一方当事人的意志即可成立的行为，它既可以是党的组织作出的决定，比如，干部任免、组织处理、党纪处分，也可以是党员作出的行为，比如，党员不服组织处理或者纪律处分提出的申诉行为，党的组织行为与党员个人行为二者在这一点上的主要区别在于能否直接产生法规效力。双方行为是指只有双方当事人意思表示一致才可成立的行为，比如，入党行为是申请人的志愿与党的组织的批准二者的合意。党员干部与党的组织签订的保密协议，党的组织“一把手”与班子成员签订的党风廉政建设责任书，这些皆属双方行为。需要注意的是，在党务实践中，有些党务行为貌似双方行为，实则属于单方行为的一个环节，比如，党委在决策前征求相关部门意见，它属于党委决定过程的一个环节，党委可以参考这些意见作出相关决策，但无须以相关部门同意为前提。

七是依职权行为和依申请行为。就党的组织行为而言，可以分为两类：一类是由党的组织依据职权主动而为的行为，即只要符合党内法规规定情形，党的组织即可根据规定程序作出特定决定，或管理或服务，或赋权或损益，或具体或抽象。党的组织应当作为却不积极主动履行职权的，就构成了不作为。另一类是由党的组织根据党员或者下级党的组织请求而作出的行为，即该党的组织处于被动状态，相对人未申请则不能为，申请人的请求是党的组织“启动”作出决定的必经程序。比如，党的组织批准某人入党须以该申请人提出志愿为前提，上级党的组织所作批复也是以下级党的组织请求指示为前提。依申请行为一般对申请人而言属于获益行为，但也有例外，比如申请退党或者请求辞去党内职务。对于依申请行为而言，如果出现未经申请而主动作出甚至违背对方意愿强制作出的行为，属于乱作为；而拒绝答复、批复或者置之不理的则构成不作为。在党务实践中，有些行为既可以依职权而为也可以依申请作出。比如，依据《中国共产党党内法规解释工作规定》，党内法规解释机关可以主动对相关条款进行解释，也可以因党的组织提出的解疑释惑请求或请示而解释。还有些行为呈现混合性。比如，党内法规和规范性文件备案审查工作是以下级党的组织主动报备为前提，总体上属于依申请行为，但如果下级党的组织逾期未报备，备案审查机关可以运用通报、责令限期报备等方式要求其履行报备义务，从这一点看又含有依职权行为的成分。

八是要式行为与非要式行为。所谓要式，是指党内法规所规定的方式和形式，包括行为方式、步骤、期限等程序性要求以及意思表示方式、载体形态等形式要求。要式行为指的是作出党务行为必须满足党内法规规定的某种方式和形式要求，否则就属于违规行为或者无效行为；非要式行为指的是党内法规对党务行为的方式和形式未提出明确要求，行为主体可以自由裁量、视情况选择。

一方面，从提高党的建设科学化水平要求来看，要避免党务行为失之随意、不可预期，就应当对更多的党务行为提出要式要求以适应党务行为规范化、程序化需要，这就要求要式行为覆盖党的领导和党的建设各方面，涵盖主体行为各形态，包括领导行为和被领导行为、组织行为和个人行为、抽象行为和具体行为、依职权行为和依申请行为，等等。就抽象行为而言，比如，《中国共产党党内法规制定条例》和《党政机关公文处理工作条例》对党内法规和规范性文件的名称使用、制定过程、表述方式、发布形式等作出明确规定。就具体行为而言，相关党内法规作出具体的要式规定，比如，《党政领导干部选拔任用工作条例》明确规定了动议、民主推荐、考察、讨论决定、任职等程序，并要求“考察党政领导职务拟任人选，必须形成书面考察材料，建立考察文书档案。已经任职的，考察材料归入本人干部人事档案。考察材料必须写实，评判应当全面、准确、客观，用具体事例反映考察对象的情况”。就依职权行为而言，比如，《中国共产党问责条例》第 11 条对问责程序作出明确规定，要求“查明调查对象失职失责问题后，调查组应当撰写事实材料，与调查对象见面，听取其陈述和申辩，并记录在案；对合理意见，应当予以采纳。调查对象应当在事实材料上签署意见，对签署不同意见或者拒不签署意见的，调查组应当作出说明或者注明情况”。就依申请行为而言，比如，党章明确规定，“申请入党的人，要填写入党志愿书，要有两名正式党员作介绍人，要经过支部大会通过和上级党的组织批准，并且经过预备期考察，才能成为正式党员”。

另一方面，也不能搞文牍主义，事无巨细、不分轻重缓急皆作要式规定，否则就会失之繁琐和机械，高成本低效率，容易出现“文山会海”、过度留痕、填表负累、督查检查考核泛滥等形式主义、官僚主义问题，造成基层苦不堪言、不堪重负。事实上，大量的日常性党务行为，很多都是采用口头请示报告、布置任务等形式，不必非得采用书面形式、会议方式。对此，党中央将 2019 年确定为“基层减负年”，专门下发《中共中央办公厅关于解决形式主义突出问题为基层减负的通知》。因此，党内法规在设定行为方式上要把握好时、度、效，区分轻重缓急，坚持实事求是，不能搞“一刀切”。比如，《中国共产党重大事项请示报告条例》专门对不同情形下的请示报告方式作出差异性规定：“党组织应当根据重大事项类型和缓急程度采用口头、书面方式进行请示报告。”“重大事项请示报告适宜简便进行的，可以采用口头方式。对于情况紧急或者重大事项处理尚处于初步酝酿阶段的，可以采用口头方式先行请示报告，后续再以书面方式补充请示报告。”“口头请示报告视情采用通话、当面、会议等方式。内容较为简单或者情况十分紧急的，可以采用通话方式；内容较为复杂或者情况敏感特殊的，可以采用当面方式；内容较为正式或者涉及主体较多的，可以采用会议方式。口头请示报告应当做好记录和资料留存，确保有据可查。”就此而言，党内法规在确定某种党务行为应当是要式或非要式时，应当综合考量其必要性与可行性、规范化与可操作性，实事求是，不搞“一刀切”。

九是合规行为、违规行为与无效行为。这种分类是以行为本身是否符合相关规定要求为标准，划分意义在于表明不同行为产生不同法规效果。这里的“规”主要指的是党内法规，涵盖实体与程序两方面规定，涉及党务关系主体双方当事人及其他参与人。其中，合规行为是指党务行为合乎规定，产生依规定应受保护的肯定性行为后果。在现实中，由于有的规定本身不合理，或者规定要求属于裁量性的，据此作出的党务行为有可能合规不合理。违规行为是指党务行为违反党内法规明文规定，产生不受规定保护的否定性行为后果，有权的党的组织可以依规作出纠正或者撤销的决定，并追究相关主体的违规责任。无效行为是指党务行为具有重大且明显的瑕疵，不能产生相应效果，当事人有权抵制，有权的党的组织可以随时主动或者依申请撤销。所谓“重大且明显”瑕疵，是指根据常识即可判断的瑕疵，比如，市委组织部明显越权任命或者处分中管干部，领导要求下属执行明显违法违规的命令等。

人身、人格和身份

在现代法制中，人只能是法律关系的主体而不是客体。为了捍卫人的主体地位，法律将人身、人格和身份等确定为法律关系的客体，赋予和保护人身权、人格权和身份权，运用国家强制力保障这些法定权益以及相关的约定权益，避免其遭受来自其他个人和组织的不法侵害。作为法律关系客体，“人身”对应人身自由、人身安全、生命健康等权益，“人格”对应尊严、名誉、荣誉等权益，“身份”对应私法上的配偶权、亲属权、监护权等和公法上的命令权、管理权、监督权、表彰权、制裁权等权益。

我们党有 9100 多万名党员，作为公民，党员享有宪法法律赋予的不容侵犯的人身权益、人格权益和身份权益；作为党员，其人身、人格特别是身份又因受党内法规的调整而在许多方面“与众不同”，既享有只有党员身份才有的党员权利，又应当履行只有党员身份才须履行的党员义务。同时，我们党是一个由党的中央组织、地方组织、基层组织以及党的纪检机关、党组、工作机关等共同构成的庞大组织体系，作为机关法人，党的机关既具有民法上的法人的人格权和身份权，又具有行政法上的行政相对人身份的那些权利；作为政治组织，党的组织既有其他政治组织所共有的自我教育、自我管理、自我监督、自我服务等自治权益，又具有其他政治组织所不具有的执政权和领导权等身份权。

在宪法法律范围内，党内法规有可能要对有关组织和个人的人身、人格和身份权益产生一定影响，这在党的建设和党的领导两个方面都有体现。

一方面，在党的建设领域，党规党纪严于国法，党内法规可以对党员特别是党员干部的行动自由提出更加严格的纪律要求。比如，按照《中国共产党廉洁自律准则》要求，党员要坚持公私分明，先公后私，克己奉公；坚持崇廉拒腐，清白做人，干净做事；坚持尚俭戒奢，艰苦朴素，勤俭节约；坚持吃苦在前，享受在后，甘于奉献。党员领导干部要廉洁从政，自觉保持人民公仆本色；廉洁用权，自觉维护人民根本利益；廉洁修身，自觉提升思想道德境界；廉洁齐家，自觉带头树立良好家风。又如，《中国共产党重大事项请示报告条例》第 6 章规定，党员、领导干部应当按照规定履行请示报告义务。党内法规可以授权党的组织实施影响党员和党的组织的人格权益的行为，比如，党内通报、党内警告处分、党内表彰等会影响名誉。党内法规还可以设定党内身份权益，比如，授权党的组织教育管理监督党员，要求下级党的组织接受上级党的组织的领导，这集中体现为“四个服从”，其中最重要的是“两个维护”——维护习近平总书记党中央的核心、全党的核心地位，维护党中央权威和集中统一领导。

另一方面，在党的领导领域，按照“坚持党对一切工作的领导”原则，党内法规可以对非党组织和群众的身份权益等产生直接或间接影响。党内法规可以在党的组织与国家政权机关、人民团体、经济组织、文化组织、社会组织及其他非党组织之间确立领导与被领导关系，特别是通过在这些非党组织的领导机关中设立党组（党委）并发挥其领导作用等方式，对非党组织的身份权益产生深刻影响。党内法规可以在党管领域，比如有关党管意识形态、党管干部、党管人才、党对军队绝对领导等事项，直接要求相关个人和组织为或不为某种行为、授予其权利规定其义务、赋予或者剥夺某种身份、对其进行表彰或者批评等，影响管理对象的人身、人格和身份权益。此外，党内法规还可以通过其他方式影响有关个人和组织的这方面权益，比如，中共中央办公厅、国务院办公厅印发的《全国性文艺新闻出版评奖管理办法》《评比达标表彰活动管理办法》等有关党内法规，无疑会对相关个人和组织的荣誉的取得产生直接影响。

在维护国家法制统一与实现政治组织、社会组织自治的二维架构下，自治体的规章制度如何在保证其与国法规定相容的前提下，对组织及其成员的人身、人格和身份权益作出合适的特别规定，这始终是一个难题，对于肩负执政治国与自身建设双重使命的中国共产党而言尤其如此。大致说来，党内法规制度安排需要解决两方面问题：

一方面，对于应当由法律法规调整的人身、人格、身份方面的规定，党内法规一般不宜改变、只能重申。相关规定集中体现在《立法法》第8条，包括国家主权事项、国家政权机关组织制度、基本政治制度、犯罪和刑罚、对公民政治权利的剥夺与限制人身自由的强制措施和处罚、对非国有财产的征收征用、民事基本制度、基本经济制度、诉讼和仲裁制度等，它们构成中国特色社会主义法律体系的骨架，是保证法制统一的基础，包括党的组织在内的各类政治、经济、文化、社会组织都应当一体遵循、没有例外。对这些法律制度所规定的人身、人格和身份，党内法规也不宜改变。针对党员，党内法规不能限制或者剥夺其人身自由，不能限制或者剥夺其生命健康权、选举权与被选举权、人格权、姓名权、名誉权、获得国家表彰的荣誉权等各种法定权利。《中国共产党纪律处分条例》第 40 条第 2 款规定：“对于违纪行为所获得的职务、职称、学历、学位、奖励、资格等其他利益，应当由承办案件的纪检机关或者由其上级纪检机关建议有关组织、部门、单位按照规定予以纠正。”据此，纪检机关不是自己去直接纠正而是建议有关主体去纠正。针对党的组织，党内法规不能突破国法规定赋予其限制或者剥夺党员的人身自由、人格尊严、亲属权、监护权等，不得改变国法有关机构设立、人事管理、财政经费、政府采购、房屋建设等方面的行政管理规定。

另一方面，对于属于党的领导和党的建设范围的事项，党内法规可以基于国法有关人身、人格、身份的规定作出适度的二次调整，以符合党作为中国特色社会主义事业领导核心的身份，适应党执政治国和自身建设的需要，保证党的理论和路线方针政策得以贯彻落实。经过党内法规的二次调整，党务关系中的人身、人格和身份表现出一些不同于法律关系客体的内涵与外延。形象地说，二次调整是以法律关系的客体为基础所作的加、减、乘、除。

所谓“加”，是指党内法规在国法基础上增加党内权益。增加的权益体现出党员义务与权利的统一性、党的组织权力与党员权利的统一性。比如，较之党外群众，党内法规增加了党员阅读党的文件、参加党的会议、党内选举权与被选举权、党内监督权利、获得党内关爱帮扶等。而这些党员的知情权、参与权、表达权和监督权等民主权利，以及这些人身、人格和身份上的权益皆因党员身份而生。又如，宪法只要求公民负有保守国家秘密的义务，党章则要求党员负有保守党和国家秘密的义务；党员要宣誓对党忠诚、永不叛党，随时准备为党和人民牺牲一切，必须按规定过组织生活，遵守党的政治纪律和组织纪律，应当服从组织安排、无条件执行党的决定，违纪要受到纪律处分等，这些党员义务都是党外群众所没有的。换个角度看这些党员义务，它们就是党的组织管理党员的职权。

所谓“减”，是指党内法规在国法基础上限制党员为或不为某些与其身份不相符的活动。比如，党员作为无神论者信仰的应当是共产主义而非宗教，不得“不信马列信鬼神”；党员领导干部并非“法未禁止即自由”，党内法规要求其不得经商办企业；党员领导干部的行动不是完全自由的，其外出要按规定请示报告；党员不得公开发表损害党的形象的言论；党员领导干部因为要向组织如实报告个人家庭财产变化等情况直至向社会公示而减损其公民隐私权，等等。党内法规通过对党员的人身、人格和身份的这些限制，以严明党的组织纪律性，保证全党的团结统一，永葆党的先进性和纯洁性，提高党的凝聚力和战斗力。

所谓“乘”，是指党内法规以国法相关规定为基数通过倍增方式设定特定客体。比如，宪法确定了中国共产党作为中国特色社会主义事业领导核心地位，党内法规据此以一点带全面、以一纲引万目，分级分类分层设定党的领导体制机制制度，强化和细化了党总揽全局、协调各方的领导核心地位，构建了一整套涵盖全面、内容丰富的党的领导法规制度，坚持和巩固了党的领导地位和执政身份。党的十九届四中全会审议通过的《中共中央关于坚持和完善中国特色社会主义制度、推进国家治理体系和治理能力现代化若干重大问题的决定》要求：“健全党的全面领导制度。完善党领导人大、政府、政协、监察机关、审判机关、检察机关、武装力量、人民团体、企事业单位、基层群众自治组织、社会组织等制度，健全各级党委（党组）工作制度，确保党在各种组织中发挥领导作用。完善党领导各项事业的具体制度，把党的领导落实到统筹推进‘五位一体’总体布局、协调推进‘四个全面’战略布局各方面。完善党和国家机构职能体系，把党的领导贯彻到党和国家所有机构履行职责全过程，推进各方面协调行动、增强合力。”不难看出，该决定从党的领导对象、领导事项、领导机构履职等3个角度，对健全党的全面领导制度提出明确要求。当然，就党的领导制度的渊源来讲，不限于党内法规，还包括国家法律、组织章程中的有关条款，以及党的文件中的有关政策，但是，党内法规体系中的“党的领导法规制度”之于党的领导制度而言，无疑是重中之重。

所谓“除”，是指党内法规以公民法定权益为分子、以党员身份变化为分母设定特定客体。比如，普通群众可以依法追求私人利益最大化，但党内法规要求党员应当坚持党和人民利益高于一切，个人利益服从党和人民的利益，吃苦在前，享受在后，克己奉公，多做贡献。特别是党员干部，身份越多、职务越高，受到的党内法规约束就越多、要求就越高，级别越高就越要公私分明、先公后私、公而忘私甚至大公无私。

由此可见，经过党内法规的二次调整，党务关系中的人身、人格和身份等发生了程度不等的变化。相对而言，人身权变化不多，人格权变化较多，身份权变化最多；属于个人及组织共性方面的变化较少，属于党员及党的组织个性的变化较多；属于国法直接规范的方面改变幅度较小，属于党的领导和党的建设方面的改变幅度较大；对党员个人而言主要是调整，对党的组织而言则是塑造；党员的权益往往对应党的组织的职责，党的组织的职权往往对应党员义务，二者是辩证统一的。总体而言，党员权益的这种变化是减得多、增得少，人身、人格和身份方面的权益较之普通群众显得“少”了。之所以如此，这是由党员是中国工人阶级的有共产主义觉悟的先锋战士这一属性所决定的，体现出党的先进性和纯洁性，意味着公民入党之后要受到更多纪律和规矩约束，应当拼搏奉献更多。这种权益变化契合党章要求：“中国共产党党员永远是劳动人民的普通一员。除了法律和政策规定范围内的个人利益和工作职权以外，所有共产党员都不得谋求任何私利和特权。”

在实践中和理论上流行一种观点，认为党内法规对党员的规定造成了对公民法定权利的减损，这种改变的合法性是有问题的。这种观点似是而非。党内法规在国家法律基础上的二次调整，只要满足两个前提条件就具有合法性。

第一个前提条件是：不违反国法规定。作为一种非国家政权机关，党的组织与其他政治、经济、文化、社会组织一样，奉行“法未禁止即可为”原则，无须像国家政权机关那样奉行“法未授权即不可为”原则，即只要国家法律未明令禁止党内法规作出某种规定，那么党内法规特别是党的建设方面的规定就不受此限。当然，作为执政党，党的组织行使的领导权和执政权属于公权力，这方面的党内法规规定应当于法有据。对此，宪法确定了中国共产党作为中国特色社会主义事业的领导核心地位，《立法法》《公务员法》《国家安全法》《高等教育法》《村民委员会组织法》等国家法律明确了党对相关工作的领导或者规定了相关党的组织发挥的是领导作用，这就为制定党的领导法规制度提供了宪法法律依据。

第二个前提条件是：符合党员意愿。这个问题前文已论及。虽然公民的人身、人格和身份权益是法定的，但具有完全民事行为能力的公民可以依法处分其法定权利，包括放弃相关权益。根据党章规定，只有年满18周岁的公民经过自愿申请才有可能加入党组织。当一个年满18周岁的具有完全民事行为能力的公民申请加入党的组织时，这个行动表明他自愿因入党而放弃一些公民权利，他要面向党旗庄严宣誓："我志愿加入中国共产党，拥护党的纲领，遵守党的章程，履行党员义务，执行党的决定，严守党的纪律，保守党的秘密，对党忠诚，积极工作，为共产主义奋斗终身，随时准备为党和人民牺牲一切，永不叛党。"就此而言，一个公民因申请加入党的组织而从一名普通群众变成党的组织的一员，与这种身份变化俱来的权益增减，是其自愿选择的结具；党章以及其他党内法规中有关党员的人身、人格和身份的限制，因为党员同意而具有合法性。

这其实是一个常识问题，公民自愿或者强制加入任何一个政治、经济、文化和社会组织，都会因此程度不等地形成一种"特别关系"甚至"特别权力关系"，这种主体身份的变化，都会因受制于该组织章程及其他内部规章制度而致其权益有得有失。公民志愿加入中国共产党与加入其他组织的一个重要不同在于，党员自觉践行党性要求，自愿得到更少、舍弃更多，目的在于为人民服务、让人民群众受益，特别是在面对抢险救灾等急难险重考验面前，党员干部越是艰险越向前，为了人民利益拼搏奉献、甘于牺牲个人一切。

物

2013年11月，中共中央、国务院印发《党政机关厉行节约反对浪费条例》。该条例内容涉及各种物，既有属于不动产的办公用房，也有属于动产的公务用车。在党务关系中，物是一种重要客体。

党务关系所涉及的物包括多种类型。

一则，从物的自然属性角度，可分为动产和不动产、自然物和人造物、有形物和无形物等。比如，2007 年中共中央办公厅、国务院办公厅印发的《关于进一步严格控制党政机关办公楼等楼堂馆所建设问题的通知》，所指向的楼堂馆所就属于不动产、人造物、有形物。2019 年中共中央办公厅、国务院办公厅印发的《地方党政领导干部食品安全责任制规定》，指向的就是食品这种物，所确立的责任制是以食品这种物为客体。2019 年中共中央办公厅、国务院办公厅印发的《中央生态环境保护督察工作规定》，指向的物就是生态环境，它是督察工作指向的客体。

二则，从物的所有权归属角度，可以分为党有、国有、集体所有、个人所有等。比如，党费属于党有财产，应当以党委或者党委组织部门的名义单独设立银行账户存入指定银行。党的机关办公用房、办公设施等属于国有，应当纳入国有资产登记范围。设在基层群众性自治组织、集体经济组织中的党的基层组织，其办公用房、办公设施等应当属于集体所有。党员干部的工资、党员领导干部所申报的个人财产等属于个人所有。

三则，从物权本身的正当性角度，分为合法和非法、合规与违规等。党政机关依法依规向党员干部出售的经济适用房、出租的周转房、发放的工资奖金等，据此拥有的物权合法合规，而党员干部以贪污受贿、违规发放津贴补贴、私设“小金库”等方式拥有的物，因违法违规违纪非但不受法律保护，反而要受到制裁。

《民法典》第 207 条规定：“国家、集体、私人的物权和其他权利人的物权受法律平等保护，任何组织或者个人不得侵犯。”该法所称物权，是指权利人依法对特定的物享有直接支配和排他的权利，包括所有权、用益物权和担保物权。其中，所有权人对自己的不动产或者动产，依法享有占有、使用、收益、处分的权利；用益物权人对他人所有的不动产或者动产，依法享有占有、使用和收益的权利；担保物权人在债务人不履行到期债务或者发生当事人约定的实现担保物权的情形下，依法享有就担保财产优先受偿的权利。《民法典》对这3类物权作出详细规定。需要注意的是，尽管《民法典》是规范因物的归属和利用问题而产生的社会关系的基本法，但不能简单地说党务关系所涉物是适用还是不适用于该法，之所以如此，是因为《民法典》第2编“物权”第205条明确规定：“本编调整因物的归属和利用产生的民事关系。”而党务关系所涉物既可能关乎民事关系，也可能关乎行政关系，既可能属于法律关系，也可能属于党务关系，情况比较复杂，因此，应当区别党务关系所涉物的具体情形，采用适合的国家法律或者党内法规对物的管理和利用等问题予以规范。

第一，类似于党费等物的获取、使用和管理，主要由党内法规规定，部分问题适用国法。

按照党章规定向党组织交纳党费，是共产党员必须具备的起码条件，是党员对党组织应尽的义务。党章第1条将愿意“按期交纳党费”当作申请入党的一个必要条件；第9条规定，党员如果没有正当理由，连续6个月不交纳党费，被认为是自行脱党。2008年，中共中央组织部出台《关于中国共产党党费收缴、使用和管理的规定》，根据该规定，按月领取工资的党员，每月以工资总额中相对固定的、经常性的工资收入（税后）为计算基数，按规定比例交纳党费；实行年薪制人员中的党员，每月以当月实际领取的薪酬收入为计算基数交纳党费；不按月取得收入的个体经营者等人员中的党员，每月以个人上季度月平均纯收入为计算基数交纳党费；离退休干部、职工中的党员，每月以实际领取的离退休费总额或养老金总额为计算基数交纳党费；农民党员每月交纳党费0.2~1元；学生党员、下岗失业的党员、依靠抚恤或救济生活的党员、领取当地最低生活保障金的党员，每月交纳党费0.2元。党员一般应当向其正式组织关系所在的党支部交纳党费。党的组织应当按照规定收缴党费，不得垫交或扣缴党员党费，不得要求交纳规定以外的各种名目的“特殊党费”。党的地方委员会和基层委员会可以留存党费。各省、自治区、直辖市党委，中央和国家机关工委，国务院国资委党委，中央各金融机构党委，中央军委政治工作部等，每年按全年党员实交党费总数的5%上缴中央；铁路、民航系统党的关系在地方的党委，每年按照全年党员实交党费总数的10%向所在地方党委上缴党费；中国人民银行的地市级分支机构和中央其他金融机构的省级分支机构党委，每年按本地本系统党员全年实交党费总数的5%向所在地方党委上缴党费。使用党费应当坚持统筹安排、量入为出、收支平衡、略有结余的原则，应当向农村、街道社区和其他有困难的基层党组织倾斜。党费必须用于党的活动，主要作为党员教育经费的补充，其具体使用范围包括：培训党员；订阅或购买用于开展党员教育的报刊、资料、音像制品和设备；表彰先进基层党组织、优秀共产党员和优秀党务工作者；补助生活困难的党员；补助遭受严重自然灾害的党员和修缮因灾受损的基层党员教育设施。党费由党委组织部门代党委统一管理。党费应当以党委或党委组织部门的名义单独设立银行账户，必须存入中国工商银行、中国农业银行、中国银行、中国建设银行、交通银行、中国邮政储蓄银行，不得存入其他银行或者非银行金融机构。党费利息是党费收入的一部分，不得挪作他用。不得将党费用于购买国债以外的投资。党费的收缴、使用和管理的情况要作为党务公开的一项重要内容。各级党委组织部门每年要检查一次党费收缴、使用和管理的情况，总结经验，发现问题，及时纠正。

由此可见，党费为党所有，党费的收缴、使用和管理纯属党内事务，由党内法规来规定收缴标准、比例、数额，规定使用原则、使用范围、使用方式，规定管理和监督体制、机制、方式。对于此类党内事务，国家法律不予规定。当然，这并不是说党费问题绝对与国家法律无关。当出现法定情形时，党费问题就会被纳入相关国家法律调整范围。比如，当党委或者党委组织部门以其名义将党费存入银行时，其法律身份是民事主体，与银行之间形成民事关系，党费的存取行为、利息问题等适用于民商法规定，由此产生的争议要依据《民事诉讼法》《仲裁法》等来化解。又如，实施违反党费收缴、使用和管理规定的行为，如果它属于违纪行为，依据《中国共产党纪律处分条例》及有关党内法规制度严肃查处；如果它是违法通过银行代发工资时代扣代缴的，存款人可以起诉银行的侵权行为；如果它属于行政机关强制收取的，可以提起行政诉讼；如果贪污、挪用党费达到法定数额构成犯罪，则要根据刑法追究刑事责任。

第二，党员干部的工资、住房、用车等工作和生活待遇所涉及的物，主要由《公务员法》等国法来规范，党内法规在此基础上作出有关补充规定。

对于既不是公务员也不属于参照《公务员法》管理的党员而言，其薪酬等所涉物的取得，是由其与用人单位双方协议确定的，而属于公务员或者参照《公务员法》管理的党员干部，其工作待遇和生活待遇则主要依据国家有关规定。《公务员法》第2条第1款规定："本法所称公务员，是指依法履行公职、纳入国家行政编制、由国家财政负担工资福利的工作人员。"这个范围涵盖党的机关工作人员，党员干部的工作和生活待遇也适用于该法。根据《公务员法》相关规定，包括党员干部在内的公务员，所有公务员实行国家统一规定的工资制度；公务员工资制度贯彻按劳分配的原则，体现工作职责、工作能力、工作实绩、资历等因素，保持不同领导职务、职级、级别之间的合理工资差距；国家建立公务员工资的正常增长机制；公务员工资包括基本工资、津贴、补贴和奖金；公务员按照国家规定享受地区附加津贴、艰苦边远地区津贴、岗位津贴等津贴；公务员按照国家规定享受住房、医疗等补贴、补助；公务员在定期考核中被确定为优秀、称职的，按照国家规定享受年终奖金；公务员工资应当按时足额发放；公务员的工资水平应当与国民经济发展相协调、与社会进步相适应；国家实行工资调查制度，定期进行公务员和企业相当人员工资水平的调查比较，并将工资调查比较结果作为调整公务员工资水平的依据。

在此基础上，党内法规制度对有关党员干部工作和生活待遇有关问题作出进一步规定。这方面的规定，一是体现党管干部原则，二是因为所涉物的管理通常属于行政管理事项，三是考虑到针对党的机关和人大机关、行政机关、政协机关、监察机关、司法机关等非党机关的所有党员干部提要求，无论是由党的组织还是由行政机关单独制定都不太合适，因此，此类党内法规一般都是由党政联合制定、以党的文件形式发布的。比如，早在 1979 年，中央就出台了《关于高级干部生活待遇的若干规定》，本着既反对领导干部生活特殊，又反对平均主义的原则，根据国家经济情况并保证工作需要，对中央机关、国家机关和各人民团体的高级干部的生活待遇作出具体规定，包括宿舍、房租和水电费、家具和生活用具、交通工具、服务人员、出差出国和外出休养、文化娱乐、不请客送礼、遗属的生活安排等，并明确要求："上述规定，各有关部门必须严格执行；高级干部应自觉遵守。今后凡违反规定的，要进行批评教育；对错误严重，情节恶劣的，应给予纪律处分。"之后，在这方面出台了若干党内法规制度。比如，1983 年中共中央办公厅、国务院办公厅印发《关于新任副部长、副省长以上干部生活待遇的几项暂行规定》，2011 年中共中央办公厅、国务院办公厅印发《关于开展党政机关公务用车问题专项治理工作的实施意见》，2014 年中共中央办公厅、国务院办公厅印发《关于全面推进公务用车制度改革的指导意见》和《中央和国家机关公务用车制度改革方案》，此外，中央还制定了其他若干部专门规范高级领导干部工作和生活待遇方面的党内法规。从学理上看，这些由党政联合制定的法规制度，既是党内法规或者党的规范性文件，属于党内法规制度，体现的是党的意志；又具有行政规范性文件的特性，应当属于国家规定范畴，代表着国家意志。它们不仅具有党内拘束力，能够依靠党的纪律保障实施，而且具有法律效力，应当可以作为行政管理、司法诉讼或者仲裁的法定依据。

第三，针对党的组织和党员干部的履职监督、廉洁纪律、查办案件等所涉及的物，主要由党内法规规定，但不得与国家法律有关财产权保护规定相抵触。

从现有党内法规来看，涉物规定的情形主要有以下 3 类。

一则，针对党的组织和党员干部的履职行为进行监督的有关规定。保证党的组织和党员干部依法依规管钱管财管物，是党内监督的重要内容，也是强化履职监督的必然要求。比如，2019 年中共中央办公厅、国务院办公厅印发的《党政主要领导干部和国有企事业单位主要领导人员经济责任审计规定》，就属于这一方面的党内法规。针对地方各级党委和政府主要领导干部经济责任的审计内容中，包括财政财务管理和经济风险防范情况，民生保障和改善情况，生态文明建设项目、资金管理使用和效益情况，以及在预算管理中执行机构编制管理规定情况，在经济活动中落实有关党风廉政建设责任和遵守廉洁从政规定情况，等等。针对国有企业主要领导人员经济责任审计的内容，包括企业账务的真实合法效益情况、风险管理情况、境外资产管理情况、生态环境保护情况等。

二则，针对党的组织和党员干部提出的当为性纪律要求。即当出现党内法规规定的情形时，特定党的组织和党员必须按照纪律要求实施某种行为。比如，领导干部财产申报和公示制度。虽然个人财产属于个人隐私，但国家法律和党内法规对领导干部的要求历来从严从紧，以防其公权私用、以权谋私，要求其履行财产申报或者公示义务，便于管理和监督领导干部，保证其廉洁从政。早在 1995 年，中共中央办公厅、国务院办公厅就印发了《关于党政机关县（处）级以上领导干部收入申报的规定》（2010 年废止）。2010 年，中共中央办公厅、国务院办公厅印发《关于领导干部报告个人有关事项的规定》（2017 年修订），要求领导干部应当向组织（人事）部门报告收入、房产、投资等财产事项，具体而言，包括本人的工资及各类奖金、津贴、补贴等，本人从事讲学、写作、咨询、审稿、书画等劳务所得，本人、配偶、共同生活的子女的房产情况，本人、配偶、共同生活的子女投资或者以其他方式持有有价证券、股票（包括股权激励）、期货、投资型保险以及其他金融理财产品的情况，配偶、共同生活的子女投资非上市公司、企业的情况，配偶、共同生活的子女注册个体工商户、个人独资企业或者合伙企业的情况等。报告人未按时报告的，有关组织（人事）部门应当督促其报告。党的十八届三中全会明确要求，健全反腐倡廉法规制度体系，完善领导干部报告个人有关事项等方面的法律法规，推行新提任领导干部有关事项公开制度试点。除领导干部个人事项申报和财产公示规定外，针对物的取得、使用和管理等，党内法规在其他方面也有规定。比如，中共中央办公厅、国务院办公厅1995年印发的《关于对党和国家机关工作人员在国内交往中收受的礼品实行登记制度的规定》明确要求，党和国家机关工作人员在国内交往中，不得收受可能影响公正执行公务的礼品馈赠，因各种原因未能拒收的礼品，必须登记上交，自收受礼品之日起1个月内由本人如实填写礼品登记表，并将登记表交所在机关指定的受理登记的部门，受理登记的部门可将礼品的登记情况在本机关内公布。对于收受后应登记、上交的礼品在规定期限内不登记或不如实登记、不上交的，由所在党的组织、行政部门或纪检监察机关责令其登记、上交，并给予批评教育或者党纪处分。

三则，针对党的组织和党员干部提出的禁为性纪律要求。党章规定："中国共产党党员永远是劳动人民的普通一员。除了法律和政策规定范围内的个人利益和工作职权以外，所有共产党员都不得谋求任何私利和特权。"党内法规对此作出的规定，主要包括两个方面：

一方面，党内法规关于廉洁自律纪律的规定主要指向的是各种物。党的组织是实施党的领导活动和自身建设活动的主体，是行使公权力的公共组织。保证党的先进性和纯洁性，需要党内法规严明廉洁纪律、禁止党的组织和党员实施某些涉物行为，一旦违反廉洁纪律，就要招致党纪处分。对此，《中国共产党纪律处分条例》明确规定："党员干部必须正确行使人民赋予的权力，清正廉洁，反对任何滥用职权、谋求私利的行为。利用职权或者职务上的影响为他人谋取利益，本人的配偶、子女及其配偶等亲属和其他特定关系人收受对方财物，情节较重的，给予警告或者严重警告处分；情节严重的，给予撤销党内职务、留党察看或者开除党籍处分。"该条例第8章专门规定"对违反廉洁纪律行为的处分"。比如，相互利用职权或者职务上的影响为对方及其配偶、子女及其配偶等亲属、身边工作人员和其他特定关系人谋取利益搞权权交易的，给予警告或者严重警告处分；情节较重的，给予撤销党内职务或者留党察看处分；情节严重的，给予开除党籍处分。又如，纵容、默许配偶、子女及其配偶等亲属、身边工作人员和其他特定关系人利用党员干部本人职权或者职务上的影响谋取私利，情节较轻的，给予警告或者严重警告处分；情节较重的，给予撤销党内职务或者留党察看处分；情节严重的，给予开除党籍处分。再如，收受可能影响公正执行公务的礼品、礼金、消费卡和有价证券、股权、其他金融产品等财物，情节较轻的，给予警告或者严重警告处分；情节较重的，给予撤销党内职务或者留党察看处分；情节严重的，给予开除党籍处分。

另一方面，党内法规对纪检机关查处案件所涉的证物等也作出明确规定。纪检机关查处违纪案件，应当以事实为根据、以法规为准绳，而事实的存在往往以"物"为据，这就需要党内法规对赃物的认定及其处理、证物的范围及其获取等作出规定。比如，中共中央纪委出台了《纪检监察机关查办案件涉案财物价格认定工作暂行办法》《关于对犯有贪污、贿赂错误党纪处分的数额界限问题的请示的答复》《关于查处党员违纪案件中收集、鉴别、使用证据的具体规定》等规定。其中《关于查处党员违纪案件中收集、鉴别、使用证据的具体规定》明确要求："对可作为书证的原始材料或复制件，党的各级组织不得以任何借口拒绝提供。收集的材料涉及机密事项应履行一定的批准手续。""严禁使用威胁、引诱、欺骗及其他非法手段收集证据。""对可作为书证的私人日记、信件等原始材料的收集只能采取动员的方法，不得强行收集，涉及个人阴私的，有关党组织应为其保密。"2019年中共中央办公厅印发的《中国共产党纪律检查机关监督执纪工作规则》规定，"调查取证应当收集原物原件，逐件清点编号，现场登记，由在场人员签字盖章，原物不便搬运、保存或者取得原件确有困难的，可以将原物封存并拍照录像或者调取原件副本、复印件"。

需要注意的是，党内法规关于廉洁自律的规定以及违纪案件查处所涉之物的规定，应当宽严有度、把握分寸，既要体现对党员特别是党员领导干部从严从紧的管理监督要求，又要避免与国家法律相关规定相抵触。

一是，党内法规对党员干部关于物的占有、使用、处分和收益等方面的要求应当比法律规定更加严格，违纪未必违法、违法必然违纪，不能反其道而行之，不能对党员干部网开一面，不能用党纪处分、组织处理甚至限期上缴免责等方式豁免法律责任特别是刑事责任。

二是，党内法规应当对党员干部的办公用房、公车等“公物”使用作出禁止私用等严格规定，可以对经济适用房、廉租房等与公务员待遇有关的物的使用作出不得违规转让、出租等限制性使用规定，但不得对其实施购买、使用、处分商品房、汽车等“私物”等民事行为作出类似的禁止或者限制性规定，否则有悖于《民法典》等国家法律对个人物权的保护性规定。

三是，对非国有财产的征收等行政行为，属于法律保留事项，只能由法律设定，党内法规不宜作出规定；对个人财产的征用、强制、处罚等行政行为，也只能由国家法律规定，党内法规同样不宜作出规定。

四是，党内法规上关于纪检监察机关在查处违纪案件时针对物的处理的规定，应当同国家法律保持衔接协调。

关于违纪案件查处的调查取证，前几年主要依据《中国共产党纪律检查机关案件检查工作条例》第 28 条规定可采取 8 种措施，包括经县级以上（含县级）纪检机关负责人批准，暂予扣留、封存可以证明违纪行为的文件、资料、账册、单据、物品和非法所得，可以对被调查对象在银行或其他金融机构的存款进行查核，并可以通知其暂停支付等。关于纪检机关没收追缴违纪违法款物，前几年依据的也主要是党内法规制度。应当说，前几年由党内法规授权纪检机关在查处违纪案件时采取一些调查取证措施和款物处理措施，也是实际工作需要。不过，因其涉及公民财产权处理问题，所以只有党内法规规定还不够，国家法应当对此作出规定，直接以纪检机关名义采取这些措施也不太合适，以监察机关名义去实施更加合适。

这个长期未解决的问题，随着党的十九大后纪检监察体制改革迎刃而解。《监察法》规定：监察机关调查涉嫌贪污贿赂、失职渎职等严重职务违法或者职务犯罪，根据工作需要，可以依照规定查询、冻结涉案单位和个人的存款、汇款、债券、股票、基金份额等财产。有关单位和个人应当配合。冻结的财产经查明与案件无关的，应当在查明后 3 日内解除冻结，予以退还。监察机关在调查过程中，可以调取、查封、扣押用以证明被调查人涉嫌违法犯罪的财物、文件和电子数据等信息。采取调取、查封、扣押措施，应当收集原物原件，会同持有人或者保管人、见证人，当面逐一拍照、登记、编号，开列清单，由在场人员当场核对、签名，并将清单副本交财物、文件的持有人或者保管人。对调取、查封、扣押的财物、文件，监察机关应当设立专用账户、专门场所，确定专门人员妥善保管，严格履行交接、调取手续，定期对账核实，不得毁损或者用于其他目的。对价值不明物品应当及时鉴定，专门封存保管。查封、扣押的财物、文件经查明与案件无关的，应当在查明后3日内解除查封、扣押，予以退还。

据此，《中国共产党纪律检查机关监督执纪工作规则》规定：(纪检监察机关）查封、扣押（暂扣、封存)、冻结、移交涉案财物，应当严格履行审批手续。执行查封、扣押（暂扣、封存）措施，监督执纪人员应当会同原财物持有人或者保管人、见证人，当面逐一拍照、登记、编号，现场填写登记表，由在场人员签名。对价值不明物品应当及时鉴定，专门封存保管。纪检监察机关应当设立专用账户、专门场所，指定专门人员保管涉案财物，严格履行交接、调取手续，定期对账核实。严禁私自占有、处置涉案财物及其孳息。对被审查调查人违规违纪违法所得财物，应当依规依纪依法予以收缴、责令退赔或者登记上交。对涉嫌职务犯罪所得财物，应当随案移送司法机关。对经认定不属于违规违纪违法所得的，应当在案件审结后依规依纪依法予以返还，并办理签收手续。同时，该规则还明确要求："纪检监察机关应当严格依照党内法规和国家法律，在行使权力上慎之又慎，在自我约束上严之又严，强化自我监督，健全内控机制，自觉接受党内监督、社会监督、群众监督，确保权力受到严格约束，坚决防止'灯下黑'。"由此可见，通过纪检监察体制改革，通过相关党内法规与《监察法》的衔接协调，这就从制度上解决了一种实践尴尬——以往纪检机关在依据党内法规处理涉嫌违纪党员干部财物这一问题上是虽于规有据但于法无据。

第四，党的组织保障机关运行之物属于国有资产或集体资产，主要由国家法律规定，党内法规作补充性规定。

党的组织特别是各级党委及其工作部门、纪检监察机关等单位的机关运行，需要办公用房、办公设备设施、公务用车等各类物品以及财政经费提供保障。在有些国家和地区，为政党组织所有的财产属于“党产”。在我国的法律法规和党内法规上没有“党产”这个概念，党的机关的建设和购置的资产属于国有资产。财政部2006年出台的《行政单位国有资产管理暂行办法》第2条、第51条规定，该办法适用于各级党的机关、人大机关、行政机关、政协机关、审判机关、检察机关和各民主党派机关的国有资产管理行为，参照公务员制度管理的事业单位和社会团体的国有资产管理依照本办法执行。据此，履行公务、使用财政经费的组织的资产均应进行国有资产登记。

大致说来，党的机关保障运行之物有以下几个主要特点：一是物质性。这是物的自然属性。区别于行为和精神产品等客体，党务关系中的物无论是自然物还是人造物，无论是有形物还是无形物，它们皆是物质。物质是客观存在的，本身是中性的，不存在价值偏好。二是消耗性。这是物的经济属性。与市场主体的物用来进行社会生产、创造财富形成对照的是，党的机关保障运行之物不参与社会生产，不能直接创造社会财富，相关公务支出是对社会资源的消耗，属于行政成本范畴。三是公共性。这是物的社会属性。区别于市场主体使用物的目的是寻求自身利益最大化，我们党肩负治国理政、执政兴国重任，使用物的目的是履行公共职能、产生公共效果、创造公共价值，这就赋予物以公共属性，应当由公共财政来提供。四是保障性。这是物的角色属性。相对于党的领导和党的建设活动这种客体直接表达和实现党的意图，党的机关保障运行之物是从属的、辅助性的，通过为党务行为提供物质上的支持来体现其用途和价值。

党的机关保障运行之物可以引发多种属性的主体间关系，需要运用以国家法律为主体的制度来加以规范。以县委机关事务管理机构建设办公楼为例，它因申请财政拨款而与财政主管部门形成的非许可性审批关系，适用《预算法》等有关财政法；它因申请建房许可而与城建主管部门形成的行政许可关系，适用《城乡规划法》等有关城乡建设行政法；它与建筑工程施工单位之间形成的民事关系，适用《民法典》；它在县委各部门分配办公用房时形成的内部关系，适用《党政机关办公用房建设标准》等国家规定；如果基建中出现贪污受贿等违纪行为，适用《中国共产党纪律处分条例》来追究违纪责任；如果贪污受贿行为构成犯罪，则要适用《刑法》和《刑事诉讼法》追究刑事责任。当然，今后一段时间，各级党的机关首先要遵循的文件是2013年中共中央办公厅、国务院办公厅印发的《关于党政机关停止新建楼堂馆所和清理办公用房的通知》。

党的机关事务管理只有制度化、规范化、程序化，才能保证党的机关弘扬艰苦奋斗、勤俭节约的优良作风，厉行节约反对浪费，最大限度节减公务支出、建设节约型机关。围绕着为党的机关运行提供必要的、节俭的物的保障这个主题，需要解决好以下两方面问题。

一方面，需要抓紧出台党的机关事务管理条例。

该条例是党的机关事务管理的基础主干法规，有了它，整个党的机关事务管理制度建设就会纲举目张；它的缺位，就难免会造成党的机关事务制度的碎片化问题，导致党的机关事务管理不透明、不规范、不统一，容易出现分房、配车、花钱、购物等重要事项听由领导说了算的问题，不利于预防腐败和提高物的效益。

2012年，国务院出台《机关事务管理条例》，适用于各级人民政府及其部门的机关事务管理活动，其他国家机关和有关人民团体的机关事务管理也参照该条例执行，但党的机关事务管理不适用该条例。应当说，党的机关在职能定位上虽然同国家政权机关相差甚远，但二者在机关运行所需物的保障及其管理方面却大同小异，凡能制度化的就不采取行政化方式，凡能立法的就不去立规，凡能通过党政联合制定共同适用的规定的就不各自建章立制，凡能制定公开透明制度的就不搞内部规定，凡能明确规定管理权行使的就不留裁量空间，凡能明确物权及其权利人的就不作模糊规定，凡能拓展节约空间的就不能扩张公务支出，凡是能让社会监督的就不能止步于内部监督，等等，据此规范和制约机关事务管理权，从严从紧控制公务支出。

在这个意义上，将来既可以参考《机关事务管理条例》制定党的机关事务管理条例，也可以考虑制定一部统一适用于各级各类党政机关的党政机关事务管理条例。在这方面，2012年，中共中央办公厅、国务院办公厅印发《党政机关公文处理工作条例》，废止1996年中共中央办公厅发布的《中国共产党机关公文处理条例》和2000年国务院发布的《国家行政机关公文处理办法》，提供了可循先例。

另一方面，需要推进党的机关事务管理体制机制改革。

追根溯源，“三公”消费的浪费主要归过于党的机关事务管理体制机制老化。党的机关事务管理模式如果事无巨细、亲力亲为，大包大揽、全知全能，那就很容易在物的提供上出现“政府失灵”问题，高支出、低效益，权力寻租、贪污腐败，管理环节多、链条长、效率低下。如果管理体制机制不改革，物的供求模式不改变，那么党的机关公务支出的数量就难以大幅压缩，即使在反“四风”的重压下短期内减下去一点，时间长了又会反弹、膨胀，陷入“精简—膨胀—再精简—再膨胀”的怪圈。因此，要贯彻党的十八届三中全会精神，深化党的机关事务管理体制机制改革，确立有限、节俭、高效的机关事务管理模式，建设节约型机关。除少数涉及安全、保密事项外，其余的都应当大胆开放搞活，引进市场竞争机制，采用社会化方式，推进公车改革、住房改革、医疗改革等，更多地采用合同治理而非行政管理，更多地依靠竞争机制而非组织安排，更多购买公共服务而非“一条龙”自我生产服务，更多做服务组织者而非管理者，通过改革把党的机关建设成节约型机关。

精神产品

精神产品属于智力成果，智力成果是知识产权的客体。提到鲁迅，我们会想到《狂人日记》《呐喊》等代表作品，文学作品属于著作权的客体；提到“耐克”品牌，我们会想“”标志，商业标识属于商标权的客体。提到中国共产党，我们会想到党旗党徽，党徽为镰刀和锤头组成的图案，党旗为旗面缀有金黄色党徽图案的红旗。为维护党的象征和标志的尊严，党中央1996年专门出台了《中国共产党党旗党徽制作和使用的若干规定》，该规定是以党旗党徽为客体。

精神产品是精神生产的成果。与物质生产相对应，精神生产是人类从事政治法律、宗教、艺术、科学、哲学等社会意识形式的生产活动。马克思指出："人们按照自己的物质生产力建立相应的社会关系，正是这些人又按照自己的生产关系创造了相应的原理、观念和范畴。"精神生产能为人类认识和改造世界提供世界观和方法论。我们党坚持思想建党、理论强党、制度治党，注重用党的创新理论武装头脑、指导实践、推动工作。党的思想建设是党的基础性建设，规范和加强党的思想建设活动，强化理论武装，统一全党思想，为思想建党、理论强党提供制度保障，这是党内法规制度建设的一项重要内容。在更加广泛意义上，党内法规制度在加强和规范精神生产活动上发挥着重要作用，与之相关的党务关系是以精神产品为客体的。

除党旗党徽外，作为党务关系客体的精神产品主要包括以下3类：

第一类：党的理论。

在长期的革命、建设、改革过程中，我们党不断推进马克思主义中国化、时代化、大众化，围绕着什么是马克思主义、怎样对待马克思主义，什么是社会主义、怎样建设社会主义，建设什么样的党、怎样建设党，实现什么样的发展、怎么发展，在新时代坚持和发展什么样的中国特色社会主义、怎么坚持和发展中国特色社会主义等重大问题，提出了一系列思想、观点和论断，形成并不断发展完善党的理论，为指导改革发展稳定、治党治国治军、内政外交国防提供强大思想武器。

党的理论是全党智慧的结晶，是全党意志的体现，是党宝贵的精神财富，是实现全党集中统一的思想保证，不能错误地认为对党的理论学与不学、知多知少、信或不信、贯彻与否等，属于党员觉悟高低、学问大小问题。我们党历来重视思想建党，习近平总书记指出："在党和国家处于历史转折时期、事业发展处于新的起点、前进道路上遇到大的困难、世界社会主义运动出现风波、国内外敌对势力借机制造思想混乱的时候，我们党更加注重用科学理论武装党员、教育干部，起到了统一全党思想、凝聚全党力量的重要作用。"我们党是科学理论武装起来的马克思主义政党，党的理论不是学术研究、学理主张，而是全党必须共同遵循的指导思想。党章明确规定：“中国共产党以马克思列宁主义、毛泽东思想、邓小平理论、‘三个代表’重要思想、科学发展观、习近平新时代中国特色社会主义思想作为自己的行动指南。”

认真学习贯彻落实党的理论，不能听凭个人兴趣与觉悟，这是必须履行的党员义务和党的组织职责，对此，党章第 3 条、第 31 条、第 34 条等都提出明确要求。统揽“四个伟大”，必须贯彻落实党的指导思想，坚持党的基本理论、基本路线、基本方略。党章是最根本的党内法规，党章对党的理论特别是党的基本理论重要地位的确认，以及对学习和践行党的理论提出的要求，实现了党的理论入规，这本身即表明这种精神产品属于党务关系的重要客体。因此，《中国共产党党内法规制定条例》将“坚持以党章为根本，贯彻党的基本理论、基本路线、基本方略”确定为制定党内法规必须遵循的一条原则。

《中共中央关于加强党的政治建设的意见》强调指出，习近平新时代中国特色社会主义思想是当代中国马克思主义、21 世纪马克思主义，是全党全国人民为实现中华民族伟大复兴而奋斗的行动指南，是经过实践检验、富有实践伟力的强大思想武装，必须长期坚持并不断发展。要深入学习习近平新时代中国特色社会主义思想，加强思想政治教育，推动学习教育往深里走、往心里走、往实里走，真正做到学深悟透、融会贯通、真信笃行，巩固全党全国人民团结奋斗的共同思想基础。坚持用习近平新时代中国特色社会主义武装全党、教育人民，这是党的思想建设的基本任务，自然也是这一领域党内法规制度建设的基本主题。不过，关于强调学习贯彻习近平新时代中国特色社会主义思想的规定，并不局限于党的思想建设领域，而是广泛体现在党的领导和党的建设各方面的党内法规中。党的十九大以来制定修订的中央党内法规，无论是《中国共产党支部工作条例（试行）》还是《党政领导干部选拔任用工作条例》，无论是《中国共产党政法工作条例》还是《中国共产党宣传工作条例》，都无一例外地将学习贯彻习近平新时代中国特色社会主义思想确定为党的组织的首要政治任务和履职尽责的第一要求，作为开展党的工作的根本遵循，这既进一步强化和彰显了党内法规的政治属性，又为学习贯彻习近平新时代中国特色社会主义思想提供了有力制度保障。

第二类：党员干部政治言论。

党员干部可以个人名义发表言论，这既是公民自由，也是党员民主权利，但这种自由权利并非没有边界、不受约束。《宪法》规定，公民有言论自由，有进行科学研究、文学艺术创作和其他文化活动的自由，但不得损害国家的、社会的、集体的利益和其他公民的合法的自由和权利。在党内，党员享有党章赋予的“在党的会议上和党报党刊上，参加关于党的政策问题的讨论”的民主权利，但同时，应当严格遵守政治纪律和宣传纪律，不得公开发表同党的理论和路线方针政策不一致的言论，不得制造和传播政治谣言，不得制造“杂音噪音”，不许制造思想混乱，这是维护党中央权威、维护党的形象、维护全党团结统一的基本要求。

为此，将党员干部的政治言论纳入党务关系客体范畴是理所当然的，通过党内法规来规范党员干部的言论，既赋予其发表言论的权利，又以设禁区划红线、公开发表前须报批同意等刚性宣传纪律约束之，并依靠严格的党内纪律处分保障其实施。特别是对于党员领导干部以公务身份发表的与工作有关的政治言论，无论讲话、批示、指示，还是文章、著作，都不得借口“个人名义”“个人意见”规避纪律要求、违反党内法规规定。《关于新形势下党内政治生活的若干准则》《中国共产党宣传工作条例》《中国共产党地方委员会工作条例》《中国共产党党组工作条例》《中国共产党工作机关条例（试行）》《中国共产党纪律处分条例》等，都对此作出规定、提出要求。

第三类：意识形态。

意识形态属于哲学范畴，是同一定社会的经济和政治直接联系的观念、观点、概念、思想、价值观等要素的总和，包括政治法律思想、道德、文学艺术、宗教、哲学和其他社会科学等意识形式。意识形态既存在于党内，是党员和党的组织的精神财富，更存在于党外，是广大非党组织和亿万群众精神生产活动的产物。我们党领导精神文明建设，坚持党管意识形态，这就使意识形态成为党务关系客体，成为党内法规制度调整的一个重要领域。

党的十四届六中全会通过的《中共中央关于加强社会主义精神文明建设若干重要问题的决议》提出，新闻宣传必须坚持党性原则，牢牢把握正确的舆论导向；对文艺工作的领导，既要防止横加干涉，又要防止疏于引导；哲学社会科学必须坚持正确的指导思想，对事关政治方向、事关重大原则的问题，要旗帜鲜明，分清是非，保证哲学社会科学研究沿着正确的方向发展；文化市场是社会主义精神文明建设的重要阵地，决不允许成为腐朽思想文化滋生蔓延的场所。

我们党很重视加强党管意识形态工作的党内法规制度建设，出台了一批党内法规和法规性文件。比如，2005 年中共中央办公厅印发《关于进一步加强和改进舆论监督工作的意见》，2005 年中央宣传部、国家广电总局、新闻出版总署联合制定出台《关于新闻采编人员从业管理的规定（试行）》。《中国共产党纪律处分条例》第 45 条规定，通过网络、广播、电视、报刊、传单、书籍等，或者利用讲座、论坛、报告会、座谈会等方式，公开发表坚持资产阶级自由化立场、反对四项基本原则，反对党的改革开放决策的文章、演说、宣言、声明等的，给予开除党籍处分。第 52 条规定，制造、散布、传播政治谣言，破坏党的团结统一的，给予警告或者严重警告处分；情节较重的，给予撤销党内职务或者留党察看处分；情节严重的，给予开除党籍处分。

在党的思想建设领域，2019 年党中央制定出台了一部特别重要的党内法规，这就是《中国共产党宣传工作条例》，它为加强党的宣传思想工作提供了基本遵循。该条例以习近平新时代中国特色社会主义思想为指导，把习近平总书记关于宣传工作地位作用、目标任务、职责使命、实践要求的一系列重要论述贯穿其中。该条例共 13 章 53 条，大致分为三个板块：第一板块包括总则、组织领导和职责两章，主要是目的依据、定位作用、指导思想、根本任务、工作原则，以及机构设置、党委和党委宣传部职责等管总的内容；第二板块是第 3 章到第 11 章，规定了宣传领域各方面工作，包括理论、新闻舆论和出版、思想道德建设、文化文艺、互联网宣传和信息内容管理、对外宣传、基层宣传工作、意识形态管理、加强党对宣传工作的全面领导等；第三板块包括保障和监督、附则两章，主要是机制保障、经费保障、表彰激励、调研舆情和信息化保障、法治保障、监督检查、责任追究等规定。

同时，鉴于意识形态也是法律关系的客体，国家在新闻出版、广播影视、文化管理等意识形态领域制定了一批法律法规，比如，早在1950年就出台了《政务院关于中央人民政府所属各机关发表公报及公告性文件的办法》，之后还制定了《出版管理条例》《法规汇编编辑出版管理规定》《进口影片管理办法》《广播电视管理条例》《电影管理条例》《音像制品管理条例》等，为党委宣传部门和行政主管部门管理意识形态活动提供了法律依据。同时，通过诸如《出版管理条例》第3条有关“出版活动必须坚持为人民服务、为社会主义服务的方向，坚持以马克思列宁主义、毛泽东思想、邓小平理论和‘三个代表’重要思想为指导，贯彻落实科学发展观”等相关规定，把新闻出版文艺科研等意识形态领域必须坚持正确指导思想的政治要求变成法定要求。

不难看出，加强和规范精神生产活动，需要依靠以下3类制度：

一是党内法规制度。主要是党的思想建设领域的党内法规制度，规范党的自身建设和党管意识形态两个方面的精神生产活动。

二是国家法律法规。一方面是行政法中的用以规范新闻出版文化行政管理活动的法律制度；另一方面是民商法中的著作权法，用以设定和保护著作权人的发表权、署名权、修改权、保护作品完整权、复制权、发行权、出租权、展览权、表演权、放映权、广播权、信息网络传播权、摄制权、翻译权、汇编权等。

三是新闻出版广播电视行业的自律规范。比如，《出版管理条例》第8条规定：“出版行业的社会团体按照其章程，在出版行政主管部门的指导下，实行自律管理。”

当然，具体到党的理论、党员干部政治言论、意识形态这3类精神产品而言，不同客体对应的制度各有侧重。其中，同党的理论有关的制度主要是党内法规制度，国家法律较少对党的理论创新和理论武装等问题作出直接规范；同党员干部政治言论有关的制度，既有国家法律又有党内法规，党内法规在国家法律基础上对党员干部提出更加严格的政治纪律和宣传纪律要求；至于同意识形态有关的制度，则呈现以党内法规制度为核、以国法规定为瓤、以自律规范为壳的果实结构。

较之“物”等其他客体而言，精神产品具有思想性、政治性、政策性、变动性等显著特点，对精神生产活动的规范更为复杂、更需智慧，推进这方面的制度建设相对困难些，容易出现制度供给不足问题。就党内法规而言，较之党的组织建设、作风建设、纪律建设等方面，党的思想建设方面制度建设略显滞后。这方面的国家法制建设也有相似之处，现有法律规定位阶偏低，主要是行政法规和部门规章。

第八章　设定党务关系的内容

党务关系以党员的义务与权利、党的组织的职责与职权为内容。尽管党务主体间关系可以表现为多种形态，比如，党员个人间关系、个人与组织间关系、组织间关系，互不隶属的同级关系、隶属性的上下级关系，党内关系、党政关系，命令与服从关系、指导与监督关系，配合协助关系、监督制约关系，等等，但无论哪种主体间关系，其内容皆为义务与权利，具体化为党员义务/权利配置、党的组织职责/职权配置、党员权利/党的组织权力配置。坚持依规治党，推进党的领导制度化、法治化，就要发挥党内法规之于党务关系的调节器作用，依靠党内法规理性设定党员义务/权利与党的组织职责/职权，厘清不同主体的权义边界，“努力造成又有集中又有民主，又有纪律又有自由，又有统一意志又有个人心情舒畅生动活泼的政治局面”。

权义配置的模式选择

对于党内法规而言，科学配置主体的义务与权利、理性设定党务关系的内容，需要解决3个层面的问题：一则，最根本的是确定制度导向，这主要是一个价值问题，是义务本位、权利本位还是其他什么取向；二则，最要害的是制度架构，这主要是一个逻辑问题，在既定方向下，合乎逻辑地设定义务与权利关系，保证义务与权利的辩证统一；三则，最关键的是具体制度安排，这主要是一个技术问题，需要通盘考虑解决好不同法规制度之间的上下、左右、新旧、特殊与一般关系，避免顾此失彼、各自为战。在这3个问题中，如何确定制度导向关乎党内法规权义配置的模式选择，这个问题需要首先讨论清楚。

权义配置的核心问题是如何坚持民主集中制这一党的根本组织原则和领导制度，处理好党的组织权力与党员权利关系，在集中与民主、纪律与自由、统一意志与个人心情舒畅之间找到一个平衡点。以党的组织权力与党员权利这对范畴为基点，结合中外政党制度实际，可以提出以下 3 种党内规章制度模式。

第一种是自由主导型。强调党员的身份自由、行动自由、内心自由，党员本位、党的组织次之，主张党内一切权利源于党员。类似于一个以党员为中心、以党员权利为半径形成的正圆，自由主导型党内法规模式的典型特征是：重权利轻义务，重权利轻权力，重实质轻形式；没有严格的层级结构，组织结构扁平甚至松散；对党内生活不作严格的时间和形式要求；没有明确的党员进退机制，入党程序不严格甚至缺失；党的组织权威不足，党的组织与党员之间更多的是一种协商关系，依靠党员自觉实现组织意图；党内规章制度不严密，粗线条勾勒党内关系架构。

第二种是纪律主导型。强调党员的身份特征、行动纪律、内心约束，党的组织本位、党员处于从属地位，主张党内一切权力归于党的组织。类似于一个以党的组织为中心、以党的组织权力为半径形成的正圆，纪律主导型党内法规模式的典型特征是：重权力轻权利、重职权轻职责、重义务轻权利、重实体轻程序、重集权轻分权；党员加入党的组织须经严格程序，进退皆有明确规定；组织体系严密、等级森严；党内生活皆有明确的时间和形式要求；党内管理采用自上而下的单向度、压制型的命令—服从模式；依靠刚性的政治纪律、组织纪律、宣传纪律、工作纪律、生活纪律等来维护党内秩序；党内规章制度细密繁复，且以刚性规范为主。

第三种是自由/纪律均衡型。强调党性与人性的协调、民主与集中的统一、党员与党的组织的双向互动。类似于一个以党员与党的组织为双焦、以交互性权利与权力为半径形成的椭圆，或者由民主与集中两种元素交错形成的基因双螺旋结构，自由/纪律均衡型党内法规的典型特征是：既强调党员主体地位，又严明党内纪律；既重视保障党员民主权利，又强调全党集中统一；既尊重个人自由，又强调全党行动一致；既明确党员义务权利，又明确党的组织职权职责，强调权利与义务的相称性、职权与职责的匹配性、权利与权力的统一性；既强调各级各类党的组织各享其权、各负其责，又强调下级服从上级、全党服从中央；既赋予党员对党的组织、下级对上级的批评建议权，又规定党的组织对党员、上级对下级的管理监督权；既重视个人觉悟、自我增强党性修养，又强调通过严格的组织形式加强党内政治生活；既重视制定和实施党内法规制度来规范党的组织的工作、活动和党员行为，又重视思想教育、作风建设；党内规章制度繁简适宜、粗细适中，实体与程序并重、制约与激励兼容。

尽管以上 3 种党内规章制度模式属于马克斯·韦伯所谓的“理想类型”，在现实中未必能找到完全的对应，但是相对而言，有些国家的政党制度更接近于自由主导型，有些更接近于纪律主导型，而有些则更接近于自由/纪律均衡型。一国政党制度模式的确立并非偶然，取决于政党性质，受制于政治经济社会条件，也同一国法律文化背景密切相关，是特定历史阶段下党情国情综合作用的结果。比如，更加推崇个人自由、奉行个人本位主义的英美法系国家，其党内规章制度与国家法律更接近于自由主导型；而更加推崇团队精神、强调集体行动的大陆法系国家，其党内规章制度与国家法律则接近于纪律主导型。

就中国共产党的党内法规而言，与党情国情相适应的制度模式应当更接近于自由/纪律均衡型，这也是党内法规制度建设以党章为根本、以民主集中制为核心的必然结果。

党章“总纲”第 28 自然段，就“坚持民主集中制”作出专门阐述，明确提出民主集中制是民主基础上的集中和集中指导下的民主相结合，它既是党的根本组织原则，也是群众路线在党的生活中的运用。一方面，必须充分发扬党内民主，尊重党员主体地位，保障党员民主权利，发挥各级党的组织和广大党员的积极性、创造性；另一方面，必须实行正确的集中，保证全党的团结统一和行动一致，保证党的决定得到迅速有效的贯彻执行，要加强组织性、纪律性，在党的纪律面前人人平等。在“总纲”基础上，党章第 2 章专门规定“党的组织制度”，明确指出“党是根据自己的纲领和章程，按照民主集中制组织起来的统一整体”，并对“四个服从”、党的各级领导机关的产生、党的最高领导机关和地方领导机关、上下级党的组织互相支持互相监督、各级党委实行集体领导和个人分工负责相结合的制度、禁止个人崇拜等民主集中制的6个基本原则进行了阐述。综观党章条文11章的架构，骨架部分是党员身份的取得及其义务与权利、党的组织的产生及其职责与职权，并努力实现二者内部以及二者之间的统一性。

民主集中制在党内法规制度建设中的“核心”地位，决定着自由与纪律的统一势必成为党内法规制度建设的主旋律，每一条具体规范都应当包含着民主与集中的基因；党章是最根本的党内法规，是整个党内法规体系之源，其他党内法规制度是对党章直接或间接的细化，这就使民主与集中的血液和精神贯穿于整个党内法规体系之中。正是由于党内法规制度建设以党章为根本、以民主集中制为核心，这就决定党内法规制度模式更接近于自由/纪律均衡型。

《中国共产党党内法规制定条例》第7条规定，制定党内法规应当“坚持民主集中制，充分发扬党内民主，维护党的集中统一”。这个原则不仅在程序上要求党内法规的制定过程应当坚持民主集中制，而且在实体上要求党内法规的内容规定应当坚持民主集中制，这就保证了民主集中制的原则要求贯穿于党内法规制度建设的全过程和各方面。

历史地看，在革命、建设、改革的不同历史阶段，党内法规制度建设的注意力和着力点会发生变化，权利与权力配置的重心会有所调整。有时强调民主多点，更加注重建立健全党内民主制度，凸显党员主体地位，完善党员民主权利保障体制机制，重视调动地方党组织和基层党组织积极性，重视发挥国家政权机关等领导对象的独立自主作用；有时强调集中多点，更加注重党的纪律建设，强调从严管党治党，重视在非党组织设定党组（委）并发挥其领导作用，强调维护党中央权威和集中统一领导。不过，只要党内法规制度建设坚持民主集中制这个主旋律不变，那么党内法规制度变革就总是围绕着民主集中制这个基轴小幅波动、向前推进，不会发生方向性错误、突变剧变、结构性失衡，可以在维持基本架构不变的前提下，为了适应国情党情世情的发展变化不断微调，以解决局部领域、微观层面、具体规范中的权利义务不统一、职权职责不对等、权利与权力不匹配等制度失衡问题。

党内法规制度建设应当坚持民主集中制，这不仅为党的自身建设领域所遵循，而且在党的领导制度中也有充分体现。党内法规在规范党作为领导者与国家政权机关、政协、人民团体、国有企业事业单位以及军队等作为被领导者二者之间的关系时，既强调发挥党总揽全局、协调各方的领导核心作用，又强调领导对象依法依规依章程独立自主开展工作，领导对象既要不折不扣贯彻落实党的决策部署，又可以积极向党提出意见建议、参与党的决策过程。与之形成呼应和对接的是，《宪法》第 3 条第 1 款也明确规定，中华人民共和国的国家机构实行民主集中制的原则。党章是党的根本大法，宪法是国家的根本法，党章和宪法同时将民主集中制原则确立为根本的组织制度，这就保证了党内法规和国家法律在根本组织原则上的内在协调一致，在调整个人间关系时强调权利与义务的统一性，在调整组织间关系时强调职权职责的制衡性，在调整个人与组织间关系时强调均衡性。进言之，无论是党内法规还是国家法律的立改废释，无论是党内法规制度建设还是国家法治建设，无论是依规治党还是依法治国，都要在权利与权力、自由与秩序、个人与组织之间寻找平衡，这种统一、协调、均衡的治理理念，有助于最大限度调动各方面的积极性和创造性，有助于发挥好党和国家治理体系的显著优势，充分彰显中国特色社会主义制度的优越性。

党的一切权力归党。党的权力在实践中要按照民主集中制的要求具体转化为党的组织的权力与党员权利。应当说，在党内法规权义配置的 3 种模式中，较之过分强调民主和自由的自由主导型与过分强调集中和纪律的纪律主导型，自由/纪律均衡型可以有效兼顾党务关系主体双方，有力统筹矛盾的两个方面。当然，此种模式的长处往往也正是其难处。如何在自由与纪律二者之间找到一个平衡点，这是一件很难的事。如何实现党内法规制度的供求平衡、权义配置的结构性均衡、顺应形势任务发展变化而不断调整的动态平衡，这无疑是一个难题。

党员义务/权利

我们党有9100多万名党员，如果每名党员不清楚自己可以做什么、不能做什么、应当做什么，那就很容易各行其是，无以形成一个团结统一、行动一致的严密政治组织，难以产生强大的凝聚力、创造力、战斗力。为此，党章以及其他党内法规必须明确规定党员必须履行哪些义务、可以享有哪些权利，并保证义务与权利的辩证统一。

一方面，党章第3条明确规定，党员必须履行下列义务：（1）认真学习马克思列宁主义、毛泽东思想、邓小平理论、“三个代表”重要思想、科学发展观、习近平新时代中国特色社会主义思想，学习党的路线、方针、政策和决议，学习党的基本知识，学习科学、文化、法律和业务知识，努力提高为人民服务的本领。（2）贯彻执行党的基本路线和各项方针、政策，带头参加改革开放和社会主义现代化建设，带动群众为经济发展和社会进步艰苦奋斗，在生产、工作、学习和社会生活中起先锋模范作用。（3）坚持党和人民的利益高于一切，个人利益服从党和人民的利益，吃苦在前，享受在后，克己奉公，多做贡献。（4）自觉遵守党的纪律，首先是党的政治纪律和政治规矩，模范遵守国家的法律法规，严格保守党和国家的秘密，执行党的决定，服从组织分配，积极完成党的任务。（5）维护党的团结和统一，对党忠诚老实，言行一致，坚决反对一切派别组织和小集团活动，反对阳奉阴违的两面派行为和一切阴谋诡计。（6）切实开展批评和自我批评，勇于揭露和纠正违反党的原则的言行和工作中的缺点、错误，坚决同消极腐败现象作斗争。（7）密切联系群众，向群众宣传党的主张，遇事同群众商量，及时向党反映群众的意见和要求，维护群众的正当利益。（8）发扬社会主义新风尚，带头实践社会主义核心价值观和社会主义荣辱观，提倡共产主义道德，弘扬中华民族传统美德，为了保护国家和人民的利益，在一切困难和危险的时刻挺身而出，英勇斗争，不怕牺牲。

概括起来，党员的8项义务即“三服”：服从、服务、服众。所谓“服从”，是指党员作为党的一分子，应当服从组织、服从党中央、服从全党，要服从组织安排、服从党的决定、服从党的纲领和章程、服从党的纪律、服从党和人民的利益、服从维护党的团结统一的大局。所谓“服务”，是指党员作为劳动人民的普通一员，应当全心全意为人民服务。所谓“服众”，是指党员作为中国工人阶级的有共产主义觉悟的先锋战士，应当在生产、工作、学习和社会生活中起先锋模范作用，模范遵守国家的法律法规，带头实践社会主义核心价值观和社会主义荣辱观。“三服”具有内在联系，服从是前提，服务是目的，服众是表现，三者合在一起集中体现为一个合格党员应有的党性要求，契合党的性质和宗旨、路线和纲领、指导思想和奋斗目标。

另一方面，党章第4条规定了党员享有的8项权利，并强调党的任何一级组织直至中央都无权剥夺党员的这些权利：(1) 参加党的有关会议，阅读党的有关文件，接受党的教育和培训。(2) 在党的会议上和党报党刊上，参加关于党的政策问题的讨论。(3) 对党的工作提出建议和倡议。(4) 在党的会议上有根据地批评党的任何组织和任何党员，向党负责地揭发、检举党的任何组织和任何党员违法乱纪的事实，要求处分违法乱纪的党员，要求罢免或撤换不称职的干部。(5) 行使表决权、选举权，有被选举权。(6) 在党组织讨论决定对党员的党纪处分或作出鉴定时，本人有权参加和进行申辩，其他党员可以为他作证和辩护。(7) 对党的决议和政策如有不同意见，在坚决执行的前提下，可以声明保留，并且可以把自己的意见向党的上级组织直至中央提出。(8) 向党的上级组织直至中央提出请求、申诉和控告，并要求有关组织给以负责的答复。

根据党章第4条规定，《中国共产党党员权利保障条例》将党员8项权利细化为13种具体权利：(1) 党内知情权。党员有权按照规定参加党的有关会议、阅读党的有关文件，了解党的路线方针政策和决议，本人所在党组织贯彻党中央决策部署以及上级党组织决定、落实全面从严治党主体责任、开展重点工作情况以及其他党内事务。（2）接受党的教育培训权。党员有权提出教育培训要求，参加党组织安排的集中学习教育、专题学习教育、集中轮训、脱产培训、网络培训。（3）党内参加讨论权。党员有权在党的会议上和党报党刊上参加关于党的理论、政策的学习讨论，并充分发表意见；有权按照规定在党内参加有关重要决策和重要问题的讨论，参加党组织开展的征求意见等活动，反映真实情况，积极建言献策。（4）党内建议和倡议权。党员有权以口头或者书面方式对本人所在党组织、上级党组织直至中央的各方面工作提出建议和倡议，有权按照规定在干部选拔任用中推荐优秀干部，在党组织巡视巡察、检查督查中对党的工作提出建议。（5）党内监督权。党员有权在党的会议上以口头或者书面方式有根据地批评党的任何组织和任何党员，揭露、要求纠正工作中存在的缺点和问题，在民主评议中指出领导干部和其他党员的缺点错误；有权向党组织反映对本人所在党组织、领导干部、其他党员的意见。党员有权向党组织负责地揭发、检举党的任何组织和任何党员的违纪违法事实，提出处理、处分有违纪违法行为党组织和党员的要求。（6）党内提出罢免撤换要求权。党员有权向所在党组织或者上级党组织反映领导干部不称职的情况，负责地提出罢免或者撤换不称职领导干部的要求。（7）党内表决权。党员有权按照规定在党组织讨论决定问题时参加表决，在表决前了解情况，在讨论中充分发表意见。表决时可以表示赞成、不赞成或者弃权。（8）党内选举权和被选举权。党员有权参加党内选举，了解候选人情况、要求改变候选人、不选任何一个候选人和另选他人。党员有党内被选举权，有权经过规定程序成为候选人和当选。（9）党内申辩权。党员有权实事求是地对被反映的本人问题向党组织作出说明、解释；在基层党组织讨论决定对自身处分或者作出鉴定时，有权参加和进行申辩，其他党员可以为其作证和辩护。（10）党内提出不同意见权。党员对党的决议和政策如有不同意见，在坚决执行的前提下，有权向党组织声明保留，并且可以把自己的意见向党的上级组织直至中央反映；有权按照规定在党组织讨论决定“三重一大”事项或者征求意见、干部选拔任用以及公示等过程中提出不同意见。（11）党内请求权。党员遇到重要问题需要党组织帮助解决的，有权按照规定程序逐级向本人所在党组织、上级党组织直至中央提出请求，并要求有关党组织给予负责的答复。（12）党内申诉权。党员对于党组织给予本人的处理、处分或者作出的鉴定、审查结论不服的，有权按照规定程序逐级向本人所在党组织、上级党组织直至中央提出申诉。党员认为党组织给予其他党员的处理、处分或者作出的鉴定、审查结论不当的，有权按照规定程序逐级向党组织直至中央提出意见。（13）党内控告权。党员合法权益受到党组织或者其他党员侵害的，有权向本人所在党组织、上级党组织直至中央提出控告，要求对侵害其合法权益的行为依规依纪进行处理。

不难看出，与宪法法律上的公民权利广泛涵盖言论出版集会结社游行示威等政治权利、宗教信仰自由、人身权利、人格尊严不受侵犯、住宅不受侵犯、通信自由和通信秘密、批评建议权利、申诉控告和检举权利、劳动权利、休息权利、获得物质帮助的权利、受教育的权利、进行科学研究文学艺术创作和其他文化活动的自由、婚姻自由、财产权利等形成对照的是，党章党规上的党员权利聚焦于保障党内民主、健全党内生活，它们虽然也要以党员的行为、人身、人格、身份、物、精神产品等作为客体，但这些权利属于紧贴党员这一特别身份而量身定制的党内民主权利。其中，“党内”性表明它们是党员身份专有的特别权利，至于党员作为公民这个普通身份，其与党外群众所共有的公民权利，则由宪法法律来规定，党内法规不宜去规定、不必去重复；“民主”性表明这些权利乃是发扬党内民主、维护党员主体地位所必需。

党章党规赋予党员的这些党内民主权利，构成了一个逻辑自洽的权利体系：既有建言献策、批评监督等积极权利，也有申辩申诉等消极权利；既有学习、知情等条件性权利，也有表达、表决等主体性权利；既有维护党和人民利益等利他性权利，也有维护自身正当权益等利己性权利；既有选举他人的权利，也有被他人选举的权利；既有实体性权利，也有程序性权利和保障性权利；既有指向党的领导活动的权利，也有指向党的自身建设的权利。这些权利涵盖党员行为所涉及的各方面、各领域和各环节，相辅相成、环环紧扣，共同构筑起党员在党内生活中的主体地位。

党章党规在设定党员权利的同时，提出了内在与外在两方面的前提性要求。

所谓“内在要求”，指的是要求党员在行使权利时应当自我克制、不得越界，强调党员权利并非绝对的。对此，党章和《中国共产党党员权利保障条例》等作出了明确规定。比如，关于党内参加讨论权，规定党员在讨论党的基本理论、基本路线、基本方略的过程中，应当自觉同党中央保持高度一致；关于党内监督权，规定党员进行批评、揭发、检举以及提出处理、处分要求，不得随意扩散传播、网络散布，不得夸大和歪曲事实，更不得捏造事实、诬告陷害。

所谓“外在要求”，指的是要求党组织应当为党员行使权利创造条件、提供保障。对此，《中国共产党党员权利保障条例》设专章规定各项权利实现的保障措施。比如，针对党内知情权，规定党组织应当按规定为党员提供阅读党内有关文件的必要条件，党的代表大会、代表会议和党的委员会全体会议以及其他重要会议召开后，党组织应当按照规定将会议内容和精神向党员传达；针对接受党的教育培训权，规定党组织应当按照规定、有计划地对党员进行教育和培训；针对党内监督权，规定党组织应当严格落实党内民主监督各项制度，畅通监督渠道，支持和鼓励党员同各种违纪违法行为和不正之风作斗争，等等。从党内法规在设定党员权利时一并提出两方面要求来看，可以看出党员权利与义务、党员权利与党的组织职责、党员义务与党的组织职权之间的互联互动、辩证统一。

在党内，所有党员都是平等的同志关系，每个党员都是党的一分子，在党章党规面前一律平等，没有高低贵贱之分，任何一个党员既是权利主体也是义务主体，既要履行义务也会享有权利，既不允许存在只有权利不尽义务的特权党员，也不允许存在只尽义务没有权利的特殊党员。对此，《中国共产党党员权利保障条例》第 3 条明确规定，“坚持义务和权利相统一”；第 4 条第 2 款规定，“党员应当增强党的观念和主体意识，将行使党章规定的权利作为对党应尽的责任，向党组织讲真话、讲实话、讲心里话，敢于担当、敢于负责，遵守纪律规矩，正确行使权利”。党员是党的细胞，党员自身义务与权利的辩证统一性体现出在个体上的自我平衡，它为实现党内法规权义配置的结构性均衡奠定了坚实基础。

需要注意的是，我们不能将党员义务和权利的辩证统一性简单地归结为二者在数量上是相等的、在分量上是相同的，事实恰恰相反，二者既不等量也不等重，这种辩证统一性属于非对称性均衡。

第一，义务重于权利，义主权辅。

党员应当认可党的纲领、遵守党的章程、服从党的纪律、维护党的统一，它们构成了一个政党得以形成和存续的必要前提，而这些属于义务性要求而非权利性规定。相对于实现我们党管党治党、执政治国目标而言，党员义务较权利更为直接、更加重要，如果少讲义务多讲权利，那么目标不可能实现，如果多讲义务少讲权利，目标仍有可能实现，革命战争年代的党即是最好例证。据此，义务而非权利成了对党员的第一性要求。正是在这个意义上，党章首先在第3条规定党员必须履行的义务，而后才在第4条规定党员享有的权利，这种先义务后权利的设定顺序安排，符合党员义务与权利关系的内在逻辑，党员在党内首先是义务主体，然后才是权利主体。

党员义务具有先决性、主导性，而党员权利则是派生和从属的。在这一点上，党员义务与权利二者的逻辑关系明显区别于公民权利与义务。《宪法》规定，国家一切权力属于人民。相对于国家而言，公民首先是权利主体，然后才是义务主体。为此，《宪法》第2章先规定公民的基本权利，而后规定公民的基本义务，这种排序合乎权利义务关系的内在逻辑，也是世界各国宪法规定的通例。

没有义务党将不党，没有权利党亦难成党。如果说党章规定党员义务目的在于保证管党治党、执政治国目标的实现，那么党章赋予党员权利的直接目的则是保证党员义务得到全面履行，因义设权而非因权设义。之所以如此，是因为义务产生责任、权利提供激励，党章只有赋予党员必要的权利，并运用好这一手段的激励和保障功能，才能为党员履行义务提供条件支持。其中，所谓“手段”，指的是赋予党员权利乃是保证其履行义务的必要条件。比如，党章要求党员履行“学习党的路线、方针、政策和决议”的义务，但如果党员没有党内知情权，则无法履行此项义务。为此，党章规定党员享有“参加党的有关会议，阅读党的有关文件，接受党的教育和培训”等权利。诸如此类的党员权利与义务往往是一体两面，从一面看是权利，从另一面看则是义务，属于复合性权利义务。所谓“激励”，指的是通过设定权利来激励党员遵守纪律、履行义务。党内民主是党的生命。赋予党员以广泛民主权利，这就确立了党员的主体地位，增强其主体责任感，强化全体党员的角色荣誉感和身份认同感，激发党员活力，调动党员积极性。党员享有权利是其履行义务的必要回馈，倘若不去履行义务也就不再享有相应权利。此外，党章关于党员权利的规定，也会对党外群众产生志愿入党的激励。所谓“保障”，指的是党员权利具有抵御每个党员不受其他党员或者党的组织违规侵害的屏障作用。党员权利是一种对世权，凡是党员人人平等享有，既不允许任何党员侵害别的党员权利——一个党员行使其权利在碰到其他党员权利的边界时应当止步，也不允许任何党的组织无视党员的主体性地位随意处置党员权益——错误的组织处理、党纪处分以及不公正不合规的对待必须得到纠正。鉴于此，党章第 4 条第 2 款明确规定：“党的任何一级组织直至中央都无权剥夺党员的上述权利。”《中国共产党党员权利保障条例》第 6 条中规定：“党员享有的党章规定的各项权利必须受到尊重和保护，党的任何一级组织、任何党员都无权剥夺。”

第二，义务多于权利，“入不敷出”。

在党章上，党员的义务与权利虽然均为 8 项，但二者并非等值等量。一方面，党员享有权利非为谋求一己之得，比如，其行使党内知情权、参与权、表达权、选举权、监督权等，都不是为了实现个人利益，而是完成好党的组织分配的工作的需要，最终服务于保持党的先进性和纯洁性、提高党的长期执政能力；另一方面，党员履行义务则会损及一己之利，比如，党章要求党员应当在生产、工作、学习和社会生活中起先锋模范作用，吃苦在前、享受在后、克己奉公、多做贡献，坚决同消极腐败现象作斗争，在一切困难和危险的时刻挺身而出，英勇斗争，不怕牺牲等，这些义务皆属公而忘私、因公损私。因此，就党员个人物质利益得失角度而言，义务分量大于权利，权利之得显然不及义务之舍。即一个公民从普通群众变成一名党员后，得到的很少、失去的很多，在党员义务与权利之间明显存在一个“利益差额”。

那么，这个利益差额到哪里去了？

答案就是立党为公、执政为民。全党义务与权利之间形成的盈余，通过党的领导和执政活动流向经济社会发展当中，它在扣除党的工作和活动本身的公务支出成本之后产生的余额，就属于党对引领经济社会发展所做的重要贡献。在这个意义上，党员义务无论是在质量上还是在数量上都要高于权利，这是党的先进性和纯洁性的内在要求，是由党“两个先锋队”和“三个代表”性质决定的，契合党全心全意为人民服务的根本宗旨，符合共产党人大公无私、公而忘私的党性要求。

事实上，对于任何一个政党而言，党员是在更多奉献社会还是更多向社会索取，是得到更多还是失去更多，在相当程度上取决于党员义务与权利的制度性安排。如果一个政党的党员权利“含金量”大于义务，那么它就难免要通过在社会上与民争利来实现党内“补差”，这样的政党只能是社会的“寄生虫”，有害无益；如果权义相当，那么它其实只是一个封闭的、在内部成员之间寻求自我供求平衡的“俱乐部”，其存亡兴衰与社会无关；只有当义重权轻时，这个政党才是毫不利己、专门为人的党，才是对人民和社会有益的党——我们党就是这样的党。也正因如此，我们党对党员提出很高的觉悟要求，党章第2条明确规定：“中国共产党党员是中国工人阶级的有共产主义觉悟的先锋战士。中国共产党党员必须全心全意为人民服务，不惜牺牲个人的一切，为实现共产主义奋斗终身。中国共产党党员永远是劳动人民的普通一员。除了法律和政策规定范围内的个人利益和工作职权以外，所有共产党员都不得谋求任何私利和特权。”

党的组织职责/职权

党的组织是党的基本构成单位，它们的工作、活动再加上全体党员的行为，就构成了全党活动的总和。党的领导和党的建设工作千头万绪、责任重大，要在党中央集中统一领导下，依靠各级各类党的组织履职尽责、合力完成。党的组织作为具体的行为主体，在特定地域、领域、事项上以党的名义开展工作。尽管各级各类党的组织在职责职权配置上各有侧重、大小有别，但只有每个党的组织权责一致——既没有无权之责，也没有无责之权，权责犹如硬币的两面浑然一体，才能保证所有党的组织的职责之和等于职权之和。为此，党章按照职责与职权统一的原则设定党的组织架构，在此基础上，以党的组织法规为“龙头”，以党的领导法规和党的自身法规为“龙身”，以党的监督保障法规为“龙尾”，对各级各类党的组织的职权职责作出明确规定，据此形成权责一致的组织体制和运行机制。

第一，因责定权。

某一特定党的组织应当拥有哪些职权、承担哪些职责，不可随遇而安、变动不居，应当回应管党治党、执政治国实际需要，经过反复权衡而定。

设想一下，倘若你想了解某个党的组织的职责和职权，建议看其“三定”规定，它会给出一个标准答案，对其职能、机构和人员编制皆有明确描述。“三定”规定具有不容违反的规范效力。《中国共产党机构编制工作条例》强调：“贯彻编制就是法制的要求，机构编制一经确定必须严格执行，录（聘）用人员、配备干部、核拨人员经费等应当以机构编制为基本依据。”

如果你想弄明白，“三定”规定依据什么而定？依据的是党内法规制度。循之有规，权责设定方为正当。针对一个党的组织编制“三定”规定，其编制依据主要有两类，一类是规范机构编制工作的专门党内法规制度。这方面制度的集大成者是《中国共产党机构编制工作条例》。该条例规定：“党和国家机构改革、体制机制和职责调整，各类机关和事业单位的机构、编制、领导职数的配备和调整，适用本条例。”另一类是规范相关党的组织开展工作的专门党内法规制度。根本依据是党章。党章将党的组织分为党的中央组织、地方组织和基层组织3大类，并对每类组织的职责和职权作出原则性规定。在党章之下、以党章为源，《中国共产党中央委员会工作条例》《中国共产党地方委员会工作条例》《中国共产党党和国家机关基层组织工作条例》等相关党的基层组织方面的条例，以及党的纪律检查机关方面的法规、《中国共产党党组工作条例》、《中国共产党工作机关条例（试行）》等有关党内法规，对各级各类党的组织的职责和职权予以细化，实现权责设定和行使的制度化、规范化和程序化。党章党规为编制各级各类党的组织“三定”规定提供了基本依据。

如果你追问，党内法规又是根据什么来确定某类党的组织的职权？我认为应当是依责定权、量责定权、无责则无权。职责是职权的基础，不能反其道而行之，因权定责进而因人设事。一旦党内法规要求党的组织履行某种管理和服务的职责，那就得授予其相应的管人管事管物的职权，设立机构、配备人员，为其提供可支配资源，赋予其必要的管理和服务手段，否则“巧妇难为无米之炊”，履责就会落空。无责则无权、有责须有权、权责应匹配。

如果你再追问，党内法规又是依据什么来设定党的组织职责的？这涉及党的地位和功能定位问题。要言之，党内法规在设定党的组织职责时，应当遵循尊重历史选择、回应现实需求的逻辑。宪法和党章都明确党领导中国特色社会主义事业，发挥总揽全局、协调各方的领导核心作用，党必须在宪法和法律的范围内活动。同时，我们党坚持党要管党、从严治党的基本方针。据此，党肩负着管党治党和执政治国的双重职责，要开展党的领导和党的建设两方面工作。在确定党的工作范围时，一方面要坚持“党政军民学，东西南北中，党是领导一切的”，另一方面要贯彻落实党章规定的“党必须保证国家的立法、司法、行政、监察机关，经济、文化组织和人民团体积极主动地、独立负责地、协调一致地工作”。在此基础上，遵循民主集中制原则，通过设立纵横交错、条块结合、内外有别的党的组织架构，综合运用属地、属人、属事、属时等标准，将我们党管党治党、执政治国的总职责分解给各级各类党的组织，从制度上明确每个党的组织的具体职责，确定其应当履行的管理和服务职责的内涵与外延。

概言之，党的组织的职责和职权具有以下几个显著特性：

一是公益性。在目的上，党的组织行使职权、履行职责是为了公共利益，代表的是中国最广大人民的根本利益，每个党的组织都不能偏离这一点，不得为了狭隘的机构利益、部门利益和地方利益而争权夺利，更不能假公济私、以权谋私。

二是有效性。从行为效果来看，党的组织的决定一经作出在党内即产生公定力、确定力、约束力和执行力等法规效力，非经规定程序确认无效、撤销、变更、废止，其效力会一直存续。

三是支配性。从行为效果来看，党的组织的职责和职权往往表现为支配力、作用力、影响力，深刻影响着社会资源的配置和社会财富的分配，影响着经济社会发展，影响着党务关系和社会关系。

四是强制性。从行为方式来看，党的组织的职责履行和职权行使可以党内强制作保障，党员个人服从党的组织、少数服从多数、下级组织服从上级组织、全党服从中央，某一党员或者党的组织如果不服从组织安排、不遵从组织决定、不遵循党内法规，将会招致组织处理甚至党纪处分。

五是裁量性。在党内法规上，有关党的组织职责和职权的规定，特别是对于需要结合实际情形作出具体决定的执行权，往往留有相当的裁量空间，让党的组织视具体情形在裁量幅度范围内根据比例原则作出合理决定。

六是多样性。从行为模式来看，党的组织履职用权日趋多样化，主体多样，党的中央组织、地方组织和基层组织各负其责，各级党委（党组）各尽其能，各党委工作部门分工合作、监督制约；行为方式多样，既有审批、命令、组织处理、纪律处分等强制性行为，也有号召、倡导、指导、建议、告诫等非强制性行为，既有作出决定的实体性行为，也有请示、报告、通知、通报等程序性行为。

七是系统性。党的组织的职责和职权覆盖党的领导和党的建设各方面，囊括管党治党、执政治国各领域，涵盖党务行为全过程各环节。

八是有限性。无论是管党治党还是执政治国，无论是职权还是职责，都反映出党的组织有所为有所不为而非包揽一切。党的组织开展自身建设活动时，其职权边界就是党员权利以及公民权利；开展领导活动时，其职权边界就是国家政权机关、政协、人民团体、国有企业事业单位等依法依章程所拥有的国家权力或组织自治权。每个党的组织无论履职尽责还是追究问责，都限定于一定范围之内。

九是规定性。党的组织的每项职责和职权都应当于规有据，不允许存在无规之权、规外特权，要通过党内法规设定一整套权责设定、运行、监督机制，保证党的组织依规履责、合规用权。党章明确规定“党必须在宪法和法律的范围内活动”，关于党的组织的权责规定应当以不违反宪法和法律规定为前提，党内法规不得以突破宪法和法律的方式设定党的组织的权责，党的组织不得借口履职突破宪法和法律规定，不可代替国家政权机关直接行使国家权力。

第二，权责匹配。

实现党的组织的职责和职权配置的结构性均衡，这种总量平衡是由成千上万个具体党的组织权责相互匹配的微平衡合成的。何为权责匹配？形象地说，每个党的组织的工作活动范围都表现为特定的高度广度深度强度，权责匹配即要求二者等高等广等深等强，权责一致、如影随形。党的组织分为党的中央组织、地方组织和基层组织 3 大类，党委设有纪检机关、办公厅（室）、职能部门、办事机构、派出机构、事业单位、决策议事协调机构等，党委部门又设有若干内设机构。为此，我们通过对党章以及相关党内法规规定，来具体考察如何保证每个党的组织自身的权责一致。

其一，党的中央组织的职权与职责。

党章第 3 章专门规定了党的中央组织，包括党的全国代表大会、全国代表会议、中央委员会、中央政治局及其常委会、中央书记处等。党的最高领导机关是党的全国代表大会和它所产生的中央委员会。

党章对党的中央组织的职权作出具体规定。其中，党的全国代表大会的职权是：（1）听取和审查中央委员会的报告；（2）审查中央纪律检查委员会的报告；（3）讨论并决定党的重大问题；（4）修改党的章程；（5）选举中央委员会；（6）选举中央纪律检查委员会。党的全国代表会议的职权是：讨论和决定重大问题，调整和增选中央委员会、中央纪律检查委员会的部分成员。中央委员会在全国代表大会闭会期间，执行其决议，领导党的全部工作，对外代表中国共产党。中央政治局和它的常委会在中央委员会全体会议闭会期间，行使其职权。中央书记处是中央政治局和它的常务委员会的办事机构。

根据党章，《中国共产党中央委员会工作条例》对党中央领导地位以及中央委员会、中央政治局、中央政治局常务委员会、中央委员会总书记等的职权职责作出明确规定。一则，关于党中央领导地位。中央委员会、中央政治局、中央政治局常务委员会是党的组织体系的大脑和中枢，在推进中国特色社会主义事业中把方向、谋大局、定政策、促改革。涉及全党全国性的重大方针政策问题，只有党中央有权作出决定和解释。党中央重大决策部署，是全党全军全国各族人民统一思想、统一意志、统一行动的依据。党中央统揽伟大斗争、伟大工程、伟大事业、伟大梦想，统筹推进“五位一体”总体布局、协调推进“四个全面”战略布局，全面领导改革发展稳定、内政外交国防、治党治国治军等各领域各方面工作，对党和国家事业发展重大工作实行集中统一领导。各级人大、政府、政协、监察机关、审判机关、检察机关，武装力量，各民主党派和无党派人士，人民团体，企事业单位，基层群众性自治组织，社会组织等，都必须自觉接受党中央领导。全党各个组织和全体党员必须自觉服从党中央，向党中央看齐，坚决维护党中央权威和集中统一领导，自觉在思想上政治上行动上同党中央保持高度一致。二则，关于中央委员会领导职权。在党的全国代表大会闭会期间，中央委员会执行全国代表大会的决议，行使以下职权：（1）召集全国代表大会，决定全国代表大会代表的名额和选举办法；讨论中央委员会向全国代表大会的报告、中央纪律检查委员会向全国代表大会的报告、党章修正案，并决定提请全国代表大会审查和审议。必要时决定召开党的全国代表会议，决定全国代表会议代表的名额和产生办法。（2）选举产生中央领导机构和中央委员会总书记，通过中央书记处成员，决定中央军事委员会组成人员，批准中央纪律检查委员会全体会议选举产生的常务委员会和书记、副书记；增选、增补中央领导机构成员，增补中央书记处成员、中央军事委员会组成人员。（3）听取和讨论中央政治局工作报告。（4）讨论和决定关系党和国家事业发展全局的重大问题。（5）讨论决定国家主席、副主席推荐人选，全国人大常委会、国务院、全国政协、中央军事委员会、国家监察委员会、最高人民法院、最高人民检察院领导人员推荐人选。（6）决定递补中央委员会委员；决定或者追认给以中央委员会委员、候补委员撤销党内职务、留党察看或者开除党籍的处分。（7）讨论和决定党治国理政、管党治党中其他重大问题和事项。中央委员会全体会议闭会期间，中央委员会的职权由中央政治局和它的常务委员会行使。三则，关于中央政治局领导职权。中央政治局贯彻执行全国代表大会和中央委员会的决议、决定，向中央委员会全体会议报告工作，接受监督，行使以下职权：（1）召集并主持中央委员会全体会议，研究决定提请中央委员会全体会议审议的问题和事项。（2）讨论和决定关系党和国家事业发展全局的重大问题和事项。（3）中央委员会全体会议闭会期间，决定给以中央委员会委员、候补委员撤销党内职务、留党察看或者开除党籍的处分，待召开中央委员会全体会议时予以追认；决定开除严重触犯刑律的中央委员会委员、候补委员党籍。（4）按照有关规定推荐、提名、任免干部；决定对有关党的领导干部的处理处分事项。（5）研究决定其他应当由中央政治局决定的重大问题和事项。四则，关于中央政治局常务委员会领导职权。中央政治局常务委员会贯彻执行全国代表大会和中央委员会的决议、决定，组织实施中央政治局制定的方针政策，行使以下职权：（1）处理党中央日常工作。（2）研究讨论关系党和国家事业发展全局的重大问题和事项并提出意见，提交中央政治局审议。（3）研究决定党和国家工作中的重大问题和事项。（4）对重大突发性事件作出处置决定和工作部署。（5）听取中央书记处工作报告和中央纪律检查委员会（国家监察委员会)、全国人大常委会党组、国务院党组、全国政协党组、最高人民法院党组、最高人民检察院党组等的工作汇报。(6)按照有关规定推荐、提名、任免干部;决定对有关党的领导干部的处理处分事项。(7)研究决定其他应当由中央政治局常务委员会决定的重大问题和事项。五则,关于中央委员会总书记职权。中央委员会总书记负责召集中央政治局会议和中央政治局常务委员会会议,并主持中央书记处的工作。六则,关于中央书记处职责。中央书记处根据中央政治局、中央政治局常务委员会和中央委员会总书记的指示安排开展工作。

党章对党的中央组织的职责作出相应规定。考虑到党的全国代表大会是党的最高领导机关之一,是党的最高权力机关,因此,党章未明确其职责,此与宪法只规定全国人大的职权而未规定其职责异曲同工。为了保证党的全国代表大会正常履行职责,党章规定其每5年举行一次,由中央委员会召集;中央委员会认为有必要,或者有1/3以上的省一级组织提出要求,全国代表大会可以提前举行;如无非常情况,不得延期举行。同时,党章要求包括党的全国代表大会在内的各级代表大会的代表和委员会的产生,要体现选举人的意志,选举采用无记名投票的方式。类似地,关于党的全国代表会议的职责,党章也未作明确规定,只对其职权行使作了限制,即其调整和增选中央委员会及候补中央委员的数额,不得超过党的全国代表大会选出的中央委员会及候补中央委员各自总数的1/5。党章重点规定了中央委员会、中央政治局及其常委会的职责。其中,中央委员会要向全国代表大会负责并报告工作,中央委员会全体会议由中央政治局召集,每年至少举行一次。中央政治局向中央委员会全体会议报告工作,接受监督。

其二,党的地方组织的职权与职责。

根据党章第4章的规定,党的地方组织包括党的省、自治区、直辖市,设区的市、自治州,县(旗)、自治县、不设区的市和市辖区3级党的代表大会、地方委员会及其常委会。党章以及其他党内法规对党的地方各级代表大会与委员会的职权和职责作出具体规定。

一则,关于党的地方各级代表大会的职权与职责。党章规定其职权是：（1）听取和审查同级委员会的报告；（2）审查同级纪律检查委员会的报告；（3）讨论本地区范围内的重大问题并作出决议；（4）选举同级党的委员会，选举同级党的纪律检查委员会。党章未明确规定党的地方各级代表大会的职责，但要求其每5年举行一次，由同级党的委员会召集；在特殊情况下，经上一级委员会批准，可以提前或者延期举行；代表名额和选举办法，由同级党的委员会决定，并报上一级党的委员会批准；党的地方各级代表大会的代表和委员会的产生，要体现选举人的意志，选举采用无记名投票的方式；党的地方各级代表大会的选举如果发生违反党章的情况，上一级党的委员会在调查核实后，应作出选举无效和采取相应措施的决定，并报再上一级党的委员会审查批准后，正式宣布执行。

二则，关于党的地方委员会的职责。党章规定，党的地方各级委员会在代表大会闭会期间，执行上级党组织的指示和同级党代表大会的决议，领导本地方的工作，定期向上级党的委员会报告工作。根据党章，《中国共产党地方委员会工作条例》对地方党委及其委会的职责作出明确规定。一是关于地方党委的职责。党的地方委员会应当通过召开全会的方式履行以下职责：（1）制定贯彻执行党中央和上级党组织决策部署以及同级党代表大会决议、决定的重大措施；（2）讨论和决定本地区经济社会发展战略、重大改革事项、重大民生保障等经济社会发展重大问题；（3）讨论和决定本地区党的建设方面的重大问题，审议通过重要党内法规或者规范性文件；（4）决定召开同级党代表大会或者党代表会议，并对提议事项先行审议、提出意见；（5）听取和审议常委会工作报告或者专项工作报告；（6）选举书记、副书记和常委会其他委员；通过同级党的纪律检查委员会全体会议选举产生的书记、副书记和常委会其他委员；（7）决定递补党委委员；批准辞去或者决定免去党委委员、候补委员；决定改组或者解散下一级党组织；决定或者追认给予党委委员、候补委员撤销党内职务以上党纪处分；（8）研究讨论本地区行政区划调整以及有关党政群机构设立、变更和撤销方案；（9）对常委会提请决定的事项或者应当由全会决定的其他重要事项作出决策。二是关于地方党委常委会的职责。常委会在全会闭会期间行使党的地方委员会职权，主持经常工作。其主要职责是：(1) 召集全会，向全会报告工作并接受监督；对拟提交全会讨论和决定的事项先行审议、提出意见；(2) 组织实施上级党组织决策部署和全会决议、决定；(3) 向上级党组织请示报告工作，讨论和决定下级党组织请示报告的重要事项；(4) 对本地区经济社会发展和宣传思想文化工作、组织工作、纪律检查工作、群众工作、统一战线工作、政法工作等方面经常性工作中的重要问题作出决定；(5) 按照有关规定推荐、提名、任免干部，必要时对重要干部的任免可以征求党委委员意见；教育、管理、监督干部；研究决定党员干部纪律处分有关事项；(6) 对应当由常委会决定的其他重要事项作出决定。

此外，党章第29条规定，党的地区委员会和相当于地区委员会的组织，是党的省、自治区委员会在几个县、自治县、市范围内派出的代表机关，它根据省、自治区委员会的授权，领导本地区的工作。

其三，党委常设（决策）议事协调机构的职责。

在实践中，党中央和地方党委设立了一些常设（决策）议事协调机构。党章对常设（决策）议事协调机构的设立运行问题未作规定。党的十八大以来，为了坚持和加强党的全面领导，党中央和地方党委增设了许多常设（决策）议事协调机构，并明确了其应履行的职责。比如，党的十九届三中全会审议通过的《深化党和国家机构改革方案》提出，为加强党中央对法治中国建设的集中统一领导，健全党领导全面依法治国的制度和工作机制，更好落实全面依法治国基本方略，组建中央全面依法治国委员会，负责全面依法治国的顶层设计、总体布局、统筹协调、整体推进、督促落实，作为党中央决策议事协调机构。中央全面依法治国委员会的主要职责是：统筹协调全面依法治国工作，坚持依法治国、依法执政、依法行政共同推进，坚持法治国家、法治政府、法治社会一体建设，研究全面依法治国重大事项、重大问题，统筹推进科学立法、严格执法、公正司法、全民守法，协调推进中国特色社会主义法治体系和社会主义法治国家建设等。中央全面依法治国委员会办公室设在司法部。该方案提出，为加强党中央对审计工作的领导，构建集中统一、全面覆盖、权威高效的审计监督体系，更好发挥审计监督作用，组建中央审计委员会，作为党中央决策议事协调机构。中央审计委员会的主要职责是：研究提出并组织实施在审计领域坚持党的领导、加强党的建设方针政策，审议审计监督重大政策和改革方案，审议年度中央预算执行和其他财政支出情况审计报告，审议决策审计监督其他重大事项等。中央审计委员会办公室设在审计署。该方案提出，为加强党中央对涉及党和国家事业全局的重大工作的集中统一领导，强化决策和统筹协调职责，将中央全面深化改革领导小组、中央网络安全和信息化领导小组、中央财经领导小组、中央外事工作领导小组分别改为中央全面深化改革委员会、中央网络安全和信息化委员会、中央财经委员会、中央外事工作委员会，负责相关领域重大工作的顶层设计、总体布局、统筹协调、整体推进、督促落实。这4个委员会的办事机构分别为中央全面深化改革委员会办公室、中央网络安全和信息化委员会办公室、中央财经委员会办公室、中央外事工作委员会办公室。该方案还提出，为加强党中央对教育工作的集中统一领导，全面贯彻党的教育方针，加强教育领域党的建设，做好学校思想政治工作，落实立德树人根本任务，深化教育改革，加快教育现代化，办好人民满意的教育，组建中央教育工作领导小组，作为党中央决策议事协调机构。中央教育工作领导小组的主要职责是：研究提出并组织实施在教育领域坚持党的领导、加强党的建设方针政策，研究部署教育领域思想政治、意识形态工作，审议国家教育发展战略、中长期规划、教育重大政策和体制改革方案，协调解决教育工作重大问题等。中央教育工作领导小组秘书组设在教育部。

需要特别注意的是，在中央层面设立的这些决策议事协调机构，它们在党中央领导下，具有一定的决策权、执行权、监督权，可以讨论和决定重大问题，需要履行一些审批、批准、审查、决定等职责，因此，这些机构既可“议事”又可“决策”，属于决策议事协调机构。这些机构的设立和运行，有利于坚持和加强党中央的集中统一领导。但是，这个逻辑不适用于地方，地方不得简单套用中央做法。党在地方开展工作，最主要的还是充分发挥地方党委在本地区的领导作用，至于其所设立的常设议事协调机构，主要职责是统筹协调、出谋划策、研究讨论等，为本级党委提供服务，它们只能“议事”不能“决策”，故而只能称其为“议事协调机构”而非“决策议事协调机构”，地方党委在确定这些议事协调机构的工作职责时，不可使用诸如审批、批准、审查、决定等含有决策意义的表述。

其四，党的纪律检查机关的任务和职责。

党章规定，党的各级纪律检查委员会是党内监督专责机关，主要任务是：维护党的章程和其他党内法规，检查党的路线、方针、政策和决议的执行情况，协助党的委员会推进全面从严治党、加强党风建设和组织协调反腐败工作。党的各级纪律检查委员会的职责是监督、执纪、问责，要经常对党员进行遵守纪律的教育，作出关于维护党纪的决定；对党的组织和党员领导干部履行职责、行使权力进行监督，受理处置党员群众检举举报，开展谈话提醒、约谈函询；检查和处理党的组织和党员违反党的章程和其他党内法规的比较重要或复杂的案件，决定或取消对这些案件中的党员的处分；进行问责或提出责任追究的建议；受理党员的控告和申诉；保障党员的权利。党的中央纪律检查委员会在党的中央委员会领导下进行工作；党的地方各级纪律检查委员会和基层纪律检查委员会在同级党的委员会和上级纪律检查委员会双重领导下进行工作；上级党的纪律检查委员会加强对下级纪律检查委员会的领导。

其五，党委工作部门的职责或任务。

党委工作部门是个常用的涵义比较宽泛的概念，包括党委工作机关、直属事业单位等。党章未就党委工作部门的设立与运行问题作出规定，有关其职责或任务的规定，主要见之于相关中央党内法规。

关于党委工作机关职责的规定，主要是通过《中国共产党工作机关条例（试行）》来明确的。根据该条例，党的工作机关是党实施政治、思想和组织领导的政治机关，是落实党中央和地方各级党委决策部署，实施党的领导、加强党的建设、推进党的事业的执行机关，主要包括办公厅（室）、职能部门、办事机构和派出机关。其中，所有的党的工作机关都应当履行的职责包括：(1) 坚决贯彻落实党的理论和路线方针政策以及党委决策部署，确保政令畅通；(2) 研究部署职责范围内的工作，按照规定制发党内法规和规范性文件，抓好组织实施和督促落实；(3) 当好党委参谋助手，及时报告有关情况、反映问题、提出意见建议，为党委决策提供服务；(4) 抓好机关党的建设工作，加强对本单位群团工作的领导；(5) 承办党委和上级工作机关交办的有关事项。具体而言，党委办公厅（室）是党委的综合部门，负责推动党委决策部署的落实，按照党委要求协调有关方面开展工作，承担党委运行保障具体事务；党委职能部门是负责党委某一方面工作的主管部门，按照规定行使相对独立的管理职能，制定相关政策法规并组织实施，协调指导本系统、本领域工作；党委办事机构是协助党委办理某一方面重要事务的机构，一般是指党委为加强跨领域、跨部门重要工作的领导和组织协调而设立的（决策）议事协调机构的常设办事机构，承担（决策）议事协调机构的综合性服务工作，可以根据有关规定履行特定管理职责；党委派出机关是党委为加强对特定领域、行业、系统领导而派出的工作机关，根据有关规定代表党委领导该领域、行业、系统的工作。

关于党委直属事业单位的任务，主要是通过《中国共产党党校（行政学院）工作条例》等相关专门中央党内法规来明确。比如，针对党校（行政学院），该条例规定,党校（行政学院）的基本任务是：(1) 培训各级党政领导干部、公务员、国有企业领导人员、事业单位领导人员、年轻干部、理论宣传骨干、高层次人才、基层干部、党员，开展党校（行政学院）系统师资培训；(2) 加强马克思主义基本理论研究，重点研究宣传习近平新时代中国特色社会主义思想；(3) 承办党委和政府以及相关部门举办的专题研讨班；(4) 开展重大理论和现实问题研究，承担党委和政府决策咨询服务；(5) 以培养马克思主义理论人才为主要目标，在国家批准的学科和专业学位类别内开展学位研究生教育；(6) 开展同国（境）内外有关机构和组织的合作与交流；(7) 参与党委关于党校（行政学院）工作政策以及干部培训计划的制定工作；(8) 完成党委和政府交办的其他任务。

其六，党组的职责。

党章第48条规定，在中央和地方国家机关、人民团体、经济组织、文化组织和其他非党组织的领导机关中，可以成立党组。党组发挥领导核心作用。党组的任务，主要是负责贯彻执行党的路线、方针、政策；加强对本单位党的建设的领导，履行全面从严治党责任；讨论和决定本单位的重大问题；做好干部管理工作；讨论和决定基层党组织设置调整和发展党员、处分党员等重要事项；团结党外干部和群众，完成党和国家交给的任务；领导机关和直属单位党组织的工作。根据党章，《中国共产党党组工作条例》采用统分结合的方式，对党组的职责作出更加明确的规定。一是，就总体而言，党组发挥把方向、管大局、保落实的领导作用，全面履行领导责任，加强对本单位业务工作和党的建设的领导，推动党的主张和重大决策转化为法律法规、政策政令和社会共识，确保党的理论和路线方针政策的贯彻落实。二是，党组讨论和决定本单位下列重大问题：（1）贯彻落实党中央以及上级党组织决策部署的重大举措；（2）制定拟订法律法规规章和重要规范性文件中的重大事项；（3）业务工作发展战略、重大部署和重大事项；（4）重大改革事项；（5）重要人事任免等事项；（6）重大项目安排；（7）大额资金使用、大额资产处置、预算安排；（8）职能配置、机构设置、人员编制事项；（9）审计、巡视巡察、督查检查、考核奖惩等重大事项；（10）重大思想动态的政治引导；（11）党的建设方面的重大事项；（12）其他应当由党组讨论和决定的重大问题。三是，党组必须坚持党建工作与业务工作同谋划、同部署、同推进、同考核，加强对本单位党的建设的领导，落实新时代党的建设总要求，履行全面从严治党责任，提高党的建设质量。具体包括：（1）把党的政治建设摆在首位，增强“四个意识”、坚定“四个自信”、做到“两个维护”，提高政治站位，彰显政治属性，强化政治引领，切实增强政治能力，始终在政治立场、政治方向、政治原则、政治道路上同以习近平同志为核心的党中央保持高度一致；（2）强化理论武装，组织学习习近平新时代中国特色社会主义思想，推进“两学一做”学习教育常态化制度化，引导党员、干部坚定理想信念宗旨，自觉加强党性锻炼；（3）落实意识形态工作责任制，确保业务工作体现意识形态工作要求、维护意识形态安全；（4）按照党管干部、党管人才原则，加强高素质专业化干部队伍建设，做好人才工作；（5）加强党的基层组织建设和党员队伍建设，讨论和决定基层党组织设置调整和发展党员、处分党员等重要事项；（6）加强和改进作风，密切联系群众，严格落实中央八项规定精神，坚决反对“四风”特别是形式主义、官僚主义；（7）加强党的纪律建设，履行党风廉政建设主体责任，支持纪检监察机关履行监督责任；（8）推进建章立制，建立健全体现党中央要求、符合本单位特点、比较完备、务实管用的党建工作制度，并抓好落实。党组领导机关和直属单位党组织的工作，支持配合党的机关工委对本单位党的工作的统一领导，自觉接受党的机关工委对其履行机关党建主体责任的指导督促。四是，党组应当加强对本单位统战工作和工会、共青团、妇联等群团工作的领导，重视对党外干部、人才的培养使用，更好团结带领党外干部和群众，凝聚各方面智慧力量，完成党中央以及上级党组织交给的任务。

其七，党的基层组织的任务和职责。

党的基层组织是党在社会基层组织中的战斗堡垒，是党的全部工作和战斗力的基础。党章第 30 条第 1 款规定，企业、农村、机关、学校、科研院所、街道社区、社会组织、人民解放军连队和其他基层单位，凡是有正式党员 3 人以上的，都应当成立党的基层组织。

党章规定党的基层组织的基本任务是：（1）宣传和执行党的路线、方针、政策，宣传和执行党中央、上级组织和本组织的决议，充分发挥党员的先锋模范作用，积极创先争优，团结、组织党内外的干部和群众，努力完成本单位所担负的任务。（2）组织党员认真学习马克思列宁主义、毛泽东思想、邓小平理论、“三个代表”重要思想、科学发展观、习近平新时代中国特色社会主义思想，推进“两学一做”学习教育常态化制度化，学习党的路线、方针、政策和决议，学习党的基本知识，学习科学、文化、法律和专业知识。（3）对党员进行教育、管理、监督和服务，提高党员素质，坚定理想信念，增强党性，严格党的组织生活，开展批评和自我批评，维护和执行党的纪律，监督党员切实履行义务，保障党员的权利不受侵犯。加强和改进流动党员管理。（4）密切联系群众，经常了解群众对党员、党的工作的批评和意见，维护群众的正当权利和利益，做好群众的思想政治工作。（5）充分发挥党员和群众的积极性创造性，发现、培养和推荐他们中间的优秀人才，鼓励和支持他们在改革开放和社会主义现代化建设中贡献自己的聪明才智。（6）对要求入党的积极分子进行教育和培养，做好经常性的发展党员工作，重视在生产、工作第一线和青年中发展党员。（7）监督党员干部和其他任何工作人员严格遵守国家法律法规，严格遵守国家的财政经济法规和人事制度，不得侵占国家、集体和群众的利益。（8）教育党员和群众自觉抵制不良倾向，坚决同各种违纪违法行为作斗争。

党章在对党的基层组织规定8项“基本任务”基础上，又对各类基层党组织的具体职责任务作出规定：（1）街道、乡、镇党的基层委员会和村、社区党组织，领导本地区的工作和基层社会治理，支持和保证行政组织、经济组织和群众自治组织充分行使职权。（2）国有企业党委（党组）发挥领导作用，把方向、管大局、保落实，依照规定讨论和决定企业重大事项。国有企业和集体企业中党的基层组织，围绕企业生产经营开展工作。保证监督党和国家的方针、政策在本企业的贯彻执行；支持股东会、董事会、监事会和经理（厂长）依法行使职权；全心全意依靠职工群众，支持职工代表大会开展工作；参与企业重大问题的决策；加强党组织的自身建设，领导思想政治工作、精神文明建设和工会、共青团等群团组织。（3）非公有制经济组织中党的基层组织，贯彻党的方针政策，引导和监督企业遵守国家的法律法规，领导工会、共青团等群团组织，团结凝聚职工群众，维护各方的合法权益，促进企业健康发展。（4）社会组织中党的基层组织，宣传和执行党的路线、方针、政策，领导工会、共青团等群团组织，教育管理党员，引领服务群众，推动事业发展。（5）实行行政领导人负责制的事业单位中党的基层组织，发挥战斗堡垒作用。实行党委领导下的行政领导人负责制的事业单位中党的基层组织，对重大问题进行讨论和作出决定，同时保证行政领导人充分行使自己的职权。(6) 各级党和国家机关中党的基层组织，协助行政负责人完成任务，改进工作，对包括行政负责人在内的每个党员进行教育、管理、监督，不领导本单位的业务工作。此外，党章还对党支部的性质和职责作出专门规定：党支部是党的基础组织，担负直接教育党员、管理党员、监督党员和组织群众、宣传群众、凝聚群众、服务群众的职责。

根据党章，党中央制定出台了《中国共产党普通高等学校基层组织工作条例》《中国共产党党和国家机关基层组织工作条例》《中国共产党农村基层组织工作条例》《中国共产党国有企业基层组织工作条例（试行）》等，对党章有关职责任务的规定作了细化。比如，《中国共产党党和国家机关基层组织工作条例》规定，机关党的基层委员会（含不设党的基层委员会的总支部委员会、支部委员会）的基本职责是：(1) 深入学习和贯彻习近平新时代中国特色社会主义思想，坚持和落实中国特色社会主义根本制度、基本制度、重要制度，宣传和执行党的路线、方针、政策，宣传和执行党中央、党的上级组织和本组织的决议，充分发挥党组织战斗堡垒作用和党员先锋模范作用，积极创先争优，团结、组织党内外干部和群众，努力完成本单位所担负的任务。(2) 推进“两学一做”学习教育常态化制度化，组织党员深入学习党的创新理论，学习党的路线、方针、政策和决议，学习党的基本知识和党史、新中国史、改革开放史，学习党章党规党纪和国家法律法规，学习业务知识和经济、政治、文化、社会、生态文明等各方面知识。(3) 对党员进行教育、管理、监督和服务，严格党的组织生活，维护和执行党的纪律，监督党员切实履行义务，保障党员权利不受侵犯。监督党员干部和其他任何工作人员严格遵守国家法律法规，加强党风廉政建设，坚决同各种违纪违法行为作斗争。(4) 密切联系群众，经常了解群众对党员、党的工作的批评和意见，了解群众诉求，维护群众正当权利和利益。(5) 对要求入党的积极分子进行教育、培养和考察，做好发展党员工作。(6) 做好思想政治工作和意识形态工作，推进机关社会主义精神文明建设，培育和践行社会主义核心价值观。(7) 协助党组（党委）管理机关基层党组织和群团组织的干部；配合组织人事部门对机关领导干部进行考察、考核和民主评议，对机关干部的选拔任用和奖惩提出意见。(8) 领导机关工会、共青团、妇女组织等群团组织，支持这些组织依照各自的章程独立负责地开展工作。(9) 按照党组织的隶属关系，领导直属单位党的工作。

综上所述，党章党规中关于党的各级各类组织的职权和职责任务的规定，基本上是按照相互匹配、辩证统一原则设定职权与职责的，为党的组织履职用权提供了党内法规依据。同时，还存在一些亟待解决的问题：一是涵盖不够全。从形成一个党的工作活动完整链条角度来看，党的组织的权责应当包括工作主体、工作对象、工作事项、工作方式、工作程序、工作效力、工作监督、责任追究、争议化解等诸多环节，但现有规定尚未做到涵盖全要素全过程，比如，对党的组织之间的权责纠纷、党的组织与党员的权益争议等，都缺乏完备的定分止争机制。二是界分不够明。有关职权与职责的规定往往混在一起以“任务”形式出现，难以根据现有规定梳理出一个清晰的各类各级党的组织的职权清单与职责清单，权责关系不太清晰。针对党的中央组织主要规定的是职权，针对地方党委、党的工作机关、党组等主要规定的是职责，针对纪委主要规定的是职责任务，针对党的基层组织主要规定的是任务。三是规定不够细。多数规定比较原则化，缺乏细密的实体性和程序性规定，可操作性不够强，弹性空间较大，刚性约束不够，不易发现和纠正滥权和不作为问题。不言而喻，只有依规明确设定每一类党的组织的职权与职责，保证其权责匹配，才能为党的组织的工作制度化、规范化、程序化提供组织基础，从根本上解决实践中具体党务行为的越位、错位、缺位、不到位问题。因此，需要在梳理和清理现有党内法规基础上，抓紧推进立改废释工作，填空白、补短板、强弱项，进一步健全党的组织体系。

第三，统筹各组织权责设定。

整个管党治党、执政治国系统如同一个精密的钟表，每个党的组织只是其中的一个齿轮，要保证整个党的组织体系结构合理、有序高效运转，顺利推进党的领导和党的建设工作，不仅需要每个“齿轮”

有序自转，更需要不同“齿轮”协调公转。为此，党内法规在设定党的组织的职权与职责时，既要在微观上保证每类党的组织的职权与职责相匹配、实现自平衡，还要树立系统思维和“一盘棋”意识，对各级各类党的组织的职权与职责进行整体设计、统筹考量，处理好相关党的组织间的上下左右内外关系，将党的组织体系纳入立体式、全方位的制度化轨道。

概括起来，统筹设定各级各类党的组织之间的职权与职责需要考虑3个维度：

第一个维度：交互设定上下级党的组织间的职责与职权。

党的组织架构呈金字塔形，自上而下包括党的全国代表大会、全国代表会议、中央委员会、中央政治局及其常委会、中央书记处，省级代表大会、省级党委及其常委会，地市级代表大会、地市级党委及其常委会，县级代表大会、县级党委及其常委会，基层委员会、总支部委员会、支部委员会等。同时，在中央和地方层面，还设有纪委、党委（决策）议事协调机构、党委工作部门、党组等。其中，党代表大会、党委属于领导机关，党委工作部门属于执行机关，纪律检查机关属于监督机关，形成决策、执行、监督的三位一体。

在理想状态下，党章党规应当对这些党的组织各自的权责作出明确界分，保证党的中央组织与地方组织、基层组织根据党内法规各享其权、各负其责。不过，由于党内法规的不尽完善，再加上党的领导和党的建设工作经常出现新情况新任务，造成实践中经常出现党内法规未尽事项，存在所谓“剩余权责”。对此，根据民主集中制原则，如果党内法规未明确相关权责属于中央还是地方，那它就应归属中央；如果已明确其属于地方，但未明确属于上级还是下级，那它就应归属上级。

对于党内法规而言，如何科学设定各级各类党的组织的职权与职责，并保证上下协调一致、有条不紊，是一道难题。科学设定的目标是在党中央集中统一领导下，上级作出的决策、下达的指示命令接地气，符合广大党员意愿、符合基层实际、符合群众关切，政令畅通、令行禁止，下级坚决贯彻落实党中央的决策部署以及上级党的组织的决定，确保上级要求落地见效。

为此，党内法规需要采取交互性设定上下级的职权与职责的思路。所谓交互性设定，是指贯彻落实民主集中制，做到“两个维护”，在坚持党中央集中统一领导，坚持下级服从上级的前提下，党的中央组织、地方组织和基层组织三者间的职权与职责采用双向设定逻辑，对上级职权行为，下级既有服从和落实的职责又有批评监督的权力，对下级职权行为，上级既有指挥和监督的职权也有尊重支持的义务，上级与下级、职权与职责四个方面排列组合，交织成相互依存、上下制衡的组织架构。

一则，在组织生成上，先下后上、自下而上、以下选上。先选举产生较低层级的党代表组成党组织，再逐级向上选举产生较高层级的党组织。下级党代表与党组织的选举权，对上级党代表的产生与党组织的形成具有决定性作用。在这一点上，下级职权相对于上级职权是占优的。

二则，在日常工作上，上下沟通、各负其责，不搞简单的以上压下，更不得以下犯上。一方面，各级各类党的组织在自身职责权限范围内独立负责地开展工作，凡属应由下级党的组织处理的问题，如无特殊情况，上级党的组织不得干预。另一方面，上级党的组织在作出同下级组织有关的重要决定时，通常要征求下级组织的意见，以保证下级组织正确理解、全面贯彻落实上级决定；下级党的组织作出的需经上级审批同意的重要决定，必须事先请示获得批准；下级党的组织的重大事项要及时向上级报告报备；上级党的组织根据规定权限任免下级重要干部。在这一点上，上级、下级职权基本上是均势的。

三则，在领导决策上，先上后下、自上而下、以上率下。先由较高层级党的组织作出决策、发出指示命令，然后自上而下贯彻落实，上领导下、下服从上。在这个环节，上级职权相对于下级职权是占优的。

四则，在监督救济上，互相监督、彼此制约、上下平等。党章规定，上下级组织之间要互通情报、互相支持和互相监督。一方面，上级党的组织有权领导或指导下级党的组织开展工作，有权督促检查上级决策部署的贯彻落实情况，有权责令下级党的组织自行纠正或者直接改变、撤销其作出的不适当或者违法违规决定并予以通报批评，有权受理党员和下级党的组织提出的申诉、检举和控告并作出相应处理等。另一方面，下级党的组织有权对上级党的组织提出批评、意见和建议；有权对上级党的组织的履职情况进行评议，如果其认为上级组织的决定不符合本地区、本部门的实际情况，可以请求改变，如果上级组织坚持原决定，下级组织必须执行，并不得公开发表不同意见，但有权向再上一级组织报告；有权罢免其所选出的不称职的上级组织的党代表。

不难看出，这种你中有我、我中有你的交互性设定模式，贯穿于党的组织的生成与运行全过程，据此形成多选一、一率多、多对一的制衡格局，保持了党的组织体成为“顶天立地”、有机统一、充满活力的整体，既有助于保持全党的集中统一、行动一致，又有利于调动地方和基层的主动性、积极性，为增强党的凝聚力创造力战斗力提供了科学合理的组织保障。

第二个维度：统筹设定左右相邻党的组织的职责与职权。

一方面，按照属地管辖原则划分平级地方党组织的权责。

我们党是长期执政的大党，承担着执政治国、领导人民实现中华民族伟大复兴中国梦的重任，不可能事无巨细皆由党的中央组织亲力亲为，科学的做法是统分结合、发挥“两个积极性”，坚持党中央集中统一领导，把那些涉及全党全国的重要党务保留在党中央，然后对应于行政区划授权党的各级地方组织来依规治理相应党务。如此一来，在平级地方党组织之间就形成了属地管辖的治理格局。

一般而言，只要行政区划清晰，那么互相没有隶属关系的平级地方党组织之间的职权与职责就是清晰的。不过，党内法规在统一设定平级地方党组织的职权与职责时，至少要注意统筹解决以下 3 个问题：一要考虑地区间差异，比如，是否属于民族地区和边疆地区，是否属于经济特区，是否属于改革试验区，经济社会发展程度，人口多少、面积大小与地理区域，等等，以免简单“一刀切”带来生搬硬套的实施难问题。二要考虑到当下区域合作发展带来的跨地区间协商共治问题，譬如京津冀协同发展、长江经济带、长三角区域一体化等，在一定程度上打破了地方党内法规一地制定、适用于一地的传统模式。三要考虑到互联网、党员流动性频繁等带来的管辖边界模糊化问题，党员组织关系所在地、党员行为发生地及行为结果产生地等可能经常各为一地，这就带来党内法规适用的地域选择问题。

另一方面，按照属事管辖原则划分党委工作机构的权责。

党的领导和党的建设工作涉及方方面面，不可能所有党务皆以党委名义而为，可行的做法是将重要事项保留在党委，然后按照既分工合作又相互制约监督的原则，在党委统一领导下将剩余职能授予其工作机构，包括党委工作部门和党委派出的党组，据此形成一种基于属事管辖的厅（室）、部、委、办、事、组的分工协作格局。

“厅（室）”即党委办公厅（室），它是党委的综合部门，负责推动党委决策部署的落实，按照党委要求协调有关方面开展工作，承担党委运行保障具体事务，为党委提供决策咨询、法规服务、信息服务并负责办文、办会、办事等其他机关运转事务。

“部”即党委组织部、宣传部、统战部等，它们作为党委职能部门，各自承担党的领导和党的建设的某一方面职能，主管组织、宣传、统战等某一方面党务，在开展工作时存在党务管理相对人，在职权范围内可以自己名义作出抽象党务行为（如制发文件）和具体党务行为（如审批），上下级党委的“部”形成存在指导和监督关系的工作系统。

“委”即政法委、党工委等，它们与“部”职能定位相似，但在内部更强调集体领导、对外更重视发挥综合协调作用。纪委不属地方党委工作部门，但纪委机关属于党委直属机关。党中央和地方党委根据工作需要在党和国家机关、行业（系统）、地区等设立的各类工委（如省直机关工委、教育工委、街道党工委、开发区党工委等），它们是党委为加强对特定领域、行业、系统、地域领导而派出的工作机关，根据有关规定代表党委领导该领域、行业、系统、地域的工作。

“办”即改革办、财办、国安办、网信办、军民融合办等，指的是党委为加强跨领域、跨部门重要工作的领导和组织协调而设立的

（决策）议事协调机构的常设办事机构，承担（决策）议事协调机构的综合性服务工作。它们作为党委办事机构，以协助党委办理某一方面重要事务为己任，除少数情形下可以根据有关规定履行特定管理职责外，一般没有对外管理的权责。它们可以自己名义制定用于内部管理和协调监督等方面的文件，但一般不能制发用作外部管理依据的规范性文件。

“事”即党委直属事业单位，它们没有对外管理的权责，主要任务是在党内提供公益服务，包括党员干部培训、党史和文献研究、档案保管、党报党刊等。

“组”即党组，是指党在中央和地方国家机关、人民团体、经济组织、文化组织和其他非党组织的领导机关中设立的领导机构，在本单位发挥领导作用，它们是党对非党组织实施领导的重要组织形式。

按照属事管辖原则统筹设立党委厅（室）、部、委、办、事、组并统筹设定它们的权责，前提是应当由党委履行的“保留性”职责，党委既不得将其授予工作机关，也不得将其授予党组，更不得授予党委直属事业单位等。在设立机构和设定权责时，要注意以下几个问题：一是按照一事一主体的要求，原则上将一类事项交给一个机构，尽量避免因一事多主体造成政出多门、各自为战。特别是对于厅（室）、部、委、办等党委工作机关的设立而言，应当贯彻落实《中国共产党工作机关条例（试行）》的规定，即“党的工作机关的设立，应当适应加强党的领导和党的建设的需要，遵循精简、统一、效能原则，实行总量控制和限额管理。根据工作需要，党的工作机关可以与职责相近的国家机关等合并设立或者合署办公。合并设立或者合署办公仍由党委主管。严格控制议事协调机构常设办事机构的设立。议事协调机构负责的事项，可以交由现有工作机关牵头协调或者建立协调配合机制解决的，不另设常设办事机构”。要解决好党的工作机关之间存在的权责交叉重叠问题，避免内部程序外部化影响办事效率。二是强化党委工作部门之间的制衡，既要分工合作、相互配合，又要各负其责、监督制约，完善各单位之间的联系沟通协调监督机制。三是强化党委内部业务模块建设，比如，党委组织部、宣传部、统战部对党委其他部门和党组的相应机构，应当通过制发文件、工作答复、监督检查等各种方式，加强党委业务主管部门对同级党委工作部门和党组相关业务的领导或指导。四是健全权责争议化解机制，对纪检机关、党委工作部门、党组之间出现的权责争议，明确协调解决的方式方法。

在党中央集中统一领导下，统筹设定党的组织的权责，主要是基于属地、属事标准，同时兼顾属人、属时标准。按照属地管辖原则，在横向上划分权责形成了“块”；按照属事管辖原则，在纵向上划分权责形成了“条”。在条块结合、纵横交错框架内，还可以视情况采取补充性或者细化性权责安排。比如，根据属人管辖原则来划分干部管理权限，分为中管干部、省管干部等；根据属时管辖原则划分党的组织职权期限，党章规定，“每届中央委员会产生的中央领导机构和中央领导人，在下届全国代表大会开会期间，继续主持党的经常工作，直到下届中央委员会产生新的中央领导机构和中央领导人为止”。

第三个维度：协调设定党的组织的内外职责与职权。

作为长期执政党，我们党肩负党的领导和党的建设双重职责，在管党治党上主要任务是推进党的建设新的伟大工程、加强党的自身建设，保持党的先进性和纯洁性；在执政治国上主要是不断提高党科学执政、民主执政、依法执政的长期执政能力，发挥党总揽全局、协调各方的领导核心作用，推进中国特色社会主义伟大事业。一内一外两种任务对应不同的权责设定和运行逻辑，需要加以科学统筹。

一方面，党内法规在符合宪法和法律规定的前提下设定党的组织开展党的领导和党的建设活动的权责。

在公共治理模式下，政治组织、经济组织、文化组织、社会组织都有依法依规依章程进行自我管理、自我教育、自我服务、自我监督的权责。中国共产党作为一种政治组织也不例外，主要依靠由党章所统率的党内法规体系来管党治党、加强党的自身建设。习近平总书记强调，党要管党、从严治党是党的建设的一贯要求和根本方针，全面从严治党，核心是加强党的领导，基础在全面，关键在严，要害在治。首先，党章确立了党的政治建设、思想建设、组织建设、作风建设、纪律建设、制度建设等党的建设总体格局，这就明确了党建活动的权责范围。其次，党章以及其他党内法规将党建权责授予各级各类党的组织，全局性、综合性权责保留在党委，地方党委和党组肩负全面从严治党主体责任，党委工作部门各自负责主管某一方面党建工作，党的基层组织发挥战斗堡垒作用。最后，党内法规明确各级各类党的组织开展各项具体党建工作的主体、权限、对象、方式、程序、责任、监督、救济等。

当然，自治必须是法治中的自治，宪法法律虽然不宜对自治范围内的具体事项代替章程作出具体规定，也不可对自治活动放任自流，而应对自治组织的自治边界予以限定，避免出现“超自治”。因此，党内法规应当以符合宪法法律规定的方式设定党的组织的权责边界，止步于国家法律作出的禁止性规定。比如，在党的思想建设方面，党内法规不可要求党的组织为有悖尊重民族地区党员民族习俗的事；在党的组织建设方面，党内法规不可要求党的机关在招录公务员时突破《公务员法》规定；在党的作风建设方面，党内法规不可要求党的组织减损国家法律规定的党员干部的政治、工作和生活待遇；在党的纪律建设方面，党内法规不可授权党的组织作出限制党员的人身自由、剥夺党员的合法财产的决定，等等。由此可见，党的组织在党建方面的权责固然直接源于党内法规，但其源有多远、其流有多长，在相当程度上要受制于宪法法律规定的活动范围。

另一方面，党内法规在国家法律规定基础上设定党的组织的领导权责。

划分党的组织的领导权责，需要搞清楚一个前提问题：党的领导权和执政地位从何而来？它既是历史形成、人民选择的，更是宪法明确规定的。《宪法》序言规定：“中国新民主主义革命的胜利和社会主义事业的成就，是中国共产党领导中国各族人民，在马克思列宁主义、毛泽东思想的指引下，坚持真理，修正错误，战胜许多艰难险阻而取得的……国家的根本任务是，沿着中国特色社会主义道路，集中力量进行社会主义现代化建设。中国各族人民将继续在中国共产党领导下，在马克思列宁主义、毛泽东思想、邓小平理论、‘三个代表’重要思想、科学发展观、习近平新时代中国特色社会主义思想指引下，坚持人民民主专政，坚持社会主义道路，坚持改革开放……把我国建设成为富强民主文明和谐美丽的社会主义现代化强国，实现中华民族伟大复兴。”《宪法》总纲第 1 条规定：“中华人民共和国是工人阶级领导的、以工农联盟为基础的人民民主专政的社会主义国家。社会主义制度是中华人民共和国的根本制度。中国共产党领导是中国特色社会主义最本质的特征。禁止任何组织或者个人破坏社会主义制度。”以宪法规定为基础，相关法律法规从多个方面明确了党的领导权。比如，《公务员法》第 4 条规定：“公务员制度坚持中国共产党领导，坚持以马克思列宁主义、毛泽东思想、邓小平理论、‘三个代表’重要思想、科学发展观、习近平新时代中国特色社会主义思想为指导，贯彻社会主义初级阶段的基本路线，贯彻新时代中国共产党的组织路线，坚持党管干部原则。”《高等教育法》第 39 条规定：“国家举办的高等学校实行中国共产党高等学校基层委员会领导下的校长负责制。中国共产党高等学校基层委员会按照中国共产党章程和有关规定，统一领导学校工作，支持校长独立负责地行使职权，其领导职责主要是：执行中国共产党的路线、方针、政策，坚持社会主义办学方向，领导学校的思想政治工作和德育工作，讨论决定学校内部组织机构的设置和内部组织机构负责人的人选，讨论决定学校的改革、发展和基本管理制度等重大事项，保证以培养人才为中心的各项任务的完成……”《村民委员会组织法》第 4 条规定：“中国共产党在农村的基层组织，按照中国共产党章程进行工作，发挥领导核心作用，领导和支持村民委员会行使职权；依照宪法和法律，支持和保障村民开展自治活动，直接行使民主权利。”由此可见，宪法和法律明确规定了我们党的领导权和执政地位，党的组织要把方向、作决策、用干部，发挥领导作用。通过宪法确立党的领导地位，通过法律法规明确党的组织的领导体制、领导方式和具体权责，这是依法治国、依法执政的必然要求，是推进党的领导制度化、法治化的重要体现。

党的领导和执政活动对国家权力具有支配性。在所有权意义上，党的执政权应当由党的中央组织代表全党享有，不可层层套用于党的地方组织、基层组织以及其他党的机关。不过，从党的领导和执政实践需要以及实际运行角度来看，党的执政权和领导职责又是可以分解的。一方面，党的执政权和领导职责作为“权责束”可以分解为若干项权能，可以细分为指挥权、命令权、决策权、审批权、协调权、建议权、监督权、处理权等。另一方面，类似于所有权与使用权是可分的，党的中央组织也可以按照民主集中制原则在各级各类党的组织中分配领导职责，坚持党中央集中统一领导，“事在四方，要在中央”，将重要的领导权的行使保留在党中央，其余的则可授予党的地方组织、部分基层组织以及有关党的工作机关、党组等来行使，发挥其在本地区本单位的领导作用。

因此，在宪法法律规定基础上，党可以通过制定实施党的中央委员会工作条例、党的地方委员会工作条例、党的机关工作条例、党组工作条例、党的基层组织工作条例以及党的组织工作条例、宣传工作条例、统战工作条例、政法工作条例、纪检工作条例等党内法规，将党的领导职权职责在各级各类党的组织中配置。

党内法规在具体设定党的组织的领导权责时，要严格遵循党章第30自然段提出的要求，着力解决好3个问题：一是不缺位。中国共产党领导是中国特色社会主义最本质的特征，是中国特色社会主义制度的最大优势，党是最高政治领导力量。必须坚持党政军民学、东西南北中，党是领导一切的，坚决维护党中央权威，健全总揽全局、协调各方的党的领导制度体系，把党的领导落实到国家治理各领域各方面各环节。二是不越位。习近平总书记强调：“我国实行的是社会主义市场经济体制，我们仍然要坚持发挥我国社会主义制度的优越性、发挥党和政府的积极作用。市场在资源配置中起决定性作用，并不是起全部作用。”因此，我们党在坚持和加强党的领导的同时，还必须保证国家的立法、行政、监察、司法机关，经济、文化、社会组织和人民团体积极主动、独立负责、协调一致地开展工作。不能将坚持党的领导简单地理解为让党的组织直接去向公民、法人和非法人组织作指示、下命令，而是要通过加强党对国家政权机关、政协、人民团体、国有企业事业、军队等的领导，进而依靠它们去依法依章程管理国家经济社会事务。不能偏离这个定位，让党的组织代替它们冲在经济社会管理的一线，以免产生以党代政、代事、代企等问题。三是不违法。党章规定，党必须在宪法和法律范围内活动，党的组织应当按照依法执政的要求定政策、作决策、用干部，无论是作出抽象行为还是具体行为，无论在实体上还是在程序上，都不可置宪法法律明文规定于不顾。特别是要注意把“重大改革于法有据”坚持好落实好，善于通过法定程序把党的改革部署转化为国家法律规定，国家机关以及有关组织不可在国家法律修改之前，针对管理和服务对象强行实施改革举措，以免给社会公众造成改革举措与法律规定相冲突的错觉。

以上从两个方面分别讨论了党内法规与国家法律是如何相辅相成共同设定党的组织的领导权责这个问题，它的关键是处理好党作为领导主体与国家政权机关、政协、人民团体、国有企业事业、军队等作为领导对象二者之间的领导与被领导关系，其核心是处理好党政关系。

如何科学处理党政关系？对此，习近平总书记作出了深刻阐述：党政关系既是重大理论问题，也是重大实践问题。改革开放以后，我们曾经讨论过党政分开问题，目的是解决效率不高、机构臃肿、人浮于事、作风拖拉等问题。应当说，对如何解决我们面临的国家治理体系和治理能力问题是探索性的。改革开放以来，无论我们对党政关系进行了怎样的调整，但有一条是不变的，就是邓小平同志所说的：“我们要坚持党的领导，不能放弃这一条，但是党要善于领导。”处理好党政关系，首先是坚持党的领导，在这个大前提下才是各有分工，而且无论怎么分工，出发点和落脚点都是坚持和完善党的领导。中国共产党是执政党，党的领导地位和执政地位是紧密联系在一起的。党的集中统一领导权力是不可分割的。不能简单讲党政分开或者党政合一，而是适应不同领域特点和基础条件，不断改进党的领导方式和执政方式。一些党中央决策议事协调机构的办事机构就设在政府部门，打破所谓的党政界限，同一件事情弄到一块去干，增强党的领导力，提高政府执行力，理顺党政机构关系，建立健全党中央对重大工作的决策协调机制。习近平总书记的重要论述，为我们在认识上理解好、在实践中把握好、在制度安排上处理好党政关系提供了重要遵循。

就在制度上处理好党政关系而言，不仅要科学设定党的组织作为领导方的权责，还要科学设定国家政权机关、政协、人民团体、企业事业单位等作为领导对象的权责，二者缺一不可。关于国家政权机关的权责设定，遵循职权法定原则，主要是由国法规定的；关于政协、人民团体、国有企业事业单位的权责设定，部分归于国法，部分归于章程。

那么，党内法规能否影响其设定呢？答案是肯定的。影响领导对象的权责设定，这原本就是党的领导和执政内容的重要组成部分，党的组织可以通过制定和实施党内法规制度等方式，在事前、事中、事后全方位影响这些领导对象的权责设定。比如，设定其权责的法律法规是在党的领导下制定的，设定政协、人民团体和国有企业事业单位的章程是在其党组或党委领导下制定和完善的；国家政权机关、政协机关、人民团体等的机构改革方案要报党委审批发布；有些政府机构本身就是党政统筹设定、“一个机构两块牌子”，等等。这些都有利于保证有关制度在设定领导对象的权责时充分体现党的意志和领导主张，而规范党的意志和领导主张的形成和表达的一个重要方式，就是制定和实施党内法规制度。在这个意义上，党内法规的制度安排其实是在非常深刻地影响着国家政权机关等领导对象的权责设定。

从理论上看，党内法规和国家法律各有侧重、交互影响，共同致力于理顺党的组织与国家政权机关等之间的领导与被领导关系，有助于实现党的组织与国家政权机关等在中国特色社会主义事业中扮演好各自角色，使得两种属性的权责虚实结合、内外有别、有先有后、有分有合、交替衔接，通过巧妙的“错位”处理，既有助于发挥党总揽全局、协调各方的领导核心作用，保证方向正确、齐心协力，又有助于保证国家政权机关等领导对象依法依章程独立负责地开展工作和活动。不过在实践中，有时会出现截然相反的两种失之偏颇倾向：有的是党政不分、以党代政，一些党的组织管了许多不该管、管不好、于法于规无据的事；有的是以政代党、党不管政，一些党的组织不愿、不会、甚至不敢发挥领导作用，虚化、弱化了党的领导，造成党的领导在一些领域地域上口号化、形式化、空洞化。这两种倾向均同依法执政、依法治国南辕北辙。之所以出现这两种不正常倾向，固然也有有规不依、有法不守方面的原因，但主要是因为有的党内法规和国家法律在设定党政机关的权责时缺乏统筹、笼统原则所致。一旦相关党内法规针对党的组织的职能定位不准，势必会造成党政权责不清、关系不顺。

党的组织权力/党员权利

党章总纲描绘出坚持民主集中制达到的理想状态：一种又有集中又有民主，又有纪律又有自由，又有统一意志又有个人心情舒畅的生动活泼的政治局面。与这种团结统一、充满活力的状态相对应的党内法规制度体系应当呈现为一种结构性均衡。这种“结构性”均衡，不仅体现为党员个人的义务与权利的辩证统一，也体现为党的组织的职责与职权的相互匹配，更为重要的是，要体现为党的组织权力与党员权利的协调平衡。之所以如此，是因为权力与权利的矛盾属于主要矛盾，义务与权利的矛盾、职责与职权的矛盾属于次要矛盾，党务关系的核心问题是权力与权利关系。

第一，党员权利与党的组织权力属性不同、功能有别。

党内法规授权于党员与党的组织，在最终目的上固然并无二致，皆要服从和服务于党的事业发展，但在直接目的上有差异：赋予党员权利是为了保障党员个体权益，确立党员在党内的主体地位，而授予党的组织权力则是出于管党治党和执政治国的需要，为党的组织开展工作活动所必需。党员权利主要是民主权利，党员不享有权利就无以发扬党内民主，而党的组织的权力是实现党的集中统一的条件，党的组织倘若没有权力，则无法通过集中那些分散的、多样的甚至是相左的党员意愿以形成党的统一意志；同时，授予党的组织的权力也是坚持和加强党的领导的需要，实现党对一切工作的领导，确保党在中国特色社会主义伟大事业中发挥总揽全局、协调各方的领导核心作用。党员是以个体名义行使权利，体现的是个人意志、反映的是个体意愿，而党的组织是以集体的名义行使权力，代表的是集体意志、反映的是组织意图。党员权利的实现不能诉诸强制，只能依规表达其诉求或者意见建议，但无权强迫其他党员或者党的组织去接受，而党的组织权力具有支配性、强制性，可以采用命令—服从方式，依靠党的纪律、动用党内强制力来保障党的组织的决定得以执行。党员权利在行为效果上一般是不确定的，其意图的实现或者要依赖于其他党员的配合，比如在党内选举中，一个党员行使选举权支持某个人选，该人选能否当选还要取决于其他党员的选择；或者要依赖于党的组织的支持，比如其行使的检举、控告和申诉权，能否产生预期效果要取决于党的组织的受理和决定。

第二，党员权利与党的组织权力相互依存、如影随形。

党员权利与党的组织权力作为反映个体与集体关系的一对范畴，类似于阴与阳、矛与盾，二者是相对而言、不能孤立存在的，一方存在的意义在于对方的存在，党员针对党的组织权力而享有其权利，权利构成了权力行使的边界，而党的组织也是针对党员权利而拥有其权力，权力构成了对党员权利的限制，如果一方没有丝毫权利（力），那就没必要去明确另一方的权力（利）。在这个意义上，权利主体与权力主体都可以从对方的感受上觉察到自身力量，对方不仅是一面反映自己权力（利）是否真实和充分的镜子，也是抵制自身权力（利）扩张的主要阻力所在。党内法规制度安排如果不是无的放矢，那它在设定某种党员权利时，总是会针对某种党的组织的权力作出限制；同理，党内法规在设定某种党的组织的权力时，也必然会造成对党员权利行使的某种限制。如此一来，党的组织的权力与党员权利在党内法规制度上的形影不离就无处不在、无时不在，要么表现为明确的对应关系，要么暗含着呼应关系，二者要么在一个文本中对应设定，要么在不同文本中遥相呼应，只要发现了一方，那么另一方就应当在不远的地方。

第三，党员权利与党的组织权力辩证统一、殊途同归。

党内治理有一个权能总量，权利与权力各占一定比重，这个总量及内在构成比例会随着管党治党和执政治国形势任务的发展变化而作动态调整。就存量而言，二者一般是此消彼长的，权力扩张会造成权利相应收缩，反之亦然。比如，扩大党的组织直接任命干部的权限就会相应减缩党员选举干部的适用范围；扩展党员的知情权、参与权、表达权，就会相应减少党的组织径直作出决定的权力。就增量而言，二者应当是水涨船高的，伴随着一项新型权利的出现往往会产生一项相应的新型权力，反之亦然。比如，赋予党员通过网络举报反腐的权利，就要相应增加管控网络滥权的权力。就减量而言，减少一项权力往往也会造成与之相对的权利的退出。比如，如果党内一项特许事项被取消，那么对党的组织而言就不再拥有该项审批权，对于党员而言也就同时失去相关的请求权。

虽然权力与权利表现为一种矛盾关系，但矛盾不是简单的对立更非消极的对抗。党员不是为了私利而加入党组织，党内法规授予党员知情权、参与权、表达权、选举权、监督权等民主权利，也主要不是为了党员的一己之利，而是便于党员以主体身份参与组织活动；同样，党内法规授予党的组织以作决策、用干部、审批管理以及组织处理和纪律处分等权力，也不是为了该组织的部门利益或者地方利益，而是为了党的事业需要。因此，党内法规分别授权党员与党的组织行使权利、权力，旨在各展其长、集思广益、群策群力，最终汇聚成党的力量，无论是权利与权力，最终都统一于推进党的事业发展之中。而且，按照民主集中制原则，将管党治党、执政治国的权力分别授予全体党员和各级各类党的组织共同行使、分而治之，二者分工配合、分工不分家，相互制约、制衡不掣肘，有利于实现自上而下与自下而上相结合、微观层面与宏观层面相结合、个体意愿与集体智慧相结合，这也符合复杂组织形态分权制衡的公域之治规律。

手段服从于目的。事实表明，较之简单地依赖党的组织行使权力的“集权式”管理或者简单地依赖党员行使权利的“民粹式”管理，我们党采取的这种分而治之、相互制衡的模式更可靠、更安全、更有效，反映出我们党在党和国家治理上的高超政治智慧。

第四，党员权利与党的组织权力应当辩证统一、协调平衡。

党的组织权力与党员权利配置的结构性均衡，其“均衡性”是指权力与权利之间的协调平衡性，既赋予党员以充分的权利以确立其主体地位，发扬党内民主，调动全体党员的积极性和创造性，又授予党的组织以必要的权力以发挥其组织领导作用，维护全党在思想上、政治上、行动上的团结统一，保证党充满活力和战斗力；既避免因权力过强而挤压党内民主空间，也防止因权利过大而妨碍全党步调一致向前进。

结构性均衡的“结构性”包括以下 3 个方面：

一是总量相当。全体党员所享有的权利总量与各级各类党的组织所拥有的权力在总量上大致相当。总量相当并非机械地要求在每个领域、每个层级甚至每部党内法规中的权力与权利都是等量的，相反，各个领域的权力与权利配置是根据需要确定的，比如，实体性党内法规中的党员权利可能弱于党的组织权力，但程序性党内法规中的党员权利会强于党的组织权力，党内法规通过这种非对称性设定和总量控制来实现党的组织权力与党员权利的总体协调。

二是结构合理。与党的领导和党的建设工作分级分类布局相对应，党的组织权力与党员权利配置也呈现为纵横交错的格局。党章是最根本的党内法规，对党的组织权力与党员权利作出初始配置，其他党内法规是对党章确立的权力与权利基本架构的细化，因此，党章对党的组织主要权力与党员基本权利的配置，坚持辩证统一、协调平衡具有决定性作用，在此基础上，其他党内法规在细化时要注意全面推进，不能因选择性细化而致失衡。同时，对党的各方面工作中的党的组织权力与党员权利的配置，也应当大体平衡，不能畸轻畸重、多寡不均。

三是供求平衡。党内法规制度建设旨在回应党的领导和党的建设工作提出的制度需求，其实质是推进党的事业发展所必需的党的组织权力与党员权利。党内法规制度变革与党的事业发展情势之间应当呈现为一种结构性耦合关系，这就要求党内法规关于党的组织的权力与党员权利的配置不能是“自治型”，而应是“回应型”，只有当党内法规所提供的权力与权利配置格局正确回应了党的领导和党的建设活动需要，才算是真正实现了结构性均衡。

党的组织权力与党员权利配置格局呈现为结构性均衡，这是一种理想状态。一则，这种结构性均衡目前尚未全面实现。就既有党内法规制度安排而言，权力与权利配置格局还存在多种意义上的失衡。比如，在研究制定一些党内法规时自觉不自觉地存在重权力轻权利、重实体轻程序、重管理轻服务等惯性思维；党的组织法规、领导法规、自身建设法规、监督保障法规发展不平衡，各领域各方面党内法规建设进度不同步，特别是党的领导法规不及党的建设法规完善。总体来看，党内法规制度建设步伐滞后于管党治党、执政治国实践的发展，亟待迎头赶上。二则，这种结构性均衡也不是一成不变、一劳永逸的，它总要随着党的事业发展而不断被重新定义，赋予新的内涵与外延。在这个意义上，努力建成一套内容科学、程序严密、配套完备、运用有效的党内法规制度体系，其实质是一个适应“四个伟大”形势任务发展变化而有针对性地解决党的组织权力与党员权利配置的失衡问题，是一个寻求权力/权利配置结构均衡化的过程。要完成这个任务，主要靠通过推进党内法规制度的供给侧结构性改革。

全面从严治党责任制

习近平总书记指出，“办好中国的事情，关键在党，关键在党要管党、从严治党”，“党要管党、从严治党，是党的建设的一贯要求和根本方针”。作为“四个全面”战略布局组成部分之一，全面从严治党涵盖党的领导和党的建设两个方面。因此，一切党内法规制度建设皆要着眼于全面从严治党，一切职权职责和义务权利配置皆事关全面从严治党责任制度，实行制度治党、依规治党，就是要通过严明的责任制度保证党的组织和党员干部认真履行职责，保证党员认真履行义务，保证党的工作活动始终在制度轨道上运行。党的十九届四中全会明确要求“完善和落实全面从严治党责任制度”。在各种党内法规制度规定中，全面从严治党责任制是个“牛鼻子”；在各级各类党的组织中，党委（党组）是关键主体。因此，在党中央集中统一领导下，围绕党委（党组）主体责任建立健全一套全面从严治党责任体系，无疑至关重要。

2020年2月26日，习近平总书记主持召开中央政治局常委会会议审议通过《党委（党组）落实全面从严治党主体责任规定》。该规定言简意赅，4600多字，共5章25条，规定了总体要求、责任内容、责任落实、监督追责等事项，回答了党委（党组）落实全面从严治党主体责任应当干什么、怎么干这两个基本问题，把党委（党组）的责任要求定得更明白了、把履职尽责的螺丝拧得更紧了。制定出台该规定，是巩固和提升党的十八大以来全面从严治党成效的重要举措，为推动新时代全面从严治党向纵深发展增添了强劲制度引擎。

《党委（党组）落实全面从严治党主体责任规定》在制度设计理念和制度安排逻辑上体现出“四个聚焦”。

第一，在建章立制上聚焦解决管党治党责任虚化问题。

习近平总书记深刻指出：“如果管党不力、治党不严，人民群众反映强烈的党内突出问题得不到解决，那我们党迟早会失去执政资格，不可避免被历史淘汰。这决不是危言耸听。”党的十八大以来，习近平总书记针对全面从严治党作出一系列重要指示要求，深刻回答了新时代全面从严治党的方向性、根本性问题，为从严管党治党提供了根本遵循。党中央把全面从严治党纳入“四个全面”战略布局，以坚定决心、顽强意志、空前力度推进全面从严治党，坚持思想从严、监督从严、执纪从严、治吏从严、作风从严、反腐从严等“六个从严”，坚决改变管党治党宽松软状况，取得重大进展和显著成效，党的领导更加坚强有力，党内政治生态明显好转，党的团结统一更加巩固，党的创造力凝聚力战斗力显著增强，为统揽“四个伟大”、推进党和国家事业发展提供了坚强政治保证。

同时要清醒看到，全面从严治党永远在路上。在全面从严治党向纵深推进的道路上，还有不少“路障”亟待扫除，还有许多“堵点”亟待疏通。习近平总书记强调指出，当前，党内存在的政治不纯、思想不纯、组织不纯、作风不纯等突出问题特别是一些深层次问题尚未得到根本解决，一些看似解决了的老问题还有可能反弹回潮，实践中一些新情况新问题也层出不穷，全面从严治党任务依然十分艰巨。要实现党的建设高质量发展，把全面从严治党不断推向深入，必须直面这些问题、解决这些问题。

具体而言，主要有以下 4 个问题：一是内容理解不全面。有的同志简单地把全面从严治党与党的自身建设甚至机关党建等同起来，片面地认为推进全面从严治党就是要加强党的自身建设，未能深刻认识到全面从严治党的核心要义是加强党的领导，这就容易导致在工作中顾此失彼甚至舍本求末，造成党的领导弱化。二是责任意识不到位。有的党委（党组）成员似是而非地认为自己是“业务干部”，主要责任、主要精力、主要工作就是抓业务建设，至于管党治党责任主要靠纪检机关去扛，党的建设工作主要靠机关党委去做，如果出现管党治党不力问题那是纪检工作不到位、机关党建工作没干好。三是政绩观不正确。一些领导干部一见到招商引资上项目搞建设工程就兴致勃勃，一谈到党的建设新的伟大工程就兴致不高，错误地认为前一个工程是“硬”的“实”的、后一个工程则是“软”的“虚”的，前一个工程投入产出性价比高、后一个工程性价比低，前一个工程可以搞短平快带来立马见效的“显绩”、后一个工程则是短期内难以立竿见影的“潜绩”，前一个工程容易“皆大欢喜”成为加分项、后一个工程往往费力不讨好得罪人，前一个工程属于“自家”事自己没干好就是失职、后一个工程属于全党的事自己没干好关系不大。四是方式方法不够用。一些党的组织和领导干部履行全面从严治党责任消极被动，上面推一推自己转一转、不推不转，只会用开会发文搞活动这“三板斧”，老招不管用、新招不会用，缺少实招硬招管用的招，造成党的组织工作活动流于形式、失之随意、止于平淡、收效甚微。

推动全面从严治党向纵深发展，必须下决心解决这些突出问题。习近平总书记强调指出：“从严治党要靠思想教育，更要靠制度保障，靠制度是长远之策、根本之策，这是一条重要经验。”此前，有关党委（党组）履行全面从严治党责任方面的要求，分散在《中国共产党地方委员会工作条例》《中国共产党党组工作条例》《中国共产党问责条例》等党内法规中，缺少一部专门的党内法规作出集中规定。鉴于此，党中央要求研究制定《党委（党组）落实全面从严治党主体责任规定》，完善和落实全面从严治党责任制度。该规定坚持目标导向和问题导向相结合，聚焦解决管党治党责任虚化问题建章立制，对症下药、精准施策，把党委（党组）的主体责任定清楚，把落实责任的措施定周详，构筑了一道防止管党治党主体缺位、责任缺失的制度屏障。

第二，在制度导向上聚焦强化管党治党政治责任。

习近平总书记强调指出："全面从严治党首先要从政治上看"，"不从政治上认识问题、解决问题，就会陷入头痛医头、脚痛医脚的被动局面，就无法从根本上解决问题。"《党委（党组）落实全面从严治党主体责任规定》将强化管党治党政治责任作为制度安排的主旋律，明确了党委（党组）落实全面从严治党主体责任必须遵循的政治要求和政治原则，必须落实的政治任务和政治工作，鲜明彰显管党治党的政治导向。

一是阐明了政治要求。该规定第3条要求党委（党组）落实全面从严治党主体责任必须牢牢把握正确政治方向。这就是，党委（党组）必须深入贯彻习近平新时代中国特色社会主义思想，增强"四个意识"、坚定"四个自信"、做到"两个维护"，不忘初心、牢记使命，守责、负责、尽责，一以贯之、坚定不移全面从严治党，以伟大自我革命引领伟大社会革命，以科学理论引领全党理想信念，以"两个维护"引领全党团结统一，以正风肃纪反腐凝聚党心军心民心，永葆党的先进性和纯洁性，确保党始终成为中国特色社会主义事业的坚强领导核心。

二是确立了政治原则。通常而言，党内法规的条文是由原则与规则两部分构成的，其中，原则侧重阐明原理、理念、价值取向等，规则侧重配置职权职责、义务权利，明确具体遵循。在功能上，原则之于规则居于统率地位。该规定第4条明确规定党委（党组）落实全面从严治党主体责任应当遵循4项原则：（1）要坚持紧紧围绕加强和改善党的全面领导；（2）要坚持全面从严治党各领域各方面各环节全覆盖；（3）要坚持真管真严、敢管敢严、长管长严；（4）要坚持全面从严治党过程和效果相统一。怎么准确理解该规定确立的这4项原则？关于全面从严治党的丰富内涵，习近平总书记作出了深刻阐述。习近平总书记强调指出，全面从严治党，核心是加强党的领导，基础在全面，关键在严，要害在治。不难看出，该规定是将习近平总书记的这一重要指示要求转化为4项原则，其中第1项原则对应于“核心是加强党的领导”，第2项原则对应于“基础在全面”，第3项原则对应于“关键在严”，第4项原则对应于“要害在治”。该规定确立的这4项政治原则，统率起第2章、第3章、第4章关于责任内容、责任落实、监督追责等具体制度安排，保证了这4项政治原则得以在该规定中通篇贯穿。

三是凸显了首要政治任务。“两个维护”是党的最根本最重要的政治纪律和政治规矩。在党委（党组）落实全面从严治党主体责任的众多任务中，摆在第一位的就是坚决做到“两个维护”。因此，在该规定第6条设定的地方党委12项主体责任、第7条设定的党组11项主体责任中，第1项责任就是“坚决维护以习近平同志为核心的党中央权威和集中统一领导，坚决贯彻执行党中央决策部署以及上级党组织决定”。

四是强化了党的政治领导。全面从严治党，核心是加强党的领导。党是最高政治领导力量，东西南北中，党政军民学，党是领导一切的。该规定第6条、第7条将坚持和加强党的领导确定为党委（党组）落实全面从严治党主体责任的第2项政治任务。其中，第6条规定，地方党委“在本地区发挥总揽全局、协调各方的领导作用，在经济社会发展各项工作中坚持和加强党的全面领导，在同级各种组织中发挥领导作用”；第7条规定，党组（党委）“在本单位（本系统）发挥把方向、管大局、保落实的领导作用，推动党的主张和重大决策转化为法律法规、政策政令和社会共识，确保党的理论和路线方针政策在本单位（本系统）贯彻落实”。

五是彰显了党的政治建设统领地位。党的十九大指出，党的政治建设是党的根本性建设，决定党的建设方向和效果，在党的建设中居于统领地位。该规定第 6 条、第 7 条的第 3 项都对加强党的政治建设提出明确要求。其中，第 6 条规定，地方党委要“把党的政治建设摆在首位，坚定政治信仰，强化政治领导，提高政治能力，净化政治生态，始终在政治立场、政治方向、政治原则、政治道路上同党中央保持高度一致”；第 7 条规定，党组（党委）要“把党的政治建设摆在首位，提高政治站位，彰显政治属性，强化政治引领，增强政治能力，始终在政治立场、政治方向、政治原则、政治道路上同党中央保持高度一致，涵养良好的机关政治生态”。该规定第 6 条、第 7 条在彰显党的政治建设统领地位基础上，针对党委（党组）落实党的建设其他各方面的任务依次作出具体规定。

第三，在制度安排上聚焦党委党组两个关键主体。

党章第 10 条规定：“党是根据自己的纲领和章程，按照民主集中制组织起来的统一整体。”根据党章党规，在党中央集中统一领导下，我们党形成了一个严密的组织体系。其中，3200 多个省市县三级地方党委、各级各类党的纪检机关、2000 多个党的工作机关、10.2 万个党组、460 多万个党的基层组织等，它们在管党治党、执政治国活动中各司其职、各负其责。在党的组织体系中，地方党委作为党在地方的领导机关，党组作为党在非党组织中设立的领导机构，二者在推进全面从严治党工作中处于关键位置、肩负领导职责，要组织引领其他党组织共同完成管党治党任务。就此而言，落实全面从严治党主体责任，重中之重是抓好党委、党组这两个关键主体。《党委（党组）落实全面从严治党主体责任规定》在设计各级各类党的组织所应承担的管党治党责任时，着眼整个党的组织体系通盘考虑，聚焦党委、党组两个关键主体精准发力，以“关键少数”引领“绝大多数”，通过紧紧扭住这两个关键主体带动其他党的组织，形成各级各类党的组织同向发力、齐抓共管的管党治党工作格局。该规定以重点带全面，分 4 个层次精准划分各级各类党的组织的管党治党责任。

第一个层次：重点规定党委（党组）的主体责任。整个《党委（党组）落实全面从严治党主体责任规定》一以贯之紧紧围绕党委

（党组）这个“主角”设计制度、作出规定。一方面，该规定首先在第2章第6条、第7条分别针对党委、党组的责任内容一一列举，列举了地方党委12项责任，列举了党组11项责任。另一方面，该规定第3章的“责任落实”、第4章的“监督追责”都是紧扣党委、党组这两个关键主体作规定、提要求，以保证其主体责任落地见效。同时，该规定还针对党委（党组）书记履行第一责任人职责、党委（党组）领导班子其他成员按照“一岗双责”要求履行重要领导责任等作出明确规定。

第二个层次：简要规定相关党的组织配合党委（党组）的协助责任。党委（党组）固然肩负全面从严治党主体责任，但不能机械地认为各项相关工作都要由党委（党组）亲力亲为，而是要依托党建工作领导小组、党的纪检机关、党的工作机关等相关主体各司其职，履行好各自配合党委（党组）履职尽责的协助责任。为此，该规定第9条用5款内容依次针对党建工作领导小组、党的纪检机关、党委办公厅（室）等党的工作机关、党的机关工委、机关党委等5类主体的协助责任作出简要规定，要求这些党的组织紧密结合自身职能承担相应责任，这有助于防止出现党委（党组）因“单打独斗”而致主体责任悬空不落地的问题。

第三个层次：一并规定其他有关党的组织的责任。在全面从严治党责任体系中，党的纪检机关、党的工作机关、党的基层组织等相关组织，要扮演两个角色、肩负两种责任：一个是相对于党委（党组）主体责任而言，它们承担的是协助责任，要当好党委（党组）的参谋助手；另一个是对于本单位本区域落实全面从严治党要求而言，它们又是责任主体，要看好自家人、种好责任田，防止出现“灯下黑”。为此，该规定第2条第2款规定：“党的纪律检查机关、党的工作机关、党委直属事业单位在本单位落实全面从严治党主体责任，党的基层组织落实全面从严治党主体责任，参照本规定执行。”

准确理解该规定第2条第2款规定，有3点需要注意。一则，关于“参照本规定执行”的涵义。由于该规定的名称指向的是“党委（党组）”，因此，重点是为党委（党组）量身定制，该规定同时要求其他有关党组织“参照本规定执行”，这就意味着这些党组织如无特殊情形也要执行该规定。二则，关于“党的工作机关”的范围。根据《中国共产党工作机关条例（试行）》，党的工作机关主要包括党委办公厅（室）、职能部门、办事机构、派出机关等4类，其中的“职能部门”包括党委组织部、宣传部、统战部等。三则，关于“党的基层组织落实全面从严治党主体责任”的涵义。党的基层组织种类多、数量大、功能各异，它们在管党治党上并非都要承担主体责任。其中，发挥领导作用的基层党组织，比如国有企业党委、高校党委、乡镇党委等，承担的是主体责任，而不发挥领导作用的基层党组织，比如有关事业单位党委、机关党委、党支部等基层党组织，它们并不负有主体责任——既然不负主体责任，就不适用该规定中有关主体责任的规定，而是适用该规定第9条第5款等相关要求。

第四个层次：特别规定了中央和国家机关要发挥示范引领作用。该规定第5条专门规定：“中央和国家机关在全面从严治党中具有特殊地位和作用，必须在落实全面从严治党责任中走在前、作表率，全面提高机关党的建设质量，建设让党中央放心、让人民群众满意的模范机关，引领带动各地区各部门抓好全面从严治党。”

责任不清必起纠纷。该规定逐一明确党委（党组）以及其他相关党的组织的全面从严治党责任，绝不是在搞繁琐哲学，目的在于建立健全一套分工合理、逻辑严密的管党治党责任体系。全面从严治党，各级各类党的组织人人有责，不同的党的组织承担的责任有大有小、有轻有重、有主有次，不能笼统规定、含糊其词，而是要量体裁衣、精准界定。该规定确立了一个以党委（党组）主体责任为主、以其他党的组织责任为辅的责任体系，有助于避免不同党的组织在履行责任时推诿扯皮、在被问责追责时上推下卸，有助于保证各级各类党的组织守土有责、齐心协力做好全面从严治党工作。

第四，在谋篇布局上聚焦打造管党治党责任链条。

党的十九届四中全会明确要求“完善和落实全面从严治党责任制度”。习近平总书记强调指出，要扭住责任制这个“牛鼻子”，抓住党委（党组）这个关键主体，推动各级党的组织和党员领导干部严格落实全面从严治党责任。《党委（党组）落实全面从严治党主体责任规定》紧扣建立健全责任制这一主题谋篇布局，着力从明责、履责、监督追责 3 个方面立规矩定遵循，打造出一个环环紧扣、逻辑闭合的责任链条。

第一个环节是“明责”。该规定对党委（党组）以及其他党的组织各自责任都作出规定。特别是该规定第 6 条、第 7 条专门就党委、党组两个关键主体的责任内容逐一明确规定。比较这两条内容，二者有同有异。

就“同”的方面而言，主要有两点。一是在要求实现党建工作与业务工作深度融合上二者异曲同工。该规定第 6 条要求“地方党委应当将党的建设与经济社会发展同谋划、同部署、同推进、同考核，加强对本地区全面从严治党各项工作的领导”。第 7 条要求“党组（党委）应当坚持党建工作与业务工作同谋划、同部署、同推进、同考核，加强对本单位（本系统）全面从严治党各项工作的领导”。二是在涵盖事项上大体相同，主要包括“两个维护”、党的领导、党的政治建设以及党的思想建设、组织建设、作风建设、纪律建设、制度建设、反腐败斗争、领导其他党的组织开展工作、领导群团工作等方面，实现了对全面从严治党工作的全覆盖。

就“异”的方面而言，主要也有两点。一是责任数量不同，党委的责任有 12 项，党组的责任有 11 项，党组责任的第 7 项涵盖了纪律建设与反腐败斗争两项内容。二是内容上的差异，该规定根据党委和党组在功能地位上的不同，量身定制、有针对性地设定各自的责任内容，二者貌似大同小异，实则区别很大。比如，该规定第 6 条、第 7 条的第 3 项都是要求加强党的政治建设，但二者在内容上明显不同。根据《中共中央关于加强党的政治建设的意见》，地方党委要在本地区全口径加强党的政治建设，要涵盖该意见提出的坚定政治信仰、强化政治领导、提高政治能力、净化政治生态等 4 项主要内容。据此，《党委（党组）落实全面从严治党主体责任规定》要求地方党委“把党的政治建设摆在首位，坚定政治信仰，强化政治领导，提高政治能力，净化政治生态，始终在政治立场、政治方向、政治原则、政治道路上同党中央保持高度一致”。但对于党组而言，由于《中共中央关于加强党的政治建设的意见》针对国家机关等非党组织提出的具体要求是，提高政治站位、彰显政治属性、强化政治引领、增强政治能力等。据此，《党委（党组）落实全面从严治党主体责任规定》针对在国家机关等非党组织中设立的党组提出的要求更为具体、更有针对性，这就是，“把党的政治建设摆在首位，提高政治站位，彰显政治属性，强化政治引领，增强政治能力，始终在政治立场、政治方向、政治原则、政治道路上同党中央保持高度一致，涵养良好的机关政治生态”。

第二个环节是“履责”。该规定第 3 章专门规定“责任落实”问题，提出了会议专题研究、制定责任清单、作出年度任务安排、加强调查研究、开展经常性宣传教育、在民主生活会上作出对照检查、提醒谈话约谈教育、通报典型问题、提高工作能力水平等多项举措，综合施策、打出组合拳。这些举措，多数针对的是党委（党组），也有一些针对的是党委（党组）书记以及领导班子其他成员。

第三个环节是“监督追责”。该规定第 4 章专门规定“监督追责”问题。要保证党委（党组）以及其他有关党的组织认真落实全面从严治党责任，如果没有与之匹配的监督追责机制那是靠不住的，这就如同老虎没有牙齿。该规定建立了责任制落实情况报告制度、监督检查和巡视巡察制度、考核评价制度等。同时，该规定第 22 条明确规定了 5 种追责情形，即贯彻执行党中央关于全面从严治党重大决策部署以及上级党的组织有关决定不认真、不得力；履行全面从严治党第一责任人职责、重要领导责任不担当、不作为；本地区本单位政治意识淡化、党的领导弱化、党建工作虚化、责任落实软化，管党治党宽松软；本地区本单位在管党治党方面出现重大问题或者造成严重后果；其他应当追究责任的情形。党委（党组）及其领导班子成员如果出现以上 5 种情形之一，党的组织将根据《中国共产党纪律处分条例》《中国共产党问责条例》等党内法规严肃追究责任。

制定出台《党委（党组）落实全面从严治党主体责任规定》，是党中央推动新时代全面从严治党向纵深发展的重要举措。各地区各部门要按照中央办公厅印发该规定的通知要求，切实抓好该规定的学习贯彻，增强“两个维护”的政治自觉，强化守土有责、守土担责、守土尽责的政治担当，扭住责任制这个“牛鼻子”，抓住党委（党组）这个关键主体，不折不扣落实全面从严治党责任，不断提高履职尽责本领，努力提高战胜各种风险挑战能力，以全面从严治党新成效推进国家治理体系和治理能力现代化。

第九章　全面调整与精准施策

影响党规之治的因素很多，其中有两个因素举足轻重，一个属于决定性因素，另一个属于关键性因素。所谓决定性因素，是指对党的工作本身的认识。党的十八大以来，我们对党的工作在两个方面的认识日益深刻，一方面，党的领导是中国特色社会主义最本质的特征，是中国特色社会主义制度的最大优势；另一方面，“打铁必须自身硬”，党的建设新的伟大工程在“四个伟大”中具有决定性作用。所谓关键性因素，是指对党的工作活动制度化重要性的认识。党的十八大以来，党中央明确提出，加强党内法规制度建设是全面从严治党的长远之策、根本之策，管党治党根本上要靠制度治党、依规治党。“决定性因素”加上“关键性因素”的结果就是，要把党内法规制度建设贯穿于党的领导和党的建设全过程各方面。这种“贯穿”，势必对党内法规的调整提出两个基本要求：一个是在调整范围上要力求“全”，实现党内法规对党的工作活动的全覆盖。坚持和加强党的全面领导，坚持党要管党、全面从严治党，这“两个全面”对应的是党内法规的全面调整，即党的十九大提出的要加快形成覆盖党的领导和党的建设各方面的党内法规制度体系，这就意味着党务关系应当全面入规。另一个是在调整方式上要力求“准”，实现党内法规对党的工作活动的精准调整。要充分考虑党的领导和党的建设两类活动的差异性分别量身定制，针对各级各类党的组织、党员、干部以及非党组织、党外群众等不同主体精准施策，准确把握调整的角度和力度，审慎选择合适的作用方式，科学设计行为类型以及与之匹配的法规责任，因人因事因时因地建章立制，努力追求最优调整效果，发挥好党内法规在巩固党的长期执政地位、发挥党的领导核心作用，永葆党的先进性和纯洁性上的重要保障作用。本章围绕全面调整与精准施策这个主题，依次讨论党务关系入规、党内法规360°调整法、递进式调整逻辑、党内法规调整效果等几个基本问题。

党务关系入规

通过前文对党务关系主体、客体、内容的讨论，我们发现，党因管党治党和执政治国形成的党务关系，具有所涉主体多、涵盖领域广、表现形态多、产生影响大等显著特点。如此繁杂的党务关系的产生、变更和消灭，倘若无规可依、无章可循，那是难以想象的。

正反两方面经验反复表明，坚持用制度管权管事管人，实现党务关系入规是一种理性选择，是提高党的建设制度化、规范化、程序化水平的必然要求。当然不可能也没必要将所有党务关系的调整统统写入党内法规，那些机构内部的、工作流程上的、细枝末节的、偶发性的、影响力不大的党务关系，没有必要通过党内法规来调整，可以通过制定内部规定、领导指示、组织协调等手段即可解决，即使需要制度化，也未必需要制定党内法规，可以在党内法规之下建章立制。但是，对于那些普遍存在、长期存在、反复出现、影响较大的党务关系，就有必要有针对性地制定实施党内法规，实现党务关系入规。

所谓党务关系入规，简而言之，就是将党务活动纳入党内法规的轨道。说得复杂点，就是立足党情国情世情，通过制定实施党内法规来实现党务关系主体、客体、内容的制度化，保证党的领导和党的建设活动有规可依、依规而为，实现党的组织工作活动和党员行为的规范化和程序化。

一、为何入规

概言之，党务关系入规的理由是“三个三”，即“三应”“三定”

“三节”。

所谓“三应”，是指在导向上的顺应、回应、适应。

一是顺应运用法规制度管党治党的发展大势。我们党成立 100 周年了，拥有 9100 多万名党员、3200 多个地方党委和 460 多万个基层党组织，承担着执政兴国的重任，要把这样一个大党、长期执政的党管住治好，永葆先进性和纯洁性，就要顺应党的领导和党的建设工作制度化的发展趋势，在党内形成办事依规、遇事找规、解决问题用规、化解矛盾靠规的体制机制和观念做法。治国必先治党、治党务必从严、从严必依法度，这个“法度”的主体部分就是党内法规。加强新时代党的建设，就是要将党内法规制度建设贯穿于党的政治建设、思想建设、组织建设、作风建设、纪律建设中，通过加强制度治党、依规治党不断把全面从严治党向纵深推进。

二是回应党在制度轨道上推进法治中国建设的实践需要。法治中国建设要始终在党的领导下向前推进。难以想象的是，党可以通过非制度化的方式引领国家治理实现制度化。习近平总书记强调，依规治党深入党心，依法治国才能深入民心。倘若党做不到依规治党，依法治国的目标就很难实现。党内法规制度建设对法治建设具有引领和保障作用。法治建设是一个系统工程，需要在党的领导下统筹推进立法、执法、司法、守法和法律监督活动。中国是一个缺少法治传统的国家，需要在党的领导下自上而下强力推进法治中国建设，制定时间表、路线图，奋力推进、循序渐进。党领导法治建设工作，本身就应当有规可循、有章可依，这个“规”与“章”主要就是党内法规，依靠党内法规建立健全党领导法治工作的体制机制，明确领导原则、主体、对象、范围、方式方法、程序、责任及后果等，保证党依规开展领导法治工作，进而把国家各项工作纳入法治化轨道。

三是适应以党的领导制度建设引领国家治理体系和治理能力现代化的政治要求。党的十九届四中全会指出我国国家制度和国家治理体系具有 13 个显著优势，其中第一个就是“坚持党的集中统一领导，坚持党的科学理论，保持政治稳定，确保国家始终沿着社会主义方向前进”；提出要坚持和完善 13 个方面的制度，其中第一个就是

“坚持和完善党的领导制度体系，提高科学执政、民主执政、依法执政的水平”，主要包括建立不忘初心、牢记使命的制度，完善坚定维护党中央权威和集中统一领导的各项制度，健全党的全面领导制度，健全为人民执政、靠人民执政各项制度，健全提高党的执政能力和领导水平制度，完善全面从严治党制度等6项内容，据此把党的领导落实到国家治理各领域各方面各环节。坚持和完善党的领导制度体系，一个重要内容就是加强党内法规制度建设，建立健全党的组织法规制度、领导法规制度、自身建设法规制度、监督保障法规制度，强化“四个意识”“四个自信”“两个维护”的制度保障，把我们党建设得更加坚强有力，始终在党的领导下推进国家治理体系和治理能力现代化，在党的领导下统筹推进“五位一体”总体布局和协调推进“四个全面”战略布局。

所谓“三定”，是指在功用上的先定、确定、稳定。

其一，实现党务关系的先定性。制定党内法规属于抽象行为，党内法规原则上不溯及既往。抽象行为与具体行为的一个重要区别就是，后者是党的组织在事后作出的决定，比如，针对某党员的违纪行为作出纪律处分决定；前者是党的组织在事先作出的决定，比如，针对所有党员提出严肃党内政治生活的纪律要求。党务关系入规就是事先对党的组织的工作活动和党员行为作出规定，约法三章、有言在先，党的组织和党员什么可为、什么当为、什么禁为，合规与违规的后果如何，等等，都在事先作出明确规定，这就为党务关系主体的行为选择提供了可预期性，教育引导党的组织和党员作出合规行为选择。事先作出明确规定是事后平等对待的前提，对照着事先规定，任何人在同等情形下会受到同等对待，不同情形下会受到区别对待，这就保证了党内生活的公平公正，避免无规可依情况下的因人而异。

其二，保证党务关系的确定性。党内法规运用简洁准确的语言，一般采用条款方式，明确规定党的组织的职权职责和党员的义务权利，呈现为由假设、行为模式和法规后果3个部分共同构成的规范逻辑结构。一旦党务关系入规，那么其主体、客体和内容均在党内法规上有明确规定，白纸黑字、不容置疑，规定明确、确定无疑。党内法规制度是依靠党的纪律保证实施的行为规范，由其提供明确规矩、形成刚性约束，有利于避免对党的组织权力与党员权利的任意决定和随意理解，能够有效解决为官掌权者的恣意妄为、专断独行、随意决策的非理性问题。

其三，保持党务关系的稳定性。朝令夕改会造成无所适从，决策多变会诱发道德风险和机会主义。党内法规体现的是党的统一意志，是党的智慧结晶，是在党的科学理论指引下对成熟经验的总结提炼，是由很高层级党的组织严格按照规定程序审慎制定的，一经出台就会具有稳定性和长期性。制度稳定是最大的稳定。党务关系一旦入规，就随之表现出较强的稳定性和可持续性，避免因为领导人的变换而改变、因为领导人的看法和注意力的改变而改变、因为领导人的偏好和情绪的改变而改变。

所谓“三节”，是指在效果上的节约、节制、节操。

其一，能够节约管党治党、执政治国的治理成本。党领导人民治理国家需要耗费大量社会成本，如何以最小治理成本获取最大治理效能，这是执政党必须解决好的问题。制度之治有助于节减公共治理费用，这是制度经济学的基本命题，也是被实践反复证明了的正确判断。通过党内法规来实现党管党治党、执政治国的制度化、规范化、程序化，不仅直接体现为通过制定实施诸如以《党政机关厉行节约反对浪费条例》为龙头的一整套党内法规制度，大幅节减“三公”支出等行政成本，更在于全面体现为以党章为统领形成一个完善的党内法规制度体系，对党的领导和党的建设各方面活动作出规范，发挥党内法规节减经济社会发展的交易费用的重要作用，最大限度地节减我们党的治国理政成本。之所以如此，是因为党内法规是我们党对“三大规律”性认识的一种确认，党的组织和党员领导干部依规而为就是在依规律办事，而遵循规律开展党的工作和活动无疑是最为经济的方式；是因为党内法规是对全体党员和各级各类党的组织经过成千上万次反复试错获得的成功经验的总结和固化，包含着对其他国家和地区政党政治经验做法的借鉴，党的组织和党员领导干部依规而为就是在按经验办事，而吸取先前经验教训、少走甚至不走弯路，以被实践证明是正确的方式开展党的工作活动，这是最为经济的方式；是因为党内法规出台后要在全党普遍适用，为全党提供共同行为规矩，对全党提出共同要求，党的组织和党员只要依规活动即可，节减了再去费力重复研究解决行为规范和对错标准的成本，党的组织和党员领导干部依规而为就是在运用正确的方式方法开展工作，而根据基于普遍共识形成的党内法规进行“标准化”管理，可以产生规模效益，这是最为经济的方式；是因为党内法规在其效力存续期间可被反复适用，一次立规多次适用，节减了一类事项反复出现之后一事多议、重复研究标准的成本，适用率越高则制度成本越低，党的组织和党员领导干部依规而为、合规行事就是在以有利于党的事业发展的要求去行动，而同心同向、步伐一致就是最为经济的方式。

其二，使党的组织和党员的言行有所节制。“没有规矩，不成方圆。”党章是党内最大的规矩，以党章为统领的整个党内法规制度体系提供了一整套规矩，全党必须一体遵循、不得例外。通过科学制定并严格执行党内法规，为全体党员和各级各类党的组织提供行为规范，任何人都不得随意而为、逾规行事。在全党牢固树立党内法规的严肃性和权威性，任何人无视党内法规、违反党内法规都会受到严肃惩处。为掌控管人管事管权管钱的公权力的党员领导干部标明用权的红线，形成刚性约束，让其戴着党内法规的枷锁“跳舞”，明白其有限权力须依规行使，把权力关进制度的笼子里，防止出现任意滥权现象。在全体党员中普遍强化规矩和规则意识，懂得不存在没有义务的权利，享受党员权利必须履行党员义务，懂得不得选择性遵守党内法规，不允许合意的就执行、不合意的就置之不理，懂得党员服从组织、下级服从上级、全党服从中央的民主集中制要求。

其三，养成并保持党员干部的节操。规中有党性，守规保节操。对党员的党性修养、节气操守、道德品性，党章提出了明确要求。党章第 2 条规定，中国共产党党员是中国工人阶级的有共产主义觉悟的先锋战士。中国共产党党员必须全心全意为人民服务，不惜牺牲个人的一切，为实现共产主义奋斗终身。第 3 条规定，党员有义务坚持党和人民利益高于一切，个人利益服从党和人民的利益，吃苦在前，享受在后，克己奉公，多做贡献；有义务对党忠诚老实，言行一致，坚决反对一切派别组织和小集团活动，反对阳奉阴违的两面派行为和一切阴谋诡计；有义务发扬社会主义新风尚，带头实践社会主义核心价值观和社会主义荣辱观，提倡共产主义道德，弘扬中华民族传统美德。在此基础上，诸如《关于新形势下党内政治生活的若干准则》等党内法规对党员提出了更为细致具体的要求。需要注意的是，这些要求不是视个人觉悟而定、可有可无、可多可少的个人修养问题，而是一个合格的共产党员必须履行的义务，是中国共产党人必须恪守的标准。在这个意义上，我们党把制定和实施党内法规当作加强党性修养、养成和保持党员节操的重要途径，教育和引导全体党员尊规学规信规用规守规，有助于确立党员的节操意识，强化党员理想信念，提升党员道德素养，增强党员人格力量。

二、如何入规

党务关系入规，是一个为实现党务关系的规范化而制定党内法规的活动，可以将其概括为“一二三”，即一个过程、两个标准、三个要素。

所谓“一个过程”，是指党务关系入规是一个将事实性关系抽象为制度性关系的转化过程。

党内法规制度源于党的领导和党的建设工作实践。绝大多数党内法规制度安排都是一种针对实践需求的回应，是在科学理论指引下去总结实践经验，而非源于纯粹的学理假设。制定党内法规必须立足实践，对在入规之前已存在的党务关系，采用特定方式将其实践做法提炼总结上升为党内法规规定。针对理性程度较高的事实性关系，可以运用“确认”方式直接将其确定为制度性关系；对理性程度不够高的，要通过“创制”方式将其加工、重塑、定型成制度性关系。无论是确认还是创制，从事实性关系提升为制度性关系，都是一个从经验理性到逻辑理性的抽象过程，使原本只适用于一地一时一事一人的事实性关系的实践做法，上升成为具有普遍适用、反复适用、长期适用属性的制度安排。

党务关系包括主体、客体、内容3个部分，而党内法规主要是一种行为规范，这就决定了抽象转化过程主要围绕主体的行为选择展开，将事实上不太清晰、不够确定、不太稳定的主体行为选择制度化，形成具有完整逻辑结构的党内法规规范。一般说来，党内法规规范包括假设、行为模式和法规后果3部分。其中，“假设”主要规定规范的适用条件；“行为模式”主要规定主体有权为或不为某种行为、有义务为或不为某种行为、应当或者可以按照某种方式为或不为某种行为等；法规后果主要规定的是合规和违规引发的后果。据此，党内法规就为党务关系主体的行为选择提供了预期并引导其朝着合规方向行动。

所谓“两个标准”，是指党务关系入规应当符合工具理性与目的理性两个标准，这就是要“以正确的方式立正确的法规”，二者之于良规善治缺一不可。

一则，制定党内法规、实现党务关系的入规应当合乎工具理性要求。工具理性指的是实现目标的手段的匹配性、有效性，解决的是用来“过河”的“桥”或“船”的问题，它强调的是问题导向，要求党内法规制度安排必须成功实现党务关系的制度化、规范化和程序化。在立规方式上，应当由有权主体遵循党内法规制定程序，按照科学立规、民主立规、依规立规的要求，遵循审议以及审核、发布程序。在文本形式上，党务关系入规要满足党内法规的形式要件，比如，使用的是党内法规的专属名称，采用条款方式表述，使用的是简洁准确的“党规语言”，不用修辞、不作论述、不含糊其词，让人一看便知该文本属于党内法规。在立规技术上，党内法规制度安排要合乎逻辑，先总则、后分则、再罚则、最后是附则，权利与义务对应、要求与责任衔接，逻辑严密、环环紧扣、规定周延，没有死角、没有断裂、没有漏洞，符合立规技术规范要求。在制度安排上，紧扣问题量身定制，精确制导，有针对性，可操作性强，能够满足解决问题提出的制度需求。在预期效果上，切实可行，有效管用，可理解、可接受、可执行，能够约束权力、保障权利。

二则，通过制定党内法规、实现党务关系的入规应当合乎目的理性要求。目的理性指的是用以规范调整党务关系的党内法规制度具有正当性，是良善之规而非恶俗之规，它强调的是价值导向，不允许党内法规制度安排存在价值缺陷。具体而言，党内法规应当符合政治标准，坚持以党的政治建设为统领，围绕中心、服务大局，旗帜鲜明讲政治，有利于落实“两个维护”要求；应当契合党的性质和宗旨、路线和纲领、指导思想和奋斗目标；应当适应新时代党的建设总要求，坚持和加强党的全面领导，坚持党要管党、全面从严治党；应当坚持民主集中制，维护党的团结统一、行动一致，尊重党员主体地位，强化权力约束与权利保障；应当合乎党情国情实际，制度安排符合中华民族伟大复兴战略全局、世界百年未有之大变局这“两个大局”的实际；应当合乎法治精神，遵循公开公平公正原则；应当合乎效益要求，制度制定和执行成本低、效益高。

所谓“三个要素”，是指党务关系入规应当统筹立规条件、制定过程、制度安排 3 个要素。

其一，立规条件必须具备，这是党务关系入规的前提。科学立规，应当是有需求、可供给二者的统一。有需求，这是制定党内法规的必要条件。是否有必要将某种党务关系纳入党内法规轨道，首先要看党的领导和党的建设实践需求是否强烈，如果需求不广不高不普遍，那就没有必要制定相应的党内法规。可供给，这是制定党内法规的充分条件。要综合分析立规条件是否具备，比如，是否符合党中央决策部署，是否具有足够的实践经验支撑，是否具有厚实的理论支持，是否形成普遍共识，党内法规制定出台后是否可执行被遵守，制定时机是否适当，等等。当且仅当立规条件“万事俱备”，才能制定出台质量过硬的党内法规。制定党内法规拖不得更急不得，既不能消极保守、滞后于实践发展、千呼万唤出不来，更不能冲动冒进、搞所谓的“没有条件创造条件也得上”。强行制定、仓促出台的“早产”党内法规很难有生命力，不可能产生预期的治理效能。

其二，制定过程必须合规，这是党务关系入规的关键。党内法规是制定程序的产物，只有遵循科学民主的制定程序才能制定出科学民主的党内法规。作为党内“立法法”，《中国共产党党内法规制定条例》对党内法规制定过程作出明确规定，党务关系必须依据该条例规定的程序入规，根据特定党务关系的属性，由适格的制定主体遵循特定的制定程序制定出台相应的党内法规。

其三，制度安排必须合理，这是党务关系入规的重点。要保证制定出台的党内法规切合实际、有效管用，在制度安排上就需统筹处理好以下几对关系：一是改与立，是修改现有法规好还是废止它另立新规好；二是统与分，是专门制定一部单行法规好还是分散在其他相关法规中作出相应规定好；三是高与低，是制定较高位阶的法规好还是较低位阶的法规好；四是粗与细，是规定得原则些、简要一点好还是繁密些、精细一点好；五是硬与软，法规要求是刚性多一点好还是弹性大一点好；六是试与定，是先制定试行法规在实践中探索积累经验好还是一步到位直接制定正式施行的法规好；七是公开与保密，制定出的党内法规是应当向社会公布好还是将其控制在党内一定知悉范围好，等等。在这几对范畴中，究竟应当选择前者还是后者，很难给出一个标准答案，需要根据具体事项、立规条件、内容规定及立规预期等因素综合权衡而定。

综上所述，将事实性党务关系纳入党内法规调整范围、转化为党内法规上的关系，是一个对纷繁复杂的党务关系进行精心梳理、审慎权衡、塑造定型的过程，党务关系从规外到规内、从规前到规后，代表着从感性到理性、从混沌到清晰、从无序到有序、从不确定到可预期的嬗变，据此形成规范有序、清晰理性的党内法规关系。当然，对于通过党内法规规范党务关系而言，制定党内法规将其“入规”、实现有规可依，毕竟只是走了第一步，它主要解决“从实践中来”问题，在此基础上还得再走第二步，解决将党内法规付诸实施、“回到实践中去”的问题，即把抽象的制度性关系具体化为个案关系。一旦党内法规规定的行为或者事件发生，党内法规即得以适用，并以该行为或者事件为媒体，将抽象的制度性关系具体化为个案关系，经由党内法规调整形成具体的党内法规关系，相关主体据此在事实上享有规定的权益、履行规定的义务、承担规定的后果。

360°调整法

毫无疑问，制定和实施党内法规势必会影响许多主体的行为选择和权益得失，问题在于，党内法规究竟会影响哪些主体，如何通过作用于相关主体从而发挥其调整功能？

这个问题似乎不难回答。很多同志会说，顾名思义，党内法规作为“党内”的法规，自然只能规范党内的事，是用来规范党的组织和党员的。的确，2012 年《中国共产党党内法规制定条例》将党内法规定义为“规范党组织的工作、活动和党员行为的党内规章制度的总称”，据此，容易让人们将党内法规的调整对象局限于党内活动。不过，这种理解不够全面，并不符合实际。根据党的十九大提出的新时代党的建设总要求，加强党内法规制度建设，要坚持和加强党的全面领导，坚持党要管党、全面从严治党，要以加强党的长期执政能力建设、先进性和纯洁性建设为主线，与之对应，要加快形成覆盖党的领导和党的建设各方面的党内法规制度体系。因此，2019 年修订的《中国共产党党内法规制定条例》将党内法规重新定义为“规范党的领导和党的建设活动……专门规章制度”。据此，党内法规既要规范党的建设活动，其调整对象主要是党的组织和党员，又要规范党的领导活动，其调整对象包括领导关系双方：一方是作为领导主体的党的组织，另一方是作为领导对象的非党组织和党外群众。党政军民学，东西南北中，党是领导一切的。相应地，用来规范党的领导和党的建设活动的党内法规自然在调整范围上也是全覆盖的。我们党是执政党，党内法规是开展党的领导活动的重要依据和遵循，党内法规制度安排势必会影响作为党的领导对象的国家政权机关的工作活动。不仅如此，党发挥总揽全局、协调各方的领导核心作用，党的领导制度体系在国家治理体系中居于统领地位，制定和实施党内法规活动同中国特色社会主义事业发展存在千丝万缕的联系，会对经济建设、政治建设、文化建设、社会建设、生态文明建设产生深刻影响，会对人民群众的行为选择产生重要影响。

由此可见，党内法规的调整范围和影响力，直接或间接涉及党和国家治理各领域各方面全过程。倘若我们将所有社会主体的行为选择以及由此形成的社会关系视作一个圆，那么，党内法规的调整视野就是360°无死角。党内法规通过强弱不等的调整方式，推动实现党的统一意志和领导主张的影响力对整个社会活动的全覆盖。

为了揭示党内法规360°调整视野的形成逻辑，我们可将党内法规调整所涉主体分为7类：（1）党的组织和党员。其中，党的组织包括党的中央组织、地方组织、基层组织，党委设立的（决策）议事协调机构，各级纪委，党委各部门，党委派出机关，党组（党委）等。（2）党的机关运行保障系统。主要是指以党委办公厅（室）为枢纽的党的机关内部管理服务保障系统，涉及请示报告、信息服务、法规服务、督查、通信保障、安全保密等党委办事机构。（3）国家政权机关、政协、人民团体、军队等，即人大机关、行政机关、监察机关、司法机关、政协、工会、青年团、妇联等人民团体以及军队等。（4）国有企业事业单位。（5）集体经济组织、基层群众性自治组织、社会组织。（6）非公有制企业。（7）党外群众。

这7类主体实施的活动，行为属性完全不同，存在党内与党外、公与私等方面的显著差异。其中，党的组织和党员以自己的名义实施行为，具有党务管理职能的党的组织依规实施管理行为，直接影响作为党务管理“相对人”的特定党的组织和党员的权益。党的机关内部运行保障系统作出的是内部党务行为，它们属于机关内部事务性行为，一般不会对机关系统之外的个人和组织产生直接影响。国家政权机关、政协和人民团体等依法依规依章程作出公务行为，会程度不等地影响相关公民、法人和非法人组织的权益。国有企业事业单位实施的活动具有较高程度的公共性，彼此之间的区别主要在于是否以营利为目的。集体经济组织、基层群众性自治组织、社会组织实施的行为体现的是集体意志。国有与集体所有都包含着公共性，但国有更接近于不可分的“公”，而集体所有更接近于可以分的“共”。非公有制企业作出的行为属于“私”行为，以追求经济利益最大化为目的。党外群众只要具有完全民事行为能力，其作出的行为代表本人意思，由本人对其行为后果负责。

这7类主体组成了社会。

党要发挥总揽全局、协调各方的领导核心作用，就得影响这7类主体的行为选择，以保证党的理论和路线方针政策得以贯彻落实。不过，由于这7类主体本身及其行为属性的迥然不同，党就不能简单地针对所有主体采用一种领导方式，而应因人而异采用相应的领导方式。

具体而言：（1）针对党的组织和党员，坚持党要管党、全面从严治党方针，可以依据党章党规运用各种管理方式，此类领导行为属于党内治理行为。（2）针对党的机关运行保障系统，可以视工作需要依据党内法规或者内部规章制度运用各种管理方式，此类领导行为属于对内部事务的管理。（3）针对国家政权机关、政协、人民团体和军队等，可以通过设立党组（党委）并发挥其领导作用以保证所在单位履行公务时体现党的意图，此类领导行为属于执政范畴。（4）针对国有企业事业单位，可以通过设立党组（党委）和党的基层党组织等方式并发挥领导作用或战斗堡垒作用，此类领导行为具有准执政属性。（5）针对集体经济组织、基层群众性自治组织、社会组织，可以设立基层党组织并围绕组织活动开展工作、发挥领导作用或战斗堡垒作用，此类领导行为重在支持和监督等。（6）针对非公有制企业，可以通过设立基层党组织方式，发挥战斗堡垒作用，此类领导行为重在引导和监督。（7）针对党外群众，通过加强党委（党组）领导、发挥基层党组织战斗堡垒作用以及党员先锋模范作用等方式，教育引导广大群众响应党的号召，此类领导行为重在示范倡导。

不难看出，党的组织针对不同主体及其行为选择倾向要求的不同，量身定制贴身的领导方式，从党内治理行为到执政行为、准执政行为，再到领导、监督、引导和倡导行为，自内而外、由强变弱、从直接到间接，旨在保证党的理论和路线方针政策在管党治党、执政治国全过程各方面得以贯彻落实，牢固确立党的领导核心地位，立体式、全方位发挥党总揽全局、协调各方的领导核心作用，贯彻落实坚持党的全面领导的方针。

党的管党治党、执政治国活动，最终要具体化为各级党的组织和全体党员的行为选择。要保证党的组织工作活动和党员行为规范有序，实现党的领导和党的建设活动有据可依、有章可循，就必须制定相应的党内法规，调整和规范党的组织的领导行为与这7类领导对象行为之间的关系。

假设以党的统一意志为圆心，以党的领导为半径，画出一个因党的领导活动而形成的各类关系的圆形表面，那么每类关系就对应一个基于一种领导视角形成的扇形区域。要精准调整这些关系，就要针对不同区域制定相应的党内法规来规范。总体来看，按顺时针方向，党内法规规范的刚性程度由强变弱，7类主体的行为选择受党内法规的影响程度也由高到低。具体而言，9~12点区域，表征的是党的自身建设活动形成的上下级党的组织之间、党的组织与党员之间的党务关系，需要制定党的政治建设、思想建设、组织建设、作风建设、纪律建设5个方面的党内法规来规范相应的党务行为。12~1点区域，表征的是党的机关运行保障关系，需要制定诸如党委办公厅（室）工作条例，以及公文、会议、信息、督查、安全保密等方面的配套规定来规范相应的党务行为。1~3点区域，表征的是党的执政活动形成的执政关系，需要制定中央委员会工作条例、地方党委工作条例、党组工作条例、组织工作条例、宣传工作条例、统战工作条例、政法工作条例、群团工作条例、国家安全工作条例、外事工作条例、军队政治工作条例等方面的党内法规，来规范党领导国家政权机关、政协、人民团体、军队等的执政行为。3~4点区域，表征的是党与国有企业事业单位形成的领导关系，需要制定党领导经济建设、文化建设、社会建设等方面的党内法规制度以及相关的基层党组织工作条例来规范党的准执政行为。4~5点区域，表征的是党与集体经济组织、基层群众性自治组织、社会组织等形成的领导关系，需要制定相应的基层党组织工作条例来规范党组织的领导活动或支持、监督行为。5~6点区域，表征的是党与非公有制企业形成的领导关系，需要制定以非公有制企业基层党组织工作条例为龙头的若干党内法规来规范党组织的引导和监督行为。6~9点区域，表征的是党与群众形成的领导关系，需要制定党联系、教育、引导、服务群众等方面的党内法规，来规范党的组织的示范和倡导行为。

由此形成的7个扇形区域（见图9-1），其面积大小大致表示该领域党内法规制度的数量在整个党内法规体系中所占比重。借助圆形表面的区域划分，一是试图形象表明，党内法规调整采用360°视野以涵盖党作为领导核心所形成的各类领导关系；二是重在揭示，党内法规调整按顺时针方向对由强到弱的领导关系作出与之匹配强弱不等制度安排，而非平均用力或者简单地“一刀切”。

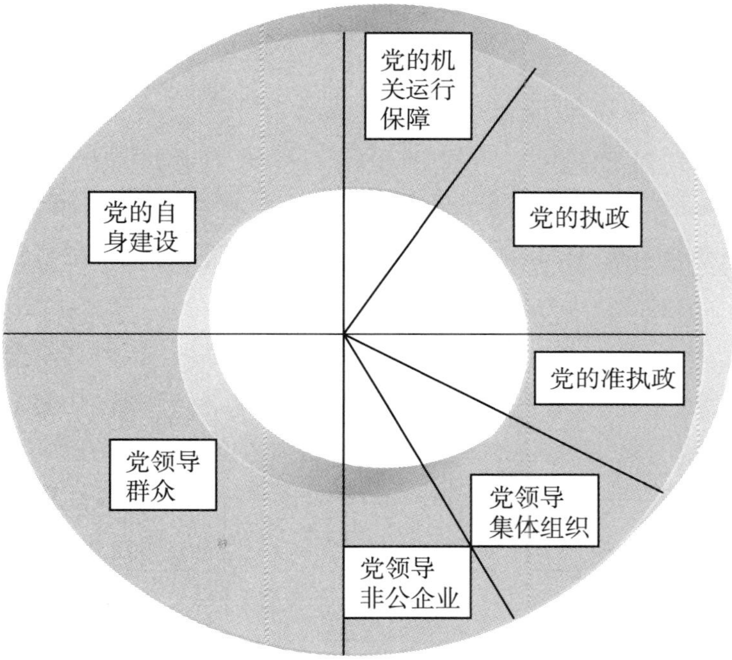

图9-1 党内法规360°调整法

事实上，360°调整逻辑并非党内法规所独有，国家法律亦然（见图9-2）。具体而言，在9~12点区域所表征的党的自身建设活动范围，党章不仅要求党必须在宪法和法律的范围内活动，而且要求党员和党的组织模范守法。在12~1点区域所表征的党的机关运行保障范围，诸如经费管理、政府采购、基建、档案、保密等相关事务，凡国家法律有规定的应当从其规定。在1~3点区域表征的国家政权机关、政协、人民团体、军队等主体的活动范围，其行为选择具有极强的公共性，法治原则要求国家政权机关必须职权法定、依法用权，对军队管理实行依法治军；政协和人民团体开展工作既要根据各自章程，还要严格受制于相关宪法惯例和国法规定。在 3~4 点区域表征的国有企业事业单位活动范围，其行为选择具有较强公共性，国家法律、国家政策与公司章程等对其同时提出要求、作出严格规范。4~5 点区域表征的集体经济组织、基层群众性自治组织、社会组织活动范围，其行为选择具有相当程度的公共性，也要依靠国家法律与章程或乡规民约等规范其行为选择。在 5~6 点区域表征的非公有制企业活动范围，企业只有依法取得工商登记后才能设立，其生产经营活动不得违反国家法律规定和公司章程，虽也受国家法律和章程双重约束，但受国家法律拘束程度明显低于国有企业事业单位。在 6~9 点区域表征的党外群众的活动范围，其公民身份一般无须通过审批获得，"法未禁止即可为"，公民可以实施国家法律未作禁止的任何活动，来自国家法律的约束要比其他主体少得多。

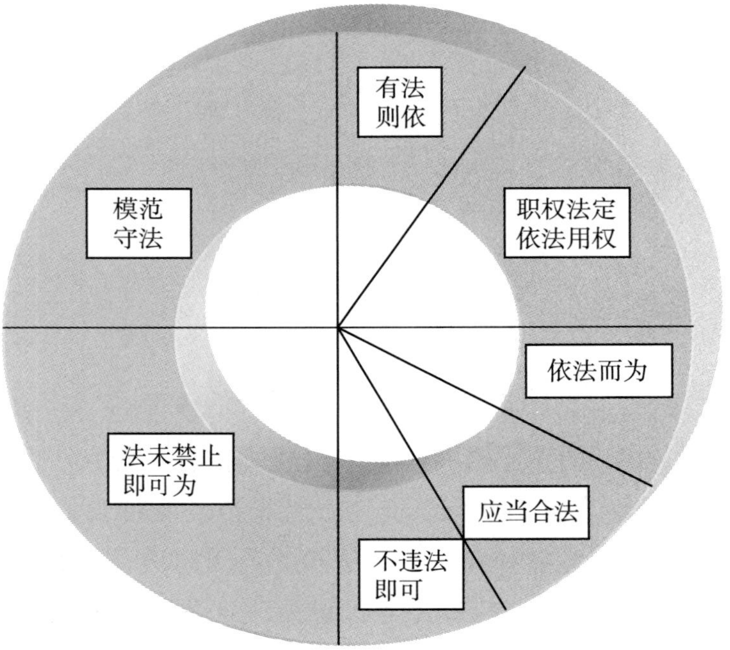

图 9-2 国家法律 360°调整法

党内法规和国家法律在调整逻辑上之所以有异曲同工之妙，是因为二者皆针对 7 类主体身份的公共性强弱及其行为选择的外部性强弱，采取强弱对等相适的规范来约束其行为选择，以免其公共性遭到削弱甚至异化。二者各有侧重，党内法规约束侧重于实现党的政治领导、强化政治保证，国家法律约束侧重于实行国家和社会事务管理，二者相辅相成、互相补充，形成规范治理的合力。不难看出，党内法规和国家法律的360°调整法，包含着深刻复杂的治理逻辑和制度机理。

第一，360°调整法旨在实现制度之治无盲区。

现代社会更多的是一个陌生人社会，人员流动范围更广、频率更快，再加上现实社会与虚拟社会并存，这就容易造成社会交往的信息不完全和不对称，为了避免个人和组织以机会主义方式行事，就要依赖普遍适用、反复适用、长期适用的正式制度来规范主体行为选择，调整社会关系，维护社会秩序，最大限度节减经济社会发展的交易费用。凡是制度调整所及之处，即制定主体意志渗透涵盖范围。国家法律是国家意志的体现，厉行法治，建设法治国家、法治政府特别是法治社会，要求国家法律具有360°调整视野，不能留下国家法律未及的法治死角。同时，党内法规是党的统一意志的体现，党要发挥总揽全局、协调各方的领导核心作用，要求党内法规具有360°调整视野，将党的理论和路线方针政策贯彻到国家和经济社会发展的各领域各方面，不能留下党内法规空白。当然，具有360°调整视野，并不意味着党内法规和国家法律针对所有主体的所有行为都采用相同的调整方式、产生相同的调整力度，相反，精准的制度治理应当严格区分所要维护的公共性的强弱之别，针对不同主体的不同行为选择采取不同的调整方式，从而形成一个由强到弱的调整力度的“光谱”，保证制度之治的针对性、匹配性、合理性、有效性。

第二，360°调整法要求党规之治多样化。

党内法规调整方式的多少与调整范围的大小之间是正相关的。如果党内法规调整方式比较单一，仅仅采用命令—服从方式、依靠党的纪律作保障，那么其调整范围必然非常有限，仅能涵盖对党内强制性管理领域；如果党内法规调整方式是多样化的，针对党外采用监督、指导、支持、引导、号召、示范等弱强制或者非强制方式，那么党内法规调整范围就可以从党内拓展至党外、从管理拓展为领导、从权力拓展为权威、从直接作用拓展为间接影响等，实现对 7 类主体的全覆盖。就此而言，党内法规 360°调整法要求党内法规调整超越单一性思维定式，不能一谈到管党治党和执政治国，就只能想到命令—服从的强制性方式，还可以通过激励、指导、促进、引导、号召等非强制性方式；不能一谈到要体现党的统一意志、实现党的领导主张，就只能靠建立制约性机制、制定强制性规范，还可以建立激励性机制、制定非强制性规范；不能一谈到党内法规调整，就只能动用权力实施直接管理，还可以运用权威施加影响；不能一谈到党规之治，就觉得只能依靠硬规定、动用管控权力和党纪处分，还可以运用柔性方式、善用党的权威，“润物细无声”。

第三，党内法规 360°调整视野并不意味着党内法规全能包办。

关于党的领导，我们经历了以党代政、党政不分的一元化领导，以弱化党的领导为代价实现党政分开，加强和改善党的领导以发挥其总揽全局、协调各方领导核心作用等探索发展过程，对党政关系理解由片面到辩证、由简单到复杂、由稚嫩到成熟。加强和改善党的领导，强调的是发挥党的领导核心作用，而非要求党的组织事必躬亲、以党代政，相反，党应当支持国家政权机关、政协、人民团体、企业事业单位等依据法律和章程独立自主开展工作。虽然党内法规的调整视野只有是 360°才能与党的领导核心地位相匹配，但不能因此机械地认为党内法规是全能的，可以包办代替国家法律的调整，相反，党内法规调整应当确立有限治理思维，有所为有所不为，当为必力为、不宜为则止。对于主要依靠国家法律规范的公民、法人和非法人组织的民事活动领域，党内法规应当保持克制，不去直接控制；而对于党的领导和党的建设领域，应当当仁不让，严明规矩、严加规范。要合理界定党内法规的调整范围和科学确立党内法规的调整方式，就必须坚持和完善中国特色社会主义制度、推进国家治理体系和治理能力现代化，坚持党的领导、人民当家做主、依法治国的有机统一，牢牢把握党的领导重在把方向、谋大局、定政策、促改革的政治定位，善于运用法治思维和法治方式执政治国，实现党内法规和国家法律的分工合作、协调一致，既不能弱化党的领导、虚化党内法规调整功能，也要防止出现以党代政、以党内法规代替国家法律的问题，避免出现党内法规调整范围的大而不当、调整方式的硬而不妥。

第四，党内法规360°调整法要求党内法规和国家法律默契配合。

按顺时针方向，党内法规的调整变化是由强到弱，自内而外，由全方位要求到某一方面要求，由管理监督到示范引导；国家法律的调整变化也是由强到弱，但自外而内，从对国家政权机关的“法未授权即不可为”到对公民的“法未禁止即自由”，从过程控制变为结果限制。对党的组织和党员，以党内法规调整为主、国家法律调整为辅；对公民，以国家法律调整为主、党内法规调整为辅；对掌握公共权力的国家政权机关等，党规国法联手调整。党内法规与国家法律两种制度安排的各有侧重、和而不同，源于党的意志与国家意志的辩证统一；二者的默契配合归结为各司其职、功能互补。因此，党规国法应当并行不悖，既不会存在制度浪费问题，更不会存在制度冲突问题，二者通过合理的搭配组合，形成管党治党、执政治国的制度合力。类似于钟表的成百上千个大小不一的齿轮构成一个复杂系统，它们只有互相吻合、彼此衔接、运转有序，才能最终为我们传递精准的时间信息，党内法规与国家法律两大类制度中的成千上万条规范只有形成一个有机统一的系统，才能为7类主体行为选择提供清晰合理的制度信号。

实现党内法规与国家法律之间的这种默契以及二者的相辅相成、相互保障、相互促进，这是我们党的一大发明，是推进国家治理体系和治理能力现代化的一大任务，是通过“中国之制”实现“中国之治”的一大秘诀，充分彰显出中国特色社会主义制度的显著优势。回顾建党100年、新中国成立70多年，特别是改革开放40多年来的制度建设历程，党内法规与国家法律二者功能默契的形成，是一个反复试错、不断磨合的探索前进过程。一方面，这离不开理性建构、顶层设计，在中国特色民主政治体制架构下，坚持党的领导、人民当家做主、依法治国有机统一，按照制度调整的逻辑周延性要求界定关系、设定行为、制定相应规范；另一方面，这需要不断深化对中国特色新型政党制度、中国特色党政关系的理解，不断总结法治建设和党的建设正反两方面经验，及时发现和消除党内法规和国家法律之间的制度缝隙和制度摩擦。应当说，党规国法相向而行、并驾齐驱的格局已经形成，接下来要再接再厉、继续前进，在坚持和完善中国特色社会主义制度、推进国家治理体系和治理能力现代化的主题下，紧扣坚持和加强党的全面领导、坚持党要管党全面从严治党这一方针，更加注重协同推进党的建设和法治建设，更好坚持依法治国和依规治党的有机统一，把党和国家治理活动全面纳入由党规国法共筑的制度康庄大道，朝着建成社会主义现代化强国的奋斗目标奋勇前进。

递进式调整逻辑

作为“法规人”，我们经常被问及以下一些问题：

宪法规定法律面前人人平等，这是否意味着所有公民都应当遵从同样多的法律规定？党内法规要求党员履行党外群众所没有的义务、享有党外群众所没有的权利，这符合法律面前人人平等原则吗？既然党员也要遵守宪法和法律，那为什么还要在宪法和法律之外再制定党内法规呢？如果党规同国法出现规定不一致，那么党员应当遵从哪一个规定？党员违反党内法规会受到国家制裁吗？党员领导干部为什么要比普通党员遵守更多的国法党规？党规国法针对不同级别党员领导干部作出的规定为什么会不一样……

在回答此类问题之前，我们不妨先看看一个男子成年后在家庭中是如何随着身份增多而应遵守更多法律规定的。

未婚之前，他的家庭身份主要是“子”，需要遵守《民法典》的“家庭成员应当敬老爱幼，互相帮助，维护平等、和睦、文明的婚姻家庭关系”“成年子女对父母负有赡养、扶助和保护的义务”“成年子女不履行赡养义务的，缺乏劳动能力或者生活困难的父母，有要求成年子女给付赡养费的权利”等相关条款，同时，可以根据《民法典》享有对父母遗产的继承权。

结婚之后，他多了一个“配偶”身份，需要遵守的《民法典》

条款相应增加，比如“夫妻应当互相忠实，互相尊重，互相关爱”“夫妻有相互扶养的义务。需要扶养的一方，在另一方不履行扶养义务时，有要求其给付扶养费的权利”“夫妻有相互继承遗产的权利”等。

有了孩子后，他又多了一个“监护人”身份，需要遵守更多的《民法典》条款，比如“父母对未成年子女负有抚养、教育和保护的义务”“父母不履行抚养义务的，未成年子女或者不能独立生活的成年子女，有要求父母给付抚养费的权利”“父母有教育、保护未成年子女的权利和义务。未成年人子女造成他人损害的，父母应当依法承担民事责任”。当然，待其子女成年后，他作为父亲，又可以享受《民法典》规定赋予他的接受子女赡养扶助的权利。

由此可见：（1）随着他的家庭身份的增多，他要相应地增多遵守与之相关的法律规定，身份越多，遵守的法律规定就越多；（2）他新增的身份与之前的身份并不冲突，他要遵从的与新增身份相应的法律规定，与他遵从之前身份相应的法律规定二者并不冲突；（3）新增身份应当遵从更多的相关法律规定，既包括履行相应的义务又包括享受相应的权利；（4）他的身份的取得和增加，有的源于被选择，比如作为“子”，有的源于自主选择，比如作为“配偶”“监护人”，但他作为家庭成员的权利和义务主要是法定的而非约定的。

身变制随、制随身变、身制相符，制度之治的这个朴素道理不仅适用于私法，也适用于公法；不仅适用于国法，也适用于党规。当一个公民变成公务员、再到党外领导干部时，他要受制于不断相应增加的国法约束；而如果他还从公民变成党员、再到党员干部、进而到党员领导干部时，他除了遵从相应的国法外，还得受制于不断增加的党规约束，此即添新身份则多新规矩。

为了清晰起见，我们可以大致梳理出一个与不同身份相对应的党规国法清单。

一、凡是公民皆应遵从的国法规定

《宪法》规定，凡具有中华人民共和国国籍的人都是中华人民共和国公民；公民在法律面前一律平等；任何公民享有宪法和法律规定的权利，同时必须履行宪法和法律规定的义务。

公民享有的权利主要包括：选举权和被选举权，言论、出版、集会、结社、游行、示威等基本政治自由，信仰自由，人身自由，人格尊严及其受保护权利，住宅权，通信自由和秘密权，监督权，劳动权利和义务，劳动者的休息权，获得救济的权利，受教育的权利和义务，文化活动自由，男女平等权利，婚姻家庭权利，等等。公民在行使自由和权利的时候，不得损害国家的、社会的、集体的利益和其他公民的合法的自由和权利；公民负有维护国家统一和全国各民族团结的义务；公民必须遵守宪法和法律，保守国家秘密，爱护公共财产，遵守劳动纪律，遵守公共秩序，尊重社会公德；公民负有维护祖国的安全、荣誉和利益的义务，不得有危害祖国的安全、荣誉和利益的行为；保卫祖国、抵抗侵略是每一个公民的神圣职责，依照法律服兵役和参加民兵组织是公民的光荣义务；公民有依照法律纳税的义务，等等。

所有涉及公民权利和义务的国法规定，全体公民都应当遵从，无一例外。

二、普通党员应当遵从的国法和党规

普通党员指的是没有公务员身份、不担任公职的中国共产党党员。

根据党章第 1 条规定，申请入党的人必须是“年满十八岁的中国工人、农民、军人、知识分子和其他社会阶层的先进分子”，即只有中国公民才能申请加入中国共产党。因此，普通中共党员有两个身份：一是公民身份，二是党员身份。

作为一个公民，他必须遵从所有涉及公民权利和义务的国法规定。作为一名党员，他同时还应遵从适用于全体党员的党章党规，履行党员义务并享有党员权利。

党章第 2 条规定，中国共产党党员永远是劳动人民的普通一员。除了法律和政策规定范围内的个人利益和工作职权以外，所有共产党员都不得谋求任何私利和特权。党章第3条规定了党员必须履行的8项义务，第4条规定了党员享有的8项权利。

普通党员除必须遵守党章外，还要遵从其他有关党内法规。比如《关于新形势下党内政治生活的若干准则》、《中国共产党廉洁自律准则》、《中国共产党党员权利保障条例》、《中国共产党党员教育管理工作条例》、《中共中央关于处理建国前党员脱党期间党籍、党龄问题的几点补充规定》、中共中央批转中央组织部《关于建立民主评议党员制度的意见》、《关于中国共产党党费收缴、使用和管理的规定》、《中国共产党纪律处分条例》等。

如果我们对普通党员所要遵守的国法与党规稍加比较，就会发现二者显然不是重合的。较国家法律对公民而言，党内法规对党员提出了更为严格的要求。一方面，规定了一些党员必须履行但其他公民无须履行的党员义务。比如，党员必须执行党的基本路线和各项方针政策；必须坚持党和人民的利益高于一切，个人利益服从党和人民的利益，吃苦在前，享受在后，克己奉公，多做贡献；必须执行党的决定，服从组织分配，积极完成党的任务；必须发扬社会主义新风尚，带头实践社会主义核心价值观和社会主义荣辱观，提倡共产主义道德，弘扬中华民族传统美德，为了保护国家和人民的利益，在一切困难和危险的时刻挺身而出，英勇斗争，不怕牺牲，等等。另一方面，也规定了一些党员可以享有但其他公民不能享有的党员权利。比如，参加党的有关会议，阅读党的有关文件，接受党的教育和培训；在党的会议上和党报党刊上，参加关于党的政策问题的讨论；行使表决权、选举权，有被选举权；向党的上级组织直至中央组织提出请求、申诉和控告，并要求有关组织给以负责的答复，等等。不难看出，由于党员义务明显高于公民义务，因此公民成为党员之后并未造成其法定公民义务的豁免。不过，党员履行党员义务会对其享受公民权利构成一定限制，同时也享有其他公民所无权享有的党员权利。如此一来，人们可能会问，党内法规如此而为是否合法？

肯定性回答需要同时具备两个条件：一是对公民权利的有关限制是否出于党员自愿？二是党内法规对作为党员的公民权利的有关限制

是否合法？

第一个条件是成立的。党章第5条规定，申请入党的人要填写入党志愿书，要有两名正式党员作介绍人，要经过支部大会通过和上级党组织批准，并且只有经过预备期的考察才能成为正式党员。据此，公民要取得党员身份，必须通过“自愿申请+组织批准加入”方式，即党员身份的取得以自愿申请为前提，而非强迫其加入的（国家只在必要时才通过立法方式要求从事特定工作的公民必须加入行业组织，例如《律师法》要求律师必须加入律协）。公民申请加入中国共产党，除必须满足先进性等政治条件之外，另一个重要条件就是党章第1条规定的“承认党的纲领和章程，愿意参加党的一个组织并在其中积极工作、执行党的决议和按期交纳党费”。这就意味着，公民要申请加入中国共产党，一个前提是必须自愿接受党章第3条有关坚持“个人利益服从党和人民的利益”“为了保护国家和人民的利益，在一切困难和危险的时刻挺身而出，英勇斗争，不怕牺牲”等党员义务规定，自愿克减一些公民权利。因公民入党而对公民权利的自我限制，这种纯属自愿性无论在形式上还是在内容上，都在入党誓词中得到集中体现：“我志愿加入中国共产党……”对此，正如习近平总书记指出的那样：“不论担任何种职务、从事何种工作，首先要明白自己是一名在党旗下宣过誓的共产党员，要用入党誓词约束自己。”

第二个条件也是成立的。众所周知，对于公民而言，“法未禁止即自由”，享有结社自由的公民在申请加入一个已经成立的组织时，可以按照该组织的章程等要求自我限制部分公民权利以获取“成员”身份，进而与该组织建立起一种“特别权利义务关系”，他因此一方面要履行组织成员之外的其他公民所无须履行的成员义务，另一方面也可享有组织成员之外的其他公民所不能享有的成员权利，成员身份的权利与义务本身也是辩证统一的，即只要某个组织本身不是非法组织、组织章程不违法，那么宪法和法律是允许公民通过自我处分其公民权利的方式获得“俱乐部成员身份”的——这近似于公民的契约自由，其与组织之间签订的是一种格式合同。就公民入党而言，由于党章明确规定“党必须在宪法和法律的范围内活动”，党员必须“模范遵守国家的法律规定”，公民在成为党员后要带头履行公民法定义务而非削减公民义务，党规不会与国法相抵触，党章上有关党员义务和权利的规定自然也应当不会与国法相冲突。因此，公民自愿入党是一种合法行为，其因入党而与党的组织形成的党内关系，在形式与内容上都未违反宪法和法律规定。

三、党外普通干部应当遵从的国法和党规

党外普通干部是指不是中共党员、未担任领导职务的公务员，他们是依法履行公职、纳入国家行政编制、由国家财政负担工资福利的工作人员。

党外普通干部可分为以下 3 大类：第一类是隶属于国家政权机关的工作人员，包括人大机关、行政机关、监察机关、审判机关、检察机关以及其他法律法规授权的组织，他们主要遵守的是国法和部分相关党规；第二类是隶属于党的机关的工作人员，他们主要遵守的是党规和相关国法；第三类是隶属政协机关、人民团体、事业单位等单位的工作人员，他们主要是依据各自章程独立开展工作，同时还要遵守相关的国法和党规。

需要说明的是，鉴于这里的研究目的主要不是讨论国家政权机关、党的机关与政协、人民团体等不同主体在适用规则上的差异，而是旨在考察一个公民变成公务员之后在遵守规范上发生什么变化，特别是在适用党内法规上发生的变化，因此，我们不妨以国家政权机关的工作人员为例，考察他们从公民到公务员的身份变化，会增加哪些规则约束。

党外普通干部具有公民和公务员两种身份，需要遵从同其身份相对应的党规和国法主要有以下 5 类：

第一，适用于同全体公民身份有关的宪法和法律。

从守法角度来看，公务员首先是公民，必须遵从所有涉及公民权利和公民义务的国法规定。

第二，适用于同全体公务员管理有关的组织法。

根据职权法定原则，公务人员及其所属公共机构行使的公共权力

必须来自法律授权。规定职权的法律主要见之于组织法，包括规范人大、政府、监委、法院、检察院等国家机构的设立、职权及其运行的各类组织法，以及以《公务员法》为龙头的公务员管理法律规定。

《公务员法》第3条第1款明确规定："公务员的义务、权利和管理，适用本法。"有关公务员的条件、义务与权利、职务与级别、录用、考核、职务任免、职务升降、奖励、惩戒、培训、交流与回避、工资福利保险、辞职辞退、退休、申诉控告、职位聘任等，皆由该法规定。公民一旦取得公务员身份，就必须履行《公务员法》第14条规定的8项义务，即忠于宪法，模范遵守、自觉维护宪法和法律，自觉接受中国共产党领导；忠于国家，维护国家的安全、荣誉和利益；忠于人民，全心全意为人民服务，接受人民监督；忠于职守，勤勉尽责，服从和执行上级依法作出的决定和命令，按照规定的权限和程序履行职责，努力提高工作质量和效率；保守国家秘密和工作秘密；带头践行社会主义核心价值观，坚守法治，遵守纪律，恪守职业道德，模范遵守社会公德、家庭美德；清正廉洁，公道正派；法律规定的其他义务。同时，享有《公务员法》第15条规定的8项权利，即获得履行职责应当具有的工作条件；非因法定事由、非经法定程序，不被免职、降职、辞退或者处分；获得工资报酬，享受福利、保险待遇；参加培训；对机关工作和领导人员提出批评和建议；提出申诉和控告；申请辞职；法律规定的其他权利。由此可见，《公务员法》通过立法方式对担任公务员的公民提出更加严格的义务性要求，使公民一旦变成公务员随即与其所在机构形成一种"特别权力关系"。这种关系明显有别于普通公民与国家之间的权利义务关系，部分公民权利的行使会因此受到限制，他一方面要履行公务员身份特有的义务；另一方面又享有与公务员身份相对应的保障性权利，公务员的义务和权利二者本身也是辩证统一的。

第三，适用于同公务员履职行为有关的行为法。

法治原则要求公共机构应当依法用权。公务员作为"执法者"，行使权力、履行职务必须"以法律为准绳"，遵循法定权限和法定程序，受制于特定的职务行为法。比如，从事立法工作的人员要遵守《立法法》等规定，依法立法；行政机关的公务员应当遵从《行政许可法》《行政强制法》《行政处罚法》等行政法，依法行政；司法人员应当遵循《刑法》《民法典》《治安管理处罚法》等实体法以及《刑事诉讼法》《民事诉讼法》《行政诉讼法》等程序法来定分止争。

第四，适用于同公务员监督约束和激励保障有关的法律规定。

用权受监督、违法须追责。公务员在这方面要受制于两种意义的国法规定，一是监督性法律规定，包括《各级人民代表大会常务委员会监督法》《监察法》《审计法》等；二是奖惩性和申诉性法律规定，包括《刑法》中的渎职罪规定、《国家赔偿法》、《公职人员政务处分法》、《人事争议处理规定》等。

第五，适用于同所有干部有关的党内法规。

党管干部是干部管理的一项基本原则，党章党规在这方面作出的规定应当适用于所有干部，不受其是否是党员身份的影响。比如，党章第35条明确规定，党的干部是党的事业的骨干，是人民的公仆，要做到忠诚干净担当；党按照德才兼备、以德为先的原则选拔干部，坚持五湖四海、任人唯贤，坚持事业为上、公道正派，反对任人唯亲，努力实现干部队伍的革命化、年轻化、知识化和专业化；党重视教育、培训、选拔、考核和监督干部，特别是培养、选拔优秀年轻干部。又如，包括非党员普通干部在内的所有干部，都要受到《干部教育培训工作条例》的约束，该条例第13条规定："干部教育培训的对象是全体干部……"再如，所有干部都要遵守有关作风建设方面的党内法规制度，包括《关于县以上党和国家机关退（离）休干部经商办企业问题的若干规定》《关于坚决制止干部用公款旅游的通知》《关于党政机关工作人员在国内公务活动中食宿不准超过当地接待标准的通知》《党政机关办公用房管理办法》《党政机关公务用车管理办法》等。

此外，非党员公务员还得通过直接遵从《公务员法》第4条的规定从而间接遵从同坚持党的领导有关的党内法规制度。西方国家公务员特别是事务类公务员，应当政治中立、无党无派。与之形成鲜明对照的是，我国的公务员制度坚持党管干部原则，再加上公务员多数都是党员，因此《公务员法》第4条明确规定：“公务员制度坚持中国共产党领导，坚持以马克思列宁主义、毛泽东思想、邓小平理论、‘三个代表’重要思想、科学发展观、习近平新时代中国特色社会主义思想为指导，贯彻社会主义初级阶段的基本路线，贯彻新时代中国共产党的组织路线，坚持党管干部原则。”该法所规定公务员义务，第一项就是“忠于宪法，模范遵守、自觉维护宪法和法律，自觉接受中国共产党领导”。这就以国家立法形式对公务员提出必须遵循的政治性要求，实现了国家公务员管理法律制度与党的干部管理制度的衔接。具体而言，《公务员法》第4条的规定产生一种“特洛伊木马效应”：（1）制定和实施公务员制度时是以国法“名义”；（2）公务员法律制度在“内容”上必须体现党的意志和领导主张，贯彻新时代中国共产党的组织路线，坚持党管干部原则；（3）这些路线方针和原则主要由党章党规来明确；（4）将这些党内法规制度通过法定程序转化为国家法律规定；（5）因此，无论是公务员制度的制定者还是实施者，也无论开展这些工作的公务员是否属于党员，他们都应在“事实上”间接地遵循相关党内法规。当然，较党员公务员而言，非党员公务员受相关党内法规约束在方式上是间接的，在法规数量上也是有限的，他们无须遵循诸如《中国共产党纪律处分条例》等有关旨在调整党内关系、规范党内生活的党内法规。

四、党员普通干部应当遵从的国法和党规

党员普通干部指的是具有中共党员身份、未担任领导职务的公务员，他们也是依法履行公职、纳入国家行政编制、由国家财政负担工资福利的工作人员。同上，我们仍以国家政权机关的党员普通干部为例，考察其身份变化所带来的规则约束的增加。

党员普通干部具有公民、党员、公务员3种身份，需要遵循与其复合身份相对应的党规和国法主要有以下8类：（1）适用于同全体公民有关的宪法和法律。（2）适用于同全体党员有关的党内法规。（3）适用于同全体公务员管理有关的组织法。（4）适用于同公务员

履职行为有关的行为法。（5）适用于同公务员监督约束和激励保障有关的法律规定。（6）适用于同所有干部有关的党内法规制度。（7）适用于同所有党员干部有关的党内法规制度。（8）适用于同在党和国家机关工作的党员有关的党内法规制度。其中，前5类规定与前文讨论的“非党员普通干部身份”大致相同，第6类制度与前文讨论的“普通党员身份”基本相同，而（7）（8）两类制度则是针对“党员普通干部”身份作出的专门性规定。

关于第7类制度，即适用于所有党员干部都应当遵从的党内法规制度。比如，党的十八大明确提出要“完善党员干部直接联系群众制度”，据此出台的《中共中央关于在全党深入开展党的群众路线教育实践活动的意见》《关于开展第二批党的群众路线教育实践活动的指导意见》《关于完善党员干部直接联系群众制度的意见》等有关党内法规制度，就是党员干部必须遵循的行为规范。

关于第8类制度，即适用于所有机关党员都应当遵从的党内法规制度。《中国共产党党和国家机关基层组织工作条例》就是其一，该条例适用于县级以上各级党的机关、人大机关、行政机关、政协机关、监察机关、审判机关、检察机关以及群团机关的党的组织，它是全体机关党员都应遵循的行为规范。

五、党外领导干部应当遵从的国法和党规

党外领导干部是指不是中共党员、担任领导职务的公务员。同上，我们仍以国家政权机关的“党外领导干部”为例，考察其身份变化会相应增加哪些规则约束。

党外领导干部具有公民、公务员、领导职务3种身份，需要遵循同其身份相对应的党内法规和国法主要有以下10类：（1）适用于同全体公民有关的宪法和法律；（2）适用于同全体公务员管理有关的组织法；（3）适用于同公务员履职行为有关的行为法；（4）适用于同公务员监督约束和激励保障有关的法律规定；（5）适用于同所有干部有关的党内法规；（6）适用于同所有领导干部有关的党内法规；（7）适用于同所有领导干部有关的宪法和法律；（8）适用于指向特

定领导职务的党内法规；（9）适用于指向特定领导职务的国家法律；（10）适用于同非党员领导干部有关的专门性党内法规。其中，前5类规定与“党外普通干部”身份的要求相同，不再复述；后5类属于因其非党员“领导干部”身份而必须遵循的专门性规定，需要稍加讨论。

关于第6类制度，即凡是适用于所有领导干部的党内法规制度，党外领导干部也应当遵循、不能例外。一方面，所有党政领导干部，无论其属于党员与否，手中都掌握着或大或小的公共权力，只有把这些权力关进制度的笼子里，才能有效避免其公权私用、权力滥用。另一方面，按照党管干部原则要求，党外领导干部也应当遵循适用于所有党政领导干部的党内法规制度。《宪法》明确规定“社会主义制度是中华人民共和国的根本制度……禁止任何组织或者个人破坏社会主义制度”，也就是说，无论党员还是公民都应当拥护中国特色社会主义伟大事业建设。根据党章规定，党的干部包括党员干部和党外干部。作为党的领导干部的重要组成部分，党外领导干部无疑也要坚定社会主义理想信念，党内法规也可对其提出明确的政治要求，党外领导干部也应当遵循适用于所有领导干部的党内法规制度。比如，《党政领导干部选拔任用工作条例》第4条第3款规定：“上列机关、单位选拔任用非中共党员领导干部，参照本条例执行。”据此，对党外领导干部的选拔任用，也应当符合该条例作出的实体性要求和程序性规定，包括坚决执行党的基本路线方针政策；正确行使人民赋予的权力，依法办事，坚持党的群众路线，反对官僚主义，反对任何滥用职权、谋求私利的不正之风；提任县处级以上领导职务的，一般应当具有下一级两个以上职位任职的经历，由副职提任正职的，应当在副职岗位工作2年以上，由下级正职提任上级副职的，应当在下级正职岗位工作3年以上，等等。又如，《关于实行党政领导干部问责的暂行规定》第2条规定：“本规定适用于中共中央、国务院的工作部门及其内设机构的领导成员；县级以上地方各级党委、政府及其工作部门的领导成员，上列工作部门内设机构的领导成员。”据此，有关党外领导干部的问责也适用该规定。再如，《关于各级领导干部接受和赠送现金、有价证券和支付凭证的处分规定》第3条规定：“本规定所称领导干部，是指党的机关、人大机关、行政机关、政协机关、审判机关、检察机关中担任副科级以上职务的领导干部，事业单位、人民团体中相当于副科级以上职务的领导干部，国有企业的中层以上领导人员。”据此，党外领导干部也要受制于该规定。

关于第7类制度，即凡是适用于所有领导干部的国法规定，党外领导干部也应当严格遵循。《公务员法》第3条第2款规定：“法律对公务员中领导成员的产生、任免、监督以及监察官、法官、检察官等的义务、权利和管理另有规定的，从其规定。”《公务员法》属于公务员管理的一般法，有关公务员中的领导成员的专门法律规定属于特别法，特别法优于一般法，无论其是否属于党员，只要担任特定的领导职务，都应当遵循相应的特别法规定。

关于第8类制度，即凡是适用于特定领导职务的党内法规制度，相关的党外领导干部也应当遵循。领导干部分为若干职级，各职级的产生、职责、职权、能力、素质、待遇、作风、年龄等方面的要求有所不同。一般而言，职级越高、要求越高，这就要求党内法规量体裁衣，针对不同级别的领导干部作出专门规定，各级“对号入座”。这方面的规定主要解决的是“分级”规范管理问题，无论是党员还是非党员领导干部都得遵循。一则，关于产生方式。比如，中共中央1990年印发的《关于地方党委向地方国家机关推荐领导干部的若干规定》明确规定推荐范围：地方人大常委会组成人员、人民政府组成人员、人民法院院长、人民检察院检察长，以及属于党委管理的由地方国家机关任命的其他领导干部。据此，只要是列入该范围的非党员领导干部，其产生也属于党委推荐范围。二则，关于任职要求。比如，《党政领导干部选拔任用工作条例》第8条规定，担任党政领导职务的，一般应当具有大学专科以上文化程度，其中厅局级以上领导干部一般应当具有大学本科以上文化程度。这一要求当然也适用于党外领导干部。三则，关于管理。比如，根据《中共中央关于建立老干部退休制度的决定》，担任国家机关部长、副部长，省政府省长、副省长的，正职一般不超过65岁，副职一般不超过60岁；担任司局长一级的干部，一般不超过60岁。该规定也适用于非党员领导干部。四则，关于待遇问题。比如，中央制定的《关于高级干部生活待遇的若干规定》《关于新任副部长、副省长以上干部生活待遇的几项暂行规定》以及省部级干部公务用车配备使用管理等方面的专门性规定，也适用于党外领导干部。

关于第9类制度，即凡是适用于特定领导职务的国法规定，相关党外领导干部也应当遵循。宪法和法律对国家政权机关各级领导干部的产生、职权和职责等作出明确规定。比如，关于职务产生，根据《宪法》第62条规定，全国人民代表大会有权选举中华人民共和国主席、副主席；根据中华人民共和国主席的提名，决定国务院总理的人选；根据国务院总理的提名，决定国务院副总理、国务委员、各部部长、各委员会主任、审计长、秘书长的人选；选举中央军事委员会主席；根据中央军事委员会主席的提名，决定中央军事委员会其他组成人员的人选；选举国家监察委员会主任；选举最高人民法院院长；选举最高人民检察院检察长。《宪法》第101条第1款规定："地方各级人民代表大会分别选举并且有权罢免本级人民政府的省长和副省长、市长和副市长、县长和副县长、区长和副区长、乡长和副乡长、镇长和副镇长。"又如，关于职权职责，根据《宪法》第90条规定，国务院各部部长、各委员会主任负责本部门的工作；召集和主持部务会议或者委员会会议、委务会议，讨论决定本部门工作的重大问题。《宪法》第105条第2款规定，地方各级人民政府实行省长、市长、县长、区长、乡长、镇长负责制。据此，属于上述职务范围的党外领导干部，其职务产生和职权职责当然也应当遵循宪法规定。

关于第10类制度，即只适用于党外领导干部的配备、培养、提拔和管理等方面的专门性党内法规。党章第37条明确规定："党员干部要善于同党外干部合作共事，尊重他们，虚心学习他们的长处。党的各级组织要善于发现和推荐有真才实学的党外干部担任领导工作，保证他们有职有权，充分发挥他们的作用。"在党章之下，中央出台了一系列相关实体性和程序性党内法规制度。比如，按照中央有关规定，国务院各部委，除少数不宜安排党外人士的单位外，凡有条件和对象的单位，一般应考虑安排一些党外人士担任副部长，副司、局长。条件合适的也可担任正职；要切实搞好和党外人士的合作共事关系。要让他们参加应该参加的会议，阅读应该阅读的文件和资料，要真正做到有职、有权、有责；在安排人大常委会、政府、政协领导班子时，组织部和统战部要加强联系，共同商量。对党外人士的调动任免，按照干部管理权限，由组织部统一办理报批手续，事前应征求统战部的意见。又如，2000 年《中共中央关于加强统一战线工作的决定》要求，凡明确应安排党外干部的单位，要确定专门职数安排党外领导干部；要保证他们有职有权有责；党组会议一般要请他们列席；对党外领导干部主管工作中的重大问题的决定，应认真听取和尊重他们的意见。

六、党员领导干部应当遵从的国法和党规

党员领导干部指的是属于中共党员、担任领导职务的公务员。同上，我们仍以国家政权机关的党员领导干部为例，考察其身份变化会相应增加哪些规则约束。

党员领导干部具有公民、党员、公务员、领导职务 4 种身份，应当遵循的同其身份相对应的党规和国法主要有以下 13 类：（1）适用于同全体公民有关的宪法和法律；（2）适用于同全体党员有关的党内法规制度；（3）适用于同全体公务员有关的组织法；（4）适用于同履职行为有关的行为法；（5）适用于同公务员监督约束和激励保障有关的法律规定；（6）适用于同所有干部有关的党内法规；（7）适用于同所有党员干部有关的党内法规；（8）适用于同所有机关党员有关的党内法规；（9）适用于同所有领导干部有关的党内法规；（10）适用于同所有党员领导干部有关的党内法规；（11）适用于同特定领导职务有关的党内法规；（12）适用于同所有领导干部有关的国家法律；（13）适用于同特定领导职务有关的国家法律。较“党外领导干部”身份而言，党员领导干部也同样要遵循（1）（3）（4）（5）（6）（9）（11）（12）（13）9 类党内法规国法，同时，还增加遵循（2）（7）（8）（10）4 类同其“党员”身份有关的党内法规，而其中的（2）

（7）（8）3类又与“普通党员干部”身份的要求相同。就此而言，在非党员领导干部和普通党员干部所要遵循的党内法规和国法范围之外，党员领导干部还要多遵循一种党内法规，即第10类。对此稍加讨论。

之所以要针对党员领导干部专门制定第10类党内法规，对其提出更多更高更严的规范性要求，是因为他们作为执政骨干，居于重要岗位、掌握重要权力，特别是那些位高权重的党员高级领导干部，其决策权的行使会对经济社会发展、资源配置和利益分配、选人用人等产生深刻影响，因此，要把权力关进制度的笼子里，关键是要依靠党内法规制度管住他们，管住“关键少数”；要提高党的长期执政能力、保持党的先进性和纯洁性，关键是要通过党内法规制度保证他们依规用权、依规履职、依规担责、依规究责。在这个意义上，坚持党管干部原则，重点是建立健全党员领导干部管理方面的党内法规制度。

第10类党内法规涵盖党员领导干部管理的职权职责、选拔任用、议事决策、廉洁从政、监督管理、纪律处分等各个方面。

一则，党员领导干部要遵循关于其职权职责方面的党内法规制度。比如，党章第23条第4款规定：“中央委员会总书记负责召集中央政治局会议和中央政治局常务委员会会议，并主持中央书记处的工作。”《中国共产党地方委员会工作条例》规定，党的地方委员会应当坚持民主集中制，实行集体领导和个人分工负责相结合的制度。凡属应当由全会或者常委会会议讨论和决定的事项，必须由集体研究决定，任何个人或者少数人无权擅自决定。在集体讨论和决定问题时，个人应当充分发表意见。个人对集体作出的决定必须坚决执行，有不同意见的可以保留，也可以向上级党的组织报告。常委会委员应当根据分工和集体决定，勇于担当、敢于负责，切实履行职责；对不属于自己分管的工作，也应当从全局出发关心支持，加强研究，积极提出意见和建议。

二则，党员领导干部要遵循关于其选拔任用方面的党内法规制度。比如，党章第22条规定担任中央委员会委员和候补委员的一个条件就是必须有5年以上的党龄。第23条第1款规定：“党的中央政治局、中央政治局常务委员会和中央委员会总书记，由中央委员会全体会议选举。中央委员会总书记必须从中央政治局常务委员会委员中产生。”第28条第1款规定：“党的地方各级委员会全体会议，选举常务委员会和书记、副书记，并报上级党的委员会批准。”根据第36条规定，担任党员领导干部应当符合努力用马克思主义的立场、观点、方法分析和解决实际问题，坚持和维护党的民主集中制等6个方面的条件。

三则，党员领导干部要遵循关于其议事决策方面的党内法规制度。比如，党章第10条第5项规定：“党的各级委员会实行集体领导和个人分工负责相结合的制度。凡属重大问题都要按照集体领导、民主集中、个别酝酿、会议决定的原则，由党的委员会集体讨论，作出决定；委员会成员要根据集体的决定和分工，切实履行自己的职责。”《中国共产党党组工作条例》规定，党组决策一般采用党组会议形式。党组会议一般每月召开1次，遇有重要情况可以随时召开。党组会议议题由党组书记提出，或者由党组其他成员提出建议、党组书记综合考虑后确定。会议议题应当提前书面通知党组成员。党组会议应当有半数以上党组成员到会方可召开，讨论和决定干部任免、处分党员事项必须有2/3以上党组成员到会。党组成员因故不能参加会议的应当在会前请假，其意见可以用书面形式表达。党组会议议题涉及本人或者其亲属以及存在其他需要回避情形的，有关党组成员应当回避。根据工作需要，召开党组会议可以请不是党组成员的本单位领导班子成员列席。会议召集人可以根据议题指定有关人员列席会议。批准其设立的党组织等可以派员列席党组会议。党组会议议题提交表决前，应当进行充分讨论。表决可以采用口头、举手、无记名投票或者记名投票等方式进行，赞成票超过应到会党组成员半数为通过。未到会党组成员的书面意见不得计入票数。表决实行会议主持人末位表态制。会议研究决定多个事项的，应当逐项进行表决。党组会议由专门人员如实记录，决定事项应当编发会议纪要，并按照规定存档备查。

四则，党员领导干部要遵循关于其廉洁从政方面的党内法规制度。比如，《中国共产党廉洁自律准则》规定，党员领导干部要廉洁从政，自觉保持人民公仆本色；廉洁用权，自觉维护人民根本利益；廉洁修身，自觉提升思想道德境界；廉洁齐家，自觉带头树立良好家风。《关于新形势下党内政治生活的若干准则》要求，各级领导干部必须严以修身、严以用权、严以律己，谋事要实、创业要实、做人要实，经得起权力、金钱、美色考验，用党和人民赋予的权力为人民服务。领导干部特别是高级干部必须带头践行社会主义核心价值观，继承和发扬党的优良传统和作风，弘扬中华民族传统美德，讲修养、讲道德、讲诚信、讲廉耻，养成共产党人的高风亮节，自觉远离低级趣味。各级领导干部是人民公仆，没有搞特殊化的权利。中央政治局要带头执行中央八项规定。各级领导干部特别是高级干部要坚持立党为公、执政为民，坚持公私分明、先公后私、克己奉公，带头保持谦虚、谨慎、不骄、不躁的作风，保持艰苦奋斗的作风，带头执行廉洁自律准则，自觉同特权思想和特权现象作斗争，不准利用权力为自己和他人谋取私利，禁止违反财经制度批钱批物批项目，禁止用各种借口或巧立名目侵占、挥霍国家和集体财物，禁止违反规定提高干部待遇标准。领导干部特别是高级干部必须注重家庭、家教、家风，教育管理好亲属和身边工作人员。严格执行领导干部个人有关事项报告制度，进一步规范领导干部配偶子女从业行为。禁止利用职权或影响力为家属亲友谋求特殊照顾，禁止领导干部家属亲友插手领导干部职权范围内的工作、插手人事安排。各级领导班子和领导干部对来自领导干部家属亲友的违规干预行为要坚决抵制，并将有关情况报告党的组织。全体党员、干部特别是高级干部必须拒腐蚀、永不沾，坚决同消极腐败现象作斗争，坚决抵制潜规则，自觉净化社交圈、生活圈、朋友圈，决不能把商品交换那一套搬到党内政治生活和工作中来。党的各级组织要担负起反腐倡廉政治责任，坚持有腐必反、有贪必肃，坚持“老虎”“苍蝇”一起打，坚持无禁区、全覆盖、零容忍，党内决不允许有腐败分子藏身之地。

五则，党员领导干部要遵循关于其监督管理方面的党内法规制度。比如，《中国共产党党内监督条例》规定，党内监督的重点对象是党的领导机关和领导干部特别是主要领导干部。党的领导干部应当强化自我约束，经常对照党章检查自己的言行，自觉遵守党内政治生活准则、廉洁自律准则，加强党性修养，陶冶道德情操，永葆共产党人政治本色。党内监督必须加强对党的组织主要负责人和关键岗位领导干部的监督，重点监督其政治立场、加强党的建设、从严治党，执行党的决议，公道正派选人用人，责任担当、廉洁自律，落实意识形态工作责任制情况。上级党的组织特别是其主要负责人，对下级党的组织主要负责人应当平时多过问、多提醒，发现问题及时纠正。领导班子成员发现班子主要负责人存在问题，应当及时向其提出，必要时可以直接向上级党的组织报告。党的组织主要负责人个人有关事项应当在党内一定范围公开，主动接受监督。

六则，党员领导干部要遵循关于其违纪处分的党内法规制度。比如，《中国共产党纪律处分条例》规定，要对违纪行为有关责任人员进行区分，其中，直接责任者是指在其职责范围内，不履行或者不正确履行自己的职责，对造成的损失或者后果起决定性作用的党员或者党员领导干部；主要领导责任者是指在其职责范围内，对直接主管的工作不履行或者不正确履行职责，对造成的损失或者后果负直接领导责任的党员领导干部；重要领导责任者是指在其职责范围内，对应管的工作或者参与决定的工作不履行或者不正确履行职责，对造成的损失或者后果负次要领导责任的党员领导干部。该条例所称领导责任者，包括主要领导责任者和重要领导责任者。

上文关于从公民到普通党员、党外普通干部、党员普通干部、党外领导干部、党员领导干部等因身份变化而致遵循规则的增多的分析，以及据此梳理出的对应于特定身份的党规国法清单，可以大致看出，一个人的身份增多与规则约束增多之间存在紧密对应关系。我们可以据此得出几个初步研究结论：

其一，身变规须随。一个人的身份从单纯的公民身份增加了党员、公务员、领导干部等其他身份之后，受约束的规范也随之相应增多，身份变化与约束增多同步进行，避免出现有身份而无规矩的制度空白。在这个意义上，可以说身份是规矩约束下的身份，规矩是为约束身份而定的规矩。身变规须随意味着，一旦现实社会中出现了一个新身份，就必须制定相应的新制度来提供规矩，避免因无规可依而不成方圆；一旦一个人添了一个新身份，就必须同步套上相应的新规“枷锁”，避免因有规不依而成“规外人”。据此，我们就可以看到规随身变的“金字塔”现象，随着从公民身份变成党员、党员干部、再到党员领导干部，一方面，相关人群数量递减，自下而上形成金字塔形；另一方面，所要遵从的党规国法数量递增，自上而下形成一个倒“金字塔”形。

其二，添新不辞旧。公民变成党员后，他仍然是公民；党员变成公务员后，他仍然是党员；党员普通干部变成党员领导干部后，他仍然是党员干部。由于新身份的增加并未导致原先身份的失却，他仍是此前身份群体中的一员，因此，他既要遵循与新身份相对应的新规矩，还得一如既往地遵从与原有身份相对应的制度规定。一个人身份的增多会产生新的制度约束需求，如果借用马斯洛需求层次理论来解释，就是新规需求与旧规需求之间不是替代关系，不能因为适用新规就不再遵循旧规，这就如同一个人不会因其较高层次的社会交往认可需求得到满足，他就无须再去满足较低层次的吃饭睡觉需求，因为一个人不会因其变成“社会人”就不再是个“自然人”。

其三，增规不减责。一个公民变成党员后，其法定义务虽然丝毫未减，但其公民权利事实上有所减少，当然这是他入党时自愿放弃的；一个普通党员干部变成党员领导干部之后，其党员义务、公务员义务虽然丝毫未减，但要求变高、责任变大、规矩变多、约束变严，这种变化既是组织安排通常也是个人自愿。由此可见，随着身份变多而相应增多的制度约束，从职责角度来看，新旧规定二者类似于特别规定与一般规定，特别规定优于一般规定、新规优于旧规；但从义务角度来看，新旧规定之间、党规国法之间是并行的，既不能因遵从新规定就豁免原先规定的义务，也不能简单机械地认为在党规与国法二者之间只能遵循其一。之所以应当增规不减责，主要是因为从公民变成党员特别是变成公务员，这就进入了公域，会因其行为选择的公共性而产生外部性；而从普通党员干部变成党员领导干部特别是高级领导干部，则意味着进入更加重要的公域，其肩负的职责更重、行为选择外部性更大、权力滥用风险更高、违规行事危害性更大。正因如此，随着身份变化而带来的党规国法适用，不仅仅是数量上的增加，更主要的是责任规定的增多和规则约束的强化。地位越高、位置越重要、权力越大，这种权力递增就要求制度约束越来越严格，只有权重则规严，才能真正把权力关进制度的笼子里；只有层层设防、时时约束、处处规范，才能把权力这个“老虎”管住，避免出现“牛栏关猫、进出自如”问题。

其四，权责须匹配。法规制度安排的实质是权利/义务配置或者职权/职责配置，理想的制度规定应当是权义统一、权责一致。这是通过前后衔接、上下贯通、左右呼应等方式共同实现整体平衡。首先，从对应于每种身份的各块制度来看，与每一种身份相对应的制度规定中的权义、权责应当是平衡的。即公民的权利/义务应当统一，党员的义务/权利应当协调，党员干部的权责应当匹配，党员领导干部的权责应当相称。其次，从相邻环节制度间的递进关系来看，不同身份之间的权利克减、职责规定、职权授予三者之间的制度安排属于嵌入式对接。以从公民身份变成党员干部身份为例，做党员干部意味着要承担公共职责，这就会构成对其公民身份权利行使的有所限制；而为了履职需要，党规国法要授予其相应的职权，这就使与不同身份相对应的制度规定并非泾渭分明，而会呈现为一种嵌入式对接。最后，从规范同一公务身份的党规国法互补关系来看，党规与国法两个方面制度属于交融式组合。无论是党外普通干部还是领导干部，也无论是党员普通干部还是领导干部，都要程度不等地同时遵从特定的党规与国法两种制度，二者并行不悖，有的党规中提出遵从相关国法的规定，有的国法中也提出遵从相关党规的规定，实现了党规国法之间的交融。党规国法分工不分家，并行不悖、殊途同归，相辅相成、良性互动，这既是党执政治国的需要，也是党领导法治建设的重要体现。这就意味着，在一套严密的党规国法体系中，无论党员领导干部多么的位高权重，他都没有不受规则约束的特权，一切权力都是规则约束之下的权力。换言之，如果现实中出现规外特权，要么就是党规国法体系不严密，要么就是执行中出了问题。

身变规随、规随身变、身规相符。作为公务人员，我们的权利与义务、职权与职责皆源于党规国法，要时刻受制于制度规定，我们都是戴着制度枷锁的舞者。在这个意义上，当我们在庆贺自己入了党、提了职、增加了新身份时，应当准备好去迎接与之俱来的更多更严的规则约束。

调整效果

党内法规的调整效果，也就是党内法规见诸实践的影响力。

2012 年 12 月 11 日，中共中央印发《十八届中央政治局关于改进工作作风、密切联系群众的八项规定》。一石激起千层浪。

十八届中央政治局制定该规定，目的在于要求中央政治局同志带头弘扬党的优良传统作风，改进工作作风，密切联系群众。不过，中央八项规定产生的影响却从中央政治局这个“落点”扩散开来，波及各级党政领导干部，对全党全社会产生广泛影响。中央八项规定的实施效果清晰地展现出党内法规调整的涟漪效应：以调整对象为圆心，党内法规的影响力向四周扩散，在调整范围之外产生普遍影响。

在现实中，不同党内法规出台之后产生的影响力相去甚远，有的无声无息，有的家喻户晓；有的石沉大海，有的掀起惊涛骇浪；有的昙花一现，有的四季常青。

党内法规的效力主要体现在主体、事项、时间、空间 4 个方面，一部党内法规的出台，会对特定党的组织和党员在特定时间内、特定范围内作出某种行为产生拘束力。效力与实效，这是两个概念。党内法规的“效力”源于党内法规自身规定，是一种应然的、假定的、预设的法规调整效果，在党内法规实施过程中未必会百分之百地转化为“实效”，在效力与实效之间经常存在差距。较之党内法规效力，党内法规影响力是一个更加宽泛的概念，它强调的是一种事实上的来自法规实施的支配力，它彰显出党内法规的权威性和威慑力，影响着党员干部群众的行为选择，会造成特定范围社会关系的重塑，影响主体权益的配置。这种影响力是可感受的，受其影响的主体会清晰地感受到它的分量；是可描述的，可以看见和说出党内法规的出台带来的效果；是可解释的，能够在党的组织工作活动和党员行为变化与特定党内法规的制定出台之间建立一种因果关系。不过，这种因果关系未必都是直接因果关系，经常是一种间接因果关系，受其影响的行为也未必都是制度预设行为，经常是一种超出制度预设之外的事实行为，即党内法规影响力范围可能大于、等于或者小于党内法规效力范围，二者未必总是重叠的。

第一种情形是党内法规影响力范围与效力范围完全重叠。党内法规影响力半径恰好等于效力半径，受特定党内法规影响的特定党的组织和党员恰好是党内法规的调整对象，其他党的组织和党员的行为选择未受到影响。党内法规产生影响力的时间恰好是生效时间，在其效力存续期间一直稳定地产生相应的影响力，规范党的组织工作活动和党员行为；在其被宣布废止或者失效之后影响力戛然而止。此种状态下，党内法规的制度预期不多不少、正好实现。显然，这种情形更多的是一种“理想类型”，在现实中出现概率极低，一般只会偶然出现。类似于价格曲线总是围绕着价值这条线上下波动，大多数党内法规的影响力范围总是大于或小于效力范围，不会完全重叠。

第二种情形是党内法规影响力范围小于效力范围。党内法规影响力半径短于效力半径，制度实效不及制度预期，部分预期落空，党内法规制定目的没有完全实现。特定党内法规制定出台后，在其效力存续期间，并非所有纳入其调整范围的党的组织和党员的相关行为选择都在事实上受制于该党内法规约束，虽然有规可依，但程度不等地存在有规不依、执规不严、违规不究问题，党内法规的影响力范围小于效力范围。之所以出现此种情形，要么归过于党内法规制度本身质量不高，针对性、可操作性不强；要么归过于清理不力不及时，产生党内法规制度的不适应、不协调、不一致、不衔接等问题；要么归过于党内法规制度执行不力，缺乏相匹配的督促检查、责任追究、争议解决等保障机制。党内法规影响力范围小于效力范围，意味着部分党内法规制度属于“死规”，纸面上的要求未能转化为事实上的行动，制度指向的问题未得到有效解决。这种有规不依的制度失灵问题，往往比无规可依的制度空白问题更加有害，因为它既造成制度浪费，又损害党内法规权威，还会产生制度创新麻痹，“有章可循”的假象会抑制建章立制的激励，党内法规制度供给不足的问题被遮掩。威慑力不够的党内法规可能使潜规则乘虚而入，结果是严重制约党的生活的规范化和党务关系的有序化。

第三种情形是党内法规影响力范围大于效力范围。党内法规影响力半径长于效力半径，党内法规调整产生涟漪效应和溢出效应。此种情形下，特定党内法规的制定和实施产生两种意义上的因果关系：一是直接因果关系，即在其有效的时空范围内对作为其调整对象的特定党的组织和党员的特定行为选择产生了预期影响，行为被规范、关系被理顺与该党内法规设定的行为模式之间有直接因果关系。二是间接因果关系，党内法规的影响力范围超出其效力范围，产生溢出效应，形成一圈一圈向外扩散的涟漪效应。溢出部分虽然与该党内法规之间不存在制度上的直接因果关系，但与该党内法规的制定出台息息相关，二者之间的这种事实性因果关系属于制度性间接因果关系。这种影响力的超出，或者是表现为受其影响的主体不限于其所调整的特定党的组织和党员，还涉及其他党的组织和党员，甚至对相关的公民、法人和非法人组织的行为产生影响。比如《党政机关厉行节约反对浪费条例》的出台，在事实上对依赖公款消费的那些高档餐饮业产生的影响；或者表现为受其影响的空间不限于党的领导和党的建设活动的特定区域、领域、事项，比如在作风建设领域出台一部旨在解决领导干部“四风”突出问题的党内法规，有可能在反腐倡廉建设领域产生意外收获；或者表现为影响力的存续时间因为提前释放的“制度信号”从而在其出台之前就已形成，而在其废止之后又因为“制度惯性”仍然要延续一段时间。党内法规影响力溢出部分越多，则涟漪效应的半径就越长，影响力范围越大，则党内法规调整的绩效就越高，受其影响的主体行为选择与党内法规之间的因果关系伴随着扩散半径的增长而越来越间接，在极端意义上，“涟漪效应”变成“蝴蝶效应”。

党内法规之所以会出现溢出效应，虽然也有少数属于“无心插柳柳成荫”，但更多地属于党内法规制定者的巧妙安排或者执行者用力而为使然。无论如何，一部党内法规溢出部分的影响力的形成及其扩散，其推动力主要不是源于该党内法规内在的惩戒或激励机制产生的内驱力，而是借用了党内法规之外的推动力，包括领导重视、公众关注、舆论宣传等。

相对而言，第一种情形属于中规中矩，此类党内法规的得分是“及格”；第二种情形属于制度失灵，此类党内法规的得分是“不及格”；第三种情形属于制度增值，此类党内法规超额完成预期调整任务，得分是“优秀”。

不言而喻，我们当然不希望党内法规的调整效果不及格，期盼出现党内法规溢出效应，希望受其影响的主体越多越好、扩散的空间范围越大越好、持续影响的时间越长越好，以期以最小的制度成本收获最大的制度效益。这种想法似乎并没错。不过，提升党的建设科学化水平，坚持制度治党、依规治党，就不能指望一部党内法规会出现“奇迹”，不能总是寄希望于意外惊喜。理性的态度是，党内法规设定的预期效果应当如期而至，意外收获可遇不可求。

之所以如此，一则，不能简单地认为一部党内法规影响力的溢出是从天而降、无本万利的。前已论及，党内法规溢出效应的形成，绝大多数皆为制定者有意设计的结果，溢出的多少与推动扩散的作用力大小是正相关的，溢出的“意外”收益与推动力成本之间通常是平衡的。二则，将过多制度期待寄托于一部或几部党内法规之上的想法和做法也不太合适。管党治党、执政治国是一项宏大复杂的系统工程，不同构成部分应当各就各位、各展其长，该用技术的用技术，该用制度的用制度，该靠经验的靠经验。就依靠制度治理而言，该用国法的用国法，该用党规的用党规。就党规之治而言，需要什么党内法规就制定实施什么党内法规，不能指望通过其他党内法规的“盈利”来填补特定党内法规的“亏本”。事实上，如果我们片面追求特定党内法规影响力范围的最大化、寻求溢出效应的最大化，那就很有可能出现一种推动它越界调整、功能扩张、甚至产生制度实施泡沫化的危险。对于该通过制定国法来规范的领域，就不能试图借助党规的溢出效应来规范。每一部党内法规的影响力范围都应当在碰到其他党内法规的效力范围时止步，以免越位。一部党内法规被废止后，其影响力应当随着效力的终止而立即消失，旧规的藕断丝连会制约新规的生根发芽。

因此，我们固然可以欢迎特定党内法规带来的额外惊喜，也可以基于情势考虑而有意在特定党内法规中精心植入可以增值的元素，以便制造一种“项庄舞剑、意在沛公”的溢出效应，但通常而言，不应奢望惊喜连连。就整个党内法规制度体系而言，我们要尽可能让每一部党内法规都能实现其制度预期，其影响力范围恰好与效力范围重叠。要做到这一点，就得在制定和实施党内法规时，理性控制其影响力范围。

理性控制，前提是要搞清楚应该控制哪些因素。决定一部党内法规影响力大小的因素主要有哪些呢？我们不妨借用价值圈、能力圈、支持圈“三圈理论”来回答这个问题。一般来说，一部党内法规影响力的强弱，主要是以下 3 方面因素综合作用的结果。

一是制度需求程度。制度的影响力取决于制度的生命力，而制度的生命力取决于制度需求本身。制定实施一部党内法规，其价值就在于满足某种党的生活规范化、党务关系有序化需求。如果对特定党的组织工作活动和党员行为的控制，通过技术性、标准化等其他非制度性手段可以更好地实现有序性保证，那就无须去制度化；如果虽需制度化，但依靠现有相关内部规章制度即可的，那就不会产生党内法规需求；如果现有党内法规基本能够解决规范化问题，未产生新的制度需求，那就无须制定出台一部新党内法规，即使出台了也很难产生预期的影响力。就此而言，从制度需求角度来看，要保证党内法规实现预期的影响力，它应当应需而立，其制定和实施能够直接满足某种党内制度需求；应当应运而生，其作出的规定要求切合实际、回应社会关切、未超出党员干部的承受力；应当应时而出，既未超前也未滞后，把握最佳出台时机，在需求最强烈的时候出台，生逢其时。

二是制度供给能力。制度能否产生预期影响力，主要取决于它本身是否具有足够的产出能力。一部党内法规只有具有必要的质量、分量、容量、含金量，才会产生相应的供给能力。所谓质量，是指党内法规的制度安排应当科学民主、合乎理性，针对性、可操作性强。所谓分量，是指党内法规的位阶应当与其所要调整的对象、事项相称，通常而言，位阶越高分量越重。所谓容量，是指党内法规的内涵应当足够丰富，能够涵盖所要规范的领域，制度安排于法周延，规范逻辑结构严密，具有必要的条款数量。所谓含金量，是指党内法规具备必要的刚性程度，特别是监督和惩戒措施严密，形成足够的威慑性。

三是实施保障机制。党内法规制定出台后还只是具备潜在影响力，这种纸面上的影响力在多大程度上能够转化为事实上的影响力，取决于实施保障机制健全与否。首先，有时需要制定配套制度，当上位党内法规比较原则抽象时，只有出台配套下位党内法规制度才能真正落下去、动起来。其次，需要确立监督执行机制，一部党内法规只有得到严密监督、严格执行，有规必依、执规必严、违规必究，避免刚性约束变成"稻草人"、成了摆设，才会产生预期影响力。再次，需要建立健全信息传递机制，包括党内法规的公布、宣传、解读、普及、培训、研究，以及通报党内法规执行情况、典型示范、警示教育等，据此营造尊规学规用规守规的良好氛围。最后，需要建立党内法规维护机制，通过及时开展党内法规解释、备案、清理、实施评估等活动，及时清除党内法规存在的不适应、不协调、不一致、不衔接以及涵义不清晰等问题，保证肌体健康、生机蓬勃。

由此可见，党内法规影响力的强弱不是偶然的，而是以上 3 个方面中诸多变量综合作用的必然结果。当然，这并非意味着任何一部党内法规影响力的形成都只能是自然而然的，事实上，出于某些方面考虑，在一部党内法规出台后，我们可以通过强化或者弱化其中的某些变量来有意识地扩大或者缩小它的影响力。比如，针对规范特定事项制定党内法规，如果制定者有意使用较高位阶，那就会明显提高它的影响力。又如，一部党内法规出台后，如果将其公之于众并加以广泛深度宣传报道，那就会明显扩散其影响力。相反，一部党内法规出台之后定了较高密级，不作宣传报道，既然其知悉范围很有限，那么其影响力自然就弱了许多。再如，我们可以通过修改党内法规的方式令其重焕生机，也可以通过宣布废止一部党内法规的方式强行中断其影响力。

就此而言，中央八项规定的影响力范围远远超出其效力范围，在全党全社会产生重大反响和广泛影响，这并非偶然所致，而是中央有意而为的结果，虽着眼于中央政治局出台中央八项规定，但意在以上率下、推动全党改进工作作风、密切联系群众，就是要收到“一石激起千层浪”的社会效果。

第三编　党内法规维度

文以载道。党内法规虽也由文字构成，却不是一般的文章，而是我们党管党治党、执政治国的重器。立规，是在立规矩、定遵循、分权益，通过科学的制度设计达到预期的法规效果，可谓一字千钧。大智立法。研究制定一部党内法规，要彰显政治立场、政治方向、价值取向，要合乎政治逻辑、理论逻辑、实践逻辑、技术逻辑，要寓立规目标目的、价值理念于权责分配的制度安排之中，要通过激励与制约相容的机制设计引导督促相关主体作出立规者期待的行为选择，进而实现党的领导和党的建设工作目标。就此而言，表面看来，党内法规呈现的是一种波澜不惊的平面文本，但从制度设计机理角度析之，在极简文本之下暗藏的却是极为复杂的逻辑结构，这是一种集多个维度于一体的立体构造。

大致说来，就其逻辑构成而言，党内法规乃是由外在形态（形）、内在理念（神）、理论导引（知）、实践支撑（行）、时间维度（时）、空间定位（空）等6个要素聚合而成，是形神之“体”、知行之“源”、时空之“位”的统一体，三者大体对应于“我是谁”“从哪来”“到哪去”3个基本哲学问题。这6个构成要素，于任何一部完整的党内法规而言皆是缺一不可的。当我们在研究制定一部党内法规时，要通盘考虑、统筹安排这6个要素，依靠科学的制定技术将它们融为一体；当我们在学习理解或者评论阐释一部党内法规时，如果紧扣这6个要素及其相互关系来分析，那就更有可能做到读懂看透评准，能够有效避免出现失之片面和肤浅的问题。进言之，一旦我们将党规之治置于党和国家治理的宏大视野中去定位，就会发现党规之治是“一规多治”，具有服务政治、聚焦治党、保障法治等多重功能。

第十章　党内法规形态之维

截至2020年年底，全党现行有效党内法规5178件，其中，中央党内法规240部，部委党内法规308件，地方党内法规4630件。近年来，党中央以及中央纪委、党中央工作机关、省（自治区、直辖市）党委每年制定出台四五千件“红头文件”，其中党内法规约占1/10。以2019年为例，共制定修订约510件党内法规，包括中央党内法规34部、部委党内法规30多件、地方党内法规450多件。在实践中，人们经常会碰到一个问题：如何从各类党的“红头文件”中一眼就能看出哪些属于党内法规？识别方法是综合把握党内法规和规范性文件的名称使用、表述方式、功能定位、实施方式等诸多方面，其中最直观的识别方法就是观察其外在形态——这就如同在广场人群中我们主要是依凭体形、身高、相貌等外在特征去找到某个人一样。党内法规具有独特的外在形态。形式服从内容。党内法规的内容必须逻辑严密、于规周详，与之相适的外在形态就应朴实庄重、严谨简约。大致说来，精准把握党内法规的外在形态，由点到面、从小到大，需要认知党内法规使用的概念、条文、行为规范、文本、体系等形式要素。

概　念

概念，是党内法规的最小构成单位。

党内法规要借助若干相互关联的概念，向党的组织和党员传递可为、当为、禁为等行为规范讯息。党内法规的成熟性，在相当程度上反映为是否形成了一套结构完整、关系清晰、涵义确定的党内法规概念体系。

制定和研究党内法规，需要把握党内法规概念的以下两个基本特性。

一、寻求党内法规概念涵义的确定性

党内法规的确定性首先是概念涵义的确定性。但在党内法规文本中，我们有时会看到一些涵义似乎并不那么清晰的概念，比如，“左”和右，学习型、服务型、创新型政党，党性，党的生活，党内政治生活，党的活动，党的工作，领导同志，领导干部，党中央重大决策部署，等等。有些党内法规概念涵义的不确定性，至少是由两方面原因造成的：

一方面，所有概念本身都天然具有不确定性。概念是对某种事物、现象、观念的描绘，面对丰富多彩的描述对象，非黑即白的概念往往显得苍白乏力、捉襟见肘，再加上描述对象并非一成不变，概念必须不断地调整其内涵与外延范围试图实现“追赶”，这些都会使概念表现出一定的不确定性。党内法规概念在这种意义上的不确定性也不例外，这是概念的共性问题。

另一方面，受党内法规的政治特性及其概念来源影响，党内法规的一个鲜明特点就是其政治性，往往是政治话语而非法言法语更能彰显其政治性，往往要突出强调的是其政治正确而非涵义准确。特别是党章的总纲部分，重点不在于明确设定职权职责、义务权利，而是对党的性质和宗旨、路线和纲领、指导思想和奋斗目标等作强有力的阐述和宣示，以产生强大的感召力和鼓动性。同时，党内法规内容的一个重要来源是政治文献，把党代会报告、党委文件、领导讲话等当中涉及的有关党的理论和路线方针政策转化成党内法规内容，其所表明的政治立场、政治态度，表达的政治主张、政治见解、政治观点，阐明的政策意见建议等内容，使用的往往是政治话语，具有鲜明的政治特色，有的还体现出领导者浓厚的个性化风格，有些还经常使用修辞手法。显然，经由这些政治话语转化而成的党内法规概念，其涵义不可能那么清晰。

诚然，我们不宜简单套用国法概念的严格标准来苛求党规概念涵义的确定性，但这并不是说就不必去要求我们在研究制定党内法规时尽可能使用涵义确定的概念，否则，不利于广大党员干部群众准确理解、严格遵守和执行党内法规，也影响党内法规的严肃性和权威性。为最大限度保证党内法规概念涵义的确定性，党内法规制定者应当运用比较成熟的概念，尽量不用那些尚未定型的概念；运用涵义比较明确的概念，尽量不用那些模棱两可、易生歧义的概念；尽量将领导讲话和文件语言经过再加工转化成法规语言，不宜为了保持所谓的原汁原味而机械照抄照搬；宣示性、号召性内容尽可能准确，设定党务关系主体行为模式时应当使用涵义确切的概念，运用社会普遍认同的概念涵义，不用生僻的令人费解的涵义，等等。在同一法规文本中、不同法规文本中应当在同一涵义上使用同一概念，以保持概念的连贯性、统一性，不能让同一概念在不同文本甚至同一文本中具有不同涵义。对一些特别重要、可能令人费解的概念，有必要在法规中予以定义或者对其涵义进行界定。对实施过程中容易出现疑义或者争议的概念，要及时通过法规解释、工作答复、宣传报道等方式予以明确。

二、保持党内法规概念体系的开放性

党的事业不断向前发展，党的领导和党的建设活动不懈开拓创新，党内法规制度建设加速向前推进，这些都会反映为党内法规概念要马不停蹄地新陈代谢。

在党内法规制度建设发展历程中，有些概念已经退出了历史舞台，比如，1921 年党的一大通过的《中国共产党纲领》中的资本家阶级、阶级区分、苏维埃、黄色知识分子、候补党员、执行委员会、财务委员、特许、国会议员等概念，在现行党章中已无踪影。与此同时，一些当下耳熟能详、饱含时代精神的新概念陆续进入党内法规，比如，邓小平理论、“三个代表”重要思想、科学发展观、习近平新时代中国特色社会主义思想、中国特色社会主义道路、中国特色社会主义理论体系、中国特色社会主义制度、全面推进“五位一体”总体布局和协调推进“四个全面”战略布局、依法执政、民主选举、民主决策、民主管理、民主监督、社会主义核心价值体系、生态文明建设、党的建设新的伟大工程、执政能力建设、先进性和纯洁性建设、建设学习型服务型创新型的马克思主义执政党、“两个一百年”奋斗目标、实现中华民族伟大复兴的中国梦、党的政治建设、全面从严治党、党的政治纪律和政治规矩、党是领导一切的、坚持和维护党中央权威和集中统一领导、增强“四个意识”、坚定“四个自信”、做到“两个维护”，等等，都在近几次修改时被载入党章。另外，一些概念一直在使用，但其涵义却在悄悄地变化，比如党章第 18 条中的宣传工作、组织工作、纪律检查工作、群众工作、统一战线工作等概念，随着治党执政形势任务的发展变化，其内涵与外延都发生了显著变化，今非昔比。

党内法规是由概念构成的，保持党内法规概念体系的稳定性是保持党内法规稳定性的必要前提。不过，稳定并不意味着一成不变，僵化的概念挡不住实践创新的步伐。落伍的概念迟早出局，不断涌现的新概念源源不断地加入党内法规概念体系的大家庭，这是保证党内法规的适应性、回应性和现实针对性的内在要求，唯有如此才能实现党内法规制度变革与党的事业发展的同频共振。

一般说来，党内法规概念的开放指向主要包括以下 3 个方面：

一是党的领导和党的建设活动实践。党内法规从实践中来、回到实践中去，实践是根基，实践发展是党内法规概念最主要的源头活水。对实践提出的制度需求和生成的制度性知识，需要总结概括、归纳提炼并转化为党内法规规定。从具体到抽象，党内法规概念的确立和成熟需要经历一个过程，得耐心打磨、变粗为精，待其内涵和外延比较成熟后才能写进党内法规，不可匆促入规。从实践中走来的概念，往往不是一步到位写进党内法规，而是先写进领导讲话、报告、规范性文件，然后才逐步转化为党内法规概念。

二是党内法规理论成果。理论研究离不开概念，理论创新经常反映为概念创新。学者为了描述一种新现象、揭示发现的一个新规律、概括一个新结论，往往会提出一个或者若干新概念，理论界因此成为新概念的重要生产基地，学术概念也因此成为党内法规概念的一个重要来源。理论研究使用的概念属于学术概念，一旦被写进党内法规，就变成有法规效力的党内法规概念。学术概念有着强烈的推陈出新的内在冲动，党内法规概念体系向学术概念开放，有助于推动党内法规概念的创新升级，但对此也要保持谨慎、仔细甄别，因为不少知名学者往往各有一套个性化的党内法规概念词汇表，制定党内法规应当吸收那些具有广泛共识的、通用的、是最大公约数的新概念。

三是国家法治建设领域。在制度逻辑上，党规与国法是孪生兄弟，国法相对比较成熟，经过长期积累，已经形成一套比较完善的概念体系，制定党规直接借鉴国法概念可谓完善党内法规概念体系的一条重要捷径。比如，从 2012 年制定《中国共产党党内法规制定条例》，2019 年进行修订，我们都可以看到不少国法概念走进党内法规，包括规范性文件、适用、清理、备案、解释、评估、执行等，它们的引入有力拓展了党内法规工作格局。此外，党内法规概念体系还要面向整个社会概念体系开放，引进诸如博客、微博、微信等新概念以及制度的集成性、耦合性、回应性等涵义深刻的社会概念，以免党内法规成为经济社会发展概念的陌生人。

党内法规概念体系需要输入新鲜血液，但不能简单认为党内法规概念更新越快越好、多多益善。制定党内法规是一项严肃、庄重的活动。党内法规是党的统一意志的体现，是需要付诸实施的行为规范，在概念使用上不可轻率而为、失之随意，在引入或者退出一个概念时要审慎为之。

一要注意保持一个较高的进退门槛限制。只有比较成熟、涵义明确、适合进入党内法规的概念才能被引入，那些形象的、通俗的、比喻的说法，一般不宜进入党内法规；只有当一个概念因其描述的对象不复存在、变成零概念时，或者旧概念不合时宜、有更好的新概念替代时，才去淘汰现行概念。

二要注意评估概念进退可能产生的影响。不同意义上的党内法规概念在影响力上差之甚远，影响力越大越要慎重评估。有的概念变化的影响仅限于“点”上，比如主要领导责任、重要领导责任等概念；有的概念变化的影响会涉及一条“线”，比如对党委（党组）全面从严治党责任制的重要界定；有的概念变化的影响则是全局性的，比如对党的指导思想和行动指南这一概念内涵的发展完善。

三要注意保持党内法规概念体系不会因为一个或几个概念的进退而损害整体协调性。概念体系是一个系统，彼此之间或串联或并联，需要通过解释、清理等方式去解决概念退出形成的概念空缺问题，以及现有概念体系对新植入的概念的兼容问题。党内法规概念冲突不只是概念问题，它会表现为规范冲突，其后果是乱了逻辑、乱了思维、乱了党内规矩。

条　文

党内法规制定者将若干党内法规概念按照治理逻辑和语法规则排列在一起，就成了一个条文，表达党的统一意志，为党的领导和党的建设活动提供行为规范。

一、法规体

谈到法规，人们容易联想到似乎有些枯燥的条文。的确，当你打开一部法规，你几乎看不到优美生动的文字，看不到激动人心的宣言，看不到扣人心弦的故事情节，很难说有什么可读性。法规毕竟不是引人入胜的小说、散文、诗歌等文学作品，也不是旁征博引、发人沉思的学术论文，它似乎属于“没趣”的公文，在体例上千规一面，看不出个性化风格。党内法规作为行为规范，一是一、二是二，它的角色定位决定着与之匹配的用语只能是“法规体”，它有一种内敛稳健的“大美”。

一则，它应当是理性的。冷峻、威严、庄重、合乎逻辑，立场鲜明、态度明确、是非分明，充满管党治党和执政治国的智慧、志愿，饱含“严管就是厚爱”的情感温度，但又不流露出喜怒哀乐的情绪，不用带有感情色彩的词汇，不去说教，无须晓之以理、动之以情，不用感叹句，极少见到叹号，更不会见到问号。

二则，它应当是简约的。不用华丽辞藻，不用复杂句式，没有花边点缀，行文简洁明快，切忌拖泥带水。

三则，它应当是规范的。不用生僻词语，不用俚语土话，不引用、不用典、少用成语，正确规范使用各类专有名词。

四则，它应当是准确的。条款层次清晰，规定要求明确，适用条件明明白白，通常使用“一律”“不得”“不准”“必须”“应当”等表述，少用“原则上”“一般”等含糊表述，是非清楚、黑白分明，不能模棱两可、含糊其词，忌用诸如很大、较大、进一步、非常、特别、可能、或许、大概、大约等涵义不易界定的词语，尽量不用比喻、夸张、拟人、排比等修辞手法。

五则，它应当是直白的。开宗明义，按照由高到低、从大到小，由前到后、由因到果等逻辑平铺直叙，不能倒叙、迂回，不需要情节，不搞“文似看山不喜平”的一波三折，多使用祈使句，不使用倒装句、疑问句。

二、条款形式

《中国共产党党内法规制定条例》第 6 条规定：“党内法规一般使用条款形式表述，根据内容需要可以分为编、章、节、条、款、项、目。”党内法规一般使用条款形式，在这一点上明显区别于规范性文件通常使用段落形式。

在实践中，党内法规的表述形式大致有 3 种情形。一是大多数文本使用条款形式表述。二是少数文本使用“段落+条款”形式表述。比如，党章的总纲部分采用段落形式，共 30 个自然段；正文采用条款形式，共 11 章、55 条。又如，《中国共产党廉洁自律准则》采用的也是“段落+条款”形式。三是有少数文本使用段落形式表述。《中国共产党党内法规制定条例》出台之前，不少党内法规采用段落形式表述。该条例出台后，也有少数党内法规因内容需要采用段落形式表述，比如《关于新形势下党内政治生活的若干准则》、中央八项规定等。

所谓“条款”形式，并非仅指条与款，而是统指党内法规通过编、章、节、条、款、项、目等结构单位分层表述党内法规内容。其中，编的层次最高，一般用于内容重大、结构复杂、篇幅较长的党内法规。章的层次次之，是连接内容较多、篇幅较长的结构单位，每章一个板块，内容相对独立。节设于章之下、隶属于章，一章可分若干节，但节并非必需层级，内容不多或者不便分节的则不设节。条设于章或者节之下，是构成党内法规最基本、最常用的结构单位，所谓用“条款”形式表述，“条款”主要指的就是条，条是党内法规必设的结构单位。款置于条之下，其重要性和使用频率仅次于条，款不是必设结构单位，如果条有多层内容，则分款规定更为清晰，一款一义，各款之间多为并列关系，后款也可对前款予以补充限制。项是次于款的结构单位，一般用来列举若干并列情形，它既可以设于款之下，也可以设于条之下。目是最小的结构单位，设于项之下，目前党内法规中较少使用。党内法规的条款形式之所以要分这么多层次，从行文角度看，主要目的在于分清层次，同时也有助于完成起承转合。规范性文件或者其他公文往往通过“一、（一）、1. （1）”等区分层次，通过“虽然……但是……”“不但……而且……”“因为……所以……”“既……又……”等表明前后逻辑关系，但党内法规行文一般不使用这种层次划分方式，也不使用这些连接词，而是通过设编、章、节、条、款、项、目等来依次表述。

党内法规一般采用条款形式表述，这就在形式上将其与规范性文件区别开来。二者在表述形式上的差异，是由它们的内容决定的。规范性文件重在作出“部署安排”，这就要通过“论”来阐明某一主题的重大意义，推进相关工作的重要性与紧迫性，明确指导思想、基本原则、工作目标；在此基础上再去“布”，包括对其主要任务、重要举措、组织保障等提要求作部署，以指示、发动、号召、部署推动相关工作。由于文件必须把道理说透彻、把理由讲清楚、把任务讲明白、把对策措施安排好，因此，规范性文件更适合采用段落方式来完成这些“布”的任务。相形之下，党内法规重在“建章立制”，目的在于立规矩、定遵循，要明确交代制定目的和依据、界定适用范围，明确何种主体在什么条件下应当履行哪些职责或者义务、享有哪些职权或者权利，是可为、禁为还是当为，违反规定将会承担什么相应法规后果等，由于党内法规不必去摆事实、讲道理，主要任务是把条条框框定下来，因此，党内法规更适合采用条款形式一一列明。当然，有的规范性文件因为“论”得不多，主要用来列明工作任务和保障措施等，那也适合采用条款形式；类似地，有的党内法规既要“定”又要“论”，那就可以采用“段落+条款”的表述形式，其中段落形式侧重于“论”，条款形式侧重于“定”。

《中国共产党党内法规制定条例》之所以明确规定党内法规“一般”使用条款形式表述，除上述理由外，还有一个重要理由，那就是成文法要求。我国是成文法国家，规章制度通常采用条款形式表述，党内法规一般采用条款形式表述，这种做法比较符合人们对法规形态的认知，也更符合成文法背后的逻辑。相对而言，判例法重视归纳方法，通过裁判案件确定先例，之后发生的类似案件按照遵循先例原则、参照先例作出裁判，这是一种通过个案发展法律制度的路径。不过，掌握判例法是件很辛苦的事，判例多如牛毛，重要判例也是数不胜数。与之形成对照的是，成文法重视演绎方法，即基于以往经验事先制定一套明确详尽的规范供人们遵守。条款方式便于学习、理解、执行、遵守和援引，同时也便于局部修改完善。判例法与成文法各有长短，不能笼统地说谁优谁劣、孰高孰低。中华法系是成文法传统，中国人的思维方式更接近演绎而非归纳，更习惯于成文法。宪法法律采用的就是成文法体系，这为《立法法》所确认。就此而言，《中国共产党党内法规制定条例》要求党内法规一般采用条款形式表述，也是情理之中的事。当然，实行成文法体系，并不是说所有法律都必须采用条款形式，比如，《宪法》序言采用的是段落形式，全国人大常委会作出的一些具有法律效力的决定也采用段落形式。在这个意义上，我们既无可能也没必要强求凡党内法规皆条款，以条款形式表述为主、以段落形式表述为辅，量体裁衣、量身定制，一部特定的党内法规究竟采用何种表述形式，最终要取决于其内容。

需要注意的是，党内法规采用条款形式表述也有一些与生俱来的问题。比如，较之生动具体、千变万化、不断向前发展的党的领导和党的建设工作实践而言，抽象的、静态的、有限的、固化的党内法规条款往往是“规不胜规”，对各种不当行为往往是“防不胜防”，这就经常造成一个问题，即新规出台不久就得去修改、解释，以缓解既有规定与现实变化之间的紧张关系。如同世界上没有两片完全相同的树叶，实践中党的组织的具体工作活动不可能如出一辙，比如干部选拔任用，虽然都适用《党政领导干部选拔任用工作条例》，但事实上没有两个干部是完全一模一样的，而党内法规采用的是对“类”行为规范的方式，一条规范一类行为，这就难免会忽略一类行为中不同主体、不同事件之间的个性差异。规范上的抽象的“类”有可能无法照顾到个案的细节差异，这就给党内法规执行者提供了一定的识别裁量空间，倘若执规者粗放执行或者滥用裁量就会造成事实上的不公平。鉴于此，党内法规要对党的组织的工作活动和党员进行精准规范，既要依靠条款形式的制度规定，也需要运用通报典型案例、发布指导性案例、作出解释等方式弥补成文规定的不足，实现抽象与具体相结合、一般规定与先例相辅相成。事实上，放眼世界各国法制建设，判例法国家越来越重视制定成文法，成文法国家也越来越重视判例，二者的融合已成大势，我国的法制建设也越来越重视判例的指导作用。此于党内法规制度建设而言，也不例外。

行为规范

概念也好、条款也罢，最终都要体现为行为规范，制定党内法规目的在于提供行为规范，这是在为党的组织的工作活动和党员行为立规矩定遵循，是要通过把党的领导和党的建设活动纳入制度化轨道这种方式，更好地实现坚持和加强党的全面领导、坚持党要管党全面从严治党这个目标。

一条结构完整的党内法规规范，在逻辑结构上含有假设、行为模式、法规后果 3 个要素。其中，“假设”部分主要规定该规范的适用条件，明确该规范在时间、空间、对人、对事等方面的效力；“行为模式”部分主要规定特定党务关系主体有权为或不为某种行为、有义务为或不为某种行为、应当或者可以按照某种方式为或不为某种行为等；“法规后果”部分主要规定相关主体行为合规的肯定性后果以及违规所应承担的组织处理、党纪处分、纠错问责等否定性后果。

从不同角度，可以将党内法规规范分成不同类型。比如，从位阶上看，可分为党章性规范、准则性规范、条例性规范、规定性规范、办法性规范、规则性规范、细则性规范等，高位阶规范具有较高效力。从内容上看，可分为主体性规范、行为性规范、监督性规范、保障性规范、惩处性规范、救济性规范等。从功能上看，可分为实体性规范与程序性规范两大类，前者规定主体、效力范围、后果等，后者规定行为方式、步骤、期限等。从调整方式上看，可分为义务性规范、禁止性规范、授权性规范、激励性规范、宣示性规范等。从刚性程度上看，可分为羁束性规范和裁量性规范。从调整事项上看，可分为党的组织性法规规范、党的领导性法规规范、党的自身建设性法规规范、党的监督保障性法规规范等 4 类。

考虑到以上这些规范分类已有较多讨论，不再赘述。以下简要谈一下现有研究较少涉及的一种规范分类，即原则与规则。

在党内法规文本中，大多数规定属于规则，少数规定属于原则，后者往往出现在总则部分。需要注意的是，我们不能简单地以条款数量的多少来衡量二者作用的大小。在党内法规制定和执行过程中，容易出现重规则、轻原则问题，违反了规则只会错一点，而背离了原则就会错一片。

一方面，原则与规则差异明显。在形式上，规则通常有比较严密的逻辑结构；而原则往往只提出概括性要求，并无严密的逻辑结构。在内容上，规则提出的要求必须是统一甚至单一的，党内法规制度的统一性不允许出现两个或者数个规则对同一种情形作出不同规定，否则就会造成规范冲突、令人无所适从，为此，需要建立健全规范冲突选择解决机制来解决规则的上与下、新与旧、一般与特别等之间因异而致的选择适用问题；而原则之间的关系则要模糊得多，往往存在“分量”轻重、排序先后的差异，不同原则要求之间还有可能是矛盾的——比如公平原则与效率原则，这就需要在适用时统筹兼顾、审慎权衡。

另一方面，原则与规则关系密切。在不同的法系中，对原则与规则各有倚重，判例法的发展突出表现为法律原则的积累与创新，而成文法的“成文”主要指的就是法律规则。尽管如此，对于一个完整的党内法规制度体系而言，原则与规则二者缺一不可。规则的具体、细致、精准与原则的抽象、概括、弹性之间是互补的，成千上万的规则其实是对党的民主集中制原则、“两个维护”原则、党内民主原则、公开公平公正原则、职权规定原则、程序正当原则、权力监督与权利保障原则等若干原则的细化，原则据此起到统率规则体系、贯通规则架构、弥补规则空缺等重要作用。

正因如此，在不少党内法规文本中原则与规则总是并存的。比如，党章第 10 条针对党的民主集中制提出了 6 项基本原则，包括“四个服从”、党的各级领导机关的产生、党的最高领导机关和地方领导机关、党的上级与下级组织关系、各级党委实行集体领导和个人分工负责相结合的制度、党内监督等。党章第 10 条规定，“党是根据自己的纲领和章程，按照民主集中制原则组织起来的统一整体”。不言而喻，党的民主集中制的这 6 项基本原则，对于维护党的团结统一、行动一致而言具有根本性作用，对于党内法规制度安排而言具有统领作用，正因如此，党中央强调加强党内法规制度建设要“以民主集中制为核心”。再如，《中国共产党党内法规制定条例》首先在第 7 条对制定党内法规提出 6 项原则性要求，以保证党内法规制定活动方向正确、科学民主，保证制定出的党内法规政治过硬、合法合规、有效管用。在此基础上，该条例依次规定权限、规划与计划、起草、审批与发布、保障等方面所要遵循的规则。原则与规则相辅相成，共同规范党内法规制定活动。

文　本

当我们说目前有 1 部党章、3 部准则、40 部条例、240 部中央党内法规、5178 部党内法规时，使用的就是文本概念。一部党内法规构成一个完整文本。我们党正是通过制定、执行、学习、遵守一个又一个党内法规文本的方式，来规范党的活动、调整党务关系的。将法规文本当作党内法规的基本形态，这也是由成文法体系的特点决定的。

通常而言，一个完整的党内法规文本包括3个基本部分：标题、内容、印发通知。

一、党内法规的标题

标题即党内法规的名字。“名字”不等于“名称”。根据《中国共产党党内法规制定条例》第5条的规定，党内法规的“名称”为党章、准则、条例等，而一部党内法规的名字除名称外还包括其他要素，比如《中国共产党纪律处分条例》，这部法规的名字是“中国共产党纪律处分条例”，使用的名称是“条例”。

党内法规应当一规一名、不得重名，不同党内法规不得使用同一名字。党内法规的名字自立至废从一而终，除以下3种情形外，修改党内法规原则上不得易名：一是位阶的升或降。比如，将《××条例》修改降格为《××规定》，或者将《××办法》修改升格为《××规定》。二是身份“转正”，由试行性法规转变为正式法规，去掉“试行”“暂行”等字。三是内容大增或大减。比如，修改《中国共产党党内法规制定程序暂行条例》时增加了不少实体性规定，原来的“程序”二字就涵盖不全了，因此将“程序”二字删掉，表明修订后的条例兼有实体与程序两方面规定。

如何命名一部党内法规？《中国共产党党内法规制定条例》只规定了党内法规应当使用党章、准则、条例、规定、办法、规则、细则等7类名称，并未明确党内法规标题的构成要素。在党内法规制定实践中，拟定党内法规标题、命名党内法规时，需要考虑以下3点。

第一，要素齐全。

《党政机关公文处理工作条例》第9条规定，公文标题“由发文机关名称、事由和文种组成”。比如《中共中央办公厅关于开展党内法规和规范性文件清理工作的意见》，“中共中央办公厅”是发文机关，“开展党内法规和规范性文件清理工作”是事由，“意见”是文种。与之不同的是，党内法规标题一般由事由和名称两部分组成。比如《干部人事档案材料收集归档规定》，“干部人事档案材料收集归档”是事由，“规定”是名称。

一则，党内法规标题中无须出现“发文机关”。之所以如此，是因为党内法规一般是以“通知”形式印发。比如，《中共中央组织部关于印发〈干部人事档案材料收集归档规定〉的通知》，该通知作为公文，已经包括发文机关（中共中央组织部）、事由（印发《干部人事档案材料收集归档规定》）、文种（通知）3个要素，既然该通知标题中的“发文机关”就是党内法规制定主体本身，那就不必再在党内法规标题中重复标明发文机关了。

二则，党内法规标题必须表明“事由”。事由即党内法规的调整事项。党内法规规范的是党的领导和党的建设活动，这就决定着“事由”不能超出“党的领导和党的建设活动”这个大范围，至于特定的党内法规到底主要规范什么事项，这要在党内法规标题的“事由”中予以体现。比如，《中国共产党党和国家机关基层组织工作条例》主要调整机关基层党组织的设立和运行等工作，它们属于党的自身建设活动范畴；而《中国共产党政法工作条例》主要调整政法机关如何在党的领导下履职尽责事项，它们属于党的领导活动范畴。

需要注意的是，“事由”中是否含有“中国共产党”，要视具体情形而定。其一，有些必须含有“中国共产党”表述，只能由党的组织单独制定、单独印发，这主要是针对党的自身建设事项方面的党内法规，比如《中国共产党纪律处分条例》。其二，有些应当含有“中国共产党”表述，应当由党的组织单独制定、单独印发，这主要是针对党的领导事项方面的党内法规，比如《中国共产党政法工作条例》。其三，有些不宜出现“中国共产党”表述，但也应由党的组织单独制定、单独印发，这主要针对属于党管领域、由党的组织来实施的事项，比如《党政领导干部选拔任用工作条例》。其四，有些不太适合出现“中国共产党”表述，一般由党政机关联合制定并以党的文件形式印发的，这主要是指由党来领导、靠政府等国家机关实施的事项，比如中共中央、国务院联合制定并以中共中央文件形式印发的《党政机关厉行节约反对浪费条例》。

三则，关于标题中的“名称”，只能使用《中国共产党党内法规制定条例》规定的7类名称。至于名称使用的具体要求，接下来专门讨论。

第二，名称准确。

《中国共产党党内法规制定条例》对党内法规的名称及其使用作出相应规定，在党内法规的命名过程中需要把握以下几点。

一则，党内法规只能使用7类专用名称，不得使用其他名称。《中国共产党党内法规制定条例》第5条第1款规定，“党内法规的名称为党章、准则、条例、规定、办法、规则、细则”。据此，凡党内法规只能使用这7类名称，不能使用意见、决议、决定、纪要等其他名称，换言之，严格来说，使用这7类名称之外的其他名称的文件就不能算作党内法规。

二则，各类名称对应事项不同，不能错位。根据《中国共产党党内法规制定条例》第5条的规定，“党章”对党的性质和宗旨、路线和纲领、指导思想和奋斗目标、组织原则和组织机构、党员义务和权利以及党的纪律等作出根本规定；“准则”对全党政治生活、组织生活和全体党员行为等作出基本规定；“条例”对党的某一领域重要关系或者某一方面重要工作作出全面规定；规定、办法、规则、细则对党的某一方面重要工作的要求和程序作出具体规定。其中，“规定”对党内生活中的一般性问题或者某一方面重要工作作出具体规定，规范的范围和对象比较集中，措施和要求比较具体；“办法”对开展某项重要工作的方法、步骤和措施作出具体规定，具有较强的程序性、针对性和可操作性；“规则”一般是对党的机关的重要议事程序和工作方法作出规定，常见的有议事规则、工作规则等；“细则”是为保证综合性党内法规正确实施而制定的配套规范，是对综合性党内法规中有关内容的涵义、界限、程序、责任的细化、具体化。由此可见，这7类名称各有其适用范围，存在高低大小详略等方面的差异，不容混淆，制定党内法规时应当综合位阶、事项、内容等因素选择与之匹配的名称，既不能事小名大，也不能事大名小。

三则，并非所有党内法规制定主体都可以使用所有名称。《中国共产党党内法规制定条例》第 5 条第 6 款规定：“中央纪律检查委员会以及党中央工作机关和省、自治区、直辖市党委制定的党内法规，可以使用规定、办法、规则、细则的名称。”据此，党的中央组织制定的中央党内法规可以视情况使用 7 类名称，但其他制定主体制定的党内法规则不能使用党章、准则、条例这 3 类名称，它们属于中央党内法规专用名称，只能视情况使用规定、办法、规则、细则等 4 类名称，否则即属越权。名称的使用对应于职能权限，中央纪委以及党中央工作机关和省（自治区、直辖市）党委不享有与党章、准则、条例相对应的管理权限，其制定的党内法规自然也就不可使用这 3 类名称。实践中，在《中国共产党党内法规制定条例》特别是《中国共产党党内法规制定程序暂行条例》出台之前，党内法规的名称使用不太规范，有少数部委和地方制定的党内法规使用“条例”的名称，这要通过清理等方式逐步加以解决，至于今后如果再发现类似越位使用名称的问题，则要通过备案审查等方式严肃加以纠正。

需要注意的是，在公文制发实践中，有两个与党内法规名称使用有关的问题还需要进一步明确。1996 年制定的《中国共产党机关公文处理条例》（已废止）第 7 条规定的公文种类有 14 种，其中包括条例、规定。而 2012 年制定的取而代之的《党政机关公文处理工作条例》第 8 条规定的公文种类主要有 15 种［决议、决定、命令（令）、公报、公告、通告、意见、通知、通报、报告、请示、批复、议案、函、纪要］，将条例、规定两种名称排除在外，同时该条例第 39 条规定，“法规、规章方面的公文，依照有关规定处理”。从修改用意及法规名称使用衔接来看，《党政机关公文处理工作条例》不再将条例、规定这两个名称列为公文种类，转由《中国共产党党内法规制定条例》将其列为党内法规名称，这就意味着党章、准则、条例、规定、办法、规则、细则这 7 类名称是党内法规的专属名称，其他公文不能再使用。

不过，如果据此简单“一刀切”，除党内法规之外的其他公文都不得使用党内法规的7类名称，也会产生公文文种不够用、不好用的问题。鉴于此，应当结合实际、区别对待。

一方面，有党内法规制定权的党的组织在制发党内法规之外的其他公文时，不可使用这7类名称。制定党内法规使用7类名称，制定其他公文使用15类名称，二者各用其名、泾渭分明，便于适用不同程序制发，也易于通过名称识别文件属性。因此，如果将来再修订《中国共产党党内法规制定条例》，似有必要在第5条增加一款排他性规定，即有权制定党内法规的党的组织在制定其他公文时，不得使用党内法规的7类名称。

另一方面，无党内法规制定权的党的组织在制定公文时可以视情况使用部分党内法规名称。党委设立的党组，中央纪委、中央各部门的内设机构，各级地方纪委及其内设机构，省级党委工作部门，省级以下地方党委及其工作部门，以及各类党的基层组织等，它们一般都无权制定党内法规，但可以对外对内制发公文，其中有些公文使用意见、通知等公文名称即可，而有些更适合使用规定、办法、规则、细则等名称，比如《××市委常委会议事规则》《××县委组织部机关绩效考评办法》等。鉴于无党内法规制定权的党的组织制定此类公文所规范的事项，往往就是有党内法规制定权的党的组织制定党内法规而非规范性文件所规范的事项，因此，从逻辑合理性以及上下制度衔接配套等角度来看，允许其使用规定、办法、规则、细则等名称也比较合理。如此一来，在党内法规和规范性文件这两个概念之外，似有必要再提出一个“法规性文件”新概念，以指代那些没有党内法规制定权的党的组织制定的规章制度。至于党章、准则、条例这3类名称，因其只用于中央党内法规，故除中央组织外，其他党的组织皆不可以其之名制发文件。此外，党的组织的内设机构还可以使用诸如“值班行为规范”“工作手册”“办文指南”“办会要领”“办事制度”等名称来制定本单位的内部自律性制度。

第三，语法正确。

一般而言，事由和名称二者构成偏正结构。其中，事由部分可以是专有名词，比如，《中国共产党章程》中的“中国共产党”；可以是主谓结构，比如，《党政机关厉行节约反对浪费条例》中的“党政机关厉行节约反对浪费”；可以是偏正结构，比如，《国有企业领导人员廉洁从业若干规定》中的“国有企业领导人员廉洁从业”。不过，事由部分较少使用动宾结构，比如，应当使用《中国共产党党内法规制定条例》而非“中国共产党制定党内法规条例”。

事由前不加“关于”，法规名称前不加“的”。由于印发党内法规的“通知”其标题一般为“××关于印发《××规定》的通知”，为避免重复啰唆，党内法规标题中一般不再用“关于……的规定”的句式，而是直接使用“××规定”，比如，不使用“关于党政机关厉行节约反对浪费的条例”，而使用《党政机关厉行节约反对浪费条例》，这种句式也为制定法律法规的标题所惯用。

标题中一般不用“有关”“相关”等模糊表述。除顿号外一般不用其他标点符号，顿号也尽量少用。尽量不用数量词，非用不可时用汉字表示。

此外，要正确使用“试行”，《中国共产党党内法规制定条例》第30条规定：“实际工作迫切需要但还不够成熟的党内法规，可以先试行。试行期限一般不超过5年。”“试行”意指试验性，试行期间继续积累实践经验，但不影响法规效力。“试行”应当置于名称后，并加圆括号，比如，《中国共产党党务公开条例（试行）》。需要注意的是，对于试行的党内法规，不使用“暂行”的表述，比如正确的用法是《中国共产党工作机关条例（试行）》，而不是“中国共产党工作机关暂行条例”。

二、文本内容

制定党内法规要善于谋篇布局，学习和理解党内法规也要能明了文本内容的内在架构。在法规文本架构上，有的分章，有的不分章，无论分章与否、无论是否标明，一个完整的法规文本的内容应当包括总则、分则、罚则、附则4大板块，缺一不可，前后呼应形成一个整体。同编、章、节、条、款等不一样的是，“则”未被《中国共产党党内法规制定条例》列为条款形式表述的一个逻辑层次，它属于一种事实存在。

（一）总则

这是党内法规的基础部分，主要规定党内法规的制定目的、制定依据、适用范围、指导思想、原则、领导体制机制等内容。

党内法规的第1条在交代其制定目的时，一般可按照从小到大、由低到高、从直接到间接的顺序排列，最靠前的目的与该党内法规的关联性最强。比如，《中国共产党党内法规制定条例》第1条确定的制定目的是，“为了规范党内法规制定工作，提高党内法规质量，形成完善的党内法规体系，推进依规治党……”。在确定特定党内法规的制定目的时，要注意大小贴身、高低适宜。一方面，不能过紧过细、错把“目标”当“目的”。比如，制定《中国共产党党内法规和规范性文件备案审查规定》，开展备案工作的目标是查错和纠错，但其目的是维护党内法规和党的政策的统一性、权威性。“目标”与“目的”是两个不同概念，比如，打靶的目标是打中靶子，但目的在于提高射击能力。另一方面，不能过高过远、大而不当。比如，不分党内法规位阶的高低、规定事项的轻重，将其制定目的都统统“落”在提高党的执政能力和执政水平、保持党的先进性和纯洁性之上的简单做法，有偷懒套用之嫌，无法为实践提供清晰的目的性导向。

制定依据应为上位法规文件。如果所制定的党内法规属于准则、条例等基础主干性党内法规，那么其“根”在党章；如果所制定的党内法规是枝桠性党内法规，那么其直接“生”于干而非根，不宜宣称“根据《中国共产党章程》……”；如果所制定的党内法规属于配套性的、细枝末节性党内法规，那么其直接“发”于枝桠……依此类推。因此，除非是依据同位的一般性法规制定同位的特别性法规，否则一般不以同位法规作为制定依据。不言而喻，下位法规当然不能成为上位法规的制定依据。制定依据应当是直接依据，不能是间接的、推理出来的依据。如果没有明确的上位法规文件依据，也可以根据其规定精神制定党内法规。准则、条例一般可直接依据党章，规定、办法、规则、细则一般不能直接依据党章制定。党代会报告、全会决定以及上位规范性文件，可以作为制定依据。如果规范调整事项涉及宪法和法律规定，应当在制定依据中列明。

党内法规的适用范围，亦即党内法规的效力范围，一般要从适用对象、事项以及时间、空间等几个方面加以限定。有时也可通过对法规标题中的事由部分进行定义等方式来确定适用范围。比如，《中国共产党党务公开条例（试行）》第 2 条规定："本条例所称党务公开，是指党的组织将其实施党的领导活动、加强党的建设工作的有关事务，按规定在党内或者向党外公开。"第 3 条规定："本条例适用于党的中央组织、地方组织、基层组织，党的纪律检查机关、工作机关以及其他党的组织。"

总则部分确定的指导思想、原则，具有定性、定调、定向作用，统领分则、罚则、附则相关内容，贯穿法规文本始终。

关于领导体制机制问题，主要规定的是规范该事项所涉领导主体的上下左右前后内外关系，包括职能分工、领导体制、工作机制、人财物组织和行政保障等。涉及职能规定时要注意与相关组织性法规特别是"三定"规定衔接，一般不得作出相左规定。一般泛称"××主管部门"，不列单位具体名称。不对人财物等问题的数量、规格、级别等作出具体规定，一般只提原则性要求。

（二）分则

这是党内法规的主干部分，主要为所要规范调整的党务关系主体设定行为模式，明确什么可为、什么禁为、什么须为、什么当为，当为者应当遵循什么方式、步骤、期限等。

分则应当如何"分"？这在实践中有多种模式。有的按行为主体分，比如党章分为党员、党的中央组织、党的地方组织、党的基层组织、党的干部、党的纪律检查机关、党组、党和共产主义青年团的关系等；有的按行为流程分，比如《中国共产党党内法规制定条例》分为规划与计划、起草、审批与发布、保障等；有的按重点事项分，比如《中国共产党党校（行政学院）工作条例》分为党校（行政学院）的设置和领导体制、班次和学制、教学工作、科研工作和决策咨询、开放办学、学员管理、人才队伍建设、校风和学风建设、机关党的建设、办学保障、执行与监督等；有的按主体关系分，特别是党的领导法规往往在分则部分依次规定领导主体、领导对象、领导事项、领导方式方法等，全面回答谁来领导、领导谁、领导什么、怎么领导等基本问题，比如《中国共产党政法工作条例》《中国共产党重大事项请示报告条例》等皆采用这种模式；有的采取统分结合模式，比如《党政机关厉行节约反对浪费条例》一方面分别规定经费管理、资源节约、宣传教育等共性问题，另一方面逐一规定国内差旅和因公临时出国（境）、公务接待、公务用车、会议活动、办公用房等重点事项。每种划分模式各有优劣，需要根据法规主题、内容、篇幅等作出选择。分则内容可详可略，一般而言，中央党内法规可以简略些，以便为部门和地方结合实际制定详尽的配套性法规预留一些空间。

（三）罚则

罚则部分属于党内法规的“牙齿”。罚则的重点在“罚”但不限于罚。一般而言，这一部分主要规定以下 4 方面内容：一是肯定性法规后果，即对模范执规守规行为或者积极响应党的组织倡导行为，应当给予的相应奖励表彰；二是否定性法规后果，即违规者应当承担的责任；三是监督保障措施，即为防止相关规定被规避、违反而采取的有关监督检查、纠错问责等措施；四是纠纷化解机制，即对不服党的组织作出的组织处理或者党纪处分决定而提出申诉、寻求救济的规定。

就“罚”而言，制定罚则至少需要解决以下 4 个问题。

一是设什么？包括实体与程序两方面内容，实体部分明确违规情形及其相应的追责，包括组织处理、党纪处分以及相应的政务处分、法律责任等；程序部分规定纠错追责机制，即由谁、按照什么程序来查处和追究责任。

二是怎么设？设定责任类型及其追责机制主要有两种：一种是创设，即从无到有的设定；另一种是转致，即转述其他国法党规中已有的相关罚则。

三是能创设什么？并非任何党内法规皆可创设罚则，它要受到主体、权限和程序等方面的限制。比如，党内法规不得创设法律责任，一般不宜创设政务处分；除非是党章和准则，否则其他条例、规定、办法、规则、细则不得突破《中国共产党纪律处分条例》《中国共产党问责条例》等设定的责任种类、适用情形以及追责方式；下位党内法规不得改变上位党内法规的相关罚则规定，等等。

四是如何转致？一方面，转致要准确。一个规定转致的责任类型及追责机制应当与相关上位法规、特别法规中相应责任及其追究的情形相符，不得扩张或者限制。比如，《中国共产党纪律处分条例》第6章对违反政治纪律行为适用的纪律处分类型、情形作出了规定，制定其他党内法规需作转致时不得突破该规定。另一方面，转致要规范。常见表述如，“违反本规定应当追究党纪责任的，依照《中国共产党纪律处分条例》等有关规定给予相应的党纪处分。涉嫌违法犯罪的，依法追究法律责任”。有的规定中遗漏“涉嫌”二字显然不妥。有的规定要移送监察机关或者人民法院追究责任，这有可能是画蛇添足或者张冠李戴，因为法律责任分民事、行政、刑事责任，就刑事责任而言，到底是移送监察机关还是检察机关侦查要视具体事项而定，不可一概而论。

（四）附则

附则之所以为“附”，主要指的是这部分不再设定党的组织职权职责、党员义务权利，重在对此前的总则、分则、罚则的遵守执行等作一些必要的补充性规定。一般而言，附则部分主要包括以下内容中的几项或者全部。

一是定义。对总则、分则和罚则中的重要概念、专业概念或者易生歧义的概念进行定义。是否定义视需要而定，不是附则的必备条款。

二是制定配套制度。这也不是附则必备内容。它主要适用于基础主干党内法规，其执行有赖于各地区、各部门制定配套法规制度，视需求程度分为可以制定与应当制定两种。需要注意的是，出于精简文件的考虑，特别是为了防止实践中地方和部门在制定配套法规时简单照搬照抄问题，《中国共产党党内法规制定条例》第14条对配套法规的制定问题作出明确规定：“上位党内法规明确要求制定配套党内法规的，应当及时制定；没有要求的，一般不再制定。制定配套党内法规，不得超出上位党内法规规定的范围，作出的规定应当明确、具体，具有针对性、可操作性。除非必要情况，对上位党内法规已经明确规定的内容不作重复性规定。”

三是参照适用。该条款虽不属必备但却常有之，旨在明确如果尚未对与该党内法规调整的对象、事项相近的对象或者事项制定专门法规制度，应当或者可以参照该规定或其精神实施相关活动。

四是解释主体。按照《中国共产党党内法规制定条例》要求，这是党内法规必备条款。该条例第 34 条第 1 款规定：“党内法规需要进一步明确条款具体涵义或者适用问题的，应当进行解释。中央党内法规由党中央或者授权有关部委解释，中央纪律检查委员会以及党中央工作机关和省、自治区、直辖市党委制定的党内法规由制定机关解释。”根据该条例及《中国共产党党内法规解释工作规定》，党的中央组织以及中央纪委、中央各部门和省区市党委可以对其制定的党内法规进行解释；党的中央组织可以在其制定的党内法规中授权有关部委进行解释（授权多个部委进行解释的，牵头单位应当会同有关部委统一作出解释，不得各自解释）；中央纪委、中央各部门不得授权内设机构对其制定的党内法规进行解释，但是具体解释工作可以由内设机构承担；省区市党委不得授权部委厅局等单位对其制定的党内法规进行解释，但是具体解释工作可以由部委厅局等单位承担。

五是施行时间。根据《中国共产党党内法规制定条例》第 29 条的规定，“发布时，党内法规标题应当添加题注，载明制定机关、通过日期、发布日期”。考虑到题注中已经标明发布日期，因此，党内法规如果是即时生效，那么在施行时间上采用的是类似于“本条例自发布之日起施行”的表述。至于发布日期，一般以核文报批环节领导同志最后签批日期为准。至于附期限或者附条件生效的党内法规，那就要采用类似于“本条例自×年×月×日起施行”的表述，待规定的时限到来或者条件满足之后才施行。

在制定党内法规时，要注意保证法规文本在内外两种意义上的衔接呼应和协调一致。

一方面，在文本内部要保证总则、分则、罚则、附则 4 个板块的前后相续、相互衔接，构成统一整体。

每一部分内容之于其他部分内容应当同时满足必要与充分两方面要求，各部分之间应当口径统一、无缝对接，既无冗余也无亏缺，避免出现制度浪费或者制度漏洞。比如，制定依据既不多也不少，正好涵盖主体、行为、监督、责任、救济等内容，保证其制定于规有据；制定目的应当恰如其分，预期规范结果与制定目的相契合；界定的适用范围正好涵盖所涉主体、事项、时间和空间；所确定的原则的分量刚好可以统率文本的规则，既不能过大而产生“大炮打小鸟”问题，也不能过小而产生“小马拉大车”问题；所规定的领导体制和保障措施正好契合预期调整目标，既不能假借立规搞权力扩张、解决额外的人财物问题，也不能留下体制性障碍制约管理目标的实现；总则部分所涉主体应系分则、罚则部分所涉行为之主体，行为也应当系所涉主体之行为，二者严格对应，不能出现无主体之行为或无行为之主体；罚则所涉监督应当与分则所涉行为相匹配，不能出现监督漏洞或者重复监督；罚则所涉违规情形、责任种类及追责机制应当与分则所涉行为、罚则所涉监督一一对应，涵盖法规中所有主体的所有行为，既不能出现错与责的脱节或者不相称，也不能出现虽有责任要求但无追责规定，导致责任落空；附则中有关解释、参照适用、废止等规定，也应当与总则、分则、罚则相呼应，作必要且充分的补充。

就此而言，一个法规文本如同一块精密的手表，其中既无多余零件，也不缺少必要零件，不同位置的零件相互匹配、整体联动，共同作用的结果是传递一个准确的信息——这就是规矩。

另一方面，在文本外部，应当保持该文本内容与其他相关文本规定的互联互通、融为一体。

现行党内法规制定体制是多主体共同立规，据此形成一个文本效力位阶高低不等、一般规定与特别规定并存的制度体系架构。因此，制定一部新党内法规通常不是在一张白纸上作画，其制度安排通常不是从零开始，它应当在上下前后左右几个方面解决好与已有党内法规文本之间的衔接呼应关系。制定出来的新党内法规不能是孤立的，应是一个能够融入现有党内法规制度体系大家庭的新成员。为此，制定一部新党内法规，需要注意与已有其他党内法规文本保持两种意义上的观照。

一是下位文本对上位文本的观照。上位规定一般侧重于就普遍的共性问题作规定，往往是粗线条、比较原则的，多为创制性规范；而下位规定则是基于上位规定，结合具体调整对象和事项，特别是结合本部门、本地方的实际作出更加具体的细化、落实的配套性规定，其针对性、可操作性更强，多为执行性规范。这就要求制定下位文本必须与上位文本保持一致、衔接呼应，下位规定不得打折扣，不得节外生枝，更不得与上位规定相抵触。同时，制定下位规定应当着力解决细化、配套问题，不可简单无谓地重复上位规定。

二是同位的一般性规定对特别性规定的观照。同一位阶不同党内法规文本之间，存在特别性规定与一般性规定之别，比如，相对于专门规定党务公开问题的《中国共产党党务公开条例（试行）》而言，《中国共产党党和国家机关基层组织工作条例》中有关党务公开的规定属于一般性规定，特别规定优于一般规定。制定一部新党内法规，若其所规定的主体、行为、监督、责任、权利救济等内容，在其他文本，尤其是专门性法规中已有规定，那就不必再去重复，不追求小而全、大而全，更不能作出相左规定，造成规范冲突。之所以如此，是因为每个法规文本中的每条规范都是整个党内法规制度体系的一员，彼此之间不必重复、不容冲突。解决重复问题主要靠“转致”方法，避免冲突需要衔接协调。比如，新制定的党内法规在设定党委领导职责时，要注意与党章及《中国共产党地方委员会工作条例》等关于党委职责的划分相衔接；在规定党员权利时，要注意与《中国共产党党员权利保障条例》相衔接；在规定干部管理问题时，要注意与《党政领导干部选拔任用工作条例》相衔接；在规定党内监督时，要注意与《中国共产党党内监督条例》相衔接；在规定违规责任问题时，要注意与《中国共产党纪律处分条例》《中国共产党问责条例》相衔接，等等。

三、印发党内法规的文件

提及党内法规文本，不能不提及印发党内法规的文件。《中国共产党党内法规制定条例》第 29 条第 2 款规定，“中央党内法规采用中央文件形式发布。中央纪律检查委员会制定的党内法规采用中央纪律检查委员会文件形式发布。党中央工作机关制定的党内法规采用党中央工作机关文件形式发布。省、自治区、直辖市党委制定的党内法规采用党委文件或者党委办公厅文件形式发布”。在实践中，党章修改后通常不以中央文件形式发布，而是直接公布，并在标题下标注党的全国代表大会修改通过的时间。除党章等少数党内法规外，其他党内法规的制定修订一般皆以党的文件形式发布，用来发布的文种一般是“通知”。该条例所称的“发布”，既可以是公布（公开发布），也可以定密在一定范围内发布。

显然，党内法规的发布形式不同于法律法规规章的公布方式。

人们有可能会问，为什么党内法规的发布形式不同于国家法律的公布方式？

一个重要原因似乎是惯例使然。

长期以来，在相当程度上，人们习惯于将党内法规当作一种文件看待。一个证据就是，1996 年中共中央办公厅发布的《中国共产党机关公文处理条例》（已废止）将条例、规定等党内法规名称与通知、意见、决定、决议等一并确定为公文的文种。既然将党内法规与规范性文件皆视作党的文件，那么其审批、发布、管理等与其他文件自然就并无二致。比如，可以采用领导传批而非必由会议审议的方式审批，采用“通知”形式印发，往往定密并按密级控制知悉范围，发布一般是先党内后党外，如需向社会公布事前需履行解密手续等。正是在这个意义上，人们常说，党内法规也是一种文件。

顺便提及与之相关的一种说法：党内法规是印发它的文件的一个部分。这似乎也有一定道理。从文件形式来看，党内法规文本置于“通知”内容之后，置于抄送机关、印发机关和印发日期等文件要素之前，仿佛是被“夹”在印发党内法规的文件中间。但严格说来，这种观点不够严谨，因为印发党内法规的“通知”是一个文本，而其所印发的党内法规是另一个文本，二者不是同一个文本。况且，在内容上，党内法规显然不是“通知”的组成部分；在形式上，党内法规文本一般是在“通知”（包括发文机关、发文字号、签发人、标题、主送机关、正文、附件说明、发文机关署名、成文日期等要素）之后单列。

应当说，长期以来一直采用“通知”形式印发党内法规，的确有其合理性。“通知”这个文种，按照《党政机关公文处理工作条例》的规定，“适用于发布、传达要求下级机关执行和有关单位周知或者执行的事项，批转、转发公文”。首先，“通知”有明确的主送机关和发送范围，能够保证其所印发的党内法规该知皆知、应晓尽晓，对于涉密党内法规，也可以严格控制其知悉范围，便于保密管理。其次，“通知”的正文可长可短、视情而定，对于重要党内法规，正文中可以阐述制定该党内法规的重要性和紧迫性，交代制定背景、制定目的、制定过程和审批情况，简要介绍主要制度安排，明确要求各地区各相关部门加强组织领导、抓好学习宣传贯彻执行，对党政机关、党员干部及其他相关组织和个人提出严格执行和遵守的明确要求。最后，“通知”通常都在最后要求各地区各相关部门及时报告执行过程中的重要情况和建议，这有助于制定者全面了解执行情况，科学安排实施评估工作以及党内法规修改完善工作。因此，从“通知”内容的惯常安排来看，它具有制定说明的作用，披露党内法规中无法描述的制定意义、背景、过程等重要信息，能够帮助人们在学习、执行、遵守党内法规时明白其来龙去脉、前因后果，知其然、知其所以然。同时，它还是任务书和动员令，对保证党内法规的执行力具有重要的引导和督促作用。在这个意义上，用“通知”方式印发党内法规的确很给力。

不过，党内法规的发布方式难道非“通知”莫属吗？是否有必要对党内法规的发布方式与规范性文件的发布方式加以区别？

这个问题也有研究的必要。

党内法规与规范性文件存在许多明显差异。比如，规范性文件主要用来作出管党治党、执政治国方面的决策部署，属于“政策性文件”，而党内法规作为“制度性文件”，是党的统一意志的体现，是全党必须遵循的行为规矩，是党的制度中的核心规范和成熟形态；规范性文件一般不能创设职权职责、义务权利、组织处理纪律处分等，而这些只能由党内法规来创设；各级各类党的组织都能制定规范性文件，但有权制定党内法规的只有党的中央组织、中央纪委以及党中央工作机关和省区市党委；党内法规的制定程序比规范性文件更为严格，原则上只能采用会议审议而非领导传批方式，等等。从这些区别来看，党内法规较之规范性文件具有一定的独特性，而这种独特性在其发布形式上应当有所体现。

在这一点上，国务院针对行政法规与规范性文件采用的是不同公布形式。国务院也是采用“通知”形式公布规范性文件，比如，《国务院关于印发全面推进依法行政实施纲要的通知》（国发〔2004〕10号），但《行政法规制定程序条例》第27条规定，行政法规应当“报请总理签署国务院令公布施行”。国务院各部委公布行政规章也是采用部（委、局）令的形式，区别于公布规范性文件。这就为公众区分规范性文件和行政法规、规章提供了一个形式标准：非以“令”形式公布的就不算行政法规、部门规章。在行政管理和司法实践中，严格区别法规、规章与规范性文件具有实质性意义，比如，在行政诉讼中，人民法院审理案件依据法律、法规，参照规章，而规范性文件不能作为审理依据。

就此而言，如果从彰显党内法规的独特性和权威性角度来看，似有必要研究改进其发布形式，以与规范性文件相区别。从现有相关规定来看，这种调整并不存在明显的制度障碍。《中国共产党党内法规制定条例》虽然规定党内法规以“文件”形式发布，但并未明确是采用“通知”、“命令（令）”还是“公告”。《党政机关公文处理工作条例》规定，“通知。适用于发布、传达要求下级机关执行和有关单位周知或者执行的事项，批转、转发公文”；“命令（令）。适用于公布行政法规和规章、宣布施行重大强制性措施、批准授予和晋升衔级、嘉奖有关单位和人员”；“公告。适用于向国内外宣布重要事项或者法定事项”。从该条例关于“通知”“命令（令）”“公告”3个文种的适用情形来看，通知、命令（令）、公告似乎皆可用作发布党内法规。

不过，需要特别注意的是，究竟适合采用何种形式发布党内法规，这绝不只是一个形式问题，而是由党的领导体制决定的。根据党章党规，党的组织实行集体领导和个人分工负责相结合的制度。在这一点上，实行集体领导的地方党委不同于实行行政首长负责制的地方政府；实行集体领导的中央部委不同于实行行政首长负责制的国务院部门；党中央实行集中统一领导，这明显区别于全国人大及其常委会、国务院的领导体制。因此，关于调整党内法规发布方式的研究，需要回答一系列相关问题：是“公告”还是“令”更为适合？如果两者皆可，那么哪些适合“公告”，哪些适合“令”？如果采用“令”的方式，那么应当由谁来签署才合适？签署主体对于中央党内法规、部委党内法规、地方党内法规是否应当有所不同？等等。

在国家立法上，法律、行政法规、地方性法规、规章等是根据制定机关的领导体制分别选择与之相适的公布方式。全国人大及其常委会制定的法律，由国家主席签署主席令的方式公布，并不是由委员长签署，并不是以全国人大及其常委会名义发布公告或者令的方式，这是由国家机构的领导体制决定的，国家主席作为国家元首有权代表国家；行政法规、部门规章、地方政府规章分别由总理、部门首长、地方政府首长签署并以令的方式公布，这是因为行政机关实行的是行政首长负责制，行政首长可以代表政府或者部门；省级人大制定的地方性法规由大会主席团发布公告予以公布，省级人大常委会、设区的市级人大及其常委会制定的地方性法规，由人大常委会发布公告予以公布，既不是由人大常委会主任签署公布，也不是以令的形式公布，这是由人大集体行使职权的方式决定的。

综上所述，党内法规的发布是延续现行做法采用“通知”形式，还是调整为“公告”或者“命令（令）”的形式，这个问题有待深入研究。

规范体系

较之概念、条文、行为规范、文本这 4 种党内法规的实在形态而言，规范体系属于抽象形态，它指的不是一部大而全的法典，也不是若干党内法规文本的物理集中，而是指由所有党内法规规范按照特定逻辑标准整合而成的一个复杂系统。作为一种客观存在，它既是无形的，看不见摸不着；又是有形的，可描述能感知。如果说概念是党内法规碎片，条文是党内法规基本构成单位，文本是党内法规的局部，它们都不足以反映党内法规完整的外在形态，那么只有通过规范体系才能把握党内法规制度的全貌。

一、规范体系具有“三自”特质

什么是党内法规规范体系？简言之，就是由各类规范相辅相成、协调一致，共同构成的一个有序运行、与时俱进的统一整体。一个完善的党内法规制度体系，应当同时满足自相容、自运行、自成长3个要求。

第一，规范体系是自相容的。

所谓“自相容”，是指各类规范相容，整个体系逻辑自洽。在这点上，我们可将党内法规制度体系比作人体，人的骨骼、血液、神经、器官等诸多子系统各负其责、协调一致，共同构成一个体格健全、神智正常的人体。党内法规规范体系亦然，它是对各类异质规范的整合而非同质规范的叠加。

党内法规规范体系中的各类规范形态各异、功能不一。比如，从名称来看，包括党章、准则、条例、规定、办法、规则、细则等7种党内法规中的规范；从位阶来看，自上而下分为中央党内法规、部委党内法规、地方党内法规等3个层次的规范；从重要性角度来看，分为根本规范、基本规范、重要规范、具体规范；从内容角度来看，分为主体性规范、行为性规范、监督性规范、保障性规范、惩戒性规范、救济性规范；从调整方式来看，分为激励性规范与制约性规范；从约束对象来看，包括管人管事管权3类规范；从调整领域来看，分为党的领导制度和党的建设制度，等等。在党内法规规范体系中，以上各类规范非但不会因为异质而冲突，反而因为功能互补而相辅相成，各类规范按照下位合乎上位、左右相互衔接、新旧协调一致等内在逻辑要求，连接成一个纵横交错、互联互通、逻辑自洽的整体，不会短路、没有短板、不留漏洞。

保证整个规范体系的自相容，要靠在研究制定每一部党内法规时都坚持系统思维，把每一部党内法规以及每一项制度规定都置于整个党内法规规范体系这一系统中去定位，不能只见树木不见森林，通过建立一套防错、揭错、纠错机制，严格遵循合法合规标准，通过前置审核、事后备案、及时清理，实现事前、事中、事后的全方位防控。

第二，规范体系是自运行的。

所谓“自运行”，是指党内法规规范体系依靠自身的启动、传导机制，按照预定程序有序运转，实现党规之治的预期目标。在这点上，可以将党内法规规范体系比作一块钟表，只要上满发条有了动力，它的内在系统就会自动联动、自我运转。党内法规规范体系的运行动力，来自党中央决策部署，来自管党治党和执政治国的实践需求，来自党的组织履职尽责和党员权利保障的成千上万的个案，它们会源源不断地向党内法规规范体系输入运行动力。只要具有足够动力支持，党内法规规范体系就会自我运行。

自运行是一种分级联动。针对“点”上的调整，只需动员少数几个规范；针对“线”上的调整，则会动员一组相关规范；针对“面”上的调整，就得动员一个领域的规范；针对“体”上的调整，就要动员各类规范。

自运行是一种有序推进。按照党内法规预先设定的模式、机制、方式、步骤、时间发挥调整功能，有条不紊地规范党的工作活动，不因领导的改变而改变，也不以领导人的看法和注意力的改变而改变，党的领导和党的建设活动沿着制度设定的轨道、朝着预设目标前进。

自运行是一种持续行动。管党治党、执政治国活动是持续不断的实践，党规之治也要如影随形不能间断，党内法规制度会按照规定的时间和空间对人、对事发生效力，只要制度未变，就不会因人因事因时因地而异造成效力中断，连续调整没有间歇，一体遵行没有例外。

党内法规规范体系自运行的原动力源于党和国家事业发展实践提

出的制度需求，这种制度需求是源源不断的、与时俱进的，属于刚性需求。要保证自运行，要在提供质量过硬、有效管用的制度安排基础上，建立健全并严格落实执规责任制，依靠科学的程序设计和有力的监督检查，保证党内法规规范体系转得动转得好，避免停转空转乱转。

第三，规范体系是自成长的。

所谓“自成长”，是指党内法规制度体系能自觉适应世情国情党情发展变化，始终跟上党的领导和党的建设实践发展步伐，制度创新与时俱进，不断自我创新、自我完善。在这点上，可将党内法规规范体系比作一棵茁壮成长的树，一年一轮由小变大。为党内法规规范体系提供养分的是党的理论创新和实践发展的永不止步，每一次重大理论创新和实践发展，都会有力引领和推动党内法规制度变革，使党内法规规范体系的外延不断拓展、内涵不断深化。

党内法规规范体系的自生长，应当与实践发展同步，既不能超前，脱离实际超越现实，搞不顾条件限制的“揠苗助长”；也不能滞后，否则就会错过制度变革的窗口期，错失制度变革时机。规范体系的这种自生长是一种全方位的成长，不只是一两项标志性制度的一花独放，而是规范各种行为、调整各类关系、涉及各个领域的规范百花齐放。它呈现为结构性调整优化，从党内法规理念到具体制度安排，从具体规范到不同规范之间的关系，从根本规范到基本规范再到重要规范再至具体规范，党内法规规范体系的构造持续改进升级。这种自成长，是一个新陈代谢过程，党内法规规范体系对照实践需求自我反思、自我革新，有生命力的制度得以保留，不适应、不一致、不协调、不衔接的制度被淘汰，在这个生成过程中规范有加有减、制度有生有息。这种自成长，是永远在路上的一直走、不止步，全面从严治党永远在路上，我们党对“三大规律”的认识不断深化，世情国情党情不停地发展变化，管党治党、执政治国新情况新任务新问题层出不穷，党的领导和党的建设活动不断向前推进，等等，这些就注定党内法规制度变革只有进行时没有完成时，党内法规规范体系必将一直“长”下去，越长越大、越长越好，会变得更加完善。

保证党内法规制度体系的自成长，关键在于确立一套科学民主的党内法规制定体制机制，遵循制度建设内在规律，准确把握制度需求与供给条件，科学规划、统筹推进，使党内法规制度体系更为完备、更加精密、更有生命力。

一个成熟的党内法规规范体系应当同时具有自相容性、自运行性、自成长性，“三自”相辅相成、休戚相关。其中，自相容是前提和基础，一个规范体系如果内部冲突打架、漏洞百出，就既不可能正常地自运行也不可能健康地自成长。自运行是关键所在，一个规范体系如果内部缺乏必要的动力系统，靠外力推一推转一转、不推不转，如果制度执行与否主要取决于领导人的情绪好坏，执行快慢主要受制于执行者的好恶，那就表明制度的刚性约束尚未形成、制度的崇高权威尚未树立，它在实质上尚未实现自相容，也难以做到自成长。自成长是有力保障，一个规范体系如果作茧自缚止步不前，其制度规定必然与实践格格不入，这至少表明党内法规制定制度很不完善，那它就既算不上自相容也不可能做到自运行。

自相容、自运行、自成长在某种意义上表明了党内法规规范体系具有一定的“智能性”，党内法规制度建设过程表现出一定的“智能化”。不过，这绝不是说党内法规制度建设是一个自足的封闭系统，不需要人去制定执行，不需要考虑外在条件约束；相反，是否自相容要由实践检验，能否自运行要依赖内生动力，能否自成长得取决于党的理论和实践创新。如果离开了人的主观能动性，离开了党和人民事业伟大实践，离开了其所服从服务的党的工作大局，那就不可能形成一种自相容、自运行、自成长的规范体系。

二、制约规范体系形成的“四化”问题

党内法规规范体系建设是一个极其复杂的系统工程。建成一个完善的规范体系，需要解决制度规范的碎片化、粗放化、老化和虚化等“四化”问题。

第一，制度规范的碎片化问题。

党内法规规范体系在党章统率之下，由若干基础主干法规形成四

梁八柱。基础主干法规不健全，规范体系就会出现失之于散的问题。目前，党的领导和党的建设方面的一些领域的基础主干法规尚付阙如。比如，在党的领导方面，党领导人大、政协、群团、军队等方面工作尚未出台专门条例。在党的建设方面，在党的政治建设、思想建设、组织建设、作风建设、纪律建设等诸领域，还有一些条例尚未出台。基础主干法规缺失，完善的党内法规规范体系就“立”不起来。党内法规规范体系建设需要顶层设计、统筹推进，否则容易导致建章立制随遇而安、失之于散。在过去很长的时期内，党内法规制定工作缺乏有力统筹，使不少党内法规属于应急性或者是应景式出台，哪个问题突出了就匆忙立个法规，哪个问题社会反映强烈了就赶紧出台个制度，党内法规数量虽然不少，但零打碎敲、难成体系，长短不一、未成一体。党的十八大以来，党中央越来越重视党内法规制度建设的统筹推进、顶层设计。2013 年，《中央党内法规制定工作五年规划纲要（2013—2017 年）》出台，这是我们党历史上第一个中央党内法规规划。2018 年出台了《中央党内法规制定工作第二个五年规划（2018—2022 年）》。这两个规划的出台，对于解决制度碎片化问题，推动形成比较完善的党内法规规范体系发挥了重要作用。

第二，制度规范的粗放化问题。

党内法规制度是规矩，应当于法周延、于事简便。不过，党内法规制度建设是一个从无到有、从粗到细的渐进过程。在初期，一般是遵循宜粗不宜细的思路，将比较成熟、有共识的制度先定下来，而后边执行边修改边完善。同时，较之国家法治建设而言，在党内法规制定工作中还存在一种大概齐、差不多观点，认为制定党内法规无须像制定法律法规那么“较真”，画个粗线条、有个“杠杠”供参考就可以了，不必苛求环环紧扣，也难以做到严丝合缝，如果规定过多、过细、过于繁琐反而束缚了手脚。这两方面原因叠加起来，就容易导致制定出来的党内法规制度失之粗疏。比如，一些党内法规要求过于原则笼统，内容不够明确具体，可操作性不强，未能形成刚性约束，牛栏关猫、来去自如；一些党内法规一般性规定多、一律性规定少，规定弹性大，自由裁量空间大，该量化的没量化，造成随意理解、任意执行；一些党内法规实体性要求多，程序性规定不配套，缺乏方式、时限、步骤等方面规定，诱发选择性执行问题，执行效果缺乏预期；一些位阶较高、综合性的党内法规出台后，没有及时制定更为细化具体、有针对性的实施细则等配套规定，形不成上下联动的制度合力，影响了有关制度的实施，甚至使许多好的制度悬在空中落不了地；一些制度交叉重复、冲突打架，令人无所适从。

第三，制度规范的老化问题。

党内法规通常都有生命周期，“过期”之后就难以再发挥应有作用，这就需要不断新陈代谢来保持活力。但是，一方面，一些“陈”规往往久久不去。有的党内法规因未得到及时废止和修改而处于休眠、半休眠状态。比如，在作风建设方面，不少规定是在改革开放初甚至是新中国成立不久出台的，不少法规内容已严重滞后于实践、滞后于时代。另一方面，一些“新”规迟迟不来。党的领导和党的建设活动中不少实践迫切要求、社会反映强烈的党内法规制度供给不及时、跟不上。比如，党员群众反映强烈的关于“一把手”监督、用人上的不正之风、治理特权现象、党委决策失误等党内突出问题，亟待制定专门的党内法规予以规范。

第四，制度规范的虚化问题。

党内法规制度是党的统一意志的体现，是开展党的工作活动的行为遵循，所有制度规定都应当得到不折不扣的执行，任何人在制度面前都一律平等、没有例外。但长期以来，由于党内法规制度权威尚未全面确立起来，再加上执规体制机制不完善，督促实施和严肃查处违规行为的力度不够，不利于制度的自运行。实践中，不少党员不学规、不知规，成为“党规盲”；不信规、不崇规，没有规矩意识；不守规、不护规，恣意践踏法规。特别是一些党员领导干部，对待党内法规言行不一，摆花架子，搞形式主义，将党内法规制度建设当作形象工程，重制定、轻执行，存在“说起来重要、做起来次要、忙起来忘掉、关键时刻不要”的错误做法，甚至以言代规、以权压规，严重损害法规制度的严肃性和权威性。凡此种种，造成为数不少的党内法规长期被束之高阁，涉密的锁在柜子里，不涉密的贴在墙上，没有落地生根、开花结果，变为“稻草人”，成了摆设。

制度规范的碎片化、粗放化、老化、虚化等“四化”问题，严重制约着一个完善的党内法规规范体系的形成。解决“四化”问题、推进党内法规规范体系建设，要遵循以下几个原则：

一要有分有统、统分结合。党内法规的“分”，指的是分主体制定、分时期制定、分领域制定、分文本制定，制定出台的党内法规在调整对象上有分工、调整事项上有分工、调整方式上有分工、调整功能上有分工，不同规范之间位阶高低有别、粗细程度有别、刚性程度有别、稳定程度有别。建成党内法规规范体系，就要在“分”的基础上重视“统”，以保证党内法规制度规范之间的集成性，维护党内法规规范体系的统一性，包括遵循统一的党内法规制定原则、统一的党内法规制度理念、统一的党内法规制度价值取向、统一的党内法规制定体制、统一的党内法规制定程序，等等。

二要整体推进、突出重点。着眼于构建完善的党内法规规范体系，全方位、立体式统筹推进党内法规制定工作。同时，以维护党中央权威和集中统一领导、发展党内民主、规范权力行使、严明党的纪律等为重点，抓紧制定实践迫切需要的党内法规。

三要发扬民主、科学制定。充分发扬党内民主，加强调查研究，广泛征求意见，遵循党的制度建设规律，妥善处理数量与质量、树高线与守底线、前瞻性与现实性、实体性与程序性等关系，提高党内法规的系统性、有效性，确保制定的党内法规体现党员群众意愿，适应党的工作需要。

四要开拓创新、与时俱进。不断研究新情况、总结新经验、解决新问题，注重把党的领导和党的建设成功经验和规律性认识上升为党内法规，及时修改同实践要求不相适应的党内法规，使党内法规制度建设始终随着党的事业实践发展而发展、随着时代进步而进步。

习近平总书记指出：“党的十八届四中全会把形成完善的党内法规体系纳入全面依法治国的总目标，对增强党内法规制度的系统性和有效性提出了新的要求。这方面工作，中央和地方各级党委都要高度重视。要认真总结党的建设实践经验，及时把比较成熟、普遍适用的经验提炼上升为制度，同时要加强党内法规制度建设理论研究和宏观设计，形成定期评估、清理、修订机制，该填充的填充，该链接的链接，该替换的替换，使党内各项法规制度便利管用，在全面从严治党中发挥更大作用。”

三、通过编制党内法规制定工作五年规划统筹推进规范体系建设

《中国共产党党内法规制定条例》第 15 条规定：“制定党内法规应当统筹进行，科学编制党内法规制定工作五年规划和年度计划，突出重点、整体推进，构建内容科学、程序严密、配套完备、运行有效的党内法规体系。”党的十八大以来，党中央以编制中央党内法规制定工作五年规划为抓手，加大建章立制的顶层设计和统筹推进力度，全方位推进党内法规规范体系建设。2013 年 11 月，党中央印发《中央党内法规制定工作五年规划纲要（2013—2017 年）》，这是党中央制定出台的第一个党内法规制定工作五年规划，明确指出到建党 100 周年时全面建成内容科学、程序严密、配套完备、运行有效的党内法规制度体系。2018 年 2 月，党中央印发《中央党内法规制定工作第二个五年规划（2018—2022 年）》，提出要适应新时代坚持和加强党的全面领导、以党的政治建设为统领全面推进党的各项建设的需要，到建党 100 周年时形成以党章为根本、以准则条例为主干，覆盖党的领导和党的建设各方面的党内法规制度体系，并随着实践发展不断丰富完善；党内法规制度质量要明显提高，执行力要明显提升，系统性、整体性、协同性要明显增强。

第一，编制五年规划要科学谋篇布局。

编制中央党内法规制定工作五年规划的目的和任务，既要在形而下意义上提出若干制定项目，又要在形而上意义上提供建章立制的理念导引。一个对于推动形成完善的党内法规规范体系具有较强指导意义的五年规划，应当注重从以下几个方面进行谋篇布局。

一是布“点”。全面建成完善的党内法规规范体系不可能一蹴而就，需要区分轻重缓急、突出制定重点，五年规划为此得确定今后 5 年需研究制定的重点法规项目，它们主要是基础主干法规和实践急需

的法规。五年规划要聚焦这些重要的制度点，集中攻关、攻克难点盲点，通过新制定的方式从无到有填补制度空白，或者是采用修订方式以新替旧破解制度滞后问题。

二是连“线”。编制五年规划应当注重解决制度点的碎片化问题，要把分散的相关制度点串接成线，提高制度的集成性和严密性，确立党员干部不得突破的制度底线、不能违背的纪律红线、不敢触碰的制度高压线；同时，要打通全面从严治党体制机制的各个环节，形成环环紧扣的制度链，健全坚持和加强党的全面领导的体制机制，完善以党的政治建设为统领的党的各方面建设的体制机制。

三是织“面”。党内法规制度建设贯穿于党的领导和党的建设各方面工作之中，每一方面都要密布千丝万缕的制度线，编制五年规划应当对这些纵横交错的制度线全面梳理并编织成网，防止各条线之间因冲突、短路而出现制度漏洞，铺设党的工作的制度化轨道，扎牢管住权力的制度笼子。

四是立“体”。党内法规制度建设是一项系统工程，有规可依是基础，有规必依是目标，执规必严是关键，违规必究是保障。编制五年规划应当动静兼顾，既要凸显“规范体系”，致力于形成党内法规规范体系以实现有规可依；也要凸显“实施体系”，致力于健全党内法规执行遵守体系以保证有规必依、执规必严、违规必究。

五是定“向”。党内法规制定工作只有坚持正确政治导向和合理价值取向，才能保证制定出的法规制度是始终围绕中心、服务大局的良规，是有利于提高党的长期执政能力和保持党的先进性、纯洁性的好制度。这就要求五年规划明确党内法规制定工作的努力方向，旗帜鲜明地强调党内法规制定工作应当遵循的指导思想和政治原则。

六是长“气”。有活力的五年规划文本应当气贯全文，不能是元气不足的虚弱之体；有效管用的五年规划应当跳动着党内法规制度建设的时代脉搏，不能是不会呼吸的绢花；有生命力的五年规划应当从实践中来、回到实践中去，不能是“躲进小楼成一统”的臆想。为了编制一个会呼吸、有生命的五年规划，其内容安排就必须基于以往党内法规制度建设经验和制度家底，有底气；针对现实问题、符合国情党情、切合实际，接地气；面向未来描绘蓝图彰显信心和决心，有朝气；五年规划文本从体系化的目标设定到制定任务的安排再到提出保障性措施要求，应当环环紧扣、一气呵成。

第二，编制五年规划要准确把握党内法规边界。

编制五年规划、提出制定项目，要注意准确把握党内法规的调整边界，厘清所涉的内外上下左右各方面关系。

一是不越位。这主要是指准确把握党内法规的调整边界，处理好党内法规与国家法律的相辅相成、衔接协调关系。以党领导国家立法为例，党内法规规范的是党怎么通过加强对立法工作的领导来保证立法活动坚持正确政治方向、充分体现党的领导主张，包括确定立法工作方针政策、就重大立法事项作出决策部署、审批立法规划、决定立法体制机制制度的重大调整、研究讨论重要立法草案、由中共中央向全国人大提出宪法修改建议等，至于法律法规议案的提出、审议、公布等具体立法活动，则由《立法法》规定，党内法规不去涉及。党的十八大特别是十九大以来，党的领导法规制度建设取得重大成就和显著成效，党中央制定出台了《中国共产党宣传工作条例》《中国共产党统一战线工作条例》《中国共产党政法工作条例》《中国共产党农村工作条例》等一批党的领导法规制度，在研究制定这些党内法规制度时，都注意精准定位党内法规的调整边界，科学处理党内法规和国家法律的关系，在作出相关制度安排、坚持和加强党的领导上，主要回答的是由党的什么组织来实施领导、领导的对象和事项是什么、党的组织怎么实施领导活动、如何通过加强监督追责来保障党的领导等基本问题，至于国家机关、企事业单位等非党组织本身如何开展工作，则由国家法律和有关章程规定，而非由党内法规去规定。

二是不错位。这主要是指准确厘清党内法规规范体系各制度板块间的边界，避免具体的法规项目放错位置。比如，要区分特定法规项目到底属于党的领导法规还是党的建设法规。又如，要区分特定项目是属于党的组织法规、党的领导法规、党的自身建设法规还是党的监督保障法规。再如，规定党政领导干部政治、工作和生活待遇等方面的法规项目，应当放在作风建设板块而非组织建设板块；规定党员学习教育方面的法规项目，应当放在党的思想建设板块而非组织建设板块；规定厉行节约反对浪费方面的法规项目，应当放在党的作风建设板块而非党的监督保障制度板块，等等。

三是不缺位。这主要是指保证整个体系、每个板块、板块内各方面的结构完整，避免出现结构性缺陷。以党的组织建设制度板块为例，主要包括党政干部管理工作、党的基层组织工作、党员队伍建设工作、党管人才工作等4个方面；其中，党政干部管理工作又可细分为干部宏观管理、选拔任用、教育培训、考核评价、职务任期、纠错问责等主要环节。

第三，编制五年规划要合理确定制定项目数量。

五年规划确定的制定项目是多点好还是少点好？这并不是绝对的，关键是要适度，切合实际，量力而行。

在编制第一个五年规划时，各地区各部门建议党中央5年内制定的法规项目多达300余项。在研究处理各方面意见建议过程中，起草组对表党的十八大报告和党中央关于加强党内法规制度建设的决策部署，参考过去20年中央党内法规的年均制定量，最终确定了45个制定项目。实践表明，这些制定项目选得准、立得住、定得了。

总结第一个五年规划编制经验，研究确定制定项目，要经过以下几道筛选。

第一道筛选是分清党与政。在各地区各有关归口部门提出的300余项建议项目中，有不少属于“政”而非“党”，这就得厘清党内法规与国家法律及群团章程的边界。党内法规主要是用来规范党的工作、调整党务关系的，目的在于为党的组织和党员提供行为遵循，实现管党治党、执政治国的有章可循、有据可依。至于调整社会关系，规范公民、法人和非法人组织的行为，部署经济社会发展活动，规定国家机关如何履职以及政协、人民团体等如何开展工作，特别是规定行政机关如何实施行政管理活动，这些领域的制度规定应当诉诸国家立法、完善自治章程、制定规范性文件等，不适合列为党内法规制定项目。据此，起草组对300余项建议项目进行第一道筛选，筛除了一大批不适合制定党内法规的建议项目。

第二道筛选是分清主与从。经过第一道筛选，剩下来的建议项目虽然都属于党内法规范畴，但它们未必都适合作为中央党内法规制定项目。根据《中国共产党党内法规制定条例》，党内法规包括中央党内法规、部委党内法规、地方党内法规 3 级，形成一种以党章为龙头、以其他中央党内法规为主体、以部门和地方党内法规为两翼的架构。相对而言，中央党内法规重在“创设”，侧重于对党的领导和党的建设活动作出基本规定，为规范党的某一领域重要关系或者某一方面重要工作提供规矩，更多地属于基础主干党内法规；部门和地方党内法规重在“配套”，侧重于结合部门职责和地方实际细化中央党内法规，通过完善程序性和保障性规定来确保中央党内法规落地。据此，起草组进行了第二道筛选，筛除了一批不适合制定中央党内法规、可以制定部门或地方党内法规的建议项目。

第三道筛选是分清供与求。经过前两道筛选，剩下约 100 项建议项目，它们是否都应当列入五年规划呢？起草组在对其研究时发现，各方提出的项目建议理由更多属于“需求导向”，它们要么着眼于实践需求，意在解决管党治党、执政治国实践中存在的制度供给不足问题；要么着眼于规范体系化需求，意在解决为全面建成党内法规规范体系所需填补的制度空白问题。如果从制度需求的角度来看，这些建议项目似有必要列入五年规划。不过，仅仅考虑制定必要性还不够，因为它只是制定理由的一个方面，起草组同时还得考虑另一个方面，即制定的可行性。纳入五年规划的党内法规制定项目的制定条件应当比较成熟，在今后 5 年（2013—2017 年）内具备必要的实践经验、理论支撑、党内共识、制定技术和实施条件等，符合党内法规制度建设的内在规律、发展趋势和制定时机等。鉴于此，起草组从党内法规制度供与求两个角度，综合考虑制定必要性与可行性两方面因素，对这 100 项左右的建议项目进行第三道筛选，视制定和修改条件的成熟性分别作出处理：一是对于明显不具备条件的，不列入五年规划；二是对于具备一定条件的，在五年规划正文中提出制定或修改任务，但不明确列为制定项目；三是对于具备基本条件的，列为二类项目，要求 5 年内抓紧研究起草并力争发布；四是对于条件比较成熟的，列为一类项目，要求 5 年内完成起草并发布。

第十一章　党内法规理念之维

有生命力的制度必定有魂，这个魂就是贯通制度之体、支撑制度之躯的价值理念。中国共产党具有崇高理想、高尚追求、严明纪律，中国共产党党员是中国工人阶级的有共产主义觉悟的先锋战士，我们党的这些先进特质和政治属性决定着其所制定的规章制度，必然蕴含着先进的、丰富的、深刻的价值理念，它们内在地保证了党内法规的政治正确和充满活力。相由心生，理念之维决定形态之维，党内法规内在理念支配着党内法规的外在形态。党内法规的内在理念是党性、人性、德性、理性的“四性合一”，其中，党性居于核心地位，建章立制要下守人性之底、上谋德性之高，奉行党规之治就是要依理性戒恣意。包含“四性合一”的制度安排，能够有力保证我们党始终是“两个先锋队”和“三个代表”，始终成为中国特色社会主义事业的坚强领导核心。

党　性

党的先进性和纯洁性，创造力、凝聚力和战斗力，来自科学的理论指导、共同的理想信念、严密的组织体系、铁的纪律，究其根本，取决于党的性质，依赖于全体党员的党性。督促教育全体党员增强党性观念、提升党性修养、落实党性原则，这是加强党内法规制度建设的重要任务，是加强党的建设的重要内容，是全面从严治党的重要主题。

习近平总书记指出：“党性说到底就是立场问题。党性是党员、干部立身、立业、立言、立德的基石。决定一个人如何的是品行，决定一名党员如何的是党性。”1941 年 7 月 1 日，中共中央政治局通过

《中央关于增强党性的决定》，在党的历史上第一次突出强调重视解决党性问题。该决定指出：伟大而艰难的革命事业，“要求我们的党更进一步的成为思想上、政治上、组织上完全巩固的布尔塞维克的党，要求全党党员和党的各个组成部分都在统一意志、统一行动和统一纪律下面，团结起来，成为有组织的整体。没有这样坚强统一的、集中的党，便不能应付革命过程中长期残酷复杂的斗争，便不能实现我们所担负的伟大历史任务。因此今天巩固党的主要工作是要求全党党员，尤其是干部党员更加增强自己党性的锻炼，把个人利益服从于全党的利益，把个别党的组成部分的利益服从于全党的利益，使全党能够团结得象一个人一样”。为进一步推动该决定的贯彻落实，时任中共中央秘书长的任弼时同志撰写了《关于增强党性问题的报告大纲》，提出“共产党员的党性，就是无产阶级最高度的阶级觉悟和阶级意识”。

作为政治组织，政党的“硬核”力量是其阶级性，这也是党性的核心要义所在，党性能够集中体现一个政党的政治立场和政治追求。所谓党性，是指党员在思想上、政治上、组织上所具有的与众不同的独特个性，它是党的固有本性在党员身上的体现。中国共产党是中国工人阶级的先锋队，同时是中国人民和中华民族的先锋队，是中国特色社会主义事业的领导核心，代表中国先进生产力的发展要求，代表中国先进文化的前进方向，代表中国最广大人民的根本利益。党的最高理想和最终目标是实现共产主义。中国共产党以马克思列宁主义、毛泽东思想、邓小平理论、“三个代表”重要思想、科学发展观、习近平新时代中国特色社会主义思想作为自己的行动指南。党的性质和宗旨、指导思想和奋斗目标，决定着党性的内容，即党员在思想上应当坚定理想信念，坚持党的思想路线，加强政治理论和业务学习；在政治上应当坚定政治立场，坚持党的政治路线，维护党的团结统一；在组织上应当坚持党的组织路线和党的群众路线，勇于开展批评和自我批评，全心全意为人民服务。简言之，党性要求党员必须做到“四坚”：坚定理想信念、坚定政治立场、坚定宗旨意识、坚决贯彻执行党的理论和路线方针政策。

党性“内化于心、外化于行”，既内化于党员的思想观念，也外化于党员的言谈举止。党员要有党性，这不是对党员提出的一个希望或者建议，而是党章党规规定所有党员都必须履行的义务，共产党人应当同时从思想上、政治上、组织上入党，一名党性不强的党员就是不合格党员，因此，党性之于党员如影随形、须臾不离。在实践中，经常见到一些党员理想信念淡薄，政治纪律涣散，公开发表不同“政见”，脱离人民群众，“四风”问题严重。之所以出现这些党性观念淡薄现象，既有宣传教育不够、理论武装不足的问题，更有规范乏力、制度疲软的问题。实践经验反复证明，加强党性修养，要坚持思想建党和制度治党相结合，同向发力、同时发力，不仅要靠过细的思想政治工作，不断提高个人觉悟，还要重视制度化方式，寓党性于党内法规之中，让党性滋润党内法规，通过党内法规彰显和强化党性。

一、按党性要求立规矩

在实践中，容易出现一些违反党性要求制定党内法规的问题。比如，在制定有关党内法规时未能自觉地从不忘初心、牢记使命的政治高度去把握，就事论事，没有鲜明彰显党性，不利于强化党性思维、党性意识和党性自觉；有些党内法规降格以求，对党员提出的要求甚至低于普通群众；有些党内法规对党员特别是党员领导干部高看一眼、厚爱一分，或明或暗搞特权；有些党内法规重权力轻权利、重实体轻程序，限制了党员行使批评监督权，不利于张扬党性、发扬党内民主；有些党内法规是拍脑袋制定的，不切实际，背离马克思主义的立场观点和方法；有些党内法规暗藏着部门利益、地方保护，或明或暗违反党中央决策部署，等等。在制定党内法规过程中没有充分彰显党性甚至违反党性原则，既暴露出制定者的党性观念淡薄，更为一些党员特别是党员领导干部实施违反党性要求的行为提供了制度借口。就此而言，寓党性于党内法规之中，首要问题是保证党内法规与党性的对接，以免党内法规制度安排降低党性要求、偏离党性方向甚至背离党性精神。

一方面，在形式上要实现法规调整与党性要求的全面对接，避免出现党性有要求、党内法规未规定的疏漏。一则，在规范对象上要实现全覆盖，党内法规应当对所有党员提出党性要求，任何党员都不得例外，对党员领导干部特别是高级领导干部，党内法规应当提出更高党性要求。二则，在调整领域上应当实现全覆盖，党性要求涵盖党的领导和党的建设两个方面，党内法规既要对党员在党内生活提出党性要求，也要对党员在党的领导和执政活动中提出党性要求。三则，在规范事项上应当实现全覆盖，党内法规既要明确要求党员个人加强党性修养、党员之间讲党性、对待党的组织遵循党性原则，也要强调与非党员交往时保持党性不变色。四则，在规范过程上应当实现从入口到出口的全覆盖，明确党性标准，把好入口关，不合格者禁入；加强规范，避免入党后放松要求；开放出口，让不合格者退出。

另一方面，在内容上要实现“合规”行为与“合格”党员的同口径对接，避免出现合规不合格或者合格不合规的尴尬。寓党性于党内法规之中，以党内法规促党性，就是要把党对党员提出的党性要求转化成党内法规对党员作出的守规性规定。一个党员只有符合党性要求才是合格党员，这属于本体性规定，在这个意义上类似于“自然法”要求；而一个党员行为应当合规，这属于反射性规定，类似于“人定法”要求，合格与合规二者应当统一，且后者以前者为准绳。鉴于此，党内法规在设定“合规”边界时不能失之随意，应当对表“合格”标准，既要避免因降格以求的“缩水”造成合规不合格问题，也要避免因超越党性要求的“拔高”而致合格不合规问题。

二、依靠党内法规推动提升党性修养

在讨论制定和实施党内法规对提升党性修养的可能性贡献之前，需要厘清几个相关的逻辑问题。

第一，党性似乎属于党员品行要求，党内法规能对其提要求吗？

党性不只是党员个人修养的高低，而且是合格党员必须达到的标准，如果不对9100多万名党员提出刚性的党性要求，党的性质和宗旨就无法得到全面彻底的体现，党的路线和纲领就无法得到贯彻执行。因此，提升党性修养很有必要通过党内法规将其转化为党员必须履行的义务。

第二，有不少党性要求指向党员内心世界，作为行为规范的党内法规能够规范党员的内心活动吗？

虽然有的党性要求属于思想层面，比如坚定理想信念，但多数党性要求会外化为言行。对于党员言行，党内法规可以直接对其提出规范要求，比如，吃苦在前、享受在后，克己奉公，多做贡献，反对阳奉阴违的两面派行为和一切阴谋诡计。对于思想层面、内心活动，也要通过加强思想理论建设、党性教育等活动来增强党性，而诸如此类的“活动”就要依靠党内法规来规范。

第三，与党性有关的党内法规是否仅指那些专门用来布置加强党性修养工作的党内法规？

从党内法规主题角度来看，有一部分党内法规是专门用来加强党性修养的，比如，加强党的思想理论建设、推进学习型党组织创建等方面的法规，它们属于党性建设的专门性法规。不过，那些以党的领导和党的建设工作的其他事项作为主题的法规，比如，党领导政法工作、干部队伍建设、作风建设、纪律建设、防止利益冲突等，它们虽然不是直接以党性建设为主题，但或多或少涉及党性内容。事实上，不存在丝毫不涉及党性要求的党员行为。

第四，那些主要用来规范党的组织工作活动的党内法规是否与党性无关？

从规范对象角度来讲，党内法规既要规范党的组织工作活动，也要规范党员的行为。党性主要是针对党员个体而言的，因此，用来规范党员行为的那部分党内法规无疑会涉及党性。至于以党的组织工作活动作为调整对象的那部分党内法规，一则，党的组织作为“拟制”的人，其作为整体也应当遵循党性要求；二则，党的组织是由党员构成的，党内法规对党的组织的规范，在相当程度上要转化为对该党的组织所属的党员领导干部以及普通党员提出党性要求；三则，加强对所属党员的党性教育，也是党的组织的一项重要工作，而这项工作需要党内法规规范。据此，党内法规无论是以党员还是以党的组织为规范对象，都与加强党性修养密切相关。

第五，加强党性修养完全靠制度吗？

不是。加强党性修养，既要靠制度、靠组织来他律，也要靠教育、靠党员自觉自律，二者缺一不可。不过，从党章将加强政治和业务学习这个似乎纯属个人的事项列为党员的第一项义务来看，党是将制度化方式当作加强党性修养的主要途径。

既然如此，那么如何通过党内法规制度建设来推动提升党性修养呢？概言之，就是要实现“党性入规”，运用制度化方式加强党性建设，实现党性建设的具化和量化，保证其可操作、可评估。

一方面，党内法规要将抽象的党性要求具化为明确的党员义务，把党性要求“定下来”。

假如党性概念的涵义及具体要求模糊不清，停留在理论研究、个体经验或者个人觉悟层面上，那么加强党性修养的目标就容易落空。“党性”这个概念，在党内法规上有规定，比如，党章第36条规定党的各级领导干部应当“讲党性、重品行、作表率”；在党代会的报告中强调过，比如，党的十八大报告明确提出“抓好党性教育这个核心”；在中央领导同志的讲话中阐述过，比如，习近平总书记2013年在全国宣传思想工作会议上的讲话中强调，党性和人民性从来都是一致的、统一的，坚持党性，核心就是坚持正确政治方向。

我们党早就确立了“党性入规”、靠党内法规制度加强党性建设的路子，亦即把抽象的党性要求变成具体的行为规范，依靠党内法规将党性的“四坚”要求转化为明确具体的党员义务，这一点，集中体现在党章有关党员要求特别是义务性规定中。一则，要求党员必须坚定理想信念。党员必须不惜牺牲个人的一切，为实现共产主义奋斗终身；全党同志要倍加珍惜、长期坚持和不断发展党历经艰辛开创的中国特色社会主义道路、中国特色社会主义理论体系、中国特色社会主义制度、中国特色社会主义文化。二则，要求党员必须坚定政治立场。党员必须维护党的团结统一，对党忠诚老实，言行一致，坚决反对一切派别组织和小集团活动，反对阳奉阴违的两面派行为和一切阴谋诡计。三则，要求党员必须坚定宗旨意识。党员永远是劳动人民的普通一员，必须全心全意为人民服务；坚持党和人民的利益高于一切；所有共产党员都不得谋求任何私利和特权；密切联系群众，维护群众正当利益；要认真学习党的指导思想，党的理论和路线方针政策，党的基本知识，科学、文化、法律和业务知识等，以努力提高为人民服务的本领。四则，要求党员必须坚决贯彻执行党的理论和路线方针政策。党员必须执行党的决定、服从组织分配、积极完成党的任务；必须贯彻执行党的基本路线和各项方针政策，在生产工作学习和社会生活中起先锋模范作用。不难看出，党章对党性的“四坚”要求作出了比较明确的规定，党员的义务性规定在相当程度上就是党员的党性要求，换言之，现有的党性要求也主要反映为党员的义务性规定，在这个意义上，党员“合规”即为党性“合格”。党员义务是党内法规制度之核，据此，党性观念全面渗透在整个党内法规制度体系之中。

既然党性要求在党章上是比较明确的，那为什么它在实践中往往给人留下捉摸不透的印象呢？这是多方面原因造成的。比如，尚未确立起“党性要求是党员义务”的观念，容易让人误以为党性要求属于党员个人修养，不是必须遵循的强制性义务；尚未认识到党性要求是针对所有党员的，容易让人误以为只有党员领导干部才有必要讲党性，普通党员可讲可不讲；尚未建立起一套以党性为主题的党内法规制度体系，党章的原则性要求未能具化、难以落地，党性建设容易流于形式，等等。

另一方面，党内法规将普遍性党性要求具化为特定性行为模式，让党性要求“落下去”。

加强党性修养、强化党性观念、落实党性要求，这是全面从严治党的基本任务。全面从严治党，根本之策、长远之策是加强党内法规制度建设，实行制度治党、依规治党。总体来看，党章规定的党员义务、提出的党性要求是原则性和普适性的，要解决党性要求停留在观念上、挂在口头上、未落到具体行动上等问题，就要依靠党内法规制度将其与具体的人、具体的事、具体的行为结合起来，量身定制相应的行为模式，让党员党性变得看得见、摸得着、能考评、可奖惩。

具体而言，要体现在以下几个方面：

一则，党内法规要针对不同主体提出不同党性要求。针对普通党员，党内法规对其提出的党性要求主要就是党章党规规定的党员义务，以避免其出现党性不纯问题。针对党员领导干部，因其肩负更重职责、掌握公共权力，党内法规应当对其提出更多更高更严的党性要求，主要包括：具有共产主义远大理想和中国特色社会主义坚定信念；努力用马克思主义的立场、观点、方法分析和解决实际问题；讲学习、讲政治、讲正气，经得起各种风浪的考验；讲实话、办实事、求实效，反对形式主义；有强烈的革命事业心和政治责任感；树牢“四个意识”、坚定“四个自信”、坚决做到“两个维护”，始终在政治立场、政治方向、政治原则、政治道路上同党中央保持高度一致；坚持和维护党的民主集中制；正确行使人民赋予的权力；坚持党的群众路线，自觉接受党和群众的批评和监督，加强道德修养，讲党性、重品行、作表率，等等。要通过强化党内法规的刚性约束，最大限度防止党员领导干部党性弱化甚至丧失、蜕化变质，出现不信马列信鬼神、拉帮结派分裂党、搞“一言堂”、以权谋私、脱离群众、“四风”等问题。

二则，党内法规要对党的领导和党的建设活动所涉事项都明确提出相应的党性要求。党性观念既是宏观的，也是微观的，大事小情讲党性、细微之处见党性。避免党性虚化，就要将其与具体的事项结合起来，特别是在贯彻执行党的理论和路线方针政策、贯彻落实党中央决策部署、选人用人、重大决策等重要事项上，要提出明确具体的党性要求。

三则，党内法规要对党的组织的工作活动和党员的行为提出明确的党性要求。党性观念强弱，既内化为一个党员的思想政治觉悟和能力水平，也外化为党员的言谈举止。党内法规应当为党员的所思所想树标杆，为其一言一行立规矩，明确党性观念和党性要求允许党员什么可为、什么禁为、什么当为，对必须作为的又应当按照什么方式、步骤和期限去实践党性观念和党性要求。

四则，党内法规要针对党员的各种党性表现建立相应的奖惩机制。建立健全党性修养的监督检查和考核评价机制，分优劣、行赏罚。要综合考虑党员出现偏离或者背离党性要求的问题是过失还是故意、情节轻重、危害性大小等各种因素，有针对性地采取相应的组织处理或者纪律处分，让党性要求真正“硬起来”。

三、党内法规因党性要求而变

历史地看，党性内容不是一成不变的。党在革命、建设、改革年代，根据不同时代背景和社会条件，针对党的工作现实需要，及时调整党员的党性要求，赋予党性新内涵，保证了党性的时代感和适应性。党性之于党的建设和党的事业发展，是应变量与自变量关系，党通过丰富和完善党性内容以适应管党治党、执政治国实践对党员提出的新要求；党性之于党内法规，是自变量与应变量关系，党内法规要及时确认党性内容的变化并将其固化为党员义务，以保证党员言行“合规”与党性“合格”相统一。

通过党内法规制度变革确认党性内容的变化并保障其实现，集中体现为历次党的全国代表大会对党章的修改。从1945年党的七大、1956年党的八大、2017年党的十九大修改的党章中，我们可以一窥在革命战争、社会主义建设、改革开放3个历史时期党性内容的发展变化。

其一，关于坚定理想信念。在革命战争年代，强调在这个阶段“为实现中国的新民主主义制度而奋斗”，其最终目的是在中国实现共产主义制度；“中国共产党要求自己的每一个党员，积极地自我牺牲地进行工作，以实现党的纲领和党的一切决议，达到中国民族与中国人民的彻底解放”，“努力地提高自己的觉悟程度和领会马克思列宁主义、毛泽东思想的基础”。在建设时期，要求“每一个党员……以求把中国建设成为一个伟大的、富强的、先进的社会主义国家，并且在这个基础上继续前进，实现人类的最高理想——共产主义”，“努力学习马克思列宁主义，不断提高自己的觉悟程度”。在改革开放时期，提出“党的最高理想和最终目标是实现共产主义”，“认真学习马克思列宁主义、毛泽东思想、邓小平理论、‘三个代表’重要思想、科学发展观、习近平新时代中国特色社会主义思想，学习党的路线、方针、政策和决议，学习党的基本知识……”

其二，关于坚定政治立场。在革命战争年代，强调“严格地遵守党纪，积极参加党内的政治生活和国内的革命运动……和党内党外一切损害党的利益的现象进行斗争”，“中国共产党在自己队伍内部，不能容许右的及‘左’的机会主义存在”，“中国共产党必须用不调和的但是适当的斗争对待内部的机会主义者、投降主义者、冒险主义者，并将其中坚持错误的人清除出党，以保持自己队伍的统一”。在建设时期，提出“经常注意维护党的团结，巩固党的统一，是每一个党员的神圣职责”，“对党忠诚老实，不隐瞒和歪曲事实真相”。在改革开放时期，提出“维护党的团结和统一，对党忠诚老实，言行一致，坚决反对一切派别组织和小集团活动，反对阳奉阴违的两面派行为和一切阴谋诡计”。

其三，关于坚定宗旨意识。在革命战争年代，强调“中国共产党人必须具有全心全意为中国人民服务的精神，必须与工人群众、农民群众及其他革命人民建立广泛的联系。并经常注意巩固与扩大这种联系”，“为人民群众服务，巩固党与人民群众的联系，了解并及时反映人民群众的需要，向人民群众解释党的政策”。在建设时期，要求“全心全意地为人民群众服务，密切同人民群众的联系，向人民群众学习，虚心地听取并且及时地向党反映人民群众的要求和意见，向人民群众解释党的政策和决议”。在改革开放时期，提出“中国共产党党员必须全心全意为人民服务，不惜牺牲个人的一切，为实现共产主义奋斗终身”，“密切联系群众，向群众宣传党的主张，遇事同群众商量，及时向党反映群众的意见和要求，维护群众的正当利益”。

其四，关于坚决贯彻落实党的路线方针政策等。在革命战争年代，强调“中国共产党要求自己的每一个党员，积极地自我牺牲地进行工作，以实现党的纲领和党的一切决议，达到中国民族与中国人民的彻底解放”。党员必须“模范地遵守革命政府和革命组织的纪律，精通自己的业务，在各种革命事业中起模范作用”。在建设时期，强调“认真地执行党的政策和决议，积极地完成党分配给自己的任务”，“在工作中起模范作用，不断地提高生产技术和业务能力”。

在改革开放时期，强调党员必须“贯彻执行党的基本路线和各项方针、政策”。

由此可见，党章在不同历史时期提出的党性要求，在基本内容上一脉相承，但具体要求在涵义、指向、侧重点、表述等方面是与时俱进的：各个历史时期都要求党员坚定理想信念，最终目标都是实现共产主义，但不同时期的阶段性目标不同；都要求为实现共产主义理想牺牲一切，但革命年代牺牲的是生命，建设和改革时期牺牲的更多是个人利益；都要求加强理论武装，但不同时期所遵循的指导思想有所不同，当下着重学习贯彻中国特色社会主义理论体系，首要政治任务是学习贯彻习近平新时代中国特色社会主义思想；都要求维护党的团结统一，但不同时期所针对的破坏团结统一的问题明显不同；都要求坚定宗旨意识、坚持群众路线，但为人民服务的内容和方式发生了明显变化；都要求执行党的组织特别是党中央的决定，但早期要求执行党的决议和政策，当下要求贯彻执行党的理论和路线方针政策，最重要的是党的基本理论、基本路线、基本方略，内容越来越全面。

通过修改党章以及对相关党内法规的立改废，保证了形势任务变化对党员党性的新要求在党内法规中及时得到反映，实现了加强党性修养的有章可循、有据可依，为党性建设提供了有力制度保障。换个角度看，党性内容的丰富完善、党性要求的与时俱进，也有力推动着党内法规制度变革，为加强党内法规制度建设不断提供新动力。就此而言，党性要求的变化与党内法规制度变革二者之间呈现为良性互动、相互强化的关系。

综上所述，党员必须讲党性，这是党员与党外群众的一个重大区别；党内法规之中有党性，这是党内法规与国家法律的一个重要区别；中国共产党党内法规体现立党为公、执政为民的党性要求，这是执政党的党章党规与其他民主党派的规章制度的一个重要区别；党内法规要求党员用马列主义、毛泽东思想特别是中国特色社会主义理论体系武装头脑、加强党性修养，这是中国共产党党内法规与其他国家政党制度的一个重要区别。在这个意义上，党内法规之特特在党性，党内法规之严严在党性，党内法规之变变在党性，党内法规之强强在党性。党性，是流淌在党内法规体系中的红色基因。

人性假定与德性要求

人性是人之所以为人的固有本性。党员也是人，自然会有人性，党员又不是普通人，应当符合党性标准和德性要求。这就要求党内法规制度安排基于合适的人性假定，对照党性标准设定适当的德性要求。党员的这种德性，主要就是道德情操和高尚品行，集中反映社会主义新风尚、社会主义核心价值观和社会主义荣辱观、共产主义道德、中华民族传统美德等方面的要求。

一、人性假定是党内法规制度安排的逻辑基点

关于党内法规中的党员人性问题，实践中存在两种对立看法。一种观点认为，既然共产党员是由特殊材料做成的，是中国工人阶级的有共产主义觉悟的先锋战士，具有先进性和纯洁性，那么党内法规再去明令禁止党员领导干部不准“虚报工作业绩”“从事有悖社会公德、职业道德、家庭美德的活动”是不合适的，这些是普通群众都应当做到的事，更不用说党员了，相关规定事实上是放低了对党员的人性标准。另一种观点认为，党员是人不是神，有七情六欲、喜怒哀乐，党内法规制度要求党员“克己奉公”“全心全意为人民服务，不惜牺牲个人的一切，为实现共产主义奋斗终身”，此类规定对党员的人性假定过高，脱离实际、高不可攀。

这两种观点涉及党内法规制度应当基于何种合理的党员人性假定之上。不过，二者混淆了党内法规制度安排的人性假定、德性要求、现实表现这 3 个概念。前一种观点误将“先锋战士”的党员德性要求当作现实表现，而后一种观点则误将党性要求当作人性假定。

所谓“人性假定”，是指党员作为自然人，假设当其在未受到党内法规调整时所表现出的纯属自然的人性状态，这种“原生态”不一定是真实写照，只是一种尽可能与实际情形重合的假设状态。基于不同人性假定，比如人性善还是恶、利己还是利他、有知还是无知、

理性还是非理性、政治冷漠还是政治热情等，就会作出不同的制度安排，人性假定构成了一切制度安排的逻辑基点和规范起点。所谓“德性要求”，是指党内法规制度对“党员应当是什么”的回答，属于党内法规希望或者要求党员应当且经过努力可以达到的应然状态，它应当高于“人性假定”水平，这在党内法规上表现为对党员提出较之普通群众更多更高更严的德性要求。所谓“现实表现”，是指党员在受到党内法规调整后表现出的结果状态，作为实然状态，它如果高于“人性假定”，就彰显出制度对塑造人性的积极作用；如果等于“人性假定”，就意味着制度调整毫无意义；如果等于“德性要求”，就表明实现了制度预设的调整目标；如果低于“德性要求”，就代表制度预期的部分落空。当然，决定实然状态好坏的因素，还包括党内法规质量和执行情况两个方面。

不言而喻，人性假定、德性要求、现实表现三者对应于党内法规制度安排的前中后 3 个时间及假定状态、应然要求、实然表现 3 种状态，三者显然不能混为一谈。如同大楼的根基是墙体的地下部分却一般不为人所见一样，人们在党内法规制度文本中通常不会看到具体的关于党员人性假定的条款，但它却存在于党内法规制定者的观念之中并作为制度安排的逻辑基点直接决定制度安排内容；人们在党内法规制度中也不会看到党员的现实表现，但没有理性的制度安排就不可能产生令人满意的调整结果。在这个意义上，党内法规要塑造出合格党员并赋予其人格力量，寻求预期的党员现实表现，前提是基于合适的党员人性假定，关键是提出合理的党员德性要求。

由此可见，作为一种制度安排，党内法规总是离不开某种人性假定的。与其他制度一样，党内法规也是针对人的趋利避害本性，有针对性地作出合规的奖赏与违规的惩罚，将党内法规制度这个变量置于党员行为选择考量之中，影响其作为一个公民时本初的行为选择，引导其作出合乎党内法规制度要求的行为。

二、党内法规制度应当基于合适的人性假定

制度安排的人性假定，是假设人们在没有受到制度约束的情形下

会怎么做。诚然，我们在现实中所能观察到的人的行为，通常是已经被制度化了的，或者是诸如党内法规等政治共同体制度，或者是国家法律，或者是乡规民约之类的社会自治制度，或者是道德规范，或者是宗教信条，等等，人们既然随时随地处在制度约束之中，我们其实难以看到人们在不受制度约束和指引下的“天然”行为选择，那么，我们依凭什么去做人性假设呢?

可从两个方面获得相关信息。一方面，通过对人们面对制度约束时的心理状态的心理学研究发现，大多数人之所以不愿、不敢违反制度，主要是因为害怕受到惩罚，违规成本大于违规收益、得不偿失，这种本性就是趋利避害。另一方面，我们可以从那些违规行为和规避制度行为所暴露出的人性弱点中看到人的本性。

制度安排的人性假定如果要贴近实际，那就要超越不同人之间的个体差异，找到人性的最大公约数，即最大多数人在最大多数状态下的人性状态。

人性假定有两个“181 规律”：一则，在人群中，大约有 10%的人的天性是极端自私自利、胆大妄为的，他们对制度规定置若罔闻，制度约束对其不起作用；80%的人的天性是自私自利、趋利避害的，他们会选择遵从或者违反制度以最大化其物质和精神偏好；10%的人的天性是利他的，其觉悟和境界高于制度约束，那些主要针对凡夫俗子的制度对他们其实并无实际意义。二则，就个人而言，其人性中有 10%是恶的，比如损人利己、幸灾乐祸、落井下石等；80%介于善恶之间，不善不恶、可善可恶、亦善亦恶；10%是善的，比如恻隐之心、爱己及人、忠孝等。

如果选取人性的最大公约数，那么制度安排的人性假定可以概括为 4 个字：一是“私”字，它为人的行为提供原动力，根深蒂固的趋利性驱使人们千方百计、不择手段地追求渴望得到的东西，最大化其利益偏好，其典型形态是人性的贪婪、纵欲、滥权、专横。二是“畏”字，它为人的行为提供制动力，人具有自我保护、寻求安全的避害天性，包括畏惧神灵、天意、人心、权威、暴力，实质是畏惧惩罚，它告诫人应当有所为有所不为，以免遭受谴责、惩罚。三是

“从”字，它是人性非理性的一面，包括有意无意不自觉地从众、从惯例、从个人习性、从个人情绪宣泄、从思维定式、从惰性等。四是“衡”字，它是人性理性的一面，比如权衡利弊得失、平衡人际关系、控制情欲、调整心态寻求心理平衡等。对于大多数人而言，其人性由这4种元素合成，不同人之间的人性差异或者一个人的人性变化，主要是这4种成分的搭配比例不同。“私”多会贪，“畏”多守节，“从”多循旧，“衡”多显智。

不难看出，从人性假定的构成来看，人本身是一个矛盾统一体，尽管个人自身可以自我调和，但不同人之间会因禀赋差异造成实质上的不公平、不公正，强者越强、弱者越弱，弱肉强食，这种丛林法则背离了人类文明的要求。鉴于此，在文明社会的法治化背景下，法律制度基于人性假定有针对性地设立完善的人权保障机制，避免弱者遭强者欺凌，最大限度地维护最大多数人的主体尊严和社会公平正义，实现不同主体之间的共生共存的社会调和。

党内法规制度调整属于二次调整，在党内法规对党员行为作出调整之前，国家法律已经对公民行为实施了一次调整，在这个意义上，党规调整不是从一张白纸开始，而是对国法调整的一种接续。既然国法制度安排乃是基于私、畏、从、衡等人性假定之上，那么是否意味着就无须再对党规制度安排作人性假定，犹如在一楼之上盖二楼而不必再去考虑地基问题呢?

并非如此。党内法规倘若没有人性假定，那就成了空中楼阁。地基不仅是一楼的地基，也是二楼、三楼等所有楼层共有的地基。私、畏、从、衡等人性假定是国法与党规共有的人性假定。换个比方，假如制度安排是一场接力赛，那么人性假定就是接力棒，要贯穿各类别各层次各阶段制度安排始终，不可因为不同制度调整的交接而丢了接力棒——既不能从国法转到党规扔了人性假定，也不能从党章转到其他党规扔了人性假定。

人性是很稳定的，不会因为某种制度约束就从此彻底改变。我们看到的人因制度约束而出现的变化，其实只是人性表现的改变而非人性本身的改变。试想，如果因为国法提出的人性要求而致人性也随之改变，那么国法就大功告成、不必存续了，但事实上，一旦国法不在、笼子打开，被抑制的人性贪婪就会随之涌出。

就此而言，国法只是改变了人性表现，并没有改变人性本身，党内法规在设定党员的行为要求时，应当基于国法的行为要求之上对党员提出更高标准，但党内法规制度仍应以人性假定为逻辑基点，基于人性假定之上作出制度安排。

主张党内法规制度安排应当基于私、畏、从、衡的人性假定，这在情感上有点难以接受，似有不信任党员之虞，不利于维护党员形象。这其实是一种误解。党内法规所作的人性假定并不意味着党员事实如此，恰恰意味着党员不应如此。一个公民一旦被党的组织批准成为党员，他其实已经接受过党章党规调整、达到党章党规有关党员要求的标准，其人性表现已经脱离了低级趣味；当一个公民未被批准入党，那么其人性表现可能比较接近于人性假定，还没有达到党员标准。因此，准确地说，党内法规的人性假定，不是针对“党员”身份而言的，而是针对“人”而言的。当然，一个人成为党员之后，仍然随时有可能被其内在的人性弱点所俘虏而蜕化，实践中大量党员干部违法乱纪、腐化变质，这就反证了党内法规对人、对即使已成为党员的人所作的人性假定的必要性。

也正因如此，党中央明确要用制度管权管事管人，因为制度具有根本性、全局性、长期性和稳定性，要坚持依规治党，加快建成完善的党内法规体系。换个角度看，在强调加强党内法规制度建设的必要性和重要性时所提供的相关理由——比如，因为没有规矩不成方圆，所以要强化党员干部的规矩意识；因为一切权力都会腐败、绝对权力绝对腐败，所以要从严从紧管住党员领导干部的权力，把权力关进制度的笼子里——这些理由揭示了党员干部固有的人性弱点，也表明了党内法规制度安排只有基于人性假定之上才会具有现实针对性。

因此，在制度上把有可能成为党员的人或者已经成为党员的人在人性上假定为具有私、畏、从、衡的天性，这虽然有点难为情，但能为党内法规制度提供坚实逻辑基点和规范起点的人性假定，重要的是“靠谱”而不是好看；如果浪漫地将党内法规的人性假定确定为真善美，这固然好看，但这反而抽掉了党内法规制度安排特别是纪律要求和纪律处分的人性根基——既然党员在人性上无论如何都是真善美的，那么还要强调靠党章党规党纪来提供约束就成了无用的多余之举。在这个意义上，从零开始，基于人们羞于直面的人性假定，对党员提出高人一筹的德性要求，并提供与之匹配的制度激励来帮助人们摆脱人性本身的束缚、达到党员德性要求标准，这是一种务实态度和理性思维。

三、党内法规应对党员提出适当的德性要求

对于党内法规而言，人性假定是其制度安排的原点，要发挥党内法规的教育、引导、评价、制裁等规范和调整功能，抑其私、用其畏、借其从、促其衡，努力实现将党员塑造为“中国工人阶级的有共产主义觉悟的先锋战士”的目标，这个过程，就是以党内法规制度为“转化器”，实现党员从人性假定到德性要求的升华。所谓党员的德性要求，即作为党员应有的觉悟、操守、境界和人格魅力，它明显高于普通群众，但又并非高不可攀，是绝大多数党员经过努力可以企及的人性高度。

概括起来，党内法规上的德性要求主要体现在以下4个方面。

第一个是党员的无私性，它要求党员无论是对自己还是对亲朋好友都应当大公无私。

私乃人之本性，但作为党员就应当去私、忘私、无私。《关于党内政治生活的若干准则》提出：“共产党员和干部应该把谋求特权和私利看成是极大的耻辱。”当然，不能似是而非地把“私”与党员的基本权益、基本需求画等号。党内法规赋予党员“权利”的“利”就含有认可其正当利益之意，主张无私，指的是反对私欲膨胀特别是损公肥私、以权谋私。党员既不能为自己牟取不正当私利，也不能对亲朋好友偏私，特别是党员领导干部不得假公济私、以权谋私，应当从严从紧管住亲属及身边工作人员，防止与公共利益相冲突。

为此，党章规定，中国共产党党员永远是劳动人民的普通一员，除了法律和政策规定范围内的个人利益和工作职权以外，所有共

产党员都不得谋求任何私利和特权；党员应当坚持党和人民的利益高于一切，个人利益服从党和人民的利益，吃苦在前，享受在后，克己奉公，多做贡献。《中国共产党廉洁自律准则》明确要求，中国共产党全体党员和各级党员领导干部必须坚定共产主义理想和中国特色社会主义信念，必须坚持全心全意为人民服务根本宗旨，必须继承发扬党的优良传统和作风，必须自觉培养高尚道德情操，努力弘扬中华民族传统美德，廉洁自律，接受监督，永葆党的先进性和纯洁性。一方面，党员应当遵循的廉洁自律规范是：坚持公私分明，先公后私，克己奉公；坚持崇廉拒腐，清白做人，干净做事；坚持尚俭戒奢，艰苦朴素，勤俭节约；坚持吃苦在前，享受在后，甘于奉献。另一方面，党员领导干部应当遵循的廉洁自律规范是：廉洁从政，自觉保持人民公仆本色；廉洁用权，自觉维护人民根本利益；廉洁修身，自觉提升思想道德境界；廉洁齐家，自觉带头树立良好家风。

第二个是党员的主体性，它要求党员在党内生活中应当居于主体地位。

人应当具有主体性，享有心灵自由和身体自由，这是现代文明的重要标志和法治建设的基本任务，也是马克思主义政党的内在要求。针对党员的主体性要求，党章、《关于党内政治生活的若干准则》、《关于新形势下党内政治生活的若干准则》、《中国共产党党员权利保障条例》等党内法规都作出了相应规定。

首先，党员的主体性意指党员是党内生活中享有权利承担义务的主体，而非作为权利义务载体的客体，更不能成为别人的附庸。《关于党内政治生活的若干准则》明确，“共产党员应该忠于党的组织和党的原则，不应该效忠于某个人。任何人不得把党的干部当作私有财产，不得把上下级关系变成人身依附关系”。

其次，党员的主体性意指所有党员在党内都应相互尊重、平等对待，没有高低贵贱之分，人格尊严不受侵犯。《关于党内政治生活的若干准则》规定，“在我们的国家中，人们只有分工的不同，没有尊卑贵贱的分别。谁也不是低人一等的奴隶或高人一等的贵族”，“必须坚持在真理面前人人平等，在党纪国法面前人人平等的原则。党内绝不容许有不受党纪国法约束或凌驾于党组织之上的特殊党员”，“所有的党员都是平等的同志和战友，党的领导干部要以平等的态度待人，不能以为自己讲的话不管正确与否，别人都得服从，更不能摆官架子，动辄训人、骂人”，“共产党员一定要有共产主义者的伟大胸襟，严以律己，宽以待人。在处理同志的关系上，只问他是否坚决执行党的路线，遵守党的纪律，不应因为私怨而耿耿于怀，排挤打击，不应由于亲疏而有不同的对待”。

再次，党员的主体性意指要尊重党员的主体地位，发扬其主人翁精神，认真行使知情权、参与权、选举权、表达权、监督权，积极履行党员义务，参与党内生活，不允许政治冷漠、消极无为、明哲保身。党章规定，党员应当“切实开展批评和自我批评，勇于揭露和纠正违反党的原则的言行和工作中的缺点、错误，坚决同消极腐败现象作斗争”。《关于党内政治生活的若干准则》明确，“共产党员无论何时何地、对人对己都要尊重事实，按照事物的本来面貌如实地向党反映情况”，“发扬党内民主，首先要允许党员发表不同的意见，对问题进行充分的讨论，真正做到知无不言，言无不尽”，“要严格实行不抓辫子、不扣帽子、不打棍子的‘三不主义’”。《关于新形势下党内政治生活的若干准则》要求，“必须尊重党员主体地位、保障党员民主权利，落实党员知情权、参与权、选举权、监督权，保障全体党员平等享有党章规定的党员权利、履行党章规定的党员义务，坚持党内民主平等的同志关系，党内一律称同志。任何党组织和党员不得侵害党员民主权利”。

最后，党员的主体性意指党员应当能够感受到党组织的人性关怀，特别是年老困难党员应当受到党组织的关爱帮扶。《中国共产党党员权利保障条例》第 39 条规定：“党组织应当关心党员思想、工作、学习、生活，做好党内关怀帮扶工作。对于党员提出的请求应当及时受理，合理合规的应当及时解决，一时难以解决的应当说明情况，不属于党组织职责范围的可以向有关部门反映。”

第三个是党员的忠诚性，它要求党员应当对党忠诚、听党指挥、杜绝派性，始终同党中央保持一致。

凡是共产党员，必须严格遵守政治纪律和政治规矩，对党永远忠诚、保持赤子之心。凡是共产党员，无疑都应当信仰共产主义，这是天经地义的。共产党员必须坚定理想信念，否则就会在精神上“缺钙”，得“软骨病”。

党章规定，党员有义务“维护党的团结和统一，对党忠诚老实，言行一致，坚决反对一切派别组织和小集团活动，反对阳奉阴违的两面派行为和一切阴谋诡计”，“党员个人服从党的组织……全党各个组织和全体党员服从党的全国代表大会和中央委员会”。

《关于党内政治生活的若干准则》提出，“党是无产阶级的先进分子所组成的统一的战斗的集体，必须坚持党在马列主义、毛泽东思想原则基础上的团结，反对破坏党的团结统一的任何形式的派性和派别活动”，“每个共产党员和党的干部，都必须按照党的利益高于一切的原则来处理个人问题，自觉地服从党组织对自己工作的分配、调动和安排”，“党的各级组织、各部门、每一个共产党员，都要自觉地、坚定不移地执行党的政治路线和思想路线。对党的路线和党的领导采取对抗、消极抵制或阳奉阴违的两面派态度，是党的纪律所不容许的”，“对于错误倾向和坏人坏事，采取明哲保身的自由主义态度，不制止，不争辩，不斗争，躲闪回避，就是放弃了共产党员的战斗责任，就是缺乏党性的表现”。

《关于新形势下党内政治生活的若干准则》强调，“政治纪律是党最根本、最重要的纪律，遵守党的政治纪律是遵守党的全部纪律的基础。全党特别是高级干部必须严格遵守党的政治纪律和政治规矩。党员不准散布违背党的理论和路线方针政策的言论，不准公开发表违背党中央决定的言论，不准泄露党和国家秘密，不准参与非法组织和非法活动，不准制造、传播政治谣言及丑化党和国家形象的言论。党员不准搞封建迷信，不准信仰宗教，不准参与邪教，不准纵容和支持宗教极端势力、民族分裂势力、暴力恐怖势力及其活动”，“党员、干部特别是高级干部不准在党内搞小山头、小圈子、小团伙，严禁在党内拉私人关系、培植个人势力、结成利益集团。对那些投机取巧、拉帮结派、搞团团伙伙的人，要严格防范，依纪依规处理。坚决防止野心家、阴谋家窃取党和国家权力”，“党的各级组织和全体党员必须对党忠诚老实、光明磊落，说老实话、办老实事、做老实人，如实向党反映和报告情况，反对搞两面派、做‘两面人’，反对弄虚作假、虚报浮夸，反对隐瞒实情、报喜不报忧。领导机关和领导干部不准以任何理由和名义纵容、唆使、暗示或强迫下级说假话。凡因弄虚作假、隐瞒实情给党和人民事业造成重大损失的，凡因弄虚作假、隐瞒实情骗取荣誉、地位、奖励或其他利益的，凡因纵容、唆使、暗示或强迫下级弄虚作假、隐瞒实情的，都要依纪依规严肃问责追责。对坚持原则、敢于说真话的同志，要给予支持、保护、鼓励”，“党内不准搞拉拉扯扯、吹吹拍拍、阿谀奉承。对领导人的宣传要实事求是，禁止吹捧，禁止给领导人祝寿、送礼、发致敬函电，禁止在领导干部国内考察工作时组织迎送、张贴标语、敲锣打鼓、铺红地毯、举行宴会等”。

第四个是党员的人民性，它要求党员应当牢固树立群众观点和宗旨意识，全心全意为人民服务。

党章规定，“中国共产党党员必须全心全意为人民服务，不惜牺牲个人的一切，为实现共产主义奋斗终身”，党员有义务“密切联系群众，向群众宣传党的主张，遇事同群众商量，及时向党反映群众的意见和要求，维护群众的正当利益”，有义务“为了保护国家和人民的利益，在一切困难和危险的时刻挺身而出，英勇斗争，不怕牺牲”。《关于党内政治生活的若干准则》规定，“共产党员必须成为实现四个现代化的先锋战士，努力做到又红又专”，“每个共产党员都必须以无产阶级先锋战士的标准，严格要求自己，努力学习和领会马列主义、毛泽东思想，不断提高觉悟程度和进行现代化建设的本领，以求对四化建设做出更大的贡献”。《关于新形势下党内政治生活的若干准则》强调，“全党必须牢固树立人民群众是历史创造者的历史唯物主义观点，站稳群众立场，增进群众感情。党的各级组织、全体党员特别是各级领导机关和领导干部要贯彻党的群众路线，做到一切为了群众，一切依靠群众，从群众中来，到群众中去，为群众办实事、解难事，当好人民公仆。坚持问政于民、问需于民、问计于民，决不允许在群众面前自以为是、盛气凌人，决不允许当官做老爷、漠视群众疾苦，更不允许欺压群众、损害和侵占群众利益。改进和创新联系群众方法，建立和完善民意调查等制度，利用传统媒体和互联网等各种渠道了解社情民意，倾听群众呼声，密切党群干群关系，把对上负责和对下负责一致起来，着力实现好、维护好、发展好最广大人民根本利益”。

较之国家法律对公民提出的德性要求，党内法规有关党员的德性要求更多更严更高，这是中国共产党党员作为具有共产主义觉悟先锋战士的内在要求，也是党员要在群众中发挥模范带头作用的必然要求。党内法规上的党员德性要求，分散在有关党员的标准、义务、权利等相关规定当中，既有积极的作为性要求，比如反对、抵制和批评各种背离党性的现象，也有消极的禁止性要求，比如不许搞特权、不许拉帮结派等；既有依靠党员个人努力即可实现的要求，比如无私性、忠诚性、人民性，也有需要党的组织保障才能实现的要求，这主要是指主体性。

无私性、主体性、忠诚性和人民性这 4 项要求，是针对所有党员而言的，是每个合格党员都必须遵循的，没有例外。不过，对于手中握有公共权力的党员领导干部而言，仅有这 4 项要求还不够，需要党内法规在此基础上提出更高要求，按照人民公仆的标准量身定制。为此，党章第 6 章专门对党的干部提出了全面要求，其他党内法规据此细化规定。比如，《关于新形势下党内政治生活的若干准则》强调：“各级领导干部必须严以修身、严以用权、严以律己，谋事要实、创业要实、做人要实，经得起权力、金钱、美色考验，用党和人民赋予的权力为人民服务。”“领导干部特别是高级干部必须带头践行社会主义核心价值观，继承和发扬党的优良传统和作风，弘扬中华民族传统美德，讲修养、讲道德、讲诚信、讲廉耻，养成共产党人的高风亮节，自觉远离低级趣味。”“各级领导干部是人民公仆，没有搞特殊化的权利。中央政治局要带头执行中央八项规定。各级领导干部特别是高级干部要坚持立党为公、执政为民，坚持公私分明、先公后私、克己奉公，带头保持谦虚、谨慎、不骄、不躁的作风，保持艰苦奋斗的作风，带头执行廉洁自律准则，自觉同特权思想和特权现象作斗争，不准利用权力为自己和他人谋取私利，禁止违反财经制度批钱批物批项目，禁止用各种借口或巧立名目侵占、挥霍国家和集体财物，禁止违反规定提高干部待遇标准。”“领导干部特别是高级干部必须注重家庭、家教、家风，教育管理好亲属和身边工作人员。严格执行领导干部个人有关事项报告制度，进一步规范领导干部配偶子女从业行为。禁止利用职权或影响力为家属亲友谋求特殊照顾，禁止领导干部家属亲友插手领导干部职权范围内的工作、插手人事安排。各级领导班子和领导干部对来自领导干部家属亲友的违规干预行为要坚决抵制，并将有关情况报告党组织。”

四、依靠党内法规制度塑造党员品行

党内法规制度的人性假定是私、畏、从、衡，党内法规对党员的德性要求是无私性、主体性、忠诚性、人民性。不言而喻，作为制度安排起点的人性假定与作为终点的德性要求二者之间，如同此岸与彼岸。从此岸到彼岸，由私、畏、从、衡到无私性、主体性、忠诚性、人民性，当然也要依靠思想教育、个人自觉等，但最重要的是要依靠党内法规制度来“点石成金”。

第一，在人性假定系统中植入党内法规制度变量，借力发力。

私、畏、从、衡是一个具有内在关联性的整体，私与畏相互牵制，从与衡相辅相成，形成一个趋利避害的行为选择系统。党内法规制度要塑造党员品性，不必也不能在这个系统之外另搞一套，而是将制度变量内化于这个系统之中，借用其固有的决策运行“路网”来输送新的制度能量。

一则，党内法规制度要抑制“私”的本性。务实地认可党员在法律和政策范围内的利益为合规的“私”，但禁止谋求除此之外的其他特权私利，并将其视作莫大的耻辱，党员违规谋私所得最终要被没收、剥夺。这就意味着党员如果私欲膨胀、追求违规之私，很可能身败名裂，竹篮打水一场空。

二则，党内法规制度要利用“畏”的本性。如果党员违法乱纪，那就要承受社会谴责、党纪处分、法律责任，被鄙视、被孤立、被唾弃，在单位、在社会没有面子，得不到尊重，甚至还有可能失去人身自由，这种糟糕结局自然令人生畏。

三则，党内法规制度要借用“从”的本性。强调通过各种方式促进党员党性的养成和觉悟的提升，形成个人习性；通过以上率下和典型示范引领，产生以一传十的引导示范效应，或者通过广而告之的违规违纪通报，产生“杀一儆百”的警示教育效应，在全党形成守规守纪光荣、违规违纪可耻的思维观念，形成大公无私、发扬党内民主、忠诚可靠、为人民服务的浓厚氛围和思维方式。

四则，党内法规制度要促进“衡”的本性。党内法规明确符合德性要求的“得”与不符合要求的“失”，引导党员自我权衡利弊得失，作出损害最小、收益最大的行为选择。只要党内法规明确规定违规必受罚，且罚超其得，那就会引导和促成党员选择守规守纪，因为违规违纪是得不偿失的。

第二，对照德性目标设计契合人性假定的党内法规作用机制。

所谓机制设计，就是把分散的、静态的制度安排变成整体的、动态的制度运行。塑造党员品性，要求党内法规内生一套复杂的机制。在指向上，建立催眠与激活相容的机制，抑制私欲、非理性、惰性、叛逆等人性成分，激活信仰、理性、真善美、创新、参与等人性成分。在方法上，建立制约与激励相容的机制，运用审批、命令、组织处理、党纪处分等强制性方式，以及号召、宣示、指导、建议、告诫、鼓励、奖励等非强制性方式，促成党员修身养性、遵规守纪，按照党内法规要求思想言行。在方式上，建立自律与他律相容的机制，引导党员自我教育、自我管理、自我监督，依靠严格的组织管理、党内监督和社会舆论监督，加强党性修养，提高觉悟水平，提升思想境界。在结果上，建立进退奖惩相容机制，把住党员入口关，不让未达到党员德性要求的人混入党内；赏罚分明、从严从紧管理党员，防止入党之后出现意识松懈、觉悟滑坡，避免党员腐化变质；开放党员退出通道，清除不合格党员。

第三，将党员德性要求及其塑造活动转化为党内法规规范的逻辑结构。

党内法规对党员品性的塑造，最终要体现为严密的党内法规制度安排。比如，要把一个人塑造为大公无私、公而忘私的党员，就需要一套与这个目标相匹配的党内法规制度，包括明确党员标准、提倡党员无私、禁止党员谋私等实体性制度，防止党员谋私或者偏私的集体决策制度、党务公开制度、回避制度、防止利益冲突制度、请示报告制度、通报制度等程序性制度，以及巡视巡察、谈话诫勉、民主生活会、督查、组织处理、党纪处分等监督惩戒制度。此类党内法规的规范逻辑结构包括假设、行为模式、法规后果3个部分，核心是将无私性、主体性、忠诚性、人民性等党员德性要求转化为党员的义务和权利，明确党员可以做什么、应当做什么、禁止做什么，关键是明确党员违规而为、背离党性、偏离德性要求所要承担的否定性法规后果，发挥党内法规的教育、引导、评价和制裁等功能。

第四，党内法规要及时结合党员现实表现对党员人性假定和德性要求作反思性修正。

党内法规所作的人性假定是逻辑基点，它是否贴近现实？党内法规提出的德性要求是预期目标，它是否合理？党内法规塑造党员品行的制度安排是手段举措，它是否有效管用？等等，这些最终都要靠实践中党员的现实表现来检验，看其是否合乎"中国共产党党员是中国工人阶级的有共产主义觉悟的先锋战士"这个标准。为此，党内法规制度安排须作经常性的实践性反思，对照党的领导和党的建设工作实践中党员的行为选择来校准。

以党章上有关党员利益观的规定为例，在历史上经历了一个从无到有、由理想化到务实性的演变过程。党的一大通过的《中国共产党纲领》与党的二大通过的第一部党章未涉及党员利益观问题，之后，党的三大至七大对党章的修改，仍未对此提出要求。1956年，党的八大修改的党章，首次对此作出规定，要求党员有义务"把党的、国家的、也就是人民群众的利益，摆在个人的利益之上；在两种利益发生抵触的时候，坚决地服从党的、国家的、也就是人民群众的利益"。党的九大通过的党章将其修改为中国共产党党员必须做到"为中国和世界的大多数人谋利益"。党的十大修改的党章沿用这一表述。党的十一大修改通过的党章规定，中国共产党要求党员做到"全心全意为人民服务，不为个人或少数人谋取私利”。党的十二大修改通过的党章对此进行了调整，规定“除了制度和政策规定范围内的个人利益和工作职权以外，所有共产党员都不得谋求任何私利和特权”，党员有义务“坚持党和人民的利益高于一切，个人利益服从党和人民的利益，吃苦在前，享受在后，克己奉公，绝对不得假公济私，损公利私”。之后的党章修改，基本上维持党员利益观的这一基调。党的十三大修改通过的党章对该规定未作修改，党的十四大修改通过的党章对其作了少量文字修改，将“除了制度和政策规定范围内”中的“制度”二字修改为“法律”，将“……克己奉公，绝对不得假公济私，损公利私”修改为“克己奉公，多做贡献”，删除“绝对不得假公济私，损公利私”的规定。之后，党的十五大至十九大5次修改党章，这一规定皆维持不变。

党内法规制度对党员品性的塑造功能，是针对大多数党员而言的。一方面，对于那些10%极端自私自利、目无法纪的人而言，如果他们混进党员队伍，那么党内法规再完善也难以对其起到约束作用，其人性很难被党内法规所驯化，他们往往是以身试规的害群之马。另一方面，对于那些10%觉悟高境界高的党员而言，其自律性标准要高于党员的德性要求，因此其品性事实上也不用依赖党内法规去塑造。不过，对于介于二者之间的大多数党员而言，党内法规塑造功能强弱对其品性会产生至关重要的影响，如果离开党内法规的塑造，那么其人性假定与德性要求之间的差距就没那么小，党员德性要求与党员现实表现二者之间的差距也没那么小。

理　性

理性，是相对于迷信、情绪、直觉等非理性而言的。人治是魅性之治，法治是理性之治。奉行制度治党、依规治党，依据集中全党智慧的党章党规管党治党、执政治国，这是一种理性选择。没有理性的党内法规制度，就不可能有理性的党员言行，只有当党内法规的制定和实施具有理性自觉、遵循理性观念，党的领导和党的建设活动才能在理性的制度轨道上稳定有序运行。什么样的党内法规称得上是具有理性精神的党内法规？大致说来，理性的党内法规，其制度变革应当合乎规律，制度安排应当合乎共识，制度要求应当合乎比例，通过党内法规的治理活动可理解、可接受、可执行、可遵循。

一、党内法规制度变革应当求真务实、合乎规律

实事求是、求真务实是党的思想路线，这个“是”和“真”就是规律。科学发展观是我们党的行动指南，党内法规制度建设只有合乎规律才会科学。规律是事物存在和发展的内在道理，把握和遵循规律是最大的理性。人一旦掌握了规律，就会变得冷静、理智，不再愚昧无知、鲁莽冲动，人只要遵循规律，就能有效避免感情用事、反复无常。对于党内法规制度建设而言，把握了规律就找到了“真”，遵循规律就会变得理性。在这个意义上，党内法规制度之所以比较稳定，党规之治之所以过程可控、结果可期，究其根本，不是因为制定和修改制度程序多么严密，也不是因为党的组织和党员迫于违规责任的威慑而选择服从，而是因为党内法规制度符合规律、顺势而为，规律的“真”赋予党内法规制度以理性力量、正当性、权威性及稳定性。

党内法规制度理性属于人为理性，重在对经济社会发展规律和自然规律的认识和把握，彰显出人的睿智。西方法学认为，法是被发现而非被创造的。党内法规制度建设活动亦然，它是对相关规律的认知、发现和确认，而不是创造，更不是背离。党内法规制度的人为理性应当符合社会理性和自然理性，把握各方面的规律性。

一则，党内法规作为一种规范，应当符合党的领导和党的建设活动的行动逻辑。违规行为有其内在规律，研究各类行为的违规概率有助于把握其规律性，比如，哪些人、哪些领域、哪些场合、哪些环节容易成为违规违纪的“风险点”，哪些容易成为党内法规的盲点、软肋、短板，如何借鉴行为科学、心理学、社会学等学科知识揭示影响党员行为选择的主要变量，怎么通过理性的党内法规来有效控制党务关系中的人情、情绪、情感等非理性因素，是什么原因导致党内法规

有时被潜规则架空，等等。

二则，党内法规作为一种制度形态，其制度变革应当符合制度建设自身规律。制度建设是一个系统工程，应当统筹推进、不能各自为战，要科学立规、严格执规、公正司规、全党守规，应当有规可依、有规必依、执规必严、违规必究。制度建设是一个渐进过程，应当持续推进、不可能毕其功于一役，坚持立改废释并举，回应经济社会发展提出的制度需求，不断新陈代谢。制度建设的核心问题是解决利益分配问题，它转化为理性配置义务与权利、职权与职责、权力与权利。制度安排应当环环紧扣，制定目的、功能定位、价值取向、行为要求、监督保障、责任追究等各种构成要素之间应当相互匹配、彼此衔接。

三则，党内法规制度属于上层建筑组成部分，其制度变革应当符合经济社会发展客观规律。党内法规制度由经济基础决定，并反作用于经济基础，应当围绕中心、服务大局，根据党和国家事业发展的形势任务变化，立足现实经济社会条件建章立制，与时俱进，不能滞后更不能超越社会发展阶段。

四则，党内法规作为法治中国建设的一种重要制度资源，其制度变革应当符合法治建设内在规律，弘扬法治精神。坚持党的领导、人民当家作主、依法治国有机统一，牢固树立宪法和法律权威，理性处理自由与秩序、权力与权利、公与私、公平与效率等关系，坚持公开公平公正原则，关键在于治官治权而非治民治事，要严格规范和制约权力、把权力关进制度的笼子里，切实尊重和保障人权、维护社会公平正义。

五则，党内法规作为全面从严治党的治本之策，其制度变革应当符合党的建设规律。按照“三个代表”要求把党建设好，坚持“全面从严治党，核心是加强党的领导，基础在全面，关键在严，要害在治”的原则，以党的政治建设为统领，把党内法规制度建设贯穿于党的思想建设、组织建设、作风建设、纪律建设等党的各方面建设之中，走依规治党、从严治党的路子，永葆党的先进性和纯洁性。

六则，党内法规作为党依法执政的一种重要制度保障，其制度变革应当符合党执政治国的内在规律。坚持和完善中国特色社会主义制度、推进国家治理体系和治理能力现代化，更好地把制度优势转化为治理效能；坚持依法治国和依规治党有机统一，科学处理党规和国法关系，注重党内法规同国家法律的衔接和协调，努力形成党内法规和国家法律相辅相成、相互促进、相互保障的格局；坚持党发挥总揽全局、协调各方的领导核心作用与国家政权机关依法履职二者相统一。

党内法规制度变革应当遵循规律，不能偏离更不得背离规律，这就要求制定出台党内法规制度应当坚持稳中求进工作总基调，积极稳妥，不能拍脑袋决策、视长官意志而定，要反复研究、认真论证、审慎权衡，只有三思而后行、谋定而后动，才能保证每项要求、每个规定都符合管党治党、执政治国规律，匆促出台、急于求成的制度往往是欲速则不达甚至适得其反。

不过，我们所遵循的规律其实只是我们所“发现”的规律。规律不会自动出现，只有经过长期艰苦探索才会发现规律，对规律的把握也不可能一蹴而就，只能循序渐进。面对党的领导和党的建设活动实践提出的迫切制度需求，党内法规制定者如果守株待兔，坐待规律出现，那就势必会造成党内法规制度建设滞后于党的建设和党的事业发展需要。这就意味着，党内法规制度建设需要积极探索发现规律，根据制定者对规律的认知水平制定制度，交付实践检验理性与否，一旦发现不合规律，就及时去调整。这种制度变革既可能是具体规定的细小修改，也可能是制度理念的中度调整，还可能是制度模式的结构性调整。

就此而言，我们说党内法规制度建设应当合乎规律，并不意味着制定者手上已经有一个非常清晰的规律清单，只要对号入座、作出相应制度安排即可，而是要求党内法规制定者发挥主观能动性，积极探索、发现、揭示和反映党内法规制度建设规律。正是由于人们对规律的认识是一个不断发现真相、不断接近真相的过程，因此，党内法规制度建设就必然表现为一个积极探索、勇于试错、不断修正、循序渐进的过程，边探索边体现，边实践边修正，随着人们对规律性认识的深化而同步前进，这是党内法规制度建设的常态，也是其发现和遵循规律的不二法门。

二、党内法规制度安排应当源于民主、合乎共识

制度乃公器，应当反映公意。制度理性存在于共识之中，制度之治的理性基础是众人之治优于一人之治，而包含理性的共识只能依赖民主去凝聚。

一则，不能一味迎合领导喜好。如果定或不定、定什么完全由领导说了算，党内法规制定取决于长官意志，那么其实质就是“法治外衣下的人治”。领导者的判断固然也可能是理性的，但往往因信息不完全、信息不对称等，只能做到有限理性。将领导假定为全知全能、无限理性，唯其马首是瞻制定党内法规，这就抽除了党内法规稳定性、长期性的民主基础。导致党内法规因领导人的改变而改变，上台一个领导废一批制度、立一批规矩，人去楼空、人走茶凉；因领导人看法和注意力的改变而改变，朝令夕改、折腾制度。

二则，不能被部门利益绑架。要避免党内法规的制定者特别是起草者在部门利益驱使下，犯部门本位的毛病，假借制定党内法规实现“部门利益法制化”，以部门利益得失为标准界定是非对错优劣，立规营私、定制寻租，假公济私、异化党内法规。寻求部门利益最大化，于部门而言似乎理性，但狭隘的部门利益实质上是与民争利，会严重损害党的事业，对于全党而言是非理性的。

三则，不能被利益群体或者利益集团操控。出台一项新党规，会程度不等地改变党的组织职权职责配置和党员义务权利的配置现状，对一部分党的组织、党员有利，另外一部分党的组织和党员则会因为受到更严约束而不舒服。比如，制定出台的从严从紧管理党员领导干部待遇方面的规定，会直接影响其衣食住行，有可能受到或明或暗的抵制。同时，一些重要党内法规的出台还会对社会产生“溢出效应”，对部分地方和行业利益产生深刻影响。比如，中央八项规定出台之后，一些靠公款消费的高档酒店因撑不下去而关门。党内党外的一些既得利益者，有可能会形成利益群体、结成利益同盟，千方百计阻挠对其不利的党内法规制度出台，此于个人利益而言虽为理性之

举，但以一己之利反对党内法规变革，显然是一种损公肥私的非理性之举。

四则，不能被权力俘虏。一方面，党内法规是各类党的组织和全体党员必须遵行的共同规矩，它虽然也要严格规范普通党员的活动，但不能简单认为党内法规制度安排可以平均用力，制度之治的重点和难点从来就是治官治权，要严格规范和制约党员领导干部权力行为，把权力关进制度的笼子里。另一方面，制定党内法规之难恰恰在于掌权者很容易对党内法规制定过程施加影响，而广大普通党员往往会集体失语。因此，党内法规的制定不能被作为规范对象的为官掌权者所操控，否则制定出的党内法规就难免是严于律民、成为治民之具，宽以待官、对权力网开一面，这样的党内法规背离了全面从严治党精神，不符合制度理性要求，与法治的理性原则南辕北辙。

阳光是最好的防腐剂，民主是阻却滋生专横偏私的防锈漆。制度是程序的产物，寻求理性的党内法规制度安排，就需要遵循民主的党内法规制定程序，依靠程序正义保证实体正义，依靠民主的程序保证制定出台民主的党内法规，使党内法规符合制度理性要求、符合党的性质和宗旨、体现全党意志、反映党的先进性和纯洁性。为此，制定党内法规应当坚持民主集中制，按照《中国共产党党内法规制定条例》确定的民主制定程序，群策群力、集思广益，为党立规、因公定制，个人理性服从集体理性，确保制定出台的党内法规合乎共识，具有最广泛的可接受性。为此，要做到以下几点：

首先，要公正起草。长期以来，党内法规主要由部门负责起草。虽然部门比较了解情况，由其起草有利于解决专业性问题，但同时也可能带来部门利益制度化问题。近年来，国家立法体制机制发生了许多变化。党的十八届四中全会强调，要完善党内法规制定体制机制。在党内法规起草中，越来越重视党中央对党内法规制定工作的顶层设计和统筹领导，更多发挥没有部门利益的党内法规工作机构在起草党内法规中的主导作用，从源头上解决部门报送的党内法规草案中夹带部门利益问题。党的十九届四中全会强调，“坚持科学立法、民主立法、依法立法，完善党委领导、人大主导、政府依托、各方参与的立法工作格局，立改废释并举，不断提高立法质量和效率”。人大常委会法制工作机构和司法行政部门在起草法律法规草案中的作用越来越得到重视。

其次，要开门立规。制定党内法规是一项严肃的、事关长远的立规活动，属于党的组织重大决策。制定党内法规应当充分发扬党内民主，尊重党员主体地位，调动广大党员干部参与立规过程的积极性，特别要重视听取党代会代表、相关地区和部门、基层党员和干部、专家学者等的意见建议，避免只听一面之词、偏听偏信，要通过听取各方意见形成立规意见的“无影灯”，消灭立规盲点盲区问题。

再次，要协商立规。制定党内法规往往涉及多个部门和地方的职权职责，出台后需要这些部门和地方配合执行，因此，在起草过程中和审批之前应当尽可能广泛地征求它们的意见，反复沟通、充分协商，尽可能取得共识，最好能形成一致意见。切忌不顾重大分歧、强行通过，否则勉强出台的党内法规很可能是“夹生饭”，难以落地只能束之高阁。

最后，要审慎通过。党内法规原则上应当交付会议审议批准，听取起草部门汇报起草背景、过程及征求意见等情况，并就重大制度创新、意见分歧点、制度安排的针对性和可操作性等进行认真审议，并按照少数服从多数的民主集中制原则审议通过。

三、党内法规制度要求应当持之有度、合乎比例

理性要求谨慎权衡、寻求平衡。如果说党内法规制度安排的是非与对错取决于能否坚持正确方向，那么其长短与优劣则取决于是否经过谨慎权衡。在立规过程中需要全面考量、综合平衡，既要在制度结构上对党的组织职权职责、党员义务权利两方面进行平衡，又要在制度安排上对制度的供给与需求两方面进行平衡，确保制定出台的党内法规能够正确、准确回应党的领导和党的建设实践需要。在这方面，党内法规的理性集中体现为符合比例原则，它要求党内法规确定的制定目的正当，提供的手段措施不多不少恰好满足目标需要。具体而言，在制定党内法规时应当从以下几个方面反复权衡、理性抉

择，掌握分寸、持之有度。

一则，调整范围应当大小有度。针对特定事项，是否应当制定党内法规去规范调整，应当科学研究论证。党内法规的正确性在于理性确定其调整边界，既不能越位于国法直接规定公民、法人和非法人组织的权益，径直调整应当由国法调整的社会关系；也不能缺位，造成党的领导和党的建设活动无规可依、无章可循。越位和缺位都是不经济、不理性的，制定和实施党内法规要耗费大量社会资源，党内法规的越位直接造成党内法规制度资源的浪费，而缺位则制约党内法规正常发挥其节减交易费用的应有功能，同样会造成资源浪费。

二则，制度位阶应当高低有度。在制定党内法规时要按照《中国共产党党内法规制定条例》的规定，理性选择合适的名称和位阶，既不能因为位阶越高、权威越大就“就高不就低”，盲目追求党内法规位阶的高“规格”，造成制定出台的党内法规“大炮打小鸟”，小题大做；也不能因为位阶越高、制定要求越严格就怕麻烦而宁低勿高，造成制定出台的党内法规“小马拉大车”，力不从心。

三则，行为要求应当松紧有度。总体上，制定党内法规应当遵循全面从严治党原则，对党的组织工作活动和党员行为形成刚性约束，但也不能不分情形一概而论，误以为行为要求越严越好、制度规定越硬越好。理性的制度安排应当是刚柔相济、软硬适度的。要仔细研究所要规范的对象与事项的特性，理性选择是采取激励性、惩戒性还是刚柔相济的措施更有助于达到目标，在制度成本相同的前提下，能运用激励手段解决问题的就不诉诸强制方式。即使对适合形成刚性约束的对象和事项，也要综合考虑调整对象的承受力、行为失范的普遍程度、违规概率等各方面因素，作出松紧适中的规定。既要避免失之于宽、“牛栏关猫”，使制度规定形同虚设；也要避免片面追求不切实际的严苛而对党员干部提出高不可攀的要求，过犹不及会产生法不责众问题。

四则，制度规定应当粗细有度。在党内法规制定中存在两种倾向：一种倾向认为，制度规定宜粗不宜细，因为党内法规适用的个案情形千差万别，不必规定得过细过死，由法规执行者和适用者根据个案具体情形进行裁量并作出合理决定，这比在制定法规时采取“一刀切”做法更有可能实现个案公正。另一种倾向认为，制度规定宜细不宜粗，理由是党内法规留下的裁量空间在实践中往往被滥用，造成同等情形不同对待、不同情形同样对待的不公正，鉴于此，倒不如在制定党内法规时尽可能细密，不给恣意用权留下空间。党内法规制度到底是粗一点好还是细一点好，并无标准答案，宜粗则粗、宜细则细，该用“一律”的不用“一般”，反之亦然；该作羁束性规定的就不能留下裁量空间，反之亦然。是否留下裁量空间以及留下多大裁量空间为宜，在制定党内法规时应当经过调研论证，总结经验得失，考虑调整事项的复杂性、个案差异性、执规者素质、滥权可能性等多方面因素，不能想当然跟着感觉走。就规范特定事项而言，理性的制度选择应当是粗细适中，精准把握时度效。

五则，违规责任应当轻重有度。理性的党内法规在设定违规责任时，应当坚持公平原则，过罚相当、罚当其责，综合考虑违规者是故意还是过失、初犯还是累犯、危害性大小、悔过表现等各类情形，给予恰如其分的违规处理。要避免出现畸轻畸重情形，既不能片面地认为党内法规应是“严刑峻法”、责任规定越重越好，而是要本着治病救人、惩前毖后精神，不能犯一次规就被“一棍子打死”，从此一蹶不振；也不能失之于宽，只提要求不定责任，或者是雷声大雨点小，鞭子高高举起轻轻放下，如果无以有力惩治违规行为，那就无以牢固树立党内法规制度不容侵犯的神圣权威。

六则，制度出台应当缓急有度。提高党内法规制定的理性化水平，要注意解决制定实践中的两种错误做法：一种是消极不作为，认为制定党内法规来规范自己属于自缚手脚，不利于发挥党员领导干部的领导作用和党员的创造性，不利于深化改革，不利于采取灵活多样的政策措施；另一种是乱作为，将制度建设当作形象工程、政绩工程，贪多求快、标新立异。理性的党内法规制度建设，应当积极稳妥，把准节奏、控制速度，对党的领导和党的建设活动急需紧缺的党内法规，要以时不我待的精神抓紧研究制定；对重要基础主干性党内法规，则要稳一点、慢一点，质量为先、速度第二。即使是制定实践急需的党内法规，也必须严格遵守《中国共产党党内法规制定条例》规定的制定程序，调查研究、征求意见、前置审核、审批发布等规定程序一个都不能少。

在制定党内法规时应当进行以上综合权衡，提高党内法规制度安排的精准性和实效性，目的在于以最小的党的工作成本收获最大的治理收益，包括政治效益、经济效益和社会效益。经过权衡而实现平衡的党内法规，应当是内容科学的，具有较强的针对性、现实性和可操作性；应当是合理的，实现制度供与求的平衡、目的与手段的匹配、目标与保障措施的相符；应当是有效管用的，有助于坚持和加强党的全面领导、坚持党要管党全面从严治党，有力地推动提升党的建设科学化水平、提高党的长期执政能力、永葆党的先进性和纯洁性。

综上所述，党内法规的理性，既是一种形式理性，对应于制度规定的逻辑严密、连贯统一、顺理成章，各类规范的相互衔接、相辅相成、有机统一，特别是程序规范同实体规范的相匹配，为实现实体正义提供程序正义保障；也是一种实体理性，对应于制度规定的科学客观，遵循规律，持之有度，顺应国内国际发展大势，契合世情国情党情现实；还是一种实践理性，对应于制度变迁的符合实践逻辑、历史逻辑、理论逻辑，符合党的领导逻辑、党内生活逻辑、管党治党逻辑，是党的工作活动实践经验的结晶；更是一种公共理性，反映的是党内共识和社会共识，体现的是全党统一意志，制度规定得到最大多数党员和广大人民群众的理解和拥护。高举理性旗帜，制定和实施理性的党内法规，有助于推动广大党员干部养成辩证思维、理性自觉、科学精神，造就共产党人的理性品格，在党内营造理性平和、实事求是、求真务实的氛围，保证党内生活充满活力、规范有序，按照客观规律推进党的领导和党的建设工作，科学推进党和人民事业的发展，实现我们党管党治党、执政兴国的宏伟目标。

体与魄

加强党内法规制度建设，容易被表面化理解为一种“强体”活动，出台更多、更全、更细、更密、更新、更强、更广的党内法规制度，最终建成一个以党章为根本的党内法规体系。但是，党内法规制度建设如同人的成长，不仅体现为身体的长大，更要反映为心智的升华。一个完善的党内法规体系如同成人，既要有强健之体，又要有健全之魄——制度文明是基于文明的制度，后者是完备的制度肌体和完美的制度理念的统一。开展党内法规立改废释等“强体”活动，只有先“健魄”，才能在正确政治方向、合理价值导向和理性精神指引下不断提升制度文明程度。

党内法规的“魄”，指的是党内法规制度中蕴含的理，包括党内法规建设的政治立场、价值导向、精神追求和自身规律，反映为党性、人性、德性、理性等内在理念。马克思认为，国家应该是政治理性和法的理性的实现。相应地，党内法规制度也应当是政治理性与法治理性的统一，是政、法交融而成之“魄”。其中，“政”主要包括中国特色社会主义的道路、理论、制度和文化，党的基本理论、基本路线、基本方略，全面推进新时代党的建设的方针、原则、主题、主线、总体布局、努力目标等总要求，党的领导和党的建设的重大决策部署，等等；“法”主要包括法治思维、法治方式、法治理念、法治精神、法治原则和法治规律等。政、法交融，就保证了党内法规制度建设始终围绕中心、服务大局，坚持正确政治方向，实现良规善治。

相对于外在的、有形的、立竿见影的、体现为规范数量变化的“强体”而言，决定党内法规何去何从、高低优劣的“健魄”却往往因其内在的、隐性的、深层次的变化反而容易被忽略、遭遇边缘化。检讨和反思实践中的党内法规制度变革，一定程度上存在对党内法规“健魄”重视不够的倾向。

一则，有些党内法规制度安排只管“问题”不论“主义”。此类党内法规的制定往往迎合短平快解决特定问题的需要，深受实用导向支配，在作出制度安排时缺乏价值考量或者缺失理性精神，有的甚至明显违反党内法规制度建设的科学化、民主化要求，背离法治原则和法治精神，与提高党的长期执政能力、保持党的先进性和纯洁性、保障党员民主权利、坚持民主集中制原则等背道而驰，这样的制度因只有华丽之表、坚实之壳而无理性之魂、健全之魄，难免会成为死规、笨规甚至恶规。

二则，有些党内法规制度安排重工具理性、轻目的理性。此类党内法规虽然也讲理性，但更多强调的是工具理性，管理理念根深蒂固、治理理念尚未确立，狭隘地将党内法规当作党的组织管理党员、维护纪律和秩序的管理工具，忽视了党内法规的目的理性，使党内法规用以坚持和加强党的全面领导、规范和制约党的组织权力、保障党员民主权利、引领和保障党的事业发展等目的理性遭到遮蔽。

三则，有些党内法规制度安排的目的理性失之偏颇。较之国法而言，党规的目的理性经由更多元素以更加复杂的方式整合而成，在制定时如果缺乏对党性、人性、德性和理性的统筹考量，就容易造成制定出台的党内法规制度在目的理性上出现结构性缺陷：或者是“两张皮”，没有把加强和规范党的工作与推进党的事业发展统一起来；或者顾此失彼，过于强调实体正义疏于追求程序正义；或者失之偏颇，过分强调党内法规姓“党”的特殊性，没有顾及党内法规名“规”，应当遵循公开公平公正原则；或者迁就现实、降格以求，放松党员党性标准和德性要求；或者搭配不当，未能在纪律与自由、集中与民主、维护党的组织威信与尊重党员民主权利等诸对范畴之间找到一个平衡点，等等。

重“强体”轻“健魄”倾向，势必造成规范数量激增与规范品质提升之间的脱节，带来一些党内法规制度外强中干、“贫血乏力”问题，暴露出党内法规工作中存在的片面追求制度数量的制度化政绩问题，制约党内法规制度建设质量的提高和目标的实现。鉴于此，我们要继续在党性要求与人性假定、政治与法治、党建一般原理与中国实际、治党与治国等之间寻找最佳契合点，实现党内法规建设“强体”先“健魄”、身心合一，不断提升党内法规制度品质和党内法规制度建设科学化水平，确保走依规治党的路子能够实现全面从严治党的目标，更好地发挥全面从严治党在“四个全面”中的政治保证作用，更好地发挥党的建设新的伟大工程在“四个伟大”中的决定性作用。

第十二章　党内法规实践之维

党内法规不是从天上掉下来的，而是从地里长出来的。这个“地”，就是党的领导和党的建设的生动实践，就是党和人民事业的伟大实践。综观我们党百年来的发展历程，党内法规制度建设只有面向实践、植根实践，才能保证党内法规制度建设经得住实践检验、推动实践科学发展。实践出真知，我们党管党治党、执政治国的伟大实践造就了党内法规，党的事业不断向前推进是党内法规制度建设的源头活水。制定党内法规、立规矩，是一个发现、提炼和升华实践经验的探索性规范过程；实施党内法规、用规矩，是一个让党内法规重返实践接受检验，并推动实践作出适应性调整的过程。党内法规从实践中来，反过来又要规范实践发展，党规之治与实践发展形成良性互动。

出于实践

党内法规是制定程序的产物，出自制定者之手，但其真正来源却是党的领导和党的建设活动的实践经验。离开实践经验提供的立规素材，制定党内法规就成了无米之炊；没有实践经验这个源头活水，党内法规制度就成了一潭死水。

一、实践逻辑下的制度变革路径

党内法规制度建设应当遵循实践逻辑，这其实是一个常识，一个再朴素不过的道理。

如果将制定出台一部党内法规比作种一棵树，那么产生党内法规制度创新的想法还只是找到一粒种子，只有把它种在适宜的土壤中才会生根发芽、茁壮成长，扎根越深、长得越茂盛，越是重要的党内法规，就越是需要扎根于深厚肥沃的实践土壤。党章是最根本的党内法规，它的根系密布党的领导和党的建设实践的每一寸土壤。党内法规制度扎根于实践土壤，最重要的就是从土壤中获取养分，同时也因为根在土中而具有“任尔东西南北风”的稳定性，不会像无根的浮萍那样随波逐流。

从制度供求角度来看，之所以会产生制定一部具体党内法规制度的需求，往往不是抽象地宣示“主义”而是具体地针对“问题”，是实践亟须出台这项制度以解决燃眉之急的现实问题；而制定者之所以作出这样而非那样的制度安排，也不是其偏好所致，而是制定者综合考量实践条件限制之后作出的务实选择。

从制度创新的动力与阻力角度来看，有不少主义之争、方向之争、立场之争其实只是表面，实质性的权利义务之争、职权职责之争、公私之争皆为利益之争，特别是既得利益者对制度创新的阻力与潜在受益者支持制度创新的动力二者之间的较量，这种利益之争总是能够找到实践对应物。

从制度变革的角度来看，一项党内法规制度之所以会出局，往往不是因为其理念不再前卫、内容不再新潮，而是因为它在实践土壤中的根已经朽烂，成了无本之木，或者实践土壤已经变质不能再为其输送适宜的养分，被实践淘汰了就自然失去生机。

制度建设的实践逻辑，意味着党内法规的血脉在实践，制度必须在实践中有根。任何不切实际的制度规定都属于空穴来风，任何脱离实践的制度变革都无异于断线风筝，理性的立改废释须有实践意识、实践思维、实践眼光，应当紧扣党的领导和党的建设实践去发现制度需求、分析制度需求和满足制度需求。在这个意义上，面对一部新出台的党内法规，我们只有立足实践去看待它，才能准确理解其意义、公允评价其得失。

如此一来，就对党内法规制度创新的路径选择提出了要求，应当始终面向实践，在党中央集中统一领导下，充分发扬党内民主，走群众路线，走一条以自发生成、土生土长、自下而上、从具体到抽象为主，以理性建构、借鉴移植、自上而下、从抽象到具体为辅的路子。

一则，应当以自发生成为主、理性建构为辅。自发生成对应看不见的手，强调自然而然、顺其自然；理性建构对应看得见的手，强调事先规划、按图索骥。实践导向的党内法规制度创新固然需要发挥两只手的作用，但看不见的手具有主导性、发挥决定性作用。制度是实践的产物，生于斯、长于斯，制定和出台制度顺势而为，实践有需求、条件成熟了，党内法规制度自然瓜熟蒂落。制度变革不能僵化坚持预先定好的路线图，制度安排内容也不能简单根据事前预制的理想模式进行，一切顺其自然，视实践发展和形势任务具体情况而定。至于看得见的手，只能发挥辅助性作用，无论是定规划、作部署，还是顶层设计、统筹协调，都要立足实践，重在解决看不见的手失灵问题，少走弯路、避免各自为战。

二则，应当以土生土长为主、借鉴移植为辅。土生土长强调的是一种本土实践意识，针对本土问题、利用本土资源、运用本土方法、总结本土经验、制定本土制度，它造就了党内法规制度的独特性、原创性，也赋予党内法规旺盛的生命力、较强的执行力。同时，党内法规制度变革还要参考借鉴国家法治建设以及国外政党制度建设经验，博采众长、为我所用。党内法规制度变革主要依靠土生土长，这是由党内法规制度的独特个性所决定的。像中国共产党这样一个有着9100多万名党员的大党，在中国这样一个14亿多人口的大国执政，领导人民建设新时代中国特色社会主义，这没有先例可循，必须积极探索马克思主义的中国化，实现马克思主义一般原理与中国国情的创造性结合。作为这一伟大实践创新的组成部分，党内法规制度建设也要立足实践、探索前行，不断总结提炼党的领导和党的建设实践经验。据此形成的党内规矩和行为规范，主要是土生土长的，而非舶来品。

三则，以自下而上为主、自上而下为辅。根据党内法规制度变革的行进方向，可以将其路径选择分为两种：一种是自下而上的，即党内法规制度变革的缘起、动力、诉求皆源于下、涌向上，推动上级作出回应；另一种是自上而下的，即上级根据党的领导和党的建设需要，主动制定出台党内法规制度、作出部署安排，要求下级贯彻落实，以上率下，比如，中央出台八项规定。相对而言，“下”更贴近实践，更接近基层一线，更直接反映党员群众感受，更容易生成经验，对党内法规制度需求也更加真实、更为强烈，因此，实践导向的党内法规制度变革以自下而上为主是顺理成章的。自上而下与自下而上的划分，主要是就其形式和特定时间节点而言的，事实上，许多看似自上而下推行的党内法规制度变革，即上级党的组织先作出规定，然后要求下级党的组织制定实施细则贯彻落实，但究其根本，“上”制定出台的党内法规制度往往是对“下”的经验的总结，是对党员群众提出诉求的积极回应，它仍然属于实践导向。

四则，应当以从具体到抽象为主、从抽象到具体为辅。所谓“具体”，指的是个案形成的具体经验；所谓“抽象”，指的是适用于制定后发生的相关个案的普遍性规定。在从个案到规范与从规范到个案这两种制度变革路径中，前者更强调归纳、基于经验而为，后者更强调演绎、基于推理而为。党的领导和党的建设实践不断向前发展，事前制定的党内法规永远无法预见将来可能发生的全部问题，这就导致一些于规无据、无章可循的个案不断发生，它们既可能是某个党员是否有权采取某种行为，也可能是某个党的组织是否有权实施某项活动，要解决这些问题，就要求党内法规制度变革来提供一个明确的“说法”。因此，实践导向的党内法规制度变革，更多选择从具体到抽象的路径，特别是在党的领导和党的建设工作无先例可循的情形下，往往是摸着石头过河，通过个案不断积累经验，个案经验达到一定量之后，再总结上升为制度规范。在这个意义上，党内法规制度变革的“主路”是“通过个案发展制度”，针对真实个案有感而发制定出台相关党内法规，采取的是从具体到抽象的路径。至于依靠逻辑推演、从抽象到具体，通常是条“辅路”，在实践中并不常用也不可多用。

简言之，党内法规制度变革路径选择的实践导向，不是黑白两色的推演、预设、冥想，而是一条五光十色的经验之路，是对党的领导和党的建设活动不断探索取得的成功经验的总结和升华。这种路径依赖性，有其历史和现实必然性，不唯书、不唯上，坚持实践是检验真理的唯一标准，坚持人民立场这一根本政治立场，走群众路线，相信群众、发动群众、依靠群众，尊重基层和党员群众的首创精神，集中民智、尊重民意，等等，这些让党内法规制度更加符合人民意愿、成为全党统一意志的体现。

二、中国特色党内法规制度体系是实践产物

何为党内法规制度体系的“中国特色”？它不仅是指从制度共性角度提出的“内容科学、程序严密、配套完备、运行有效”这16个字要求，更是指从党内法规个性角度表现出的鲜明特性：党内法规姓“党”，具有鲜明的政治立场和政治导向，彰显“四个意识”“四个自信”“两个维护”，以党的政治建设为统领，贯穿于党的思想建设、组织建设、作风建设、纪律建设等党的各项建设之中；党内法规制度建设要始终围绕中心、服务大局；党内法规制度建设要始终坚持和加强党的全面领导、坚持党要管党全面从严治党，党内法规制度体系要实现对党的领导和党的建设各方面的全覆盖；党内法规制度建设要以民主集中制为核心，发扬党内民主，维护党的集中统一；加强党内法规制度建设要坚持依法治国和依规治党有机统一，坚持党在宪法和法律范围内活动，注重党内法规同国家法律的衔接和协调；党内法规体系是以“1+4”为基本框架的有机统一整体；党内法规有7类专属名称、分3个效力位阶，等等。党内法规的这些鲜明“中国特色”，绝非从哪一本书、哪一个理论、哪一个模式中照搬过来，而是通过一代又一代共产党人的不懈探索、一步接一步的实践创新、一点一滴的经验积累起来的；它是由中国独特国情、党的独特性质和宗旨、管党治党的独特经验、执政治国的独特模式所决定的。

考察党章、准则、条例等党内法规的制定和修订，会发现它们源于实践经验、回应实践需求，并随着实践发展而发展。

关于党章。自党的二大制定第一部党章起，之后（除党的五大外）每次党的全国代表大会都根据实践发展的需要修改党章，目前已经过17次修改形成18个文本。党章的修改惯例集中体现了党内法规

制度变革路径的实践依赖性，每次修改都是对当时新鲜实践经验的总结和固化，留下实践发展的时代印痕。

关于两个政治生活准则。1980 年，党的十一届五中全会审议通过《关于党内政治生活的若干准则》，这是我们党痛定思痛、针对拨乱反正的实践需要而制定的。该准则深刻吸取“文化大革命”十年无法无天惨痛教训，全面反思党内政治生活的极不正常，为拨乱反正、恢复和健全党内政治生活、推进党的建设发挥了重要作用，其主要原则和规定今天依然适用，要继续坚持。中国特色社会主义进入新时代后，2016 年，党的十八届六中全会审议通过《关于新形势下党内政治生活的若干准则》。制定该准则的时代背景和实践基础是：“新形势下，党内政治生活状况总体是好的。同时，一个时期以来，党内政治生活中也出现了一些突出问题，主要是：在一些党员、干部包括高级干部中，理想信念不坚定、对党不忠诚、纪律松弛、脱离群众、独断专行、弄虚作假、庸懒无为，个人主义、分散主义、自由主义、好人主义、宗派主义、山头主义、拜金主义不同程度存在，形式主义、官僚主义、享乐主义和奢靡之风问题突出，任人唯亲、跑官要官、买官卖官、拉票贿选现象屡禁不止，滥用权力、贪污受贿、腐化堕落、违法乱纪等现象滋生蔓延。特别是高级干部中极少数人政治野心膨胀、权欲熏心，搞阳奉阴违、结党营私、团团伙伙、拉帮结派、谋取权位等政治阴谋活动。这些问题，严重侵蚀党的思想道德基础，严重破坏党的团结和集中统一，严重损害党内政治生态和党的形象，严重影响党和人民事业发展。这就要求我们必须继续以改革创新精神加强党的建设，加强和规范党内政治生活，全面提高党的建设科学化水平。”“党的十八大以来，以习近平同志为核心的党中央身体力行、率先垂范，坚定推进全面从严治党，坚持思想建党和制度治党紧密结合，集中整饬党风，严厉惩治腐败，净化党内政治生态，党内政治生活展现新气象，赢得了党心民心，为开创党和国家事业新局面提供了重要保证。”“历史经验表明，我们党作为马克思主义政党，必须旗帜鲜明讲政治，严肃认真开展党内政治生活。为更好进行具有许多新的历史特点的伟大斗争、推进党的建设新的伟大工程、推进中国特色社会主义伟大事业，经受‘四大考验’、克服‘四种危险’，有必要制定一部新形势下党内政治生活的准则。”

关于条例。以《中国共产党纪律处分条例》的制定和修订为例。

1997 年，党中央制定发布《中国共产党纪律处分条例（试行）》。此前，在党的历史上还没有制定过全面的党的纪律处分规定。全国解放以后至“文化大革命”十年动乱之前，党中央和中央监察委员会曾发布过一些单项的党纪处分政策性规定。“文化大革命”结束之后的十余年时间，在党纪处分方面没有具体的规定可以遵循，处理案件往往凭个人的政策水平和工作经验，纪律处分的畸轻畸重现象时有发生。这种状况很不利于维护党纪的严肃性，实践中需要有一个对于哪些行为应当追究党纪责任以及如何追究党纪责任的明确、具体的规定，以便统一执行纪律，防止党纪处理工作中的随意性。在党的十三大至党的十四大期间，中央纪委先后发布了 8 个单项的党纪处分规定。党的十四大以后，中央纪委又发布了 4 个关于违反领导干部廉洁自律规定的党纪处分规定。这些规定，对于教育广大党员增强纪律观念，统一执纪标准，发挥了重要作用。但是，这些规定比较零散，不够系统。同时，受文件体例的限制，对于党的纪律和纪律处分工作中的一些重大原则和具体运用规则等问题，难以作出详尽的规定。因此，中央纪委在制定发布一些应急的单项党纪处分规定的同时，于 1988 年 3 月开始起草《中国共产党纪律处分条例（试行）》，经反复征求意见和研究修改，将以前的零散规定加以集中、修订，对一些新出现的情况作出规定。该试行条例制定历时 9 年，15 易其稿，最后经党中央审定发布。

2003 年，党中央颁布《中国共产党纪律处分条例》。1997 年 2 月党中央颁布的《中国共产党纪律处分条例（试行）》，对于维护党的章程、严肃党的纪律、保证党的路线方针政策的贯彻执行发挥了重要作用。但是，该试行条例试行近 7 年后，形势发生了很大变化，需要调整、充实、完善，进行制度创新，做到与时俱进。一则，党中央对加强党的纪律建设提出了一系列新的要求。党的十五届六中全会对于加强和改进党的作风建设，加强党的政治纪律和组织人事纪律提出了许多新的明确、具体的要求。党的十六大进一步提出要加强和改进党的建设，全面推进党的建设新的伟大工程。二则，国家政治、经济、文化建设和社会形势有了新的变化。该试行条例的主要精神和主要内容是我们在 1995 年以前对党风廉政建设和反腐败工作的认识和研究成果。该试行条例发布实施近 7 年后，我们国家的政治、经济、文化建设和社会形势发生了很大变化。在这种情况下，为了更好地贯彻实践“三个代表”重要思想和党的十六大精神，保证我们党做到立党为公、执政为民和实现好、维护好、发展好最广大人民的根本利益，有必要及时对该试行条例进行修订。三则，新世纪新阶段党风廉政建设和反腐败工作有了新的进展。适应新形势下党风廉政建设和反腐败工作的需要，既要从严治标，又要着力治本，逐步加大治本力度，形成用制度规范从政行为、按制度办事、靠制度管人的机制，使广大党员干部真正做到权为民所用、情为民所系、利为民所谋，必须进一步健全和完善党的纪律和纪律处分方面的法规。

2015 年，党中央又一次修订《中国共产党纪律处分条例》。2003 年 12 月颁布的《中国共产党纪律处分条例》，对维护党的章程和其他党内法规，严肃党的纪律等发挥了重要作用。党的十八大以来，随着形势发展，2003 年修订的条例已不能完全适应全面从严治党新的实践需要，党中央决定予以修订。新修订的《中国共产党纪律处分条例》贯彻党的十八大和十八届三中、四中全会精神，坚持依规治党与以德治党相结合，围绕党纪戒尺要求，开列负面清单，重在立规矩，是对党章规定的具体化，划出了党的组织和党员不可触碰的底线。对于贯彻全面从严治党要求，把纪律和规矩挺在前面，切实维护党章和其他党内法规的权威性、严肃性，保证党的路线、方针、政策、决议和国家法律法规的贯彻执行，深入推进党风廉政建设和反腐败斗争具有十分重要的意义。

2018 年，党中央再一次修订《中国共产党纪律处分条例》。2015 年 10 月修订的《中国共产党纪律处分条例》，对维护党章和其他党内法规、严肃党的纪律、坚持从严管党治党发挥了重要作用。党的十九大将纪律建设纳入新时代党的建设总体布局，在党章中充实完善了纪律建设相关内容。党中央决定根据新的形势、任务和要求，对 2015 年修订的条例予以修订完善。新修订的《中国共产党纪律处分条例》全面贯彻习近平新时代中国特色社会主义思想和党的十九大精神，以党章为根本遵循，将党的纪律建设的理论、实践和制度创新成果，以党规党纪形式固定下来，着力提高纪律建设的政治性、时代性、针对性。严明政治纪律和政治规矩，把坚决维护习近平总书记党中央的核心、全党的核心地位，坚决维护党中央权威和集中统一领导作为出发点和落脚点，将党章和《关于新形势下党内政治生活的若干准则》等党内法规的要求细化具体化。坚持问题导向，针对管党治党存在的突出问题扎紧笼子，实现制度的与时俱进，使全面从严治党的思路举措更加科学、更加严密、更加有效。

综上可见，党章党规的制定修订总是植根于实践，随着实践发展而发展，正是不断向前的实践孕育了持续创新的党内法规，实践经验源源不断向党内法规输送新鲜血液，党内法规的制度变革跳动着时代脉搏。党内法规制度建设的智识之所以只能主要来自实践经验探索，主要归因于如何把我们党这样一个大党、长期执政的党建设好，此无先例可循；党如何带领全国人民在长期处于社会主义初级阶段条件下走中国特色社会主义道路，此无先例可循；党如何在中国这样一个发展中大国执好政，发挥总揽全局、协调各方的领导核心作用，领导人民实现中华民族伟大复兴的中国梦，此无先例可循。既无先例可循，书本上又没有现成答案，那就得适应世情国情党情的发展变化，从实际出发，积极探索，摸着石头过河。路在脚下，中国特色党内法规制度建设之路，是我们党在长期的领导和管党实践中一步一步走出来的。

三、鲜活的实践经验主要出自基层一线

党内法规制度建设的实践创新是“走”出来而非“想”出来的。党内法规建设实践的主阵地在基层一线，基层一线是常为新的，能够源源不断为党内法规建设输送新鲜经验。实践经验多出自基层一线，这是一种必然。

一则，感受直接知所为。鞋子是否合脚，脚最清楚。党内法规制度绝大多数要靠基层一线去执行和遵守，现有党内法规制度是否够用、有用、实用，基层一线感受最强烈、最真实，最有发言权。

二则，问题倒逼必须为。“春江水暖鸭先知”，基层一线每天都得处理老问题、面对新问题，这些问题事关党的组织尽职尽责和党员权益保障，回避不了、绕不过去，不能借口无规可依或者有规难依去推诿。无论是悬而未决的老问题还是不断涌现的新问题，都会提出强烈的党内法规制度创新需求，自下而上倒逼制度创新。

三则，了解情况能有为。基层一线对所要解决的问题、解决问题所需的制度、制定制度所要具备的条件、实践条件是否具备等，相对比较了解，更有可能做到信息完全、信息对称。基层实践经验接地气，土生土长的土办法是量身定制的，制度创新更加贴身。因此，基层一线提出的制度创新意见建议通常更有针对性和可操作性。

四则，羁绊不多勇于为。我们党历来强调走群众路线、重视基层一线经验，鼓励基层大胆实践、开拓创新，这就营造了有利氛围和宽松环境，基层一线可以不必瞻前顾后、左顾右盼，犹豫不决、踌躇不前，只要实践需要，就可以大胆探索创新，较少拘泥于条条框框限制。

五则，试错成本较小可以为。实践探索既有成功也有失败。基层一线在“点”上所作的党的工作的体制机制、方式方法探索试错，一旦在实践中行不通，船小好调头，负面影响也仅限于一点之上，制度创新风险小、成本低。

四、党内法规制度建设随实践发展而发展

历史地看，党的领导和党的建设实践探索并非一帆风顺，党内法规制度建设之路也是曲折前行。

建党伊始，我们党就意识到党的制度建设的重要性，党的一大制定了党的第一个纲领，党的二大通过了党的第一个章程，至 1949 年前共作了 5 次修改。据不完全统计，新民主主义革命时期制定出台了党内法规和规范性文件 100 多件，其中党内法规 30 多部。这一时期

的党内法规制度建设服从于夺取政权的实践需要，带有浓厚的“革命”色彩，规定多是简洁易行，党内法规制度主要分布在党的组织和纪律两个方面。这一时期的党内法规，为把革命战争年代的党建成“一切革命的群众组织及革命的国家组织之中坚”、执行正确的政治路线和思想路线、最终夺取革命政权的胜利发挥了重要作用，完成了历史使命。

新中国成立后，国家法制建设高歌猛进，及时废除旧法统、建设新法制。相对而言，由于历史条件限制，党内法规制度建设进展偏慢，直至1956年才召开党的八大并修改党章，之后13年未召开党的全国代表大会，也未修改党章。为适应当时社会主义改造和计划经济建设的现实需要，至“文化大革命”前，党中央共制定党内法规和规范性文件400多件，其中党内法规约70部，主要分布在党的统战工作、党员干部管理工作、作风建设、党的纪律、安全保密等领域。计划经济体制导致这一时期制定的党内法规存在党政不分、以党代政的问题。“文化大革命”十年推行阶级斗争，实行人治，无法无天，党规国法基本被搁置一边。1969年修改党章，将之前的60条缩减为12条，规定“一元化领导”，“阶级斗争”火药味十足，明确规定“证据确凿的叛徒、特务、死不改悔的走资本主义道路的当权派、蜕化变质分子、阶级异己分子应清除出党，并不准重新入党”。其间党中央出台了50多件党内法规和规范性文件，其中党内法规10多部，主要分布在新闻宣传、保护文件档案和机密资料安全、档案材料查阅、干部任免审批等领域。总体来看，当时的党内法规制度建设陷入停顿，制定出台的党内法规在规范党的组织的工作活动和党员行为方面收效甚微。

改革开放后，我们迎来了党内法规制度建设的春天。在拨乱反正、国家工作重心转移、党和国家领导制度改革等大背景下，为适应党的领导和党的建设实践发展，制定出台的党内法规制度如雨后春笋，党内法规制度理念、制度功能、制度价值取向、制度内容等都发生显著变化。40多年来，先后8次修改党章，及时将党的领导和党的建设实践发展经验加以总结固化；全党制定出台了近3万件党内法规和规范性文件，其中制定修订的中央党内法规240部，涉及党的领导和党的建设方方面面。特别是党的十八大以来的党内法规制度建设，立足中国特色社会主义进入新时代这一鲜明时代特征和伟大实践，贯彻落实党的十八大、十九大以及历次中央全会的决策部署，紧紧围绕统筹推进“五位一体”总体布局和协调推进“四个全面”战略布局，坚持党的基本理论、基本路线、基本方略，遵循新时代党的建设总要求，贯彻坚持和加强党的全面领导、坚持党要管党全面从严治党的方针，在建章立制、贯彻落实方面取得的显著成效前所未有，为推动全面从严治党向纵深推进提供了更加坚强有力的党内法规制度保障。

回顾党内法规制度建设发展历程，党内法规制度建设总是紧贴党的革命、建设、改革实践，回应现实需要。实践向前发展，党内法规紧随其后，当实践沿着正确方向前进时，党内法规制度建设就理性前行；当实践发展出现挫折，不能再为党内法规制度建设提供经验支持甚至不再需要党内法规提供制度保障时，党内法规制度建设就陷入低谷。在这个意义上，对党内法规制度建设的重视程度以及党内法规的完善程度和实施情况，就成为党的工作和党的事业发展的“晴雨表”：当党内法规制度建设科学发展、党的领导和党的建设实现有规可依、有章必循时，党内生活就健康有序，党和国家事业就顺利发展；当党内法规制度建设停滞不前、党的工作无规可依、有规不依时，党内政治生活就不正常，党和国家事业发展就容易迷失方向。由此可见，党内法规弱则党乱国衰，党内法规兴则党治国盛，党内法规制度建设与党和国家事业实践发展同呼吸、共命运。

实践探索永无止境，实践经验源源不断，新时代党内法规制度建设会一往无前。形势的发展、事业的推进、人民的期待，都要求我们实行制度治党、依规治党，更加重视全方位立体式推进新时代党内法规制度建设，把党内法规制度建设工作贯穿于党的领导和党的建设活动始终，把党内法规重要作用落实到党的工作和党的事业建设各领域各方面，不断总结新鲜经验、彰显时代特色、解决现实问题、释放治理效能，更加有力地推动和保障我们党实现执政兴国的奋斗目标。

高于实践

党内法规不是苦思冥想想出来的，不是闭门造车造出来的，而是从实践创新中创出来的，只有从党的领导和党的建设实践经验中生成的党内法规制度，才具有生命力和执行力。当然，对于党内法规制度的立改废释而言，党内法规源于经验，并不意味着实践经验可以成为“直饮水”。从实践这一水源中流淌出来的经验之水，需要经过复杂的专业净化程序才能最终成为党内法规的规定。

一、经验并非皆可入规

一项具体经验距离上升为党内法规制度，还有很远的路要走，可谓“路漫漫其修远兮”。实践的过程是优胜劣汰的过程，多数经验来也匆匆、去也匆匆，成为党的工作过程的“过客”，只有少数被实践证明有效而得以留存下来。即使是被实践证明行之有效的经验，最终能否上升为党内法规制度，也还有许多的不确定性。就此而言，一项实践经验能否上升为党内法规，主要取决于它是否“真”，有时也还有些运气的成分。

一则，并非所有实践经验都适宜提炼。有不少经验性做法往往介于有形与无形之间，“草色遥看近却无”；有些经验比较粗糙、不太稳定、尚未成型，类似于含金量过低的矿石，提炼成本大、难度高；有的经验属于只可意会不可言传，与之相关的当事人心里清楚，感觉很真实，但很难套用现成的概念体系和逻辑把它们说清楚、道明白，处于“你不问我还清楚，你一问我反倒糊涂了”的混沌状态。诸如此类比较初级的经验性做法，自然难以上升到党内法规制度层面。

二则，并非所有实践经验都适宜转化。有不少经验性做法属于一个地方或者一个领域的习惯，停留在精神意识层面，人们习以为常、不自觉而为之；有的经验属于“土办法”，没有清晰的权利义务、职权职责边界，处于模棱两可状态；有的经验接近于道德规范，主要依靠内心自我谴责或者外在社会压力机制发挥作用；有的经验与单位文化氛围、领导者个人魅力息息相关，属于带有明显个性化色彩的做法；有的经验倚重熟人社会治理的礼仪、人际关系、“面子”等。这些经验更接近于非正式制度，在特定的资源供给模式下如鱼在水，一旦脱离生于斯长于斯的“乡土”，“进城”就会失灵，因此不宜、也不必将其转化为正式的党内法规制度。

三则，并非所有实践经验都适宜外化。党的工作是一个系统工程，千头万绪、变动不居，不可能指望事无巨细皆制定党内法规来逐一规范，现行的做法是由党内法规建构一个规范党的组织履行职能的骨架，然后再由各级各类党的组织结合自身实际、总结自身经验制定本单位自我规制规范。如此一来，几乎每个单位都会制定一本厚厚的内部规章制度，它们属于党的制度体系中的神经末梢和毛细血管。这些内部规章制度大多数属于“单位人”的“家规”，比如，本单位业务手册、人财物管理制度、办文办会办事规定等；少数属于“系统人”的“行规”，比如，上级主管部门的工作答复、工作指南、裁量基准等。这些内部规范凝聚着各部门、各系统自身管理智慧和管理经验，根据本单位、本系统情况量身定制，贴身合体，再加上对其遵守执行情况直接关乎个人的业绩评价和职务升迁，事实上很管用。不过，此类内部管理规章制度主要发挥着补充和细化党内法规制度的功能，通常不宜也不必将此类经验上升为党内法规、外化成党的组织履行职能的依据，毕竟内外有别。

四则，并非所有经验都适宜推广。在党的领导和党的建设实践中，有许多经验带有明显的地方特色和个性化特征，不可复制、不宜推广。这些经验，或者是所要解决的问题比较特别，在其他地方不存在或者不突出，比如东部地区存在如何管理外来务工的流动党员问题，这个问题在西部地区就不那么突出；或者是解决问题的条件比较苛刻，特别是那些着力“推出”的典型经验，需要获得政策倾斜、领导关心、媒体关注、党的组织重视、相关党员干部积极配合、人财物保障等众多条件支持，可谓天时地利人和，但这种“经验培育温室”与真实环境相比往往差之甚远，经验推广在现实中经常是难以找到匹配的条件支持。就此而言，有些为地方性制度规定所固化的地方经验，属于典型的“地方性知识”范畴，外地移植难以存活或者南橘北枳。

五则，并非所有经验都是共生兼容的。实践探索通常是问题导向，不太关注逻辑性与体系化，这就容易导致聚集一点而成的经验有时“很新很另类”，特别是那些擅自突破现行党内法规或者经授权改革而获得的经验，它们难免会与相关现行有效的党内法规制度格格不入，难以融入既有党内法规制度体系，无法在现有党内法规制度结构中为其找到一个合适的嵌入位置。事实上，不存在有百利而无一害的完美制度，无论是新经验还是老制度都是利与弊的统一体，关键要看究竟是利大还是弊大。因此，面对一个与现有规定不相兼容的新经验，我们不能简单地接受或者拒绝，而要对其本身的利弊以及因其加入而引发相关制度的适应性调整带来的利弊进行综合权衡，然后才能决定取舍。有时，新经验本身是正确的，但如同将一个新程序安装在一个未升级系统中会造成电脑死机一样，如果接受一个固然先进但不兼容的新经验会引发现有相关制度的功能紊乱，甚至出现“死机”问题，那就属于因小失大、得不偿失，对此，理性的选择是忍痛割爱，先别匆忙将其上升为党内法规制度，待条件成熟时再安排其“入规”。

六则，并非所有经验都能碰上入规的“运气”。一个经验符合上述各项标准，过五关斩六将“闯关”至此，具备了上升为党内法规的前几个条件，那么是否就会毫无疑问地“入规”呢？未必。之所以如此，是因为一项够格的经验最终能否入规，固然有其必然性，但是如何入规、何时入规，经常带有相当的偶然性。在党内法规制定实践中，是否启动一项制度变革，到底要吸纳哪些经验，有时并不那么确定。党内法规制度变革往往需要时机，一项实践有需求的党内法规制定工作有时之所以按兵不动，可能是缺少“导火索”来引爆；制定某个党内法规虽然走走停停、反反复复、久议不决，但一旦借助某种催化作用就很快顺利出台。这种“导火索”“催化剂”一般是引起领导高度重视、社会广泛关注的典型事件，它能在瞬间凸显某一党内法规制度变革的紧迫性，并将相关经验性做法推向风口浪尖。由于典型事件是否发生、发生之后能否引起广泛关注，以及与之相关的经验性做法能否被发现、是否被采纳，都带有一定的偶然性，这就使经验“入规”难免会有偶然成分。在这个意义上，某种实践经验即使再好，但如果“运气”不佳没碰到“入规”时机，或者没能抓住“入规”机遇，那就只能在党内法规的门外徘徊等待。

二、寻找和收集经验

一个具体的经验性做法要上升为可以反复适用、普遍适用的党内法规制度，并非原封不动搬来即可，而是要经过寻找和收集、筛选和甄别、提炼和加工等 3 道专业化工序。这是一个沙里淘金、破茧化蝶的复杂过程。

第一道工序就是寻找和收集经验。对于党内法规制定机关而言，经验通常不会自动送上门，需要勘探寻找；经验不会自动聚集，需要努力去积累；找到好经验也不可能百发百中，这一过程有时如同“赌石”。

在党内法规制定中，往往存在经验信息不完全和不对称问题。一方面，创造经验的基层一线苦于输送难，经常是报不上去、传不出去，只得眼见着好经验花开花谢未成正果；另一方面，党内法规制定者苦于寻找经验难，着急立规解决问题，但囊中羞涩、掌握的经验有限，巧妇难为无米之炊。如此一来，有的因为实践逼得紧、上级催得急，只得先应急立规再到实践中试错；有的因陋就简，有多少面做多大饼，根据其所掌握的有限经验立规；有的见树木不见森林，片面放大甚至是夸大局部经验性做法，导致所立之规不切实际。经验发现机制的不健全，会直接制约党内法规制度安排的科学性和民主性。鉴于此，要全面总结经验、科学制定党内法规，首要条件是建立健全党的工作经验发现机制，畅通经验报送和传递渠道。

民主立规，要求党内法规制定工作机构应当建设一个开放性的经验储备库，综合利用多种方式最大限度地储备党的领导和党的建设各方面的新鲜经验、典型经验、正反两方面经验，将其分门别类，并建立经验信息查询检索系统。为此，一要依托党委系统现有的信息报送、公文报送以及备案审查机制等，第一时间获取各地区各部门的经验性做法；二要将党代会、纪委全会、组织工作会议、宣传思想工作会议、政法工作会议、党内法规工作会议等会议上会议代表提供的经验信息整理入库；三要注意收集各类报纸、杂志、内部资料特别是互联网中反映的经验性素材；四要经常到基层调研，特别是根据掌握的经验性线索作深入细致的专题调研，形成调研报告；五要在制定党内法规时注意广泛听取各方面意见建议，特别是要将党内法规征求意见稿送各地区各部门征求意见，或者在报刊、在互联网上公开征求意见。

三、筛选和甄别经验

面对成千上万冠以“经验”名义的实践做法，党内法规制定机关如何识别和选择，往往是个难题，需要沙里淘金。

党和国家事业发展每时每刻都在创造新经验。党的十八大以来，我们党在坚持和加强党的领导、坚持党要管党全面从严治党方面创造了许多新经验，在统筹推进“五位一体”总体布局和协调推进“四个全面”战略布局方面创造了许多新经验，在加强党内法规制度建设、推进依规治党方面创造了许多新经验，这些经验是制度变革的宝贵财富。在立规过程中，面对各地区各部门采取的各类经验性做法，党内法规制定机关不可能照单全收，需要认真甄别、反复比较、精挑细选，从而把最优经验上升为党内法规。

大致说来，在筛选各地区各部门特别是基层一线的经验时，需要把握好以下几个方面。一是区分真与假。有些经验是实实在在的实践探索结果，有的所谓经验则是形象工程、政绩工程，是吹出来的、喊出名的，水分大、干货少。二是区分原创与模仿。有些经验虽然影响很大，但其实是学习借鉴其他地区、部门的产物，并非经验的“原产地”，这就需要追根溯源、分清源流，寻找原创经验、知其来龙去脉，调研经验的生成过程与扩散路径也有助于我们深化对经验的理解。三是区分正与反。成功经验当然重要，它为我们研究制定党内法规提供了前行的方向和解决问题的线索或者答案；失败教训也值得重视，它时刻提醒我们“不能那么干”，前车之鉴警示不能再重蹈覆辙，正反两方面经验之于立规而言皆不可或缺。众所周知，党的十一届三中全会之后之所以空前重视制度建设，一个重要原因就是汲取“文化大革命”十年动乱无法无天的反面经验，痛定思痛、教训深刻。四是区分众与寡。有些经验虽然很成功、口碑好、名气大、受欢迎，但往往属于“小众”，经验复制和推广条件太严格，有的甚至要依赖于领导者个人魅力、当事人素质，很难在更大的范围内复制推广；有的经验基于广泛共识，属于最大公约数性经验做法，针对的是共性问题，推行条件在其他地方和部门也能满足，此类“大众”经验更具有复制推广潜质，更有可能被写入党内法规。五是区分大与小。大多数经验属于制度点上的实践创新，类似于党内法规制度体系之树的一枝一叶，或者党内法规制度体系大厦的一砖一瓦，主要功用在于解决微观层面上的具体问题；也有少数经验涉及党内法规制度理念、价值取向、功能定位、重大制度安排、制度架构等方面的调整，比如，统筹党政群部门设置，党委书记兼任人大常委会主任，乡镇党委直选，等等。六是区分优与劣。在实践中我们经常见到，各地区各部门为了解决同一问题，往往八仙过海、各显神通，选择不同路径、采用不同方式、提出不同对策、创造不同经验。面对这些经验，党内法规制定机关要对其成本与效果进行比较，成本收益比越低、“性价比”越高则经验越优，反之则反是。七是区分内与外。加强和改善党的领导和党的建设工作，需要博采众长，既要积极探索、不断积累自身经验，也要大胆借鉴其他成功经验。比如，国家法治建设在科学立法、严格执法、公正司法、全民守法等方面的成功经验，在立改废释、备案、清理、立法后评估等方面的具体做法，都为推进党内法规工作、加强党内法规制度建设提供有借鉴价值的好经验，有不少“拿来”之后加以改造即可使用。再如，国外政党特别是共产党执政的一些经验做法，对我们也有一定借鉴意义。

党内法规制定机关按照标准对相关经验进行严格筛选，避免草率决定一项经验的去留，这是科学立规的基本要求。只有经过审慎选择并将成熟的、适当的好经验上升为党内法规，才能夯实党内法规的经验根基，保证所立之规成为有源之水，有效管用。

四、提炼和加工经验

相对于逻辑严密的党内法规规范而言，实践中的经验性做法往往显得粗糙，这就需要党内法规制定机关对拟上升为党内法规制度的经验性做法提炼升华、精雕细刻、反复打磨、精准嵌入。对经验拟转化成的制度要成竹在胸，对整个党内法规制度体系架构要了然于胸，提炼加工经验的技艺要娴熟自如。

第一步是把经验“矿石”提炼升华为“制度材质”。提炼的目的在于剔除经验中的那些不宜“入规”的因素，这道工序通常包括3关。一是政治关，剔除不符合提高党的长期执政能力和加强党的先进性、纯洁性要求的部分，剔除不符合坚持和完善中国特色社会主义制度、推进国家治理体系和治理能力现代化的部分，剔除不符合党中央关于党内法规制度建设决策部署的部分，剔除不符合党内法规制度变革规律和发展趋势的部分。二是理性关，剔除先验的、超验的东西，剔除包含个人感觉、反映个人情感、体现个体差异、依赖个人魅力、依附潜规则等方面的东西。三是规范关，剔除那些只能一次性适用、只能适用于特定个案、只能短期适用的成分，剔除偶然性、不确定性成分。“烈火见真金”，经过这种严格提炼剩下来的经验成分，属于经验中的政治上靠得住、实践中行得通，具有普遍适用、反复适用特质的“真金”，它们杂质少很纯粹，可直接加工成为党内法规制度规定。

第二步是把“制度材质”加工为制度“元件”。制定一部党内法规、建构一个党内法规制度体系，如同设计制造一个智能机器人，既要硬件也要软件，既要主件也要配件，既能接受指令也能执行指令。因此，党内法规制定者面对大小不等、长短不一、材质各异的经验性“制度材质”，就得用其所长、取其所需，将其加工成为各类制度“元件”。最常见的是将其加工为具体的义务权利或者职权职责方面的规定，加工成为完善领导体制和工作机制、运行保障体系方面的规定，明确党务关系主体在什么情形下当为、可为、禁为特定行为，应当遵循什么方式、步骤、期限去履职尽责，如何去监督和追责，等等。不过，并非所有“制度材质”都适合直接加工成用来规定具体行为模式的条款，而且党内法规也并非仅仅由行为模式条款构成，党内法规制定者还要量体裁衣，根据“制度材质”自身的特点将其分别加工成党内法规的其他构成“元件”，转化为理念、体制、机制、方式、方法等其他党内法规构成要素。同时，在制造加工一个党内法规制度规定“主件”时，还要同步考虑提供相关的“配件”，以保证其正常发挥作用。比如，没有程序正义就很难实现实体正义，实体性规范需要程序性规范来保障；无救济则无权利，权利性规定需要救济性规定来保障；不受制约的权力势必滥用，授权的同时必须确定相匹配的制衡机制；阳光是最好的防腐剂，授权的同时要设计党务公开机制，等等。

第三步是把制度“元件”嵌入党内法规制度体系当中。完善的党内法规制度体系如同一架精密的机器，增一个“元件”则多、减一个“元件”则少，不同“元件”上下左右前后联动，形成一个协调一致的整体。因此，一个新的制度“元件”只有安装在合适的位置上才能发挥作用，安装不妥就会适得其反，造成短路、引发故障。在现有党内法规制度体系中嵌入新的制度“元件”时，要注意以下几点。一则，要有逻辑思维。按照先因后果、先主后从、先总后分、先主体后行为再责任、先原则后规则、先体制后机制、先实体后程序等要求，合乎逻辑地将一个新的制度“元件”放在一个党内法规文本的合适章节中、一个领域的合适法规中和党内法规体系的合适领域中，要顺其自然，一旦摆错了位置、张冠李戴，不仅显得很突兀，与左邻右舍格格不入，而且制约自身作用发挥、殃及其他规定功能。比如，加强党员德的建设方面的规定，应当放在思想建设而非作风建设板块；有关党的领导体制方面的问题应当由基础主干党内法规规定比较合适；涉及党的各级组织的产生、组成和职权方面的内容，应当由中央党内法规来规定。二则，要有整体视野。要通盘考虑嵌入的新制度与既有制度体系之间的相容性，不能顾此失彼，尽量避免因新制度的嵌入而产生不一致、不协调、不统一问题。倘若新旧冲突不可避免，那就要即时进行规范清理，修改或者废止与之相左的规定，拆改旧“元件”，以维护党内法规制度体系的统一性。三则，要有位阶意识。将一项经验嵌入哪一位阶的党内法规比较合适，这并非随遇而安的，而是有其规律性。一般而言，党内法规效力位阶越高、调整范围越广，对经验的普适性和成熟性要求就越高、达成共识的难度就越大；相反，党内法规效力位阶越低、调整范围越窄，对经验的普适性和成熟性要求就越低、达成共识的难度就越小。因此，能够进入中央党内法规的经验一般应当是最成熟的经验，在较长一段时期内广泛适用于各地区各部门。

综上所述，党和国家治理实践中的大量经验性做法，历经沙里淘金、千锤百炼，最终能够修成“正果”、顺利入规的，可谓是凤毛麟角。青出于蓝而胜于蓝，这些百炼成钢的党内法规制度出自于经验但高于经验，它们属于精品经验的结晶，为推进党的领导和党的建设工作提供新的制度引擎，为引领和保障党和国家事业前进提供了新的制度台阶。

规范实践

党内法规源于实践、回归实践，接受实践检验、推动实践发展。党内法规是用来规范党的领导和党的建设活动的，是规范党的工作、调整党务关系、配置权力权利、建立体制机制的重要遵循，党内法规据此深刻影响实践的样态、塑造实践的品格、左右实践的走向。推行制度治党、依规治党，这就意味着，有什么样的党内法规就会有什么样的党和国家治理实践，有什么样的党内法规就会有什么样的党和国家事业发展。

一、实践在未受党内法规调整前处于“混沌态”

历史地看，总会有某种力量在控制着实践，它可能是制度，也可能是其他。无论在理论上还是实践上，一个执政党管党治党、执政治国总是有多种方式可供选择，比如，可以依靠党的领袖个人魅力，可以采用党首世袭制，可以不断发动群众运动，还可以采用制度之治，等等。就制度之治而言，既可以依靠单一的政党法来以法治党，也可以采用单一的党的制度以党代政，还可以采用党内法规和国家法律共同承担党和国家治理的重任。就此而言，管党治党、执政治国奉行制度之治，并非唯一选择，在某种特定历史条件下甚至也未必就是最优方式，因为法规制度的普适性有时会因忽略个案生动细节差异而带来“一刀切”问题。不过，历史反复证明，“众人之治优于一人之治”，人们因此或早或迟选择了法治、放弃了人治。

那么，我们党应当依靠什么方式去规范党的工作、治理国家和社会呢？

我们党总结管党治党、执政治国的历史经验教训，毅然选择了法治，将党领导下的依法治国确定为治国理政的基本方略，将依法执政确定为党执政的基本方式，将用制度管党治党当作全面从严治党的基本途径，把党内法规制度建设贯穿于党的领导和党的建设活动始终，依靠党内法规制度调整党务关系和规范党的工作活动，这就是把党的领导和党的建设活动纳入制度化轨道，依靠党规之治规范工作、塑造实践。

没有规矩，不成方圆。确立党规之治，就是要把党内法规确定为各级党的组织和全体党员必须一体遵行的权威规矩，以彻底改变实践未受党内法规塑造之前的“混沌态”。

那么，实践在未受党内法规调整或者党内法规调整失效情形下，它又受到什么样的规则控制、处于什么状态呢？

党内法规是规矩，但规矩并非只有党内法规。实践运转总得依靠某种规矩，如果党内法规缺失或者缺乏权威性，那么其他形形色色的所谓规矩就会乘虚而入。在这些非党内法规性规矩中，有的属于人治规则，对与错、是与非、为或不为皆由领导说了算，以言代规、权大于规。有的属于运动法则，靠群众运动定规矩，支持什么、反对什么，喜欢什么、讨厌什么，推倒谁、拥护谁，皆由群众运动说了算。有的属于丛林法则，谁手中握有权力、谁有实力、谁是强者，谁就能定黑白，规矩由强者说了算，符合强者逻辑就是守规。有的属于拇指法则，经验和习惯就是规矩，按经验和习惯办事就是守规矩，不合惯例就是违反规矩，改变习惯性做法就是变了规矩。有的属于潜规则，明修栈道、暗度陈仓，在搞权权交易、权钱交易、权色交易活动时有一套不成文规则，当事人之间心知肚明、形成默契，遵循共同游戏规则，按潜规则出牌。

毋庸讳言，我们对这几类所谓规矩恐怕并不陌生，它们颇有市场，人们在实践中有可能不时与其相遇。这些糟糕的规则，是阻碍党和国家事业发展的绊脚石。它们大行其道，就会把实践变成一种非理性的“混沌态”。其中，人治规则属于伪规矩。根据领导者个人好恶、看法想法、情绪变化定规矩变规矩，规矩就成了领导者手中任意揉捏的面团，领导者想立就立、想废止就废止，说改就改、想变就变，人走令变、人亡政息，这样的规矩没有独立性、确定性、稳定性，充满变数，朝令夕改、反复无常，不可能为党的工作实践提供稳定明确的行为预期，有规矩之名无规矩之实。运动法则属于危险规矩。一味迎合民众，推行民粹主义，将管党治党和执政治国的命运交给群众运动，依赖“大民主”推进党和国家事业发展，极易陷入无政府主义泥潭，造成无法无天的失控局面，这种非理性规则会直接造成混乱失序的危险。丛林法则属于恶规矩。胜王败寇、弱肉强食，用权力的拳头说话、用实力压服弱者，这种规则践踏党内民主，破坏党内平等的同志关系，缺乏人性关怀，吞噬人的主体性，无视作为弱者应当享有的人的尊严，背离人类文明。拇指法则往往属于懒汉规矩。任凭世情国情党情发展变化，借口因循惯例而拒绝实践创新，以不变应万变，得过且过，消极无为。潜规则属于丑规矩。它们见不得阳光，上了不台面，龌龊丑恶、令人不齿，它们支撑着假公济私、以权谋私的地下交易市场，如同蛀虫腐蚀党和国家事业根基，严重败坏党风政风民风。

不言而喻，倘若这些糟糕的规则在党的工作中占据重要位置，那么党内生活就会不正常、落入“三俗”窠臼，党务关系就会不确定、失之随意，党的工作活动就会非理性、跟着感觉走，党的建设道路就会不科学、重走老路或误入邪路，党的领导和执政方式就会不可取、偏离法治。也就是说，由于这些糟糕的规矩明显背离党的性质、宗旨和党性要求，与民主集中制格格不入，既不利于维护党的集中统一，也不利于发扬党内民主；既无法维护党的纪律和秩序，也不能保障党员的权利和自由。因此，如果它们的市场越大、作用越大、存在时间越长，那么党的工作活动就会扭曲得越厉害，党和国家事业发展受阻就会越严重，党和国家面临的危险和考验就会越严峻。

正是因为深刻认识到这一点，在一定程度上也是基于对党的工作实践曾经饱受这些糟糕规则侵害之痛的深刻反思，我们党下定决心加强党内法规制度建设、依靠党内法规制度管党治党，通过理性的党规之治塑造科学的管党治党实践，终结“混沌态”。

诚然，将这些陈规陋俗清除出党，用党内法规制度取而代之，不可能一蹴而就，只能久久为功，将其一点接一点清除出去，为党内法规制度腾出一分又一分的调整空间。当党内法规制度在规范调整党务关系上发挥支配性作用时，党规之治的地位就全面确立了。

二、实践因经受党内法规调整而被塑造

对于一个崭新的实践领域，它未曾被潜规则、丛林法则等那些糟糕规则染指过，那么党内法规调整党务关系的过程，就犹如一个雕塑家的创作过程，在一块璞石上雕刻时能胸中成竹。对于一个既有的实践领域，它已经被这种或者那种糟糕规则调整过，那么用党内法规来规范党的工作活动实践就是一个不破不立、先破后立的拨乱反正过程，先将失序失真的旧实践打碎，然后再将其重塑成党内法规预期的样态。无论是初塑还是重塑，党内法规对实践的调整本身即是塑造，按照党内法规之模塑造出理性实践。

党内法规塑造实践，意味着党内法规对实践的调整是刻骨铭心的，全面、深刻、彻底。这一塑造过程主要包括以下几个步骤。

第一步，把应予塑造、具有可塑性的实践纳入党内法规调整视野。

党内法规作为一种行为规范并非万能，对于内心活动等就难以直接规范调整，对于一些无法改变的自然禀赋也不宜硬性重塑，纳入党内法规调整视野的实践首先应当具有可塑性，即通过党内法规制度调

整可以改变。同时，党内法规制度带有根本性、全局性、长期性、稳定性，实践形态万千、千变万化，不能也不必事无巨细皆入规，有必要有可能纳入党内法规调整视野的是比较重要的实践。一则，应将党的领导和党的建设两个主要领域所涉各方面的重要实践纳入党内法规调整范围，包括党对中国特色社会主义事业“五位一体”总体布局和“四个全面”战略布局的全面领导，党的政治建设、思想建设、组织建设、作风建设、纪律建设、制度建设等党的自身建设活动。二则，党内法规调整应当涉及实践的完整形态，包括实践的内在要件与外部环境、主体与对象、动机与行为、过程与结果、内容与形式，涵盖实践导向、实践活动、实践结果等基本要素。

第二步，按照党规之治的逻辑设计实践。

党规之治的逻辑主要就是将纳入其调整视野的实践活动一分为二，一部分是合规的，另一部分是违规的，提出令行禁止要求，利用人的趋利避害本性，通过鼓励和支持合规行为、反对和制裁违规行为，教育、引导、激励或者迫使全体党员和各级党的组织依规行事。不言而喻，将党的领导和党的建设工作到底干什么、谁来干、怎么干、结果如何这个见仁见智的复杂专业性问题，化繁为简，转化为容易理解和操作的依规办事即可，这的确是一种管党治党智慧。

党内法规在梳理和设计实践的过程中，需要注意3个问题。

一是全面。为了保证有限稳定的党内法规能够实现对繁杂多变的实践的规范和调整，做到疏而不漏，党内法规得采用虚实结合方式。一方面，对相对重要的实践活动选择提出当为、可为、禁为的明确要求；另一方面，针对党员和党组织提供一个尽可能详尽的“负面行为清单”和“正面行为清单”。通过一正一反两个清单，实现党内法规对党的工作活动规范的全覆盖，既突出重点，又不留盲区、死角。

二是衔接。影响和评价党的领导和党的建设实践的规则，除党内法规外，还有其他一些社会规范，包括公序良俗、道德、国法、村规民约、社会自律规范等，它们与党内法规共同发挥作用。要保证党内法规与此类规范并行不悖，就得注意在标准上的衔接和协调，尽量实现党内法规上的合规/违规标准，与合法/违法、对/错、是/非、好/

坏、善/恶等其他规范标准的对接，最大限度地实现党内法规支持的即是合法的、对的、好的、善的，而党内法规反对的一般是违法的、错的、坏的、恶的，以免各类规范标准相左让人无所适从，顾此失彼会引发实践混乱。当然，这种“衔接和协调”并不等于简单地强求一致，党内法规的标准不可能完全与其他规范标准重合，比如，按照党规党纪严于国法的标准，党员不履行党规上的义务属于违规，但它未必就是违法——党员违法必违规、违规未必违法；又如，党员的行为合规但未必一定会合乎更高的道德要求。

三是重心。党内法规对实践的设计，无论是设定主体身份还是行为模式，无论是设定义务还是权利，无论支持什么还是反对什么，万变不离其宗，皆紧紧围绕着利益格局调整这个重心展开，需要处理好公益与私益、整体利益与局部利益、长远利益与现阶段利益、共同利益与特殊利益等关系，寻求主体利益平衡和整体利益最大化。抓住了这个重心，就把握了党内法规塑造实践的实质。

第三步，制定党内法规、铸造实践之模。

人类的社会生产实践活动，事实上程度不等地是经过规则加工雕刻过的实践——除非是还未来得及受规则影响的婴儿活动。依靠党内法规管党治党，意味着党的领导和党的建设工作实践应当是党内法规制度规范调整的结果，制定党内法规就是为了塑造实践，规范是模与范，党内法规堪称实践的“模具”。

一则，制造什么样的模具在很大程度上取决于想塑造出什么样的实践。有什么样的模具就会有什么样的产品，有什么样的党内法规就会有什么样的实践，党的工作实践的长度高度宽度广度深度硬度以及理性度、良善度主要取决于党内法规规范安排，模具形态决定实践的样态和品位、内涵和外延、外在特征和内在属性。模具只是工具，党内法规制度如何安排要视拟塑造出什么样的实践而定。

二则，模具的内在构造设计决定各类实践活动的边界。模具内在的纵横交错结构，构筑了实践活动的楚河汉界，它以党的领导和党的建设活动所涉领域为纬线，以党员与党的组织、下级党的组织与上级党的组织、全党与党中央为经线，包括党的组织权力与党员权利关系的分界线、党员关系的分界线、党的组织关系的分界线、党政关系的分界线等，标明实践活动的内外之界、群己之界、公私之界。这些实践活动的上下左右四至，是不应丢掉的“风筝线”、不能触碰的“红线”、不容突破的“底线”、不能损害的“生命线”，它们将具体的党的工作活动范围框定在一个确定区域内，将其实践运行方式纳入一条装有绿灯、红灯、黄灯的预设轨道上，保证党务关系主体行为选择的可控可知。

三则，模具本身应当是刚性的。这是一个常识，倘若模具本身松松垮垮，塑造出的成品自然会与设计初衷相去甚远。党内法规规范本身只有意思表示清晰，把党的组织和党员可以做什么、应当做什么、禁止做什么规定得明明白白，实践活动才可能清清楚楚；如果规定本身含糊其词，那么实践就会扭曲变形、失之随意。模具本身应当是刚性的，意味着党内法规规范应当尽量明确具体、避免笼统，多用“一律”、少用“一般”，对不宜作出羁束性规定应当预留裁量空间的，也应当明确上下限，不能作空白支票式授权。

四则，模具内各组成部分应当贯通一体。模具各部分之间不能各自为战，否则铸造出来的东西就是支离破碎的。不同党内法规规范虽然各有侧重，但整个党内法规制度体系致力于塑造一个有机统一的实践，这就要求主体规范、行为规范、监督制裁规范应当彼此衔接，实体性规范、程序性规范、保障性规范相互匹配，上下位规范、各方面规范、新旧规范、一般与特别规范等应当协调一致。

第四步，实施党内法规、铸造实践。

有良规未必一定有善治。制定党内法规只是打造了塑造实践的模具，绘制了解决实践问题、塑造美好实践的效果图和施工图，接下来更重要的任务是按图施工。全面实施党内法规，将各类具体的党务关系与抽象的党内法规制度结合起来，把真实的实践活动置入党内法规制度的模与范当中，将应然之“线”变成实然之“绳”，把党内法规制度的红线、底线、高压线，转化成实践活动中拴住权力野马的缰绳、防止权利之舟随波逐流的缆绳、规范党的领导和党的建设活动的准绳，切实发挥党内法规对实践的指引、教育、规范、评价、奖惩功能，实现党的工作实践的有序之治。

实施党内法规、铸造实践，运用党内法规来规训党员、干部，这不单是党内法规执行部门的任务，还需要全党共同参与；不单要外化于行，更要内化于心。一方面，要通过教育宣传着力塑造党内法规制度意识。面向全体党员和各级党的组织开展党内法规普及宣传活动，教育引导党员干部尊规学规知规守规，明了规大于权、权由规出的道理，在全党形成办事依规、遇事找规、解决问题用规、化解矛盾靠规的浓厚制度氛围，牢固树立党内法规制度的严肃性和权威性，让依规办事蔚然成风。另一方面，要通过严格执规塑造依规办事的行为方式。各级各类党的组织和党员领导干部必须扛起执规责任，不缺位、不越位，将党内法规制度规定落到实处，切实维护党内法规的严肃性和权威性，有规必依、执规必严、违规必究，严肃查处追究违规责任，推动形成各级党的组织依规用权、全体党员依规办事的行为方式，保证党的组织的工作活动与党内法规要求相一致，在党内法规制度轨道上有序推进党的领导和党的建设活动。

三、实践在经受党内法规调整后的“理性态”

经过党内法规制度调整之后，实践从“混沌态”被塑造成“理性态”，其外在特征是井然有序，内在特质是正当合理。大致说来，党的领导和党的建设活动实践的“理性态”，主要表现为以下“四可”。

一是行为可预期、有秩序。如何管住治好 9100 多万名党员、3200 多个地方党委和 460 多万个基层党组织的工作、活动和行为，维护党内秩序，避免失之于散、失之于乱，这是我们党必须解决好的基本问题。秩序，意味着各安其位、各行其道，动静有据、举止有度，行为可控可预期。在党的领导和党的建设活动实践具体个案发生之前，事先制定出台党内法规制度，明确党务关系主体的职权与职责、义务与权利、履职尽责的条件限制、行使权力的动机与目的、管理体制、主管范围、主体权限、行为方式、活动方法、行为时限、运行步骤、行为决定形式及其效力、监督检查、违规责任及其追究机制、纠纷解决、不服处分的权利救济机制等，这就为个案当事人提供了明确的行为选择预期，明白自己、党的组织和其他相关党务关系主体什么可为、什么当为、什么禁为、如何作为，一旦违规将要承担什么不利后果。党务关系入规，有效解决了党的工作实践的不确定性问题，个案当事人根据案件事实再加上相关党内法规制度规定，即可大致预期相关主体行为选择及其结果，不必再去费心揣测领导意图，不再担心利害关系人打出出其不意的“迷踪拳”。行有规矩、自成方圆。党的工作活动有规可依、依规行事，能够避免主体行为选择特别是领导决策的情绪化、随意性和反复无常，让党的领导和党的建设工作实践在党内法规制度铺设好的轨道上稳定运行，党的工作就会井然有序，党务关系就会有条不紊。

二是行动可持续、不折腾。政贵有恒。决策反复无常，势必引发机会主义、短期行为；工作半途而废，不仅造成资源浪费，还会严重损害党的形象和党的组织公信力。我们党是执政党，党的领导和党的建设工作实践只有保持必要的稳定性、不折腾，党和国家事业才能又好又快向前推进。党内法规制度具有稳定性和长期性，可以反复适用、连续执行，一旦将我们党管党治党和执政治国的成熟经验固化为法规制度，将党的统一意志和领导主张确立为党内法规制度，那就保证了党的工作实践的稳定性和连续性。只要科学制定、严格执行制度，党的领导和党的建设工作实践就会沿着既定线路、朝着既定方向和目标前进，不会忽“左”忽右、忽进忽退、忽快忽慢，而会萧规曹随、政令持续，不会官变令废、新官不理旧账。只要党内法规制度未被修改或者废止，那么党的组织的工作活动和党员行为的依据和标准就一如既往，不能搞选择性执行、间歇式执行，实践中任何将党内法规制度搁置一边，更弦易辙、标新立异、各行其是、另搞一套的做法都是违规无效的。

三是结果可接受、能服人。党的工作涉及职务升迁、利益分配、资源配置、赏罚得失，党内法规制度之治的可接受性，在于其公开公平公正，依据而为、以理服人，能够形成正确的、明确的行为选择导向。一则，党规之治以公开示人。党内法规制度以公开发布为原则，党的组织职权与职责、党员义务与权利通常应当在党内公开，甚至要在全社会公开发布，党的组织和党员可以据此作出理性选择；党务一般应当是公开的，党的组织作出决定的规范依据、决策过程和决定结果原则上要公开，让当事人知其然、知其所以然。二则，党规之治以公平待人。制定党内法规制度时平等对待，各类主体平等表达诉求、平等表明意见，主体平等、规则公平、机会公开，不搞亲疏远近、厚此薄彼；执行和适用党内法规制度时一律平等、没有例外，同等情形同等对待、不同情形区别对待，一碗水端平，不偏私、不歧视。三则，党规之治以公正服人。党内法规制度公正待人待物待事。立规为公，围绕中心、服从大局，按照党和国家事业发展需要科学配置权责、调整关系、规范行为，个人利益、部门利益、地方利益服从党和国家整体利益、长远利益。党规之治对错分明、赏罚分明，根据是否符合党的长期执政能力和先进性、纯洁性建设分对错，根据比例原则定赏罚，依贡献大小赏其应得，按过罚相当原则定其当罚，让当事人无论权责大小、职务升降、利益得失皆能心服口服。

四是效果可期待、行善治。全面从严治党，小治靠人、大治靠规。以民主集中制为核心加强党内法规制度建设，实现良规之治，是中国特色社会主义法治建设的重要内容，是推进建设法治中国的重要组成部分。党内法规制度是全党统一意志的集中体现，综合反映各方意见，平衡各方诉求，能够最大限度凝聚党内共识。党内法规制度是全党智慧的结晶，集思广益、群策群力，凝固着我们党管党治党和执政治国的成功经验，代表着我们党对自身建设和执政治国科学规律的认知水平。党内法规制度是全党行动的统一遵循，党的组织不分大小高低，党员不分长幼尊卑，工作不分轻重缓急，活动不分领域地域，皆以党内法规为依据、受党的纪律约束，没有凌驾于党内法规之上或者超越于党内法规之外的特权，有规必依、违规必究，维护党的团结统一、行动一致，维护党中央权威和集中统一领导。党内法规制度是全党的共同实践，党规之治是一种开放的以党员为主体的公共治理实践，全体党员既有权参与党内法规的制定又有权参与党内法规的实施，每个党员既可依规监督别人又得接受来自别人的依规监督，所有党员和各级党的组织都以党务关系主体身份参与党规之治的生动实践。党内法规制度是我们党管党治党和执政治国的公器，以加强党的自身建设、保持党的先进性和纯洁性，不断提升党的建设科学化水平为出发点；以提升党的领导水平和长期执政能力，实行科学执政、民主执政、依法执政为落脚点。正是由于党规之治不仅有利于从严管党治党，维护党的团结统一，提升全党的创造力、凝聚力和战斗力，而且有利于实现党对中国特色社会主义事业的坚强有力、科学正确的全面领导，发挥党总揽全局、协调各方的领导核心作用，团结带领全国各族人民努力实现中华民族伟大复兴的中国梦，因此，通过党规之治不断提升党的领导和党的建设科学化水平，追求良善的治理效果，此举可行、其局可待。

党的工作实践发展无止境，旧的制度走了，新的制度来了，总是在辞旧迎新；党内法规制度变革只有进行时和将来时，没有完成时，许多党内法规制度只是实践和历史的过客，党内法规制度安排只有更好，没有最好。实践是脚，党规是路，党规之路是实践之脚走出来的，党规之路引导实践之脚少走弯路。实践是参天大树，党规则是枝叶，党规兴则实践之树常青、枝繁叶茂、生机蓬勃。党的建设和党的事业是一条奔腾不息的大河，实践是水，党规是堤，党规之堤让实践经验汇流成河，不会干涸断流或者泛滥成灾，而实践之水则造就了堤并不断改变着堤的形状。对于党内法规制度建设而言，如何从实践中来、到实践中去，不断总结提升实践经验，回应党的领导和党的建设活动实践提出的制度需求，并不断引领和推动实践向前发展，这是一个永恒主题。

实践检验

一款新车型推出之前，虽然要经过精心设计加工、反复试驾检测，但其最后是否受欢迎、质量性能是否安全可靠，只能由消费者说了算。类似地，一部党内法规的出台，固然要按照科学立规、民主立规、依规立规的标准起草审批，会经过多次的调研、论证、评估、权衡，会经历征求意见、审核把关、审议发布等多道程序，不过，它最终是否有效管用、是否达到预期规范效果，只能由实践说了算。此前的一切都只是预设和模拟，实践是真的检验、终极检验。

党内法规是用来规范实践的，必须经受住实践检验。一部党内法规制定出台、生效实施之日，就正式开始接受党的工作实践的全方位检验。党内法规能否成为全党一体遵行的规矩，能否把权力关进制度的笼子里，能否成为党员民主权利免遭侵犯的屏障，能否带来理性正常的党内生活，能否守住不容突破的底线要求，能否成为不容违反的刚性约束，等等，一放到实践中便见分晓。党内法规从实践中走来、应当能够回得到实践中去。不过，遗憾的是，并非所有的党内法规制度都能回到实践，最终被实践接纳的是经过其检验的合格品，那些次品则惨遭淘汰，被实践所否定。

讲到实践检验党内法规，要搞清楚以下几个问题：谁是检验主体？相关利益主体会为实践自动检验提供动力。运用什么方式检验？一切有可能发现缺陷的方式皆可使用。检验哪些党内法规？所有党内法规概莫能外。检验哪些项目？主要检验党内法规的实效性。检验结论有什么作用？会倒逼制定机关进一步完善制度规定。

一、实践检验是自启动、自运行的，不必依赖外力安排

党内法规一旦付诸实施，实践检验便自然启动，无须有人宣布开始，也不需要“组织安排”。实践自动检验机制的生成，归结为党内法规内在的权益分配。党内法规无论其位阶高低，无论其调整对象上的差异，都会涉及权益配置。一部党内法规出台后，与其所作的权益配置没有直接关系的组织和个人，或许未必去关注它的具体规定是否合理以及能否落到实处，但与之有利害关系的党政机关和党员等主体自然会关注并作出评价。具体而言，如果该党内法规主要调整的是党政关系或者是党的组织之间的关系，那么与之相关的党政机关、党的组织通常会关注其内容规定及实施情况，因为这直接关乎其职权职责，极少有组织当其权责受到明显增减变动时却无动于衷。如果该党内法规主要调整的是党的组织与党员之间的关系，那么通常双方都会

关注其规定及实施情况，退一步说，即使相关党的组织反应冷淡，那么与之相关的党员也会关注其权益是否会因此增减。也就是说，一部党内法规出台后，与之相关的当事人通常会在关注自身权益受到的影响的作用下，对其产生期待或反感、欢迎或抵制的反应，得出好或差、对或错的评价，进而作出遵守还是违反的行为选择，此即实践检验。倘若一部党内法规出台后几乎无人问津，相关主体都没什么感觉，觉得有没有无所谓，出台与否没什么差别，那么这种直白的实践反应其实也是一种实践检验结果，其结论就是制定出台该法规纯属多余、毫无意义。

二、实践检验方式不拘一格，可以“不择手段”

实践是面镜子，有缺陷的党内法规制度无论在形式上“包装”有多好、看似有多缜密，只要一见到实践，就会“原形毕露”。之所以如此，是因为实践检验遵循问题导向，各种相关主体都会去“挑刺”，给党内法规出难题、进行压力性测试，有的甚至是破坏性试验，党内法规如能顶住压力则合格，被问题击倒的则不合格。

按照从温和到激烈的排序，一部党内法规出台后要面对以下几类实践检验方式。

一是挑剔性检验。相关主体按照科学性、可行性、合理性等标准，在执行和遵守过程中评判该党内法规内容是否存在有待改进的不当之处，据此提出解决瑕疵问题的建设性检验意见。

二是质疑性检验。相关主体在执行和遵守过程中发现该党内法规与其他党内法规及上位规范性文件存在不一致、不协调问题，制度打架、规定冲突，破坏了党内法规制度体系的统一性，造成执行主体和当事人无所适从。

三是规避性检验。在最大化自身利益驱使下，相关主体总会坚持不懈地寻找因该法规自身规定存在重大缺陷或者与其他法规衔接不紧密而形成的制度漏洞，有的部门和地方利用这个漏洞谋求不正当的部门利益和地方保护，有的领导干部从制度笼子的漏洞中进出自如、以权谋私，有的党员群众则利用这个漏洞谋求额外权益。一个装满水的塑料袋底部一旦出现哪怕一个很小的孔，所有的水最终都会悄悄从这个孔中流失。类似地，一部党内法规即使 99%是正确的，但只要有 1%的漏洞，那也会为机会主义行为提供可乘之机，其所保护的大多数权益会从这个漏洞中流失，许多其所禁止的行为也会利用这个漏洞而得以规避。

四是挑战性检验。人有趋利避害的本性。面对一部新党内法规的出台，总是会有不少主体会计算守规成本与收益谁高谁低、违规成本与收益谁大谁小，一旦发现违规之后没有责任追究，或者违规之后虽有责任追究但违规行为败露的概率很低，或者即使被发现了但受追究的责任较轻，亦即，当其发现守规成本高收益低、违规成本低收益高时，那就很可能选择违反而非遵守该党内法规，直接挑战党内法规的严肃性和权威性。

就此而言，一部党内法规出台后，其科学性、合理性、严肃性、权威性、有效性并非不证自明，只有经过实践的严格检验之后才能下结论。如果一部党内法规出台后，有令不行、有禁不止，违规现象普遍，那就意味着它没能通过实践的压力测试特别是违规者制造的破坏性试验，实践检验得分只能是不及格。

三、实践检验对象是全覆盖，无一规定可豁免

实践检验是全方位的，无处不在、无时不在。

一则，没有免检之规。任何党内法规出台之后都要经受实践检验，无一免检。在实践检验面前，党内法规不分高低大小新旧一律平等，没有一部党内法规能够享受不受检验的特权，上至党章、下至细则，无论是中央党内法规、部委党内法规还是地方党内法规，无论它是规范党的领导活动的法规还是规范党的建设活动的法规，也无论它是组织性、行为性法规还是监督性、责任性、救济性法规，都要接受实践的公正检验，实践都会给出公正的检验结论。

二则，没有免检之处。实践检验的重点是党内法规的义务权利、职责职权配置是否科学合理，但其他相关内容也都在检验之列，包括它的制定依据是否充分、立规目的是否准确、适用范围是否正确、原

则要求是否妥当、体制机制安排是否可行、实体性规定与程序性规定是否匹配、监督制裁是否适宜、解释条款是否恰当等。同时，由于党内法规制度体系应当是一个协调一致的统一体，因此每一部法规与上位党内法规是否一致、与同位党内法规是否衔接、与现有党内法规是否协调等，也在实践检验之列。此外，制定党内法规应当注重同宪法和法律衔接协调，不违反法律保留原则，不与宪法和法律相冲突，因此其规定在是否合乎宪法和法律规定这一点上也不能免检。

三则，没有免检之效力。制定党内法规总是要预设一个规范调整效果，试图通过对相关人、相关事产生的拘束力，达到管党治党和执政治国所需的既有纪律又有自由的理想治理状态。但实践结果表明，在预期效果与实效之间往往存在一道不可逾越的鸿沟，很难有党内法规的预期效果百分之百变成实效。制定党内法规时尽管赋予其公定力，但无论它的确定力还是拘束力、执行力，最终都要经受实践检验，无一例外。

四则，没有免检之时。一部党内法规在生效实施后、废止或者撤销前，在其效力存续期间，会不间断地接受实践检验。有的党内法规在刚出台时，被实践证明是有效管用的，但不会“一检定终身”，它接下来还要一直接受实践检验，随着世情国情党情的发展变化，实践会逐渐检验出其不适应现实、滞后于党和国家事业发展需要等老化问题。执行党内法规的工作部门虽有作息时间，但党的领导和党的建设活动却不能有停顿，管党治党和执政治国实践不会有间歇，党内法规的执行和遵守不能中断，因此，党的工作实践对党内法规的检验特别是违规行为对党内法规的挑战性检验从来就没有作息的区别。在这个意义上，实践对党内法规的检验是终身检验。

四、实践检验遵循实用导向，不问缘由、不听辩解

作者在创作一部作品时可能会有种种考虑，有自己的逻辑，但一旦作品到了读者手里，那么对作品的评判就得服从读者的逻辑。同理，制定机关在制定一部党内法规时，会有种种考虑，包括基于特定立规背景，明确立规意图，制度安排经常是多方博弈的结果，其中的

苦衷和良苦用心只有起草者和制定者清楚。不过，对于实践而言，这些党内法规“创作”过程中的曲折情节、动听故事和制定逻辑却不那么重要，一部党内法规能否立得住、行得通、管得了，实践完全是按照是否有效管用这个实用逻辑来评判其得失优劣。检验标准很简单，能解决相关问题者则行，否则就不行，至于制定过程中的种种理由不会成为实践评判依据，制定过程中的艰难曲折不会打动实践的铁石心肠。事实上，实践不会有耐心去听取来自制定过程的种种辩解，除非制定机关作出一个与法规具有同等效力的法规解释。就此而言，实践检验只看结果、不问初衷，只看现时表现、不问来由。

当然，党的工作实践是面反光镜，能够反映出一部党内法规制定时是否真的遵循了民主立规、科学立规、依规立规的制定原则，尽管在制定过程中可能开了多场座谈会、论证会，多次到地方和部门进行了调研，但是否真的是集思广益而非“认认真真走过场”，党内法规一遇实践便见分晓。事实胜于雄辩。一般来说，制定过程严格贯彻科学、民主、依规原则，那么制定出来的党内法规质量就有保证，“真金不怕火炼”，就能经得起实践检验，而那些不了解实践需求、脱离实践、不切实际，主要靠拍脑袋、拍胸脯炮制的所谓法规，貌似威不可藐、力不可敌，但一碰到硬邦邦的实践便成了“纸老虎”。

五、实践检验产生倒逼效应，推动党内法规不断完善

实践是检验真理的唯一标准。实践检验是衡量党内法规质量的终极标准。实践检验结果分为两种：一种是部分党内法规顺利通过了检验。其制度安排适应实践需要，规定科学合理，于规周延、于事简便，严丝合缝、未留漏洞，实现了预期立规目的，理顺了相应的党务关系，规范了相关的党的工作，有效避免了各种规避与违规问题，树立起了党内法规制度的严肃性和权威性，为党的领导和党的建设活动的顺利开展、为管党治党和执政治国提供了有力制度保障。另一种是部分党内法规不幸未通过检验。其制度安排存在不一致、不协调、不衔接、不适应问题，有短板、软肋甚至漏洞，不适应实践需要，没有实现预期立规目的，在相当程度上被束之高阁、形同虚设。

在实践中，未通过实践检验的党内法规恐怕并不少见。它们草率出台、几无实效，无法有效规范和制约权力、把权力关进它的笼子里，无力解决权大于规、以权压规、以言代规等问题。这不仅损害党内法规的权威和法治尊严，使党内法规和党的组织公信力陷入“塔西佗陷阱”——当公权力失去公信力时，无论发表什么言论、无论做什么事，社会都会给予负面评价；更严重的是制约党的建设科学化水平提升，妨碍党和国家事业的顺利推进。

党的领导和党的建设活动实践发展提出的制度需求是刚性的，党内法规必须及时回应，否则就是失职。对经检验为不合格的党内法规制度，实践从来不会迁就、容忍，会不留情面地拒绝它、淘汰它、抛弃它，并以集体违规等方式向立规者发出警示，以弃而不用等方式向立规者提出抗议，以实践需求得不到满足的名义向立规者施加压力。

实践中存在的有规不依、有规难依问题会产生一种倒逼压力，推动制定机关去反思并作出适应性调整，去加强和改善各方面的党内法规制定工作，包括编制规划计划进行顶层设计，旨在解决党内法规体系存在的结构性缺陷问题；开展清理工作，旨在通过宣布废止、失效和作出修改等方式以解决党内法规制度中存在的不一致、不协调、不衔接、不适应问题；抓紧制定出台实践急需的党内法规制度，旨在填补无规可依的制度空白；开展备案审查工作，旨在发现和纠正违法违规的党内法规制度，以维护党内法规制度体系的统一性，等等。

对于党内法规制定机关而言，如果要变被动为主动，全面及时准确掌握党内法规的实践检验结果，据此又好又快推进党内法规制度创新以回应实践发展需求，那么一个事半功倍的方法就是开展党内法规实施评估。综合运用各种统计分析方法，跟踪党内法规实施情况，并在第一时间将实践检验结果反馈至立规程序，实现党内法规检验与立规回应的对接，解决党内法规制定与实践间的信息不对称问题，保证制定出台的党内法规能够最大限度切合党的工作实际、适应党和国家事业实践发展需要。

第十三章　党内法规理论之维

我们党主要依靠党内法规来规范党的领导和党的建设活动，这是加强政治文明建设的必然要求。党内法规制度建设内含着鲜明立场、严密逻辑、科学方法、复杂机理，一时一刻也离不开科学的理论指引。党的基本理论为党内法规制度建设提供的是行动指南，党内法规学术研究为党内法规制度建设提供的是学理支撑，二者共同构成党内法规的理论之维。其中，“政论”部分主要是运用马克思主义立场观点方法，系统回答党内法规制度建设的定位、立场、方向、原则、目标、任务、途径、举措、方法、保障等基本问题；“学理”部分主要是运用描述、解释、批评和建构等研究方法，从学术角度对党内法规制度现象展开研究并提出理论建议。党的十八大以来，党内法规理论成果丰硕、理论之维凸显。在政论方面，习近平总书记针对加强党内法规制度建设作出一系列指示要求，这些高瞻远瞩、内涵丰富、系统集成、具有极强现实针对性的重要论述，为新时代党内法规制度建设注入了强大思想动力、指明了前进方向；在学理方面，党内法规研究近年来日益成为“显学”，理论研究的热度广度深度皆是前所未有，理论研究成果的数量和质量不断攀升，在强化新时代党内法规制度建设的学理支撑方面迈出重要步伐。政论与学理各有侧重、相得益彰，引领着党内法规制度建设的科学推进和高质量发展。

政　论

我们党是靠科学理论武装起来的，党的理论和党的路线方针政策都是全党必须认真学习和贯彻落实的。党内法规制度建设离不开党的基本理论作指导，没有政治理论上的清醒自觉，就没有实践的科学理性，只有在成熟科学的政治理论指引下，党内法规制度建设才能方向正确、顺利推进。

历史地看，党内法规制度建设理论从来就是党的理论的重要组成部分。1938 年，毛泽东同志在党的六届六中全会上强调党的纪律时指出，“为使党内关系走上正轨，除了上述四项最重要的纪律外，还须制定一种较详细的党内法规，以统一各级领导机关的行动”，首次提出党内法规的概念。在这次会议上，刘少奇同志专门作了《党规党法的报告》。1978 年，邓小平同志在为党的十一届三中全会作准备的中央工作会议闭幕会上的讲话中指出，“国要有国法，党要有党规党法。党章是最根本的党规党法。没有党规党法，国法就很难保障”，对党规和国法关系作出深刻阐述。2001 年，江泽民同志在庆祝中国共产党成立 80 周年大会上的讲话中指出，“各级党组织和每个党员都要严格按照党的章程和党内法规行事，严格遵守党的纪律”，强调党内法规是党的组织工作、活动和党员行为的基本遵循。2006 年，胡锦涛同志在十六届中央纪委六次全会上明确提出，“要适应新形势新任务的要求，加强以党章为核心的党内法规制度体系建设”，这就将党内法规制度体系化建设提上议程。

党的十八大以来，以习近平同志为核心的党中央从事关党长期执政和国家长治久安的战略高度，高度重视加强新时代党内法规制度建设，谋划部署之重、推进力度之大、立规数量之多、执规力度之大、治党效果之好，皆是前所未有，不仅取得了重大制度成果和实践成果，也取得了重大理论成果。习近平总书记在重要讲话、文章和指示批示中对全方位立体式推进党内法规制度建设作出全面深刻阐述，极大地丰富和发展了党内法规理论。习近平总书记关于加强党内法规制度建设、坚持依规治党的重要论述，是习近平新时代中国特色社会主义思想的重要组成部分，是习近平法治思想的重要内容。我们推进新时代党内法规制度建设，必须把这些重要论述和思想学习领会好、贯彻落实好。经过初步梳理，习近平总书记有关重要论述涵盖学习贯彻党章、党内法规制度建设的重要意义和总体要求以及体系化、立规、执规、党规与国法关系、方法论等诸多方面，从政治哲学、制度哲学高度，全面深刻回答了加强新时代党内法规制度建设的基本问题。

一、关于认真学习贯彻党章

习近平总书记强调党员干部认真学习党章、严格遵守党章，主要作出以下重要论述。

——我们党历来高度重视制定和完善党章。党的一大制定了党纲，党的二大制定了我们党的第一部党章。在 90 多年的奋斗历程中，我们党总是认真总结革命建设改革的成功经验，及时把党的实践创新、理论创新、制度创新的重要成果体现到党章中，从而使党章在推进党的事业、加强党的建设中发挥了重要指导作用。

——党章是我们立党、治党、管党的总章程，是全党最基本、最重要、最全面的行为规范。

——党章是党的总章程，集中体现了党的性质和宗旨、党的理论和路线方针政策、党的重要主张，规定了党的重要制度和体制机制，是全党必须共同遵守的根本行为规范。没有规矩，不成方圆。党章就是党的根本大法，是全党必须遵循的总规矩。在各级党组织的全部活动中，都要坚持引导广大党员、干部特别是领导干部自觉学习党章、遵守党章、贯彻党章、维护党章，自觉加强党性修养，增强党的意识、宗旨意识、执政意识、大局意识、责任意识，切实做到为党分忧、为国尽责、为民奉献。

——认真学习党章、严格遵守党章，是加强党的建设的一项基础性经常性工作，也是全党同志的应尽义务和庄严责任，对强化全党党章意识，增强党的创造力、凝聚力、战斗力具有极为重要的作用。

——“两学一做”，基础在学，首先要学好党章。党章是党的根本大法，是全面从严治党的总依据和总遵循，也是全体党员言行的总规矩和总遵循。全党学习贯彻党章的水平，决定着党员队伍党性修养的水平，决定着各级党的组织凝聚力和战斗力的水平，决定着全面从严治党的水平。无论是高级干部还是普通党员，要做合格党员，学习贯彻党章都是第一位的要求。

——学习党章是全体党员的基本功，这个功课要经常做。学习党章不仅要原原本本学、反反复复学，做到知其然，而且要联系实际学、深入思考学，做到知其所以然。要联系党的历史和今天党所处的历史方位、承担的历史使命的实际，联系党的理论发展和今天坚定理想信念的实际，联系党的基本路线和今天做好各项工作的实际，联系党的性质宗旨和今天更好为人民服务的实际，联系党员义务权利和今天发挥好党员先锋模范作用的实际，联系党的纪律规矩和今天解决好党内存在的突出问题的实际，深入思考党章对党组织和党员、干部的要求是哪些、怎样身体力行，深入思考对照党章自己哪些没做到、应该如何提高，深入思考全面从严治党还有哪些环节需要加强、哪些制度需要完善。要通过这样的学习，把党章融会贯通，做到学而懂、学而信、学而用。

——要严格遵守党章各项规定。全党要牢固树立党章意识，真正把党章作为加强党性修养的根本标准，作为指导党的工作、党内活动、党的建设的根本依据，把党章各项规定落实到行动上、落实到各项事业中。建立健全党内制度体系，要以党章为根本依据；判断各级党组织和党员、干部的表现，要以党章为基本标准；解决党内矛盾，要以党章为根本规则。要加强对遵守党章、执行党章情况的督促检查，对党章意识不强、不按党章规定办事的要及时提醒，对严重违反党章规定的行为要坚决纠正，全党共同来维护党章的权威性和严肃性。

——党员领导干部要做学习党章、遵守党章的模范。各级领导干部要把学习党章作为必修课，走上新的领导岗位的同志要把学习党章作为第一课，带头遵守党章各项规定。凡是党章规定党员必须做到的，领导干部要首先做到；凡是党章规定党员不能做的，领导干部要带头不做。要严格按照党章规定的党员领导干部必须具备的六项基本条件，提高自身素质和能力，经常检查和弥补自身不足。特别是要在坚定理想信念、坚持实事求是、推动科学发展、密切联系群众、加强道德修养、严守党的纪律等方面为广大党员作出表率。要严格执行党章关于民主集中制的各项规定，并落实到制定决策、选人用人等领导工作各个环节。要带头执行党的政治纪律，自觉维护中央权威，厉行工作规程，做到令行禁止，保证中央政令畅通。要严格执行党章关于党内政治生活的各项规定，敢于坚持原则，勇于开展批评和自我批评，带头弘扬正气、抵制歪风邪气。要坚持党的群众路线，从群众中来、到群众中去，深入基层调查研究，亲近群众，联系群众，服务群众，做好新形势下的群众工作，朝气蓬勃地带领人民为全面建成小康社会、坚持和发展中国特色社会主义而共同奋斗。

——要自觉尊崇党章、模范践行党章、忠诚捍卫党章……严格执行民主集中制，在守纪律、讲规矩上作表率，自觉做政治上的明白人、老实人，绝不做两面派、两面人。

——党的十九大通过的党章修正案，体现了党的十八大以来党的理论创新、实践创新、制度创新取得的成果，对毫不动摇坚持党的全面领导、坚定不移推进全面从严治党、坚持和完善党的建设、不断提高党的建设质量提出了许多新要求。全党同志要把学习贯彻党章作为学习贯彻党的十九大精神的重要内容，作为推进“两学一做”学习教育常态化制度化的重要举措，在全党形成自觉学习党章、模范贯彻党章、严格遵守党章、坚决维护党章的良好局面，切实把党章要求贯彻到党的工作和党的建设全过程、各方面。

二、关于深刻认识党内法规制度建设重要意义

习近平总书记从全面从严治党、依规治党，党长期执政、依法执政，坚持党对一切工作的领导、实现党的奋斗目标的战略高度，强调发挥制度治党、依规治党的治本作用，深刻论述加强新时代党内法规制度建设的极端重要性。主要作出以下重要论述。

——古人说：“凡将立国，制度不可不察也。”制度优势是一个国家的最大优势，制度竞争是国家间最根本的竞争。制度稳则国家稳。新中国成立70年来，中华民族之所以能迎来从站起来、富起来到强起来的伟大飞跃，最根本的是因为党领导人民建立和完善了中国特色社会主义制度，形成和发展了党的领导和经济、政治、文化、社会、生态文明、军事、外事等各方面制度，不断加强和完善国家治理。

——党的十八大以来，党中央高度重视党内法规制度建设，推动这项工作取得重要进展和成效。加强党内法规制度建设是全面从严治党的长远之策、根本之策。我们党要履行好执政兴国的重大历史使命、赢得具有许多新的历史特点的伟大斗争胜利、实现党和国家的长治久安，必须坚持依法治国与制度治党、依规治党统筹推进、一体建设。要按照十八大和十八届三中、四中、五中、六中全会部署，认真贯彻落实《中共中央关于加强党内法规制度建设的意见》，以改革创新精神加快补齐党建方面的法规制度短板，力争到建党100周年时形成比较完善的党内法规制度体系，为提高党的执政能力和领导水平、推进国家治理体系和治理能力现代化、实现中华民族伟大复兴的中国梦提供有力的制度保障。

——依规治党，首先是把纪律和规矩立起来、严起来，执行起来。

——党面临的形势越复杂、肩负的任务越艰巨，就越要保持党的团结统一。党的团结统一靠什么来保证？要靠共同的理想信念，靠严密的组织体系，靠全党同志的高度自觉，还要靠严明的纪律和规矩。

——推进全面从严治党，既要解决思想问题，也要解决制度问题，二者一柔一刚、刚柔相济，同向发力、同时发力，能产生一加一大于二的功效。

——坚持思想建党和制度治党紧密结合。从严治党靠教育，也靠制度，二者一柔一刚，要同向发力、同时发力。

——思想教育要结合落实制度规定来进行，抓住主要矛盾，不搞空对空。要使加强制度治党的过程成为加强思想建党的过程，也要使加强思想建党的过程成为加强制度治党的过程。

——坚持思想建党和制度治党同向发力。思想理论是灵魂，制度建设是保障。我们既注重解决思想问题、拧紧“总开关”，又注重解决制度问题、上紧制度规矩发条。

——我们这么大一个政党，靠什么来管好自己的队伍？靠什么来战胜风险挑战？除了正确理论和路线方针政策外，必须靠严明规范和纪律。我们提出那么多要求，要多管齐下、标本兼治来落实，光靠党悟不够，必须有刚性约束、强制推动，这就是纪律。

——从严治党，最根本的就是要使全党各级组织和全体党员、干部都按照党内政治生活准则和党的各项规定办事。

——要把制度建设摆在党的建设的重要位置，以制度建设巩固思想建设、组织建设、作风建设、反腐倡廉建设成果，加强制度执行力建设，为党的长治久安提供坚强制度保障。

——古人说："欲知平直，则必准绳；欲知方圆，则必规矩。"没有规矩不成其为政党，更不成其为马克思主义政党。我认为，我们党的党内规矩是党的各级组织和全体党员必须遵守的行为规范和规则。党的规矩总的包括什么呢？其一，党章是全党必须遵循的总章程，也是总规矩。其二，党的纪律是刚性约束，政治纪律更是全党在政治方向、政治立场、政治言论、政治行动方面必须遵守的刚性约束。其三，国家法律是党员、干部必须遵守的规矩，法律是党领导人民制定的，全党必须模范执行。其四，党在长期实践中形成的优良传统和工作惯例。

——制度好可以使坏人无法任意横行，制度不好可以使好人无法充分做好事，甚至会走向反面。各级党委要紧密结合这些年发生的腐败案例，寻找漏洞，吸取教训，全面深化改革，全面加强制度建设。

——"善除害者察其本，善理疾者绝其源。"铲除不良作风和腐败现象滋生蔓延的土壤，根本上要靠法规制度。我们党长期执政，既具有巨大政治优势，也面临严峻挑战，必须依靠党的各级组织和人民的力量，不断加强和改进党的建设、管理、监督。只有建好制度、立好规矩，把法规制度建设贯穿到反腐倡廉各个领域、落实到制约和监督权力各个方面，发挥法规制度的激励约束作用，才能筑起遏制腐败现象滋生蔓延的"堤坝"，才能推动形成不敢腐、不能腐、不想腐的有效机制。

——法规制度带有根本性、全局性、稳定性、长期性。邓小平同志说："要解决思想问题，也要解决制度问题。""这种制度问题，关系到党和国家是否改变颜色，必须引起全党的高度重视。"反腐倡廉法规制度既"禁于未然之前"，又"禁于已然之后"，为党员、干部拉起了高压线、划出了警戒线，在党风廉政建设中具有规范引导、控制约束、警戒告诫、惩罚威慑的作用。

——各级党委（党组）要坚持全面从严治党、依规治党，坚持不懈加强领导班子建设，完善党内监督体系，健全党内法规制度，锲而不舍落实中央八项规定精神，把党风廉政建设和反腐败斗争引向深入。要以党章为根本遵循、以党纪为基本准绳，全面加强纪律建设，严明政治纪律和政治规矩，维护党章党规党纪的权威性，使党内政治生活正常化。

——要坚持用制度管权管事管人，抓紧形成不想腐、不能腐、不敢腐的有效机制，让人民监督权力，让权力在阳光下运行，把权力关进制度的笼子里。

——从严治党，关键是要抓住领导干部这个“关键少数”，从严管好各级领导干部。从严管理干部，要坚持思想建党和制度治党紧密结合，既从思想教育上严起来，又从制度上严起来。我在党的群众路线教育实践活动时多次讲过，在中纪委五次全会上也讲过，要建立健全相关制度，用制度管权管事管人。要突出重点，重在管用有效，全方位扎紧制度笼子，更多用制度治党、管权、治吏。

三、关于党内法规制度建设的总体要求

党内法规姓“党”，加强党内法规制度建设必须旗帜鲜明讲政治。针对加强新时代党内法规制度建设要站稳政治立场、把牢政治方向、坚持政治原则、遵循科学规律等，习近平总书记主要作出以下重要论述。

——我国国家制度和国家治理体系之所以具有多方面的显著优势，很重要的一点就在于我们党在长期实践探索中，坚持把马克思主义基本原理同中国具体实际相结合，把开拓正确道路、发展科学理论、建设有效制度有机统一起来，用中国化的马克思主义、发展着的马克思主义指导国家制度和国家治理体系建设，不断深化对共产党执政规律、社会主义建设规律、人类社会发展规律的认识，及时把成功的实践经验转化为制度成果，使我国国家制度和国家治理体系既体现

了科学社会主义基本原则，又具有鲜明的中国特色、民族特色、时代特色。

——中国特色社会主义制度是一个严密完整的科学制度体系，起四梁八柱作用的是根本制度、基本制度、重要制度，其中具有统领地位的是党的领导制度。党的领导制度是我国的根本领导制度。党的十八大以来，我们鲜明提出“中国特色社会主义最本质的特征是中国共产党领导，中国特色社会主义制度的最大优势是中国共产党领导，党是最高政治领导力量”。这次全会强调，“必须坚持党政军民学、东西南北中，党是领导一切的，坚决维护党中央权威，健全总揽全局、协调各方的党的领导制度体系，把党的领导落实到国家治理各领域各方面各环节”。这是党领导人民进行革命、建设、改革最可宝贵的经验。我们推进各方面制度建设、推动各项事业发展、加强和改进各方面工作，都必须坚持党的领导，自觉贯彻党总揽全局、协调各方的根本要求。

——党中央集中统一领导是党的领导的最高原则，从根本上关乎党和国家前途命运、关乎人民根本利益。加强和维护党中央集中统一领导是全党共同的政治责任，首先是中央领导层的政治责任。中央政治局要带头树立政治意识、大局意识、核心意识、看齐意识，严格遵守党章和党内政治生活准则，全面落实党的十九大关于加强和维护党中央集中统一领导的各项要求，自觉在以习近平同志为核心的党中央集中统一领导下履行职责、开展工作，坚决维护习近平总书记作为党中央的核心、全党的核心地位，凝聚全党意志，激发全国各族人民充满信心朝着实现“两个一百年”奋斗目标、建设社会主义现代化强国、实现中华民族伟大复兴中国梦的宏伟目标奋勇前进。

——我反复讲，鞋子合不合脚，只有穿的人才知道。中国特色社会主义制度好不好、优越不优越，中国人民最清楚，也最有发言权。我们在这个重大政治问题上一定要有定力、有主见，决不能自失主张、自乱阵脚。全党同志特别是各级领导干部做政治上的明白人，很重要的一条就是任何时候任何情况下都要坚定中国特色社会主义道路自信、理论自信、制度自信、文化自信，真正做到“千磨万击还坚劲，任尔东西南北风”。

——准确把握加强党内法规制度建设的重大原则。要坚持正确政治方向，做到“两个确保”：确保全党坚定维护党中央权威和集中统一领导，确保党的领导更加坚强、党的执政地位更加巩固。要坚持以党章为根本遵循。党章是党的根本大法，是总章程，是总规矩。党的制度是从党章开始的，党章是一切党内法规制度的源头。决不能背离这一点。要坚持服务党和国家工作大局。我们现在工作大局是“四个伟大”、“五位一体”和“四个全面”，一定要围绕党和国家工作大局进行。

——要进一步加强党内法规制度建设。加快形成覆盖党的领导和党的建设各方面的党内法规制度体系。必须坚持正确政治方向，增强“四个意识”、坚定“四个自信”、做到“两个维护”。必须坚持以党章为根本遵循，尊崇党章、遵守党章、贯彻党章、维护党章。必须坚持民主集中制，把充分发扬党内民主和维护党的集中统一有机结合起来。必须坚持服务党和国家工作大局。必须坚持系统推进，有规可依，有规必依。必须坚持依法治国和依规治党有机统一，既依据宪法法律治国理政，又依据党内法规管党治党。

——全面从严治党的丰富实践，为党内法规制度创新奠定了坚实基础。我们深入研究探索，汲取全党智慧，坚持依规治党和以德治党相统一，坚持高标准和守底线相结合，把从严治党实践成果转化为道德规范和纪律要求，党内法规制度体系更加健全。

——民主集中制，是领导班子的根本工作制度，是党的根本组织制度和领导制度，也是中国特色社会主义民主政治的鲜明特点。民主和集中辩证统一、不可分割。只有既充分发扬民主，又实行正确集中，才能及时集中正确意见，及时纠正不正确的意见和做法。

——民主集中制是党的根本组织制度，也是中央政治局开展工作的基本原则。中央政治局要在坚持民主集中制方面成为全党典范，坚持民主基础上的集中和集中指导下的民主相结合。我们既要充分发扬民主，又要善于集中统一。在作出决策前，大家要充分发表意见。在作出决策后，大家就要严格按照党中央决策行事，不能各行其是，不能会上一套、会下一套，会上不说、会后乱说。这就像一个交响乐团，可以各有各的乐器，有小提琴、大提琴、中提琴，有长号、圆号、小号，还有其他乐器，但大家都要按照一张乐谱演奏，都要听乐队指挥的，那才能演奏优美雄壮的音乐。如果各奏各的调、各吹各的号，杂音噪音一片，那就不成调了。

四、关于推进党内法规制度体系建设

党的十八大以来的党内法规制度建设，一个重要目标就是形成比较完善的党内法规体系，这既是建设中国特色社会主义法治体系的重要任务，也是推进国家治理体系和治理能力现代化的必然要求。在推进党内法规体系化建设方面，习近平总书记主要作出以下重要论述。

——党的十八大强调，要把制度建设摆在突出位置，充分发挥我国社会主义政治制度优越性。我们要坚持以实践基础上的理论创新推动制度创新，坚持和完善现有制度，从实际出发，及时制定一些新的制度，构建系统完备、科学规范、运行有效的制度体系，使各方面制度更加成熟更加定型，为夺取中国特色社会主义新胜利提供更加有效的制度保障。

——国家治理体系和治理能力是一个国家制度和制度执行能力的集中体现。国家治理体系是在党领导下管理国家的制度体系，包括经济、政治、文化、社会、生态文明和党的建设等各领域体制机制、法律法规安排，也就是一整套紧密相连、相互协调的国家制度；国家治理能力则是运用国家制度管理社会各方面事务的能力，包括改革发展稳定、内政外交国防、治党治国治军等各个方面。国家治理体系和治理能力是一个有机整体，相辅相成，有了好的国家治理体系才能提高治理能力，提高国家治理能力才能充分发挥国家治理体系的效能。

——认真贯彻落实《中共中央关于加强党内法规制度建设的意见》，以改革创新精神加快补齐党建方面的法规制度短板，力争到建党 100 周年时形成比较完善的党内法规制度体系，为提高党的执政能力和领导水平、推进国家治理体系和治理能力现代化、实现中华民族伟大复兴的中国梦提供有力的制度保障。

——要把制度规范体系凸显出来，真正要把“四梁八柱”和“添砖加瓦”都搞好。已经“梁柱”的，就要解决怎么“添砖加瓦”，尚未“梁柱”的，就要“立柱架梁”，把这些工作做起来。

——落实党的十八届三中全会以来中央确定的各项改革任务，前期重点是夯基垒台、立柱架梁，中期重点在全面推进、积厚成势，现在要把着力点放到加强系统集成、协同高效上来，巩固和深化这些年来我们在解决体制性障碍、机制性梗阻、政策性创新方面取得的改革成果，推动各方面制度更加成熟更加定型。

——党的十八届四中全会把形成完善的党内法规体系纳入全面推进依法治国的总目标，对增强党内法规制度的系统性和有效性提出了新的要求。这方面工作，中央和地方各级党委都要高度重视。要认真总结党的建设实践经验，及时把比较成熟、普遍适用的经验提炼上升为制度，同时要加强党内法规制度建设理论研究和宏观设计，形成定期评估、清理、修订机制，该填充的填充，该链接的链接，该替换的替换，使党内各项法规制度便利管用，在全面从严治党中发挥更大作用。

——增强依法执政本领，加快形成覆盖党的领导和党的建设各方面的党内法规制度体系，加强和改善对国家政权机关的领导。

——着眼于加强党的长期执政能力建设、先进性和纯洁性建设，着力补短板、强弱项，健全各方面风险防控机制，不断构建系统完备、科学规范、运行有效的制度体系，完善决策科学、执行坚决、监督有力的权力运行机制。

——把好干部选用起来，需要科学有效的选人用人机制。多年来，我们在这方面进行了积极探索，形成了不少好制度好办法，但还不能很好适应新形势下选人用人需要。要紧密结合干部工作实际，认真总结，深入研究，不断改进，努力形成系统完备、科学规范、有效管用、简便易行的制度机制。

——关键是要加强权力运行制约和监督，健全权力运行制约和监督体系，让人民监督权力，让权力在阳光下运行，把权力关进制度的笼子里，不断形成不敢腐的惩戒机制、不能腐的防范机制、不易腐的保障机制。

——关键是要抓住制度建设这个重点，以完善公务接待、财务预算和审计、考核问责、监督保障等制度为抓手，努力建立健全立体式、全方位的制度体系，以刚性的制度约束、严格的制度执行、强有力的监督检查、严厉的惩戒机制，切实遏制公款消费中的各种违规违纪违法现象。

五、关于提高党内法规制定质量

经过这些年的党内法规制度建设，建章立制工作正在从数量增长型向质量提升型转变，立规工作要紧紧扭住提高制定质量这个关键。在这方面，习近平总书记主要作出以下重要论述。

——要加快制度创新，增加制度供给，完善制度配套，强化制度执行，让制度成为刚性的约束和不可触碰的高压线。

——要搞好制度“供给侧结构性改革”。我在中央和国家机关党的建设工作会议上专门强调了这个问题。经过这几年努力，党内法规制度体系的“四梁八柱”基本立起来了，总体上实现了有规可依。但是现有党内法规还不能很好满足全面从严治党的需要，制度空白与制度过剩现象并存，存在一些结构性问题。党中央明确提出，到建党100周年时要形成比较完善的党内法规制度体系。各地区各部门要加大党内法规制定力度，补齐制度短板。要扭住提高质量这个关键，坚持问题导向，基础主干法规要补上，作出的规定要切实管用。要把比较成熟、普遍适用的实践经验提炼为制度规定，使党的领导和党的建设各方面法规制度相协调，下位法规制度同上位法规制度相衔接，实体性、程序性和保障性法规制度相配套，形成整体效应。同时要做好备案审查工作，坚持有件必备、有备必审、有错必纠，维护党内法规和党的政策的统一性权威性。

——要务实管用、简便易行。刘邦进军关中，“约法三章”就管住了部属、赢得了民心。红军“三大纪律八项注意”通俗易懂、便于执行。法规制度不在多，而在精；不在形式花哨，而在务实管用；不在内容繁杂，而在简便易行。

——制度不在多，而在于精，在于务实管用，突出针对性和指导性。如果空洞乏力，起不到应有的作用，再多的制度也会流于形式。牛栏关猫是不行的！要搞好配套衔接，做到彼此呼应，增强整体功能。

——党的十八大以来，党中央加强了对经济工作的领导，中央政治局常委会、中央政治局定期研究分析经济形势、决定重大经济事项，中央财经领导小组及时研究经济社会发展重大问题，中央全面深化改革领导小组及时研究经济社会领域重大改革。这些制度要继续坚持并不断完善，把行之有效的做法制度化、规范化。要完善对党中央决策部署的执行、监督、考评、奖惩等工作机制，落实主体责任，确保令行禁止。

——要加强党委领导经济社会发展工作的制度化建设，完善党委研究经济社会发展战略、定期分析经济形势、研究重大方针政策的工作机制，推动党领导经济社会发展制度化、规范化、程序化。各级党委要加强对本地区经济社会发展工作的领导，强化重大事项的决策权、监督权，确保党中央决策部署落到实处。

——我们要继续推进党的领导制度化、法治化，不断完善党的领导体制和工作机制，把党的领导贯彻到全面依法治国全过程和各方面。

——要把围绕为民务实清廉建立健全工作制度、管理制度、考核制度作为重要内容。对已有相关制度进行梳理，经实践检验行之有效、群众认可的，要予以重申，继续坚持、抓好落实，严肃纪律，形成刚性约束；不适应新形势新任务要求的，该修改完善的就修改完善，该废止的就废止，该制定新的就制定新的。要总结新的实践经验，建立新的制度。

——要着眼长远、标本兼治，建立健全规章制度，把制度笼子扎紧，确保形成的制度行得通、指导力强、能长期管用，推动作风建设长效化、常态化。

——反腐倡廉法规制度建设，关键是制约和监督权力。腐败的本质是权力出轨、越轨，许多腐败问题都与权力配置不科学、使用不规范、监督不到位有关。反腐倡廉法规制度建设要围绕授权、用权、制权等环节，合理确定权力归属，划清权力边界，厘清权力清单，明确什么权能用、什么权不能用，强化权力流程控制，压缩自由裁量空间，杜绝各种“暗箱操作”，把权力运行置于党的组织和人民群众监督之下，最大限度减少权力寻租的空间。

——要健全完善制度，以党章为根本遵循，本着于法周延、于事有效的原则，制定新的法规制度，完善已有的法规制度，废止不适应的法规制度，健全党内规则体系，扎紧党纪党规的笼子。

——反腐倡廉法规制度建设系统性强，要坚持问题导向、突出重点，充分体现科学性、针对性、可操作性。要坚持宏观思考、总体规划。要抓紧完善反腐倡廉的基本法规制度，修订廉政准则、党内监督条例、纪律处分条例、巡视工作条例、行政监察法，研究制定派驻纪检机构工作条例、纪律审查工作条例等。既要注意体现党章的基本原则和精神，符合国家法律法规，也要同其他方面法规制度相衔接，使实体性法规制度和程序性法规制度、综合性规定和专门性规定、下位法规制度和上位法规制度相互协调、相辅相成，提升法规制度整体效应。

——要系统完备、衔接配套。要立治有体、施治有序，零打碎敲不行，碎片化修补也不行。这些年来，从中央到地方搞了不少制度性规范，但有的过于原则、缺乏具体的量化标准，形同摆设；有的相互脱节、彼此缺乏衔接和协调配合，形不成系统化的制度链条，产生不了综合效应；有的过于笼统、弹性空间大，牛栏关猫，很多腐败问题不仅没有遏制住，反而愈演愈烈。

——要把反腐倡廉法规制度的笼子扎细扎密扎牢，必须做到前后衔接、左右联动、上下配套、系统集成。

——要责任明确、奖惩严明。反腐倡廉法规制度建设必须做到要素齐全，既有激励性，又有惩戒性，使遵守者得到表彰奖励，违反者受到严厉惩处。有些法规制度为什么执行不了、落实不下去？就是因为责任不明确、奖惩不严格，违反了法规制度怎么惩罚无章可循。要明确责任主体，确保可执行、可监督、可检查、可问责。

——有些规定为什么做不到？是因为一些老规定已经同现实脱节了，而新规定又没有制定出来。有的人觉得改变某些老规定会不会违背什么原则，不想去做。实际上，不制定新规定，沿用不适应形势发展的老的那一套，就等于没有规定，没有规定就无所适从，结果有些问题就会泛滥。现在，党风廉政建设有关规定、标准、制度、政策还没有到位，或者比较笼统。下一步还要继续研究，规定要很具体、符合实际、精准化，执行能力也要跟上去，能够执行好并切实解决问题。

六、关于提升党内法规执行力

党内法规制度建设这篇大文章由上下两篇构成，上篇是建章立制，下篇是贯彻落实。如果下篇没做好，有规不依、执规不严、违规不究，那么制定出台再多的党内法规也无益于全面从严治党。针对提升党内法规制度执行力，习近平总书记主要作出以下重要论述。

——法规制度的生命力在于执行。“盖天下之事，不难于立法，而难于法之必行。”现在，我们有法规制度不够健全、不够完善的问题，但更值得注意的是已有的法规制度并没有得到严格执行。现实生活中，组织不执行法规制度、个人不遵守法规制度的现象比比皆是。有的法规制度意识淡薄，没有养成按照法规制度办事的习惯；有的对法规制度阳奉阴违，搞“上有政策、下有对策”；有的对法规制度采取实用主义态度，合意的就执行，不合意的就不执行；有的甚至根本没有把法规制度放在眼里，为所欲为、独断专行，将个人凌驾于法规制度之上，使法规制度形同虚设。多年来的实践告诉我们，贯彻执行法规制度没有绝招，关键在真抓，靠的是严管。

——强化法规制度意识。要在全党开展法规制度宣传教育，引导广大党员、干部牢固树立法治意识、制度意识、纪律意识，懂法纪、明规矩，知敬畏、存戒惧，形成尊崇制度、遵守制度、捍卫制度的良好氛围。要发挥领导干部“关键少数”的模范带头作用。领导干部不论职务多高、资历多深、贡献多大，都要严格按法规制度办事，坚持法规制度面前人人平等、遵守法规制度没有特权、执行法规制度没有例外。越是领导干部，越是主要领导干部，越要自觉增强法规制度意识，以身作则，以上率下，尤其要善于依法规制度谋事、依法规制度管人、依法规制度用权，自觉维护法规制度的严肃性和权威性。

——制度一经形成，就要严格遵守，坚持制度面前人人平等、执行制度没有例外，坚决维护制度的严肃性和权威性，坚决纠正有令不行、有禁不止的各种行为，使制度真正成为党员、干部联系和服务群众的硬约束，使贯彻党的群众路线真正成为党员、干部的自觉行动。

——党的十八大以来，我们制定和修订了 140 多部中央党内法规，出台了一批标志性、关键性、基础性的法规制度，有规可依的问题基本得到解决，下一步的重点是执规必严，使党内法规真正落地。

——很多问题，不是没有政策规定，而是有政策规定却不执行。有些政策规定是约束性的，有些明确是刚性要求，却成了“稻草人”，成了摆设。这样就会形成“破窗效应”，打碎一块玻璃没人管，最后所有玻璃都会被打碎，因为打了不受惩罚。很多方面都有政策规定，现在也还适用，就是因为讲面子、讲人情，最后都被突破了。

——要抓好制度的执行。当前党内法规执行情况总体上是好的，但也存在一些重制定、轻执行的问题，有的制度先紧后松，有的上紧下松，有的外紧内松，有的违反之后未得到及时惩处，产生“破窗效应”。要严格责任追究，对于违规、变通、规避行为，发现一起查处一起。各级领导干部特别是一把手一定要发挥示范带头作用，上行下效、上率下行，让遵守法规制度蔚然成风，切实做到有规可依、有规必依、执规必严、违规必究。

——制定纪律就是要执行的。“不以规矩，不能成方圆”“木受绳则直，金就砺则利”，讲的就是这个道理。党的规矩，党组织和党员、干部必须遵照执行，不能搞特殊、有例外。各级党组织要敢抓敢管，使纪律真正成为带电的高压线。

——我们的制度不少，可以说基本形成，但不要让它们形同虚设，成为“稻草人”，形成“破窗效应”。很多情况没有监督，违反了也没有任何处理。这样搞，谁会把制度当回事呢？我们党的制度是从党章开始的，学习党章学了半天，最后还是视而不见、听而不闻，这不行！我们的制度有些还不够健全，已经有的铁笼子门没关上，没上锁。或者栅栏太宽了，或者栅栏是用麻秆做的，那也不行。现有制度都没执行好，再搞新的制度，可以预言也会是白搭。所以，我说一分部署还要九分落实。制定制度很重要，更重要的是抓落实，九分气力要花在这上面。我们抓八项规定、抓作风建设，为什么要扭住不放？就是要落到地，巩固下来，长效化，那么成绩就很了不起，才有集中精力办一些新的事的前提条件。

——有了好的制度如果不抓落实，只是写在纸上、贴在墙上、锁在抽屉里，制度就会成为稻草人、纸老虎。

——要强化制度执行，加强监督检查，确保出台一个就执行落实好一个。要坚持执行制度没有例外，对违反制度规定踩“红线”、闯“雷区”的，要零容忍，发现一起就坚决查处一起。

——要增强制度执行力，制度执行到人到事，做到用制度管权管事管人。制定制度要广泛听取党员、干部意见，从而增加对制度的认同。要坚持制度面前人人平等、执行制度没有例外，不留“暗门”、不开“天窗”，坚决维护制度的严肃性和权威性，坚决纠正有令不行、有禁不止的行为，使制度成为硬约束而不是“橡皮筋”。

——要提高制度执行力，让制度、纪律成为带电的“高压线”，使查处违纪违法问题制度化、经常化，使党员、干部心有所畏、言有所戒、行有所止。

——组织对党员、干部的管理已有的制度很多，主要问题是执行不力、约束不强。有的满足于开会、发文件，只有一般性要求而缺乏针对性措施；有的奉行好人主义，在管理上不动真碰硬，睁只眼闭只眼，甚至放任自流；有的只管有任免权的，凡是上级党的组织任命的一概不管，认为他们即使有问题也与本级党的组织无关，不要和尚训道士——管得宽；有的管工作不管人头、管人头不管思想，不注重咬耳朵、扯袖子；有的只管八小时以内不管八小时以外，对党员、干部业余情况的了解一片空白，认为那是个人的“私人生活”“自由空间”，管了吃力不讨好。解决这些问题，根本在于严格管理标准、延伸管理链条、落实管理责任，使每个党员、干部都及时纳入组织管理，使党组织对每个党员、干部都做到情况明、问题清、措施实。

——针对领导干部的各项规定要真正落到实处，必须发扬“钉钉子”精神，贵在持久，形成自觉、形成习惯，不能狗熊掰棒子，掰一个丢一个。实际上有时候作出的决定也不少，为什么没有效应？就是重制定、轻执行。领导同志不仅要经常要求，还要反复检查督促。否则，自己松一寸，下面就可能松一尺。过去一些规定没有很好落实，甚至在落实中出现反弹，是有教训的。这方面，我们一定要总结经验、吸取教训。

——制度约束是刚性约束，出台要慎重，既然出台了，就是我们必须履行的职责了，就必须令行禁止。言必行、行必果。

——这些年，一些潜规则侵入党内，并逐渐流行起来，有的人甚至以深谙其道为荣，必须引起我们高度警觉。比如，在思想政治上，一些人信奉“马列主义对人，自由主义对己”，“两个嘴巴说话，两张面孔做人”；在组织生活中，一些人信奉“自我批评摆情况，相互批评提希望”，“你不批我，我不批你；你若批我，我必批你”，“上级对下级，哄着护着；下级对上级，捧着抬着；同级对同级，包着让着”；在执行政策中，一些人信奉“遇到黄灯跑过去，遇到红灯绕过去”，“不求百姓拍手，只求领导点头”；在干部任用中，一些人信奉“不跑不送、降职使用，只跑不送、原地不动，又跑又送、提拔重用”；在人际交往中，一些人信奉“章子不如条子，条子不如面子”，“有关系走遍天下，没关系寸步难行”。这些潜规则看起来无影无踪、却又无处不在，听起来悖情悖理、却可畅通无阻，成为腐蚀党员和干部、败坏党的风气的沉疴毒瘤。如果任其大行其道，我们的党风、政风、社会风气又谈何好转？破除潜规则，根本之策是强化明规则，以正压邪，让潜规则在党内以及社会上失去土壤、失去通道、失去市场。全党上下，任何一级组织、任何一名党员和干部都要严格遵守党的组织制度和党的法规纪律，对党忠诚，光明磊落，公道正派。

——党的十八大以来，我们坚持真管真严、敢管敢严、长管长严，坚持把纪律挺在前面，坚持纪严于法、纪在法前，运用监督执纪“四种形态”，以高压态势作为坚强后盾，在用好第一种形态上下功夫，强化日常管理监督，发现问题及时谈话函询、提醒纠正，让党员、干部真切感受到严管就是厚爱、治病为了救人，更加相信组织、信赖组织，更加严格地要求自己。

——党的十八大以来，我们直面党内存在的种种问题和弊端，从制定和执行中央八项规定破题，解决了新形势下作风建设抓什么、怎么抓的问题，推动了全面从严治党，推动了党风、政风、社风好转。党的十九大之后，我们针对新情况新问题，修订了中央八项规定实施细则，继续落实中央八项规定精神。中央政治局的同志要带头严格执行中央八项规定精神，同时要从严抓好分管地方和部门贯彻执行中央八项规定精神的工作。要聚焦突出问题、紧盯关键节点，下大气力解决“四风”问题，不能虎头蛇尾，不能搞成“半拉子工程”，更不能搞形式走过场。

——领导干部不要当法盲，也不要当党规盲。要组织领导干部学习党章、学习党规，不要老是犯了法、违了纪都说不知道。

——在这次主题教育活动中，要把学习对照党内重要法规作为重要内容，要求党员领导干部重读，并进行对照检视。

——我们总体上已进入有规可依的阶段，目前的主要问题是有规不依、落实不力。一些部门执行制度先紧后松、上紧下松、外紧内松，制度成了“橡皮筋”“稻草人”，产生“破窗效应”。要带头学习、遵守、执行党章党规，从基本制度严起、从日常规范抓起。中央和国家机关工委要加强督促检查，对党内法规制度执行不力、落实不好、问题突出的，要敢于亮黄牌、掏红牌。

——党内法规不少，主要问题在于执行不力，有的是缺乏执行能力，有的是缺乏执行底气。要强化法规制度执行，不能打折扣。

——全面从严治党必须坚持严字当头，做到失责必问、问责必严，把制度的刚性立起来。各级党委（党组）要负起主体责任，纪委要履行好监督专责。党的工作机关要立足本职，敢于问责、善于问责，提高制度化、规范化水平。要坚持严管厚爱结合、激励约束并重，对受到问责、过后表现突出的干部，符合条件该使用的可继续使用，树立鲜明的干事导向。

——要以钉钉子精神抓好制度执行。有没有法规很重要，更加重要的是提高法规执行力。现在，有同志讲，党内法规执行还存在“上热中温下冷”，先紧后松、上紧下松、外紧内松等现象，机械执行、选择执行、繁琐执行、变通执行问题都不少。一些党员领导干部党规意识淡薄，执规能力不强，对出台的党内法规不学不懂不了解，没有真正把制度要求落实到位。要把制度的刚性立起来。要压实执规责任，严格落实执规责任制。要严肃查处违反和破坏党内法规的各种行为，防止形成“破窗效应”。

——我们出台的党内法规，从党章到各方面的法规，要执行好首先就要学习好，要学习好就要有必要的时间，让党员干部特别是各级领导干部把党内法规学习好、理解好，把党内法规执行好。

——“纵有良法美意，非其人而行之，反成弊政。”制度的生命力在于执行。现在，有的人对制度缺乏敬畏，根本不按制度行事，甚至随意更改制度；有的人千方百计钻制度空子、打擦边球；有的人不敢也不愿遵守制度，极力逃避制度的约束和监管，等等。要强化制度执行力，加强制度执行的监督，切实把我国制度优势转化为治理效能。各级党委和政府以及领导干部要增强制度意识，善于在制度的轨道上推进各项事业。广大党员、干部要做制度执行的表率，引领全社会增强制度意识，自觉维护制度权威。

——法规的生命力在于执行，所以要把执行体系凸显出来。制定出来以后根本就没有什么对应性，也没有什么约束性，这种法规就没有意思，一定不能变成“稻草人”。所以要做好这种宣传教育。还要加强检查督促，监督工作也要跟上。各级各类党的组织都是党内法规执行主体，要把执规责任扛起来。

——奉法者强则国强，奉法者弱则国弱。令在必信，法在必行。制度的生命力在于执行，关键在真抓，靠的是严管。

——制度的刚性和权威必须牢固树立起来，不得作选择、搞变通、打折扣。

——对任何地方、任何时候、任何人，凡是需要追责的，必须一追到底，决不能让制度规定成为“没有牙齿的老虎”。

——要使制度真正生根生效，关键是领导干部要发挥带头作用，中央政治局的同志要首先带头，最重要的是在坚决维护党中央权威和集中统一领导、坚决执行党和国家各项制度、坚决贯彻党中央重大决策部署上带好头。

——在领导干部中，发挥好“一把手”在贯彻落实准则、条例上的示范表率作用，对管理好领导班子和领导干部具有重要意义。要加强对“一把手”教育的针对性、管理的经常性、监督的有效性，促使各级“一把手”带头遵守党章党规和宪法法律，认真贯彻执行民主集中制，不断增强党性修养，做到位高不擅权、权重不谋私。

——坚持有责必问、问责必严，把监督检查、目标考核、责任追究有机结合起来，形成法规制度执行强大推动力。问责的内容、对象、事项、主体、程序、方式都要制度化、程序化。问责既要对事、也要对人，要问到具体人头上。要把法规制度执行情况纳入党风廉政建设责任制检查考核和党政领导干部述职述廉范围，通过严肃追究主体责任、监督责任、领导责任，让法规制度的力量在反腐倡廉建设中得到充分释放。纪律检查机关要加大监督检查力度，对有令不行、有禁不止的，不仅要严肃查处直接责任人，而且要严肃追究相关领导人员的责任。

七、关于党规与国法关系

如何准确把握、正确处理党规与国法关系，这是法治中国建设必须解决好的重大问题。在这方面，习近平总书记主要作出以下重要论述。

——要健全党领导全面依法治国的制度和工作机制，推进党的领导制度化、法治化，通过法治保障党的路线方针政策有效实施。要坚持依法治国和依规治党有机统一，确保党既依据宪法法律治国理政，又依据党内法规管党治党，从严治党。

——依规治党深入党心，依法治国才能深入民心。

——全面依法治国必须正确处理政治和法治、改革和法治、依法治国和以德治国、依法治国和依规治党的关系。社会主义法治必须坚持党的领导，党的领导必须依靠社会主义法治。“改革与法治如鸟之两翼、车之两轮”，要坚持在法治下推进改革，在改革中完善法治。要坚持依法治国和以德治国相结合，实现法治和德治相辅相成、相得益彰。要发挥依法治国和依规治党的互补性作用，确保党既依据宪法法律治国理政，又依据党内法规管党治党、从严治党。

——党和法的关系是政治和法治关系的集中反映。法治当中有政治，没有脱离政治的法治。西方法学家也认为公法只是一种复杂的政治话语形态，公法领域内的争论只是政治争论的延伸。每一种法治形态背后都有一套政治理论，每一种法治模式当中都有一种政治逻辑，每一条法治道路底下都有一种政治立场。我们要坚持的中国特色社会主义法治道路，本质上是中国特色社会主义道路在法治领域的具体体现；我们要发展的中国特色社会主义法治理论，本质上是中国特色社会主义理论体系在法治问题上的理论成果；我们要建设的中国特色社会主义法治体系，本质上是中国特色社会主义制度的法律表现形式。我们有符合国情的一套理论、一套制度，同时我们也抱着开放的态度，无论是传统的还是外来的，都要取其精华、去其糟粕，但基本的东西必须是我们自己的，我们只能走自己的道路。我们是中国共产党执政，各民主党派参政，没有反对党，不是三权鼎立、多党轮流坐庄，我国法治体系要跟这个制度相配套。

——要正确处理党的政策和国家法律的关系。我们党的政策和国家法律都是人民根本意志的反映，在本质上是一致的。党的政策是国家法律的先导和指引，是立法的依据和执法司法的重要指导。要善于通过法定程序使党的主张成为国家意志、形成法律，通过法律保障党的政策有效实施，确保党发挥总揽全局、协调各方的领导核心作用。党的政策成为国家法律后，实施法律就是贯彻党的意志，依法办事就是执行党的政策。

——需要明确的是，在我们国家，法律是对全体公民的要求，党内法规制度是对全体党员的要求，而且很多地方比法律的要求更严格。我们党是先锋队，对党员的要求应该更严。全面推进依法治国，必须努力形成国家法律法规和党内法规制度相辅相成、相互促进、相互保障的格局。

——要完善党内法规制定体制机制，注重党内法规同国家法律的衔接和协调，构建以党章为根本、若干配套党内法规为支撑的党内法规制度体系，提高党内法规执行力。党章等党规对党员的要求比法律要求更高，党员不仅要严格遵守法律法规，而且要严格遵守党章等党规，对自己提出更高要求。

——党的性质、宗旨都决定了纪严于法、纪在法前。要把党的纪律和规矩挺在前面，用纪律和规矩管住大多数，使所有党员干部严格执行党规党纪、模范遵守法律法规。

——要坚持依法治国、依规治党，把纪律和规矩挺起来、立起来，严格按照纪律和法律的尺度，把执法和执纪贯通起来，使全面从严治党的任务真正得到落实。

——要坚持纪严于法、纪在法前，实现纪法分开。过去就存在纪法不分问题，把公民不能违反的法律底线作为党组织和党员的纪律底线，降低了对党员要求，最后造成的结果就是“违纪只是小节、违法才去处理”，“要么是好同志、要么是阶下囚”的不良后果。这次对中国共产党廉政准则、党纪处分条例的修订，去除了与国家法律法规重复的内容，不是说不要法了，而是法早就在那挺着了、立着了，纪律就是纪律，纪在法前，这应该说是党的十八大以来制度创新的又一成果。

八、关于推进党内法规制度建设的科学方法

习近平总书记非常重视方法论，在制度建设特别是党内法规制度建设的方法方面也有许多重要论述。

——制度更加成熟更加定型是一个动态过程，治理能力现代化也是一个动态过程，不可能一蹴而就，也不可能一劳永逸。我们提出的国家制度和国家治理体系建设的目标必须随着实践发展而与时俱进，既不能过于理想化、急于求成，也不能盲目自满、故步自封。

——要提高制度设计的科学性。长期以来，我们制定的不少制度规定流于形式，其中一个重要原因就是制度本身不科学，脱离实际、没有可行性，有的规定过于原则、操作性不强，有的只有要求没有问责、刚性约束力不够，还有的规定交叉重复甚至文件打架。要提高党内法规制定质量，深入调查研究，广泛征求意见，掌握制度建设的周期性规律，及时进行立、改、废，既保证制度的活力，又注意保持制度的稳定性，不能朝令夕改、频繁“翻大饼”，确保每项法规制度都立得住、行得通、管得了。

——要坚持科学立规、民主立规，确保每项党内法规都立得住、行得通、管得了。不要搞那种形式主义，写一堆套话，最后都没有用，就是凑份子，与其这样不如不立。提高法规文件质量要注重严谨性，包括文字的精练、准确，于法周延、于规周详。制定法规文件不要着急，得慢慢磨，要有调查研究的基础，对于党章要有深刻的理解，相关联的一些规则都要熟悉，知道它们相互关系。已经有规定的就不必再去重复规定，属于别的法规管的事情就不必在这个法规里规定，一个法规就管某一方面问题，要保证针对性很强。

——贯彻落实中央八项规定精神也要实事求是，要考虑国情和党情，要考虑制度建设的周期，还要考虑一些条件和技术手段的局限。有些事情目前做不到就先不要强求，有些事情一下全面推开做不到就先试点，有些事情暂时做不到也不必急于做，可以等条件成熟了以后再做，不要搞层层加码，否则欲速则不达。

——抓制度，要把握共性要求，研究个性特点，注重体现作风建设要求，体现机关管理和干部管理规律，体现广大群众意愿，确保形成的制度行得通、指导力强、能长期管用。

——要本着于法周延、于事简便的原则，体现改革精神和法治思维，把中央要求、群众期盼、实际需要、新鲜经验结合起来，努力形成系统完备的制度体系。

——问题是时代的声音。反腐倡廉建章立制怎么做？那就要有什么漏洞堵什么漏洞，有什么问题解决什么问题，兵来将挡，水来土掩。

——编制党内法规制定工作五年规划是一个创新之举，是推进党的建设制度化的一个重要举措。通过制定实施《中央党内法规制定工作五年规划纲要（2013—2017 年）》，加强顶层设计、综合配套，有利于解决党内法规体系建设滞后问题。要做好统筹规划。现在党内法规体系建设滞后，今后 5 年党内法规建设任务相当重。要区分哪些是要及时修订立即出台的，哪些是 5 年内必须完成的，哪些是 5 年内要积极探索、为今后打下基础的，同时抓紧制定贯彻落实任务分工方案，从而有目标、有分工、有步骤地推进。

——这个《中央党内法规制定工作第二个五年规划（2018—2022 年）》是一个新的规划，上一届制定了一个五年规划纲要。这个规划要求更高了，是面向建党 100 周年对新时代党内法规制度建设进行顶层设计，这也是有必要的。我们党是最高政治领导力量，党是领导一切的，总揽全局、协调各方，这就决定党内法规制度建设必然要涵盖党的领导和党的建设各个方面，意义十分重大。

综上所述，党的十八大以来，习近平总书记关于加强党内法规制度建设的重要论述很深刻、很全面、很有现实针对性和实践指导性，这一科学的、开放的、不断丰富发展的理论，为加强新时代党内法规制度建设提供了理论指导和行动指南，它指导新时代党内法规制度建设取得历史性成就，引领新时代党内法规制度建设沿着正确方向继续阔步前进。

加强党内法规制度建设，必须坚决贯彻落实党的指导思想。在党的十九届四中全会上，习近平总书记深刻指出党的指导思想对制度建设的指导作用："我国国家制度和国家治理体系之所以具有多方面的显著优势，很重要的一点就在于我们党在长期实践探索中，坚持把马克思主义基本原理同中国具体实际相结合，把开拓正确道路、发展科学理论、建设有效制度有机统一起来，用中国化的马克思主义、发展着的马克思主义指导国家制度和国家治理体系建设，不断深化对共产党执政规律、社会主义建设规律、人类社会发展规律的认识，及时把成功的实践经验转化为制度成果，使我国国家制度和国家治理体系既体现了科学社会主义基本原则，又具有鲜明的中国特色、民族特色、时代特色。”习近平总书记关于制度建设的这一重要论述，不仅适用于国家制度建设，而且适用于党内法规制度建设，对整个党和国家制度建设具有重要指导意义。

在革命建设改革各个历史时期，党内法规制度建设与党的指导思想从来都是密不可分，党内法规制度建设总是在党的指导思想正确指引下进行的制度建设。一方面，党内法规制度建设要依靠党的指导思想的正确指引。党内法规制度属于上层建筑范畴，无论是党的领导制度还是党的建设制度，都具有十分鲜明的政治性，党内法规制度建设总是以党的指导思想为指引，有什么样的指导思想就会有什么样的制度建设，指导思想的发展完善必然带来相应的制度变革和制度创新。另一方面，党的指导思想时刻发挥对党内法规制度建设的指引作用。党的指导思想作为党和国家治理的行动指南，要对实施党和国家治理作出全面部署，要明确党和国家治理的方向、目标和基本原则等，包括党和国家制度建设活动在内的一切党和国家治理活动，都必须全面贯彻落实党的指导思想，党和国家制度建设的政治立场、价值取向、基本原则、战略目标以及重要制度安排，都必须自觉同党的指导思想对标对表，把党的指导思想的各方面要求转化为党内法规制度的具体规定。

党内法规制度建设必须遵循党的指导思想要求、转化党的指导思想精神、巩固党的指导思想地位，这是党内法规制度建设必须遵循的政治逻辑。在新时代坚持和发展中国特色社会主义、建设社会主义现代化强国的历史进程中，习近平新时代中国特色社会主义思想是党和国家必须长期坚持的指导思想，而党内法规制度是党和国家治理的重要遵循，通过十九届四中全会审议通过的《中共中央关于坚持和完善中国特色社会主义制度、推进国家治理体系和治理能力现代化若干重大问题的决定》实现二者全方位对接，把党的指导思想的基本要求转化为明确的制度规定，这就进一步巩固了指导思想在党和国家治理中的地位，为党的指导思想的贯彻落实提供了坚强制度保障。

学　理

学理为党内法规制度建设提供智识支持。

学理主要依靠学者提供。学者是社会良心。专家学者关于党内法规的理论研究具有学术性、独立性、创新性、批评性等特质，通过对党内法规制度现象这一独特社会现象的研究分析，探究其中蕴含的学理，提出自己的理论主张，并通过发表著述、讲演、参与党内法规制定和实施等多种方式，介绍和传播其理论见解，影响人们对党内法规的认识和看法，发挥宣传和引导党内法规制度建设的作用。

没有学术的繁荣，就很难有实务的理性。不可能以学理之昏昏带来实践之昭昭，不可能以学理之贫血成就实践之强壮。因此，加强党内法规制度建设，提升党内法规制度建设科学化水平，需要以科学的态度钻研学理、随着实践发展不断丰富学理，形成和发展党内法规的学术体系、理论体系、学科体系、话语体系。

一、学理探究

学理探究是一个渐次深入的学术钻研过程。由浅至深，针对党内法规的学理探究可以分为 4 个层次，即对党内法规制度现象的事实描述、因果解释、学术批评和理论建构。

第一层次：事实描述。

党内法规理论研究以党内法规制度现象为研究对象。所谓党内法规制度现象，就是围绕党内法规制度的制定和实施所发生的相关事件和活动，以及由此形成的党务关系。其中，与党内法规制度制定有关的事实主要包括制定背景、制定主体、制定过程、制度安排、发布形式和时间等；与党内法规制度实施有关的事实主要有执行主体、适用对象、个案事实、组织决定及其执行、对当事人权益产生的影响、社会反响等。

研究者在对特定党内法规制度现象发表见解之前，首先得搞清楚其所要研究的对象“是什么”，如果连事实都不甚清楚就匆忙发表议论，无异于沙滩上起楼，事实上的似是而非容易产生主张上的一知半解。党内法规制定和实施过程中到底发生了什么故事？亲历者未必去研究，研究者往往未亲历。一个故事结束后，如同一件瓷器摔碎了。研究者要完成事实描述的任务，就要找到尽可能多的故事碎片，最大限度地还原事实。这是一个搜索、比对、拼接的过程，如同找到散失的碎片并用其复原一个瓷瓶。

首先，研究者要努力找到那些散失的党内法规制度现象碎片。偏听则暗、兼听则明，信息搜集应当视野开阔点、方法多点。主要包括：查询档案资料，无论是制定还是执行党内法规，一般都会留有一些书面资料，记录党内法规的制定或者适用过程，反映领导批示、会议研究讨论情况、调研座谈情况或者个案调查取证情况等；访谈当事人，参与党内法规制定和实施的相关主体，是特定党内法规制度现象的制造者，在故事中扮演过不同角色，作为亲历者，其所见所闻所想往往超出档案资料记录范围；访谈旁观者，角色决定角度，所谓“当局者迷、旁观者清”，旁观者的超然往往能看见当事人无法看到、不愿看到或者虽然看到但不愿说出来的东西；查阅相关报道，一部党内法规出台后或者一件影响较大的个案发生后，经常会有一些宣传报道，其所传递的信息对还原现象很有帮助。

其次，研究者要对收集到的党内法规制度现象碎片作认真比对。事实是客观的，但用来反映事实的相关信息有可能是主观的。无论对于参与者还是旁观者而言，其所看到、听到的党内法规制定过程与个案适用过程，或多或少带有一些主观判断，而当其基于种种考虑说出其所见所闻时，其实又进行了一次主观加工。况且，一些档案资料或者当事人描述，有可能隐去不便记下来或者说出来的真实信息，甚至还可能存在有意无意的“信息造假”问题。这就意味着，在研究者掌握的描述党内法规制度现象的各方信息中，可能既有众口一词、异口同声的说法，也有莫衷一是、相互矛盾的意见，这就需要研究者对各种信息作认真比对、互相印证，甄别真伪、去伪存真。如果依据现有信息难以判断真伪，还得回头再去寻找更多相关证据，最大限度逼近事实真相。

最后，研究者要将党内法规制度现象碎片拼接成体、还原真实。当研究者掌握了必要的、真实的事实证据、现象碎片后，接下来的任务就是将它们拼接起来、变零为整。还原过程没有图纸可依，不能按图索骥，只能反复试错。完成拼接任务，当然离不开一些想象、直觉甚至运气，但最重要的还是逻辑，因为党内法规制度现象的形成有其内在必然性，一类现象之间会有共性，制定党内法规和实施党内法规通常都有其一般的规律性。一个必须深谙其理的研究者，遵循规律、运用推理、依靠经验，可以分清党内法规制度现象碎片的上下左右、主次轻重，在它们之间建立起合乎逻辑的联系，将其拼接成体，再现党内法规制度现象形成时的事实原貌。类似于形成环环紧扣的证据链条，这种拼接只能最大限度还原真实，不能对其求全责备，因为研究者毕竟不可能找到所有散失的党内法规制度现象碎片，即使手中握有全部碎片，往往也很难为那些细小的碎片找到原初的位置。在这个意义上，事实描述难免会有遗憾，研究者不能奢望拼接一个完好如初、完美无缺的党内法规制度现象之“瓶”。

在大多数党内法规理论研究中，事实描述只是起步或者前奏，据此开展的进一步研究，无论是因果解释还是批评和建议，皆以其所描述的党内法规制度现象为素材和根据，倘若现象纯属道听途说、子虚乌有，那么筑于其上的研究结论就是靠不住的。

研究者要最大限度还原党内法规制度现象的真实原貌，就要在事实描述时保持中立性，身份超然，与制定和实施党内法规的各方当事人之间没有利害关系，不能作为某方的代言人。作为独立的观察者，不带成见、没有偏见，不搞先入为主，不将个人好恶带入研究过程。应当追求客观、重证据、用事实说话，不去臆想、猜测。要有整体思维，不能盲人摸象，避免一叶障目、不见泰山。在寻找和拼接碎片时既要突出重点、纲举目张，又要抓住关键细节，因为细节中不仅包含着生动，往往也隐藏着秘密。一言以蔽之，事实描述的生命在于真实，它是一种不带修辞的写实、不作剪裁的叙事、不求创新的复原。

研究者在对党内法规制度现象作事实描述时，就其取材而言，可以是类似于党章修改之类宏大的党内法规制度变革，也可以是一件文件备案或者是一起职务升降之类的具体个案，宏大还是微细，取决于研究主题。就其摆布而言，研究者可以在其作品中和盘托出、浓墨重彩，也可以只是三言两语、言简意赅，更多的细节留在作品之外提供支撑，繁简详略，取决于谋篇布局。就其样态而言，事实描述可以是独立的理论成果，诸如党内法规制度史研究、党内法规制度释义、党内法规制定或者适用个案调研报告等，也可以是供更进一步理论研究的素材，独立还是附属，取决于具体的研究目的。

对于研究者而言，事实描述是项基本功，是每名合格的党内法规研究者的必修课，基本功不扎实，就难以行远飞高。对于整个党内法规研究领域而言，总会有研究者专门从事事实描述，总会有著述专门解决事实描述问题，他们的努力与它们的存在，为党内法规理论研究提供了实证基础。万丈高楼平地起，事实描述就是党内法规理论研究大厦的“地”。

第二层次：因果解释。

事实描述解决了党内法规制度现象“是什么”的问题，让我们知其然，如要知其所以然，明了特定党内法规制度现象的来龙去脉，就得运用解释的方法来揭示前因后果，回答“为什么”的问题。

党内法规理论研究者的专业性，一个重要特质就是具有透视事实的洞察力，能够发现非专业人士所看不见或者看不清的道理，既上溯到事实形成之前以深究其成因，又放眼于事实形成之后以考察其效果，通过梳理千丝万缕的因果联系，揭示出党内法规制度现象出没生息的内在规律。

一方面，党内法规研究者要梳理出一份“因”的清单。

一部党内法规的出台，如制定《党政机关厉行节约反对浪费条例》；一项党内法规工作的开展，如党内法规和规范性文件清理或者备案审查工作；一项活动的组织开展，如党的群众路线教育实践活动；一起党内法规个案的发生，如中央纪委通报违反中央八项规定精神的违纪案件，等等。这些党内法规制度现象的发生，背后都有复杂原因，大多是多种原因共同作用的结果。研究者要解读党内法规制度现象，就得深入探究其成因。

一般而言，引发党内法规制度现象的原因主要有以下几类：一是内因与外因。内因通常起主导作用，外因通过内因起作用。比如，加强党内法规制度建设，党情变化属于内因，而国情世情变化则属于外因。二是主观原因与客观原因。前者属于主观世界的因素，往往反映出主体间的个性化差异；后者是不以主观意志为转移的因素，比如外在自然环境和社会条件。三是直接原因与间接原因。直接原因是与结果“亲密接触”的原因；而间接原因则通过其他因素的传递对结果的发生产生某种影响，极端的例子是蝴蝶效应。四是本因与诱因。前者对结果的出现起决定性作用；后者则是引爆本因的“导火索”，具体个案的一触即发，一起典型个案推动一项制度出台，都属于此种类型。五是动因与阻因。党内法规制度现象通常是动力与阻力较量的结果，动因在扬、阻因在抑，二者间的制衡关系决定党内法规制度现象能否发生或者怎样发生。六是主因与次因。前者起决定性作用，后者则起辅助性作用。

对于大多数研究者而言，找到这6类成因，通常就掌握了破解原因的密码。当然，研究者在寻找这些原因时，应当视野开阔，梳理出一个包括前5类成因的清单，在此基础上再聚焦，抓住主要矛盾的主要方面，找到主要原因。在一般意义上，内因、客观原因、直接原因、本因、动因等属于主因，而外因、主观原因、间接原因、诱因、阻因等则属于次因。对于具体个案而言，主因意味着该个案的发生具有必然性，属于“情理之中”；至于如何发生、以何种方式发生，此类具有一定偶然性的成分则是由次因决定的，它往往属于“意料之外”。

另一方面，党内法规研究者要梳理一份“果”的清单。

党的工作活动会产生各种结果，主要有：一是法规性后果与事实性后果。前者是指含有法规上的义务权利、职权职责的后果，后者是指在法规之外造成的事实性影响。二是直接效果与溢出效果。前者是指对党务关系主体权益得失增减产生的直接影响，后者是指因连锁反应而波及第三人权益。比如，出台一部加强党风建设的法规，会对政风、行风、民风产生“溢出”效应。三是预期效果与实际效果。前者是指制定或者执行党内法规时预想会出现的应然状态，后者是指党内法规的制定和执行产生的实然状态。四是正面效果与负面效果。党内法规制度变革通常会有得有失、有利有弊，关键是要看利大于弊、利等于弊还是利小于弊。五是短期效果与长期效果。立竿见影属于短期效果，来得快去得快；有些党内法规制度的制定和执行属于“长线投资”，要经过一段较长时期才能产生效果。六是局部效果与整体效果。各种党内法规制度现象相互之间往往是彼此关联的，牵一发动全身，每一种局部现象只有放在整体中才能完整观察到其产生的效果，有的现象从局部看是正面的，但从整体看却是负面的。七是政治效果与经济社会效果。党内法规制度属于民主政治制度范畴，其制定和实施会产生政治效果，但由于党要发挥总揽全局、协调各方的领导核心作用，因此，党内法规的制定和实施往往对经济社会发展产生深刻影响。

以上各种结果，都要尽可能列入党内法规活动“果”的清单，经过对直接与间接、短期与长期、局部与整体、政治与经济社会效果等的通盘考虑，计算出一项党内法规活动的收益是正、零还是负，是否实现了预期的法规性后果。在实践中，只有对“果”进行全面考察，才能得出正确的研究结论。以中央八项规定为例，其法规性效果是中央政治局加强自律，但事实上对全党全国全军产生广泛而深刻的影响，溢出效果远超预期效果。虽然有不少天价餐饮和私人会所因此被关闭，对相关企业效益产生了不利影响，但从整体、长远、全面来看，遏制公款挥霍浪费、惩治奢靡之风，是保持党的先进性和纯洁性的需要。该规定的出台，成为推动党风、政风、行风、民风转变的强有力引擎，改善了党群、干群关系，提高了全党的创造力、凝聚力、战斗力，顺应经济社会发展大势，人民群众好评如潮，它是一部充满正能量的良规。

在梳理出“因”与“果”两个清单之后，党内法规研究者接下来要做的就是厘清二者之间的因果联系。没有无因之果，也没有无果之因，因在前、果在后。不过，不同的党内法规制度现象往往交织在一起，前果往往又成后因，这就使党内法规制度现象中的因果联系经常纵横交错，剪不断、理还乱。因此，党内法规研究者只有耐心细致、条分缕析，才能找出特定党内法规制度现象之中的因果联系。

大致来说，党内法规制度现象的因果联系主要有以下几类：一是一因一果。即一个原因产生一个结果，无此因则无此果。比如，中央批准印发《中共中央办公厅关于开展党内法规和规范性文件清理工作的意见》，此为首次在全党范围内开展的文件集中清理工作，二者之间是一因一果关系。二是一因多果。即一个原因产生多个结果。比如，《中央党内法规制定工作五年规划纲要（2013—2017年）》的出台，直接推动一批重要基础主干党内法规的出台，加快推动党内法规制度体系的建成，有力提升党的建设制度化水平。三是多因一果。即多个原因共同造成一个结果。比如，一个党员领导干部的腐化堕落这一结果，往往是个人放松党性修养、党内生活不经常不正常不严肃、党规党纪不完善或者执行不力、社会风气不正等多方面的主观与客观原因共同造成的。四是多因多果。即数个盘根错节的原因以特定人或事为媒介形成数个相互纠缠的结果。比如，在很长一段时期内，党内法规制定缺乏统筹规划、从未开展过集中清理、备案审查体制机制缺失、党内法规制度实施评估未开展起来等诸多原因，以党内法规制定工作为媒介，造成了党内法规制度存在的不适应、不协调、不一致、不衔接以及老化、碎片化、空洞化等问题。

严格来说，由于党内法规制度现象并非发生于真空之中，各种现象之间存在普遍联系，不同现象之间存在或多或少、或直接或间接的联系，因此，事实上并不存在纯粹的一因一果联系，几乎皆为多因多果联系。但是，从研究和解决问题的角度来看，既要避免在因果关系丛林中迷失方向，陷入不可知论，又要避免片面和武断，非此即彼、顾此失彼；既要看到因果关系的复杂性，又不能“眉毛胡子一把抓”。科学的态度是仔细区分各“因”与各“果”之间联系的强弱性差异，找到主因与主果，抓住主要矛盾的主要方面。这就需要善于删繁就简、化繁为简，将多因多果简化为一因一果，突出重点，聚焦直接因果关系，同时兼顾间接因果关系。

简言之，面对党内法规制度现象，党内法规研究者需要透过繁杂的表象看清其内在的因果联系，据此使党内法规制度现象可理解，知其然、知其所以然；可预期，党内法规制度现象的形成虽然也有其偶然性，但大数定律、高概率意味着必然性，在党内法规制度现象“加工器”的入口投入某些原因，就可以大致预期到在出口会产生什么样的结果，必然多于偶然；可控制，为了解决某种作为结果的病症，比如造成权力滥用、作风不正、党性观点不强、纪律松弛、脱离群众等问题，“病因”就是党内法规制度约束失之于松、失之于软，原因是自变量，结果是应变量，对症下药，要有效解决结果问题就得在原因上下功夫。

对于党内法规制度建设实践而言，党内法规研究对党内法规制度现象的因果关系解读，能够产生公式意义上的理论指导作用。如同世界上没有两片完全相同的树叶，在党内法规制度建设实践中也不会存在两个完全相同的制度安排或者个案，彼此之间或多或少总会有些差异。不过，个体差异并不妨碍“物以类聚”，每类党内法规制度安排、每类具体个案之间在因果关系的结构上经常是大同小异，不同现象之间具有明显的共性或者“家族相似性”，前后个案之间往往似曾相识。因此，通过对各类制度和各类个案的因果关系研究，可以提炼出一组因果关系的“化学方程式”，制定和实施党内法规活动如同做化学实验，只要选对公式、用好公式，那么实验目的就很明确、实验方法就有章可循、实验过程就少走弯路、实验结果也不会有太多意外。

问题的关键在于，党内法规研究能够找到一个党内法规制度建设领域的“化学元素周期表”和一系列“化学方程式”吗？的确，相对于自然活动而言，社会活动因为人的能动性、主观性、随机选择性而显得更加复杂多变，表现出更多的不确定性。不过，当我们将党的建设视作一项“新的伟大工程”时，暗含着一种工程理念，党内法规制度建设有其内在的可认知的规律性。只要对党内法规研究足够深入细致，通过持续不断探索和总结其规律性，还是可以总结出这个“党内法规制度建设元素周期表”和这样的“党内法规制度建设方程式”的，尽管它们不可能尽善尽美、穷尽所有，但可以不断接近事实真相；尽管不可能无差异复制个案，但可以实现个案的可知可控。在这方面，社会学研究提供了经验范例，法学领域有关法治建设指标体系研究成果也表明尝试的可能性。重要的是，党内法规研究要全面深刻把握党内法规制度现象的因果关系，需要借用更多其他学科知识，需要准备一个装有更多研究方法的工具箱，比如，法学上的权利义务分析方法，政治学上的公共选择方法，经济学上的成本收益分析方法，社会学上的因果关系研究方法，统计学上的概率分析方法，心理学上的行为动机分析方法，等等。在这个意义上，要完成党内法规研究这项基础工程，既离不开党内法规学本身的久久为功，更需要依赖相关学科的集体攻关。

第三层次：学术批评。

党内法规研究的使命主要不在于注释，也不能止步于解释。通过事实描述勾画出“是什么”和通过因果关系解读出“为什么”固然重要，但更有理论意义的党内法规研究在于对党内法规制度现象作出“怎么样”的评价，通过严肃理性的学术批评揭示党内法规制度制定和实施中的问题，找出差距和不足，据此提高党内法规制度建设的科学化水平。

在党内法规研究过程中，学者如同质量检验员，学术批评就是要对党内法规制度产品进行检测和打分，作出合格与否的评判，贴上正品或次品的研究标签。

党内法规研究无禁区。学术批评对象涵盖与党内法规制度现象有关的所有内容，既可以是党内法规制度的内在理念、价值取向、功能定位，也可以是具体的制度安排；既可以是宏大的党内法规制度体系架构，也可以是微观的党内法规条文；既可以是静态的党内法规制度，也可以是动态的党内法规制度制定和实施过程；既可以是抽象的制度规定，也可以是党的领导和党的建设各领域的具体个案；既可以是个案的事实问题，也可以是法规适用问题。对党内法规制度现象进行学术批评，就是要作出对与错、是与非、优与劣、真与假、好与坏、正当与不正当、妥与不妥、合理与不合理等肯定或否定性评价。为此，学术批评可以使用一切方法解决“过河”问题，它既可以是

“桥”，也可以是“船”。可以使用定性分析，也可以使用定量分析；可以是权利义务分析等制度研究方法，也可以是成本收益分析等经济学及其他学科方法。在属性上，学术批评既有客观的一面，应以事实为根据，也有主观的一面，不同研究者对同一问题可以见仁见智；既有共性的一面，符合逻辑要求，合乎学术规范，也有个性的一面，不同研究者之间往往存在明显的研究偏好、研究旨趣、研究进路、研究风格上的差异。

严肃认真甚至苛刻挑剔的学术批评，对于发现和解决问题、保证党内法规制度产品的质量过硬至关重要。作为研究结论，学术批评当然既可能“栽花”、作出肯定性评价，也可能“挑刺”、作出否定性评价，但学术批评的天性就是挑刺、挑剔、找碴、找问题，在这个意义上，专家学者主要是属“啄木鸟”的。

党内法规研究专家因其超脱身份和专业眼光，往往能够发现“体制人”和公众不易或者不愿发现的问题。一方面，较“体制人”而言，专家学者身份超脱、视野开阔，旁观者清，研究视角不存在部门利益的局限性，没有“灯下黑”问题，避免体制内话语自我循环和观点近亲繁殖。不受单位条条框框限制，没有问题研究的所谓盲区、禁区，不会有对所发现的问题不敢说、不愿说、不能说的尴尬，不存在欲说还休、欲言又止、顾左右而言他的“微妙”，没什么顾忌，可以做到知无不言、言无不尽。另一方面，较公众而言，专家学者具有专业眼光，没有看不清、想不通、道不明的专业门槛限制问题，可以看清党内法规制度现象背后复杂的利益纠缠，能够发现那些被包装甚至伪装的瑕疵，可以跳出公众事不关己、选择沉默或者事虽关己但试图“搭便车”的“公共选择逻辑”。就此而言，面对作为研究对象的党内法规制度现象，学术批评的批判本性和问题导向，有利于发现问题。同时，学术批评的权威性会对公众认知和舆论导向产生相当的影响，有利于在党内外形成推动解决问题的动力和压力。批评使人进步。学术批评有助于实现良规善治。

学术批评很重要，但智勇双全的研究者往往不多见，令人信服的学术批评也并非常有。对党内法规制度现象作学术批评，是一种专业性的智识活动，需要批评者训练有素，掌握必要的专业知识和研究方法，具有问题意识和专业眼光，这样才能读懂、看清、识别党内法规制度现象，发现其得失、评价其优劣，提出真知灼见。这道专业门槛，不仅将众多心有余而力不及的“业余爱好者”挡在专业“检验员”队伍之外，也将那些见解平平的所谓学术批评挡在专家意见范畴之外。更为重要的是，专业素质要求只是学术批评的一个前提条件，即使是那些经受过学术训练的研究者，也未必就能对党内法规制度现象作出专业性批评。之所以如此，是因为开展科学理性的学术批评活动还需要满足其他一些必备条件，而它们并非当然存在。

一要有学术自由，可以批评。学术批评特别是揭短亮丑容易让人不快，发表与党内法规制定者和实施者不同意见的学术评价，容易被当作噪音、杂音。良药苦口、忠言逆耳。要不断提升党内法规制度建设科学化水平，就要鼓励和支持开展严肃的学术批评。党内法规制度现象中存在一些问题其实并不可怕，可怕的是因为不允许学术批评造成学界鸦雀无声，造成党内法规制度建设中的问题难以暴露、积重难返。真金不怕火炼。一个自信的党内法规理论、理性的党内法规制度和公正的个案处理，应当坦然面对学术批评，经得起审视追问。切忌将善意的批评与别有用心的恶毒攻击混为一谈，不可对正常的学术批评扣帽子、打棍子。党章赋予党员的一项权利是“在党的会议上和党报党刊上，参加关于党的政策问题的讨论”，这其中应当包括批评党内法规制度建设的得失。只有营造宽容的学术环境，学术批评才可以知无不言、言无不尽，党内法规制定者和实施者才会有则改之、无则加勉。即使对于刺耳的学术批评，只要言之成理，党内法规制定者和实施者也应当虚心接受，切不可因为爱惜个人“面子”而损害了党内法规制度建设“里子”。

二要有学术担当，敢于批评。在现实中，有些党内法规理论研究谨小慎微，觉得党内法规研究政治敏感、“雷区多”、评头论足很危险，不敢批评、不愿批评，即使发表意见也是模棱两可，在肯定党内法规制度建设成绩时因担心被人讥为不够“学术”故而羞羞答答，在批评党内法规制度建设不足时又因担心授人以柄故而遮遮掩掩，理论态度暧昧，总想左右逢源。如果连学术批评都瞻前顾后、患得患失、三缄其口或者欲说还休，那就不仅是党内法规理论界的悲哀，更是党内法规制度建设的重大损失。没了学术批评这个诤友，党内法规制度建设实践就少了许多觉悟和清醒。党内法规理论工作者应当实事求是，怀着一颗对党和国家事业负责的赤诚之心，在批评党内法规制度建设时，既要大大方方地说好，也要义正词严地批评不足、失误和错误。一个有担当的学者，应当有追求真理的学术精神，襟怀坦荡、有浩然正气，不去计较学术批评于己之利害得失；应当具有强烈的问题意识，从现实问题出发展开理论研究，敢于发表自己的批评性意见，指出问题和不足，不会附和所谓的主流见解和“官方”意见；应当敢于讲不中听的实话、真话、有用的话，提出一针见血的中肯批评，不会违心去讲对党内法规制度建设无益的“甜言蜜语”、廉价的好话、没用的套话和有害的假话。

三要有学术操守，公正批评。一个党内法规研究者，他的人事关系可能属于某个单位，但不能因此成为本单位的代言人，作为公共知识分子，他应当属于党和国家，属于全社会。研究者发表的作品虽然是个人署名，但公开发表的言论会产生一定的外部性，特别是名气较大的学者属于公众人物，其观点会产生较大的公共影响，甚至会左右公众判断。无论研究者是不是中共党员，都应当有学术良知和学术节操，以学者身份、从研究视角作学术批评。研究者本人与特定党内法规制度也许无关，也许是其规范调整对象，但无论是否有关，都不能因为个人偏见、成见蒙蔽智慧双眼，不能以个体感受代替社会感受，不能基于个人情感作出学术判断。亦即，一个受人尊敬的党内法规研究者应当是治学为公、品性高雅，公道正派、刚直不阿的，其学术立场应当是自立的，不投靠、不依附、不绑架某个具体部门，超越狭隘的部门利益，站在有利于党和国家事业发展的立场研究分析党内法规制度建设之长短得失。他在学术身份上应当是中立的，对所有相关部门一视同仁，没有亲疏远近，即使是承担委托课题研究或者咨询工作，也不能因此被“俘虏”，变成领导的门客和部门利益的说客，拒绝代言、拒绝背书、拒绝交易。他在学术判断上应当是独立的，独立思考、“我行我素”，不能随波逐流、人云亦云，更不能察言观色、见风使舵，应当根据事情本身的是非曲直作出自己的判断，不受利害关系人影响，顶住压力、挡住诱惑，不偏不倚、公平公正。

四要有学术标准，理性批评。在现实中，有些学者为了标新立异、泄私愤、哗众取宠或有其他图谋，语不惊人誓不休，靠指责谩骂博取喝彩，靠冷嘲热讽赢得掌声。学者应是饱学之士，能够透过现象看本质，不能失之于浅、就事论事，一个学者的眼光和见解如果与未受过训练的人无异，那么他的发声就显得业余。学者应当具有理性精神，冷静客观专业，不能用本能的情绪宣泄代替理性批判。党内法规研究应当追求卓越、拒绝平庸，品行高洁、抵制“三俗”。诚然，学者会有追求独到见解的偏好，试图在理论主张、研究进路、叙事方式上与众不同，这些都是正常的。不过，个性化并不意味着可以置学术规范于不顾、为所欲为，自由批评并不意味着可以口无遮拦、无端指责；相反，对党内法规制度建设的学术批评应当持之有据、言之成理。大体来说，理性的学术批评需要遵循两类标准：一是学术规范。这是学术共同体的职业技术规范。解决的是学术批评的操作程序问题，以保证学术研究活动的专业性和规范性。核心问题是如何提出命题并加以有效证明，要求论点应当鲜明，论证过程应当合乎逻辑，应当以事实为根据，如何进行规范分析和实证分析，研究方法有哪些，理论争鸣不搞人身攻击，引文注释体例符合要求，等等。二是评价基准。它是用来衡量党内法规制度现象得失优劣的标尺，属于学术批评的实体性标准。评价基准分为形式合理性标准与实质合理性标准两个层面。形式合理性批评是以某种现实存在为标杆而为的批评，包括特定党的组织和党员的特定行为是否合规，特定党内法规制度安排是否合乎宪法法律和上位党内法规制度，特定党内法规制度是否合乎党的基本理论、基本路线、基本方略等。形式合理性批评是假定作为标杆的制度和观点本身是合理的，对表该标杆对特定党内法规制度现象进行批评，这种批评旨在维护现有党内法规制度和党的理论路线方针政策的权威性和严肃性。实质合理性批评是以某种理想状态为标杆而为的批评，比如，作为党的组织和党员行为依据的特定党内法规是否合理，作为下位党内法规制定依据的特定上位党内法规是否合理，作为全党总规矩的党章是否适应现实需要，与某党规相关的特定国法规定是否合理，党现有的理论路线方针政策是否适应保证党完成新形势下执政兴国的伟大使命等。实质合理性批评是一种前提性反思，以一种超越现实的应然之物作为标杆，对作为形式合理性批评的标准本身的正确性进行批评，它固然有些刺耳，但往往隐含着宝贵的制度和理论创新的种子。

学术批评应当实事求是，既可以称道，也可以揭短，未必都说“不”。如果所为的是一种问题指向的批评，那就属于“破”。破易立难。擦亮眼睛看出问题固然不易，但是找准症结、对症下药更难。对于完整意义的党内法规研究而言，应当有破有立、先破后立，在学术批评之后要通过理论建构来解决“立”的问题。

第四层次：理论建构。

面对一起不公平的个案处理或者不合理的党内法规制度安排，一般人可以表达愤愤不平的情绪，但党内法规研究者作为专业人士，应当冷静思考提出理论对策，推动特定党内法规制度现象由错变对、由非变是、由劣变优。事实描述回答的是“是什么”，因果解释回答的是“为什么”，学术批评回答的是“怎么样”，而理论建构回答的则是“怎么办”，有针对性地提出理论对策，提出愿景、研究方案，通过理论创新引领实践发展。

凡党内法规制度现象，皆可作为理论建构对象，包括党内法规理念、理论、价值、功能、制度制定、制度规定、个案实践等。理论建构的主题是“立”。从无到有、首次提出一个新主张，这属于新建；提出一个新主张、以新代旧，这属于重建。从研究角度来看，理论建构过程以“立”为轴依次展开，逐一解决立什么、为什么当立、为什么可立 3 个基本问题。

党内法规制度现象的“核”是党内法规制度安排，理论建构的主体部分是研究党内法规制度创新问题。下面以完善党内政治生活制度这个研究主题为例，展示理论建构的具体展开。

其一，研究者要阐明所“立”之物，提出其立的新主张。

犹如建筑设计师要绘制拟建大楼的效果图，党内法规研究的理论建构也要描绘理论图景，它既可以是一种从无到有的填补空白，也可以是一种从非到是、从错到对的纠错纠偏，还可以是一种从劣到优的改善优化。作出判断、形成命题、提出论点、表明作者的理论主张，这是理论建构的核心所在。

在 2016 年之前，规范党内政治生活的基础主干党内法规是 1980 年党的十一届五中全会审议通过的《关于党内政治生活的若干准则》。该准则在“文化大革命”之后拨乱反正、在实现党内政治生活正常化方面发挥了重要作用。但《关于党内政治生活的若干准则》出台 30 多年后，世情国情党情皆已发生重大变化，该准则的滞后性问题日益突出，党内政治生活制度亟待创新。

综观 2016 年之前学界相关理论研究成果，主要提出了 4 种制度变革方案：维持《关于党内政治生活的若干准则》不变，制定或修改其他党内法规和规范性文件中有关政治生活方面的规定；维持《关于党内政治生活的若干准则》不变，制定出台一个新形势下加强和规范党内政治生活的纲领性文件；直接修订《关于党内政治生活的若干准则》；制定一部《关于新形势下党内政治生活的若干准则》，废止 1980 年《关于党内政治生活的若干准则》。这 4 种方案都有道理、各有利弊。以主张修订 1980 年《关于党内政治生活的若干准则》这一方案为例，修订工作似乎较制定一部新准则简单些，但也未必，因为 1980 年《关于党内政治生活的若干准则》中一些内容已不适应现实需要，如作修订就得根据新形势新任务作“大修”。

不同的研究者可以选择不同的方案进行理论建构，但无论选择哪一种方案，修订、制定抑或其他，最终结果都要表现为出台一个新的文件。研究者需要对建议出台的新文件进行理论阐述、勾画蓝图，主要包括以下 4 个方面：一是阐明有关出台新文件的目的和预期效果的主张。二是阐明有关新文件涵盖范围的主张。核心问题是界定“党内政治生活”的范围，需厘清党内政治生活与党的工作、党的活动、党内生活、党的组织生活等相关概念的边界，既要避免定义过窄涵盖不全，也要避免定义过宽等同于党的建设范畴。三是阐明有关新文件框架结构的理论主张。诸如坚定理想信念、保持政治定力、坚持民主集中制、密切联系群众、坚持正确选人用人导向、开展批评和自我批评、严明党的纪律、加强权力监督制约、完善并严格执行制度等基本板块。四是阐明有关新文件内容创新的理论主张。包括指导思想、基本原则、努力目标等总论内容上的创新，以及针对党内政治生活各项具体内容提出的新论断、新要求、新举措、新制度。

其二，研究者要交代“立”的理由，论证立新的必要性。

理论建构的重点是证明其理论创新的必要性。党内法规研究者运用各种论据对其主张建构之物证成的过程，如同建筑设计师对作品的安全性和新颖性进行论证。在这点上，论文不同于公文，制定文件的重点是定目标、提要求、出举措，通常不会在文本中对为什么作此规定作过多阐述；但论文的重点却不是提出论点而是进行论证，作者应当提供足够多的论据支撑其论点，需要证明其提供的理论对策能够实现其预设的理论目标，唯有如此才能令人信服，使人认同其理论建构。

为此，研究者需要对其所持的制度变革理论主张一一加以证明。

比如，为什么认为党内政治生活制度亟待完善？一个最重要的理由是制度建设跟不上现实党内政治生活中存在的许多突出问题。例如，一些党员、干部理想信念动摇，不信马列信鬼神；有的党性观念不强，丧失基本政治立场，随意发表违反党的理论和路线方针政策的言论；一些党的组织违反民主集中制，有的领导班子“一把手”搞“家长制”“一言堂”；一些党的组织党内生活不正常，不能认真开展批评和自我批评，自由主义、好人主义、庸俗之风盛行；一些党员领导干部宗旨意识淡薄，脱离实际，“四风”问题突出，特权思想和特权现象严重，等等。党要管党，首先要从党内政治生活管起；从严治党，首先要从党内政治生活上严起。只有健全制度、形成刚性约束，才能实现党内政治生活的正常化，保持党的先进性和纯洁性，完成党执政兴国的历史使命。

又如，根据什么标准确定新文件的框架结构？考虑到既要在新准则中强调新形势下加强和规范党内政治生活的必要性，也要对如何加强和规范党内政治生活提出刚性要求，因此，可参考党章体例，分总纲与正文两个部分。首先，在总纲中阐述当前加强和规范党内政治生活的重要性和紧迫性及指导思想、主要原则和目标要求，并明确组织保障、贯彻落实等问题；其次，在正文部分运用条款形式表述，针对党内政治生活涉及的各方面内容分别作出规定，诸如坚定理想信念、保持政治定力、坚持民主集中制、密切联系群众、坚持正确选人用人导向、开展批评和自我批评、严明党的纪律、加强权力监督制约、完善并严格执行制度等。

在此基础上，研究者还要就其提出的相关制度变革的新论述、新要求、新举措、新制度等方面的理论主张，逐一加以论证。

其三，研究者要阐述“立”的条件，表明立新的可行性。

当“立”讲的是必要性，可“立”讲的是可行性，一种理论建构只有同时满足必要性和可行性两种条件，才能立得住、行得通。可行性证明是理论建构的难点。理论建构所立之物，无论是观点还是制度，都不是孤立的，不是在真空条件下发生的，它作为党内法规制度建设系统的一个新成员，必然要与党内法规制度理念、理论、制度体系、运行、环境氛围、人财物保障等整个“家族”相协调，受制于系统其他组成部分的条件制约。因此，理论建构应当视野开阔，关照到建构之物的上下前后左右内外关系，能够证明它与既有党内法规制度建设系统的相容性，能够得到其他部分的条件支持；如果因其嵌入导致现有系统相关部分需作适应性调整，那要一并提出调整方案，不能置之不理。

就制定出台规范党内政治生活的新文件而言，研究者至少可从以下几个方面论证其可行性：一是有坚实基础可依托。1980 年《关于党内政治生活的若干准则》是规范党内政治生活问题的基础主干法规，尽管其中有的内容存在不适应、不一致、不协调、不衔接问题，但其框架结构、主要精神、基本要求等，是出台新文件的重要参考。二是有党章可遵循。在 1980 年《关于党内政治生活的若干准则》出台后的 30 多年里，党章截至 2016 年作过 7 次修改，丰富发展完善了党内政治生活方面的制度规定，党章的规定奠定了这方面党内法规制度变革的基调，它们是出台新文件的基本遵循。三是有许多实践经验可总结。党从成立之日起，就高度重视加强和规范党内政治生活。经过长期的革命、建设、改革实践，我们党逐步形成了以实事求是、理论联系实际、密切联系群众、开展批评和自我批评、坚持民主集中制等为主要内容的政治生活准则；特别是1980年《关于党内政治生活的若干准则》出台后，更是积累了大量的实践经验，它们为出台新文件提供了源头活水。四是有党的建设重要成果可吸收。党要管党、从严治党，党中央高度重视加强党的自身建设，奋力推进党的建设新的伟大工程，在提高党的长期执政能力、保持党的先进性和纯洁性方面取得了显著成效和重要成果。作为党的建设的重要内容，党内政治生活主要领域在相当程度上与党的建设各方面内容重叠，相关党建成果可以直接转化为新文件内容。五是有配套制度的鼎力相助。党中央、中央各部门和地方党委针对党内政治生活各领域制定出台了一大批专门性的党内法规和规范性文件，包括党委议事决策制度、坚持民主集中制、民主生活会制度、教育实践活动、政治纪律要求、作风建设制度、反腐倡廉制度等，它们为出台新文件提供了丰富的制度素材。六是有丰富的理论阐述提供指导。中央领导同志对加强党内政治生活问题作过许多重要论述，专家学者围绕党内政治生活领域存在的问题及其解决办法也有不少研究，这些理论成果为出台新文件提供了思想指导和智识支持。七是有非常有利的社会氛围这个“东风”可借。党的十八大以来，以习近平同志为核心的党中央率先垂范、以上带下，以落实中央八项规定、加强党的作风建设为突破口，深入开展党的群众路线教育实践活动，党内政治生活出现了许多新变化、新气象，在党内外形成了进一步加强和规范党内政治生活的广泛共识和热切期待。

以上关于制定或修订规范党内政治生活文件的讨论，是在2016年前这个时间节点上，从学术研究特别是“理论建构”角度所作的一种思考。2016年党的十八届六中全会审议通过《关于新形势下党内政治生活的若干准则》，内容主要包括12个方面。同时，该准则明确提出：“一九八〇年，党的十一届五中全会深刻总结历史经验特别是'文化大革命'的教训，制定了《关于党内政治生活的若干准则》，为拨乱反正、恢复和健全党内政治生活、推进党的建设发挥了重要作用，其主要原则和规定今天依然适用，要继续坚持。"亦即，党中央适应新形势新任务需要制定了《关于新形势下党内政治生活的若干准则》，但并未废止1980年的《关于党内政治生活的若干准则》，后一准则继续有效，据此，在规范党内政治生活方面要同时贯彻落实1980年和2016年制定的两个准则。

二、党内法规理论研究亟待迎头赶上

党的十八大之前，党内法规理论研究未得到应有重视，可谓"少人问津"，法学界极少有专家学者涉足这一领域，在党史党建领域，这方面的研究成果也是寥寥无几。党的十八大之后一段时间，随着党内法规制度建设推进力度的加大，逐渐有一些专家学者开始关注党内法规研究，陆续推出一些研究成果。但总体来看，直到2014年党的十八届四中全会召开前，党内法规理论研究比较薄弱，明显不适应实践发展需要，党内法规理论作为"知"明显跟不上实践发展作为"行"的步伐，行多知少、行疾知慢、知不及行问题比较突出，党内法规学理单薄，很难为党内法规制度建设提供坚实理论支撑。

第一，附带式讨论较多，专题性研究很少。

综观2014年之前的相关研究文献，在民主政治建设特别是党建研究主题下，当涉及党的领导体制和执政方式、党内民主、党内选举、党务公开、党员权利保障、党的干部、权力运行制约监督机制、作风建设、反腐倡廉等问题时，一些研究往往将加强相应的党内法规制度保障当作一部分内容加以讨论。检索"中国期刊全文数据库"，2014年之前的20年间发表的研究文献中，虽然不少文章中含有"党内法规"，但由于研究主题和文章篇幅限制，对党内法规的附带式讨论多半点到为止，展不开也无法深入。至于以党内法规为主题的专门研究成果，则非常有限。检索"中国期刊全文数据库"，在2014年之前的20年间发表的研究文献中，篇名中含有"党内法规"的仅60多篇，关键词中含有"党内法规"的有200多篇，摘要中含有“党内法规”的有500多篇，参考文献中含有“党内法规”的有140多篇。

第二，对策应用研究偏多，基础理论研究偏少。

相对而言，对策应用研究在于“用”，主要是运用已有的党内法规基础理论去分析具体党内法规制度的制定和实施问题；基础理论研究在于“创”，主要任务是探究党规之治原理，提出原创性理论主张，为应用研究提供理论工具。

应当说，党内法规研究必须直面实践，关注党内法规制度建设中的各种具体问题，大到一部党内法规的制定，小到一起个案的定性，都需要对策应用研究提供理论支持。因此，对策应用研究的重要性不言自明，重视此类研究无可厚非。但是，开展有深度的对策应用研究是以重视基础理论研究为前提的，倘若没有形成一套成熟的党内法规理论体系，那么对策应用研究就无“理”可用、无“论”可循，成了无源之水、无本之木。

2014年之前的党内法规研究问题在于，对策应用研究方面吸引了大部分研究资源，特别是一部党内法规出台前后会催生一批注释性文章、著作和辅导读本；而对基础理论研究却关注不够，诸如党内法规之于管党治党的重要作用、党内法规在依法执政中扮演什么角色、党内法规制度变革与国家治理关系、党规与国法关系、党内法规的调整对象和调整方式、党的组织权力与党员权利配置、程序性规范与实体性规范的匹配性问题、党务关系如何入规、党内法规的制度结构、党内法规的价值取向和功能定位、党内法规的机制设计、党内法规制度变革模式、党内法规制度体系建构，等等，这些基本问题长期未得到全面深入的阐释。在党内法规理论体系尚未形成情形下，基础理论囊中羞涩、理论基础单薄脆弱，不足以为对策应用研究提供充分的理论储备，阐释少、注释多，产出少、消费多。对策应用研究难免会头重脚轻根底浅，难免会热闹而不繁荣。

在党内法规理论体系形成的关键阶段，需要格外重视基础理论研究，尽快改变热衷于短平快应用研究问题，鼓励引导更多学者甘坐冷板凳、潜心于基础理论研究。只有更多研究者关注基础理论研究，改变重提对策、轻探学理，乐于应用、不愿研发，转化多、原创少等不正常研究格局，才能推动形成党内法规理论体系。

第三，单一型研究居多，复合型研究较少。

党内法规的制定和实施活动非常复杂，深刻解读党内法规制度现象、把握党内法规建设内在规律，需要多角度全方位观察，综合运用各种研究方法，进行动静结合、内外结合、虚实结合的理论研究。但2014年之前的研究状况是，大多数研究习惯聚焦一点、一面、一人、一事、一文一规，整体性、综合性、复合型研究较少。

比如，就研究对象而言，在研究党务关系主体及其行为时，对党的组织这一方主体研究较多，但是对党员这一党务关系的另一方主体研究不够，对党的领导关系中的另一方主体，即作为党的领导对象的非党组织的研究偏少。党内法规调整的是主体间关系，不研究双方主体特别是不研究二者“关系”，就难以全面理解党内法规制度安排。在研究党内法规制度时，对某一个条款、某一部党内法规、某一个文本关注较多，但对不同条款间关系、不同党内法规制度间的衔接呼应协调关系、不同文本间的逻辑关系、党规与国法的辩证统一关系、党内法规在党依法执政活动中的准确定位等，研究偏少。依规治党是法治中国建设的重要内容，党内法规是党和国家治理的重要依据，党内法规体系本身是一个有机统一整体，相关理论研究缺乏系统思维孤立聚焦于一点，没有把局部放在整体中去把握，就难以真正理解局部的意义。

又如，就研究视角而言，在观察一个党内法规制度现象时，有的仰视、有的俯视，有的以“局外人”身份旁观、有的以“局中人”身份自说自话，有的端着望远镜看、有的抱着显微镜看，这种单一研究视角注定研究视野受局限。立体式全方位观察党内法规制度现象，更加需要的是基于多角度交织透视的复合型研究。

再如，就研究方法而言，相当程度上存在文本研究多、实地调研少，规范分析多、实证研究少，定性分析多、定量分析少，以案举例多、案例研究少，文献研究多、经验总结少，单线研究多、比较研究少，单向关注多、矛盾分析少等研究倾向。一把钥匙只能打开一把锁，研究非常复杂的党内法规制度现象，需要的是一串钥匙。研究方法失之单一，容易造成党内法规理论上的近亲繁殖、观点上的循环论证、论述上的简单粗糙、研究上的失之于浅。

第四，研究路径单一重复，少有另辟蹊径。

尽管各种党内法规理论研究都只有一个共同的目的地，但这并不意味着研究进路也是“自古华山一条道”，应当是“条条大道通罗马”，每个研究者都要努力寻找一条属于自己的独特研究进路。解读党内法规制度现象犹如看风景，不同研究进路会看到党内法规的不同“风景”，会有不同的理论收获。

可是，综观2014年之前的党内法规研究文献，彼此之间或多或少有似曾相识之感，许多研究成果在主题选择、标题拟定、内容提要、文章架构、叙事方式、论证过程甚至研究结论等方面，经常大同小异，不大容易读到研究进路不同、令人耳目一新的文章。这种“炒冷饭”式重复研究、简单的贴标签式研究、如出一辙的从众式研究，决定着理论研究的个性化、新颖性、原创性不足，难以产生应有的理论价值。

党内法规研究的成熟性与其研究进路的多样化具有正相关性，此前研究进路的单一化，折射出党内法规研究尚处于起步阶段。繁荣党内法规研究，需要提高研究进路的个性化和多样性，以殊途同归的方式，从多个方向共同去探究党内法规建设的内在规律。

仅就以上4个方面不难看出，2014年之前的党内法规理论研究存在总量太小、结构不合理、广度和深度明显不足等突出问题。应当说，那时的党内法规理论研究滞后于实践发展并不奇怪。主要原因包括：党内法规研究起步晚底子薄，而专门知识的积累需要长期的探索、试错和总结提炼，不可能一蹴而就；党内法规是我们党的一大发明，具有鲜明中国特色，相关研究很难从域外政党制度中找到很多可资镜鉴的东西，党内法规的复杂学理只能靠我们自己去一点一点探究；党内法规制度处于政治与法治、政策与制度、政党与国家、党建和治国等多对范畴和复杂关系的交汇点，这就使党内法规制度现象异常复杂，解读它需要广阔的视野和跨学科知识；党内法规专门研究人才长期匮乏，发表过相关著述者屈指可数，远未形成一支有一定规模的研究队伍；党内法规理论繁荣最终取决于党内法规实践需要，当党内法规制度权威尚未全面确立时，党内法规理论研究不可能得到高度重视，等等。

令人欣慰的是，党内法规研究滞后的状况，在党的十八大后特别是党的十八届四中全会后发生显著变化。近年来，党内法规理论研究逐渐兴起并日益成为“显学”，党内法规理论研究的春天终于到来！

党内法规理论研究之所以蓬勃兴起，有诸多原因。

一则，习近平总书记关于加强党内法规制度建设的一系列重要论述，对理论研究产生了强大的高位引领效果。党的十八大以来，习近平总书记从事关党长期执政和国家长治久安的战略高度，对加强党内法规制度建设作出一系列重要指示要求，提出一系列重大政治论断，这些重要论述不仅强有力地指引着党内法规理论研究活动，而且强有力地激励着学理研究的深化，针对习近平总书记作出的相关重大政治论断、提出的许多重大命题，理论界深受鼓舞、闻令而动，积极行动起来，努力从学理上把这些重大命题研究好、阐述好，努力把党内法规理论研究这个责任扛起来、落下去。

二则，党中央关于加强党内法规制度建设的重大决策部署和依规治党实践的巨大发展，热烈地呼唤着理论研究。党的十八大以来，党中央前所未有高度重视党内法规制度建设，作出一系列重大决策部署，包括明确提出要坚持依规治党，强调要坚持依法治国和依规治党有机统一；明确提出到建党 100 周年时要形成比较完善的党内法规体系，并将“形成完善的党内法规体系”纳入中国特色社会主义法治体系重要内容，强调要加快形成覆盖党的领导和党的建设各方面的党内法规制度体系，并将加强党内法规制度建设置于推进国家治理体系和治理能力现代化这篇“大文章”中去谋划部署；制定出台《中共中央关于加强党内法规制度建设的意见》，对加强新时代党内法规制度建设作出全面部署，制定修订《中国共产党党内法规制定条例》《中国共产党党内法规和规范性文件备案审查规定》《中国共产党党内法规执行责任制规定（试行）》等一批专门规章制度，构建起一个涵盖党内法规的制定、解释、清理、备案审查、实施评估、执行等若干环节的完整党内法规制度建设工作链条；党中央通过制定实施两个中央党内法规制定工作五年规划，统筹推进各方面各领域党内法规制定工作，制定修订一大批重要党内法规，同时以“钉钉子”精神抓好贯彻落实，使党内法规制度权威得到全面确立，等等。理论研究的天职是回应实践发展。新时代党内法规制度建设的实践发展，为推进和深化党内法规理论研究提供了源源不断的强大动力。

三则，党中央关于加强党内法规理论研究和人才培养工作的重要部署安排，对深化理论研究提出了明确要求、提供了重要保障。在2016年出台的《中共中央关于加强党内法规制度建设的意见》中，党中央明确要求：“加强党内法规理论研究，适时成立全国党内法规研究会，支持有条件的党校、行政学院、高等学校、科研院所设立党内法规研究基地或研究中心；在马克思主义理论研究和建设工程、国家哲学社会科学规划中增加党内法规研究项目；实施党内法规理论研究人才支持计划，培养选拔一批国家级领军人才、专家级骨干人才、优秀专业人才；建立党内法规专家库。建立后备人才培养机制，抓紧在相关学科设置党内法规研究方向、开展研究生教育，将党内法规知识纳入高等学校思想政治教育课程，支持有条件的高等学校与党内法规工作机构联合培养党内法规专门人才。组织编写专门教材。实施教学科研机构与党内法规工作机构人员互聘计划。”

回顾我们党成立百年来特别是改革开放以来的党内法规理论研究，可以用“冰火两重天”来形容近年来的变化。通过“中国知网”检索发现，从改革开放到党的十八大，在34年间发表的研究文献中，“党内法规”这个词出现在文献篇名中的共有76篇，在主题中的共有415篇，在关键词中的共有100篇，在摘要中的共有1357篇，在全文中的共有7767篇；自党的十八大至2019年5月，在这6年半时间里发表的研究文献中，“党内法规”这个词出现在文献篇名中的共有612篇，在主题中的共有5221篇，在关键词中的共有4991篇，在摘要中的共有1989篇，在全文中的共有19,261篇。通过对比不难看出，在这6年半时间里发表的研究文献，比之前34年间发表的研究文献还要多。特别是在篇名中含有“党内法规”概念的研究文献，前34年时间里只有76篇，而党的十八大以来的6年半时间里却高达612篇。学界近年来对党内法规研究的关注度之高由此可见一斑。

进言之，就党的十八大以来党内法规理论研究的兴起和发展而言，党的十八届四中全会的召开是一个重要分水岭。党的十八届四中全会将形成完善的党内法规体系确立为全面推进依法治国、加快建设社会主义法治国家的重要任务，确定为中国特色社会主义法治体系的重要内容，并在党的历史上第一次就加强党内法规制度建设作出全面部署。这不仅在党内法规制度建设史上具有里程碑意义，而且在引领和推进党内法规理论研究上具有分水岭地位。从那以后，有越来越多的法学专家热切关注和研究党内法规问题，有不少知名学者对党内法规“情有独钟”，一些年轻学人也“进军”党内法规研究领域。在当下的中国法学界，特别是对于法理学者和公法学者而言，如果不懂不知不关注党内法规问题，对这个领域没有研究被当作“外行”，那是一件很令人难为情的事。同时，近年来有更多的政治学、党史党建等相关领域的专家学者更多地致力于党内法规研究。可以说，党内法规研究在学界异军突起，在理论界掀起了一股研究热潮，日益成为一门“显学”。正是由于多学科专家学者的共同参与，在较短时间内涌现出一大批党内法规研究成果，这种研究的热度、广度、高度、深度乃至精细度，无疑是党的十八大之前望尘莫及的。

在《中共中央关于加强党内法规制度建设的意见》有关决策部署的有力指引下，近年来在党内法规研究机构设立、课题支持、专门人才培养等方面也取得重要进展。截至2020年年底，全国共成立党内法规研究机构71个，党内法规研究会11个。近年来，每年的国家社科基金项目规划中都列入约20个党内法规专门课题，这对于深化党内法规研究产生了重要的激励和引领效果。同时，在开展党内法规方向博硕士研究生培养试点工作方面也取得重要进展。

党的十八大以来党内法规理论研究取得的重要进展，大大拉近了理论研究滞后于实践发展的距离。与此同时，我们要清醒看到，现有的理论研究水平仍然明显不适应实践发展需要，学理滞后于政论、理论赶不上实践的问题依然突出，再加上党内法规制度建设实践又处于加速推进的过程，党内法规理论研究只有倍加努力、奋起直追，才有可能迎头赶上实践发展步伐，才有可能为新时代党内法规制度建设提供坚实学理支撑。因此，要真正消除理论与实践间的“时间差”，要真正形成比较成熟的党内法规理论体系，党内法规研究的确使命光荣、任务艰巨、任重而道远。

一方面，从研究主题和研究视野来看，形成党内法规理论体系需要展开全方位的深入研究。所谓“全方位”，主要包括以下几个维度。

（1）内与外兼顾。既要研究其“内”，深入研究党内法规的内在逻辑结构、政治属性、功能定位、价值取向、机制设计、权力/权利结构、效力形态等；又要研究其“外”，分析党内法规制度建设的外在约束条件，研究由党情国情世情所决定的时空方位，研究决定党内法规制度建设的目标、方向、任务、进路和制度变革模式等各种因素。

（2）今与昔兼顾。既要研究其“今”，面向现实、直面党内法规制度建设中的现实问题；又要面向未来，对党内法规制度建设的走向和趋势作前瞻性研究；还要研究其“昔”，总结长期以来党内法规制度建设的经验得失，以史为鉴、少走弯路。

（3）有与缺兼顾。既要研究其“有”，研究已经出台的党内法规制度的长短得失优劣；又要研究其“缺”，查找党内法规制度建设的空白、空缺、空档以及短板、弱项、软肋等问题。

（4）立与行兼顾。既要研究其“立”，研究如何形成完善的党内法规体系；又要研究其“行”，研究怎么建立健全党内法规执行体制机制，加大执行力度，提高党内法规执行力，有效维护党内法规严肃性和权威性。

（5）前与后兼顾。既要关注其“前”，对党内法规出台前的调研、起草、审核、审议和公布等环节进行研究；又要关注其“后”，研究如何做好党内法规出台之后的解释、备案、清理、实施评估等相关工作。

（6）上与下兼顾。既要研究其“上”，加大形而上的基础理论研究力度，重点研究党内法规的基本范畴、基本原理、基本关系、基本原则等；又要研究其“下”，重视形而下研究，让理论研究更多关注基层、关注实践、关注细节，提高党内法规理论的鲜活性和生命力，以改变党内法规研究上不着天、下不着地的“悬空”状态。

（7）规与法兼顾。既要研究党内法规制度建设自身问题，又要着眼党和国家治理研究党规与国法关系。

（8）众与己兼顾。既要研究“我”，总结我们党推进党内法规制度建设的成绩和经验；又要研究“他”，通过对西方政党制度和其他社会主义国家共产党制度建设的经验教训的比较研究，博采众长、为我所用。

另一方面，从研究方式和研究布局来看，形成党内法规理论体系，需要综合运用各种研究方式方法，形成多样化的理论成果。

（1）概念研究。针对党内法规基本概念及其相关性进行分范畴研究，形成一批党内法规理论文章或者专著。

（2）总论研究。在较为成熟的专题研究基础上组织编写一本党内法规教科书，完成党内法规理论知识的体系化工作，形成党内法规总论。

（3）分论研究。针对党内法规体系“1+4”基本框架，统筹推进横向上的各领域党内法规研究与纵向上的各层级党内法规研究，同时，兼顾部委党内法规和地方党内法规研究，形成党内法规分论。

（4）案例研究。开展党内法规制定和实施的典型案例研究，通过个案解剖生动揭示党内法规制定和实施的机理和细节。

（5）调查研究。围绕党内法规制度建设的重点、难点和热点问题开展调研，特别是通过蹲点开展“解剖麻雀”，深入研究影响党内法规制定和实施效果的各种变量，洞察其中的细节，揭示内在规律。

（6）注释研究。结合重要党内法规的立改废释撰写释义、读本或者评论性文章。

（7）普及性研究。落实党内法规普及宣传纳入国家五年普法工作的部署安排，组织力量编写诸如《党内法规知识简明读本》《党内法规知识干部读本》等一批党内法规普及读物。

三、正在形成的党内法规学

党内法规理论研究是否应当成为一门独立的学问、一个独立的学科？我认为答案是肯定的。

判断一种理论研究是否有必要、是否有可能成为一门独立的学问和一个独立的学科，标准固然很多，但最主要的有两种：是否存在独立的研究对象，是否运用独特的研究方法。

一方面，党内法规制度现象作为党内法规理论的研究对象，具有跨学科特点。

是否存在独立的研究对象，这是判断一门学问和学科独立与否的本体标准。比如，法学研究的是法律现象，政治学研究的是政治现象，社会学研究的是社会现象，经济学研究的是经济现象，这些学科的研究对象彼此之间相对独立，不是包含关系。类似地，党内法规理论研究的对象是党内法规制度现象，此类研究若能成为一门独立的学问和学科，那就要求党内法规制度现象具有相对独立性。

大体来说，党内法规制度现象至少与 3 个学科密切相关。一则，党内法规姓“党”，它与党建学有关。党内法规制度是党的制度中的成熟规范和高级形态，而党的制度属于党建布局中的一个方面，党的制度建设要贯穿党的各方面建设之中，与党的政治建设、思想建设、组织建设、作风建设、纪律建设之间形成一种“结构性耦合”关系。二则，党内法规有“法”的逻辑，与法学有关。党内法规作为一种行为规范，调整的是党务关系，规范的是党的领导和党的建设活动，指向的是党的工作，涉及党的组织的工作活动和党员行为，其制度结构的核心问题是理性配置职权职责、义务权利，党规与国法特别是公法关系非常密切。三则，党内法规具有“政治性”，与政治学有关。党内法规是执政党统一意志的体现，是我们党管党治党、执政治国的重要依据，党内法规制度安排事关党政关系的设定，体现党的执政意图，党内法规制度现象本身也是一种重要的政治现象。由此可见，党内法规制度建设作为党和国家治理的一个重要方面，属于治党、法治、政治三者的交集，党内法规理论研究横跨党建学、法学、政治学3个学科，很难将党内法规制度现象纳入其中任何一个学科的研究对象。从学科角度来看，党内法规制度现象具有相对独立性，自成一体，针对党内法规制度现象的研究具有跨学科特点，因此，党内法规理论研究有必要、有可能成为一门独立的学问和学科。

另一方面，研究跨学科的党内法规制度现象，需要运用一套综合性研究方法。

是否存在独特的研究方法，这属于判断一门学问和学科独立与否的认知标准。研究方法属于认知工具范畴，不一定与学科划分一一对应，特别是当下不同学科之间注意方法论上的相互借鉴，这既使不同学科的研究方法得到了丰富，比如，博弈分析方法被政治学、法学、社会学所广泛运用；也据此产生许多交叉学科，比如，运用成本/收益这种经济学分析方法来解释法律现象就产生了法经济学这个新兴学科。尽管如此，就认知角度而言，研究方法还是经常被当作划分和识别不同学科的一个重要标准，比如，法学的基本研究方法仍然是权利/义务关系分析，经济学的基本研究方法仍然是成本/收益关系分析。

就研究党内法规制度现象而言，全面透彻研究其制度结构与运行逻辑，需要在运用马克思主义方法的基础上综合运用多种方法。一则，需要运用组织学上的组织/成员关系分析等方法来揭示党内法规中的“党”的组织属性，研究党内法规制度如何管党治党、加强党的自身建设，科学设定党的组织与党员之间的集体与个体关系、上级与下级关系、内部与外部关系，并规范各种党务关系的形成和改变等。二则，需要运用法学上的权利/义务关系分析等方法来揭示党内法规的“法”规范属性，研究党内法规制度安排如何实现党员义务权利、党的组织的职权职责、党的组织权力与党员权利之间的理性配置，并保证它们之间的辩证统一、协调一致。三则，需要运用政治学上的领导/服从关系分析等方法来揭示党的领导的“政治”属性，解决如何通过党内法规实现党的领导和执政关系的制度化、规范化、程序化，坚持党对一切工作的领导，保证党发挥总揽全局、协调各方的领导核心作用，把党的全面领导同人大、政府、政协、监察、法院、检察院等国家机关以及其他非党组织依法依章程履行职能、开展工作统一起来。党内法规理论研究对象的跨学科性，要求其综合运用以上3种主要方法，辅以矛盾分析、博弈论以及规范分析、实证研究、比较研究、历史研究等其他研究方法，形成一套独具特色的党内法规理论研究方法论。

不过，党内法规理论研究是否业已形成一门成熟的学问、一个独立的学科？作为一门成熟的学问或者一个独立的学科，应当具有一个由核心范畴、基本范畴、重要范畴组成的概念体系，一套能够系统阐释党内法规制度建设学理的理论体系，一套比较完善的方法论，一批代表性理论研究成果。对照这一标准，现有的党内法规理论研究在高度、广度、深度、精细度、成熟度等方面，都还不尽如人意，党内法规理论研究处在一个将兴未兴的发展过程，党内法规学理处在一个将立未立的形成阶段，距离形成成熟的党内法规理论体系还有明显差距。

第一，党内法规理论研究引领实践发展的能力还比较有限。

较之快速推进的党内法规制度建设而言，党内法规研究显得贫弱乏力、反应迟钝，理论研究的青涩与制度实践的成熟之间很不相称。一般来说，理念具有向导性，围绕核心理念会形成一套理论，在其指导下进行制度变革，通过制度调整改善实践，实践经验经过提炼又升华成新的理念，如此形成一个理念—理论—制度—实践—理念的闭合循环，以知导行、以行促知、知行合一，实现螺旋式上升。但目前的党内法规研究仍然滞后于党内法规制度实践发展，基本状况主要不是党内法规理论“走在前”从容引导党内法规的制定和实施，而是党内法规研究“落在后”匆忙追赶党内法规制度建设前进步伐，理论研究显得消极被动。

比如，较之党内法规制度建设取得的显著成就而言，在理论上目前甚至连“党内法规”这一概念仍未完成证成任务，在学理上尚未令人信服地回答党内法规是什么、为什么、从哪来、到哪去等制度哲学上的基本问题。又如，虽然党内法规制度体系已经形成，下一步的任务是如何更加完善。但学界关于党内法规体系化的研究却明显不足，其数量之少、研究之初步、解释力之弱在宏大的党内法规制度体系面前显得苍白无力。

第二，党内法规理论研究正处于努力突破前体系化的阶段。

尽管目前也有不少党内法规理论研究成果，但总体来看，这些研究还只是制造了些砖瓦，尚未建成理论大厦；只是生长了些草木，没有形成一片森林；只是培育了些细胞，没有形成健全的人体。

一则，尚未正式形成一套坚固的概念体系，缺少党内法规学必备的牢固理论根基。党内法规学首先表现为一个集成集约的范畴体系，概念内涵外延不清、概念间关系不明，党内法规学就无从谈起。无论是对职权职责、义务权利配置这对核心范畴，对党内集中与民主、纪律与自由、党的领导与党的建设、自治与法治等基本范畴，还是对党内政治生活、党务关系、党的组织、党的干部、党员、党的纪律等重要范畴，以及其他更多的派生范畴，特别是对不同范畴之间的纵横交错逻辑关系，目前仍然缺乏深入系统的研究。一言以蔽之，党内法规理论研究尚未形成一套得到广泛认可和使用的完整词汇表。

二则，体系化的基本要求尚未全面满足，距离党内法规学的理论品位还有不小差距。与党内法规学相匹配的党内法规理论体系，其研究应当达到必要的广度，实现对党内法规制度现象的全覆盖，涉及各领域各位阶各类型党内法规制度；应当达到必要的深度，既有宏观层面的体系架构研究，又有微观层面的机制设计；应当达到必要的宽度，通过历史研究和中外比较揭示党内法规建设的内在规律。不过，现有党内法规研究失之于碎，有一些含有真知灼见的知识碎片，但尚未聚合成一个逻辑严密的知识体系；失之于浅，对党内法规制度变革与外在社会结构之间的关联性、不同党内法规制度变革之间的连锁反应、党内法规制度安排与党的工作活动安排之间的因果联系、党内法规制度的激励约束机制设计等，都还缺乏深入研究，尚未实现对党内法规制度现象的上下左右内外前后全方位透视；失之于窄，多数研究视野不宽、视角单一，止步于就规论规、就事说事，尚未把党内法规制度建设自觉地置于党情国情世情发展变化的宏大视野中去研究。

第三，党内法规理论研究范式尚在形成过程之中。

“范式”（Paradigm）这个原本是用来表示词形变化的专业术语，经托马斯·库恩在《科学革命的结构》中使用之后变成学界的一个常用语，被当作解决学科发展认知问题的一把利器。形成一个或多个研究范式，是党内法规学正式确立的一个重要标志。形成一个党内法规研究范式需要具备以下 4 个要素：一个被假定为有解的党内法规学难题、一群持有相同学术见解的党内法规研究者、一套获得普遍认同的党内法规理论框架、一个或一些受到广泛模仿的代表性研究范例。相形之下，现有的党内法规研究尚未达到形成范式的程度。关于核心难题，它究竟是证成党内法规的不可替代性还是其他什么问题？学界对此缺乏清晰认知。关于研究者，目前仍然严重不足，尚未普遍形成党内法规教学和研究的人才培养机制，全国性党内法规研究会尚未组建，缺乏形成学术共同体的必要条件，更谈不上形成学派了，党内法规学正在朝着成长为一个独立学科的方向努力。关于理论框架，目前的研究失之于散、失之于浅，尚未形成一个成熟的理论体系和得到普遍认同的理论框架。关于研究范例，目前的著述多半自说自话，尚未产生一呼百应的学术权威，尚未形成成熟定型的研究风格，尚未出现示范引领的研究模式。

综上所述，虽然党内法规理论研究很有必要也很有可能成长为一门独立的学问和一个独立的学科，但如何满足这种必要、实现这种可能，我们无疑还有一段漫长的路要走。

一门学问的出现、一个学科的形成有其客观规律性，不可能一呼即出、一蹴而就，需要经历较长时间孕育而后“一朝分娩”，需要经受耐心沉淀而后一鸣惊人，需要在持续不断的量变之后迎来一次质变。我们已经听到了这门学问茁壮成长、拔节吐穗的声音，已经感受到这个学科蓄势待发、呼之欲出的力量，在气势恢宏的党内法规制度建设实践的有力带动和催促下，党内法规理论研究正在日益拓展深化，党内法规学正加速行进在崛起的大路上。

一轮红日在东方喷薄而出之前，我们总会看到曙光。现在，我们已经看到了党内法规学即将正式形成的那些“曙光”：

一是，党内法规研究生教育的出现。开展党内法规理论研究，需要一大批受过专门训练的研究人才，这就要靠开展党内法规方向的研究生教育来实现。为贯彻落实《中共中央关于加强党内法规制度建设的意见》提出的有关要求，教育部会同中央有关部门组织专家对“高校设置党内法规学科”进行专题研究，从设置“党内法规”学科必要性、可行性以及目前相关学科人才培养和科研状况、设置可能面临的问题等方面进行系统研究分析，制定了“党内法规”研究方向设置工作方案，并确定在法学一级学科下设置“党内法规”研究方向，招收培养研究生。根据该工作方案，从全国具有法学博士学位授予权的单位中遴选了北京大学、中国人民大学、清华大学、中国政法大学、吉林大学、山东大学、武汉大学、西南政法大学、中国社会科学院大学、中央党校（国家行政学院）等 10 个单位开展“党内法规”研究方向设置试点。目前，清华大学、中国政法大学、山东大学、武汉大学、中央党校（国家行政学院）等单位在法学一级学科下设置“党内法规”二级学科或研究方向，近 3 年计划累计招收博士研究生 46 人、硕士研究生 105 人，授予博士学位 11 人、硕士学位 80 人。星星之火，可以燎原。这一批较早受到党内法规研究方向专业训练的研究生，他们将会成为党内法规理论研究的火种，一传十、十传百，他们以及他们的学生，必将成为未来党内法规理论研究的骨干，党内法规理论研究在不远的将来必将形成燎原之势。

二是，党内法规理论研究的兴起。党的十八大以来，党内法规主题迅速成为社会科学理论研究的一个热点，党内法规研究迎来了“高光”时刻。特别是党的十九大以来，党内法规理论研究更是以加速度方式向前推进，理论研究吸引力之强、支持力度之大、发表成果之多，让一些传统学科很是惊羡。

根据“中国知网”统计，在 2019 年全年发表的学术文献中，篇名中含有“党内法规”的共 166 篇，关键词中含有“党内法规”的共 705 篇，摘要中含有“党内法规”的共 360 篇，全文中含有“党内法规”的共 2858 篇，参考文献中含有“党内法规”的共 369 篇。

在理论研究支持方面，国家社会科学基金项目素来具有风向标意义。近年来，国家社会科学基金资助党内法规研究的力度很大，从多个学科多个研究方向将一大批党内法规研究课题列入资助范围。以2020年为例，列入国家社会科学基金项目年度课题指南的党内法规研究方面课题共有40个之多，涉及多个学科。其中，（1）列入“马克思主义·科学社会主义”方向的课题有2个：中国共产党党内法规的制度建设研究，新时代坚持和完善党的领导制度体系研究。（2）列入“党史·党建”方向的课题有17个：坚持和完善中国共产党领导制度体系研究，中国共产党领导制度与中国特色社会主义制度关系研究，完善坚定维护党中央权威和集中统一领导的各项制度研究，健全党的全面领导制度研究，健全为人民执政、靠人民执政各项制度研究，健全和提高党的执政能力和领导水平制度研究，完善全面从严治党制度研究，发挥党章作用的机制研究，建立不忘初心、牢记使命的制度研究，思想建党和制度治党相结合研究，依规治党和以德治党相统一研究，党内法规制度供给侧结构性改革研究，党的督查工作与完善“两个维护”制度研究，党的督查制度与党的领导制度体系研究，新中国成立前党内法规制度建设历史研究，中国共产党党内法规体系研究，中国共产党领导制度建设史研究。（3）列入“政治学”方向的课题有14个：坚持和健全总揽全局、协调各方的党的领导制度体系研究，健全维护党的集中统一的组织制度研究，完善党领导人民代表大会的制度研究，完善党领导国家监察、审判和检察机关的制度研究，党内法规制度建设与国家治理现代化关系研究，党内法规在国家治理体系中的地位作用研究，完善党领导人民团体的制度研究，完善党领导基层群众性自治组织的制度研究，完善党领导社会组织的制度研究，巩固党执政的阶级基础、厚植党执政的群众基础的制度建设研究，完善党员和干部联系群众制度研究，坚持和完善党的民主集中制的相关制度建设研究，规范党内政治生活、严明政治纪律和政治规矩的制度建设研究，完善和落实全面从严治党责任制度研究。（4）列入“法学”方向的课题有7个：党章和宪法关系研究，以国家立法明确党的领导地位研究，依法治国和依规治党有机统一研究，党内法规功能定位和价值取向研究，党内法规和规范性文件备案审查与国家立法备案审查比较研究，党内法规制定与国家立法异同研究，地方党内法规制定权限研究。

管中窥豹，足见一斑。从国家社会科学基金项目 2020 年度课题指南所列党内法规研究方面课题名单来看，党内法规研究开始朝着立体全景方向推进，既有基础理论研究又有应用理论研究，既有现实研究又有历史研究，既有本体研究又有比较研究，既有宏观意义上的体制性研究又有微观意义上的实务研究，既有党章研究又有其他党内法规研究，既有党的领导法规研究又有党的建设法规研究，既有对党内法规本身研究又有党规与国法关系研究，既有制度结构研究又有具体建章立制研究，等等。这种从多个学科角度分别切入的研究方式，有利于对党内法规制度现象的全面交织透视，有利于推动党内法规研究在广度和深度上的齐头并进，有利于推动形成一个比较成熟的党内法规理论体系。

三是，《党内法规学》的出版。党内法规制度建设越是快速发展，越是迫切要求加强党内法规工作队伍建设、党内法规理论研究、党内法规后备人才培养，越是需要一本全面、系统、权威的党内法规学教材提供学理支撑。为贯彻落实《中共中央关于加强党内法规制度建设的意见》提出的“组织编写专门教材”的决策部署，中国法学会会同中央办公厅法规局组织 40 多名来自理论界和实务界的专家学者，历时 2 年编写形成了《党内法规学》，并于 2020 年由高等教育出版社正式出版发行。《党内法规学》由绪论和 10 章内容构成。绪论部分主要阐明党内法规学的发展背景、研究对象、与相邻学科关系、研究方法等基本问题。10 章内容分为 3 个板块：第一板块包括第 1～3 章，主要阐明党内法规的基础理论，依次介绍党内法规的一般原理、依规治党、党内法规的历史发展；第二板块包括第 4～8 章，主要按照“1+4”框架阐明党内法规体系，依次介绍党章、党的组织法规、党的领导法规、党的自身建设法规、党的监督保障法规；第三板块包括第 9～10 章，主要阐明党内法规的运行问题，分别介绍党内法规的制定和实施。《党内法规学》被列入马克思主义理论研究和建设工程项目。其出版发行，不仅为党内法规教学培训提供了统编教材，解决了长期以来党内法规教学“无书可教、无书可学”的问题，更是党内法规学科基本形成的一个重要标志。《党内法规学》构建起了一套科学规范的党内法规概念体系、知识体系、理论体系，为党内法规研究奠定了学理基础，必将有力推动形成一个成熟的党内法规理论体系，必将对新时代党内法规制度建设实践发展起到重要推动作用。

第十四章　党内法规时间之维

人总是特定时空中的人，事总是特定时空中的事，规范人和事的制度自然就总是特定时空中的制度。党的工作总要在特定历史方位中具体展开，用来规范党的工作的党内法规自然只能是特定历史方位中的党内法规，这个历史方位就是昨天和明天在今天的交汇。在这个意义上，无论是具体的党内法规制度安排，还是宏大的党内法规制度建设，都既是现实的也是历史的，时间从来就是党内法规的一个基本维度。我们从时间之维研究观察党内法规就不难发现，党内法规总是烙有鲜明的时代印痕，一部党内法规史就是管党治党历程的发展史；党内法规总是带有生命周期，每一部党内法规都有一个或长或短的有效期；党内法规的一个重要功能就是标注时间刻度，要求党的工作活动安排对表党内法规设定的行为期限。既然没有一部党内法规可以一成不变、超越时代，那么制定修订党内法规就必须找准历史方位；既然没有一项党内法规制度可以青春常驻、活力不减，那就应当为党内法规制度确定长短适宜的生命周期；既然没有一个党的工作活动允许不可预期、遥遥无期，那就应当在党内法规中提出明确的时限要求。党内法规制度建设不可能也没必要挽留行色匆匆的时间，其所要追求的是如何保证制度变革总是能够与时俱进、跟时代同频共振。

历史方位

时间的脚步永不停歇，每一脚印都会留下历史的记忆。我们浏览一则新闻，一分钟过去了；分针转了一圈，一个小时过去了；朝阳变夕阳，一个白昼过去了；换了一本年历，一载过去了；如白驹过隙，一个年代过去了。这每一分每一秒，我们党都在管党治党；这每一时每一刻，我们党都在奋力推进党和国家事业。为了与飞逝的时光同行，党的工作总是要马不停蹄地追赶时代。研究部署推进党内法规制度建设，要与我们党所处的历史方位对表，既不能滞后也不能超前；贯彻落实一项上级决策部署，要与规定的时限对表，不能迟迟不动、久拖不决。

历史地看，没有一种党内法规制度是一劳永逸、一成不变的，即使是最稳定、最根本、最权威的党章也不例外，基本上每次党的全国代表大会都要对其进行修改，这几乎成为惯例。立足现实、聚焦当下，使党内法规制度建设从主题到内容、从理念到规范、从要求到语言，都带有浓烈的时代特征。因此，当我们打开一个年代稍远些的党内法规文本时，产生它的那个时代独有的气息就会扑面而来，一下子就把我们带回历史当中。比如，党的二大通过的第一部党章第 3 条规定："凡经中央执行委员会直接承认者，或已经加入第三国际所承认之各国共产党者，均得为本党党员。"这使我们联想到党在幼年时期作为一个支部对共产国际的依赖。又如，1980 年出台的《关于党内政治生活的若干准则》明确要求："全党同志一定要努力肃清林彪、'四人帮'横行时期造成的假话盛行的歪风邪气，恢复和发扬党一贯倡导的讲真话，不讲假话，言行一致的优良作风。"该准则出台的历史背景跃然纸上。

党内法规制度之所以带有历史胎记，是因为它是时代母亲孕育的，要与其置身其中的社会结构相适应。党内法规作为上层建筑的一个部分，在根本上要反映生产力与生产关系、经济基础与上层建筑的矛盾运动情况。马克思在《〈政治经济学批判〉序言》中，精辟地概括了社会结构理论：人们在自己生活的社会生产中发生一定的、必然的、不以他们的意志为转移的关系，即同他们的物质生产力的一定发展阶段相适应的生产关系。这些生产关系的总和构成社会的经济结构，即有法律的和政治的上层建筑竖立其上并有一定的社会意识形式与之相适应的现实基础。这就揭示了生产力与生产关系、经济基础与上层建筑之间的关系。推进党内法规制度建设，不能就事论事，要有社会结构的大视野。历史大片是由一张接一张源源不断、前后相续的现实照片连成的，昨天的现实变成今天的历史，今天的当下会成为明天的历史，只要我们生活在当下，我们今天的创新注定会在明天成为故事。当下我们所制定和实施的党内法规制度，它们作为我们这个时代的“作品”，只能记录我们当下的所思所想、所盼所求、所作所为。

一则，党内法规制度的调整对象与事项是现实的。在革命、建设、改革不同时期，党的历史使命不同，党的领导和党的建设活动的重点内容不同，党的组织工作活动和党员行为在内涵与外延上不同，党的组织特别是党员队伍的结构、素质等都会明显不同，党内法规制度安排必须直面现实。

二则，党内法规制度安排的动力与阻力是现实的。党内法规制度安排涉及主体关系定位和主体利益调整，它既是全党统一意志的体现，也是党务关系主体动力与阻力直接较量的结果。动力与阻力都来自现实，与现实的利害得失息息相关，既得利益者或者潜在受益者会支持特定党内法规制度出台，而当这种制度要被改变时，他们就很容易成为反对者。党内法规制度安排一般反映的是党务关系主体意愿、意见的最大公约数，它是主体现实博弈的产物。

三则，党内法规制度的问题与答案是现实的。党内法规制度作为党务关系的调节器，所要解决的是现实的党的组织和党员行为选择的越位、错位、缺位、不到位问题，制约和监督党的组织和党员领导干部手中现实的权力，规范和保障党员现实的民主权利。而打开问题之锁的钥匙也只能来自现实，党内法规制定者只能在现实世界中去寻找。

四则，党内法规制度的知与行是现实的。人们的认知能力和价值偏好总是现实的，对制定和实施党内法规制度意义的理解、功能的定位、价值的选择，对党内法规制度建设内在规律的把握和发展趋势的预测，总是受制于现实的思维模式、认知水平和行为方式，我们不可能制定和实施超越现实的党内法规。

五则，党内法规制度的要求与条件是现实的。党内法规制度对党的组织和党员提出的先进性和纯洁性要求，不能超越中国特色社会主义初级阶段这个发展阶段，行为要求并非越多越好、越高越好、越严越好、越快越好，好大喜功的"大跃进"式立规的结果只能是过犹不及、欲速则不达。务实的做法是考虑党的组织和党员的现实承受力和可塑性，考虑现实的管党治党和执政治国情况，考虑党内法规制度建设的现实资源条件，积极稳妥、留有余地，"小步快跑、文火慢炖"。

一言以蔽之，党内法规制度只有直面现实、植根现实，党内法规制度安排只有流淌着时代血液、跳动着时代脉搏，党规之治才能凝聚时代共识、发出时代强音，才能回应我们党管党治党、执政治国的现实需要。

当然，聚焦现实并不意味着只看当下，不能因为立足现实就忘记了上一步从哪儿来、下一步该到哪儿去。只有将当下的党内法规制度建设放在历史发展的视野中，放在昨天、今天、明天三位一体的时间坐标上去观察、研究、推进，才能把握历史必然性。

究其根本，党内法规制度所服从和服务的管党治党、执政治国这个中心和大局，党和国家治理的现代化，党和人民事业的发展，是一个不断前进的过程。在党的领导和执政活动方面，如何既充分发挥党总揽全局、协调各方的领导核心作用，又支持国家政权机关依法独立负责地行使权力，支持群团组织和各种组织依章程开展工作和依法运营，理顺党政、党群、党社、党企等领导与被领导关系，在二者之间寻求一种平衡，避免以党代政、以政代党或者各自为政，这是一个需要不断探索实践、不断深化认识、不断总结经验、不断把握规律的过程，没有完成时，只有进行时。在加强党的建设方面，无论是党的建设的主题和主线、指导思想和努力目标、基本原则和重要举措，还是党的建设总体布局及工作格局的形成、各个领域体制机制的完善、每个方面都包括哪些主要工作和活动等，都不可能毕其功于一役，只能循序渐进、步步为营，一步接一步、一环扣一环。

党内法规制度建设要回应党的工作发展变化，本身就必须与时俱进、不断总结提高其科学性和理性化水平。比如，关于党规同国法的衔接和协调问题，关于党内法规制度的功能定位和价值取向问题，关于党内法规制度体系的构成和建设路径问题，关于党内法规规范的种类及其相互关系问题，等等，这些都没有现成答案，都是“摸着石头过河”、一步一个脚印走出来的，还要一步步走下去。我们每往前走一步，都会对党规之治的规律性认识多一点，党内法规制度建设的科学化水平相应地会进一筹。

与党内法规制度建设科学化水平日益提高相适应的是，党内法规工作也一直在调整、适应、提高。党内法规工作格局由点到面、逐步拓展，经过几十年探索才形成当前的包括制定、解释、清理、备案、评估、执行等主要内容的工作格局。党内法规工作体系从弱到强，在机构设置、人员力量、条件保障等方面的建设步伐不断加速。党内法规工作地位的重要性由低到高，人们对党内法规工作的熟悉程度越来越高，党委对党内法规工作的重视程度越来越高，领导对党内法规工作的要求越来越高。

从以上几个层面来看，当下制定和实施党内法规制度的实践，并非前无古人后无来者，它不是一个孤立的历史片断，而是历史逻辑中的一环、历史进程中的一步。立足现实推进党内法规制度建设，应当在历史逻辑和历史进程中去把握和凸显其时代特征，既不能因为聚焦当下就忘却了我们走过来的历史，也不能因为聚焦当下就忽略了我们将要走进去的未来。毕竟，党内法规之树无论长得多粗多高，它的百道年轮中的每一道，都是在前一道年轮基础上的拓展并必将被后一道年轮所超越。

换个角度看，党内法规制度建设的“瞻前顾后”是理所当然的，因为当下制定的党内法规制度是对昨天实践经验的总结，制定出台后又是在明天适用，只有从历史连续性的语境去认识和对待党内法规制度建设，才能最大限度避免当下的党内法规制度产生的历史局限性问题。

当然，我们强调当下的党内法规制度建设要有历史思维，目的在于提醒保持历史延续性、遵循历史必然性，不能瞎折腾、把党内法规制度当作政绩工程，不能否定过去、搞历史虚无，这决不意味着只能萧规曹随。因为，党和国家事业日新月异，党内法规制度建设只能与时俱进，不能故步自封、原地踏步，必须在继承基础上不断创新前行。同样，强调当下的党内法规制度要有未来思维，讲的是党内法规制度建设要面向未来，富有前瞻性和预见性，对未来作必要的引导和规划。只有对未来的变化具有一定的适应性，才能保证党内法规制度必要的稳定性和连续性，避免朝令夕改。同时，当下的理性总是有限的，不可能完全预知未来的模样，因此在制度设计时要为未来预留必要的空间。在这个意义上，我们应当在前后相续、不断发展的历史视野中推进党内法规制度建设，让每一个当下的制度创新都成为承前启后、继往开来的一环。

那么，对于一个100年前成立、经历了革命建设改革历史洗礼的大党、执政党而言，我们党当下的党内法规制度建设正处于什么新的历史方位呢？

这个新的历史方位，就是中国特色社会主义进入了新时代。党的十九大报告指出：“经过长期努力，中国特色社会主义进入了新时代，这是我国发展新的历史方位。”党内法规制度建设以围绕中心、服务大局为己任，必须立足新时代、跟上新时代、回应新时代。就加强党内法规制度建设而言，需要从6个方面全面把握和鲜明体现新时代的“新”。

一是新的时代课题。党的十八大以来，国内外形势变化和我国各项事业发展都给我们提出了一个重大时代课题，这就是必须从理论和实践结合上系统回答新时代坚持和发展什么样的中国特色社会主义、怎样坚持和发展中国特色社会主义，包括新时代坚持和发展中国特色社会主义的总目标、总任务、总体布局、战略布局和发展方向、发展方式、发展动力、战略步骤、外部条件、政治保证等基本问题，并且要根据新的实践对经济、政治、法治、科技、文化、教育、民生、民族、宗教、社会、生态文明、国家安全、国防和军队、“一国两制”和祖国统一、统一战线、外交、党的建设等各方面作出理论分析和政策指导，以利于更好坚持和发展中国特色社会主义。

二是新的时代特征。中国特色社会主义进入新时代，意味着近代以来久经磨难的中华民族迎来了从站起来、富起来到强起来的伟大飞跃。这个新时代，是承前启后、继往开来、在新的历史条件下继续夺取中国特色社会主义伟大胜利的时代，是决胜全面建成小康社会进而全面建设社会主义现代化强国的时代，是全国各族人民团结奋斗、不断创造美好生活、逐步实现全体人民共同富裕的时代，是全体中华儿女勠力同心、奋力实现中华民族伟大复兴中国梦的时代，是我国日益走近世界舞台中央、不断为人类做出更大贡献的时代。

三是新的社会基本矛盾。中国特色社会主义进入新时代，我国社会主要矛盾已经转化为人民日益增长的美好生活需要和不平衡不充分的发展之间的矛盾。人民美好生活需要日益广泛，不仅对物质文化生活提出了更高要求，而且在民主、法治、公平、正义、安全、环境等方面的要求日益增长。同时，我国社会生产力水平总体上显著提高，社会生产能力在很多方面进入世界前列，更加突出的问题是发展不平衡不充分，这已经成为满足人民日益增长的美好生活需要的主要制约因素。我国社会主要矛盾的变化是关系全局的历史性变化，对党和国家工作提出了许多新要求。全党要牢牢把握社会主义初级阶段这个基本国情，牢牢立足社会主义初级阶段这个最大实际，牢牢坚持党的基本路线这个党和国家的生命线、人民的幸福线，领导和团结全国各族人民，以经济建设为中心，坚持四项基本原则，坚持改革开放，自力更生，艰苦创业，为把我国建设成为富强民主文明和谐美丽的社会主义现代化强国而奋斗。

四是新的指导思想。围绕重大时代课题，我们党坚持解放思想、实事求是、与时俱进、求真务实，坚持辩证唯物主义和历史唯物主义，紧密结合新的时代条件和实践要求，以全新的视野深化对共产党执政规律、社会主义建设规律、人类社会发展规律的认识，进行艰辛理论探索，形成了习近平新时代中国特色社会主义思想。这一重要思想的丰富内涵集中体现为“八个明确”：明确坚持和发展中国特色社会主义，总任务是实现社会主义现代化和中华民族伟大复兴，在全面建成小康社会的基础上，分两步走在21世纪中叶建成富强民主文明和谐美丽的社会主义现代化强国；明确新时代我国社会主要矛盾是人民日益增长的美好生活需要和不平衡不充分的发展之间的矛盾，必须坚持以人民为中心的发展思想，不断促进人的全面发展、全体人民共同富裕；明确中国特色社会主义事业总体布局是“五位一体”、战略布局是“四个全面”，强调坚定道路自信、理论自信、制度自信、文化自信；明确全面深化改革总目标是完善和发展中国特色社会主义制度、推进国家治理体系和治理能力现代化；明确全面推进依法治国总目标是建设中国特色社会主义法治体系、建设社会主义法治国家；明确党在新时代的强军目标是建设一支听党指挥、能打胜仗、作风优良的人民军队，把人民军队建设成为世界一流军队；明确中国特色大国外交要推动构建新型国际关系，推动构建人类命运共同体；明确中国特色社会主义最本质的特征是中国共产党领导，中国特色社会主义制度的最大优势是中国共产党领导，党是最高政治领导力量，提出新时代党的建设总要求，突出政治建设在党的建设中的重要地位。习近平新时代中国特色社会主义思想，是全党全国人民为实现中华民族伟大复兴而奋斗的行动指南，必须长期坚持并不断发展。

五是新的基本方略。贯彻落实习近平新时代中国特色社会主义思想，必须全面贯彻党的基本方略，做到“十四个坚持”：坚持党对一切工作的领导，坚持以人民为中心，坚持全面深化改革，坚持新发展理念，坚持人民当家作主，坚持全面依法治国，坚持社会主义核心价值体系，坚持在发展中保障和改善民生，坚持人与自然和谐共生，坚持总体国家安全观，坚持党对人民军队的绝对领导，坚持“一国两制”和推进祖国统一，坚持推动构建人类命运共同体，坚持全面从严治党。

六是新的管党治党要求。新时代党的建设总要求是：坚持和加强党的全面领导，坚持党要管党、全面从严治党，以加强党的长期执政能力建设、先进性和纯洁性建设为主线，以党的政治建设为统领，以坚定理想信念宗旨为根基，以调动全党积极性、主动性、创造性为着力点，全面推进党的政治建设、思想建设、组织建设、作风建设、纪律建设，把制度建设贯穿其中，深入推进反腐败斗争，不断提高党的建设质量，把党建设成为始终走在时代前列、人民衷心拥护、勇于自我革命、经得起各种风浪考验、朝气蓬勃的马克思主义执政党。

中国特色社会主义进入了新时代，对党内法规制度建设提出了新任务新要求。加强党内法规制度建设要立足新时代这一新的历史方位，胸怀中华民族伟大复兴战略全局和世界百年未有之大变局。深刻认识国际格局的“东升西降”和国际局势的严峻复杂，大国战略博弈加剧，世界进入动荡变革期。我们要把握好社会主要矛盾，精准识变、科学应变、主动求变，于变局中开新局、在危机中育先机，把握新发展阶段、贯彻新发展理念、构建新发展格局，实现高质量发展。我们要把握好时务和任务、问题和课题、主旨和主线、模式和方式，为新时代党和国家事业发展提供坚实的党内法规制度保障。

生命周期

在这个世界上，没有人可以做到长生不老，每时每刻都会有新生和逝去。党内法规制度亦然。在所有党内法规制度中，党章规范因其抽象性、原则性、根本性而最稳定，但即便如此，党章也要依靠每一次党的全国代表大会的或大或小、或结构性或细节性的修改，来实现与党和国家事业发展的同步前进。秋风扫落叶，春来发几枝。党章规范因为常改常新、充满活力。

正是由于党内法规规范是有生命周期的，因此，党内法规制度的生老病死就不足为怪。每天既有新的制度闪亮登场，也有旧的制度黯然告别。同一种制度的生命力，在不同时点上会发生悄然变化，处于成长期则与日俱增，处于衰落期则每况愈下。同一时点下不同的党内法规制度的生命力也有强弱差异，有的年轻力壮、朝气蓬勃，有的年老体弱、暮气沉沉。制度生命力的强弱反映在实践中，有效管用的制度能够带来秩序与自由，而与制度失效相伴随的则是党内生活不正常、纪律涣散、为官掌权者的专横跋扈。

历史地看，相对于党的建设和党的事业实践发展而言，党内法规制度变革表现为一个新旧制度的接力过程，绝大多数党内法规规范都只是停留时间或长或短的过客，都有一个生命周期。

规范的生命周期，是指党内法规制度的生息表现为一个包含孕育、出生、成长、巅峰、衰落、终结的“自然”过程，制度生命力从无到有、从弱到强、从强到弱、从有到无。孕育期即起草阶段，党内法规起草者将党的统一意志转化为具体条文，由此形成的法规草案虽无拘束力，但起草活动是一个从无到有创造生命的过程，草案本身也是有生命的，起草质量的高低直接决定党内法规生命力的强弱。出生环节即审批通过，党内法规制定机关遵循《中国共产党党内法规制定条例》规定的审议批准程序，将成熟的草案变成党内法规文本，审批活动是一个赋予效力的过程，党内法规的效力直接源于审批，未经审批不会产生效力，审批者在党的组织体系中的层级高低直接决定其所审批的党内法规效力位阶的高低，犹如一个家族中父母的辈分决定孩子的辈分。党内法规出台后，有的自发布之日起即时生效，有的过一段时间后再生效，党内法规生效后，即进入生命力成长期。刚生效的党内法规，需要与党的工作实践磨合，无论是执行者还是遵守对象对其都有一个熟悉、适应、认可的过程，从适用它的第一个个案开始，党内法规的“效力”开始转化为“实效”，并伴随更多的个案适用而不断增强权威性。经过普遍适用与反复适用的不断磨砺，党内法规的生命力达至巅峰状态，制度的权威性和约束力空前绝后。不过，随着党的工作的发展创新，党内法规不适应以及不协调、不一致、不衔接等问题开始出现，党内法规生命力转入衰落期，在规范和调整特定党务关系时捉襟见肘，在解决相关问题时力不从心，越来越不能适应实践发展需要。管党治党和执政治国实践发展越快，之前的党内法规的衰落速度就会越快，先是不适应、不能全面发挥作用，然后是不胜任、发挥作用有限，最后成为实践发展的桎梏、产生“负”作用。至此，终止该党内法规的效力就成为明智选择。党内法规效力被终止，实质上是宣告死亡，其生命力不复存在，它不再是党的领导和党的建设活动的遵循，不再是对党的组织工作活动和党员行为产生拘束力的制度，从此退出实践，转入历史档案。

不同党内法规的生命期限长短悬殊，长则几十年，饱经风霜依然老当益壮；短则几个月，来也匆匆、去也匆匆。决定党内法规规范“寿命”长短的原因主要来自内外两个方面，是内因和外因共同作用的结果。一项党内法规制度一旦内忧外患，那么其效力就岌岌可危，距离生命终结已为时不远。

一方面是内因。党内法规自身的生命力强弱直接决定其有效期长短。适者生存。科学理性的党内法规因其具有更强适应性故而具有更强生命力。一般而言，“寿命”较长的党内法规规范满足以下一个或几个条件：

一是规律性。规律性对应于必然性和稳定性，符合特定党的工作内在规律的党内法规，其制度安排基于制度供求的必然性，能够在较长时间内有效管用。

二是抽象性。制度规定越具体，其回旋余地就越小；制度规定越抽象，其弹性空间就越大。一般而言，基础主干性党内法规、侧重定性控制的党内法规、作出概括性规定的党内法规、裁量性条款较多的党内法规等，因其规定比较原则往往具有较长有效期，而辅助性配套性党内法规、侧重量化控制的党内法规、作出列举性规定的党内法规、羁束性条款较多的党内法规等，因其规定明确具体通常被频繁修改直至最终被废止。

三是前瞻性。党内法规制度安排预见到未来一段时期党的领导和党的建设活动实践发展变化，已经为未来预留了一定空间，此类党内法规因其避免了“一出台就落伍”问题，能够在未来较长一段时间内保持其适应性而不至于被淘汰。

四是包容性。每部党内法规都有其确定的调整对象或者调整方式，有的党内法规包容性较强，能够适应未来一段时间内调整对象或者调整方式方面发生的变化；有的则因为调整对象或者调整方式比较单一，一旦出现调整对象发生变化或者不复存在、调整方式需要创新等情形，就被迫作出修改甚至废止。

另一方面是外因。党内法规一旦制定出台后就变成一种确定性规定，而外界环境条件总是发展变化、变动不居的，在党内法规的“定”与外在的“变”之间存在天然紧张关系。外在条件是自变量，党内法规是应变量，外在条件变化越大，党内法规的存续期限则越短。大致来说，按照由近到远排序，影响党内法规“寿命”长短的外在因素主要包括以下3类：

一是党内法规制度体系内部的变化。多数党内法规与其他党内法规之间形成下位、同位、上位3种关系。对于上位党内法规而言，变与不变比较主动，通常比较稳定，但下位制度创新，特别是授权试点制度改革形成的星火燎原之势，也会对其修改或者废止产生倒逼效应。对于同位党内法规而言，因各自调整领域或者事项不同，一方修改或者废止一般不会对相关同位党内法规产生太多影响，但如果同位制度创新对相邻党内法规产生制度衔接要求，它就需要作出相应调整。对于下位党内法规而言，它是依据上位党内法规制定的，变与不变比较被动，只能视上位变否而定，一旦作为其制定依据的上位党内法规发生变化，那它就必须作出相应调整，因此，一部上位党内法规的修改或者废止势必会引发一批下位党内法规制度的修改或者废止。

二是党内法规与其他制度关系的变化。对党的领导和党的建设活动产生规范功能的制度，并非只有党内法规这一种，除党内法规外，还有许多其他规范，包括国法、道德、党的组织自我规制的内部规章制度，等等。它们之间既是互补的、相辅相成的，又在一定程度上存在竞争关系，调整范围往往此长彼消。因此，对于一项党内法规制度而言，其有效期有可能因为其他相关制度调整范围的扩张而缩短甚至终止。比如，一些原本属于党内法规调整范围的党的机关办文办会办事规定，转由各级各类党的机关自身制定内部规定来管理；一些原本属于党内法规调整范围的行为，因为党的组织和党员觉悟的普遍提高，无须再依靠党的组织的外在强制力保证实施，转交给依靠内心谴责的道德规范来调整；一些原本由党内法规确定的影响公民权利的事项，转由国家监察法律法规规定，等等。这些调整范围的收缩会直接导致相关党内法规规范有效期的终结。相反，有些原本由国法、党的机关内部规章制度、道德规范等调整的事项，有必要转为党内法规调整时，就会相应催生新的党内法规制度出台。

三是党内法规制度环境的变化。党内法规的需求与供给、制定和实施总是依赖于特定的制度环境，它们是外在条件综合作用的结果，一旦外在条件发生显著变化，与之相关的党内法规就无法存续下去，只得终结其效力。外在制度环境变化，最直接的是党情变化，比如，当下的党员队伍在规模、来源、构成、素质等方面的变化，带来了管党治党的新问题，使一些改革开放前出台甚至党的十八大前制定的党内法规制度因为不适应而被修改或者废止。此外，社情、国情和世情的显著变化，也会对党内法规制度的存废产生深刻影响，在全面深化改革、推进国家治理体系和治理能力现代化的新形势下，党的建设制度改革任务繁重，许多与传统的管理模式相适应的党内法规制度会退出历史舞台，而一大批与治理模式相契合的新制度则会应运而生。

每一个党内法规制度都有自己的生命周期，这就使党内法规制度体系中的不同制度在同一时点上表现出强弱不等的生命力，犹如这个社会上同时存在老中青少幼几类人群一样。因此，党内法规制定者就得具有整体思维、统筹能力和平衡意识，保证党内法规制度总体上“年龄结构”合理、充满活力，以实现党内法规制度供求的平衡。

一是个体平衡。党内法规制度体系由若干部党内法规构成，每一部党内法规都应在聚焦现实与放眼未来之间找到平衡点。党内法规拘束力一般仅限于有效期内，在其生效之前通常不得溯及既往，在其废止之后通常不再有效；对于在旧规废止之前已经实施，但在新规生效之后开始适用党内法规作出处理决定的，可以按照从旧兼从轻原则选择适用新规或者旧规，如果旧规对当事人有利则适用旧规。比如，2018 年修订的《中国共产党纪律处分条例》第 142 条规定：“本条例自 2018 年 10 月 1 日起施行。本条例施行前，已结案的案件如需进行复查复议，适用当时的规定或者政策。尚未结案的案件，如果行为发生时的规定或者政策不认为是违纪，而本条例认为是违纪的，依照当时的规定或者政策处理；如果行为发生时的规定或者政策认为是违纪的，依照当时的规定或者政策处理，但是如果本条例不认为是违纪或者处理较轻的，依照本条例规定处理。”所有的党内法规的生效期都应当是明确的，在文本中通常由最后一条明确具体的日期——或者规定“自发布之日起施行”，至于具体的发布日期则见之于题注，但绝大多数党内法规的效力终结期则是不确定的，这就像自然人的出生时间是确定的，但死亡时间通常不易确定。当然，也有极少数党内法规因其只适用于一定期限，可在党内法规中明示其生效期和终结期。少数党内法规拟适用于较短期限，可以“试行”方式出台——根据《中国共产党党内法规制定条例》规定，试行期一般不超过5年。尽管大多数党内法规的有效期长短是不确定的，但这并不意味着制定党内法规时就没有必要去考虑这个问题，只能听任实施过程中的随遇而安。相反，党内法规制定者应当基于对党内法规制度变革内在规律的把握，对党情社情国情世情发展变化的准确判断，科学预测特定党内法规制度的供求变化情况，在党内法规制度安排的现实性与前瞻性、抽象性与可操作性、包容性与针对性、原则性与灵活性之间寻求平衡，作出粗细适中、刚柔适宜的制度安排，对其生命周期的长短以及成长期、巅峰期、衰落期和终结时间的到来等作出大致预测，以便统筹安排立改废释等相关工作。

二是整体平衡。整体看，党内法规制度体系是由“年龄”大小不等的党内法规制度共同构成，有的属于老年党内法规，步履蹒跚，但威望很高；有的属于中年党内法规，如日中天，发挥主力军作用；有的属于青年党内法规，青春时尚，活力四射；有的属于少年党内法规，朝气蓬勃，充满希望；有的属于幼年党内法规，涉世未深，尚未扎根。年轻党内法规有活力，年老党内法规有睿智，各有长短、相辅相成。如同一个和谐的大家庭四世同堂，一个可持续发展的社会应当老中青少幼结构合理。要全面实现党内法规制度的规范调整功能，就得保持党内法规制度体系生命周期的整体平衡，特别是避免出现“老年社会”问题。鉴于此，党内法规工作机构就得像人口计生部门一样，建立一个有关党内法规年龄统计的数据库，定期分析研究党内法规年龄结构的变化情况，通过清理和实施评估等方式对党内法规进行“体检”，掌握整个党内法规制度体系的体能、健康状况，并通过编制党内法规制定工作规划计划，有序推进党内法规制度变革，让党内法规制度体系维持一个合理的“年龄结构”。

三是动态平衡。实践发展永无止境，党的理论创新永无止境，党的制度建设永无止境。党内法规制度的供求平衡必然是一种动态平衡，以适应党和国家事业不断向前推进的需要，通过党内法规制度不间断的新陈代谢，输入能量、更新升级。维持动态平衡的方式，主要是在清理基础上进行立改废释。需要注意的是，“立改废释”的表述并不代表一种方式选择上的先后逻辑排序。党内法规制度的严肃性、权威性在相当程度上依赖其稳定性、连续性，不能动辄立新废旧、另起炉灶，应当是能释不改、能改不废，特别是对于一套相对定型、成熟的党内法规制度体系而言，缓解制度供求紧张关系、维持动态平衡的逻辑顺序应当是释、改、立、废。亦即，面对一项制度供求失衡问题，党内法规制定者的解决思路应当首先考虑“释”，在维持现有制度规定不变的前提下，通过作扩张或者收缩解释来释放制度潜能；只有当解释已经力所不逮时，才去考虑“改”，在保持党内法规框架结构、多数规定不变的前提下，通过修改的方式动手术、换零件，以提高党内法规的适应性和生命力；如果一部党内法规已经严重过时、生命力衰竭，那就得采用“立”的方式，制定一部新规取而代之，但在新规出台之前一般不宜先去宣布废止旧规，以免造成无规可依的制度空白问题，新规生效之日通常就是旧规废止之日，实现立新废旧的无缝对接。

行为时限

时限作为程序性规范中的一个要素，其意义在于体现“迟来的正义非正义”理念。党内法规是规范党的领导和党的建设活动的规矩，立规矩、讲规矩、守规矩，不仅要求党的组织和党员干部应当遵循权责方面的实体规定，牢记授权有限、不得越权，有责要担当、不得失职，还要求党务活动应当遵循时限这一程序性规定，非因规定事由不得延时、超时或者缩短时限。

无论是党规还是国法，在传统上都存在重实体轻程序倾向，这就导致时限方面的规定缺失严重。随着程序性意识的觉悟和对程序性规范重视程度的日益提高，有关时限方面的规定越来越多，基本上覆盖党内法规的各个调整领域。遵守时限，在规定的期限内完成某项工作或者某一活动，正在成为一项刚性要求。

在由党章所统率的党内法规体系中，规定了一些或详或略的时间、时限。

关于党章中的时限规定。比如，党章规定，申请入党的年龄条件是年满 18 岁；预备党员的预备期为 1 年；党员无正当理由连续 6 个月不交纳党费的视为自行脱党；党的全国代表大会每 5 年举行一次，党的中央委员会每届任期 5 年，中央委员会委员和候补委员必须有 5 年以上的党龄；党的地方代表大会每 5 年举行一次，党的地方委员会每届任期 5 年，省市委员会的委员和候补委员必须有 5 年以上党龄，县级委员会的委员和候补委员必须有 3 年以上的党龄；党的基层委员会、总支部委员会、支部委员会每届任期 3 年至 5 年；党的各级纪律检查委员会每届任期和同级党的委员会相同。

关于党的组织法规中的时限规定。比如，《中国共产党地方组织选举工作条例》规定：党的地方组织任期届满，应按期进行换届选举。如需延期或提前换届选举，应经上一级党的委员会批准。延长期限不得超过 1 年。召开代表大会的请示，党的省区市委员会一般于召开代表大会 4 个月前报党的中央委员会审批，其他党的地方委员会一般于召开代表大会 2 个月前报上一级党的委员会审批。党的地方各级委员会委员、候补委员，常务委员会委员和书记、副书记候选人预备人选，一般于召开代表大会 1 个月前报上一级党的委员会审批。《中国共产党地方委员会工作条例》规定：新当选的书记、副书记和常委会其他委员一般应当任满一届；全会每年至少召开 2 次，遇有重要情况可以随时召开；常委会会议一般每月召开 2 次，遇有重要情况可以随时召开。《中国共产党党组工作条例》规定：党组成员除应当具备党章和《党政领导干部选拔任用工作条例》规定的党员领导干部的基本条件外，还应当有 3 年以上党龄，其中厅局级以上单位的党组成员应当有 5 年以上党龄；党组会议一般每月召开 1 次，遇有重要情况可以随时召开；党组会议议题由党组书记提出，或者由党组其他成员提出建议、党组书记综合考虑后确定；会议议题应当提前书面通知党组成员。

关于党的领导法规中的时限规定。比如，《中国人民解放军预备役部队政治工作规定》要求：预备役官兵思想政治教育，主要在预备役部队进行组织整顿、军事训练和平时执行任务等时机开展，教育时间每年不少于16课时；每年至少安排2天为宣传日，协调媒体刊登、播发教育内容，组织教育骨干深入编兵地区、单位宣讲；预备役部队政治机关每2年会同地方有关部门和预备役军官所在单位党组织，对预备役军官在预备役部队履行职责的情况进行1次考核。中共中央转发的《中共全国人大常委会党组关于进一步发挥全国人大代表作用加强全国人大常委会制度建设的若干意见》提出，加强党对全国人大工作的领导，全国人大会议的召开，全国人大常委会会议的议程安排，全国人大及其常委会的五年立法规划、准备制定的政治性法律和重大的经济法律，有关法律起草中遇到的重大问题，法律审议中重大的分歧意见，以及监督和决定重大事项、干部任免等工作中的重大问题，由全国人大常委会党组报请党中央决定或者批准后再进入法定程序。中共中央办公厅、国务院办公厅印发的《关于进一步加强人民政协提案办理工作的意见》要求：承办单位收到提案后，要提出办理方案，明确任务分工、时限要求和质量标准，并及时向有关业务部门交办；承办单位要在收到政协全体会议期间的提案之日起5个月内，收到政协全体会议闭会期间的提案之日起3个月内，对提案作出书面答复。中共中央办公厅、国务院办公厅印发的《全国性文艺新闻出版评奖管理办法》规定：申请举办全国性评奖活动，应当在举办评奖活动前4个月向中央宣传部提交申请书，经审核批准的，可举办评奖活动；中央宣传部应当自收到申请书之日起60日内作出批准或者不批准的决定，并通知申请单位。

关于党的自身建设法规中的时限规定。比如，《党政领导干部选拔任用工作条例》规定，提任县处级领导职务的，应当具有5年以上工龄和2年以上基层工作经历；提任县处级以上领导职务，由副职提任正职的，应当在副职岗位工作2年以上，由下级正职提任上级副职的，应当在下级正职岗位工作3年以上；民主推荐的结果在1年内有效；提拔担任厅局级以下领导职务的，除特殊岗位和在换届考察时已进行公示的人选外，在党委（党组）讨论决定后、下发任职通知前，应当在一定范围内公示，公示期不少于5个工作日；地方党委和政府领导成员原则上应当任满一届，在同一职位上任职满10年的，必须交流；党政机关内设机构处级以上领导干部在同一职位上任职时间较长的，应当进行交流；引咎辞职、责令辞职和因问责被免职的党政领导干部，1年内不安排领导职务，2年内不得担任高于原任职务层次的领导职务。《干部教育培训工作条例》规定：省部级、厅局级、县处级党政领导干部应当每5年参加党校、行政学院、干部学院，以及干部教育培训管理部门认可的其他培训机构累计3个月或者550学时以上的培训。提拔担任领导职务的，确因特殊情况在提任前未达到教育培训要求的，应当在提任后1年内完成培训。干部教育培训管理部门应当作出规划，统筹安排。其他干部参加教育培训的时间，根据有关规定和工作需要确定，每年累计不少于12天或者90学时。

关于党的监督保障法规中的时限规定。比如，《中国共产党党员权利保障条例》规定：党组织应当按照规定确定党务公开的内容、方式和范围，保障党员及时了解党内事务。《中国共产党纪律处分条例》规定：党纪处分决定作出后，应当在1个月内向受处分党员所在党的基层组织中的全体党员及其本人宣布，是领导班子成员的还应当向所在党组织领导班子宣布，并按照干部管理权限和组织关系将处分决定材料归入受处分者档案；对于受到撤销党内职务以上（含撤销党内职务）处分的，还应当在1个月内办理职务、工资、工作及其他有关待遇等相应变更手续；涉及撤销或者调整其党外职务的，应当建议党外组织及时撤销或者调整其党外职务。特殊情况下，经作出或者批准作出处分决定的组织批准，可以适当延长办理期限。办理期限最长不得超过6个月。《党政机关公文处理工作条例》规定，公文送达和办理的时限要求，根据紧急程度，紧急公文应当分别标注“特急”“加急”，电报应当分别标注“特提”“特急”“加急”“平急”。又如，《中国共产党党内法规和规范性文件备案审查规定》规定：应当报备的党内法规和规范性文件，自发布之日起30日内由制定机关报备；未按照规定时限报备的，审查机关应当责令其限期补报，必要时可以通报；对未发现问题的党内法规和规范性文件，审查机关一般在30日内完成审查处理工作；发现可能存在问题的，可以适当延长审查处理时间，但一般不超过3个月；报备机关在收到书面提醒后应当主动整改，并将相关情况及时通知有关方面，防范有关问题产生不利影响。审查机关要求报告处理情况的，报备机关应当在收到书面提醒后30日内报告；报备机关应当在收到纠正要求后30日内报告相关处理情况，对复杂敏感、容易产生不利影响的事项，应当及时会同有关方面采取有效措施妥善处理；报备机关应当在每年2月1日前，将上一年度文件目录报送审查机关备查。

概括起来，党内法规中的时限规定可以分为以下几类：

一是确定时限与模糊时限。前者对时限长短作出明确规定，视情使用届、年、月、日、时等量词；后者未对时限长短作出明确规定，只提出笼统要求，视情使用立即、迅速、随时、及时、适时、经常等表述。

二是羁束性时限与裁量性时限。前者是指对主体提出刚性的遵守时限要求，使用的是必须、应当、要或者不得、禁止等表述，比如“应当报备的党内法规和规范性文件，自发布之日起30日内由制定机关报备”；后者是指主体可以自主裁量是否遵循规定的时限，通常使用一般、原则上、尽量等表述，比如，“地方党委和政府领导成员原则上应当任满一届”“党政机关内设机构处级以上领导干部在同一职位上任职时间较长的，应当进行交流”等。

三是上限与下限。前者是指实施某一行为的最长时限，突破上限即为逾期，比如，“党纪处分决定作出后，应当在一个月内向受处分党员所在党的基层组织中的全体党员及其本人宣布”；后者是指实施某一行为的最短时限，跌破底限即为违规，比如，“提任县处级以上领导职务，由副职提任正职的，应当在副职岗位工作两年以上；由下级正职提任上级副职的，应当在下级正职岗位工作三年以上”。

四是可延长时限与不可延长时限。前者是指党内法规制度明确规定经批准可以适度延长的时限，比如，“特殊情况下，经作出或者批准作出处分决定的组织批准，可以适当延长办理期限”；后者是指党内法规制度未明确授权可以延长的时限，不得擅自延长，否则即为违规。

五是申报时限与审批反馈时限。前者是指党的组织、党员或者其他组织和个人依规向有关党的组织申请有关事项或者报送有关材料等的时限，比如，“应当报备的党内法规和规范性文件，自发布之日起30日内由制定机关报备”；后者是指党的组织作出批准、予以反馈等的时限，比如，“对未发现问题的党内法规和规范性文件，审查机关一般在30日内完成审查处理工作”。

六是规定时限与约定时限。前者是指党内法规制度明确规定的时限，前文列举的皆属此类时限；后者是指党务关系主体双方依规约定完成某一行为的时限，约定时限只要不违规同样对双方当事人具有约束力。

七是当为时限与禁为时限。前者是指在该时限内应当实施某一行为、完成某一任务，比如，“党员每年集中学习培训时间一般不少于32学时”；后者是指在该时限内禁止实施某一行为，比如，“党员受到开除党籍处分，五年内不得重新入党”。

八是总时限与分时限。前者是指党的组织或者党员实施某一行为的总体时限要求，比如纪检机关办理案件从立案到办结的整个时限要求；后者是指实施某一行为各个主要环节的时间节点，比如立案、审理、作出处理决定、送达、执行等环节的期限。

党内法规之所以要对党的组织工作活动和党员行为的时限作出规定，总体来说，这是实现党的领导和党的建设活动制度化、规范化、程序化的内在需要。具体而言，这是从程序上保证党务行为在实体上科学理性的必然要求，不同的时限要求旨在直接满足以下目的中的一个或多个。一是可预期性。明确实施特定党务行为的时限，相关党务关系主体可以据此统筹自身行为进度安排，并对相关主体的行为选择期限保持合理预期。二是保证效率。明确时限、限时完成，避免久议不决、决而不行、办事拖拉。三是步调一致。实施同一活动、开展同一工作、作出同一行为、办理同一事情，相关党的组织和党员采用同一时间标准，避免各自为政和滥用权力，防止出现因人而异、因地而异、因时而异等不公平现象。四是进度可控。实行流程管理，量化控制、化整为零，把行为过程分解成若干时间节点，明确各环节时间表，环环紧扣、循序渐进。五是角色胜任。明确申请入党年龄、当选委员党龄、干部提拔任职年限以及党员干部基层调研、学习研讨、教育培训时间等下限要求，保证相关主体具有胜任岗位角色的必备能力素质水平。六是可逆测验。通过规定入党预备期、任职公示期、晋升试用期、留党察看期等，在特定期限内检测是否符合条件要求，合格者过关，不合格者“归零”。

理性的时限规定应当明确具体、切实可行。从现有党内法规上的时限规定及其实施效果来看，存在不少有待改进的不足：(1) 一些重要时限应有却无，因规定的不明确，容易造成工作的久拖不决。(2) 一些重要时限似有似无。诸如“适时”“及时”“经常”等原则性要求，未量化、不明确、弹性大，失之笼统，容易造成随意裁量。(3) 一些重要时限有名无实。相关规定看似明确具体、要求很严，但由于对相关主体提出“可以”“一般”等可为不可为的选择性遵循要求，造成时限约束力大打折扣。(4) 一些重要时限顾此失彼。不少党务行为涉及双方主体，完整的时限规定缺一不可，但有的规定对一方的要求是分秒必争，对另一方的要求却是网开一面，比如严格规定申请时限、请示报告时限，但对审批时限、反馈时限等却含糊其词。(5) 一些重要时限矛盾冲突。针对同一行为，上位、下位或同位党内法规制度提出长短不同的时限要求，令当事人无所适从，比如，对问责干部的复出时限，不同规定要求不一。(6) 一些重要时限不切实际。在制定党内法规提出时限要求时，未作充分调研，未考虑实际情况，未做可行性试验，想当然、拍脑袋，一味强调高标准、严要求、“一刀切”，造成时限规定不合理，可望而不可即、欲速则不达，脱离实际、难以执行。(7) 一些重要时限的兑现缺乏保证。只规定时限要求，未规定违反时限规定的责任，时限规定难以成为刚性约束，容易流于形式、失之随意。

那么，在制定党内法规时应当如何提出切实可行的时限要求呢？

关键是要科学理性，精准把握时度效。

第一，应定尽定、不留死角。

党内法规不作刚性时限要求，党务行为就不会绷紧时限之弦，党的领导和党的建设活动就难以立说立行、快马加鞭。制定机关在制定党内法规特别是程序性规范时，应当强化时限意识，凡是纳入党内法规调整范围的党的组织工作活动和党员行为，原则上都应提出时限要求，以保证行为选择的可预期性。时限要求面前人人平等，立规时不能有意无意地推行双重标准、厚此薄彼，对党员严、对组织松，对下级组织严、对上级组织松，对一般干部严、对领导干部松，特别要防止借口情况复杂多变、内部请示报告进度不好掌握，豁免党的组织和党员领导干部行使权力、作出决定的时限要求，这种开口子、留有余地的做法很容易导致办事拖拉、效率低下，出现急事慢办、常事遥遥无期的懒散作风。

第二，松紧适宜、快慢适中。

规定时限最忌以偏概全，应当在全面总结、比较实践经验基础上，提出多数党的组织和党员经过努力可以达到的时限要求。既不能曲高和寡，按照少数能力强、觉悟高的人的标准强求全党一体遵行；也不能就低不就高、一味迁就落伍者，造成时限要求过低失去现实意义。理性的做法是运用实证研究和统计分析的方法取中间值，择中而定、长短适度。

第三，能明则明、不可含糊。

时限要求只有明确具体才会有效管用。对于完成一项工作任务而言，时限就是限时；对于岗位角色能力素质要求而言，时限就是底线；对于衡量党的组织工作活动和党员行为是否及时而言，时限就是标准。时限本身如果模棱两可，就如同一把尺子刻度模糊。在作出时限规定时，不能有差不多、大概齐的想法，应当力求精准，能明则明、能细当细，视情具体到时、日、月、年等，尽量少使用迅速、及时、经常等笼统表述。

第四，各即各位、不能错位。

党内法规制度体系由高低不等规范构成，相对而言，较高位阶的规范通常比较抽象、原则，较低位阶的规范往往比较明确、具体，尽管如此，我们不能就认为较高位阶的党内法规不必“大材小用”去规定具体时限问题。设定时限是立规权限的一项重要内容。依照《中国共产党党内法规制定条例》的规定，党章、中央党内法规、部委党内法规和地方党内法规具有各自的调整事项，这包括对相关事项时限的设定权。因此，各位阶党内法规在规定时限时应当各司其职、各负其责，既要防止高位阶党内法规失位，将其专属立规事项的时限下移；也要防止低位阶党内法规越位，超越权限设定相关时限。比如，对于诸如申请入党年龄要求，党的中央组织、地方组织、基层组织任期等基本时限，只能由党章规定，不能交由其他中央党内法规和部委党内法规、地方党内法规来设定；对于诸如中央各部委和省区市党委行使职权的时限、向中央请示报告的时限、贯彻落实中央决策部署的时限等重要时限，显然不能由中央部委或者省区市党委制定党内法规自我设定，只能由中央党内法规提出明确要求；对于中央各部委依据党中央授权就其主管事项对各级党的组织和全体党员提出的时限要求，也只能制定部委党内法规，地方党内法规无权自我设定。同时，考虑到部门差异、地方差异和个案差异，较高位阶党内法规有时不便就某一事项的时限作“一刀切”规定，可以授权较低位阶党内法规按其原则性要求作出具体规定，或者是在其规定的时间段内去细化。比如，中共中央办公厅印发的《关于进一步加强和改进党委（党组）中心组学习的意见》规定“要保证集体学习研讨的时间和质量”，中共中央办公厅转发的《中央组织部关于进一步加强和改进领导班子思想政治建设的意见》明确“中心组每年集体学习研讨的时间累计不少于 12 天”。

第五，宜刚则刚，避免失之随意。

时限也是必守规矩，不是可用可不用的参考。时限是行为合规性的必备要件，在实践个案中，党员特定权利或党的组织特定权力，往往属于规定时限内的权利与权力，逾期则不复存在。党内法规在提出遵循时限要求时，要多用“一律”、少用“一般”，令行禁止；多用“应当”、少用“可以”，形成刚性约束。党内法规要确保时限规定的严肃性和权威性，就得明令禁止在实施过程中打折扣、搞变通，随意延长或者缩短；对于例外情形确需改变的，党内法规要对例外情形及其批准程序作出明确规定，防止例外变成常规。要建立健全遵循时限规定的督促检查机制和责任追究制度，避免时限规定的“鞭子”高高举起、轻轻落下，对非因正当理由突破时限的行为要追究责任，违反规定时限的行为不具有合规性。

第六，该变则变、不能僵化。

时限规定不能是周而复始、一成不变的“老皇历”，而应是“温度计”“晴雨表”“风向标”，其长短松紧直接反映党的领导和党的建设活动在能力和作风、方式和方法等方面的变化，只有与时俱进、动态调整、适时加减，才能与世情国情党情变化合拍，与党和国家事业发展进程同步。比如，为了解决理想信念不牢和执政能力不足的问题，要增加党员、干部的学习培训时间，学习马克思主义基本原理，学习党的指导思想特别是习近平新时代中国特色社会主义思想，学习中央文件精神，学习党章党规，学习市场经济和社会管理等方面的知识，等等。又如，为了适应新形势下加强作风建设的新要求，反对“四风”特别是形式主义、官僚主义问题，要增加党员干部基层调研时间、基层工作时间，减少开会时间、讲话长度，缩减审批时间、信息报送时间，缩短因公出国（境）次数和天数等。

在实践中，有一种观点认为，下级党的组织在立规或者执规时大大缩短上位党内法规确定的羁束性时限要求，这属于从严从紧自我要求，应当予以提倡和鼓励。这种观点往往似是而非。一则，对于党内法规确定的羁束性时限要求，下级党的组织无权擅自改变，径直改变的属于违规，会损害党内法规的严肃性权威性。二则，制定党内法规在确定羁束性时限时，一个重要考虑因素是为保证工作质量设定必要的时限，实现时限与工作质量相匹配，鉴于此，在实施过程中擅自缩短时限的做法不利于保证工作质量。三则，党的组织作出的决定，总会直接或间接影响有关党务关系主体的权益，擅自改变时限看似有利于一方权益，但其实势必会损害另一方或者第三方主体的程序性乃至实体性权益。因此，正确的做法是，下级党的组织以及党员领导干部在执行党内法规过程中，应当严格按规定的羁束性时限办事，不能打折扣、作选择、搞变通。这种从严从紧自我要求不适用于羁束性时限规定，即使对于裁量性时限规定而言，也要坚持实事求是，不能因一味追求程序简化和速度进度而轻易按下“快进键”，否则结果很可能是欲速则不达。

以上从党内法规的历史方位、规范的生命周期、行为的时限要求等 3 个层面阐述了党内法规的时间之维。强调党内法规的时间意识，首先要求党内法规制定者特别是党内法规工作者要有清醒的时间意识，审时度势、把握时机，着力缩短党内法规回应党和国家事业实践发展的时间差，缩短同位党内法规之间的衔接协调以及下位党内法规配套上位党内法规时的时间差，及时开展党内法规立改废释工作，为党的领导和党的建设活动提供带有鲜明时代特征和时间紧迫感的党内法规制度保障。在这一过程中，要坚持实事求是、遵循规律、把握时度效等原则，既要避免跟实践“抢跑”，拔苗助长、超前立规，导致制度“早产”，也要避免立规不作为、消极立规，制造制度供求时滞，要让党内法规制度生逢其时、存适其时、去合其时，保证党内法规提出的时限要求切合实际，立得住、行得通、管得了。

第十五章　党内法规空间之维

空间是与时间相对的一种物质客观存在形式，一般以长度、宽度、高度等形式表现出来。党内法规的空间之维，主要指的是党内法规的调整范围，即党内法规在特定领域内对相关的对象和事项予以规范调整，由此形成相应的效力空间。较之国法，党规有其确定的调整空间；较之其他党内法规，特定的党内法规有其确定的规范空间；较其他党务关系主体而言，特定的党的组织和党员有其确定的活动空间。界定整个党内法规的调整空间，基本准则就是党必须在宪法和法律的范围内活动；划分各类党内法规的规范空间，可以采用条块结合的网格化分工模式；确定不同党的组织和党员的活动空间，需要划分各自的职权职责与义务权利边界。党规之治是有边界的，要处理好党内法规与国家法律、组织自治规范、道德规范等社会规范之间的关系，这就要求党内法规在空间定位上必须正确、准确、明确，不容越位、错位、缺位。

界定总空间

中国共产党作为中国特色社会主义事业领导核心，总揽全局、协调各方。东西南北中，党政军民学，党是领导一切的。在坚持党对一切工作的领导上，我们不能简单地认为党要对所有经济社会发展领域的一切工作去亲自建章立制。党是最高政治领导力量，党要善于通过国家政权机关实现对社会的领导。在这个意义上，我们不能因为坚持党对一切工作的领导，就似是而非地认为党可以对一切工作制定党内法规，无论应然还是实然上，党内法规的调整范围和制度空间都是有限的，坚持该为必为、不宜为则不为。

推进党内法规制度建设，要在党和国家治理体系的大框架下科学界定党内法规调整范围。界定党规之治的总空间，需要准确把握党内法规与国家法律以及其他各类社会规范之间的关系，发挥好不同社会规范之间的互补作用，其中，最重要的是注意处理好党规与国法关系。制定和实施党内法规要遵循党章规定的“党必须在宪法和法律的范围内活动”这一基本准则，注重党规同国法的协调和衔接，合理界定党内法规调整范围，厘清党规之治的边界。

《宪法》第5条第4款、第5款规定，一切国家机关和武装力量、各政党和各社会团体、各企业事业组织都必须遵守宪法和法律。一切违反宪法和法律的行为，必须予以追究。任何组织或者个人都不得有超越宪法和法律的特权。中国共产党作为政治组织，党员作为公民，根据《宪法》第5条规定，必须遵守宪法和法律。为此，党章明确规定，我们党坚持依法执政，党必须在宪法和法律的范围内活动。党中央强调要坚持依规治党，要求党的组织和党员应当依据党内法规开展工作活动，这就意味着党的工作活动在相当程度上就是党制定和实施党内法规的活动；而要保证党的组织和党员依规而为的工作活动符合“党必须在宪法和法律的范围内活动”要求，基础和前提是党的领导和党的建设活动所依之规本身应当体现了同宪法法律的衔接和协调——如果党内法规本身突破宪法和法律规定，那么依规而为的活动自然也就突破了宪法和法律规定。正因如此，界定党内法规的调整范围，必须始终做到制定出台的党内法规体现出同国家法律的衔接和协调。

党领导法治工作，党领导人民制定宪法和法律，党领导人民执行宪法和法律，党自身必须在宪法和法律范围内活动。既然党的统一意志已经体现在宪法和法律当中，那么党在宪法和法律范围内活动与实现党的意图就是契合的，维护宪法和法律权威就是在维护党和人民共同意志的权威，捍卫宪法和法律尊严就是在捍卫党和人民共同意志的尊严，保证宪法和法律实施就是在保证党和人民共同意志的实现。因此，党领导包括立法工作在内的整个法治工作与党在宪法和法律范围内活动是辩证统一的。

进言之，由于依法治国是党领导人民治国理政的基本方略，推进党和国家各项事业发展、开展各方面经济社会发展工作活动都应当依据宪法和法律而为。而宪法确定了党的领导地位，通过制定实施党内法规来规范党的领导活动，其本身就也是贯彻落实宪法规定。因此，党依据党内法规实施领导活动、引领和推动经济社会发展，此与依法治国是辩证统一的。

不过，由于国家立法工作是在党的领导下进行的，立法机关在按照法定程序审议通过重要法律法规之前，应当由其党组将所涉重大问题先向党委请示报告，因此容易产生党大还是法大这个“伪命题”以及党规大还是国法大等“伪问题”。鉴于此，在科学界定党内法规调整范围、正确制定和实施党内法规这个问题上，准确理解“党必须在宪法和法律的范围内活动”就变得至关重要。

其实，规矩制定者本身也应当遵循其所制定的规矩，这本身不难理解。比如，《立法法》是全国人大制定的，全国人大开展的立法活动当然也要遵循其规定，不得违反。同理，宪法和法律是党领导制定的，一旦制定出台了，全党都得遵从，不得例外。不能因为它们是党领导制定的，党的组织和党员就可以不去遵守。如果党认为现行宪法和法律存在不适应、不一致、不协调、不衔接等问题，需作修改，那就可以按程序规定向立法机关提出修改建议或意见，但在修改之前，全党仍然要严格遵循、不得违反。

包括党在内的一切组织和个人应当“在宪法和法律的范围内活动”，这既是守法要求，也是一种法律保护的宣示。如同孙悟空在地上给唐僧画了一道保护圈，唐僧只要站在圈内，企图伤害他的妖魔鬼怪就进不来。一旦宪法和法律为公民权利和自由划定一个受其保护的范围，那就不容其他组织和个人突破这个范围去侵犯。

宪法和法律是以 3 种方式解决法律关系主体在其范围内如何活动这个问题的。一是明确设定主体行为模式，规定谁有权作出什么行为、如何行为以及相应的法律后果。这主要是针对国家政权机关的权力行为以及与之相关的公民在公法上的权利行为。二是不去设定主体行为模式，由主体自主决定，但其行为选择受法律保护，不允许别人非法干涉。这主要是针对公民自由，比如人身自由、宗教信仰自由等。三是不去具体设定主体行为模式，但对其自主决定的边界和方式等提出一些必守的禁止性规定或者原则性要求，合乎法定要求的行为选择能够受到法律保护。这主要是针对一些可能产生较强外部性的公民自由，比如公民有婚姻自由但结婚应当登记，公民有言论自由但不得侮辱诽谤他人。宪法和法律之所以借助不同方式来界定主体的活动空间，一个重要原因在于权利与自由二者的差异，如果宪法和法律对公民享受个人自由作出许多强制性规定，比如明确规定着装风格和饮食口味等“趣味自由”，那也就无所谓自由了。此外，自由意味着个人偏好千差万别，法律能够做的事就是给出一个负面清单，“法未禁止即可为”，在其圈定的极少数禁为的限制领域之外，是非常广阔的活动空间，个人可以自由活动。

作为党内法规调整对象的党务关系，所涉事务大体上可以分为两类：一类是党内事务，它主要是指党的自身建设，涵盖以党的政治建设为统领的党的各方面建设，即党的政治建设、思想建设、组织建设、作风建设、纪律建设、制度建设等；另一类是党外事务，它主要是指党的领导活动所涉事务以及部分党的机关运行保障事务。对于党内法规调整范围而言，“党必须在宪法和法律的范围内活动”对党内事务与党外事务具有明显不同涵义。

一方面，对于党内事务而言，我们党作为一种政治组织，遵循“法未禁止即可为”原则，可以针对党的自身建设等事项自主制定党内法规来实现管党治党的目标。

中国共产党、各民主党派以及各人民团体，是《宪法》在序言中确认其存在及其法律地位、政治地位的政治组织，区别于其他社会团体须根据《社会团体登记管理条例》等而设立。宪法是根本大法，经过宪法确认具有最大的合法性和正当性。众所周知，国家政权机关之外的政治组织、经济组织、文化组织、社会组织等享有自我管理、自我教育、自我服务、自我监督等组织自治权，这是其基本属性。组织共同体成员的统一意志集中体现为组织章程，组织主要是依据以章程为统率的内部规则体系实行自治，而体现国家意志的国法通常不宜去规定组织内部的自治规则，否则就是以国家意志替代组织共同体意志，那就变成了国家管理，也就无所谓组织自治了。类似地，党章是全党统一意志的集中体现，如何以党章为统率建成一套管党治党的党内法规制度体系，规范党的组织的工作活动和党员行为，规范党的自身建设等党内事务，此与国法无关，国法不必也不能就管党治党、加强党的自身建设等党内事务作出规定。

当然，这并不意味着国法对党内法规制定活动范围无所限制，相反，国法通过法律保留原则等作出底线限制，对党内法规制定活动提出一个负面清单，要求党内法规所设定的党的组织工作活动和党员行为不得违反宪法和法律规定，党内法规授权党的组织对党员的管理不得违反宪法和法律关于公民权利保护的规定。也就是说，针对党的自身建设等党内事务，只要不属于国法明令禁止特别是法律保留的事项，那么党皆可去制定党内法规，至于谁来制定、如何制定、制定什么等方面的安排，皆由党自主决定，无须国法授权。

另一方面，对于党外事务，我们党是居于领导核心地位的执政党，行使的是一种具有公权力属性的领导权和执政权，对此制定有关党的领导和党执政活动方面的党内法规时，要注重同国家法律的衔接和协调。

对于公权力的设定和行使，之所以要求其职权法定、依法行使，是因为公权力姓“公”，体现的是公共意志、代表的是公共利益、可以依靠公共强制力保证实施、能够产生广泛的外部性，如果允许法外有权、权大于法，势必将造成权力的专横和滥用。党的执政地位是历史形成和人民选择的结果，并通过宪法庄严确认。《宪法》序言明确提出，中国各族人民将继续在中国共产党的领导下，推动物质文明、政治文明、精神文明、社会文明、生态文明协调发展，把我国建设成为富强民主文明和谐美丽的社会主义现代化强国。《宪法》总纲第1条开宗明义：“中华人民共和国是工人阶级领导的、以工农联盟为基础的人民民主专政的社会主义国家。社会主义制度是中华人民共和国的根本制度。中国共产党领导是中国特色社会主义最本质的特征。禁止任何组织或者个人破坏社会主义制度。”

从宪法相关规定来看，一则，宪法对党的领导地位作出原则性规定，“一揽子”授予党以领寻权和执政权，并未就党如何领导和执政作出具体规定。这种刻意“留白”可以视作授权党通过制定党内法规等方式贯彻落实“坚持党对一切工作的领导”要求，设定党的领导体制和执政方式，规范党领导经济社会发展活动，理顺党政关系，既发挥党的领导核心作用，又支持国家政权机关依法行使权力。二则，需要注意的是，宪法授予党的权力是领导权和执政权，授予人大、政府、监察机关和司法机关等国家政权机关的是直接管理各方面国家和社会具体事务的国家权力。通俗地讲，通过制定党内法规来规范党的领导活动，核心是坚持和加强党的领导，关键是在“领导”二字上做文章，确定党的领导事项和对象，完善党的领导体制机制，健全党的领导方式方法，保证党的组织“领着干”；坚持党对一切工作的领导，重在发挥党总揽全局、协调各方的领导核心作用，党要统筹推进经济社会发展各领域业务工作，把方向、谋大局、定政策、促改革，不断增强党的政治领导力、思想引领力、群众组织力、社会号召力，确保党和国家事业始终沿着正确的方向和轨道前行。

空间网格化

党的十九大报告强调，坚持和加强党的全面领导，坚持党要管党、全面从严治党。我们党有9100多万名党员、3200多个地方党委、460多万个基层党组织，每时每刻都在工作活动，各种具体行为方式千差万别，怎样才能把党管好治好？这的确是个极具挑战性的问题。我们党在有14亿人口的大国执政，东西南北中，党政军民学，各领域各方面、各行各业具体业务千差万别，党如何统筹推进“五位一体”总体布局和协调推进“四个全面”战略布局，如何充分发挥党总揽全局、协调各方的领导核心作用，把党的领导贯彻落实到党和国家治理、经济社会发展的各领域各方面各环节？这的确是道超级难的考题。

历史和现实告诉我们，破解这个问题、答好这道难题，要综合运用组织领导、思想教育、制度建设、科技手段等各种方式，在根本上要靠制度、奉行党规之治，坚持依规治党、加强党内法规制度建设是治本之策、长远之策，只有通过制定和实施党内法规来规范和改善党的领导和党的建设活动，这个问题、这个难题才能迎刃而解。

党规之治的奥妙在于化繁为简、化整为零。一方面，党的领导和党的建设活动看似千差万别，但绝大多数事项属于日常性、常规性、重复性事项，党内法规将成千上万形态各异的具体事项抽象、提炼为几十种类型，并基于共性特征对其行为主体、权限、程序、后果等加以规范。这种化繁为简方式，可以做到党规之治的纲举目张、疏而不漏。另一方面，党内法规以几十类重要事项的差异为经线，将党的组织工作活动和党员行为划分为若干领域；以事项本身的重要程度差异为纬线，将其划分为若干等级，据此形成一个纵横交错的网格化治理格局，每个区域内的党的工作活动反复适用、普遍适用那些专门为本区域量身定制的党内法规制度。这种化整为零、分区框定的方法，能够依靠党内法规对党的领导和党的建设活动的范围和方式进行准确定位、精准调整。

面向党内法规调整范围的总空间所作的网格化划分，从外形看呈现为一个锥状多棱体（见图 15-1，该图为展开示意图），分别代表党的领导和党的建设的各领域各方面；有一条轴线自上而下竖立中间，它就是党的长期执政能力建设、先进性和纯洁性建设这条主线。

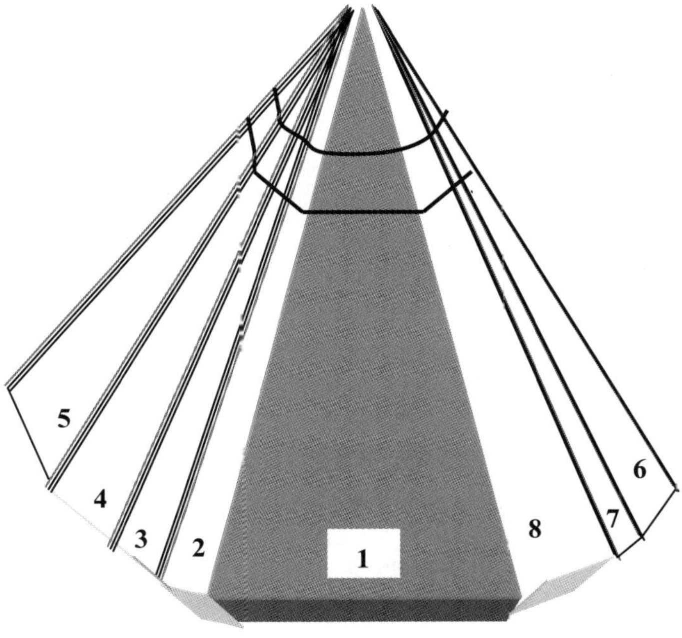

图 15-1　党内法规调整范围展开示意

第一，横向看，网格化的党内法规治理格局是由8块平面联结而成的多棱体。

每块平面代表一个纳入党内法规调整范围的党的工作领域。就目前而言，包括：(1) 党的领导领域；(2) 党的政治建设领域；(3) 党的思想建设领域；(4) 党的组织建设领域；(5) 党的作风建设领域；(6) 党的纪律建设领域；(7) 党的制度建设领域；(8) 党的监督保障领域8个方面。这8个方面与党委工作部门设置具有一定的对应性，但又不是完全一一对应，有的领域对应一个或几个部门，一个部门也可能对应一个或几个领域。

就每块平面所代表的领域而言，还可以再细分若干区域。比如，党的组织建设领域可分为党的组织设置、基层党组织建设、党员管理、干部管理、人才管理等子领域。

不同平面宽窄不一、面积大小不均，代表的不只是调整范围大小这一种因素，而是党内法规对该领域的调整范围、调整方式和调整力度等多个因素的综合反映，代表的是党内法规的调整力。比如，由于党发挥总揽全局、协调各方的领导核心作用，党的领导和执政活动涉及经济建设、政治建设、文化建设、社会建设、生态文明建设五位一体的中国特色社会主义事业总体布局的方方面面，因此，这一调整领域的面积是最大的，明显超过党的自身建设领域。不过，由于党的领导重在把方向、谋大局、定政策、促改革，党主要是通过国家政权机关去行使国家权力、治理国家和社会事务，并非事必躬亲，这方面的党内法规的主要任务是规范党政关系，不宜也不必延伸到国家机关、经济组织、文化组织、社会组织、群团组织等不同非党组织之间的相互关系调整领域。而党内法规对党的建设领域的调整，从党员到党的组织、从中央组织到基层组织、从宏观到微观、从思想到行为、从直接到间接，其调整力度之大、强度之大，显然是党的领导法规所不及的。就此而言，综合考虑调整广度、力度、深度等相关因素，党的建设领域的政治、思想、组织、作风、纪律、制度、监督保障等7个制度板块的面积之和，要超过党的领导板块的面积。这一点，也可以从现有的党内法规制度的供求数量中得到印证——在现有的党内法规制度总量中，党的领导法规要明显少于党的建设法规，当然，从应然角度来看，党的领导法规制度建设显得滞后，今后几年这一板块要重点加强。

经线或者棱角是“一线二用”，它们既是将相邻领域区分开来的分界线，其清晰程度决定着是否对不同领域作明确划分，也是将相邻领域联结起来的连接线，其完善程度决定着能否实现相邻领域党内法规制度的紧密衔接。同时，它们还是左右相邻事权的分界线和连接线。这些经线或者棱角上下贯通，表示整个党内法规制度体系自上而下坚持同一划分标准。

第二，纵向看，网格化的党内法规治理格局是由3个层级联结而成的上细下粗的锥状多棱体。

在这个棱体上，两条纬线通体环绕，将其分为上中下3个区域。其中，上位区域属于重大事项，主要由中央党内法规调整；中位区域属于较大事项，主要由部委党内法规调整；下位区域属于一般事项，主要由地方党内法规调整。

每一层级之中又可再细分若干级，以上端为例，这一领域对应中央党内法规规范调整事项，主要包括：党的性质和宗旨、路线和纲领、指导思想和奋斗目标；党的各级各类组织的产生、组成和职权职责的基本制度；党员义务权利方面的基本制度；党的领导和党的建设各方面的基本制度；涉及党的重大问题的事项；党的纪律处分和组织处理方面的基本制度；其他应当由中央党内法规规定的事项。凡是涉及党中央集中统一领导的事项，只能由中央党内法规作出规定。根据规范调整事项的重要性，中央党内法规使用相应的名称，选择相应审批方式，其中，党章修正案由党的全国代表大会审议通过；准则草案一般由中央委员会全体会议审议批准；条例草案一般由中央政治局会议审议批准；规定、办法、规则、细则草案一般由中央政治局常委会会议审议批准；对调整范围单一或者配套性规定、办法、规则、细则草案，可以采取传批方式，由中央办公厅报党中央审批。

在党的领导和党的建设活动中，仅就数量而言，重大事项较少、较大事项较多、一般事项最多。同时，党中央作出的一项重大决策部署，会在党的各级地方组织和全体基层党组织中生发成千上万个具体的贯彻落实活动。这些就决定3个层级的区域呈现为上细下粗，由顶端向底端呈放射状，它表征党内法规规范数量、调整事项数量自上而下呈几何等级递增。

类似于经线的“一线二用”，划分等级区域的两道纬线也是如此，既是不同事项重要程度、不同位阶党内法规调整范围、不同层级党的组织职权职责的分界线，也是将上下层级衔接联成整体、保证上下政令畅通的连接线。

第三，整体看，8类事项与3个层级二者纵横交错，交织形成24个单元格。

8类事项与3个层级相交，把党内法规的调整空间划分为24个单元格。党内法规针对每个单元格所对应的特定事项（领域）与重要性（地域），对其活动范围和行为规范量身定制，实现对相关主体行为选择范围和方式的空间定位。

一方面，每个单元格都是一个相对独立的场域，与其他单元格内的事项、主体、行为以及权益有所不同。党规之治的逻辑是，按照理性处理该空间内特定事项的要求，分别设定相关党务关系主体的职权职责和义务权利，明确主体间交互行为规则，规定各方主体的行为选择范围、方式及其后果，通过主体间的互动关系来共同实现该空间内党的领导和党的建设的特定目标任务。进言之，单元格又可具化为多种空间形态。从主体角度来看，以党的建设活动领域为例，可分为党员行为独有空间，比如对党的组织的工作提出建议和意见；党的组织活动独有空间，比如党委作出决策；但更多的是二者共有空间，因为党员的知情权、参与权、表达权、监督权以及表决权、选举权、被选举权等民主权利主要是相对于党的组织而言的，而党的组织的管理权、命令权、决定权、处分权等主要是相对于党员而言的。从行为角度来看，可分为禁为空间、可为空间、当为空间等。此外，还可分为身份空间、精神空间、物质空间以及现实空间、虚拟空间等。党内法规制度要对各类空间及其变体作出规定，以免出现无规可依的空白，比如，在信息化背景下，党内法规要对网络空间治理问题发声。

另一方面，每个单元格虽然各有侧重，但它们皆属党的领导活动和党的建设活动这一整体的局部，24 个单元格是相辅相成、互联互通的。在纵向上，3 个层级共同构成一个特定领域的治理空间。所谓重大、较大与一般这 3 个事项等级的划分是相对而言的，重大事项自上而下经过层层分解落实，在终端上往往就成了常规性的一般事项，而作出一个改变全党的日常工作和活动方式的决策，则属于重大事项。在横向上，8 个领域共同构成一个地区的治理空间。虽然明确划分 8 个领域对于党委各部门各司其职无疑很必要，但对于党委本身而言，这种划分属于其内部工作格局的划分，是分工而非分家，各领域的联系千丝万缕，各项工作休戚相关，不可截然分开。比如，党员领导干部的理想信念教育属于党的思想建设范畴，如果理想信念动摇，精神上缺“钙”，就不可能成为好干部、不可能有好作风，就可能去贪腐、突破党规党纪底线，最终也很难做到履职尽责。显然，这个问题已经超出党的思想建设领域这个单元格，广泛涉及党的建设和党的工作各领域。鉴于此，党内法规制度安排必须树立“一盘棋”意识，在聚焦定位一个单元格的同时应当兼顾其他，不可盲人摸象。对于中央党内法规而言，需要统筹条块、搞好顶层设计；对于部委党内法规而言，需要注意左右衔接；对于地方党内法规而言，需要在做好与上位党内法规对接的基础上，统筹安排本地区各领域事项，避免顾此失彼。

网格化的党规之治模式呈现出的锥状多棱体结构，是由党章搭建骨架，由数百部中央党内法规加以丰富，通过数百部部委党内法规和数千部地方党内法规予以配套。这个立体化、全方位的治理结构的核心是贯彻党的民主集中制，依靠党内法规制度将各级党的组织工作活动和全体党员行为选择纳入制度化轨道，形成了党员服从组织、少数服从多数、下级服从上级、全党服从中央，进而是发挥党总揽全局、协调各方领导核心作用的宏大复杂的治理系统。千头万绪的党的领导活动和党的建设活动的工作任务，被化整为零、逐一分解到 24 个互联互通的单元格当中，24 个单元格内发生的各类党务关系的总和，就构成了党的工作活动的全部。换个角度看，我们可以通过对每个单元格内制度化状况的检测，考察党内法规制度建设在各个领域、各个层级是否存在短板、空白等问题，据此对党规之治的总体发展情况作出准确评判。

当然，在党中央的集中统一领导下将党的工作活动划分成24个单元格分而治之，这并非是由第一部党章确定、自始有之的，而是经过百年的革命、建设、改革实践逐渐发展演化而成的，通过以党章为代表的持续不断的党内法规制度变革，持续不断地确认和固化我们党对党的建设布局和党的领导体制机制等方面改革成果。同理，由24个单元格共同组成的党规之治网格化布局，也不会一成不变，它将伴随党的建设新的伟大工程的推进，在不久的将来，以党的政治建设为统领的党的建设五位一体布局有可能发展出六位一体、七位一体等；同时，如果党内法规制定权未来下放，那就形成了4个层级了。如此一来，就不限于24个单元格了。此外，随着党的领导活动和党的建设活动各领域范围的拓展或者收缩的变化，以及上下党的组织间关系的发展变化，划分单元格的经线和纬线也可能要作上下左右的调整，从而使各个单元格的空间大小对比情况发生变化。总之，目前包含24个单元格的网格化的党规之治模式的锥状多棱体是一个开放性结构，它是一步一步成长起来的，还会继续长大、不断升级。

就目前而言，包含24个单元格的网格化党规之治布局，是由根据宪法确定的党的领导地位、党章确定的党的组织架构、《中国共产党中央委员会工作条例》《中国共产党地方委员会工作条例》《中国共产党党组工作条例》《中国共产党工作机关条例（试行）》《中国共产党党和国家机关基层组织工作条例》等党内法规确定的党的建设和党的领导活动范围，以及《中国共产党党内法规制定条例》确定的党内法规制定体制等共同形成的。应当说，据此形成的网格化党规之治布局基本上能够做到横向到边、纵向到底，24个单元格之间的边界也比较清晰，这就为推动形成有机统一的党内法规制度体系提供了坚实的基础。不过，相对于坚持和加强党的全面领导，推进全面从严治党向纵深发展而言，现有的网格化党规之治布局还有不少需调整完善之处。具体而言，主要有以下几个方面：

其一，党内法规制定体制应当在党章上有所体现。制定党内法规事关重大，党内法规制定权是党的组织的一项重要职权。目前，党章中有关党内法规的规定，仅见于党章第 29 自然段强调的“坚持依规治党、标本兼治”，以及第 46 条规定党的各级纪委主要任务时要求其“维护党的章程和其他党内法规”，但对哪些党的组织有权制定党内法规、可以制定什么位阶的党内法规、可以使用哪些名称等基本问题，党章尚未作出规定。这些内容虽然在《中国共产党党内法规制定条例》中有规定，但就加强党内法规制度建设之于我们党管党治党和执政治国活动举足轻重而言，似有必要将其上升为党章规定。党章可在党的中央组织和党的地方组织两章中，将党内法规制定权的设定及其他党内法规制定体制问题“嵌入”现行组织制度当中。

其二，因缺失关联性制度的支持容易出现独木难支的问题。《中国共产党党内法规制定条例》对中央党内法规与部委党内法规的空间定位作了大致界分，不过，诸如党中央可将哪些权力授予中央部门行使、中央各部门之间的职能分工等，目前仍然不太明确。这就容易造成党内法规制定体制不顺，有的本该制定中央党内法规的事项却降格以求、以部委党内法规形式规定，而有些纯属部门管理权限范围的事务却提格成中央发文、成了中央党内法规，同时，有的部委党内法规也在一定程度上存在部门利益、争权诿责、交叉重复甚至相互冲突打架的现象。

其三，部委党内法规的制定主体与制定权限有待进一步明确。中央各部门职能定位差异很大，有的具有外部事务管理权、有的则无此职能，有的侧重于党内事务管理、有的则侧重于党外事务领导和或者管理，有的是党中央职能部门、有的虽纳入党中央部门序列但主要负责国家事务管理，有的中央部门的名称冠以“中共中央”故而属于党中央工作部门、有的中央部门名称并未冠以“中共中央”故而属于相对于“地方”部门而言的“中央”部门，等等。2019 年《中国共产党党内法规制定条例》，将部委党内法规的制定主体由之前的“中央各部门”明确为“党中央工作机关”，这是一个重大进步，将来似有必要在此基础上对党中央工作机关中的不同部门的制定权限等问题作出进一步明确。

其四，一些原则性规定需要制定配套制度来细化落实。《中国共产党党内法规制定条例》中有一些原则性规定留待中央各部门和省区市党委制定配套制度来细化，比如，中央纪委、党中央工作机关和省区市党委"就其职权范围内有关事项"制定党内法规，制定部委党内法规和地方党内法规时遵循什么标准选择使用规定、办法、规则、细则这 4 类名称，省区市党委在审议批准党内法规时应当如何区分不同情形以采用与之匹配的会议形式，省区市党委制定的党内法规哪些宜用党委文件形式发布、哪些宜用党委办公厅文件形式发布，等等。这些比较具体的党内法规制定发布问题，似有必要由地方和部门通过制定该条例的配套制度来明确，但目前的现实情况是，一些地方和部门在制定出台该条例的配套规定时却对这些问题视而不见、避而不谈。

效力空间

我们所住的家，是一个由东西南北和上下 6 个方位构成的物理空间。家之所以安全，不仅在于依凭物理保护阻挡风吹雨打和他人侵入，更重要的是因为依靠"公民住宅不受侵犯"的宪法和法律保护而形成一个排他性的私人空间。类似地，凡党的组织和党员皆应受制于党内法规调整，把党的组织工作活动和党员行为纳入一个由主体、权限、程序、监督、责任等要素构成的党内法规制度空间，置身其中的党的组织和党员之所以不得逾越，是因为这个制度空间就是党内法规的效力空间，它是一种必须服从的刚性约束。

党内法规效力有广义和狭义之分，在狭义上是指党内法规的约束力，相关主体实施相关行为应当以其为依据，不得违反它或将其束之高阁；广义上还包括依据党内法规而为的具体行为的效力，即各级党的组织依规作出的决定具有公定力、确定力、拘束力和执行力，以及党员依规行使权利的行为具有受党内法规保护的效力。

特定党内法规的效力空间总是有限的，只能在一定范围内对相关党的组织的特定工作活动和党员的特定行为产生约束力。党内法规在其效力空间内产生的能量，即党内法规效能。应当如何计算党内法规效能？党内法规是党的统一意志的体现，全党必须一体遵行、没有例外。那么，我们能否据此要求每个党的组织和党员的每一个行为都必须遵守和执行每一条党内法规？与其对应的党内法规效能计算公式是：党内法规效力能量=（所有党的组织的活动+党员行为数）×所有党内法规数。这种计算方式似是而非，它不仅包含着大量的重复计算，更关键的是无限放大了每一部党内法规的效力空间。事实上，并非每一部党内法规都适用于全体党员和所有党的组织，相对于9100多万名党员、3200多个地方党委和460多万个基层党组织而言，一部特定党内法规的调整对象一般是非常有限的；相对于240部中央党内法规和308件部委党内法规与4630件地方党内法规而言，一个特定党员或者党的组织要遵守和执行的党内法规的数量也是非常有限的。考察一个特定党员和党的组织是否应当遵守和执行一条特定的党内法规规范，或者说计算一部党内法规的效力空间大小时，至少要考虑以下两个方面因素。

一方面，该规定与主体行为是否存在相关性。

并非任何一部党内法规同任何一个党员和党的组织都有关系，一部党内法规的效力范围只能涵盖被纳入其调整范围的对象和事项，将特定党内法规制度与特定党务关系主体二者联系起来的纽带就是相关性。相关性主要有以下3种情形：

一则，少数规定与所有党员和党的组织都有关，全党必须一体遵守。此类规定主要属于中央党内法规以及一些部委党内法规，它们或对党的领导活动和党的建设活动提出全面的基本要求，比如党章；或对党内某一方面工作和活动的开展提出纪律要求、予以规范，比如《关于新形势下党内政治生活的若干准则》；或针对某类党的组织工作活动和党员行为进行规范，比如中共中央组织部印发的《关于中国共产党党费收缴、使用和管理的规定》。

二则，少数规定与少数党员和党的组织有关，与大多数主体事实上基本无关。此类规定主要属于中央党内法规以及一些部委党内法规，比如，《中国共产党纪律处分条例》规定的违规情形以及违纪责任追究事宜。毕竟，违规违纪的党员和党的组织只是极少数，对于绝大多数党员和党的组织而言，只要其依规行事就与此类党内法规无关，不存在遵守和执行的义务。

三则，大多数党内法规与大多数党员和党的组织基本无关。在成百上千的党内法规同每天发生的不计其数的党的组织工作活动和党员行为二者之间，看似有千丝万缕的联系，但事实上，大多数党内法规与大多数党的组织和党员之间不会产生交集、没有直接关联性。多数党内法规的调整对象是特定的少数，其他更多的党员和党的组织不在其适用范围，比如中共中央办公厅印发的《关于进一步加强和改进党委（党组）中心组学习的意见》；或者规范事项是特定的少数，其他更多党的组织工作活动和党员行为与此无关，比如《新录用公务员任职定级规定》；或者只适用于特定地方，比如各省区市制定的地方党内法规只适用于本行政区域，对其他地区没有约束力。

不难看出，对于特定地域的特定党务关系主体所为的特定事项而言，与其有关联性、必须遵守和执行的党内法规其实只是党内法规制度体系中的一小部分，绝大多数地方党内法规、大多数部委党内法规甚至不少中央党内法规基本上与其无关。

另一方面，该规定本身是属于非遵行不可的刚性规定。

党内法规规范形态各异，不同规范在刚性程度和适用情形上不可同日而语。判断一个党员和党的组织是否应当遵守和执行一个具体规定，要具体情况具体分析。

一则，要看其属于刚性还是柔性规定。党内法规规范可以分为柔性规范与刚性规范。诸如旨在号召、提倡、鼓励、奖励等之类的激励性规范，以及为党员和党的组织提供若干选项的选择性规范，相关党务关系主体并不负有必须遵守和执行的义务，可以视情自主作出行为选择；而对于禁为、限为、当为等刚性规范，党员和党的组织只能遵行、不得变通。

二则，要看其属于可处分性还是不可处分性规定。对于党的组织而言，无论是授予职权的规定还是确定职责的规定，都必须严格遵循，弃权与弃责皆属失职。但对于党员而言，一般可以主动放弃权利的享受，无须强求其遵守权利性规范，但必须遵守义务性规范，因为义务是不允许放弃履行的，党员履行义务是保持党的创造力、凝聚力、战斗力的必要条件，除非是出现规定情形时，党的组织才可依规豁免特定党员履行特定义务。

三则，要看其属于特别性还是一般性规定。在党内法规适用冲突上，下位规定同上位规定不一致属于“异情”，应当修改或者废止下位规定；新规定同旧规定不一致属于“常情”，应当清理同新规定不一致的旧规定；特别规定同一般规定不一致也属于“常情”，但二者可以并存，在适用上是特别规定优位于一般规定。可以想象，大量特别规定的存在，会使一般规定的适用范围悄然缩水。

综上可知，我们不能简单地说每一个党员和党的组织应当遵守和执行每一条党内法规，不能将一部党内法规的效力空间混同于整个党内法规的效力空间。全部党内法规的效能应当是各个党内法规适用力的相加或者是各个党员和党的组织受党内法规约束力的相加。一个党员特别是普通党员应当遵守的党内法规其实是比较有限的，但随着其身份的增多需要遵守的党内法规也相应增加。为此，在制定和实施党内法规时，应当根据主体行为的相关性、可选择性建构大小适宜的效力空间，在开展党内法规普及宣传特别是学习培训时，不能搞“大水漫灌”，而应“精准滴灌”，因人而异，保证学其所应学、知其所须知，努力实现学规知规守规效果的最大化。

避免定位偏差

在党内法规制度建设实践中，对党内法规制度空间的定位有时会发生不准、跑偏问题，造成一些党内法规制度效力空间的交叉重叠、冲突打架。鉴于此，需要建立一套完善的防止跑偏和纠错归位机制，以保证每部党内法规都拥有一个恰当的效力空间、各即各位，保证整个党内法规制度体系的协调一致、有机统一。

在党内法规制定活动中，常见的定位不准、跑偏失位现象主要有以下几种。

一是偏位。有的立规活动偏离了《中国共产党党内法规制定条例》关于党内法规是用以“规范党的领导和党的建设活动”这一功能定位，规定了理应由国家法律规定的事项。比如，在党内法规中设定国家政权机关的职权职责，改变公民的法定权利和义务，违反税收法定原则规定减免税事项，设定行政审批、行政处罚、行政强制等行政行为，规定法院受案范围及诉讼程序，等等。在党内法规中规定诸如此类事项，容易造成以规代法进而导致以党代政，有偏离“党是最高政治领导力量”定位之嫌，不利于国家政权机关依法行使权力，不符合依法治国和依法执政要求。

二是越位。这属于党内法规之间的以下犯上，制定下位党内法规违反上位党内法规保留原则，规定了理应由上位党内法规规定的事项。或者是中央党内法规中较低位阶的越位于较高位阶的，比如，在制定规定、办法时，突破了准则、条例中关于党的领导和党的建设的制度规定——请注意，不能错误地将这种突破当作特别规定优于一般规定，特别与一般是针对同一位阶而言的，规定、办法与准则、条例显然不在同一位阶上；或者是部委党内法规越位于中央党内法规，比如，在部委党内法规中规定了党的某一方面工作的基本制度，而这些内容本来应由条例等来规定；或者是地方党内法规越位于中央党内法规，比如，在未获得党中央授权的情形下在其制定的地方党内法规中规定党的基层组织的产生、组成和职权或擅自增减党员的重要权利和义务；或者是地方党内法规越位于部委党内法规，比如，有的地方制定的相关党内法规与中央组织部、人事部制定的《公务员调任规定》的内容相抵触。以下犯上的越位，有的是没有上位法规依据、无中生有，有的是变通上位法规内容、打“擦边球”，有的是无视上位法规禁令要求、突破规定，等等，这些都属于违反党的组织制度原则，损害党内法规制度体系的统一性。党内法规之间的越位除以下犯上外，还有一种情形，即针对两个或多个中央部门共管事项，其中一个部门未征得其他部门同意即单独制定出台党内法规。

三是错位。阴差阳错，A 部门针对 B 部门主管事项制定党内法规。在实践中，一般不大可能出现制定一部党内法规完全规定其他部门主管事项这种低级错误，比较常见的是具体条款上的错位，比如，制定纪检条规时设定干部晋升条件和任免事项。出现错位问题，往往是制定部门与相关部门沟通协调不畅造成的，它扰乱了各部门的权责分工格局，容易导致针对一个问题政出多门、规定冲突，让相关党的组织和党员无所适从。

四是缺位。主要包括两种情形：一种是党规之于国法的失位，即国法越界对党的组织工作活动和党员行为问题作出规定，挤占了党内法规的效力空间，比如，在制定法规规章时对党的组织设置、职权职责及其运行问题作出规定；另一种是立规不作为，虽然党的工作某一领域急需立规且条件成熟，但制定机关迟迟不出台，造成该领域无规可依、无章可循。党内法规制定权并非一种任由制定机关自由裁量的权力，制定机关负有及时制定出台党内法规的职责，消极立规、懒政怠政也是一种严重的不作为。

针对立规活动中的这些定位不准、跑偏问题，需要建立健全一套党内法规合法合规性审查机制，审查内容主要包括：是否符合增强“四个意识”、坚定“四个自信”、做到“两个维护”等政治要求；是否同党章、党的理论和路线方针政策相抵触；是否同宪法和法律不一致；是否同上位党内法规和规范性文件相抵触；是否与其他同位党内法规和规范性文件对同一事项的规定相冲突；是否就涉及的重大问题与有关部门和单位协商；是否存在谋求部门利益和地方保护问题；是否符合制定权限、程序以及规范表述要求，等等。目前，已经建立了两种合法合规性审查机制：一种是防患于未然的前置审核。由制定机关的法规工作机构对拟制定出台的党内法规草案作合法性、合规性审查。对存在问题的党内法规草案，法规工作机构经批准可以向起草部门和单位提出修改意见，如起草部门和单位不采纳修改意见，法规工作机构可以向审议批准机关提出修改、缓办或者退回的建议。另一种是事后备案审查。中央纪委、党中央工作机关和省区市党委制定的党内法规应当自发布之日起 30 日内报请党中央备案，中央办公厅按规定审查。备案审查中发现部委党内法规和地方党内法规存在违法违规问题的，中央办公厅法规局经批准可以发函要求报备机关纠正，也可以由报备机关主动纠正，纠正可以采用修改原法规、印发补充文件等方式。报备机关应当在收到纠正要求后30日内报告相关处理情况，对复杂敏感、容易产生不利影响的事项，应当及时会同有关方面采取有效措施妥善处理。纠正后的党内法规符合要求的，按程序予以备案通过。报备机关未在规定时限内纠正问题或者报告有关纠正措施，且无正当理由的，党中央可以作出撤销相关党内法规的决定。

相对而言，对于党内法规上下左右间的定位失偏问题，往往比较容易发现和纠正，但对于党规与国法的彼此越界，发现和纠正的难度比较大。对于国法越界规定党内事项的，党委不能对其径直撤销或者修改，应当向有权国家机关提出纠正建议，由其按程序作出处理决定；对于党规越界涉足国法领域的，立法机关、行政机关、监察机关、司法机关也不能直接撤销或者修改，应当向有权的党的组织提出纠正建议，由其按程序作出处理决定。为了顺畅解决党规与国法的彼此越界问题，需要建立党内法规备案审查与国家法规、规章备案审查衔接联动机制，以解决越界信息不完全、不对称，以及沟通协调解决不方便、不顺畅的问题，及时向对方通报其所发现的越界问题并协商解决如何纠错，以保证党规与国法的协调一致、并行不悖。

对于把党的领导和党的建设活动纳入制度化轨道而言，制定出台党内法规、实现有规可依只是第一步，更重要的是付诸实施，让党的组织和党员严格执行和遵守党内法规，实现有规必依、执规必严、违规必究，将纸面上的抽象要求转化成现实的行为规范，将潜在的党内法规效力转化为实效，释放党内法规的治理效能。

概括起来，在党内法规实施活动中，因执行不力或者适用错误等而偏离党内法规既定效力范围的问题主要有以下几种。

一是效力流失。实践中重制定轻执行问题比较突出，制定党内法规时热情高涨、轰轰烈烈，实施党内法规消极被动、拖拖拉拉，轻则跑冒滴漏打折扣，重则形同虚设变成“稻草人”。因执行不力造成效力流失的原因是多方面的，比如，执行体制机制不顺，“无主执行”或多头执行并存，权责不清，“暗箱操作”、程序不透明，方法不多、简单机械；一些党员领导干部缺乏法治观念和法治思维，党内法规意识淡薄，不学规不守规不信规不用规，以言代规、以权压规、权大于规；避重就轻、避实就虚，以规范性文件甚至内部规定代替党内法规，等等。

二是效力溢出。党规之治会产生一些外溢效应，特别是规范党的领导活动方面的党内法规，通过规范党政关系会在一定程度上影响国家权力的行使并间接影响公民、法人和非法人组织的权益。不过，党内法规的溢出效应只能是"效果"而非"效力"，不能简单地认为党内法规效力的溢出总是有益无害，更不能听任党规效力的越界挤占国法的效力空间。在实践中，存在一些泛化党内法规效力的问题，比如，有的行政机关、司法机关直接援引党内法规或者规范性文件作出处分当事人权益的决定或者裁判，此属党内法规适用错误，不适当地扩张了党内法规适用范围。在党内，有的党的组织随意突破特定党内法规确定的适用范围，要求不在其调整范围之列的党务关系主体去遵循服从，比如，擅自将适用于领导干部的个人事项报告等要求扩大至普通党员。此外，诸如依靠滥用党的纪律要求及组织处理、纪律处分甚至政务处分等方式，强令党的组织和党员遵行号召性、倡议性等柔性规范，或者限制甚至剥夺属于党员依规自主决定的权利，也属于不正常的效力溢出。

三是效力偏离。党内法规是行为规矩、行动准绳、工作准心，但这是以在其适用范围内为前提的，一旦张冠李戴、超范围错误适用党内法规，就会发生效力偏离，对当事人权益产生不合规影响。常见的适用错误主要有，应当适用上位党内法规却适用下位党内法规，应当适用部委党内法规却适用地方党内法规，应当适用新规却适用旧规，应当适用特别规定却适用一般规定，应当适用此条款却适用彼条款，等等。

四是效力无常。在其效力存续期间，党内法规效力应当是恒常、确定、可预期的。但实践中党内法规效力变化莫测、反复无常现象屡见不鲜。一些党的组织在执行党内法规时时松时紧、要求忽高忽低，搞选择性执行，争权诿责，合意的执行、不合意的不执行，特别是在执行裁量性规范时，标准不一、因人而异，未做到同等情形同等对待、不同情形区别对待；一些党员在遵守党内法规时奉行功利主义和实用主义，搞选择性遵守，重权利轻义务，争待遇突破上线、守纪律跌破底线；一些党内法规的处境半存半废，效力若有若无，功能时隐时现，作用断断续续，权威似有似无，党的组织和党员无法依据这根飘忽不定的“准绳”作出准确行为预期。

有规不行，其害胜无规，因为它不仅浪费制度资源，更严重损害制度权威。破解因执规不力和适用错误等造成的效力偏离问题，需要对症下药。

第一，落实执规责任制，加强执规能力建设，做到全面准确、严格公正执规。

《中共中央关于加强党内法规制度建设的意见》对建立健全执规责任制、提高执规能力提出明确要求，《中国共产党党内法规执行责任制规定（试行）》明确了执规主体责任以及落实保障措施。党中央的决策部署和指示要求非常明确，关键是要在实践中落地见效。要进一步加大党内法规公开和宣传普及力度，提高党内法规知晓率；牢固树立党内法规权威，特别是在党员领导干部中强化党内法规红线不能碰、底线不能破的尊规守规意识；发挥党内法规工作机构作用，在党委及其工作部门中配备熟悉党内法规的法律顾问，保证党的组织依法依规决策；强化党的组织特别是党的工作机关属于“执规机关”的意识，深刻认识到开展相关工作是在执行党章党规；进一步理顺党内法规执行体制，明确各自的执行主体和权限，解决执规主体缺位、越位、错位、不到位问题；通过对执规者进行党内法规知识培训、考试考核、执规准入等方式，提高执规干部队伍素质；建立健全执规案卷评查、自由裁量基准、督查评估、执规过错问责追责等制度，倒逼党内法规执行力提升。

第二，做好党规与国法在执行上的衔接联动。

从调整对象和事项来看，党内法规分为规范党的领导活动与规范党的建设活动两大类，二者与国家法律关系不同，相应地，党规与国法在执行上的衔接联动机制也并不相同。

在党的建设活动领域，相关党内法规主要规范的是党的组织工作活动和党员行为，至于涉及党的机关运行人财物管理等保障事项，可以直接适用《公务员法》《预算法》《政府采购法》等有关国法规定，涉及党员的公民身份等方面的事项，可以直接适用国法。

在党的领导活动领域，由于党既要发挥总揽全局、协调各方的领导核心作用，又要支持国家政权机关依法行使职权，因此，为实现党的意志和国家意志的统一，需要交替进行党内议事决策执行程序与国家机关议事决策执行程序，这就使规范党的工作活动的党内法规与规范国家政权机关活动的国法二者交错适用、相辅相成。以地方党委领导地方性立法为例，从党委作出立法建议的决定到一部地方性法规的出台，要经历多个或适用党规或遵循国法的环节：党委讨论决定、作出提出立法建议的决策（适用党委有关议事决策规则）→党委办公厅以党委文件等形式向立法机关提出立法建议（适用《党政机关公文处理工作条例》等）→立法机关党组研究落实党委的立法建议（适用《中国共产党党组工作条例》等）→立法机关党组研究决定由哪个有提案权的国家机构来提出法规议案（适用《中国共产党党组工作条例》《立法法》等）→提案机构提出议案（适用《立法法》）→立法机关党组主持研究讨论法规议案（适用《中国共产党党组工作条例》等）→立法机关党组将法规草案报请党委审议批准（适用党委有关议事决策规则）→党委办公厅以党委文件或者其他形式批准答复立法机关党组请示（适用《中国共产党重大事项请示报告条例》等）→立法机关党组负责贯彻落实党委要求（适用《中国共产党党组工作条例》等）→立法机关按其党组要求启动法规审议程序并公布审议通过的法规（适用《立法法》）。以上各环节，党规和国法交替作为行为依据，无缝衔接，保证党领导立法活动的有序推进。

按照党规与国法关联程度的强弱性和复杂性，可将二者在执行衔接联动上的紧密程度从强到弱分为以下 5 个等级：一是党政合署办公领域，比如纪检监察，一个行为往往同时遵循党规和国法两方面规定；二是党管领域，比如党管干部、党管意识形态、党对军队的绝对领导等，对内由党的组织适用党规对国家机关提出管理要求或者意见建议，对外由国家机关适用国法对公民、法人和非法人组织实行依法管理；三是党发挥领导作用领域，比如设在非党组织领导机关中的党组，适用党规决定重大事项，非党组织依据国法行使职权、开展工作；四是党发挥战斗堡垒等作用领域，比如设在非公企业中的党的基层组织，依据党规发挥战斗堡垒作用，企业依法自主经营；五是党建领域，党的组织适用党规开展工作活动，党员依据党规作出行为选择，党必须在宪法和法律范围内活动，不可突破国法规定。

通常而言，党的组织在其作出的决定中只能适用党规，不得适用国法对党的组织、党员特别是对公民、法人和非法人组织作出影响其合法权益的处分决定，国家机关对外作出影响公民、法人和非法人组织权益的决定时也只能适用国法、依法行使法定职权，不得适用党规作为其行为依据。不过，党政机关在对其所属工作人员作出相关管理决定时，基于特别权力关系和党管干部方针，可以同时适用《公务员法》《党政领导干部选拔任用工作条例》等国法和党规。此外，对于一些党政联合制定的党内法规，比如中共中央办公厅、国务院办公厅印发的《关于实行党政领导干部问责的暂行规定》，党政机关皆可适用。

在个案处理中，党规和国法在执行上的衔接联动，除法律法规适用这种依据上的对接外，还包括其他一些具体事项的衔接，比如，违法违规线索通报移送、案件移送、执法司法执规证据材料移送等。

第三，完善党内法规适用争议化解机制。

这主要针对两种情形：一是适用特定党内法规的争议。党员对党的组织、下级党的组织对同级或者上级党的组织作出的有关决定，认为其适用党内法规错误的，在适用新规还是旧规、上位党内法规还是下位党内法规、特别规定还是一般规定，以及此规还是彼规或者特定党内法规的某个具体条款等方面持有异议的，可以依据《中国共产党纪律检查机关控告申诉工作条例》《人事争议处理规定》等相关规定，运用党员向有关党的组织提出申诉、同级党的组织之间协商、请求上级党的组织裁决等方式来解决。二是适用国法还是党规方面的争议。比如，行政机关直接适用党规或者规范性文件对公民、法人和非法人组织作出不利的行政决定，对此，当事人可以“适用法律法规错误”为由提起行政诉讼、行政复议，人民法院、行政复议机关虽然无权解释党内法规、无权审查党内法规本身的合法性，但可以根据《行政诉讼法》《行政复议法》等法律规定，以适用法律法规错误为由依法撤销或者改变错误的行政决定。

第十六章　国家治理视域中的一规多治

党是最高政治领导力量，是中国特色社会主义事业的领导核心，党政军民学、东西南北中，党是领导一切的。党总揽全局、协调各方，这就决定党内法规必然会对党和国家事业发展产生全方位、立体式影响；党内法规主要是用来规范党的领导和党的建设活动的，这就决定党规之治必然会对管党治党、执政治国产生全方位、立体式影响。因此，深刻理解坚持依规治党、加强党内法规制度建设的重大意义，就要将党规之治置于坚持和完善中国特色社会主义制度、推进国家治理体系和治理能力现代化的战略视野中去把握，置于推进党和国家事业发展、实现中华民族伟大复兴中国梦的奋斗目标中去定位。《中共中央关于加强党内法规制度建设的意见》开宗明义："治国必先治党，治党务必从严，从严必依法度。加强党内法规制度建设，是全面从严治党、依规治党的必然要求，是建设中国特色社会主义法治体系的重要内容，是推进国家治理体系和治理能力现代化的重要保障，事关党长期执政和国家长治久安。"这就阐明了党内法规制度建设在党和国家工作大局中举足轻重的地位。规则为治而生，制度因治而立。党和国家治理视域中的党规之治的"治"，是以党的政治建设为统领，旨在服务政治、聚焦治党、保障法治的"一规多治"，事关党长期执政和国家长治久安，对于推动党的治国理政目标的实现至关重要。

以党的政治建设为统领

党是政治组织，具有鲜明的政治属性。体现党的统一意志的党内法规，具有与生俱来的政治性。加强党内法规制度建设必须围绕中心、服务大局。政治是大局。党规之治必须服从服务于政治。这就要求党规之治必须坚持以党的政治建设为统领，确保党内法规制度建设各方面和全过程都旗帜鲜明讲政治，以政治过硬的党规之治保证全党增强“四个意识”、坚定“四个自信”、做到“两个维护”，在政治立场、政治方向、政治原则、政治道路上同党中央保持高度一致。

一、建章立制要始终以保障“两个维护”为核心任务

事在四方，要在中央。党的十九大报告强调，保证全党服从中央，坚持党中央权威和集中统一领导，是党的政治建设的首要任务。《中共中央关于加强党的政治建设的意见》强调，要坚决做到“两个维护”。“两个维护”是党的十八大以来我们党的最大政治成果和宝贵经验，是我们党最重要的政治纪律和政治规矩。坚决做到“两个维护”，是我们党的政治命脉，是时代的需要、事业的需要。旗帜鲜明讲政治，首要任务是坚决做到“两个维护”。加强党内法规制度建设，要将保障“两个维护”作为建章立制的核心任务。

其一，制定和实施党内法规，要将坚决做到“两个维护”当作坚持和加强党的全面领导的重中之重。坚持和加强党的全面领导，最重要的是坚决维护党中央权威和集中统一领导；坚决维护党中央权威和集中统一领导，最关键的是坚决维护习近平总书记党中央的核心、全党的核心地位。为什么说旗帜鲜明讲政治、坚持和加强党的全面领导的重中之重是坚决做到“两个维护”？其中的道理既朴素又深刻，因为我们党是中国特色社会主义事业的领导核心，党中央是全党全国全社会的领导核心，习近平总书记是党中央的核心、全党的核心。所以，加强党的政治建设，坚持和加强党的全面领导，首要任务、重中之重自然就是坚决做到“两个维护”。

其二，制定和实施党内法规，要坚持思想建党，教育引导党员干部坚决做到“两个维护”。要教育引导党员干部从历史和现实、理论和实践、国内和国际的结合上深刻认识、强化认同，不断增强拥护核心、跟随核心、捍卫核心的思想自觉政治自觉行动自觉，始终同以习

近平同志为核心的党中央保持高度一致，要做到“三个坚决”，即党中央提倡的坚决响应、党中央决定的坚决执行、党中央禁止的坚决不做。要建立健全并严格执行保障“两个维护”的制度机制，严格执行党章以及《关于新形势下党内政治生活的若干准则》《中国共产党重大事项请示报告条例》《中共中央政治局关于加强和维护党中央集中统一领导的若干规定》等党内法规，加强对贯彻执行党的路线方针政策和决议情况的督促检查，完善党中央重大决策部署和习近平总书记重要指示批示贯彻落实的督查问责机制。

其三，制定和实施党内法规，要坚持问题导向，以正确的认识、正确的行动坚决做到“两个维护”。要坚决防止和纠正一切偏离“两个维护”的错误言行，不得搞任何形式的“低级红”“高级黑”，决不允许对党中央阳奉阴违做两面人、搞两面派、搞“伪忠诚”。关于“低级红”“高级黑”，二者的主要区别是：前者属于“好心办坏事”，动机和出发点是好的，但方式方法简单粗暴，没有把握好“度”，随意拔高、过犹不及、适得其反；后者则属于动机不纯，以一种看似没问题的外衣去包装“黑”，心怀叵测、居心不良。《中共中央关于加强党的政治建设的意见》第一次在中央文件中明确反对“低级红”“高级黑”，很有针对性，是对各种偏离“两个维护”的错误言行的当头棒喝、及时喊停，引起了全社会的热烈反响。

二、党的政治建设的“一纲二目”

讲政治、加强党的政治建设是一本厚重的大书，无论是写好这本书还是读懂这本书，都要抓住它的纲与目。贯穿讲政治全过程各方面的一条鲜明主线就是“一纲二目”。加强党内法规制度建设，要在党的政治建设统领之下进行，充分彰显党的政治建设的“一纲二目”。

“一纲”就是以习近平新时代中国特色社会主义思想为总纲。

加强党的政治建设，无论是把握形势任务确定目标目的还是明确基本原则，无论是作出部署安排还是强化组织实施，都要坚决贯彻习近平新时代中国特色社会主义思想，紧扣这一总纲来谋篇布局。

总的来说，“纲”的引领地位主要体现在定基调和找基准两个方面。一方面，“定基调”，就是指对照习近平总书记关于加强党的政治建设的重要指示要求来确定部署推进党的政治建设的工作基调。党的十八大以来，习近平总书记针对加强党的政治建设作出一系列指示要求，特别是 2018 年 6 月 29 日在中共中央政治局第六次集体学习时发表的重要讲话，明确提出了加强党的政治建设要把准政治方向、坚持党的政治领导、夯实政治根基、涵养政治生态、防范政治风险、永葆政治本色、提高政治能力等 7 个要求。另一方面，“找基准”，就是指对照习近平新时代中国特色社会主义思想来确定推进党的政治建设的工作基准。习近平新时代中国特色社会主义思想博大精深，为开展党和国家各项工作提供了根本行动指南，加强党的政治建设必须与之对标对表，确保这一重要思想在党的政治建设领域得到坚决贯彻落实。

两个“目”中的一个“目”是坚持和加强党的全面领导。

邓小平同志早就指出，“在中国这样一个大国，没有共产党的领导，必然四分五裂，一事无成”，“中国由共产党领导，中国的社会主义现代化建设事业由中国共产党领导，这个原则是不能动摇的”。习近平总书记指出，“历史和人民把我们党推到了这样的位置，我们就要以坚强有力的政治领导承担起应该承担的政治责任”，“没有党的领导，民族复兴必然是空想”。办好中国的事，关键在党；实现中华民族伟大复兴的千秋伟业，关键在党。

两个“目”中的另一个“目”是坚持党要管党、全面从严治党。

习近平总书记指出，“在全面从严治党实践中，我们深刻认识到，党内存在的很多问题都同政治问题相关联，都是因为党的政治建设没有抓紧、没有抓实”，“全国从严治党首先要从政治上看”。实践证明，管党治党上的“宽松软”，根子出在政治上的“宽松软”；思想不纯、组织不纯、作风不纯，根子上是政治不纯；精神上“缺钙”、组织涣散、作风不纯、纪律松弛、腐败问题，根子上是政治上有问题。正因如此，习近平总书记强调，加强党的建设、推进全面从严治党，如果我们不从政治上认识问题、解决问题，就会陷入头痛医头、脚痛医脚的被动局面，就无法从根本上解决问题。为此，《中共中央关于加强党的政治建设的意见》围绕坚持党要管党、全面从严治党这个“目”，从坚定政治信仰、强化政治领导、提高政治能力、净化政治生态等多个方面，对加强党的思想建设、组织建设、作风建设、纪律建设以及制度建设和反腐败斗争等提出明确政治要求，引领推进全面从严治党向纵深发展。

三、加强党的政治建设要紧紧围绕时代主题

习近平总书记强调指出，“我们所要坚守的政治方向，就是共产主义远大理想和中国特色社会主义共同理想、‘两个一百年’奋斗目标，就是党的基本理论、基本路线、基本方略”，“加强党的政治建设就是要发挥政治指南针作用……把全党智慧和力量凝聚到新时代坚持和发展中国特色社会主义伟大事业中来”。因此，讲政治的要求固然可以提出十条、百条，但一言以蔽之，讲政治就是要讲大局，这个大局归根到底就是坚持和发展新时代中国特色社会主义。加强党的政治建设，要紧紧围绕坚持和发展新时代中国特色社会主义这个时代主题来展开；党内法规制度建设服从服务于政治大局，要紧紧围绕这个时代主题来建章立制。形象地讲，在党的政治建设统领下加强党内法规制度建设，必须做到“一二三四五”。

“一”，就是要一以贯之坚定政治立场。政治立场事关根本。全党要站稳马克思主义立场，始终坚持以人民为中心，坚持党性和人民性相统一，坚决站稳党性立场和人民立场。

“二”，就是要为实现第二个百年奋斗目标而努力。讲政治必须不忘初心、牢记使命，加强党的政治建设就是要把我们党建设得更加坚强有力，确保我们党始终成为中国特色社会主义事业的坚强领导核心，为实现全面建成社会主义现代化强国的奋斗目标和中华民族伟大复兴的中国梦提供坚强政治保证。

“三”，就是要坚持“三基本”，即坚持党的基本理论、基本路线、基本方略。要坚决贯彻落实党的指导思想，用党的创新理论武装头脑、指导实践、推动工作；要坚持“一个中心、两个基本点”这一党的基本路线，它是党和国家的生命线、人民的幸福线；要全面贯彻“十四个坚持”这一新时代坚持和发展中国特色社会主义基本方略。

“四”，就是要坚定“四个自信”。坚定中国特色社会主义道路自信、理论自信、制度自信、文化自信，我们要坚信中国特色社会主义是科学社会主义理论逻辑和中国社会发展历史逻辑的辩证统一，是当代中国发展进步的根本方向，是全面建成社会主义现代化强国、实现中华民族伟大复兴的必由之路。

“五”，就是要按照中国特色社会主义事业“五位一体”总体布局和协调推进“四个全面”战略布局，统筹推进经济建设、政治建设、文化建设、社会建设、生态文明建设等“五大建设”。要把党的政治建设融入党和国家重大决策部署的制定和落实全过程中，做到党的政治建设与各项业务工作特别是中心工作紧密结合，相互促进。

一旦我们从坚持和发展新时代中国特色社会主义这一站位来全面把握新时代党的政治建设的时代主题，就不难理解为什么常说“政治当中有业务，业务当中有政治，既不存在脱离政治的纯粹业务，也不存在脱离业务的抽象政治”。具体而言，一方面，党政机关的业务当中有政治，没有脱离政治的“纯粹”业务，任何一项业务都应当是新时代中国特色社会主义这篇大文章中的一句话、几个字或者一个词，是政治大局中的一个局部。我们只有提高政治站位、把准政治方向，从讲政治的高度把握业务工作，才能把为谁履职、履什么职、怎么履职等基本问题想明白、做正确。另一方面，党政机关的政治当中有业务，没有脱离业务的“抽象”政治，实干兴邦、空谈误国，讲政治不能纸上谈兵、空喊口号，关键是要不断提高政治判断力、政治领悟力、政治执行力，把政治标准和政治要求贯穿于各项业务之中，通过担当作为、恪尽职守把讲政治要求落实落细，通过做好本职工作不断提升人民群众的获得感、幸福感、安全感，这就是在讲政治。

正是由于党政机关的政治工作和业务工作水乳交融、政治机关与业务机关融为一体，党政机关及其党员干部应该深刻认识讲政治对于干业务的指南针作用，紧扣自身职责任务找准党的政治建设与业务工作的结合点，努力把讲政治要求融入重大决策部署的制定和落实全过程中，做到党的政治建设与各项业务工作特别是中心工作紧密结合、相互促进，坚决防止把党的政治建设工作与业务工作搞成“两张皮”，坚决避免讲政治与干业务油是油、水是水，不能融为一体的问题。

在党的政治建设统领之下推进党内法规制度建设，要保持政治定力、把稳政治方向，始终遵循坚持和发展中国特色社会主义这个根本政治方向和政治原则。发展完善党和国家治理，无论怎么创新治理理念、调整治理体制、转变治理方式，都不能偏离坚持和完善中国特色社会主义这个政治方向。加强党内法规制度建设，必须始终围绕新时代坚持和发展中国特色社会主义这个主轴来展开，始终牢记所要保障的只能是中国特色社会主义而不是别的什么主义，所要坚持和完善的只能是中国特色社会主义制度而不是别的什么制度，所要实现的目标只能是巩固中国特色社会主义制度、充分展现其优越性；必须保证党和国家治理活动符合中国特色社会主义本质要求，始终做到坚持以人民为中心这一根本立场、坚持中国共产党领导这一根本政治保证、坚持全面建设社会主义现代化国家这一战略安排、坚持实现中华民族伟大复兴的中国梦这一奋斗目标。

四、党的政治建设的“关键词”

我们党历来高度重视党的政治建设，在革命、建设、改革的各个时期形成了讲政治的优良传统，这就为我们党不断发展壮大、从胜利走向胜利提供了重要政治保证。加强新时代党的政治建设，要贯彻落实《中共中央关于加强党的政治建设的意见》，把握好根本、统领、首位、政治保证等 4 个关键词。党的政治建设的关键词要贯穿党的建设的各个方面，它们在党内法规制度建设中要得到充分凸显。

第一个关键词是“根本”。这个关键词强调的是旗帜鲜明讲政治的极端重要性。

习近平总书记在党的十九大报告中针对党的政治建设提出了两个“根本”：“旗帜鲜明讲政治是我们党作为马克思主义政党的根本要求。党的政治建设是党的根本性建设，决定党的建设方向和效果。”

为什么要把讲政治视作“根本”？这是因为讲政治、保持政治属性乃是政党安身立命之本。如同经济组织的本质属性是经济性、文化组织的本质属性是文化性、社会组织的本质属性是社会性，政党作为一种政治组织，其本质属性就是政治性。无论对于哪类组织，都没有比保持其本质属性更为紧要的任务了，都没有比虚化、弱化甚至偏离、丢失本质属性更加致命的“癌症”了。如同经济组织不讲成本与收益、不讲经济性就不再是经济组织一样，作为政治组织，政党倘若不讲政治，那就无所谓政党了。在这个意义上，正是由于政党姓“政”，政治性是保证政党之所以为政党的根本属性，因此讲政治就必然是我们党的“根本要求”。

习近平总书记深刻指出：“任何政党都有政治属性，都有自己的政治使命、政治目标、政治追求。马克思主义政党具有崇高政治理想、高尚政治追求、纯洁政治品质、严明政治纪律。如果马克思主义政党政治上的先进性丧失了，党的先进性和纯洁性就无从谈起。这就是我们把党的政治建设作为党的根本性建设的道理所在。”

所谓“根本要求”，是相对于一般要求而言的。一个政党的成立、存续和发展需要满足各方面要求，包括政治上、思想上、组织上、作风上、纪律上、制度上以及社会认可上、自身能力上、经费保障上等各方面的要求。不同要求的分量和地位是不同的，其中政治上的要求分量最重、地位最高，属于根本要求，而其他要求则是从政治要求这个“根本”上派生出来的树干、树枝、树叶。如果政治要求这个“根本”不同，那就势必会生发不同的枝叶、开出不同的花朵、结出不同的果实。较之政党的其他要求，政治上要求的“根本性”至少体现为“4个最”：它是最实质的，决定着政党的性质和宗旨；它是最本原的，政党的其他各种特征和要求都直接或间接由其派生；它是最深刻的，对政党的工作和活动产生深层次影响；它是最持久的，始终与政党的产生和发展相伴而行。就此而言，一个政党只有始终讲政治才能强基固本，一旦不讲政治就会地动山摇。

第二个关键词是“统领”。这个关键词揭示的是党的政治建设与党的其他各方面建设之间的关系问题。

党的十九大报告指出，加强新时代党的建设，要“以党的政治建设为统领”。党的建设是一个系统工程，被称为党的建设新的伟大工程。党的建设工作涉及方方面面，包括党的政治建设、思想建设、组织建设、作风建设、纪律建设、制度建设等。党的建设每一个方面又包括若干工作，比如，党的组织建设涉及党的组织体系建设、党的干部工作、党管人才工作等。党的建设工作千头万绪，如果没有一个统领或者统领不力就容易因为群龙无首而失之于散，难以握成党建拳头、形成全面从严治党合力。在新时代党的建设总体布局中，党的思想建设、组织建设、作风建设、纪律建设以及制度建设等，相互间分工明确、各有侧重，总体上是一种平行并列关系，其中的任何一项建设都不足以担纲引领党的其他各方面建设的重任。

那么，谁有能力担此重任？这就要追溯到党的建设根子上去。究其根本，党的组织作为政治组织，党的建设属于政治建设，因此，唯有党的政治建设才有能力担当“统领”整个党建的重任。

习近平总书记深刻指出，“全面从严治党首先要从政治上看”。党的十九大明确提出，党的建设要以党的政治建设为统领，据此，形成以“1+N+1”为基本架构的党的建设总体布局——以党的政治建设为前一个“1”，以党的其他各方面建设为“N”，以党的制度建设为后一个“1”，在党的政治建设统领下实现整个党的建设工作的纲举目张。一方面，党的政治建设居于党的各方面建设之上，承担着牵头抓总、统领各方的重任，引领党的各方面建设协调一致向前推进。就党的政治建设与党的思想建设、组织建设、作风建设、纪律建设而言，我们不宜简单地将摆在第一位的党的政治建设与党的思想建设等 4 个方面之间的关系理解为大拇指与其他四指的关系。作为党的根本性建设，党的政治建设与党的建设其他方面是源与流的关系：前者作为源头是单一的，比较稳定；后者则是派生的、开放的，会随着形势任务变化而有加有减或者调整排序。另一方面，党的政治建设也离不开党的建设其他方面的支撑，加强党的政治建设要靠党的建设其他方面来落实落细，通过不断提升党的各方面建设成效来不断深化党的政治建设。实践中，要保证党的政治建设一呼百应，防止出现党的政治建设因孤立于党的建设其他方面而变成“光杆司令”的问题。

第三个关键词是“首位”。这个关键词明确了党的政治建设在新时代党的建设中的优先排序。

党的十九大报告强调，要“把党的政治建设摆在首位”。在此前的党的建设总体布局中，摆在首位的是党的思想建设。党的十九大对党的建设排序作了调整，将党的思想建设定位为党的基础性建设，调整至第二位，并把“首位”这个位置给了党的政治建设。党的十九大报告在部署加强新时代党的建设时，不仅明确提出要“把党的政治建设摆在首位”这个重大论断，而且将加强党的政治建设作为8个问题中的第一个问题来部署，在此基础上再依次对党的思想建设等党的其他各项建设作出部署，并且逐一对它们有针对性地提出政治上的要求。《中共中央关于加强党的政治建设的意见》贯彻落实新时代党的建设总要求，进一步强调指出，“要以党的政治建设为统领，把政治标准和政治要求贯穿党的思想建设、组织建设、作风建设、纪律建设以及制度建设、反腐败斗争始终，以政治上的加强推动全面从严治党向纵深发展，引领带动党的建设质量全面提高”。

由此可见，党的十九大通过根本、统领、首位这3个关键词来定位党的政治建设，这就充分彰显了党的政治建设在新时代党的建设总体布局中所处的位置、所担的责任、所发挥的作用，这是党的建设其他方面所无可比拟的。不难看出，根本、统领、首位这3个关键词在逻辑上是层层递进的——因为它是“根本”，所以势必要发挥“统领”作用；要发挥“统领”作用，就势必要求将其摆在党的各项建设“首位”。

第四个关键词是“政治保证”。这个关键词强调的是党的政治建设在整个党和国家治理中的特殊重要性。

《中共中央关于加强党的政治建设的意见》强调，党的政治建设“事关统揽推进伟大斗争、伟大工程、伟大事业、伟大梦想”，这就把党的政治建设定位的视野，从党建视野进一步拓展至党和国家治理的宏大视野，从改革发展稳定、内政外交国防、治党治国治军的战略高度来突显加强党的政治建设的战略地位。

之所以要在更加宏大的视野中定位党的政治建设，一是因为，既然党的建设新的伟大工程在“四个伟大”中起决定性作用，而党的政治建设又属于党的根本性建设，那么党的政治建设势必会深刻影响伟大斗争、伟大事业、伟大梦想的实现进程；二是因为，既然加强党的政治建设的主旨是坚持和加强党的全面领导，那么党的政治建设效果就势必要体现在党所领导的国家治理的全过程和各方面；三是因为，坚持和发展新时代中国特色社会主义，不仅要求各级各类党的组织和全体党员强化政治意识、提升政治能力，把我们党自身建设得更加坚强有力，而且要求国家机关、群团组织、国有企事业单位等提高政治站位、强化政治导向、注重政治效果，凝聚起同心共筑中国梦的磅礴力量。正是在这个意义上，《中共中央关于加强党的政治建设的意见》把党的政治建设置于党和国家治理的宏大视野中定位，从事关统揽“四个伟大”的战略高度出发，强调要通过加强党的政治建设，“把我们党建设得更加坚强有力，确保我们党始终成为中国特色社会主义事业的坚强领导核心，为实现‘两个一百年’奋斗目标和中华民族伟大复兴的中国梦提供坚强政治保证”。

党的建设总体布局中的“党的政治建设”与中国特色社会主义事业总体布局中的“政治建设”是什么关系？

“五位一体”总体布局中的政治建设的“政治”，主要是指社会主义民主政治。党的十九大报告第六部分以“健全人民当家作主制度体系，发展社会主义民主政治”为题，针对长期坚持、不断发展我国社会主义民主政治，巩固和发展生动活泼、安定团结的政治局面作出部署。相较而言，我们党所要讲的“政治”，或者说加强党的政治建设所涉及的内容，并不局限于社会主义民主政治，而是涵盖整个“五位一体”总体布局和“四个全面”战略布局。政治建设中当然有政治，经济建设、文化建设、社会建设、生态文明建设当中也有政治，推进党和国家事业各方面建设都要讲政治，坚持政治立场、把握政治方向。政治是大局，坚持和发展新时代中国特色社会主义就是当前的大局，我们要通过加强党的政治建设为当前的大局提供坚强政治保证。

五、党的政治建设的“四维一体”内容

旗帜鲜明讲政治，不能只是一种朴素感情，不能只是一种混沌感觉，不能只可意会、不可言传，成了“你不问我我还清楚，你一问我反倒讲不清楚了”，更不能只当作一句口号来喊。讲政治不能含糊其词、模棱两可，在内容上必须清晰、在态度上必须坚定。《中共中央关于加强党的政治建设的意见》把习近平总书记和党中央针对全党同志提出的各方面政治要求明明白白地定了下来，加强党内法规制度建设就要鲜明地体现这些内容和要求，并通过建立健全相关体制机制来保障这些内容落实落地。

《中共中央关于加强党的政治建设的意见》主体部分阐明的是讲政治的主要内容和基本要求，从第二部分到第五部分，共提出了16条内容和要求，首次建构了一个“四维一体”的党的政治建设本体框架。这“四维”的内在逻辑是：以坚定政治信仰为根基、以坚持党的政治领导为主旨、以提高政治能力为关键、以净化政治生态为保证。如何更加直观地把握党的政治建设这一“本体”结构？形象地说，这是一个桃子构造。桃子有4层结构，由内而外依次为桃仁、桃壳、桃肉、桃皮。相应地，在党的政治建设中，政治信仰如同桃仁，扮演的是承载党的政治属性、传承党的红色基因的“种子”角色；政治领导如同桃壳，对捍卫党的政治信仰、实现党的奋斗目标发挥着“根本保证”的作用；政治能力如同桃肉，发挥着为推进党和国家事业发展储存能量、提供能量的“赋能”作用；政治生态如同桃皮，承担着维护党的良好形象、捍卫党的肌体不受侵蚀的“卫士”任务。

党的政治建设“四维一体”的第一维是坚定政治信仰。

信仰决定“三观”，政治信仰事关党的初心和使命、纲领和行动，坚定政治信仰对应的是立根铸魂。习近平总书记指出：“加强党的政治建设就是要发挥政治指南针作用，引导全党坚定理想信念、坚定‘四个自信’，廓清思想迷雾，澄清模糊认识，排除各种干扰，把全党智慧和力量凝聚到新时代坚持和发展中国特色社会主义伟大事业

中来。”《中共中央关于加强党的政治建设的意见》要求，加强党的政治建设，必须坚持马克思主义指导地位，坚持用习近平新时代中国特色社会主义思想武装全党、教育人民，夯实思想根基，牢记初心使命，凝聚同心共筑中国梦的磅礴力量。针对坚定政治信仰问题，该意见第二部分用 3 条提出了坚定政治理想、坚定政治路线、坚定政治立场 3 方面要求，其中，政治理想是奋斗目标、政治路线是实现路径、政治立场是出发点和落脚点。

党的政治建设“四维一体”的第二维是坚持党的政治领导。

《中共中央关于加强党的政治建设的意见》第三部分通过 3 条规定，从坚决做到“两个维护”、完善党的领导体制、改进党的领导方式 3 个方面提出要求，分别对应维护党的领导核心、巩固党的领导地位、改善党的领导效果 3 个基本问题。

如果将党的领导体制比作“硬件”，那么党的领导方式就是“软件”。一方面，要完善党的领导体制这个“硬件”。这既要强化党内个人对组织、下级对上级的服从，又要加强党的组织对外针对非党组织的领导；既要健全党中央集中统一领导重大工作的体制机制，又要完善地方党委、党组、党的工作机关和国有企业党委（党组）以及农村、事业单位、街道社区等基层党组织发挥领导作用的制度规定；既要制定出台党领导经济社会方面重要工作的党内法规，又要将坚持党的领导的要求体现在人大、政府、监委、法院、检察院等国家机构的组织法以及政协、民主党派、工商联、人民团体、高校、有关社会组织等的章程之中；既要保证党的组织在同级各类组织中发挥领导作用，又要保证非党组织在党的领导下依法依章程积极主动、独立负责、协调一致地开展工作。另一方面，要改进党的领导方式这个“软件”。要坚持科学的领导思维，深刻把握党的领导工作规律，强化战略思维、创新思维、辩证思维、法治思维、底线思维等 5 种思维，正确制定和坚决执行党的路线方针政策；要坚持民主集中制这一根本领导制度，善于运用民主的办法汇集意见、科学决策，善于通过协商的方式增进共识、凝聚力量，善于集中、敢于担当，防止议而不决、决而不行；要坚持群众路线这一基本领导方法，不断增强群众工作本领，在汇集民智民力的同时教育引导群众；要坚持依法执政这一基本领导方式，注重运用法治思维和法治方式治国理政，善于使党的领导主张通过法定程序成为国家意志、转化为法律法规，自觉把党的领导活动纳入制度轨道。

党的政治建设“四维一体”的第三维是提高政治能力。

习近平总书记指出：“提高政治能力，很重要的一条就是要善于从政治上分析问题、解决问题。只有从政治上分析问题才能看清本质，只有从政治上解决问题才能抓住根本。”增强政治意识、提高政治能力，必须一体提高政治判断力、政治领悟力、政治执行力即“政治三力”，做政治上的明白人，做“两个维护”的践行者。《中共中央关于加强党的政治建设的意见》将提高政治能力当作加强党的政治建设的关键，在第四部分用5条规定针对提高党组织、国家机关、群团组织、国有企事业单位等4类组织以及党员干部的政治能力问题，坚持问题导向和目标导向相结合，提出明确要求。这些要求各有侧重：针对党的组织要求增强政治功能；针对国家机关要求彰显政治属性；针对群团组织要求发挥政治作用；针对国有企事业单位要求强化政治导向；针对党员干部要求提高政治本领。

对于党的组织而言，要增强政治功能。党中央作为党的最高领导机关，是党的组织体系的大脑和中枢，担负着对党和国家事业发展重大工作实行集中统一领导的重大政治责任。地方党委要在党中央和上级党委领导下，增强全面领导本地区经济社会发展、全面负责本地区党的建设这“两个全面”能力。党的基层组织要着力提升组织力，突出政治功能、强化政治引领，特别是党支部要发挥好战斗堡垒作用。党组要在本部门本单位发挥好把方向、管大局、保落实的领导作用。党的各级纪委要进一步强化党内监督专责机关的职能定位，全面监督执纪问责。党的工作机关要更好地发挥党委参谋助手作用，力求参当其时、谋当其用。同时，广大党员要强化党的意识和组织观念，自觉做到思想上认同组织、政治上依靠组织、工作上服从组织、感情上信赖组织。

对于国家机关而言，要彰显政治属性。专门就“彰显国家机关政治属性”予以阐明并提出明确要求，这是《中共中央关于加强党的政治建设的意见》的一大创新和亮点，具有很强现实针对性。有一段时间，一些国家机关及其工作人员政治意识不强，忽视政治、淡化政治甚至不讲政治，“重业务轻政治”问题比较突出，动辄以业务机关和业务干部自居，错误地认为讲政治是党组织、党员领导干部的事，与干业务的国家机关、公务员关系不大，错误地认为国家机关职权法定、依法履职，有没有党的领导没那么重要。这种把国家机关的政治属性虚化乃至遮蔽起来、把政治与业务割裂开来、把党的领导与依法办事对立起来的错误认识和做法是极其有害的。国家机关是否属于政治机关、是否要讲政治？2018 年，习近平总书记对中央和国家机关推进党的政治建设作出重要指示强调，“中央和国家机关首先是政治机关，必须旗帜鲜明讲政治”。国家机关彰显其政治属性，主要包括两个方面：一方面，要坚持党的领导，注重“四个转化”。国家机关要始终坚持在党的领导下依法实施经济社会管理活动，坚决贯彻落实党的基本理论、基本路线、基本方略，积极主动将党的领导主张和重大决策部署转化为法律法规和政策政令，转化为对经济社会管理的部署安排和工作活动，转化为领导体制、工作机制和管理方式方法创新，转化为推动经济社会发展的实际效果。另一方面，要强化业务工作的政治考量。国家机关履行职责、开展工作，要提高政治站位、把准政治方向、注重政治效果、考虑政治影响，坚决防止和纠正把政治与业务割裂开来、对立起来的错误认识和做法，确保政治和业务融为一体、高度统一。

对于群团组织而言，要发挥政治作用。工会、共青团、妇联等群团组织是党领导下的政治组织，政治性是群团组织的灵魂。各群团组织要认真履行政治职责，充分发挥党联系人民群众的桥梁和纽带作用，加大政治动员、政治引领、政治教育工作力度，更好承担起引导群众听党话、跟党走的政治任务，把自己联系的群众最广泛最紧密地团结在党的周围。群团组织要坚定不移坚持党的领导，坚定不移走中国特色社会主义群团发展道路，不折不扣落实党中央关于群团改革的决策部署，切实增强群团组织的政治性、先进性、群众性。

对于国有企事业单位而言，要强化政治导向。国有企业是中国特色社会主义的重要物质基础和政治基础，事业单位承担着满足人民群众日益增长的公益服务需求的职责，它们都是我们党执政兴国的重要依靠力量。国有企事业单位必须始终坚持党的领导，坚决贯彻执行党的路线方针政策，认真落实党中央关于推进国有企事业单位改革发展的决策部署，保证本单位各项工作坚持正确政治方向、取得良好政治效果。

同时，《中共中央关于加强党的政治建设的意见》针对党员干部提高政治本领提出 4 点要求：一是保持政治定力。在大是大非面前要态度鲜明、立场坚定，始终在政治立场、政治方向、政治原则、政治道路上同以习近平同志为核心的党中央保持高度一致。二是提高政治站位。要善于从政治上研判形势、分析问题，自觉在党和国家工作大局下想问题、做工作，做到一切服从大局、一切服务大局。三是强化忧患意识、风险意识，提高风险处置能力。党员干部要增强政治敏锐性和政治鉴别力，对各种风险隐患保持高度警惕，做到眼睛亮、见事早、行动快。一旦风险发生，要及时果断正确处置，防止非公共性风险扩大为公共风险、非政治性风险演变为政治风险。四是增强斗争精神。要强化政治担当，敢于亮剑、善于斗争，做勇于斗争的“战士”，不做爱惜羽毛的“绅士”，坚决防止和克服嗅不出敌情、分不清是非、辨不明方向的政治麻痹症。

党的政治建设“四维一体”的第四维是净化政治生态。

政治生态，指的是政治活动的环境和状态，它是政治制度、政治文化、政治生活等要素相互作用的结果。党的十八大以来，习近平总书记多次强调要净化政治生态、涵养政治生态：“做好各方面工作，必须有一个良好政治生态”，“政治生态好，党内就会正气充盈；政治生态不好，党内就会邪气横生”。《中共中央关于加强党的政治建设的意见》要求：“加强党的政治建设，必须把营造风清气正的政治生态作为基础性、经常性工作，浚其源、涵其林，养正气、固根本，锲而不舍、久久为功，实现正气充盈、政治清明。”并从严肃党内政治生活、严明党的政治纪律和政治规矩、发展积极健康的党内政治文化、突出政治标准选人用人、永葆清正廉洁的政治本色等 5 个方面提出明确要求。其中，严肃党内政治生活，着重解决的是净化政治生态中的“正本清源”问题；严明党的政治纪律和政治规矩，着重解决的是净化政治生态中的“行为标准”问题；发展积极健康的党内政治文化，着重解决的是净化政治生态中的“政德修养”问题；突出政治标准选人用人，着重解决的是净化政治生态中的“风向标”问题；永葆清正廉洁的政治本色，着重解决的是净化政治生态中的“激浊扬清”问题。5 个方面各有侧重，共同致力于净化政治生态。

综上所述，一旦把党规之治放在服从服务于政治大局这个高度来定位，我们就能深刻理解：为什么必须从讲政治的高度去认识加强党内法规制度建设的极端重要性，为什么全面从严治党必须走依规治党的路子，为什么必须保持党内法规的鲜明政治本色和政治底色，为什么建章立制时要先讲政治逻辑再讲技术逻辑，为什么党内法规的第一属性是政治属性而不是其他什么属性，为什么制定和实施党内法规要时刻绷紧政治这根弦，为什么必须提高党内法规工作的政治站位、政治立意、政治品味，等等。政治是党内法规的生命，服务政治大局是党规之治的使命。因此，无论党内法规制度建设怎么发展，无论党内法规怎么立改废释，都要自始至终旗帜鲜明讲政治。总之，加强党内法规制度建设必须增强“四个意识”、坚定“四个自信”、做到“两个维护”，保证党规之治在政治视域中定位、在服务政治大局中作为，为捍卫党的政治属性、履行党的政治使命提供制度保障。

聚焦治党

治国以国法，治党以党规。制定和实施党内法规，要聚焦管党治党；衡量党规之治成效，要以党的建设效能为评判标准。因此，加强党内法规制度建设，要始终立足于管党治党，致力于提高党的执政能力和领导水平、保持党的先进性和纯洁性，旨在把我们党建设成为始终走在时代前列、人民衷心拥护、勇于自我革命、经得起各种风浪考验、朝气蓬勃的马克思主义执政党。

习近平总书记指出，“党要管党、从严治党，是党的建设的一贯要求和根本方针”，“加强党内法规制度建设是全面从严治党的长远之策、根本之策”。党的十八大以来，党中央把全面从严治党纳入“四个全面”战略布局，坚持问题导向，抓思想从严、抓管党从严、抓执纪从严、抓治吏从严、抓作风从严、抓反腐从严。“从严必依法度”，贯穿“六个从严”始终的是从严建章立制、从严执规执纪，依靠依规治党推动全面从严治党向纵深发展。

全面从严治党，之所以要走加强党内法规制度建设、依规治党的路子，这是因为法规制度具有根本性、全局性、长期性和稳定性。推进依规治党，不仅符合现代政党奉行制度治理的普遍做法，而且是马克思主义政党纪律严明、规矩分明的内在要求。对于我们党这样一个长期执政的大党而言，规范党的活动、调整党内关系、解决党内矛盾，保证全党统一意志、统一行动、步调一致前进，最可靠、最有效、最持久的管党治党方式就是制度治党、依规治党。党的建设的历史经验教训反复证明，如果没有一套完善的党内法规制度并严格执行，管党治党就会出现宽松软的问题。因此，要做到管党有方、治党有力、建党有效，就必须把党的制度建设贯穿党的政治建设、思想建设、组织建设、作风建设、纪律建设始终，坚持依规治党，明规矩、定遵循、严要求，为党的建设构筑起坚实的法规制度保障。

党内法规制度建设与党的建设其他方面之间呈现为结构性耦合关系。

耦合，原本指的是两个或两个以上的电路元件或电路网络的输入与输出之间存在紧密配合与相互影响、并通过相互作用从一侧向另一侧传输能量的现象，泛指两个或两个以上实体之间的交互影响、相互依赖。如何认知法与社会之间的关系？马克思主义认为，法律只能是现实在观念上的有意识的反映，只能是实际生命力在理论上的自我独立的表现。法国社会学家卢曼提出结构性耦合（structural coupling）概念，认为社会系统分为法律、政治、经济、宗教、科学等若干社会功能次系统，法律与其他社会功能次系统一样，也具有自我观察、自我指涉、自我再生产的特点，但其自治并不是自足、封闭的，而是通过认知开放和结构性耦合从外在环境中获得新的信息，并在系统内部将这些信息有选择地转化为制度安排，进而向外在环境输出指令、调整社会关系。法律与社会据此呈现为一种互动关系。

结构性耦合这个概念，为我们整体把握党的自身建设总体布局、深刻认知党内法规制度建设与党的自身建设其他方面的互动关系，提供了一个重要视角。

治国必先治党，治党务必从严，从严必依法度。要保持党的先进性和纯洁性，增强我们党的自我净化、自我完善、自我革新、自我提高能力，就必须全面加强党的政治建设、思想建设、组织建设、作风建设、纪律建设、制度建设。这6个方面相辅相成，构成一个“六位一体”的党的自身建设系统，其中每个方面都是一个要素齐全、逻辑自洽、有所侧重的党建功能次系统。其中，党的政治建设是党的根本性建设，在党的建设中居于统领地位，重在强化党的政治属性、保持党的政治本色，着力解决坚定政治信念、加强政治领导、提升政治能力、净化政治生态等问题；党的思想建设是党的基础性建设，重在教育引导广大党员、干部坚定理想信念，以党的思想理论建设为根本，以党性教育为核心，以道德建设为基础；党的组织建设重在夯实党执政的组织基础，包括干部队伍建设、组织体系建设、党员队伍建设等主要内容；党的作风建设重在牢固树立马克思主义群众观点、自觉贯彻党的群众路线，始终保持党同人民群众的血肉联系，着力解决形式主义、官僚主义、享乐主义和奢靡之风等“四风”问题；党的纪律建设重在严明党的纪律，通过强化政治纪律和组织纪律，带动廉洁纪律、群众纪律、工作纪律、生活纪律严起来，让党员、干部知敬畏、存戒惧、守底线，习惯在受监督和约束的环境中工作生活；党的制度建设重在为党的组织工作活动和党员行为提供规矩，为管党治党提供遵循，坚持用制度管权管事管人，健全民主集中制，保证党的建设活动在制度轨道上正确推进、有序推进、高效推进，为推动全面从严治党向纵深发展提供坚实制度保障。

如何认知和定位党的制度建设与党的自身建设其他方面的关系？党的十九大报告提出，要把制度建设贯穿于党的政治建设、思想建设、组织建设、作风建设、纪律建设之中，这就要求党内法规制度建设与党的建设其他方面形成互联互通互动的结构性耦合关系。

一方面，推进党的各方面建设活动要将加强本领域的党内法规制定实施工作作为重要内容。在全面推进以党的政治建设为统领的党的各方面建设过程中，要始终坚持把党内法规制度建设贯穿其中，实现党的各方面建设的制度化、规范化、程序化。加强党的政治建设以及思想建设、组织建设、作风建设、纪律建设等，这些“建设”最终都要体现为特定党的组织工作活动和党员行为，而这些“行为”皆要有据可依、有章可循，皆需在制度轨道上推进。因此，党的建设不同方面虽然对党内法规制度的需求大小有别、各自的制度内容也迥然不同，但无疑都须高度重视本领域的党内法规制度建设，将制定和实施党内法规制度当作相关“建设”的题中应有之义，并依据相应的制度规定来开展工作。

另一方面，党内法规制度建设应当始终深入党的各方面建设之中，而不能游离其外。党内法规制度建设与党的政治建设、思想建设、组织建设、作风建设、纪律建设等各方面之间，不是一种没有交集的平行关系。党内法规制度建设是化整为零、分布于党的建设各方面之中的，要回应各方面提出的法规制度需求、作出与之匹配的制度安排。如果离开党的建设各方面之“的”，党内法规之“矢”就找不到作用对象；如果游离于党的建设各方面之外，党内法规制度建设就失去了立足之地；如果撇开党的建设各方面实际来建章立制，那党规之治就成了自说自话、无效空转。因此，党内法规制度建设要切忌把自己搞成党的各方面建设的旁观者、局外人，一定要置身其中、贯穿其中，嵌入其中、内生其中。就此而言，党内法规制度建设应当适应、回应各方面需求而不能是自足自治的，制度规定应当来自并回到党的建设各方面。党规之治应当聚焦管党治党，围绕加强党的建设运转，回应全面从严治党向纵深发展的需要。

党规之治应当立足管党治党，寓党内法规制度建设于党的建设各方面之中。这就意味着在党内法规制度变革路径的选择上，固然有时宜采用自上而下的理性建构模式，有时宜采用自下而上的自发生成模式，但无论选择哪种模式，其制度安排都应当内生于党的建设各个方面，不能是外来的植入，更不能是脱离实践的拔苗助长。党的建设各个方面的制度建设，都应当遵循其内在规律，契合其主题目标任务，基于其制度化条件，统筹考虑制定实施特定党内法规的必要性（需求）与可行性（供给）两个方面，将该领域的理论创新和实践创新成果提炼转化为制度规定。如果将党的建设各方面比作土，那么党内法规制度就是生于斯、长于斯的树，树要靠土培养，土也要靠树滋养。

需要注意的是，将党内法规制度建设与党的自身建设各方面确定为结构性耦合关系，是就党的建设各个功能次系统之间的互动关系而言的。亦即，党内法规制度建设作为一个相对独立的党的建设功能次系统，与党的政治建设、思想建设、组织建设、作风建设、纪律建设等其他党的建设功能次系统之间呈现为一种互动关系。那么问题在于，如果强调党内法规制度分散在党的建设各个方面，并内生其中，这是否会妨碍分布在党的建设各方面的各类党内法规制度自身集结成一个有机统一的党的建设功能次系统呢？毕竟，党的建设各方面的主题和任务差之甚远，党内法规制度只有在一定程度上超越这种差异才能形成推进党的建设制度化规范化程序化的合力；各方面的党内法规制度内容也各有不同，党内法规制度本身只有在一定程度上超越这种差异才能构成一个逻辑自洽、内容协调的体系。

各种内生于党的建设各方面的党内法规制度，之所以能够构成体系，归根结底，是因为它们都围绕着保持党的先进性和纯洁性这一共同目标展开，都是党的统一意志的体现，其制定都要遵循《中国共产党党内法规制定条例》。从技术角度而言，保证党内法规制度体系化的奥妙在于，无论是党的政治建设、思想建设、组织建设的制度化，还是党的作风建设、纪律建设的制度化，党的建设各方面的党内法规制度安排都遵循相同的调整原理、分享相同的逻辑构造。具体而言：

一则，它们都通过对党内关系主体辩证统一的权利/义务设定与对等的职权/职责设定来维护党内生活秩序、理顺党内关系。二则，它们都先将党内关系主体简化为党的组织与党员两大类，再将党的组织在纵向上细分为党的中央组织、地方组织和基层组织，在横向上细分为党的纪检机关、工作机关、党组等，同时将党员细分为普通党员、党员干部、党员领导干部、党员高级领导干部等。三则，它们都围绕着党组织的权力分配/党员权利配置这个核心来进行党内法规制度安排，在此基础上统筹解决党的组织之间的权力分配问题以及党员之间的权利配置问题。四则，它们都以影响党的组织和党员的行为选择为规范指向，通过制约/激励机制设计来影响党的组织和党员的行为选择，抑制不利于实现党的建设目标的负面行为，鼓励有利于实现党的建设目标的正面行为。五则，它们都通过预先设定法规后果来为党内关系主体的行为选择提供预期，法规后果包括积极的肯定性后果与消极的否定性后果。六则，它们都由共性制度与个性制度两类规范构成，共性制度的位阶一般较高、适用范围较广，个性制度的位阶一般较低、适用范围较窄。

也就是说，党的政治建设、思想建设、组织建设、作风建设、纪律建设等不同方面的制度化规范化程序化，遵循的是相同的党内法规调整原理。经过同一原理的"格式化"，党的建设不同方面的党内法规制度均呈现相同的逻辑构造。这种制度设计的同构性就保证了分布在党的建设各方面的党内法规制度具有互补性、相容性，这就为所有党内法规制度的融为一体提供了条件。

我们越是强调党内法规制度建设的化整为零，越是强调寓党内法规制度建设于党的自身建设各个方面之中，就越要注意避免出现各方面党内法规制度安排各自为战的问题，就越要强调在体系化视野下通盘考虑每一项党内法规制度安排。

在体系化视野下，分布在党的建设不同方面、具有不同功能的党内法规制度，其立改废释不是孤立进行的。每一项具体的制度安排都是整体的一个细胞，要注意其与其他相关制度安排的相互照应、衔接联动、协调一致，不能凡立规必求全，无须无谓地重复其他方面的已有规定，不能与其他方面的规定特别是上位规定相冲突。比如，在制定党的政治建设、思想建设、组织建设、作风建设等方面的党内法规时，对违纪责任追究方面的内容一般不必再作具体规定，可以直接适用党的纪律建设领域的《中国共产党党内监督条例》《中国共产党问责条例》《中国共产党纪律处分条例》等有关党内法规；在制定党的政治建设、思想建设、作风建设、纪律建设等方面的党内法规时，如果涉及选人用人问题，则要注意与《党政领导干部选拔任用工作条例》等相衔接，不得作出相左的规定。

在现实中，党内法规制度建设与党的建设其他方面应当具有非常紧密的结构性耦合关系，但目前这种关系还不够全面、紧密，党内法规制度建设还没能真正做到始终贯穿于党的政治建设、思想建设、组织建设、作风建设、纪律建设之中。这种差距，是由党内法规制度建设与党的建设各领域两个方面原因共同造成的。

一方面，就党内法规制度建设本身而言，由于顶层设计和统筹规划不够，存在碎片化、各自为战等问题，实体性规范与程序性规范不匹配，制度上下对接不紧、左右衔接不够，制度间脱节断档、交叉重复、冲突打架，等等，这些都制约着党内法规的体系化。同时，在制定党的建设各方面的党内法规制度时，有的存在科学性、针对性、可操作性不强等问题，为制度而制度、就制度论制度，造成制度安排贴得不紧、对规律体现得不够、总结提炼经验不及时，制度过剩与制度不足并存，制度滞后与制度超前并存。一言以蔽之，目前尚未建成一个非常完善的党内法规体系，党内法规制度建设尚未成为一个成熟完善的党的建设功能次系统。

另一方面，在党的政治建设、思想建设、组织建设、作风建设、纪律建设等领域，程度不等地存在对党内法规制度建设重视不够、党内法规制度权威不足、党内法规制度执行力不高等问题。一些领导干部在处理相关领域的具体党务时，习惯于靠指示、靠说教、靠觉悟、靠经验、靠内部规定，不大习惯于依靠党内法规制度管权管事管人，“制度是死的、人是活的、事情是变的”这种制度无用观念仍有一定市场。简言之，部分领导干部尚未全面确立起依规治党观念，尚未自觉做到在党内法规制度轨道上有序推进各方面党的自身建设活动。

党内法规制度建设与党的自身建设其他方面一定程度上存在的"两张皮"问题，既制约着党内法规体系的形成，也制约着党的建设各方面活动的有序推进，最终制约着党的建设高质量发展，不利于保持党的先进性和纯洁性。鉴于此，加强新时代党的建设，全方位推进党的建设新的伟大工程，全面提高党的建设科学化水平，一个重点、难点工作就是，要着力在党内法规制度建设与党的政治建设、思想建设、组织建设、作风建设、纪律建设等方面之间建立起结构性耦合关系，实现党内法规制度建设与党的建设各方面之间的互联互通互动。

党的十八大以来，这个问题正在得到有效解决。以习近平同志为核心的党中央前所未有地重视党内法规制度建设，明确提出加强党内法规制度建设是全面从严治党的长远之策、根本之策，明确提出坚持制度治党、依规治党，明确提出到建党100周年时形成比较完善的党内法规体系，明确提出要把制度建设贯穿于党的建设各方面之中，等等，有力地推动着党内法规制度建设与党的建设各方面实现结构性耦合。当下的情况是，一方面，党内法规制度建设科学化水平越来越高，更加充分地反映党的建设各方面的规律性要求，更加贴近党的建设各方面主题任务；另一方面，党的建设各方面制度化水平越来越高，更加重视依靠法规制度引领和保障各项工作，制度思维、法规权威与日俱增。正因如此，党内法规制度建设与党的各方面建设之间越来越多地呈现同频共振和良性互动的局面，这就有力地推动着党的建设质量持续提升、推动着全面从严治党向纵深推进，更加有力地保持了党的先进性和纯洁性，进一步增强了党的创造力凝聚力战斗力。

保障法治

韩非子曰："国无常强，无常弱。奉法者强则国强，奉法者弱则国弱。"全面依法治国作为"四个全面"战略布局内容之一，是国家治理的一场深刻革命，是坚持和发展中国特色社会主义的本质要求和重要保障。党的十八届四中全会强调，依法执政既要求党依据宪法法律治国理政，也要求党依据党内法规管党治党，将"形成完善的党内法规体系”确定为建设中国特色社会主义法治体系的重要组成部分，并要求注重党内法规同国家法律的衔接和协调。党的十九大进一步强调，要坚持依法治国和依规治党有机统一。法治的实质是奉行体现民意的规则之治，党内法规体现的是党的统一意志，而党的意志与人民意志是一致的，因此，实行党规之治就是在坚持法治。不仅如此，党内法规具有规范党的领导的功能，法治建设要始终在党的领导下进行，这就使党规之治对法治建设的影响十分深刻。就此而言，加强国家法治建设必须加强党内法规制度建设，这不仅在于党规之治分担了重要法治化任务，更在于党规之治为法治建设提供了根本政治保证。对此，邓小平同志深刻指出：“没有党规党法，国法就很难保障。”习近平总书记也指出：“依规治党深入党心，依法治国才能深入民心。”

一、法学视野中的党内法规

党内法规显然不是国家法。这个问题无须多议。不过，党内法规是法吗？这却是一个需要研究的问题。

顾名思义，党内法规是一种“法规”。在法学语境中，“法规”有着确定涵义。通常而言，人们在使用“法律法规”表述时，其中的“法规”指代的是《立法法》规定的两类法律规范：一类是行政法规，它是由国务院根据宪法和法律制定的；另一类是地方性法规，它是由省、自治区、直辖市以及设区的市的人大及其常委会制定的。显然，党内法规是特定的党的组织制定的，不是由国家立法机关制定的，它不属于“法律法规”意义上的法规。鉴于此，有学者建议，为避免出现此法规非彼法规的概念歧义，可以采用“党内规章”概念来代替“党内法规”。可是，这种称谓变化其实于事无补，因为“规章”在法学语境中也是一个有着确切涵义的概念，特指国务院组成部门和直属机构制定的部门规章，省、自治区、直辖市人民政府以及设区的市的政府制定的地方政府规章。为此，又有学者建议为了避免使用国家法上的概念来称呼党内规章制度，可以采用“党纪”等称谓来代替党内法规。这显然不妥，因为党内法规的内容不限于党纪，除党纪外，党内法规还对党的组织工作活动和党员行为提出许多其他的实体与程序方面要求；而党纪也并非皆由党内法规规定，一些规范性文件中也散见党纪要求，党内法规与党纪这两个概念是部分重叠的。

要解决党内规章制度可以使用什么称谓的问题，关键是要回答党内法规是否属于法，而这又直接涉及我们应当如何定义“法”的概念。

法是什么？

最近几十年，中国法理学教科书给出的答案大同小异，认为“法是国家意志的体现，是由国家制定或认可，并依靠国家强制力保证实施的社会规范”。这个将法与国家紧紧捆绑在一起的法定义，翻版于苏联法学，对当下中国法学界的影响可谓根深蒂固。这种定义法的方式，其源头至少可以溯至英国法学家奥斯丁的分析法学。为了阐明一种“有关实际存在的由人制定的法的科学”的法理学范围，19 世纪下半叶，奥斯丁在其《法理学的范围》一书中主张：“每一条法律或规则（就能恰当地给予这一术语最为广泛的涵义而言），是一个命令，或者，恰当指称的法律或规则，是一种命令。”根据奥斯丁的理论，任何一种实在法都是由特定的主权者对其统治下的某个人或某些人制定的，实在法最为本质的特征乃是它的强制性、命令性，法律被当作一种主权者的命令，它包含了“义务”与“制裁”两项基本要素。一旦人们接受了这样一种关于法的定义，那么对于成文法而言，有资格被称为“法”的，只能是国家立法意义上的法律、法规和规章——严格说来，只能是国家立法当中的那些具有命令/服从行为模式、能够运用国家强制力保证实施的法律规范，亦即人们所谓的“硬法”。

不言而喻，对照这种法的定义，党内法规就不属于法的范畴，因为其所体现的意志是党的意志而非国家意志，它是由党的组织制定而非国家制定，它的实施依靠的是党的组织的力量而非国家强制力。

应当说，这种狭隘的关于法的定义，与以国家为单中心、以单向度的国家强制为主导性管理方式的国家管理模式是契合的。但是，此与公共治理模式格格不入，因为治理强调尊重人的主体性和主体间性，包容利益主体多元、利益诉求多样、治理规则多极，推崇开放、宽容、参与、互动、扁平化，与治理模式相匹配的不是单一的硬法，而是“一元多样混合法”，即整个治理规则体系以宪法为一元，包括硬法与软法两类基本规范，涵盖国家机关和政治、经济、文化、社会等其他组织各自制定的性质各异、形式多样的规章制度，回应法治国家、法治政府、法治社会一体建设提出的多样化制度需求。就此而言，面对国家管理模式的式微和公共治理模式的崛起，狭隘的硬法之治捉襟见肘，经典的法定义已成明日黄花。法学研究和法律实践都需要与时俱进，不宜抱残守缺。当下，最为迫切的是去反思和修正法的传统定义，为形成一套适应公共治理模式的法治规范体系扫除前提性障碍。

当下，中国正在经历从国家管理模式转向公共治理模式的伟大变革，党的十八届三中全会、十九届四中全会已经作出明确部署。加强法治建设，无疑要加强国家法的制定、执行、遵守和适用，同时还要发挥党内法规、政策规范以及各类社会规范的积极作用——对此，党的十八届四中全会提出明确要求：要“加强党内法规制度建设”，“完善党委依法决策机制，发挥政策和法律的各自优势，促进党的政策和国家法律互联互动”，“深入开展多层次多形式法治创建活动，深化基层组织和部门、行业依法治理，支持各类社会主体自我约束、自我管理。发挥市民公约、乡规民约、行业规章、团体章程等社会规范在社会治理中的积极作用”。

在全面深化改革、推进国家治理体系和治理能力现代化，全面推进法治中国建设、建设社会主义法治国家的时代背景下，越来越多的中国法学家已经开始自觉反思传统的法定义，并提出了一些契合公共治理模式的对法定义进行修正的理论主张。

针对传统法定义“体现国家意志、由国家制定或认可、依靠国家强制力保证实施”3个方面，将其修正为“法是体现公共意志的、由国家制定或认可、依靠公共强制或自律机制保证实施的规范体系”。经过这种修正，就法所体现的公意而言，从国家意志拓展为公共意志，包括政治组织和社会共同体的意志；就法的形成而言，将国家认可由直接认可和明示拓展至间接认可和默示；就法的实施方式而言，将依靠国家强制力保证实施修正为依靠公共强制力（包括国家强制力与社会强制力）保证实施与自愿服从两种类型。

从这个定义出发去考察整个法规范体系，就会发现各类法规范因其法律目的的公共性高低不等而具有强弱不等的刚性程度。按照“能否运用国家强制力保证实施”这个形式标准，我们可以将所有法规范一分为二：一类是硬法规范，指的是能够依靠国家强制力保证实施的法规范，它们存在于国家法之中；另一类是软法规范，指的是不能运用国家强制力保证实施的法规范（内涵），它们由部分国家法规范、国家政策以及全部政治、经济、文化、社会组织等创制法规范共同构成（外延）。进言之，软法又可分为 4 类：一是国家法中的非强制性规范，即法律、法规和规章中的那些旨在描述法律事实或者具有宣示性、号召性、鼓励性、促进性、协商性、指导性的法规范；二是国家政策性规范，它们表现为各级国家机关制定的纲要、指南、标准、规划、裁量基准、办法等规范性文件；三是政治性规范，即政党、群团组织等政治组织创制的旨在规范执政、参政、议政等政治活动以及群团工作等方面的规范；四是自我规制规范，即各种经济组织、文化组织、社会组织以及基层群众性自治组织等制定的自我管理类规范。

参照这个关于法的新定义，我们党作为一种政治组织，其所制定的党内法规属于软法。

当然，较之其他政治组织以及经济社会组织创制的软法规范，党内法规这类软法具有更强的规范属性和功能。我们党是执政党，发挥总揽全局、协调各方的领导核心作用，党领导法治建设，领导人民制定和实施宪法法律，党的主张经过法定程序可以转化为国家意志、转化为法律法规。在这个意义上，党内法规虽然因其不得使用国家强制力来保证实施而被归入软法范畴，但对于党的组织和党员以及党的领导对象而言一点都不“软”，不是可遵守可不遵守的选择性规范，而是必须一体遵循、不得例外的硬要求，是不容违反、不得突破的刚性约束，属于“坚硬的软法”。特别是党规对国法的影响至深至远、举足轻重，其他软法规范显然无法与其“硬度”相提并论。

党的十八届四中全会明确指出，“党内法规既是管党治党的重要依据，也是建设社会主义法治国家的有力保障”。这一重大理论创新，回答了党内法规是否属于法的问题。党内法规也是法，党内法规作为社会主义法治规范的一种重要形态，是中国特色社会主义法治体系的重要组成部分。将党内法规当作一种法规范，将党内法规制度建设确定为法治建设的重要内容，这是坚持党对法治建设的领导、坚持走中国特色社会主义法治道路、建设中国特色社会主义法治体系的必然要求。

将党内法规纳入法的范畴，有利于提升党内法规制度的法治品质，有利于党规和国法的相辅相成、相互促进、相互保障，有利于实现依法治国和依规治党的有机统一。社会主义法治原则和法治精神适用于法的所有形态，不限于国法，更不限于硬法，一旦我们将党内法规纳入软法范畴、进而纳入社会主义法治体系当中，那就意味着党规之治应当接受法治精神的支配和政治原则的规制，不可游离于法治化之外，意味着党内法规制度建设必须遵循法治基本规律，运用政治思维和法治逻辑去理性界定党内法规的调整对象、确定其调整方式、定位其规范功能。亦即，既然党内法规也是法，那么与之俱来的不只是一种制度上的地位、身份与荣耀，更是法治上的责任、担当与使命。

二、法治体系中的党规与国法

长期以来，如何正确认识党规与国法关系，是一个让人纠结的重大理论和实践问题。在理论研究和实际工作中存在两种片面倾向：一种是模糊二者边界、将其混为一谈，认为既然党规和国法都是在党的领导下制定的，那就不必分得太清楚，也难以分得很清楚。这种倾向容易造成以党规代替国法或者以国法代替党规，而党规国法不分的直接结果就是导致党政关系偏离党中央确立的方向和轨道。另一种是将二者割裂开来、对立起来，认为依法执政和依法治国只要有国法即可，不必再有党内法规，制定和实施党规会损害国法的权威性和统一性。

党规与国法作为中国特色社会主义法治体系的两个相对独立的组

成部分，角色不同、功能互补，分工不分家。国法体现的是国家意志、由国家制定或者认可、依靠国家力量保证实施，党内法规体现的是党的统一意志、由特定的党的组织制定、依靠党的纪律等保证实施。党内法规侧重规范党的工作活动、调整党务关系，不去直接设定国家政权机关的产生和运行制度，不能作出减损公民权益或者增加公民义务的规定；国法侧重规范经济社会发展活动、调整社会关系，不能直接设定党的组织产生和运行制度，不能规定党员义务权利、党的组织职权职责。在国法止步、不宜进入的管党治党领域，党规发挥主导性作用；对国法调整的社会领域，党规不能越界、不可越俎代庖。由于党规与国法二者属性不同、运行机理不同，二者相辅相成、各司其职，通常不会发生“同事不同制”的规范冲突问题。

第一，党内法规应当成为中国特色社会主义法治体系的重要组成部分。

厉行法治、建设法治国家，当然离不开国法，在这一点上，我们与西方没什么不同；形成和完善中国特色社会主义法律体系，建设社会主义法治国家，在这一点上，我们不同于西方国家；坚持党的领导，走中国特色社会主义法治道路，建设包含党内法规在内的中国特色社会主义法治体系，这是我国法治建设的一个重要特色，明显区别于西方法治。将党内法规确定为中国特色社会主义法治体系的重要组成部分，这是与党的领导地位、社会主义法治属性和中国基本国情相符合的。具体而言，主要体现在以下几个方面：

其一，这是由党领导法治建设的地位决定的。党的领导是中国特色社会主义最本质的特征，是社会主义法治最根本的保证，把党的领导贯彻到依法治国全过程和各方面，是我国社会主义法治建设的一条基本经验。党是法治建设的领导主体，党领导法治建设活动本身必须有规可依、有规必依。不依靠党内法规来加强和规范党的领导活动，就难以实现党领导法治活动的制度化规范化程序化，就难以保证我国的法治建设始终沿着正确方向和轨道前行。

其二，这是由法治的重点是治官治权决定的。厉行法治，当然也要治事治民，但重点是治官治权，因为为官掌权者容易以言代法、以权压法、徇私枉法，不作为、乱作为，这向来是法治的大敌。我们党是执政党，坚持党管干部的方针，为官掌权者绝大多数是党员干部，这就要求制定完善的党内法规并严格执行，规范选人用人权，把党员干部的权力关进党内法规制度的笼子里，用制度管权管事管人，依靠严明的党规党纪形成刚性约束。在治官治权这一点上，党规发挥着国法不可替代的重要约束和规范作用。

其三，这是由党内法规是党依法执政的重要依据决定的。我们党是执政党，长期执政，党发挥总揽全局、协调各方的领导核心作用。党执政治国、执政兴国，既要依据宪法法律，又要依据党内法规。诸如规定党的领导体制和执政方式，规范党的组织领导决策行为，规范党管干部、党管人才、党管意识形态等工作，规定党组的设立和运行，等等，这些方面的规定都主要出自党内法规，它们直接规范着党的领导和执政活动，是党依法执政的重要依据。

其四，这是由党规党纪在维护法律权威方面发挥保障作用决定的。较之国法对公民提出的守法要求，党规对党员提出了更多更高更严的政治、思想、组织、作风和纪律要求。党章将"模范遵守国家的法律法规"规定为每一个党员必须遵守的一项义务，这就要求党员不只是要做到守法，更是要模范守法，带头维护法律权威。通过全体党员的示范带头作用，能够在全社会推动形成尊法学法守法用法的良好法治氛围。

其五，这是由党规和国法的统一性决定的。从政治逻辑来看，党的意志与人民意愿、国家意志是统一的，这就决定党规与国法在根本上是统一的。从法治逻辑来看，党规和国法的调整对象和调整方式不同，二者是分工互补、相辅相成的。党规与国法的统一性，使二者能够共生兼容，成为中国特色社会主义法治体系的两个相对独立、相互促进的组成部分。

第二，党规与国法二者差异明显、不能混为一谈。

在调整范围上，党规小于国法。党规的调整领域限于党的领导和党的建设活动，所涉事项须与党有关，其所直接规范的是党的组织工作活动和党员行为，调整的是管党治党、执政治国活动形成的党务关系；而国法的调整领域涵盖整个国家主权范围，规范的是个人、组织结成的各类社会关系。

在规范数量上，党规少于国法。国法调整的社会关系比党规规范的党务关系要宽泛复杂得多，包罗万象、千头万绪、变化万千，中国特色社会主义法律体系比党内法规体系更加宏大、更为庞杂，党规数量远不及国法。

在规定要求上，党规严于国法。在国法对公民提出的规范性要求基础上，党规对党员进行二次调整，对其提出较之于普通群众更多更高更严的纪律要求，从而在制度上将全面从严治党、保持党的先进性和纯洁性落到实处。

在逻辑顺序上，党规先于国法。党的成立先于新中国成立，党章出台先于《宪法》制定，党领导立法意味着先有党的主张而后才有法律规定，应当先要制定党规去规范党的主张的形成和表达，然后才在党的领导下制定国法。

在规范效力上，党规避让国法。党章规定，党必须在宪法和法律范围内活动。同一层级的党规不得突破国法规定，党规不可对法律保留事项作出规定，如果出现党规对党员的公民身份权益作出的规定与国法相关规定不一致的情况，则应当优先适用国法。

在相互关系上，党规保障国法。办好中国的事、关键在党，伟大工程在“四个伟大”中发挥决定性作用，党的领导是法治建设最根本的保证，“没有党规党法，国法就很难保障”。

第三，党规与国法都要尊崇宪法、贯彻维护社会主义法制统一原则。

宪法是党和人民意志的集中体现，是通过科学民主程序形成的国家根本法，是治国安邦的总章程。坚持依法治国首先要坚持依宪治国，坚持依法执政首先要坚持依宪执政。全国各族人民、一切国家机关和武装力量、各政党和各社会团体、各企业事业单位组织，都必须以宪法为根本的活动准则，并且负有维护宪法尊严、保证宪法实施的职责。厉行法治必须坚决维护宪法权威，不仅制定国法应当以宪法为根本依据，而且加强党内法规制度建设也要奉行“宪法为上”原则。

《中央党内法规制定工作五年规划纲要（2013—2017年）》明确要求，制定党内法规应当坚持“宪法为上”，“以宪法为遵循，保证党内法规体现宪法和法律的精神和要求，保证党内法规制度体系与中国特色社会主义法律体系内在统一，确保各级党组织和党员在宪法和法律范围内活动”。

因此，党规与国法都要坚守不得违宪的底线。宪法具有最高法律效力，其他国家立法都不得违宪，违宪者无效。同样，制定党内法规也不得违反宪法规定和宪法精神，包括不得违反宪法确定的国体和政体，根本政治制度、基本政治制度、基本经济制度，国家管理体制、国家机关领导体制、国家机关职权职责，公民基本权利和基本义务等。此外，制定党内法规也不得违反宪法相关法，特别是不得违反《立法法》规定，不可对国家主权，国家政权机关的产生、组织和职权，犯罪和刑罚，对公民政治权利的剥夺、限制人身自由的强制措施和处罚，非国有财产的征收、征用，诉讼和仲裁制度等事项作出创设性规定，因为这些事项属于“法律保留”范围。

维护社会主义法制统一，这是宪法确立的基本原则。建设中国特色社会主义法治体系，不仅要求国法之间协调一致，不能存在法律冲突，而且要求党规注重同国法协调衔接，避免造成制度冲突。为此，一方面，在党的建设活动领域，党规不得同国法相冲突。党的政治建设、思想建设、组织建设、作风建设、纪律建设等，属于党的自身建设活动，国法对此不能作出规定。既然国法上并不存在这方面的规定，那就不能强求党规与其保持一致了。但是，这并不意味着党规的规定就没有边界，党规应当自我克制，避免突破国法底线，越界作出与国法相冲突的规定。比如，不能对党的组织和党员提出执行违法命令的所谓纪律要求，干部人事安排不能违反《公务员法》规定，党的纪律处分不能直接损害党员作为公民所享有的法定人身权、财产权和政治权利等。另一方面，在党的领导和执政活动领域，党规要注重同国法做好衔接联动。在党依法执政过程中，党规与国法二者在规范功能上各有侧重，党规侧重于规范党的组织与国家政权机关的领导和被领导关系以及不同党的组织之间的关系，国法侧重于规范国家政权机关之间的关系以及国家政权机关与个人、组织的关系。其中，国家政权机关作为党规与国法二者共同的调整对象，要善于把接受党的领导和依法办事统一起来，贯彻落实党的领导、人民当家作主、依法治国有机统一方针。党规与国法相辅相成、缺一不可，二者要保持衔接联动、形成制度合力，避免出现制度错位、制度重叠、制度空白和制度缝隙等问题。

三、党依法执政既靠国法又靠党规

较之参政、议政，我们党的执政活动指的是党代表人民执掌国家政权，总揽全局、协调各方，领导人大、政府、监委、法院、检察院等国家政权机关以及政协、人民团体等“准政权机关”依法依章程履职尽责，将党的理论和路线方针政策贯彻到党和国家事业发展全过程各方面，实现经济发展、政治清明、文化昌盛、社会公正、生态良好，建设富强民主文明和谐美丽的社会主义现代化强国，实现中华民族伟大复兴的中国梦。

党的组织实施执政活动应当有章可遵、有据可依，实现制度化、规范化、程序化，提高执政活动的科学性和可预期性。宪法确立了党的领导核心地位，在此基础上，党的组织实施具体执政行为的依据到底是什么？对此，理论界和实务界存在两种观点。

一种观点认为党依“法”执政其实应当是依“规”执政。主要理由是，根据宪法和法律规定，国法的实施主体是国家机关，比如立法机关依据《宪法》和《立法法》等开展法律法规的立改废释等立法活动，行政机关依法行政，司法机关依法定分止争作出裁判，目前没有专门的国法规范党执政的主体、行为和法律后果。党的组织很少以自己名义直接实施国法，不是直接依据宪法和法律执政，以免出现党的组织与国家机关共同甚至前者替代后者实施国法的问题。而党内法规是由党的组织制定，并主要是由党的组织负责执行的，它是用来规范党的组织工作活动和党员行为的。党是党内法规制定和实施的适格主体，党的组织直接依据党内法规开展执政活动，因此，党主要是在依“规”执政。显然，这种观点的错误主要在于，把行政机关依法行政的逻辑简单套用在党依法执政上，似是而非地认为党依法执政就是党的组织作为执法主体依据宪法法律直接管理国家和社会事务。

另一种观点认为党依法执政所依之“法”只能是国法，党内法规不能作为党执政的依据。主要理由是“党内”法规的适用范围应当仅限于“党内”，规范调整党的组织间、党员间、党的组织与党员间的关系，主要用于党的政治建设、思想建设、组织建设、作风建设、纪律建设、制度建设等党的自身建设领域，目的在于保持党的先进性和纯洁性。至于党的执政活动，涉及国家权力的配置和运行，涉及经济社会发展，涉及公民权益，关乎这些“党外”事务的党的执政活动应当由国法来规范，不能由“党内”法规来调整。这种观点的错误主要在于，将党内法规的功能狭隘地界定为用于党的自身建设，将党的组织混同于一般的政治甚至经济文化社会组织。我们党是中国特色社会主义事业的领导核心，总揽全局、协调各方，党是领导一切的。作为党的规章制度，党内法规无疑应为党的自身建设提供遵循，但其更重要的功能在于规范党的领导和执政活动。对此，《中国共产党党内法规制定条例》明确规定，党内法规是用来规范党的领导和党的建设活动的。加强党的自身建设、保持党的先进性和纯洁性，最终要服从和服务于党的长期执政能力建设，坚持和加强党的全面领导。

以上两种观点各执一词，都失之片面。党的十八届四中全会提出：“依法执政，既要求党依据宪法法律治国理政，也要求党依据党内法规管党治党。”据此，一则，党依法执政需要解决两个问题：一个是治国理政；另一个是管党治党。我们党作为长期执政的党，作为执政主体，把党管好治好是治国理政的关键所在。二则，党依法执政需要依据两种制度：一个是宪法法律；另一个是党内法规。前者是党治国理政的依据，后者是党管党治党的依据，二者缺一不可。形象地说，党依法执政犹如大鹏展二翅，要同时依靠国法之翼与党规之翼来共同托起党执政之体。

下面，我们以党委实施领导活动为例，来具体展现党是如何既依据国法又依据党规来实施执政活动的。

大致说来，党委实施一项具体领导活动，其过程一般会先后经历党委作出决策部署、党委向国家政权机关表明其主张、国家政权机关党组（党委）将党委决策转化为国家政权机关决策意向、国家政权机关作出决策并付诸实施这4个主要环节。在这一过程中，党委和国家政权机关虽然在不同环节对党规与国法的倚重程度有所不同，但每一环节都既要依据党规又要依据国法，党规与国法相辅相成、同频共振，贯穿于党委领导活动全过程。

第一个环节：在形成党的主张的党委决策环节，党委决策活动同时受国法和党规约束，二者的重要性难分伯仲。

党的领导核心作用，集中体现在谋事和用人两个方面。所谓“谋事”，是指党就改革发展稳定、治党治国治军、内政外交国防等制定路线方针政策、作出决策部署。视所涉之事的政治性强弱，党的组织可作出或微或著、或直接或间接的决策。比如，对经济建设等弱政治性领域实行“领导”，重在制订宏观性战略规划；对反腐倡廉等中政治性领域实行“共管”，纪检监察合署办公，党的组织决策事项扩大至中观层面，制定具体行动方案；对意识形态等强政治性领域实行“党管”，党的组织可在微观上就一些重要的具体事务作出决定。所谓“用人”，是指党管干部、党管人才，加强对干部和人才的宏观管理，确定并向国家机关、政协、人民团体等推荐领导人选。

党委（及其工作部门）在作出决策时，要同时受到国法与党内法规二者的刚性约束。

一方面，党委决策应当在宪法和法律框架内进行，依法决策、保证决策的合法性。党章规定，党必须在宪法和法律的范围内活动，决策活动自不例外。党委决策既不得违反宪法确定的国体和政体、根本政治制度和基本政治制度、国家管理体制、民主集中制的国家机关领导体制、国家权力纵横配置格局、国家机关职权职责、公民基本权利和基本义务等，也不得违反税收法定原则、职权法定原则、罪刑法定原则、司法机关依法独立行使司法权原则等，还不得违反宪法相关法、民法、商法、行政法、经济法、社会法、刑法、诉讼与非诉讼程序法等法律部门中的具体法律规定。当然，这并非意味着所有党委决策都只能循规蹈矩，党委在作出改革决策时会涉及现行法律规定的修改完善，但相关改革举措只有待法律修改后才能付诸实行。

另一方面，党委决策应当遵循党内法规确定的决策体制、机制和方式、标准，依规而为、保证决策的合规性。规范党委决策，既要解决决策主体、权限、事项等实体问题，也要解决决策方式、步骤、期限等程序问题，二者皆要依靠党内法规来明确，既要遵循《中国共产党地方委员会工作条例》等综合性法规，又要遵循党的组织工作、宣传工作、统战工作、政法工作等领域的专门法规，特别是要遵循专门用来规范党委重大决策方面的党内法规。

显然，党委决策只有同时遵循国法和党规，才能做到既合法又合规，二者缺一不可。其中，国法侧重于提出决策不得突破的底线要求，通过反向的“不得为”规定限定了决策边界，而党规侧重于从正向上解决决策“怎么办”问题，将决策活动纳入制度化轨道。

第二个环节：在表明党的主张的指示环节，党委要求国家政权机关贯彻落实其决策部署所依之据，以党规为主、国法为辅。

党是执政主体，有权就重大政务作出决策，但党委毕竟不是国家和社会事务的法定管理主体，不宜代替国家政权机关冲在管理一线，应当通过适当方式将党的意图告知国家政权机关，并要求其通过依法履职方式去贯彻落实党的意图。

党委（及其工作部门）表明党的意图的方式主要有两种：一种是党委主动提出意见或建议。比如，中共中央向全国人大提出修改《宪法》的建议，向国务院提出编制国民经济和社会发展五年规划纲要的建议，等等。党委一般采用制定文件并印发给相关国家政权机关等形式，传达党的治国理政意图，并要求其贯彻落实。视告知事项是否适合公开、所涉国家政权机关多寡等情形，分别采用“专发”“群发”“公开发布”等多种发文方式。另一种是党委采用对国家政权机关的党的组织请示报告给予答复、批复等方式表明党的意图。比如，针对全国人大常委会党组就重大立法事项的请示报告，中共中央作出决定、予以答复。党委主要向两类主体传达意图、提出贯彻落实要求：一类是国家政权机关，比如省区市党委向同级人大常委会提出地方性法规立改废释建议；另一类是国家政权机关党的组织，比如省区市党委审批决定人大常委会党组关于召开常委会的时间和议题的请示。

对于党委而言，在将党的主张向有关国家政权机关表明并提出贯彻落实要求时，当然应当遵循宪法和法律上有关实体和程序规定。比如，表明主张的时间应当在国家政权机关履行法定程序之前，只能向适格的、享有相关职权的国家政权机关表达意图并提出要求。不过，对谁来传达、向谁传达、传达什么、如何传达等具体活动进行规范的，主要依据的是党规而不是国法。对于相关国家政权机关而言，当然应当遵守宪法和法律规定，对党委依据宪法和法律作出的各种决策部署必须认真贯彻落实；但关于哪些事项应当向党委请示报告、采取什么方式请示报告以及如何响应党的号召、配合党委行动、贯彻落实党委意图等事宜，其所依据的主要是党规而不是国法。

在党委向国家政权机关表明主张、提出贯彻落实要求过程中，党规居于主导地位，这是由相关指示内容属于党委意图、指示主体是党的组织、指示对象是党委领导下的国家政权机关、指示行为属于党的工作活动、指示方式是通过党委制发文件等所决定的。党规以规范党的组织工作活动为己任，党委如何向国家政权机关表明意图并要求其贯彻落实，这是党的组织工作活动的重要内容，将其交由党规来规范是理所当然的。换个角度看，宪法确立了党的领导地位，党委据此有权领导同级国家政权机关，要求其贯彻落实党的理论路线方针政策和党委决策部署。显而易见，以上定下，由处于领导地位的党来制定党规，针对身为领导对象的国家政权机关提要求、作规定，这合宪合法合逻辑；反之，如果以下定上，由身为领导对象的国家政权机关来立法规定党应当如何去领导它，就既不合法也不合理。

逻辑上是这个道理，事实上也是如此。综观现行国法规定，其中涉党的条款屈指可数，它们主要是用来宣示加强和改善党的领导，通常不对党的领导事宜作出具体规范。这方面的规定主要见之于党规。以党领导立法工作为例，虽然《立法法》明确规定立法活动应当坚持中国共产党的领导，但有关党领导立法的主体、事项、程序以及立法机关应当如何落实等方面的规定，《立法法》却并未作出制度安排，实践中主要遵循的是党中央制定出台的有关加强对国家立法领导的制度。同样，党委组织部门向国家机关传达党委确定的领导人选意见、宣传部门向新闻主管部门传达党委决策意见、政法委向政法机关传达党委司法改革意见等，并要求这些国家政权机关贯彻落实党委意图，主要依据的是《党政领导干部选拔任用工作条例》《中国共产党宣传工作条例》《中国共产党政法工作条例》等党内法规，相关领域的国法并未对这些内容作出具体规定。

第三个环节：在推动党委决策转化为国家政权机关决策意向环节，国家政权机关党组（党委）活动主要受党规约束，国法发挥次要作用。

收到党委指示后，国家政权机关不得对党委决策部署置之不理，不得违反政治纪律和政治规矩，作变通、搞选择、打折扣，不得上有政策、下有对策，不得阳奉阴违，否则皆属不讲政治、不坚持党的领导。同时，也不能只当“二传手”，直接依据党委文件实施国家和社会管理，直接依据党委文件作出增减公民、法人和非法人组织权益的决定，否则皆属违反法治原则、不符合依法治国精神。适当的做法是，国家政权机关党组（党委）发挥领导作用，推动党委决策转化为国家政权机关决策意向。这种转化过程比较复杂，要保证党组（党委）和国家政权机关各司其职，保证党组（党委）发挥领导作月与支持国家政权机关依法独立行使职权的统一，保证党与政以及政与政、政与社、政与企、政与市等关系的协调一致，保证转化不梗阻、不夹生、不缩水、不变味，就需要以党规为主、国法为辅来规范。

在这个转化过程中，主要涉及的是党组（党委）领导国家政权机关的党政关系，要解决的核心问题是党组（党委）如何依据党章、《中国共产党党组工作条例》、《中国共产党地方委员会工作条例》等相关党内法规制度发挥领导作用，将党委决定顺利转化为国家政权机关决策意向。

党章针对党组的设立及其职权职责问题作出根本规定。依据党章，《中国共产党党组工作条例》对党组的设置、职权职责、议事决策、自身建设、监督保障等作出具体规定。党委设在人大机关、行政机关、政协机关、审判机关、检察机关等机关的党组（党委），既是联结上下的纽带，将上级党的组织决策部署贯彻到下级党的组织中去，把下级党的组织的意见建议反映给上级党的组织；又是联结内外的桥梁，推动党的领导意图体现在国家政权机关决定中，同时把国家政权机关的意见建议带回党内。

根据党章及《中国共产党党组工作条例》，国家政权机关党组（党委）在收到同级或者上级党委指示后，要通过召开党组（党委）会议等方式，精心组织、周密安排如何在本机关（本系统）工作中贯彻党委决策部署，并按照民主集中制原则集体讨论作出党组（党委）决定，形成国家政权机关决策意向。之所以能够做到这一点，关键在于党组成员（党委委员）通常是本单位行政负责人，他们具有双重身份：作为党员，个人必须服从组织特别是上级党的组织决定；作为行政负责人，他们有权代表国家政权机关作出相关决定。

针对其所要贯彻落实的党委决定内容的不同，党组（党委）推动形成的国家政权机关的决策意向或详或略，采用的方式可抽象可具体。至于反映意向的载体，主要是党组（党委）文件、会议纪要等。

不难看出，将党委决定转化为国家政权机关决策意向的过程，其实是一个需要党的领导制度发挥作用的过程，由于规范党与政之间的领导与被领导关系属于党规调整领域，在这一转化过程中，起主导性规范作用的是党规而不是国法。具体而言，党组（党委）就是依靠《中国共产党党组工作条例》《中国共产党地方委员会工作条例》《中国共产党宣传工作条例》《中国共产党统一战线工作条例》《中国共产党政法工作条例》《中国共产党重大事项请示报告条例》等相关党内法规保证其发挥领导作用，来调整其与所在国家政权机关之间的领导与被领导关系。当然，与此同时，党组（党委）也不得突破有关国家政权机关职权划分、权力运行等方面的国法规定，避免在形成国家政权机关决策意向时出现越位、缺位、错位问题。相对于党规而言，国法在这个转化过程中发挥次要作用。

第四个环节：在国家政权机关根据党组（党委）确定的决策意向作出正式决策并付诸实施环节，其履职尽责活动主要受制于国法，党规发挥辅助作用。

对于将党的主张完全转化为国家意志而言，在党组（党委）的领导下将党委决策转化为国家政权机关的决策意向，这还只是一个半成品，接下来还要通过法定程序，由国家政权机关基于党组（党委）意向依法作出决策，形成合法有效的国家政权机关决定，管理公共事务。如果该决定属于制定法律、政策等抽象行为，还得再将其交由相应的国家政权机关依法实施。

根据党章规定，党是中国特色社会主义事业的领导核心，必须统筹推进“五位一体”总体布局和协调推进“四个全面”战略布局。党章规定的党所领导的这些国家和社会事务，在《宪法》上明确了由相应的国家政权机关来具体负责。《宪法》第3章专门规定了国家机构问题。其中，人大作为权力机关，享有立法权、选举权、监督权和决定权；行政机关作为权力机关的执行机关，履行经济调节、市场监管、社会管理、公共服务等职责；监察机关依法独立行使监察权，办理职务违法和职务犯罪案件；人民法院作为审判机关，依法独立行使审判权，审理案件、定分止争；人民检察院作为法律监督机关，依法独立行使检察权，监督法律的实施；中央军事委员会负责领导全国武装力量。

同时，党章明确要求，建设中国特色社会主义法治体系，建设社会主义法治国家。《宪法》规定，中华人民共和国实行依法治国，建设社会主义法治国家；一切国家机关和武装力量、各政党和各社会团体、各企业事业组织，都必须遵守宪法和法律。据此，党所领导的国家和社会事务，不仅要由各类国家政权机关来具体承担，而且所有国家政权机关都应当依法而为。把法治确定为治国理政的基本方式，把依法治国确定为治国基本方略，这就将所有国家政权机关的履职尽责活动纳入法治化轨道，转化为或制定法律或实施法律的法治实践活动。如此一来，国家政权机关对党组（党委）意向的体现方式就外化为以自己的名义依法履职尽责。

概言之，国家政权机关履职尽责所依之法，就是中国特色社会主义法律体系，它是以宪法为统帅，以法律为主干，以行政法规、地方性法规为重要组成部分，由宪法相关法、民法商法、行政法、经济法、社会法、刑法、诉讼与非诉讼程序法等多个法律部门组成的有机统一整体。具体而言，各类国家政权机关应依据相应的法律法规各司其职、各负其责，将党的主张转化为国家意志、将党委决定转化为国家政权机关决定。比如，人大及其常委会对党的组织推荐的国家政权机关的领导人员人选，要依据《宪法》《全国人民代表大会组织法》《地方各级人民代表大会和地方各级人民政府组织法》等选举产生；对党提出的有关法律立改废释的主张，要依据《宪法》《立法法》等确定的法定程序将其转化为国家意志。行政机关对党委所作经济社会发展决策部署的贯彻落实，要依据《宪法》《立法法》《行政法规制定程序条例》《规章制定程序条例》等制定行政法规、规章和其他规范性文件；要依据外交、军事、国防、公安、交通安全、国家安全、海关、民政、司法行政、人事管理、民族宗教、教科文卫、城市建设、环保等各类部门行政法，以及《行政许可法》《行政处罚法》《行政强制法》《行政复议法》等行政基本法作出行政决定。司法机关对党的司法政策的贯彻落实，要依据《人民法院组织法》《人民检察院组织法》《法官法》《检察官法》等组织法，《行政诉讼法》《刑事诉讼法》《民事诉讼法》等诉讼程序法，以及刑法、行政法、民商法、经济法等其他法律依据，作出司法裁判。

不言而喻，国家政权机关行使国家权力、管理国家和社会事务、作出具有法律效力的决定，无论它是指向其他国家政权机关的内部公务行为，比如人大选举产生“一府一委两院”、编制管理机构编制“三定”规定、财政部门编制预算草案和执行预算等，还是指向公民、法人和非法人组织的外部公务行为，比如行政机关作出行政许可决定、行政处罚决定、行政强制决定等，其依据都只能是国法而非党规。亦即，按照依法治国要求，人大、政府、监委、法院、检察院只能依法立法、依法行政、依法监察、依法司法，在将党的组织意向转化为立法、行政、监察、司法决定过程中，国法无疑居于主导地位，判断其行为合法与否、是否可接受的标准就是是否合乎宪法和法律规定。

之所以说在国家政权机关将其党组（党委）意向转化为具有法律效力的决定过程中，国法居于主导地位而非唯一依据，是因为党规事实上也发挥着不可或缺的辅助性作用。党的十八届四中全会指出："把党的领导贯彻到依法治国全过程和各方面，是我国社会主义法治建设的一条基本经验。"党领导立法工作、党领导依法行政工作、党领导政法工作，这些都需要党规来对党的领导活动加以规范。要保证党的主张转化为国家意志，关键在于党管干部、管住国家政权机关工作人员。人大代表中的党员代表，人大常委会组成人员中的党员委员，行政机关负责人中的党员领导干部，行政机关公务员中的党员干部，法院中的党员法官，检察院中的党员检察官等，他们属于执政骨干队伍的主体部分，具有国家工作人员与党员的双重身份，前一个身份要求其必须依法用权、依法办事，后一个身份要求其必须遵循党规要求、遵守党的政治纪律和组织纪律、接受各种形式的党内监督，在依法执行公务过程中要自觉贯彻执行党的理论和路线方针政策，不得实施与党的组织的意图特别是党中央决策部署相左的行为，否则要受到党纪处分。

比如，《党政领导干部选拔任用工作条例》规定：党委向人民代表大会或者人大常委会推荐需要由人民代表大会或者人大常委会选举、任命、决定任命的领导干部人选，应当事先向人民代表大会临时党组织或者人大常委会党组和人大常委会组成人员中的党员介绍党委推荐意见。人民代表大会临时党组织、人大常委会党组和人大常委会组成人员以及人大代表中的党员，应当认真贯彻党委推荐意见，带头依法办事，正确履行职责。

由此可见，在国家政权机关基于党组（党委）意向作出相关具有法律效力的决定的过程中，党规通过对党员干部行为选择的规范和约束，为国家政权机关作出的决定符合党组（党委）意向提供了坚强有力的党内制度保证。

综上所述，在党委作出决策部署、党委向国家政权机关表明其领导主张、国家政权机关党组（党委）将党委决策转化为国家政权机关决策意向、国家政权机关作出决策并付诸实施等 4 个环节，既不是单纯依靠国法，也不是单纯依靠党规，而是要依靠党规与国法联袂规范、携手调整，二者相辅相成、缺一不可，犹如车之双轮、鸟之两翼。

在党依法执政、实施领导过程中，党规与国法二者关系呈现以下特点：

一则，党规与国法分工明确、各有侧重。党规侧重于规范党的组织的工作活动和党员行为，调整的是党务关系，特别是党员领导干部与党的组织之间、国家政权机关党组（党委）与同级党委之间、下级党的组织与上级党的组织之间形成的党内关系，以及作为领导主体的党的组织与作为领导对象的国家政权机关之间形成的党的领导关系。国法侧重于规范个人和组织的社会行为，调整的是国家政权机关之间，以及国家政权机关与公民、法人和非法人组织之间形成的公务关系等。

二则，党规与国法或主或辅、交替主导。有的环节以党规为主、国法为辅，有的环节以国法为主、党规为辅，有的环节党规与国法难分主次。有的环节党规发挥正面导向作用，国法则提供底线上的约束；有的环节国法发挥显性规范作用，党规则提供隐性制度保障。

三则，党规与国法紧密衔接、相互促进。从坚持党要管党、全面从严治党角度而言，在党的执政活动中不宜由国法规范的方面，党规开始发挥主导性规范作用；从依法治国、治国理政角度而言，在党的执政活动中不宜由党规规范的方面，国法开始发挥主导性规范作用，二者相互补充、无缝衔接、接力调整，保证了党依法执政全过程、各方面都有规可依、有章可循。同时，党依法执政的重要基础是领导国家法治建设，而党对法治工作的领导活动则直接受制于党规规范，党的组织制定党规的活动，又必须符合党应当在宪法和法律范围内活动的要求，这就使党规与国法相互渗透、水乳交融，二者的辩证统一性主要归结于党的主张和国家意志的统一性，它是执政党发挥总揽全局、协调各方领导核心作用的必然结果。

四、注重党内法规同国家法律的衔接和协调

党的十八届四中全会明确将“形成完善的党内法规体系”确定为中国特色社会主义法治体系的重要组成部分，这充分彰显了我们的法治建设有别于西方的鲜明中国特色。同时，这也带来了法治中国建设必须解决好的一个重大政治、理论和实践问题，即如何实现党规与国法的相辅相成、相互促进、相互保障，将二者统一于中国特色社会主义法治建设。对此，党的十八届四中全会明确提出，要“注重党内法规同国家法律的衔接和协调”。

把党中央的这一基本要求学习领会好、贯彻落实好，需要研究回答以下 3 个问题。

第一个问题：如何准确把握“注重党内法规同国家法律的衔接和协调”的涵义？

党中央的要求很明确，即党内法规注重同国家法律搞好衔接和协调，不能反过来说，要求国家法律搞好同党内法规的衔接和协调。之所以如此，是因为党内法规是在国家法律对社会关系作第一次调整之后，又对党务关系作出的二次调整，国家法律对公民、法人和非法人组织提出的是“共性”要求，而党内法规对党的组织和党员提出的是更高标准、更严“个性”要求。准确理解党中央提出的这一要求，要抓住“党内法规”“国家法律”“衔接和协调”这 3 个关键词，解决好党内法规同国家法律的对接问题。

其一，党中央强调的是“党内法规”而不是“党的规范性文件”要注重同国家法律的衔接和协调。

这看起来似乎不是一个问题，但实践中却容易“被问题”，有不少关于党内法规和国家法律关系的误解即是由此而生。就文本而言，与党内法规经常相提并论且容易混淆的是党的规范性文件，比如党代会决议，全会决定，党中央制发的意见、建议、通知等，都是党的规范性文件而非党内法规。有人对党内法规和党的规范性文件这两个概念分得不太清楚，甚至将它们混为一谈。比如，党的十八届四中全会通过的《中共中央关于全面推进依法治国若干重大问题的决定》

是党内法规吗？显然不是。实践中，人们容易将党内法规同国家法律的关系，与党的规范性文件同国家法律的关系混为一谈，这明显不妥。这实际上把“党的政策同国家法律的关系”这个问题，与“党内法规同国家法律的关系”这个问题混为一谈。可是，对待这两个问题的要求是截然不同的。

党的规范性文件，特别是党为领导经济社会发展、部署推动相关工作而制定的规范性文件，反映的是党的领导主张，它们属于“政策性规范”，其中就包括党领导立法、有权提出国家法律立改废释意见建议的内容，比如党的十八届三中全会、五中全会提出实行“单独两孩”“全面两孩”政策。我们不能似是而非地认为中央文件的相关要求直接改变了国家法律规定，因为党提出的这些政策主张，无论是使用柔性的“意见”“建议”名称，还是使用刚性的“决定”名称，它们都只是代表在党内定下来的事，并不具有直接付诸社会实施的法律效力，它还要由相关国家机关通过法定程序最终转化为国家法律规定并付诸实施。比如，党的十八届三中、五中全会提出了“单独两孩”“全面两孩”政策主张，对于党中央提出的这一政策主张，虽然所有与之有关的国家机关的党的组织都必须无条件贯彻落实，但不能简单地认为它们是齐步走、同步贯彻落实的，这个实施过程是一场相关党政机关各即各位、各司其职、有序衔接的“接力赛”：主要历经国家卫计委党组—国务院党组—全国人大常委会党组—地方人大常委会党组等的贯彻落实，推动修改《人口与计划生育法》以及相关地方性法规，并由相关行政主管部门实施，至此，相关的公民、法人和非法人组织才能直接依“法”而非依“党的文件”实施相关活动。

因此，对党的规范性文件中所体现的党的领导主张和提出的政策要求等“政策性规范”，我们显然不能简单地将其与现行国家法律机械对照后得出其“合法”“不合法”结论，把握党的规范性文件同国家法律的关系，重点是如何“转化”而非如何衔接和协调问题。

与此不同的是，党内法规属于党内规章制度，其所规定的党的组织职权职责、党员义务权利、组织处理和党纪处分等，一旦出台就要付诸实施，不再有转化程序，一般也不必再转化为国家法律规定，这就有必要对其提出明确的“合法性”要求。

有鉴于此，我们要准确把握党中央强调的是“党内法规”而不是“党的规范性文件”或者“党的法规文件”，要注重党内法规同国家法律的衔接和协调。实践中，一些所谓的党内法规与国家法律不一致的问题，往往是张冠李戴，它们其实是党的规范性文件而不是党内法规。

其二，党内法规要注重同广义而非狭义的“国家法律”保持衔接和协调。

广义的国家法律是指宪法、法律、行政法规、地方性法规，狭义的国家法律是指由全国人大及其常委会制定的法律。对于不同位阶的党内法规而言，其所“衔接和协调”的国家法律的具体范围有所不同：所有的党内法规都要注重同宪法和法律保持衔接和协调，部委党内法规、地方党内法规还要注重同行政法规保持衔接和协调，地方党内法规同时还要注重同省级地方性法规保持衔接和协调。

其三，党内法规对接国家法律的具体要求是“衔接和协调”。

所谓“衔接”，是指党内法规与国家法律这两个制度链条要无缝对接，既不能脱节断档，也不能交叉重复，更不能错位越位；所谓“协调”，是指党内法规与国家法律这两种制度安排可以针对同一事项作出各有侧重的规定，但二者在要求上不能相左，避免造成规范冲突、令人无所适从。同时要注意的是，党中央强调的是党内法规要注重同国家法律的“衔接和协调”。因此，一方面，我们不能进一步提出更高标准，要求所有党内法规都同国家法律“保持一致”，之所以如此，是因为国家法律通常不去规定党的自身建设等党内事务，既然国家法律上并不存在相关规定，那么要求相关党内法规与其保持一致也就无从谈起了；另一方面，我们也不能退一步降低标准，要求党内法规只要“不违法”就可以了，之所以如此，是因为针对财政经费管理、基建、政府采购等党的机关运行保障事务，制定相关党内法规适用的是“法未授权即不可为”而非“法未禁止即自由”，仅仅要求相关规定“不违法”还不够，应当要求其合乎相关法律规定。

第二个问题：如何深刻领会“注重党内法规同国家法律的衔接和协调”的重大意义？

这一基本要求具有很强的现实针对性。

关于党规与国法的关系问题，在理论界和实务部门存在一些不正确的认识和做法，概括起来主要有3种情形：（1）把党规与国法割裂开来，认为二者没什么关系。认为党规规范的是党内事务，调整的是党内关系；国法规范的是国家和社会事务，调整的是公民、法人和非法人组织之间的社会关系，二者各行其道，井水不犯河水，党规不能涉足国家和社会事务，国法也不能涉足党的组织和党员事务，二者各规定各的，是没有交点的两条平行线。（2）把党规与国法对立起来，认为二者关系紧张。认为“国无二法”，法治就是国法之治，国家和社会治理只能有国法这一种规范、一种规矩、一种标准、一种遵循，不能同时存在国法与党规这两种规范、两种规矩、两种标准、两种遵循，二者是不相容关系，有国法则无须党规，党规与国法的并存会造成规则混乱，影响国法“唯一性”，甚至削弱国法权威。（3）把党规与国法混同起来，认为二者可以不分你我。党规与国法对同一事项可以交叉规定，你中有我，我中有你；可以互相“补台”，在国法中可以规定党的组织和党员，在党规中也可以规定国家机构职权职责和公民权利义务；可以相互转化，既可以把国法的规定转化为党规的条款，也可以把党规的要求转化为国法的条款。毫无疑问，把党内法规与国家法律割裂开来、对立起来、混淆起来的这3种情形，在理论上是错误的，在实践中是有害的，必须加以澄清和纠正。正确理解和处理党内法规和国家法律的关系，要切实贯彻落实党中央要求，“注重党内法规同国家法律的衔接和协调”。

对于党中央提出的这一基本要求，如果我们只从党内法规或者国家法律某一方面看，则会因视角局限而难以全面把握，只有跳出来、站在二者关系上来看，才能看得清楚；如果我们只简单地从制定技术层面去认识，则不能深刻理解它的重大意义，只有将其放在中国特色社会主义法治建设和党执政治国的大局中去认识和定位，才能深刻把握其重大现实意义和战略意义。

什么是中国特色社会主义法治体系？党的十八届四中全会将其确定为要“形成完备的法律规范体系、高效的法治实施体系、严密的法治监督体系、有力的法治保障体系，形成完善的党内法规体系”。对此，有人将其概括为5大体系；有人将其概括为“4+1”体系，认为前4个体系针对的是国家法律，第5个体系指的是党内法规；有人将其概括为“1+3+1”，认为第1个体系指的是国家法律，最后一个体系指的是党内法规，中间的3个体系因为使用的是“法治”概念故而涵盖国家法律与党内法规两个方面，既包括国家法律的实施、监督和保障，也包括党内法规的实施、监督和保障。相对而言，“1+3+1”的理解可能更加准确，因为无论是国家法治建设还是党内法规制度建设，都要在形成完善的制度体系基础上解决好实施、监督、保障问题，二者共同构成的“大法治”就是中国特色社会主义法治的完整内涵。关于这一点，可以法治宣传为例来说明。中共中央、国务院转发的《中央宣传部、司法部关于在公民中开展法治宣传教育的第七个五年规划（2016—2020年）》，其所部署的法治宣传教育在内容上就不仅包括国家法律，还包括党内法规。

不言而喻，既然中国特色社会主义法治体系包含国家法律与党内法规两种规范，那就只有既解决好中国特色社会主义法律体系的内在协调一致问题，又解决好党内法规体系的内在协调一致问题，同时还要保证法律规范体系与党内法规体系二者的统一，才能保证中国特色社会主义法治体系的内在统一性。为此，就必然要强调党内法规同国家法律的衔接和协调，以形成建设社会主义法治国家的制度合力。进言之，建设中国特色社会主义法治体系，不仅要在静态的制度层面解决好党内法规同国家法律的衔接和协调问题，还要在实施、监督和保障的动态层面解决好二者的衔接和协调问题。

党的十八届四中全会上，习近平总书记在《关于〈中共中央关于全面推进依法治国若干重大问题的决定〉的说明》中强调指出：“需要明确的是，在我们国家，法律是对全体公民的要求，党内法规制度是对全体党员的要求，而且很多地方比法律的要求更严格。我们党是先锋队，对党员的要求应该更严。全面推进依法治国，必须努力形成国家法律法规和党内法规制度相辅相成、相互促进、相互保障的格局。”

第三个问题：如何把“注重党内法规同国家法律的衔接和协调”贯彻落实好？

无论是党内法规还是国家法律，在纵向上都呈现为多个效力位阶，在横向上都涉及多个调整领域，因此，要实现“注重党内法规同国家法律的衔接和协调”，就不可泛泛而论，要具体情况具体分析，分级分类研究解决如何无缝对接的问题。

一方面，要搞好党内法规与国家法律的分层级对接。

首先，党章与《宪法》重在保证党和国家治理制度体系的“源”对接。党章是最根本的党内法规，是党的根本大法；《宪法》是治国安邦的总章程，是国家根本法。两个根本法的对接属于“源”对接。一则，《宪法》确立了党的领导地位，在“序言”中明确提出我国将长期处于社会主义初级阶段，确定了国家的根本任务，并在第 1 章“总纲”中对国体、政体、党的领导、依法治国等民主政治建设问题，以及经济建设、文化建设、社会建设、生态文明建设、国防建设等国家根本制度和基本制度作出明确规定。不难看出，《宪法》的这些内容是对党章确定的党的理论和路线方针政策的直接反映。二则，党章在“总纲”中阐明了党的性质和宗旨、指导思想和奋斗目标、路线和纲领，明确党是中国特色社会主义事业的领导核心，党政军民学、东西南北中，党是领导一切的，要求“党必须在宪法和法律的范围内活动”，提出要坚持和发展中国特色社会主义，坚持“一个中心、两个基本点”，强调党要领导人民发展社会主义市场经济、发展社会主义民主政治、发展社会主义先进文化、构建社会主义和谐社会、建设社会主义生态文明等。显然，党章的这些内容是同《宪法》确定的治国安邦总要求高度一致的。总之，党章与《宪法》从不同角度都确定了党和国家的奋斗目标和行动纲领，坚持和发展中国特色社会主义，党的路线方针政策、党的领导地位与依法治国基本方略，国家根本政治制度、基本政治制度、基本经济制度等党执政治国大政方针，二者在关于党和国家治理的根本性规定上殊途同归，这就在“源头”上实现了党内法规同国家法律的衔接和协调。

其次，在党章与《宪法》的“源”对接基础上，其他党内法规与法律法规重在实现党和国家治理制度体系的“流”对接。中央党内法规同全国人大及其常委会制定的法律侧重于在基本遵循上，部委党内法规同行政法规侧重于在重要遵循上，地方党内法规同地方性法规侧重于在具体遵循上，在各自层面上实现党内法规同国家法律的衔接和协调。

以公务员管理和党政领导干部选拔任用工作为例，首先，在《党政领导干部选拔任用工作条例》与《公务员法》的基本遵循层面上保证二者的衔接和协调。比如，《党政领导干部选拔任用工作条例》第2条确定了“依法依规办事”原则，《公务员法》第4条规定：“公务员制度坚持中国共产党领导，坚持以马克思列宁主义、毛泽东思想、邓小平理论、‘三个代表’重要思想、科学发展观、习近平新时代中国特色社会主义思想为指导，贯彻社会主义初级阶段的基本路线，贯彻新时代中国共产党的组织路线，坚持党管干部原则。”在此基础上，《党政领导干部选拔任用工作条例》的配套规定，包括《公开选拔党政领导干部工作暂行规定》《党政领导干部任职回避暂行规定》等部委党内法规；《公务员法》的配套规定，比如《国务院关于处理国家机关工作人员退职、退休时计算工作年限的暂行规定》等行政法规，二者分别在配套制度层面上保证衔接和协调。

另一方面，要搞好党内法规与国家法律的分领域对接。

各领域党内法规在同相关国家法律的衔接和协调的要求上强弱不等。不同领域党内法规，因其调整对象、事项和调整方式的不同，以要求高低不等的方式实现同国家法律的衔接和协调。

一则，在党的自身建设领域，“衔接和协调”的具体要求是相关党内法规不得同国家法律相抵触。党的政治建设、思想建设、组织建设、作风建设、纪律建设、制度建设等领域，它们属于国家法律通常不作规定的党的自身建设领域——既然国法未作规定，也就不能强求党内法规与其保持一致了。但是，这并不意味着党内法规的规定就没有边界，党内法规应当自我克制，避免越界作出与国家法律相冲突的规定。比如，党内法规不能对党的组织和党员提出执行违法命令的纪律要求，干部人事安排不能违反《公务员法》规定，党纪处分不能损害党员作为公民依法享有的人身权、财产权和政治权利等。

二则，在党的领导和执政活动领域，“衔接和协调”的具体要求是相关党内法规要与国家法律实现衔接联动。在党的领导和执政活动中，党内法规和国家法律二者在规范功能上各有侧重：党内法规侧重于规范党的组织与国家机构的领导与被领导关系以及不同党的组织之间的关系，比如《中国共产党党组工作条例》规定了党组与非党组织的领导机关之间的关系以及党组与设立它的党委之间的关系，但不去规定非党组织的领导机关与所在单位以及相关个人、组织等之间的关系；而国家法律侧重于规范国家机构之间的关系以及国家机构与个人、组织的关系，但不去规定党组与党的领导机关之间的关系。党内法规与国家法律要保持衔接联动，不能出现制度错位越位问题。

三则，在党的机关事务管理领域，“衔接和协调”的具体要求是相关党内法规应同国家法律保持一致。国家法律关于财政经费、工资福利、政府采购、国有资产管理、公车管理、住房建设等方面的规定，通常既适用于人大机关、行政机关、政协机关、监察机关、司法机关，也适用于党的机关。因此，制定出台相关党内法规，主要是结合党的机关自身特点对有关国家法律进行细化，应当与其保持一致，不能作出相左规定。

实现党内法规同国家法律的衔接和协调，需要建立健全相应的保障机制，就党内法规工作而言主要是做好 3 件事，或者说要用好 3 个重要工作抓手：一是做好前置审核工作，由党内法规工作机构对拟提交审议批准的党内法规草案进行合法性审查，避免草案“带病”上会；二是做好法规清理工作，党的组织要及时解决其制定的党内法规存在的同国家法律不衔接不协调问题；三是做好党内法规备案审查工作，依法依规纠正下级党的组织制定的党内法规同国家法律的冲突打架问题。

五、党领导法治建设

政党与法治的关系，从来都是一个重大政治问题。习近平总书记指出，“党和法治的关系是法治建设的核心问题。全面推进依法治国这件大事能不能办好，最关键的是方向是不是正确、政治保证是不是坚强有力，具体讲就是要坚持党的领导，坚持中国特色社会主义制度，贯彻中国特色社会主义法治理论”。“党和法的关系是政治和法治关系的集中反映。法治当中有政治，没有脱离政治的法治。西方法学家也认为公法只是一种复杂的政治话语形态，公法领域内的争论只是政治争论的延伸。每一种法治形态背后都有一套政治理论，每一种法治模式当中都有一种政治逻辑，每一条法治道路底下都有一种政治立场。我们要坚持的中国特色社会主义法治道路，本质上是中国特色社会主义道路在法治领域的具体体现；我们要发展的中国特色社会主义法治理论，本质上是中国特色社会主义理论体系在法治问题上的理论成果；我们要建设的中国特色社会主义法治体系，本质上是中国特色社会主义制度的法律表现形式”。党的十八届四中全会强调：“党的领导是中国特色社会主义最本质的特征，是社会主义法治最根本的保证。把党的领导贯彻到依法治国全过程和各方面，是我国社会主义法治建设的一条基本经验……党的领导和社会主义法治是一致的，社会主义法治必须坚持党的领导，党的领导必须依靠社会主义法治。”

但是，现实中存在的一些错误的关于党与法关系、党的领导与法治建设关系的想法、看法和做法。在实践中，一些党的组织对党的领导与厉行法治的关系、党怎么领导法治建设、主要领导哪些工作等问题没搞清楚，存在不会、不愿、不重视领导法治工作的问题，缺位与越位并存。在理论界，关于党与法关系、党的领导与法治建设关系的理解不乏误解和曲解，概括起来有以下 4 种观点：一是可有可无论。认为法治是自我生成的，立法、执法、司法、守法足以构成一个相互作用、逻辑自洽的运行体系，法治建设遵循规律往前推进，有没有党的领导关系不大。二是多余论。认为法治建设主要是立法、执法和司法机关的事，立法机关行使立法权、行政机关行使执法权、人民法院行使审判权、人民检察院行使检察权，只要它们依照宪法和法律规定各行其道就能实现法治化，没必要再由党来领导。三是对立论。认为党的领导与国家政权机关依法独立负责地行使立法权、执法权、司法权之间是相互排斥的，只能二选一，非此即彼，二者只有对立、难以统一。四是有害论。认为党的领导是以非法治方式推进法治，会架空立法机关、行政机关和司法机关，造成其有名无实，妨碍立法权、行政权、司法权的独立行使，阻碍法治化进程。这些错误认识怀疑和否定党的领导对于法治建设的必要性和正当性，混淆了视听、模糊了是非，而一些党的组织在领导法治建设方面的不作为、乱作为则削弱和扭曲了党对法治建设的领导。

习近平总书记深刻指出："我们必须牢记，党的领导是中国特色社会主义法治之魂，是我们的法治同西方资本主义国家的法治最大的区别。离开了中国共产党的领导，中国特色社会主义法治体系、社会主义法治国家就建不起来。我们全面推进依法治国，绝不是要虚化、弱化甚至动摇、否定党的领导，而是为了进一步巩固党的执政地位、改善党的执政方式、提高党的执政能力，保证党和国家长治久安。"

我国宪法确立了中国共产党的领导地位，在此基础上，《立法法》《各级人民代表大会常务委员会监督法》《村民委员会组织法》《公务员法》《高等教育法》《国家安全法》等相关法律从不同角度提出要坚持党的领导。《中共中央关于加强党的政治建设的意见》明确要求："贯彻落实宪法规定，制定和修改有关法律法规要明确规定党领导相关工作的法律地位。将坚持党的全面领导的要求载入人大、政府、法院、检察院的组织法，载入政协、民主党派、工商联、人民团体、国有企业、高等学校、有关社会组织等的章程，健全党对这些组织实施领导的制度规定，确保其始终在党的领导下积极主动、独立负责、协调一致地开展工作。"坚持党的领导，是社会主义法治的根本要求，是党和国家的根本所在、命脉所在，是全国各族人民的利益所系、幸福所系，是全面推进依法治国题中应有之义。坚持党的领导、人民当家作主、依法治国有机统一，只有在党的领导下依法治国、厉行法治，人民当家作主才能充分实现，国家和社会生活法治化才能有序推进。

习近平总书记强调："坚持党的领导，不是一句空的口号，必须具体体现在党领导立法、保证执法、支持司法、带头守法上。一方面，要坚持党总揽全局、协调各方的领导核心作用，统筹依法治国各领域工作，确保党的主张贯彻到依法治国全过程和各方面。另一方面，要改善党对依法治国的领导，不断提高党领导依法治国的能力和水平。党既要坚持依法治国、依法执政，自觉在宪法法律范围内活动，又要发挥好各级党组织和广大党员、干部在依法治国中的政治核心作用和先锋模范作用。”

坚持党对法治的领导，首先是坚持党中央对法治的集中统一领导。2018 年 8 月 24 日，习近平总书记在主持召开中央全面依法治国委员会第一次会议时强调，当前我国正处于实现“两个一百年”奋斗目标的历史交汇期，坚持和发展中国特色社会主义更加需要依靠法治，更加需要加强党对全面依法治国的领导。党中央决定成立中央全面依法治国委员会，是贯彻落实党的十九大精神、加强党对全面依法治国集中统一领导的需要，是研究解决依法治国重大事项重大问题、协调推进中国特色社会主义法治体系和社会主义法治国家建设的需要，是推动实现“两个一百年”奋斗目标、为中华民族伟大复兴中国梦提供法治保障的需要。要健全党领导全面依法治国的制度和工作机制，继续推进党的领导制度化、法治化，把党的领导贯彻到全面依法治国全过程和各方面，为全面建成小康社会、全面深化改革、全面从严治党提供长期稳定的法治保障。中央全面依法治国委员会要管宏观、谋全局、抓大事，既要破解当下突出问题，又要谋划长远工作，把主要精力放在顶层设计上。要增强“四个意识”，坚定“四个自信”，主动谋划和确定中国特色社会主义法治体系建设的总体思路、重点任务，做好全面依法治国重大问题的运筹谋划、科学决策，实现集中领导、高效决策、统一部署，统筹整合各方面资源和力量推进全面依法治国。要推动把社会主义核心价值观贯穿立法、执法、司法、守法各环节，使社会主义法治成为良法善治。要支持人大、政府、政协、监察机关、审判机关、检察机关依法依章程履行职责，各有关部门要扎扎实实做好工作，形成工作合力。

坚持党对法治工作的领导，必须不断提升党的领导科学化水平，遵循法治建设内在规律，走中国特色社会主义法治道路，把依法治国基本方略同依法执政基本方式统一起来，把党领导法治工作的各种活动纳入制度化、规范化、程序化轨道。要遵循党必须在宪法和法律范围内活动的党章规定，不能凌驾于宪法和法律之上。党的组织和党员领导干部不能违法插手具体业务、干预个案，不能违法对公民、法人和非法人组织作出处罚决定，不得违法处分个人和组织的合法权益。此外，党领导法治工作并非就只是靠党委或其工作部门来领导，还要充分发挥人大常委会党组、法院党组、检察院党组、公安机关党委、司法行政机关党组等法治部门党组（党委）的领导作用，将党的法治建设主张、决定、意见、建议等通过法定程序贯彻落实到各项法治工作当中，转化成抽象的法律规定或者具体的行政决定、司法裁判。

第四编　党内法规体系

党的十八大以来，加强新时代党内法规制度建设的一个重点和一大亮点就是加快推进党内法规体系建设，这一工作取得了开创性和历史性成就。聚焦形成完善的党内法规体系，党中央接连作出部署安排。党的十八届四中全会提出要“形成完善的党内法规体系”，并将其确定为中国特色社会主义法治体系的重要组成部分；《中共中央关于加强党内法规制度建设的意见》将“到建党100周年时，形成比较完善的党内法规制度体系”确定为加强党内法规制度建设的首要目标；党的十九大从提高党的执政能力的政治高度，强调要“加快形成覆盖党的领导和党的建设各方面的党内法规制度体系”；党的十九届四中全会着眼推进国家治理体系和治理能力的现代化，提出要“贯彻新时代党的建设总要求，深化党的建设制度改革，坚持依规治党，建立健全以党的政治建设为统领，全面推进党的各方面建设的体制机制”，“加快形成完善的党内法规体系”；2019年修订的《中国共产党党内法规制定条例》阐明其制定目的是“规范党内法规制定工作，提高党内法规质量，形成完善的党内法规体系，推进依规治党”；党中央2013年、2018年先后出台的两个中央党内法规制定工作五年规划，紧紧围绕建成比较完善的党内法规体系所要补齐的短板、缺项等设计制定项目。

努力形成一个完善的党内法规体系，既必要也可行。在必要性方面，党内法规是依规治党的基本依据，是中国特色社会主义法治体系的重要组成部分，是国家治理体系的重要内容，这就决定着推动全面从严治党向纵深发展、全面推进依法治国、推进国家治理体系和治理能力现代化，必须形成完善的党内法规体系；在可行性方面，历经百年由点到线、由线到面、由面到体的建章立制，目前党内法规的规范数量之多、调整范围之广、涵盖领域之全、功能作用之大，具备了形成比较完善的体系的条件。在建党100周年时形成比较完善的党内法规体系，这在党内法规制度建设乃至党的建设、党和国家治理现代化历史进程中具有里程碑意义。当然，党内法规制度建设永远在路上，在建成“比较完善的党内法规体系”这个阶段性目标实现之后，还要朝着构建“完善的党内法规体系”这一更高目标迈进。这个更高目标，意味着建章立制的重心逐步从“体系”转向体格、体质、体魄，依靠体系完善、结构均衡、质量过硬的党内法规，为加强党的领导和党的建设活动提供更加坚强有力的制度保障。

第十七章　党内法规体系的构成

《中共中央关于加强党内法规制度建设的意见》提出，党内法规制度体系是“以‘1+4’为基本框架”，“以准则、条例等中央党内法规为主干”，“由各领域各层级党内法规制度组成的有机统一整体”。据此，究其构成，党内法规体系按照从宏观到中观再到微观的逻辑，分为制度板块、法规文本、法规规范3个逻辑层次，亦即，党内法规体系在构成上可以分为制度板块、单行文本、具体规范等3级。构建党内法规体系，基础是在宏观上科学划分制度板块、搭建基本框架，重点是在中观上建章立制、制定出台法规文本，关键是在微观上落实落细、立改废释具体规范。打个比方，我们认知党内法规体系如同认知人体：首先，人体从外观上看是由头、躯干、四肢等构成的——这就类似于构成党内法规体系的“1+4”基本框架；其次，人体是由骨骼系统、肌肉系统、血液系统、神经系统等构成的——这就类似于党内法规体系中专司一域一事的那些单行文本；最后，人体是由不计其数功能各异的细胞构成的——这就类似于党内法规体系中数量庞大的具体规范。

以制度板块为构成框架

党内法规体系的第一级构成是制度板块。

整体是由局部构成的，一个体系可以划分为若干组成部分。这个局部或者组成部分，可以用板块这一概念来指代。将党内法规体系合乎逻辑地划分为若干个板块，或者将若干板块联结成一个体系，在这一点上，认知和构建党内法规体系同认知和构建其他体系并无二致。距离“体系”概念最近的概念是“板块”，它具有提纲挈领、纲举目张的功能，能够反映出体系的结构性、整体性、稳定性等特质，将制度板块确定为党内法规体系的一级构成单位，是强化战略思维、搞好顶层设计的需要。

党内法规体系应当包括哪几个制度板块？从党内法规的制定主体和规范事项两个角度来考察，党内法规体系是由两个“1+4”纵横交织而成的若干制度板块共同组成的。在纵向上，对应于不同的制定主体，形成“1+4”的多级党内法规制度板块。其中，“1”就是党的全国代表大会制定修订的党章；“4”分别是由党中央制定的其他中央党内法规，由中央纪委、党中央工作机关制定的部委党内法规，经党中央批准、由有关中央国家机关部门党委制定的部门党委党内法规，由省级党委制定的地方党内法规。在横向上，对应于不同规范事项，形成“1+4”的多领域党内法规制度板块。“1”就是居于统率地位的党章，“4”分别是党的组织法规制度、党的领导法规制度、党的自身建设法规制度、党的监督保障法规制度。如此一来，就在党章这个“1”统率之下，由4个层级、4个领域的党内法规制度纵横交织成若干个制度板块。

在这个制度体系中，各制度板块都是集党内法规的制定主体、调整对象、规范事项、适用领域、适用地域等多个要素于一体的，每个制度板块都因其要素上的特定性而与众不同。不同制度板块之间的关系是，既有区别又有联系、既相互独立又彼此依存、既有分工又有合作，各个制度板块之间的差异性是由构成要素的全部或者部分的不同造成的，各个制度板块之间的关联性则是由构成要素之间的功能互补促成的。

既然党内法规体系是由若干制度板块共同组成的，要推进体系化建设，就必须搞清楚不同板块之间的关系，特别是不同板块之间的关联性，以保证正确及时地实现制度变革的联动。

总体来看，不同制度板块之间的关系是差异性越小、关联性越强，反之，差异性越大、关联性越弱，不同制度板块之间的关联度可以分为强、中、弱3等。其中，强关联度发生于同一领域不同位阶制度板块之间，这种关系属于纵向上的从属关系，下位阶法规主要属于上位阶法规的配套制度，依存于上位阶法规，同时上位阶法规也要依靠下位阶法规细化相关规定。中关联度发生于同位阶不同领域制度板块之间，这种关系属于横向上的联动关系，党的组织法规制度板块、党的领导法规制度板块、党的自身建设法规制度板块、党的监督保障法规制度板块之间既相对独立又相辅相成，一个制度板块的变化会对其他制度板块产生联动效应，4 个制度板块总体上应当是齐头并进的，否则就会形成制度短板，拉低整个制度化水平和制度治理效能。弱关联度发生于不同位阶不同领域制度板块之间，这种关系属于侧向上的联动关系，位阶和领域二者皆异的制度板块之间的关系，往往不是直接的、必然的，而是间接的、或然的。相对而言，某一领域较高位阶法规制度变化对其他有关领域较低位阶法规制度产生的影响，一般要明显强于某一领域较低位阶的法规制度变化对其他领域较高位阶法规制度产生的影响，前者的影响主要体现为贯彻落实，后者的影响主要体现为总结提炼局部经验。比如，《中国共产党党内监督条例》属于党的监督保障法规制度板块，党中央对该条例的修订，不仅对部委党内法规和地方党内法规中的党的监督保障法规制度产生直接影响，也会对中央部委和省级地方党委制定党的领导方面、党的组织方面、党的自身建设方面的法规制度产生相当影响。

大体说来，以制度板块为一级构成单位，合纵连横、推进党内法规体系化建设，需完成 4 项工作：

一是划分形成若干制度板块。这是通盘考虑、整体推进党内法规体系化建设的重要基础和前提。《中共中央关于加强党内法规制度建设的意见》已经解决了这个顶层设计问题，将由成千上万、纷繁复杂的党内法规制度构成的整个体系提炼概括为两个“1+4”基本架构。明确划分制度板块，其意义显然不限于在学理上回答了党内法规体系的基本构成问题，更在于为党内法规制定工作实践提供了路线图和风向标，以这个顶层设计为指引，党内法规体系化建设的目标任务、思路进路就变得更加清晰明了、更易于整体把握。

二是完善丰富每个制度板块内容。这是建章立制、推进党内法规体系化建设的重点任务。要坚持查旧补新、查漏补缺、查短补齐、查弱补强，在梳理分析每个制度板块有什么、缺什么基础上，对症下药、有的放矢，开展针对性的立规工作，针对制度空白抓紧填充，针对制度短板抓紧补齐，针对制度软肋抓紧强化，针对制度滞后抓紧修订完善，确保各领域各方面的党的工作和党的建设实现有规可依、有章可循。

三是无缝联结所有制度板块。这是合纵连横、统筹推进党内法规体系化建设的关键。在已经制定出台一大批党内法规制度的新形势下，党中央强调加强体系化建设，一个重要目的就是着力破解各类法规制度之间的不协调不一致不衔接等问题，通过解决碎片化问题提升党内法规制度的系统性、集成性，提升制度合力和治理效能。无缝联结所有制度板块，要牢固树立一盘棋意识，强化统筹协调，统筹不同位阶上下之间、不同领域左右之间、不同时期新旧之间的党内法规制定工作，将所有制度板块联结成一个有机统一的整体。

四是动态调整相关联动板块具体内容。这是举一反三、协同推进党内法规体系化建设的经常性工作。制度板块不是封闭僵化、一成不变的结构，而是开放创新、与时俱进的结构；既要向实践发展开放，随着管党治党、执政治国实践的发展而不断发展完善，也要保持具有密切关联性的制度板块之间的联动，还要照应其他制度板块的制度创新及时对本制度板块有关制度进行立改废释，进而实现相互关联制度安排的同频共振。

坚持系统观念建章立制，加强前瞻性思考、全局性谋划、战略性布局、整体性推进，超越具体的党内法规，略去体系化的细枝末节，以制度板块为一级构成单位，对党内法规体系化建设工程进行顶层设计、谋篇布局，这有利于我们把握大局、抓住要领。纲举目张，在明确制度板块这个“纲”的基础上再去深入研究体系化建设的“目”，就不至于陷入只见树木不见森林的困惑和迷惑，这个“目”，就是一部部具体的党内法规。构建党内法规体系，重中之重是通过制定准则、条例搭建起党内法规体系的“四梁八柱”。

以单行文本为构成单元

党内法规体系的第二级构成是单行文本。

我国是成文法国家，党内法规制度以具体条款形式表述，以法规文本为主要载体，一部党内法规就是一个单行文本。鉴于党内法规调整领域广泛、调整主体众多、调整事项包罗万象，不可能制定一部统一的党内法规法典，只能由多级制定主体针对不同事项分头制定单行法规，目前全党有5000多部党内法规，相应地就有5000多个单行文本。相对于偏重逻辑意义的“制度板块”而言，“单行文本”是看得见、摸得着的实物，直观、具体、明确，以至于我们在使用党内法规这一概念时，经常不自觉地指称的就是单行文本。由于每部党内法规都要表现为一个具体文本，每个制度板块又包含一定数量的单行文本，整个党内法规体系在形式上表现为由一系列单行文本共同组成，这就使构建党内法规体系的目标任务，在实践中往往被分解为制定修订若干部党内法规。在这个意义上，“单行文本”就成了“制度板块”这个党内法规体系一级构成之下的二级构成，被当作党内法规体系的基本构成单元。

如果将党内法规体系比作一片人造林，那么一个个单行文本就是其中的一树一木，构建党内法规体系如同植树造林，终究是要制定修订一部部党内法规。在党内法规体系中，不同的单行文本的地位和功能明显不同。其中，党章属于“万规之源”，其他所有党内法规皆属于“流”，制定修订其他党内法规都要从党章出发、直接或间接地根据党章；同时，通过与时俱进修订完善党章，为构建完善的党内法规体系源源不断提供源头活水。准则、条例等基础主干中央党内法规是支撑党内法规体系大厦的“四梁八柱”，它们作为规范党的领导和党的建设各领域各方面工作的基本遵循，是形成每个领域每个方面“1+X”制度群中的“1”，因此，构建完善的党内法规体系的重中之重就是制定修订一批准则、条例。规定、办法、规则、细则等重在配套准则、条例，它们作为“1+X”中的“X”，在法规数量上约占

99%，因此，构建完善的党内法规体系需要制定出台数以千计的“X”，其中党中央以及中央纪委、党中央工作机关制定的各占“X”中的5%左右，而31个省级党委加上新疆生产建设兵团党委制定的地方性法规约占90%。

我们说党内法规体系是以“制度板块”这个一级构成为基本框架，以“单行文本”这个二级构成为构成单元，这主要是旨在突显单行文本较之制度板块更直观、更具体，但这并不意味着制度板块与单行文本之间属于绝对的包含关系，事实上，二者经常只能是大致的对应关系。具体而言，单行文本与制度板块之间的对应关系主要包括3种情形：一是多数单行文本基本上可以被比较明确地归入某一制度板块。比如，将《中国共产党地方组织选举工作条例》归于党的组织法规制度板块，将《中国共产党政法工作条例》归入党的领导法规制度板块，将《党政领导干部选拔任用工作条例》归入党的自身建设法规制度板块，将《中国共产党党内监督条例》归入党的监督保障法规制度板块。二是一些单行文本在归入制度板块时介于两可之间，既可以被归入此板块，也可以被归入彼板块。比如，将“领导干部配偶、子女及其配偶经商办企业行为规定”归入党的自身建设制度板块中的党的作风建设领域，或者将其归入党的监督保障法规制度板块，似乎都有一定道理。三是一些单行文本的制度安排横跨多个制度板块，将其完全归入任何一个制度板块都显得有些勉强。比如，《中国共产党地方委员会工作条例》，既规定了地方党委的产生和职责——相关制度属于党的组织法规制度板块内容，又规定了地方党委如何全面领导本地区经济社会发展——相关制度属于党的领导法规制度板块内容，也规定了地方党委全面负责本地区党的建设——相关制度属于党的自身建设法规制度板块内容，还规定了对地方党委的监督追责——相关制度属于党的监督保障法规制度板块内容。

从认知和研究角度看，在将某个单行文本归入制度板块时出现或此或彼皆可以及左右为难等问题，这倒也不足为怪，之所以如此，是因为许多单行文本自身也是遵循“主体、行为、监督三位一体”的立规思路，按照“规范主体、规范行为、规范监督”相统筹相协调原则来架构的，这就必然导致在一个单行文本中同时出现3类规范。制度板块的划分重在反映党内法规体系的整体框架，而单行文本的制定重在解决规范化问题，二者具有不同的功能指向，并不是严格的逻辑对应关系。正是由于单行文本与制度板块原本就只是一种大致对应关系，并不是严格的包含关系，因此，对于一些单行文本很难非常确定地归入某一制度板块这个问题，我们也就没必要那么纠结了。对于前述第二、三种情形，实事求是的做法是择其要者而定之，只要将此类单行文本归入相对合适些的制度板块即可。以《中国共产党地方委员会工作条例》为例，考虑其主要制定目的在于细化党章中的地方组织制度、夯实党执政治国的组织制度基础，因此将其归入党的组织制度板块应当是比较合适的。

一个完善的党内法规体系，要同时满足内容科学、程序严密、配套完备、运行有效等方面的要求，这就决定它是一个大而全的完美体系。但问题在于，这个大而全的完美体系却并不是由成千上万个小而全的完美的单行文本组成，恰恰相反，它是由成千上万个各有侧重、不求面面俱到的不那么完美，甚至不那么完整的单行文本构成。

关于这一点，我们可以借用几个比方来解释。如果将一个单行文本比作一个手电，那么一部法规只能聚焦解决一个特定问题，不可能奢望一个单行文本能够将党的领导和党的建设各领域的所有事项照亮，而是要通过成千上万个单行文本从不同角度分不同层次形成成千上万道光才能做到亮如白昼。如果将一个单行文本比作一条轨道，那么将党的组织工作活动和党员行为全面纳入制度化程序化规范化轨道，就不可能奢望一个单行文本建成一条四通八达的康庄大道，而是要通过成千上万个单行文本来提供等级有高有低、方向纵横交错的道路网。如果将一个单行文本比作一把钥匙，那就不可能奢望任何一部党内法规成为打开所有党内矛盾之锁的万能钥匙，而是要针对不同问题量身定制成千上万把钥匙，共同解决党内矛盾，理顺错综复杂的党务关系。

单行文本之于制度体系，乃是线与体的关系。

放眼整个党内法规体系，每部法规都只是一条或粗或细的线，每个单行文本都相对独立但并不孤立。所谓“相对独立”，是因其特定的调整对象、规范事项、适用范围等的与众不同，从而在制度体系中具有不可替代的独立存在意义。所谓“并不孤立”，是因为所有的党内法规制度都是围绕着规范党的领导和党的建设活动展开，它们是各有侧重、分工合作的，有的侧重规范主体，有的侧重规范行为，有的侧重规范监督保障，一部法规的鞭长莫及之处恰恰是其他法规大显身手之处，一个单行文本止步的终点恰恰是其他相关法规文本出发的起点。比如，《中国共产党工作机关条例（试行）》聚焦党的工作机关的产生、职责和运行这一主题，不必过多规定监督追责问题，这个问题主要是由《中国共产党党内监督条例》《中国共产党问责条例》《中国共产党纪律处分条例》等来解决。就此而言，我们对每个单行文本的期待或者要求应当是，它能够做到在整个制度体系中独一无二，而不应是搞小而全以实现所谓的完美无缺。如果简单地要求每个单行文本都小而全，那就势必造成各个单行文本之间的交叉重复、叠床架屋，结果是适得其反，只能形成一个“满身赘肉”“大腹便便”的不完美制度体系。

鉴于此，以制定修订单行文本为构成单元去统筹推进党内法规体系建设，重点不是要求单个单行文本面面俱到，而是要求其各有侧重。这就要求我们在研究制定每一部党内法规时，都要聚焦主题、突出重点、确立有限目标，努力克制那种搞小而全的立规冲动，切忌奢望每一个单行文本都是面面俱到的，不可试图集主体、行为、监督规范于一规，集职权职责、义务权利、处理处分规定于一规，集领导体制、工作机制、方式方法于一体，集高线、准线、底线、红线于一身，这既无可能也无必要。理性的做法是，在整个党内法规体系中找准某个单行文本的坐标定位，厘清它与上下左右新旧等其他单行文本的衔接协调关系，坚持有所为有所不为，该为的务必为好，不该为的坚决不为。所谓“该为”，是指在立规权限范围内紧扣主题挥毫泼墨，围绕某一方面或者某个点上的党务关系规范化问题做足文章，在其他法规文本力不能及之处发力用力，用工匠精神打磨一条一款。所谓“不该为”，是指避免因贪大求全而越位、错位，在宜由其他法规文本规定之处，不越界多写一字一句；在需要衔接之处惜墨如金、点到为止，不作简单重复；同位法规文本要左顾右盼、各行其道，不能相互抢道压线越界，以免“种了别人的地”；上位法规文本不必事无巨细面面俱到，要舍得为下位法规文本的配套预留必要空间，下位法规文本要敢于善于在紧密结合本地区本部门工作实际搞好配套上发力用力，切不可简单照抄照搬照转、偷懒克隆复制上位规定。

通过分头制定成千上万的“不完美”单行文本构建一个完美的制度体系，这无疑对党内法规的制定机关特别是起草主体提出很高要求。首先，它要求我们转变以往不自觉搞小而全的惯性立规思维，容忍法规文本的“不完美”，要深刻认识到这是法规文本合理分工的必然，要舍得在不该涉足之处刹车止步。其次，它要求我们须有较高的专业素养，做到对整个党内法规体系的结构及其发展现状心中有数，特别是对所起草制定的单行文本在整个体系中的坐标定位心中有数，对该法规文本同其他相关文本之间的互补关系心中有数。再次，它要求我们用好各种化整为零与变零为整的专业化方法，比如，要借助转致条款等将所起草制定的单行文本中的“省略”同其他文本有关条款紧密勾连起来，将各有侧重的不同单行文本连为一体。最后，它要求我们健全党内法规的制定体制和工作机制，通过制定权限、调整事项等的精准分工根除立规边界不清问题，通过党内法规工作机构的统一审核把关消除法规草案中的条款越界和交叉重复等问题。

关于将党内法规单行文本当作党内法规体系的构成单元这个问题，还有两点需要注意：

一则，并非所有党内法规文本中的所有规范都百分之百属于党内法规规范。比如，《中国共产党地方委员会工作条例》第 29 条规定，“涉嫌违法犯罪的，按照国家有关法律规定处理”，严格说来，该条款不属于党内法规规范，而是一个准用性规则或者转致条文，其功用不在于规范党的组织工作活动和党员行为，而在于实现同国家法律的衔接。

二则，党内法规单行文本只是党内法规体系的“主要”构成单元而不是“唯一”构成单元，之所以如此，是因为并不是所有党内法规规范都百分之百地产生于党内法规单行文本。

长期以来，党内法规和规范性文件二者的边界没有得到清晰界定，一方面，有的党内法规中存在着作出政策部署、提出组织保障要求等内容；另一方面，不少规范性文件设定党的组织职权职责、党员义务权利，作出组织处理甚至党纪处分决定。就此而言，从实践而非理论上来看，现实中有相当数量的党内法规具体规定是存在于有立规权的党的组织制定的规范性文件当中的，这就使相关规范性文件成了党内法规规范的一个重要渊源。

在国家法治建设领域，国家机关制定的规范性文件“造法”是受到严格限制的，根据职权法定原则，规范性文件不得创设国家机关的职权职责，更不得作出减损公民权益的规定，司法机关也不可将规范性文件作为裁判依据。不过，在国家机关的内部管理领域，规范性文件无论在实体上还是程序上，都仍然在相当程度上深刻影响着其职权职责的履行。

就党内法规制度建设而言，党的规范性文件应当也可以对党的组织的工作活动和党员行为提出明确要求，直接影响党的组织的履职尽责。不过，从坚持依规治党的要求来看，建章立制应当主要通过制定党内法规来实现，规范性文件只适合去作一些必要补充，在“造规”这个问题上，党内法规和规范性文件二者是不能平起平坐的。2019年修订的《中国共产党党内法规制定条例》第4条第2款明确规定：“凡是涉及创设党组织职权职责、党员义务权利、党的纪律处分和组织处理的，只能由党内法规作出规定。”据此，党的规范性文件“造规”现象将来有望变少，党内法规规范会越来越多源于党内法规单行文本，建构完善的党内法规体系的主要任务就是制定出台更多的党内法规。

以具体规范为构成要素

党内法规体系的第三级构成是具体规范。

根据《中国共产党党内法规制定条例》对党内法规的定义，党内法规属于“专门规章制度”，这些规章制度为党的领导和党的建设活动直接提供依据和遵循。党内法规体系以“具体规范”为其第三级构成单位，也是最小构成单位，法规规范是构成党内法规体系的细胞。在这个意义上，“党内法规制度”与“党内法规规范”这两个概念是同义的，建成完善的党内法规制度体系，其实就是建成完备的党内法规规范体系。

就其功能和形态而言，可以将党内法规规范划分为原则与规则两类。推进党内法规制度建设，形成完善的党内法规体系，不仅要增强针对性、做好规则制定工作，而且要提高站位、做好原则制定工作，二者缺一不可。

第一，制定党内法规要坚持规则和原则并重，注重发挥两种规范形态的各自功能作用。

规则，作为党内法规的最主要的构成要素，指的是党内法规中赋予某种党的工作活动事实状态以明确的法规效果的一般性规定。其中，所谓“某种党的工作活动事实状态”，指的是在党的领导和党的建设领域发生的某个事件或者党的组织和党员实施某个行为所形成的状态；所谓“明确的法规效果”，指的是党的组织职权职责、党员义务权利的产生、变更或者消灭；所谓“赋予某种党的工作活动事实状态以明确的法规效果”，指的是规定在发生某个事件或者出现某个行为后，导致党的组织职权职责、党员义务权利的产生、变更或消灭；所谓“一般性规定”，指的是该规定对于某类事件、某类主体、某类行为可以普遍适用、反复适用、长期适用。

规则应当具有严密的逻辑结构，我们常说的“于法周延”“于规周详”主要指的就是规则的要素周全、逻辑严密。就其逻辑结构而言，规则包括假定、处理和后果 3 个要素。其中，“假定”即条件假设，确定的是该规则的适用条件，包括适用情形、适用范围等；“处理”即行为模式，确定的是党的组织职权职责、党员义务权利等，一般使用必须、应当、鼓励、可以、不得、禁止为或不为什么等表述；“后果”即法规后果，确定的是党的组织和党员等党务关系主体遵守或违反规定所要承担的肯定或否定性评价。一条完整的党内法规规则，假定、处理和后果3个部分缺一不可。需要特别注意的是，不能简单地将规则与条文画等号、混为一谈，条文只是规则的表述形式，一条规则的3个要素往往要通过一个文本中的多个条文来表述，3个构成要素经常是分散于多个法规文本甚至分散在多个制度板块当中。

按照不同标准，可以将规则分为不同类型，比如党的组织职权规则、职责规则，党员义务规则、权利规则，强行性规则和任意性规则，确定性规则、授权性规则和准用性规则，调整性规则与构成性规则，等等。

原则，作为党内法规的另一个重要构成要素，指的是可以作为众多规则之基础或者本源的综合性、稳定性的原理和准则。较之规则，原则比较抽象，它并不预先设定任何具体的事实状态与特定法规效果间的逻辑联系，不去规定何种具体的事件或行为将导致何种具体的职权职责、义务权利或者奖惩效果的产生、变更与消灭。原则的抽象性，决定着它具有较规则更加广泛的适用范围和适用情形，一条规则一般只能调整一类行为，但一条原则可以规范数类行为，特别是基本原则可以规范一个领域的行为，比如，党的民主集中制作为党的根本组织原则和领导制度，贯穿于党的领导和党的建设全过程各方面。

原则与规则有许多重要区别，其中之一就是是否具有单一性。各类原则之间有大小、轻重、优劣、先后之别，比如公平原则与效率原则，既可以是公平优先也可以是效率优先，到底哪一个优先要视具体情况而定，不同原则之间尽管分量不同，但并不妨碍它们可以并行不悖。与之形成鲜明对照的是，规则具有单一性、排他性，一个党内法规体系中无论有多少条规则，都不允许任何两条规则作出相互矛盾的规定，否则就会因规则冲突让人无所适从。鉴于此，维护党内法规体系的统一性，必须避免和解决规则冲突问题，妥善运用上位规定优于下位规定、新规定优于旧规定、特别规定优于一般规定等处理方式。

推进党内法规体系化建设，在宏观层面，要加强顶层设计、健全4大制度板块；在中观层面，要以制定修订准则、条例为牵引，出台一大批党内法规单行文本；最终要落在微观层面，形成“完备的党内法规规范体系”，这就既需要形成一个集成的党内法规规则体系，又要形成一套简约的党内法规原则体系，二者相辅相成，共同构成一个完善的党内法规体系。

第二，要形成一套简约的党内法规原则体系，为党的组织工作活动和党员行为提供方向指引。

大道至简。党内法规制度建设之“道”更多地蕴含于简约的原则之中。作为党的领导和党的建设活动的原理、准则，党内法规原则集中体现党的路线纲领和方针政策，是对管党治党、执政治国基本经验和基本要求的高度凝练，反映出我们党对加强党的自身建设、推进国家治理能力和治理水平现代化客观规律的深刻把握。因此，构建完善的党内法规体系，一个基础性工程就是形成一套简约的党内法规原则体系。大致说来，这个原则体系是由根本原则、基本原则、专门原则、具体原则等构成，这些原则中的一部分已为党章党规所确定，还有一部分有待党章党规进一步明确。

一是根本原则。它是党章党规确定的用来指导全党工作活动的根本遵循。习近平总书记在庆祝中国共产党成立 95 周年大会上的讲话中指出，“马克思主义是我们立党立国的根本指导思想”。马克思主义基本原理是被实践检验的真理，马克思主义立场观点方法是马克思主义科学思想体系的精髓所在。坚持马克思主义基本原理、坚持马克思主义立场观点方法，这是指导全党开展一切工作的根本遵循，是加强党内法规制度建设必须遵循的根本原则，也是党章对各级党的组织和全体党员提出的根本要求。党章确定的这个根本原则，要体现在所有党内法规制度当中，贯彻于整个党内法规制度建设的各方面和全过程。

二是基本原则。它是党章确定的用来指导开展党的各方面工作的基本遵循。党章在“总纲”部分提出了若干管党治党、执政治国的基本原则，比如，坚持以经济建设为中心，坚持改革开放、坚持四项基本原则，坚持民主集中制原则，坚持党的政治路线、思想路线、组织路线、群众路线，坚持党要管党、从严治党这个党的建设的一贯要求和根本方针，坚持党总揽全局、协调各方的原则，坚持党对一切工作的领导，坚持党必须在宪法和法律范围内活动，等等。党章确定的这些基本原则，要依靠准则、条例以及其他党内法规落实落细。

三是专门原则。它是准则、条例等基础主干党内法规所确定的专门用来指导党的某方面重要工作或者重要活动的重要遵循。为了把党的领导和党的建设活动纳入制度化规范化程序化轨道，基础主干党内法规要从主体和行为两个方面确立若干专门原则。一方面，为党的各级各类组织量身定制若干原则性要求，包括党的中央组织、地方组织、基层组织以及党的纪检机关、工作机关、派出机关、党组等。比如，《中国共产党地方委员会工作条例》第 4 条对地方党委提出 6 项原则性要求，即坚持高举中国特色社会主义伟大旗帜，坚决贯彻党的理论和路线方针政策；坚持立党为公、执政为民，认真践行党的宗旨和群众路线；坚持解放思想、实事求是、与时俱进、求真务实，结合本地区实际创造性开展工作；坚持民主集中制，增强地方党委领导集体活力和党的团结统一；坚持党要管党、从严治党，始终保持党的先进性和纯洁性；坚持在宪法和法律范围内活动，依据党章和其他党内法规履职尽责。类似地，《中国共产党党组工作条例》第 4 条针对党组提出 5 项原则性要求，《中国共产党工作机关条例（试行）》第 4 条对党的工作机关提出 6 项原则性要求。另一方面，为党的各方面重要工作量身定制若干原则性要求，包括党领导经济社会发展工作、党的宣传工作、党的教育工作、党的组织工作、党的纪检工作、党的群众工作、党的统战工作等。比如，针对党领导法治建设工作，《中共中央关于全面推进依法治国若干重大问题的决定》提出了“三统一、四善于”原则性要求；《党政领导干部选拔任用工作条例》第 2 条针对选拔任用党政领导干部工作提出 6 项原则性要求；《中国共产党问责条例》第 3 条要求党的问责工作应当坚持 6 项原则，即依规依纪、实事求是，失责必问、问责必严，权责一致、错责相当，严管和厚爱结合、激励和约束并重，惩前毖后、治病救人，集体决定、分清责任。

四是具体原则。它是党内法规所确定的用来指导党的组织特定工作活动和党员特定行为的具体遵循。党的组织工作活动和党员行为领域广泛、种类各异，有必要分门别类、有针对性地提出一些具体的原则性要求作为遵循。以党领导法治建设工作为例，在《中共中央关于全面推进依法治国若干重大问题的决定》提出的“三统一、四善于”原则性要求基础上，还要更进一步，针对党领导立法、保证执法、支持司法、带头守法等有针对性地提出具体原则要求，在这方面，党中央出台的关于加强党领导立法工作的有关文件提出，做好党领导立法工作必须遵循“坚持主要实行政治领导”“坚持民主决策集体领导”“坚持充分发挥立法机关作用”“坚持依法依规开展工作”等4项原则要求，同理，在制定出台党领导法治建设工作其他方面的法规制度时，也有必要提出相应的原则性要求。再如，在党的作风建设领域，针对反对浪费、党务公开、调查研究等具体工作，《党政机关厉行节约反对浪费条例》《中国共产党党务公开条例（试行）》《关于完善党员干部直接联系群众制度的意见》等党内法规和规范性文件，都有针对性地提出了具体的原则性要求。

需要党章党规确定的以上这些原则，彼此之间有大小高低主次之分，较低层次的原则是对较高层次原则的分解和细化，左右相邻原则之间也要衔接协调，据此形成一个等级分明、错落有致、有机统一的党内法规原则体系，为开展党的领导和党的建设活动提供方向明确的规范指引。当然，原则毕竟不是规则，无须纠缠细节，相对于庞杂的党内法规规则体系而言，原则体系明显要简约得多，可谓提纲挈领、要言不烦。

谈到原则问题，有一个问题需要注意，我们在通过党章党规确立相关原则过程中，要避免混淆“本体原则”和“立规原则”这两种意义上的原则。所谓本体原则，是指在有关党内法规中针对党的组织工作活动和党员行为提出的特定原则性要求，比如地方党委开展工作要遵循《中国共产党地方委员会工作条例》提出的“六个坚持”。所谓立规原则，是指在起草制定党内法规过程中应当遵循的原则性要求，这主要见之于《中国共产党党内法规制定条例》第7条提出的“六个坚持”：坚持正确政治方向，增强“四个意识”、坚定“四个自信”、做到“两个维护”；坚持从党的事业发展需要和全面从严治党实际出发；坚持以党章为根本，贯彻党的基本理论、基本路线、基本方略；坚持民主集中制，充分发扬党内民主，维护党的集中统一；坚持党必须在宪法和法律的范围内活动，注重党内法规同国家法律衔接和协调；坚持便利管用，防止繁琐重复。不难看出，立规原则所要规范的是党内法规制定工作本身，其意义在于保证制定主体以正确的方式制定高质量的法规制度，这一法规制度当中也包括提出正确的原则性要求。打个比方，对于形成一个简约的党内法规原则体系而言，《中国共产党党内法规制定条例》所确立的立规原则与立规规则，共同铺设了一条建章立制的轨道，引导制定主体在制定党内法规时提出合适的原则要求、作出科学的规则设计。

第三，要形成一个系统集成的党内法规规则体系，为党的领导和党的建设活动提供具体遵循。

规则，是党内法规体系的主要成分。贯彻落实坚持和加强党的全面领导方针，坚持党要管党、全面从严治党方针，严明党的纪律规矩，严肃党内生活，维护党内秩序，规范党内关系，编牢织密权力笼子，等等，都需要针对各种党的组织工作活动和党员行为制定相应的规则，明确其遵循、规范其行为。因此，建构完善的党内法规体系，主要任务就是制定一整套系统集成的党内法规规则体系。所谓“系统集成”，主要体现为以下“五个周”。

第一个“周”是指周全，规则在构成上应当要素齐全、相互匹配。

一方面，规则的构成要素必须齐全完备。规则的假定、处理、后果 3 个要素各司其职、三位一体，缺失任何一个要素的规则，或者其中任何一个要素语焉不详、模棱两可，都会导致该规则成为一个残缺不全的制度“次品”——严格说来，有缺陷的规则就不成其为规则，它无法发挥提供规矩、规范行为的作用。由于规则的 3 个要素往往是分散在不同地方，通常不会出现在一个条文中，也可能不在同一个单行文本甚至同一个制度板块当中，因此，在建章立制、确定规则的 3 个要素时，就不能局限于一个条文、一个文本，甚至一个板块，而要着眼于整个现行有效的规则体系。同理，判断一条规则的构成要素是否完整，也要放眼整个规则体系。

另一方面，规则的构成要素必须相互匹配。假定、处理、后果3个要素是一条完整规则的3个组成部分，三者只有相互照应、衔接协调、相互匹配，才能形成一个有机统一的整体。这就要求在制定规则时，对3个要素统筹考虑、一体设计，保证规则的“口径”大小在3个要素上的一致性：凡是在“假定”部分将有关党的组织和党员的有关行为纳入该规则的适用范围和适用情形的，就要在“处理”部分严格对照该范围和情形相应配置职权职责、义务权利并设定行为方式，既不能超出范围和情形提行为要求，也不能在提出行为要求时造成这一范围和情形的“缩水”，以免造成“假定”与“处理”的脱节；凡是在“处理”部分明确提出遵规守纪要求的，那就要在设定后果时一一对应规定违规责任，既不能存在违了规却无明确责任的问题，也不能出现要追责但却缺乏守规要求的问题，以免造成“处理”与“后果”的脱节。规则的3个要素，如果都在一个文本之中，那么保证其严丝合缝或许不那么难，难就难在多数规则的3个要素是分散在不同文本甚至不同制度板块中，如此一来，如何保证分散的要素间的遥相呼应，这对于党内法规的起草者和制定者来说，无疑在专业要求和系统化思维上是一个重大考验。

第二个“周”是指周至，规则在内容上应当考虑周到、质量过硬。

《中共中央关于加强党内法规制度建设的意见》明确提出，完善的党内法规制度体系必须内容科学，这就对党内法规规范的质量提出很高要求。制定高质量的规则，必须坚持科学立规、民主立规、依规立规，坚持实事求是，一切从实际出发，针对现实问题，把影响制度安排的各方面因素考虑周全，包括党中央要求和群众期盼，制度的政治品质和专业品位，制度的价值导向和功能定位，制度的供给侧与需求侧，制度的现实性和前瞻性，等等。

具体而言，制定高质量的规则要弘扬理性精神，对规则的假定、处理、后果3个要素精心设计、审慎权衡：

一则，科学设定“假定”这个前提。要科学确定规则的适用范围和适用情形，保证界定的对象和事项等内容准确到位、大小合适，要综合考虑同相关规定之间的衔接协调关系，准确运用全部适用、部分适用、除外豁免、参照适用、不适用等方式，避免规则在适用的条件规定上出现越位、错位或者缺位。

二则，要科学设定“处理”这个重点。要服从服务于管党治党、执政治国这个立规目的与规范党的组织和党员这个立规目标，通盘考虑，合理配置党的组织职权与职责、党员义务与权利以及不同党的组织间的权责关系，针对党的组织和党员明确提出必须、应当、鼓励、可以、不得、禁止等行为要求，形成一个精准的行为“光谱”，切忌简单一刀切、一锅煮、眉毛胡子一把抓。

三则，要科学设定“后果”这个保障。没有牙齿的老虎是纸老虎，没有责任的法规必然形同具文。要对应各种规范性要求一一明确违规与守规的后果，或奖或惩、或轻或重，形成倒逼守规的压力、激励模范守规的动力、不敢违规的震慑、维护法规权威的氛围。在确定法规后果时要把握好“度”，轻重适度、合乎比例，保证奖当其功、罚当其过，要避免奖励泛滥、惩戒失度，特别是要防止因有过无责或者责不及过诱发“劣币驱逐良币效应”。在党内法规体系中，奖惩后果的规定一般采用统分结合的方式，通常是在党的监督保障法规制度板块作出集中规定，同时在其他制度板块中作出分散的补充性规定，因此，在研究制定党的组织法规制度、党的领导法规制度、党的自身建设法规制度时，不必为了追求小而全去重复已有相关规定，只有且仅当现有党的监督保障法规制度未及之时，或者有必要针对特别情形作出特别规定的，才有必要在制定有关法规制度时按照立规权限规定有关法规后果。

第三个“周”是指周延，各类规则纵横交错形成一个纵向到底、横向到边的严密体系。

法网恢恢，疏而不漏。规则体系只有周至严密才能防止出现漏网之鱼。由于党内法规制度在制定主体、调整对象、规范事项、规则类型、规则载体等诸多方面呈现多样性，这就要特别强调系统思维、一盘棋意识，避免各自为战，以保证所有规则浑然一体。规则体系之“周延”，要做到以下几点：

一是做到全覆盖、不留死角。全面从严治党推进到哪里，依规治党就要跟进到哪里；上至党的中央组织，下至党的基层组织，左至党的纪检机关、工作机关、派出机关、事业单位，右至党组（党委），有多少类党的组织，就要量身定制多少类党的组织法规制度；党的领导和党的建设活动开展到哪里，法规制度的轨道就要铺设到哪里；党的工作和党的生活延伸到哪里，规则之治就要如影随形涵盖到哪里。

二是做到全链条、环环紧扣。要针对党的组织产生、职责、决策、执行、监督、追责等全过程建立完整的规则链条，一个环节也不能少，要环环紧扣、丝丝入扣、严丝合缝，实现党务关系产生、变更、消灭的有规可依。

三是做到全方位、面面俱到。实体规则、程序规则、保障规则三位一体，把党务行为的主体、对象、方式、步骤、时限、监督、追责等全面纳入法规制度轨道；既要标明理想信念的高线，又要明确用权办事的准线，还要明确言谈举止的底线与纪律规矩的红线，明确哪些是必须、哪些是应当、哪些是鼓励、哪些是可以、哪些是不得、哪些是禁止，保证党的组织工作活动和党员行为有章可循。

四是做到全联动、四通八达。上下一体，配套性制度同主干性制度准确对接、不越位不缺位；左右衔接，同位阶制度相辅相成、不错位不冲突；新旧相容，不同时期出台的法规制度协调一致、并行不悖；统分结合，法规文本中的集中性规定与规范性文件中的分散规定相互照应、不交叉重复。

第四个“周”是指周详，体系中的规则应当严细详尽具有可实施性。

《中共中央关于加强党内法规制度建设的意见》将“运行有效”确定为完善的党内法规制度体系的基本要求，党内法规制度体系是否完善，其衡量标准不只是静态的制度安排，还要到实践中检验是否立得住、行得通、管得了。较之原则，规则作为治疗管党治党宽松软病症的“良药”，必须直面问题、有的放矢，直接奔着解决问题去，有什么问题就解决什么问题，什么问题突出就重点解决什么问题；规则作为治权治吏约束党员领导干部的“金箍”，必须从严从紧成为硬约束，不能成为橡皮筋；规则作为衡量党的组织和党员行为对错的“标尺”，必须刻度清晰，不能大而化之、模棱两可。因此，要保证党内法规制度的有效管用，就必须强调规则的周详，只有周详的规则才具有可操作性、可实施性，才会落地生根、开花结果。

当然，不能因强调规则的周详性就误以为所有规则都越细越好，周详是指粗细适度。《中国共产党党内法规制定条例》确定的一项立规原则就是“坚持便利管用，防止繁琐重复”。规则的周详性要求，主要包括以下几点：

一则，不能因苛求规则的周详而否定规则本身要保持必要的抽象性。规则之所以能够普遍适用、反复适用、长期适用，究其根本在于其抽象性，它超越千差万别的具体个案，经由对某类党务治理经验总结概括、提炼升华而成。规律性认识和共性要求相对比较稳定，但也因此较为抽象。通常而言，规则越抽象其包容性就越强，也就越能从容应对实践的发展变化。

二则，不能因要求规则的周详而苛求所有规则皆要同等的具体。不同效力位阶规则的周详性要求是不同的，中央党内法规重在定性定调，不宜忽视部门和地区差异而规定得过细过死，但部门和地方作出的配套性规定就应当更细更具体，可以直接操作。此外，试行性法规、倡导性规则可以规定得抽象点，但试行结束“转正”的法规、纪律禁令就应当更加严细。

三则，不能苛求周详的规则得到百分之百的实施。周详的规则具有可实施的潜质，制度预期得以实现的概率较高，但是，一条规则最终能否得到全面实施，是诸多因素综合作用的结果，包括领导重视程度、知晓率、执行动力、监督追责力度等，如果执行力不足，那么制定得再周详的规则也难免会被束之高阁。

第五个“周”是指周到，党内法规规则体系与相邻社会规范之间边界清晰。

在整个公共治理制度体系中，党内法规制度尽管举足轻重，但它无论如何也只是其中的一个部分，在其四周，上有道德规范，下有法律规范，左有组织章程，右有政策规范，这就要求构建完善的党内法规规则体系必须妥善处理同相邻规范之间的关系，科学定位其边界四至：对上，党内法规应当止步于道德规范，将主要属于内心自责和社会舆论谴责范围内的事项交给道德规范去调整；对下，党内法规应当止步于法律规范，将主要诉诸国家强制力来维护的社会秩序交给法律规范去调整；对左，党内法规应当止步于组织章程，将主要属于群团、社团、企事业单位等自我规制范围内的事项交给由章程所统领的组织内部规章制度去调整；对右，党内法规应当止步于政策规范，将党领导经济社会发展方面的政策主张和决策部署交给政策规范去调整。唯有如此，党内法规制度才能做到到位不缺位、有为不越位，与相邻规范相辅相成、相互促进、相互保障，共同形成公共治理的制度合力。

第四，在建章立制过程中要重视原则的确立问题，并发挥好原则对规则的统领作用以及缝合和补充作用。

在党内法规制定工作中，对规则的重视是不言自明的，以至于人们经常将党内法规制度或者党内法规规范等同于规则。相形之下，对原则重要性的认识目前还明显不足。比如，有的认为在法规文本中提出原则性要求属于“穿靴戴帽”，可有可无、可多可少，原则的含金量不高。有的法规在提出原则性要求时，对根本原则、基本原则、专门原则、具体原则不加区分，立小规时规定大原则、立大规时规定小原则，法规的“位”与原则的“格”明显不相称。有的法规中的原则性要求一大二空，缺乏针对性，要求不清、指向不明。有的法规提出的几条原则之间缺乏逻辑关联性，增一项不多、减一项不少，失之随意。有的法规中的原则与规则“两张皮”，原则起不到统领规则、弥补规则不足、缝合规则间空缺等独特作用。

在党内法规体系中，原则更多地属于元代码、元规范，是居于规则之上的超级规范。因此，较之规则，原则具有基础性，处于党内法规体系的根基部分，为规则的设计安排奠定基础；原则具有综合性，是对规范党的某一方面工作、处理党的某一方面关系，甚至对全党提出的总体要求，涵盖范围广泛；原则具有导向性，发挥指针作用，重在指明方向，引领党的组织工作活动和党员行为；原则具有理念性，确立党的工作活动的价值判断、价值选拔、价值导向；原则具有稳定性，对党的领导和党的建设活动实践发展变化保持较强的开放性和包容性，能够在较长时期内维持不变，为党的组织和党员提供长期的、稳定的行为预期。虽然原则较之规则更加抽象、富有弹性，但这绝非意味着原则涵义是模棱两可、含糊不清的，相反，原则所要阐明的是立场和方向问题，来不得半点含糊，唯此才能发挥其明大是大非、定左右方向、发进退指令的基调作用。对于那些极为重要的原则或者涵义需要明确的原则，党章党规往往要作出必要阐明。比如，党章第 10 条从“四个服从”、党的各级领导机关都由选举产生等 6 个方面，对党的民主集中制这一根本组织原则进行了全面阐释。

正是因为原则非常重要，所以原则通常都是党章党规的重要组成部分。党章在正文部分作出的规定大多数属于规则，而在“总纲”部分提出的许多要求都属于原则性要求。党章的“总纲”部分在确定了党的性质和宗旨、指导思想和奋斗目标基础上，重点阐述了党的领导和党的建设的一系列基本原则，这就为党章正文中的具体规定提供了根基，对整个党内法规体系具有统率作用。在其他党内法规中，原则一般也是“总则”的必备条款，统领“分则”、“罚则”乃至“附则”中的规则。比如，《中国共产党地方委员会工作条例》第 4 条规定了地方党委开展工作必须遵循的 6 项原则，这“六个坚持”对地方党委履行好全面领导本地区经济社会发展、全面负责本地区党的建设的重要职责无疑具有重要指导作用。

小到制定一个单行文本，大到构建党内法规体系，都要重视原则确立问题，并发挥好原则对规则的统领作用以及缝合和补充作用。相对而言，规则重在解决定量问题，原则重在解决定性问题；如果说规则是兵，那么原则就是将，一个原则要统率一大批规则；如果说规则是叶，那么原则就是枝，若干相关规则是从一个枝头生发出来的。原则的这种特点和功能意味着，党内法规体系无论多么纷繁复杂，它都可以还原为一个简约的党内法规原则体系，换言之，对于构建完善的党内法规体系而言，形成一个集约的党内法规原则体系无疑举足轻重。

综上所述，党内法规体系是一个结构复杂、逻辑严密的复杂系统，以“制度板块”为构成框架、以“单行文本”为构成单元、以“具体规范”为构成要素。构建一个完善的党内法规体系，不能凭感觉靠经验、随遇而安，必须通盘考虑、审慎谋划、谋定而后动。怎么“谋”的问题，通过《中共中央关于加强党内法规制度建设的意见》《中央党内法规制定工作第二个五年规划（2018—2022 年）》等决策部署已经解决了；至于怎么“动”，就要靠我们的立规实践坚持目标导向、问题导向、结果导向相统一，做到以正确的方式立正确的规。越是接近形成完善的党内法规体系，就越要精益求精、精准立规。

全面推进党内法规体系建设

2021 年是建党 100 周年。党中央明确提出，到建党 100 周年时要形成比较完善的党内法规体系。回顾过去的 100 年特别是改革开放 40 多年的党内法规制定工作，在党中央集中统一领导下，举全党之力、集全党之智，全面推进党内法规体系建设，形成了一个比较完善的党内法规体系。

一方面，坚持左右联动、统筹推进各领域党内法规制定工作。

改革开放 40 多年来，党内法规制度建设始终坚持提高党的长期执政能力、保持党的先进性和纯洁性这条主线，紧扣坚决维护党中央权威和集中统一领导这个主题，围绕党和国家工作大局公转，在坚持和加强党的全面领导、坚持党要管党全面从严治党这两个方面同向发力，注重统筹推进党的组织法规、党的领导法规、党的自身建设法规、党的监督保障法规等 4 大板块制度变革，制定出台 5178 部党内法规，全方位推动形成比较完善的党内法规体系。

党的组织法规不断完善。党的组织是党的工作活动的主体。为了规范党的组织的产生和职责，我们党持续推进党的组织法规制度变革，这个板块现行有效的党内法规共有640部，涵盖党的地方组织和基层组织选举、中央委员会、地方党委、党组、党的工作机关，农村、高校、机关、国企等领域基层党组织以及党支部等。这一板块的法规虽然数量不多，约占法规总量的12%，但条例却有13部，占条例总量近1/3，成为党内法规体系的“高地”。党的十八大以来，以习近平同志为核心的党中央高度重视党的组织法规制度建设，为进一步夯实管党治党、执政治国的组织基础，修订了《中国共产党地方委员会工作条例》《中国共产党农村基层组织工作条例》《中国共产党党和国家机关基层组织工作条例》等，制定了《中国共产党中央委员会工作条例》《中国共产党党组工作条例》《中国共产党工作机关条例（试行）》《中国共产党国有企业基层组织工作条例（试行）》《中国共产党支部工作条例（试行）》《中国共产党机构编制工作条例》等。同时，党中央明确要求，下一步要针对党的纪律检查机关等制定出台专门条例，实现对党的各级各类组织的全覆盖。

党的领导法规加快健全。党政军民学，东西南北中，党是领导一切的。为了保证党发挥好总揽全局、协调各方的领导核心作用，已出台了1140部相关党内法规，占现行有效党内法规总量的22%，基本上把党的组织和党员领导干部的领导活动纳入制度化轨道。特别是党的十八大以来，在这方面制定出台了《中国共产党宣传工作条例》《中国共产党统一战线工作条例》《中国共产党农村工作条例》《中国共产党政法工作条例》《党政主要负责人履行推进法治建设第一责任人职责规定》等一批重要党内法规，党中央对健全党的领导法规的重视程度之高、制定力度之大、推进速度之快皆是前所未有。按照党中央决策部署，在党领导经济、改革、国家安全、外事、军队和党的组织、群团、人才工作等方面，还要制定出台一大批党内法规，它们的陆续出台将会进一步完善党的领导体制、改善党的领导方式，为坚持和加强党的全面领导提供坚实制度保障。

党的自身建设法规日臻完善。坚持制度治党、依规治党，以党的政治建设为统领，把党内法规制度建设贯穿于党的建设各领域各方面，这是加强党的自身建设的一条重要经验。改革开放以来，为了保持党的先进性和纯洁性，我们党出台了大量党内法规，这方面现行有效的法规 1620 部，约占法规总量的 31%，涵盖党的政治建设、思想建设、组织建设、作风建设、纪律建设等各个方面。在这方面党内法规中，包括两部党内政治生活若干准则、《中国共产党廉洁自律准则》、《中国共产党党校（行政学院）工作条例》、《党政领导干部选拔任用工作条例》、《党政机关厉行节约反对浪费条例》、《中国共产党党务公开条例（试行）》、中央八项规定等，它们为加强党的自身建设提供了重要遵循。党的十八大以来，党中央强力推进全面从严治党，抓思想从严、抓管党从严、抓执纪从严、抓治吏从严、抓作风从严、抓反腐从严，这“六个从严”各有侧重，共通的一点是每个“从严”都注重建章立制。实践证明，全面从严治党要走依规治党的路子，全面从严治党延伸到哪里，党内法规制度建设就要跟进到哪里，依靠党内法规发挥引领和保障作用，把全面从严治党不断向纵深推进。

党的监督保障法规持续加强。管党治党既离不开严密的监督体系这个“制度笼子”，也离不开有力的保障体系输送动力、强化激励。因此，通过完善党的监督保障法规来规范党的工作责任制、党内监督、问责、组织处理、党纪处分、奖励表彰、党员权利保障、党的机关运行保障等活动，这是建构党内法规制度体系的一项基本任务。经过 40 多年的久久为功，这个领域的法规硕果累累、数量最多，1777 部现行有效的法规占法规总量的 34%。特别是党的十八大以来，这一领域的党内法规制度建设高歌猛进，制定修订了《中国共产党党内监督条例》《中国共产党巡视工作条例》《中国共产党问责条例》《中国共产党纪律处分条例》等威震四方的“铁规”，它们的出台对于确保坚决做到“两个维护”，确保全党团结统一、行动一致至关重要。

另一方面，坚持以上率下、统筹推进各层级党内法规制定工作。

改革开放以来，党内法规体系的建构始终坚持以民主集中制为核心，无论是法规制定过程还是法规制度设计都全面贯彻落实党的民主集中制原则，确立起一种统分结合、以上率下的党内法规制定体制，这就是，党中央针对全党全军全国重大问题制定中央党内法规，中央部委和省级党委在其职责范围内制定部委党内法规和地方党内法规，整个党内法规制度变革上下贯通、一体推进。

制定中央党内法规着重规范“面”上重大问题。凡是涉及党中央集中统一领导的事项，只能由中央党内法规作出规定。这些事项主要包括：党的性质和宗旨、路线和纲领、指导思想和奋斗目标；党的各级各类组织的产生、组成和职权职责的基本制度；党员义务权利方面的基本制度；党的领导和党的建设各方面的基本制度；涉及党的重大问题的事项；党的纪律处分和组织处理方面的基本制度，等等。在党内法规体系“金字塔”中，中央党内法规居于上端、高位引领。目前，240 部现行有效的中央党内法规虽然占法规总量不到 5%，但其分量重、辐射面广，具有从无到有制度创设的特点，发挥着把向定调的重要作用。党的十八大以来，为适应全面从严治党新形势新任务提出的从严建章立制新要求，中央党内法规制定工作驶入快车道，共制定修订包括 1 部党章、2 部准则、35 部条例在内的 169 部法规，占 240 部现行有效中央党内法规总量的 70%。火车跑得快，全靠车头带。中央党内法规制定工作就是引领党内法规体系建构的火车头，它的换挡提速，有力推动部门和地方党内法规制定工作，拉动整个党内法规制定工作全面进入“高铁速度”。

制定部委党内法规着重规范“条”上重要问题。在党中央集中统一领导下，中央纪委、党中央工作机关在其职责范围内，立足规范本领域本系统党的工作制定了一批部委党内法规，它们或从原则到具体细化中央党内法规，或按照党中央授权先行先试、为制定中央党内法规积累经验。在党内法规体系“金字塔”中，部委党内法规位列中端，上承党中央、下启各地方。目前，现行有效部委党内法规 308 件，约占法规总量的 6%，它们数量固然不多，但专司一域、量身定制，面向全党、普遍适用，是加强和规范党的各方面工作的重要遵循。党的十八大前，部委党内法规主要集中在纪检和组织两个领域，在其他方面为数不多。党的十八大以来，中央纪委以及党中央工作机关贯彻落实党中央坚持依规治党、全面从严治党的重大决策部署，部委党内法规制定力度明显加大，覆盖范围日益拓展，法规数量大幅提升，各方面法规更加注重左右衔接协调，部委党内法规制定工作呈现百花竞放、春色满园的大好局面。

制定地方党内法规着重规范“块”上重要问题。以中央党内法规为制定依据，在保证不同部委党内法规相抵触的前提下，省级党委紧密结合本地区实际，综合考虑党内法规供求两方面因素，因地制宜建章立制，制定出台了一大批地方党内法规。在党内法规制度体系“金字塔”中，地方党内法规位列底端、立足基层一线。目前，现行有效地方党内法规 4630 件，将近占到法规总量的 90%。这些彰显地方特色的法规量大面广增长快，在贯彻落实党中央重大决策部署，保证从严治党、依规治党要求在本地区落地生根上发挥重要作用。

第十八章　党内法规体系的制度板块

坚持和完善中国特色社会主义制度、推进国家治理体系和治理能力现代化，一个基本任务就是完善中国特色社会主义法律体系和党内法规体系。其中，关于中国特色社会主义法律体系的构成，根据2011年国务院新闻办发布的《中国特色社会主义法律体系》白皮书，是以宪法为统帅，以法律为主干，以行政法规、地方性法规为重要组成部分，由宪法相关法、民商法、行政法、经济法、社会法、刑法、诉讼与非诉讼程序法等多个法律部门组成的有机统一整体。据此，法律体系以“法律部门”为构成单位，划分法律部门的主要标准是调整对象。党内法规体系的构成，根据《中共中央关于加强党内法规制度建设的意见》，“是以党章为根本，以民主集中制为核心，以准则、条例等中央党内法规为主干，由各领域各层级党内法规制度组成的有机统一整体”，要“按照‘规范主体、规范行为、规范监督’相统筹相协调原则，完善以‘1+4’为基本框架的党内法规制度体系，即在党章之下分为党的组织法规制度、党的领导法规制度、党的自身建设法规制度、党的监督保障法规制度4大板块”。不难看出，与法律体系的划分标准及构成单位不同的是，党内法规体系是基于规范主体、行为、监督“三位一体”的制度保障来建构的，在党章统领之下分为4个“制度板块”，党的组织法规侧重规范主体，党的领导法规和自身建设法规侧重一外一内规范党的领导和党的自身建设两类行为，党的监督保障法规侧重规范监督保障。相对而言，“法律部门”概念更多彰显各个法律部门因专司调整不同社会关系而形成的平行并列关系，而“制度板块”概念更加强调不同制度板块相互间的相辅相成、三位一体，这更有助于强化不同党内法规制度之间的分工合作、衔接协调，有助于突显党内法规作为政党规章制度的内在逻辑。关于党内法规体系的构成问题，作为一个学术研究话题，我们还可以从不同角度提出不同理论主张，但作为一个实践问题，不允许“各唱各的调”，必须贯彻落实《中共中央关于加强党内法规制度建设的意见》部署要求，统筹推进4大制度板块的建章立制工作。具体而言，建构党内法规体系要坚持系统思维、整体谋划，让各制度板块各有侧重、相辅相成。我理解，在党内法规体系中，党的组织法规制度侧重建构党的组织体系“一体三翼”组织架构，党的领导法规制度侧重打造党的领导“一核四驱”运行系统，党的自身建设法规制度侧重强化党建布局“一纲四目”制度保障，党的监督保障法规制度侧重打造“一链六环”激励约束机制。

党的组织法规制度

党的组织法规制度，主要功能是建构党的组织体系“一体三翼”组织架构。

在整个党内法规体系中，党的组织法规制度属于“组织法”范畴，主要解决的是党的组织的设置产生、地位功能、职权职责等问题。研究和观察党的组织法规制度，如果就组织看组织，不大容易看清楚、弄明白，只有将其放在党和国家治理体系的大视野中去考察，才能知其然、知其所以然。之所以如此，是因为我们党是执政党，是中国特色社会主义事业的领导核心，发挥总揽全局、协调各方的领导核心作用。同时，党“打铁必须自身硬”，党的组织究竟应当分几类、怎么设、居于什么地位、具有什么功能、负有哪些职责、拥有哪些职权，等等，这些都要放在党和国家治理体系的坐标中去定位，遵循坚持和加强党的全面领导，坚持党要管党、全面从严治党这一指导方针，紧紧围绕加强党的长期执政能力建设、先进性和纯洁性建设这条主线，科学设置党的组织，并对各级各类党的组织的地位作用、职责职权等量身定制，对党和国家事业发展提供坚强政治保证和组织保障。

大致说来，党和国家治理体系中的组织主要包括两大类，一类是党的组织，另一类是非党组织。其中，党的组织是指中国共产党的各级各类组织，关于党的组织的具体形态暂不讨论，后文再述。所谓“非党组织”，是指中国共产党之外的其他组织形态。按照宪法法律确定的中国特色民主政治体制以及中国特色社会治理体制，非党组织主要包括：人大机关、行政机关、监察机关、审判机关、检察机关等国家政权机关，人民政协这一统一战线组织，8 个民主党派，工青妇等群团组织，村委会、居委会等基层群众性自治组织，学校、医院、律协等文化组织和社会组织，国有企业、集体企业、民营企业等经济组织，以及武装力量等。这些非党组织，是经济社会发展活动的管理者、参与者，是中国特色社会主义伟大事业的建设者。我们党发挥总揽全局、协调各方的领导核心作用，“全局”主要指的就是党和国家事业的方方面面，“各方”主要指的就是各级各类非党组织，它们在党的统一领导下积极主动、独立负责、协调一致地开展工作。

党要发挥总揽全局、协调各方的领导核心作用，离不开党的组织这个主体去实施；党的政治领导力、思想引领力、群众组织力、社会动员力，离不开党的组织这个载体去承载。为此，对应于党和国家治理的组织架构设置的相应党的组织，有些是置身非党组织之外重在引领带动，有些是嵌入非党组织之中重在影响推动，据此形成的党的组织体系，自身纵横交错、自成一体，与国家和社会治理水乳交融、融为一体。

党的力量来自组织。党的全面领导、党的全部工作要靠党的坚强组织体系去实现。2018 年，习近平总书记在全国组织工作会议上强调指出，进入新时代、开启新征程，必须更加注重党的组织体系建设，不断增强党的政治领导力、思想引领力、群众组织力、社会号召力，把党员组织起来、把人才凝聚起来、把群众动员起来，为实现党的十九大提出的宏伟目标团结奋斗。建立健全党的组织体系，最高制度依据、根本制度遵循就是党章，党章通过专章规定党的组织制度、党的中央组织、党的地方组织、党的基层组织、党的纪律检查机关、党组等内容，确定了党的组织体系的基本架构。在此基础上，《中国共产党中央委员会工作条例》《中国共产党地方委员会工作条例》《中国共产党党组工作条例》《中国共产党工作机关条例（试行）》《中国共产党党和国家机关基层组织工作条例》等多个基层党组织工作条例，《中国共产党地方组织选举工作条例》等有关党内选举工作条例，等等，为规范各级各类党的组织的产生设置、职权职责配置等提供了基本遵循。

形象地讲，党的组织法规制度所要致力建立健全的党的组织体系，呈现为“一体三翼”大飞机形状。

“体”，即飞机的机身，指的是党的组织体系的主体部分。包括党的代表大会及其选举产生的党委，自上而下包括党的中央组织、地方组织、基层组织 3 个层级，分别对应于飞机机身的前中后 3 个部位。

其中，党的中央组织，即党的全国代表大会及其选举产生的中央委员会、由中央委员会全体会议选举产生的中央政治局及其常委会等，党的全国代表大会和中央委员会是党的最高领导机关，党中央是全党全军全国的领导核心。党的地方组织，即省市县 3 级党的地方代表大会及其选举产生的地方党委、地方党委全体会议选举产生的常委会等，党的地方代表大会和地方党委是党在地方的领导机关，地方党委在本地区发挥领导作用。党的基层组织，即党在企业、农村、机关、学校、科研院所、街道社区、社会组织、人民解放军连队和其他基层单位设立的党组织，党的基层组织是党在社会基层组织中的战斗堡垒，是党的全部工作和战斗力的基础。在党的基层组织中，党支部是党的基础组织，担负直接教育党员、管理党员、监督党员和组织群众、宣传群众、凝聚群众、服务群众的职责。

“三翼”中的一翼是指飞机尾翼，指的是党的纪律检查机关这一党内监督专责机关。

纪委之于党委如影随形，自上而下分为中央纪委、地方纪委、基层纪委 3 个层级，纪委接受同级党委和上级纪委双重领导。中央纪委由党的全国代表大会选举产生，中央纪委领导机构由中央纪委全体会议选举产生并报党中央批准。省市县 3 级纪委由同级地方党的代表大会选举产生，领导机构由纪委全体会议选举产生并报同级党委通过、上级纪委批准。基层纪委由同级基层党的代表大会选举产生，领导机构由纪委全体会议选举产生并报同级党委通过、上级纪委（纪工委）批准。纪律检查机关，包括纪委以及纪委的派驻机构和派出机构，派驻部门、企事业等单位的纪检组属于派驻机构，而纪工委等属于派出机构，二者的功能和属性存在一定差异。

“三翼”中的另外两翼是指飞机的两侧翼，指的是党委工作部门和党委设立的党组，它们肩负执行同级党委和上级党的组织决策部署的职责。

一个“侧翼”是党委工作部门。

党委工作部门由党委工作机关和其他工作部门构成，主要包括党委办公厅（室），党委组织部、宣传部、统战部、政法委等党委职能部门，编办、外办、财办、改革办、网信办、国安办等党委办事机构，工委等党委派出机关，以及党史和文献研究院、党校（行政学院）等党委直属事业单位。它们是落实党中央决策部署、本级党委决定和上级党的组织部署要求，实施党的领导、加强党的建设、推进党的事业的执行机关。党中央和地方各级党委设立数量不等的党委工作部门，基层党委可以根据工作需要设立必要的工作部门。

党委工作部门不是完整的组织形态，其产生方式是由党委设立的而不是党的代表大会选举的，不存在换届问题。作为党委的五脏六腑，不同的党委工作部门发挥相应的功能性器官作用。就党委工作部门履行的贯彻落实职责而言，有些偏重于党对经济社会发展活动的领导——比如统战部、政法委等职能部门，财办、国安办、网信办、外办、编办等办事机构；有些偏重于履行管党治党职责——比如工委；有些兼而有之——比如组织部、宣传部等职能部门。

另一个“侧翼”是党组。

党组是党在中央和地方国家机关、人民团体、经济组织、文化组织和其他非党组织的领导机关中设立的领导机构，在本单位发挥领导作用，是党对非党组织实施领导的重要组织形式。党组性质党委，是指党在对下属单位实行集中统一领导的国家工作部门和有关单位的领导机关中设立的领导机构，在本单位、本系统发挥领导作用。

党中央和地方党委之所以要在重要的非党组织的领导机关中设立在本单位（本系统）发挥领导作用的党组（党委），主要目的在于借助广泛分散在非党组织中的这些桥头堡，依靠嵌入非党组织领导机关中的这些神经中枢，坚持和加强党委对非党组织的直接领导，将这些非党组织管理和参与经济社会发展的活动全面置于党委领导之下，确保党中央在全国范围内总揽全局、协调各方，确保地方党委履行好全面领导本地区经济发展的职责。

需要注意的是，党组只在非党组织中设立，无论是党委工作部门还是合并设立或者合署办公的党政机关，都不必设立党组。另外，并非所有非党组织都得设立党组，综合考虑设立的可行性与必要性，主要是在政治性、公共性要求高的重要非党组织中设立党组，至于其他非党组织可以通过设立基层党组织来发挥领导或者战斗堡垒等作用。

无论是党的治理、国家治理还是社会治理，其治理体系的现代化都要集中体现为治理制度的现代化，其治理能力的现代化集中体现为制定和执行制度能力的现代化。为了解决国家治理和社会治理问题，国家建立健全以宪法为核心的中国特色社会主义法律体系，经济文化社会组织等建立了以章程为核心的自治规范体系，其中，规范组织的产生设立、功能地位、职权职责等方面的组织制度属于基础制度。同样，要实现党的治理体系和治理能力的现代化，就要形成以党章为根本的党内法规体系，首当其冲的是建立健全党的组织法规制度，夯实党执政治国、管党治党的组织制度基础，其中，重中之重就是根据党章制定出台一批条例，对党的中央组织、地方组织、各类基层组织的设置产生、功能地位、职权职责等作出基本规定，实现对党的组织体系“一体三翼”基本架构的制度性建构。

党的领导法规制度

党的领导法规制度，主要功能是打造党的领导“一核四驱”运行系统。

中国共产党领导是中国特色社会主义最本质的特征，是中国特色社会主义制度的最大优势，党是最高政治领导力量。必须坚持党政军民学、东西南北中，党是领导一切的。贯彻落实“坚持党对一切工作的领导”这一政治原则，既要思想认识到位，更要法规制度保障到位，必须全面加强党的领导法规制度建设。党的领导法规制度，调整的是党的领导关系，规范和保障的是党的领导活动，目的在于坚持和加强党的全面领导。通过制定长短合体、大小贴身的党内法规来有力规范和保障党的领导活动，就必须适应新时代坚持和加强党的全面领导、提高党的执政能力和领导水平的需要，量身裁衣、建章立制，制定出台政治鲜明、质量过硬的党内法规，坚决维护党中央权威，健全总揽全局、协调各方的党的领导制度体系，完善党的领导体制机制、方式方法，明确党的领导职权职责，把党的领导落实到国家治理各领域各方面各环节。

形象地讲，为坚持和加强党的全面领导提供法规制度保障，其原理类似于打造一个动力强劲的四轮驱动车。其中，“发动机”对应于“党的领导核心地位”，制度建设的使命任务是巩固党的长期执政地位，捍卫党作为中国特色社会主义事业的领导核心地位毫不动摇。在此基础上分别解决“四轮驱动”问题，第一个轮子侧重于产生和释放对党的向心力，第二个轮子侧重于产生和释放党的领导力，第三个轮子侧重于产生和释放党的执行力，第四个轮子侧重于产生和释放党的创造力。

加强党的领导法规制度建设，让法规制度保障与党的领导活动如影随形、贯穿于党的领导全过程各方面，主要任务就是打造党的领导“一核四驱”运行系统。

第一，依靠制度巩固“党的领导核心地位”。

中国共产党是中国特色社会主义的坚强领导核心，统揽“四个伟大”、实现伟大梦想，必须坚持党领导一切。历史已经并将继续证明，没有中国共产党的领导，民族复兴必然是空想。中国共产党的领导地位既是由宪法确立的，更是人民的选择、历史的选择。夺取新时代中国特色社会主义伟大胜利，必须旗帜鲜明坚持和加强党的全面领导，依靠坚持和完善党的领导制度体系，捍卫和巩固党的领导核心地位。

党的十九大报告阐述新时代中国特色社会主义基本方略，第一条就是“坚持党对一切工作的领导”，明确要求“完善坚持党的领导的体制机制”。党的十九大提出新时代党的建设总要求，开宗明义就是“坚持和加强党的全面领导”。党的十九大修改党章的一大亮点，就是大大充实了坚持和加强党的领导方面的内容，将总纲原最后一个自然段第一句“党的领导主要是政治、思想和组织的领导”，修改为“中国共产党的领导是中国特色社会主义最本质的特征，是中国特色社会主义制度的最大优势。党政军民学，东西南北中，党是领导一切的”。同时，对总纲和条文中有关党的领导内容作了许多充实。在此基础上，党的十九届四中全会围绕坚持和完善中国特色社会主义制度、推进国家治理体系和治理能力现代化，作出“十三个坚持和完善”的重大决策部署，第一条就是“坚持和完善党的领导制度体系，提高党科学执政、民主执政、依法执政水平”。健全总揽全局、协调各方的党的领导制度体系，需要统筹推进党的领导要求入法入规入政策入章程等各项工作，其中一个极为重要的方面就是在构建党内法规体系过程中，大力加强党的领导法规制度建设。

健全党的领导法规制度，要以党章为根本依据，贯彻落实党的十九大精神，立足“坚持党对一切工作的领导”来进行制度设计和制度安排。主要包括：健全坚定维护党中央权威和集中统一领导的各项制度，旨在“牢固树立政治意识、大局意识、核心意识、看齐意识，坚定维护以习近平同志为核心的党中央权威和集中统一领导”；健全党对经济社会发展活动的领导制度，落实党章所要求的“党必须集中精力领导经济建设，组织、协调各方面的力量，同心协力，围绕经济建设开展工作，促进经济社会全面发展”；健全党在决策方面的领导制度，落实党章所要求的“党必须实行民主的科学的决策，制定和执行正确的路线、方针、政策”；健全党对国家政权机关和其他非党组织的领导制度，落实党章所要求的“党必须保证国家的立法、司法、行政、监察机关，经济、文化组织和人民团体积极主动地、独立负责地、协调一致地工作”；健全党对群团工作的领导制度，落实党章所要求的“党必须加强对工会、共产主义青年团、妇女联合会等群团组织的领导，使它们保持和增强政治性、先进性、群众性，充分发挥作用”；健全坚持和完善党的全面领导的体制机制、方式方法等方面的法规制度，落实党章所要求的“党必须适应形势的发展和情况的变化，完善领导体制，改进领导方式，增强执政能力”，等等。

党的十九届四中全会针对坚持和完善包括党的领导法规在内的党的领导制度体系作出6项决策部署，这就是：建立不忘初心、牢记使命的制度，完善坚定维护党中央权威和集中统一领导的各项制度，健全党的全面领导制度，健全为人民执政、靠人民执政各项制度，健全提高党的执政能力和领导水平制度，完善全面从严治党制度。通过健全总揽全局、协调各方的党的领导制度体系，捍卫和巩固党的领导核心地位，把党的领导落实到国家治理各领域各方面各环节。

第二，依靠制度凝聚“坚定维护党中央权威和集中统一领导”的向心力。

我们党是一个有着9100多万名党员的大党，领导着一个超过14亿人口的大国，统揽“四个伟大”，夺取新时代中国特色社会主义伟大胜利，必须有一个坚强领导核心，在全党全社会产生“众星捧月”的强大向心力，据此保证全国一盘棋、上下一条心，心往一处想、劲往一处使、拧成一股绳，团结奋斗、众志成城。在政治逻辑和政治实践意义上，维护党的领导核心地位要画好3个同心圆。其中，外圆代表的是党对全国全社会实施领导，作为中国特色社会主义领导核心，党总揽全局、协调各方；中圆代表的是面向全党实施领导，各级各类党的组织和全体党员必须服从党的全国代表大会和中央委员会，接受党中央的集中统一领导；内圆代表的是党中央和全党的核心地位，习近平总书记是全党核心、人民领袖、军队统帅，是全党全军全社会的核心，举旗定向、掌舵领航。坚持党的领导，首先是坚持党中央的集中统一领导；坚持党中央的集中统一领导，关键是坚决维护习近平总书记的核心地位。

通过健全党的领导法规制度来引领和凝聚全党全社会“坚定维护党中央权威和集中统一领导”的向心力，要始终以党章为根本依据，以党章确立的政治原则为根本遵循，内外联动、同频共振，同向发力、形成合力。

一方面，要面向全党完善党内领导制度。建立健全保证党的组织和党员认真学习贯彻习近平新时代中国特色社会主义思想的制度保障。贯彻新时代党的建设总要求，坚持党要管党、全面从严治党，完善和落实全面从严治党责任制度，建立健全以党的政治建设为统领、全面推进党的各方面建设的体制机制，永葆党的先进性和纯洁性，不断增强党的创造力、凝聚力、战斗力。严明党的政治纪律、组织纪律和各方面纪律，要求全党增强“四个意识”、坚定“四个自信”、做到“两个维护”，加强和规范党内政治生活，发展积极健康的党内政治文化，营造风清气正的良好政治生态，一切党的组织和全体党员都必须在政治立场、政治方向、政治原则、政治道路上同党中央保持一致，坚定维护以习近平同志为核心的党中央权威和集中统一领导，确保全党团结统一和行动一致。

另一方面，要面向全社会完善党外领导制度。按照党章提出的党“是中国特色社会主义事业的领导核心”，“党必须按照总揽全局、协调各方的原则，在同级各种组织中发挥领导核心作用”等根本要求，完善党的领导制度。主要包括：

一是完善党领导人大、政府、政协、监察机关、审判机关、检察机关、武装力量、人民团体、企事业单位、基层群众性自治组织、社会组织等非党组织的制度，健全各级党委（党组）工作制度，确保党在各种组织中发挥领导作用。在党领导的各类组织中，当然包括各民主党派——东西南北中，党政军民学，党是领导一切的，“党政军民学”中的“党”应当包括各民主党派。

二是健全党领导改革、经济、政治、法治、文化、社会、生态文明、外事、国防和军队以及党的组织、宣传、纪检监察、群众、统战等工作的制度，完善党领导各项事业的具体制度，把党的领导落实到统筹推进“五位一体”总体布局和协调推进“四个全面”战略布局各方面。

三是完善党和国家机构职能体系，把党的领导贯彻到党和国家所有机构履行职责全过程，推动各方面协调行动、增强合力。

四是健全党的基层组织发挥战斗堡垒作用、全体党员发挥先锋模范作用等方面的制度，打通党的领导力落实落地的“最后一公里”。

通过完善党面向全社会的领导制度，教育引导广大人民群众自觉运用习近平新时代中国特色社会主义思想统一思想、统一行动，激励广大人民群众增强“四个自信”，号召动员广大人民群众积极贯彻落实党中央确立的理论路线方针政策和重大决策部署，让全国各族人民紧密团结在以习近平同志为核心的党中央周围，在中国大地上凝聚起同心共筑中国梦的磅礴力量。

第三，依靠制度增强“党总揽全局、协调各方”的领导力。

党政军民学、东西南北中，党是领导一切的。作为中国的最高政治领导力量，党的领导方式集中体现为总揽全局、协调各方。党的十九大报告对增强党的领导能力进行了深刻阐述、作出了重大部署。党的十九大报告指出，我们党要始终成为时代先锋、民族脊梁，始终成为马克思主义执政党，自身必须始终过硬；领导 13 亿多人的社会主义大国，我们党既要政治过硬，也要本领高强。党要总揽全局、协调各方，必须具有卓越的领导力，这种领导力，指的是党把方向、谋大局、定政策、促改革的能力和定力，主要包括党的政治领导力、思想引领力、群众组织力、社会号召力 4 个方面，党为此必须增强学习本领、政治领导本领、改革创新本领、科学发展本领、依法执政本领、群众工作本领、狠抓落实本领、驾驭风险本领等“八大本领”。党的十九届四中全会在“八大本领”之外，又提出要“发扬斗争精神，增强斗争本领”。

提升党的领导力，是一个艰巨复杂的系统工程，既要靠全党努力又要靠核心引领，既要靠政治建设又要靠业务建设，既要靠思想创新又要靠真抓实干，既要靠建强组织又要靠提升个人，既要靠纪律规矩又要靠激励表彰，既要靠优良传统又要靠新风新气，既要靠顽强意志又要靠把握规律，既要靠精神力量又要靠物质保障，等等，而制度建设则要贯穿这些方面之中，为做好提升党的领导力的工作提供制度之轨，实行理性之治，保证提升党的领导力的工作具有确定性、连续性、稳定性。党的十九大明确要求，要改进党的领导方式和执政方式，保证党领导人民有效治理国家；要完善坚持党的领导的体制机制，确保党始终总揽全局、协调各方。实行制度治党、依规治党，依靠制度之治、党规之治来为提升“党总揽全局、协调各方”的领导力提供制度保障，要按照科学执政、民主执政、依法执政的要求，重点在完善党的领导体制机制、方式方法上做文章，推进建章立制、释放治理效能。

一是在领导体制上要明确党的领导职权职责、理顺党的领导关系。体制问题是基本问题，主要解决的是确定主体地位、明确职权职责、规范相互关系的问题。制定出台相关党内法规，按照党总揽全局、协调各方的原则巩固党的领导地位，明确党的组织领导经济社会发展的职权职责，规范党的组织与非党组织之间的领导与被领导关系，从而在法规制度上赋予党足够的领导力；同时，完善和落实民主集中制，坚持“四个服从”，通过党内法规明确设定党员个人服从党的组织、少数服从多数、下级组织服从上级组织、全党服从中央等 4 对基本关系，既充分发扬党内民主又善于集中统一。通过健全党的领导体制，实现在党中央的集中统一领导下，党的组织与非党组织、党的上级组织与下级组织、党员领导干部与普通干部等各类主体各即各位、各负其责。

二是在领导机制上要健全党的领导活动链条、保证党的领导意图顺利实现。机制属于工作流程问题，健全党的领导机制就是要依靠制度打造一根环环紧扣的工作链条，防止和纠正党的领导力出现传导不畅、对冲抵消、层层递减、束之高阁等问题，避免出现有令不行、有禁不止。从工作环节来看，健全党的领导机制主要是完善党的决策、执行、监督 3 个主要环节上的流程规范和过程控制。其中，在决策环节要建立健全调查研究、听取意见、专家论证、风险评估、合法合规性审查、集体讨论决定等决策机制；在执行环节要建立健全分工协作、督促指导、执行评估、意见反馈等执行机制；在监督环节要建立健全监督检查、考核评价、奖励表彰、问责追责、定分止争等监督保障机制。同时，还要完善决策、执行、监督3个环节的无缝衔接、前后联动机制。从工作主体来看，健全党的领导机制主要是在不同主体之间建立一种运行畅通的联动关系，包括党的组织与非党组织之间的内外畅通，上下级党的组织之间的上下贯通，同级相关联党的组织之间的左右联通等，通过请示报告、情况通报、沟通协调等各种方式，确保党的领导主张正确形成、顺利实施。

三是在领导方式上要因人因事制宜、综合施策精准施策。正当目的应当通过合适方式去实现。坚持和完善党的领导，实现党的领导主张，要充分考虑领导方式的合理性，既不能小题大做、“用大炮打蚊子”，也不能大题小做、“用小马拉大车”，理性的做法是综合考虑领导事项的重要程度和领导对象的差异性，选择最能节约成本、有效彰显领导力的领导方式。具体而言，在研究设计党的领导法规制度时，要区分是党内还是党外而采用不同的领导方式，在党内可以采用命令/服从等刚性方式，对党外则要更多采用组织动员教育引导等柔性方式；要区分领导事项是普遍的还是个别的，解决普遍性问题更适合采用制定规范性文件、建章立制等抽象方式，而解决个别化问题则更适合采用一事一议的具体方式；要区分领导事项政治性要求的强弱差异，视情决定是运用抓大放小的“党的领导”方式，还是事无巨细都要过问的“党管”方式；要区分相关党和国家机构不同关系，健全党的工作机关对相关单位视情采用代管、归口管理、归口领导等相应方式的工作机制，精准把握领导的粗细深浅的“度”，等等。总之，在研究制定党的领导法规时，要针对不同的领导事项和领导对象，有针对性地设定发布命令、下达指示、事前审批、事后备案、事后报告、协商协调、意见建议、示范引导、指导、处理处分等强弱不等的领导方式，明确各种方式的具体适用情形，以保证党的领导方式强弱适度、刚柔相济。

四是在领导方法上要力求灵活多样、有效管用，解决好党的领导“过河”问题。方法如同钥匙，一把钥匙只能打开一把锁，一种方法适合解决一种问题。坚持和完善党的领导，没有哪一种方法是“万能钥匙”，“万金油”式的方法往往效果平平。同时，形势任务不断发展变化，原本有效的领导方法也可能时过境迁不再管用。因此，增强党的领导力，一个重要方面就是针对不同问题量身定制相应领导方法，并适应新情况不断推陈出新，丰富充实领导方法“工具箱”，决不能不讲方法简单蛮干，也不能只会一招别无他法。也就是说，研究制定党的领导法规制度，要坚持马克思立场观点方法，坚持战略思维、历史思维、创新思维、辩证思维、法治思维、底线思维，积极适应新时代党的领导工作的新形势新任务新要求，注重总结自身好经验、借鉴别人好做法，不断改进领导方法，保证党的领导方法够用、好用、管用，做到针对党的领导不同事项、不同对象、不同场合、不同环境运用不同方法，不断提高领导艺术、改善领导效果。

第四，依靠制度提升党“狠抓落实本领”的执行力。

党的十九大提出要全面增强执政本领，“八大本领”之一就是增强狠抓落实本领，“坚持说实话、谋实事、出实招、求实效，把雷厉风行和久久为功有机结合起来，勇于攻坚克难，以钉钉子精神做实做细做好各项工作”。狠抓落实，就是要提高执行力。健全党的领导法规制度，一项重要任务就是针对抓落实、促执行建章立制，提高贯彻落实党的决策部署的坚决性、及时性、有效性，确保令行禁止，确保党的决策部署落地见效，最大限度把党的决策部署的预期效果转化为党和国家治理的效能。

在党的领导工作实践中，执行不力、落实不到位的问题比较突出。有的搞形式主义，热衷于喊口号、做样子，包装作秀、搞花架子，对上级要求简单照抄照转，以会议落实会议、以文件落实文件，雷声大、雨点小，只见楼梯响、不见人下楼；有的奉行功利主义，上面盯得紧就抓一抓，消极应付督促检查考评，为我所用，合意的就执行，不合意的就弃之不用，搞避重就轻、趋利避害、挑肥拣瘦的选择性执行；有的甚至另搞一套，有令不行、有禁不止，上有政策、下有对策，表态的是一套，实际做的是另一套，等等。执行不力、落实不到位，造成党的决策部署被束之高阁，这严重损害党的决策部署的严肃性和权威性，严重削弱党的领导力，必须按照“增强狠抓落实本领”要求，健全相关领导法规制度，为提升党的决策部署执行力提供坚实制度保障。

党内法规制度生命力在于执行，其执行本身也离不开制度保障。要针对现实中存在的执行不力问题，对症下药、补齐制度短板，在做好几个结合上下功夫，健全强化执行力的制度保障。要把贯彻落实上级决策部署与本地区本部门实际结合起来，地方和部门开展工作必须以贯彻落实党中央决策部署为前提，同时要紧密结合本地区本部门工作实际创造性执行；要把用好权与履好责结合起来，有权必有责，用权受监督，违规必追责，通过监督问责追责形成强化执行的倒逼压力；要把全面要求与突出重点结合起来，各级各类党的组织和全体党员都必须坚决贯彻落实党的基本理论、基本路线、基本方略，党的领导机关、领导机构和党员领导干部更要率先垂范，一级抓一级、层层抓落实；要把强化部门执行主体责任与强化党委办公厅（室）抓落实的督促检查责任结合起来，部门各司其职、各负其责，党委办公厅（室）要履行抓落实这一基本职能；要把要求党内坚决执行与引领推动全社会贯彻落实结合起来，在党的组织和党员必须不折不扣贯彻党的决策部署的同时，还要通过发挥领导作用、战斗堡垒作用、示范引领作用，积极主动地推动党的领导主张通过法定程序转化为国家法律法规、政令和社会共识，保证党的组织推荐的干部通过法定或者民主方式任免。

针对提升党内法规执行力问题，党中央2019年制定出台了《中国共产党党内法规执行责任制规定（试行）》，强调各级党的组织和全体党员负有遵守党内法规、维护党内法规权威的义务，各级党的组织和党员领导干部必须牢固树立执规是本职、执规不力是失职的理念，切实担负起执行党内法规的政治责任。该规定要求在党中央集中统一领导下，建立健全党委统一领导、党委办公厅（室）统筹协调、主管部门牵头负责、相关单位协助配合、党的纪律检查机关严格监督的执规责任制，统分结合、各司其职，一级抓一级、层层抓落实。在国家法治建设中，目前尚未就执法问题专门制定一部法律，而党中央却专门就加强党内法规执行问题制定出台一部党内法规，由此可见党中央对执规问题之高度重视。该规定的出台，进一步完善了执规责任制，为规范执规问题提供了重要遵循，必将有力推动党内法规执行力的提升。党内法规是实施党的领导活动的基本依据，推动提升其执行力，在相当程度上就是在推动党的领导主张和决策部署的落实落地。

当然，提升党的组织和党员领导干部的执行力，这个复杂问题不可能通过一两个条款就能解决，这个艰巨任务也不可能通过一两部法规就能完成，这个基本主题要贯穿于整个党内法规制度体系构建的全过程各方面。为此，既要重点强化党的领导法规制度板块中的执行性制度弱项，也要在党的组织法规、党的自身建设法规、党的监督保障法规等其他制度板块中的相关制度安排中，一并考虑建立健全执行体制机制问题；既要制定出台专门用来强化执行的单项法规，也要在其他相关法规中见缝插针安排相应条款；既要健全执行的主体、权限、职责、事项、对象、举措等实体性规范，也要健全执行的时限、方式、步骤等程序性规范，还要健全考评奖惩等保障性规范，等等。总之，我们只有建立健全一整套系统集成、有效管用的强化执行的制度规范，一体推进明责、定责、督责、追责，进一步提升党的组织和党员领导干部的执行力，进一步增强党狠抓落实本领，才能保证党的决策部署落地生根、开枝散叶、开花结果。

第五，依靠制度激发党“守正出新”的创造力。

改革开放是强国之路。只有改革开放，才能发展中国、发展社会主义、发展马克思主义。不难想象，如果没有党的十八大以来发生的深层次、根本性变革，那就不可能取得全方位、开创性的成就。中国特色社会主义进入了新时代，我们只有继续推进全面深化改革，守正出新，才能开启新征程、续写新篇章。所谓“守正”，强调的是坚持马克思主义作为我们立党立国的根本指导思想毫不动摇，坚持党的性质、宗旨和奋斗目标毫不动摇，坚持和完善中国特色社会主义制度毫不动摇，坚持党在社会主义初级阶段的基本路线毫不动摇，坚持习近平新时代中国特色社会主义思想的指导地位毫不动摇，坚持党的根本制度、基本制度毫不动摇，等等；所谓“出新”，强调的是要大胆探索、开拓创新，全面深化改革，不断完善党和国家各项制度，推进国家治理体系和治理能力现代化，坚决破除一切不合时宜的思想观念和体制机制弊端，突破利益固化的藩篱，吸收和借鉴人类社会创造的一切文明成果，构建系统完备、科学规范、运行有效的制度体系，充分发挥我国社会主义制度的优越性。

党的十九大将“坚持全面深化改革”确定为习近平新时代中国特色社会主义基本方略的重要内容，将“增强改革创新本领”确定为全面增强党的执政本领的“八大本领”之一，将“调动全党积极性、主动性、创新性”确定为新时代党的建设总要求的着力点，将提高党“促改革”的能力和定力确定为提高党的领导力的重要方面。贯彻落实党的十九大和十九届二中、三中、四中、五中全会精神，适应新时代中国特色社会主义作出的新部署提出的新要求，全党必须勤于学习、勇于创新、自我提高、与时俱进，坚持不懈推进理论创新、制度创新、实践创新，守正出新、革故鼎新、推陈出新，依靠党的巨大创造力把新时代中国特色社会主义不断推向前进。

深化改革，剑指束缚经济社会发展的体制机制障碍，这就使推进改革往往集中体现为制度变革，改革成果也经常要固化为制度规定。不过，我们不能因此就似是而非地将推进改革与遵守制度对立起来，误认为改革就可以不守规矩、随意突破现行制度。党中央明确要求，重大改革必须于法有据，要运用法治思维和法治方式深化改革。

坚持党对一切工作的领导，其中的一项重要工作就是改革工作。全面深化改革无疑必须在党的领导下统筹推进，而党对改革工作的领导，无疑应当在制度化轨道上有序进行。为此，需要健全党领导改革方面的党内法规制度，健全党领导改革工作的法规制度，是完善党的领导方面法规制度题中应有之义。一要建立健全党对改革工作的领导体制，坚持党中央对改革工作的集中统一领导和顶层设计，科学划分中央和地方，以及地方党委、党组、改革领导小组及其办公室等各类主体之间的职责权限，分工合理、各负其责。二要明确推进改革工作应当坚持的基本原则，统一部署、分头推进，科学民主、依法依规，更加注重改革的系统性、整体性、协同性，牢固树立改革工作一盘棋意识。三要建立健全党领导改革的工作机制，包括提出改革意见建议机制，研究谋划改革事宜协商协调机制，作出改革决定的决策机制，请示报告通报改革事项机制，试点改革的动议和审批机制，关联性改革的联动机制，执行改革决策的分工协作机制，推动改革决策落实的督促检查机制，对改革成效的考核评价和评估机制，改革创新容错纠错机制，改革领导责任落实不力的问责追责机制，等等。

改革工作越深化、改革力度越大，完善党领导改革工作法规制度的需求就越强烈、在法治轨道上推进改革的要求就越高。较之其他领域的领导法规制度，党领导改革工作法规制度建设目前相对滞后，亟须澄清那种认为规范党领导改革工作是在束缚党的手脚的错误观念，将党的十八大以来党领导全面深化改革的成熟经验和成功做法提炼上升为法规制度，健全党领导改革的体制机制。就立规方式而言，完善党领导改革工作的法规制度要统分结合，既要制定出台专门的党内法规，又要在制定出台相关领导法规制度时体现这方面的要求。就立规路径而言，可以按照急用先立、成熟一个出台一个的原则，抓紧在建立健全改革协商协调机制、改革措施论证评估机制、关联性改革措施的联动机制、执行改革决策督促检查机制、改革效果考核评价机制等方面，先研究制定若干专项的规定或者办法，待时机条件成熟时，再去研究制定一部党领导改革工作的条例，为加强和规范党对全面深化改革工作的领导提供基本遵循。

党的自身建设法规制度

党的自身建设法规，主要功能是按照党建“一纲四目”总体布局来有效回应全面从严治党、依规治党提出的制度需求，把党建设得更加坚强有力。

准确定位党的自身建设法规制度的功能，需要在解决好 3 个前提问题基础上把握一个重点问题。

第一个前提问题是，如何理解党的领导、党的建设、党内法规制度三者关系？

党的十九大要求，“加快形成覆盖党的领导和党的建设各方面的党内法规制度体系”。2019年修订的《中国共产党党内法规制定条例》据此将党内法规定义为“规范党的领导和党的建设活动”的专门规章制度。党内法规所要规范的党的工作活动分为两大类：一类是党对外实施的领导经济社会发展的工作和活动，作为执政党，我们党居于总揽全局、协调各方的领导核心地位，在推进中国特色社会主义伟大事业中发挥的是把方向、谋大局、定政策、促改革的领导作用；另一类是党对内实施的加强自身建设的工作活动，党要管党、全面从严治党，必须毫不动摇把党建设得更加坚强有力。党的领导和党的建设二者关系是，打铁必须自身硬，党要团结带领人民进行伟大斗争、推进伟大事业、实现伟大梦想，必须推进党的建设新的伟大工程，不断加强党的自身建设。据此，加强党的建设是实现党的领导的基本条件。党的领导、党的建设与党内法规制度建设三者关系是，“治国必先治党，治党务必从严，从严必依法度”，亦即，要通过加强党内法规制度建设来推进依规治党，依靠依规治党来推进全面从严治党，通过加强党的建设来坚持和完善党的领导。

第二个前提问题是，如何理解党的十九大提出的“加快形成覆盖党的领导和党的建设各方面的党内法规制度体系”与《中共中央关于加强党内法规制度建设的意见》提出的以“1+4”为基本框架的党内法规制度体系二者关系？

二者侧重点不同，但要求是一致的。

党的十九大要求加快形成的党内法规制度体系是“覆盖党的领导和党的建设各个方面”，这一“二分法”突出强调的是党的工作活动分为对外对内两大类，内外二分法实现了分类穷尽和逻辑周延，一个能够把二者都纳入其调整范围的党内法规制度体系，就实现了对调整对象的全覆盖。而“1+4”中的“4”，这种“四分法”突出强调的是规范主体、规范行为、规范监督保障的三位一体，其中，主要用来规范主体设立等事项的制度属于党的组织法规；用来规范行为问题的一分为二——规范党的领导活动的属于党的领导法规，规范党的自身建设活动的属于党的自身建设法规；用来规范党的监督保障活动的属于党的监督保障法规。“二分法”实质是“领域二分法”，突显的是党内法规的两大调整领域，而“四分法”实质是“构成四分法”，突显的是党内法规体系的4个构成板块，二者并行不悖、殊途同归，都指向要形成一个实现对党的各方面工作活动全覆盖的党内法规体系。

鉴于此，我们不能似是而非地将党的十九大提出的党内法规制度体系中的“党的领导”和“党的建设”概念，机械地等同于“1+4”当中的第二、第三制度板块——事实上，覆盖“党的领导”领域的法规制度，要兼具领导主体、领导活动、针对领导工作的监督保障等3个方面，并不局限于其中的“领导活动”；同理，覆盖“党的建设”领域的法规制度，也要兼具建设主体、建设活动、针对建设工作的监督保障等3个方面，并不局限于其中的“建设活动”。

就此而言，当我们在强调党内法规的调整领域既包括党的领导也包括党的建设（而不只包括党的建设这一个方面）时，采用“领域二分法”就更加直截了当，当我们在强调党内法规应当是规范主体、规范行为、规范监督保障的三位一体（而不只是规范行为这一个方面）时，采用“构成四分法”就更加全面准确。

第三个前提问题是，在党的十九大提出的新时代党的建设总要求中怎么找准党的自身建设法规制度板块的坐标定位？

党的十九大报告第十三部分以“坚定不移全面从严治党，不断提高党的执政能力和领导水平”为题，对新时代党的建设提出了225字的总要求，即“新时代党的建设总要求是：坚持和加强党的全面领导，坚持党要管党、全面从严治党，以加强党的长期执政能力建设、先进性和纯洁性建设为主线，以党的政治建设为统领，以坚定理想信念宗旨为根基，以调动全党积极性、主动性、创造性为着力点，全面推进党的政治建设、思想建设、组织建设、作风建设、纪律建设，把制度建设贯穿其中，深入推进反腐败斗争，不断提高党的建设质量，把党建设成为始终走在时代前列、人民衷心拥护、勇于自我革命、经得起各种风浪考验、朝气蓬勃的马克思主义执政党”。基于这个总要求，党的十九大从把党的政治建设摆在首位、用习近平新时代中国特色社会主义思想武装全党、建设高素质专业化干部队伍、加强基层组织建设、持之以恒正风肃纪、夺取反腐败斗争压倒性胜利、健全党和国家监督体系、全面增强执政本领等 8 个方面，对推进新时代党的建设新的伟大工程作出了全面部署。

准确把握党的自身建设法规制度板块在新时代党的建设总要求中的坐标定位，要搞清楚以下几点：

（1）党的建设“总要求”与“总体布局”关系。“总要求”即 225 字要求，“总体布局”是指“全面推进党的政治建设、思想建设、组织建设、作风建设、纪律建设，把制度建设贯穿其中，深入推进反腐败斗争”，“总体布局”强调的是党建工作格局，“总要求”除明确干什么的“总体布局”外，还明确了党建工作方针、主线、统领、根基、着力点、目标等其他重要内容，全面回答了党建工作为什么、干什么、怎么干、要干成什么样等基本问题。

（2）“党的建设”与“党的自身建设”二者关系。这两个概念的涵义其实是一回事，党的建设就是党的自身建设，当与党的领导概念并用时，往往用的是党的建设这个概念；当强调“打铁必须自身硬”时，往往使用党的自身建设概念，以凸显“自身”。

（3）为什么在党的建设总要求中含有坚持和加强党的全面领导、加强党的长期执政能力建设等方面的要求？新时代党的建设总要求，将“坚持和加强党的全面领导”当作一个着眼点，将“加强党的长期执政能力建设”作为党建主线的重要内容，以“把党建设成为……马克思主义执政党”为落脚点；党的建设部署最后以全面增强党的八大执政本领收尾。这就表明，我们党作为马克思主义执政党，加强党的建设不能为党建而党建，旨在坚持和加强党的领导、提高党的执政能力和领导水平。正是在这个意义上，我们就能深刻理解为什么习近平总书记强调全面从严治党“核心”是加强党的领导。

（4）党的自身建设法规制度与党的领导法规制度，二者之于坚持和加强党的全面领导的作用方式是不同的。前者侧重于提升党自身的执政能力、执政本领、领导水平等“内在”素养，强调的是“打铁必须自身硬”，而后者侧重于规范党的领导体制机制、职权职责、方式方法等“外在”要素，二者相辅相成、缺一不可。

（5）“制度建设贯穿其中”中的“制度建设”与“党的自身建设

法规制度”的关系。“制度建设”中的“制度”应当指的是“制度治党”意义上的“制度”，它既包括成文的制度，也包括不成文的规矩；不仅指党的制度，还包括相关国家法律制度。就党的制度而言，既包括党内法规，也包括党内法规之外的其他党的制度。与之不同的是，“党的自身建设法规制度”，主要指的是党内法规规范，即党内法规专门文本中的规范，以及有党内法规制定权的党的组织在其制定的规范性文件中提出的有关规范性要求。由此可见，“党的自身建设法规制度”只是“制度建设”中的“制度”的一个重要部分而非它的全部。

（6）“把制度建设贯穿其中”的“其中”指代范围。从“全面推进党的政治建设、思想建设、组织建设、作风建设、纪律建设，把制度建设贯穿其中，深入推进反腐败斗争”这个党的建设总体布局来看，“把制度建设贯穿其中”，应当指的是贯穿于党的五大建设之中，不包括深入推进反腐败斗争，否则，就应将“把制度建设贯穿其中”与“深入推进反腐败斗争”二者位置对调。

（7）关于党的政治建设、思想建设、组织建设、作风建设、纪律建设五者的逻辑关系。由于党的政治建设居于统领地位，党的政治建设的要求应当全面体现到党的思想建设、组织建设、作风建设、纪律建设之中，因此，我们就不能将党政治建设与党的建设其他方面的关系，简单地理解为类似于“大拇指”与其他“四指”的并列关系，而是一种总分关系，是以党的政治建设为纲、以党的思想建设等4个方面为目的的“一纲四目”关系。

基于以上7个相关问题的讨论，我们就可以在新时代党的建设总要求中找准党的自身建设法规制度板块的坐标定位，这就是：党的自身建设法规制度贯穿于党的建设“一纲四目”总体布局之中，服从和服务于加强党的长期执政能力建设、先进性和纯洁性建设。

在讨论上述3个前提性问题基础上，接下来我们讨论一个重点问题，即党的自身建设法规的功能定位。

总体而言，党的自身建设法规的主要功能是按照党建“一纲四目”总体布局来有效回应全面从严治党、依规治党提出的制度需求，通过充分发挥制度建设的治本之策、长远之策重要作用，把党建设得更加坚强有力。党的十九大在新时代党的建设总要求中明确提出“把制度建设贯穿其中”，这就科学地揭示了制度建设与党的五大建设的内在联系，既要求制度建设紧紧围绕党的五大建设公转，也要求党的五大建设依靠制度建设走上制度化规范化程序化轨道，实现制度建设与党的五大建设的同频共振、一体推进。

第一，“贯穿其中”契合以党的五大建设为体、以制度建设为用的定位。

制度建设是个系统工程，制定、实施、保障三位一体。邓小平同志强调，制度问题更带有根本性、全局性、稳定性和长期性。关于制度建设在党的建设总体布局中的定位问题，历史地看，经历了一个否定之否定、螺旋式上升的过程。进入21世纪以来，江泽民同志在党的十六大报告中提出，“一定要把思想建设、组织建设和作风建设有机结合起来，把制度建设贯穿其中”。胡锦涛同志在党的十七大报告中提出，要加强思想建设、组织建设、作风建设、制度建设、反腐倡廉建设；在庆祝中国共产党成立90周年大会上的讲话中指出，“必须始终把制度建设贯穿党的思想建设、组织建设、作风建设和反腐倡廉建设之中”；在党的十八大报告中提出，“全面加强党的思想建设、组织建设、作风建设、反腐倡廉建设、制度建设”。习近平总书记在党的十九大报告中提出，“全面推进党的政治建设、思想建设、组织建设、作风建设、纪律建设，把制度建设贯穿其中”。在党的建设总体布局中，将制度建设定位为贯穿于党的各方面建设之中，这种定位的科学性在于，彰显了制度对推进党的建设各方面工作的引领和保障功能，顺应了制度建设既来自党的建设又回归党的建设的内在规律，厘清了党的五大建设与制度建设二者的体用关系。

在党的建设总体布局中，依照党的建设所涉事项的不同将其划分为若干方面，主要回答的是党的建设“干什么”的问题。无论是将党的建设划分为三大建设、四大建设还是五大建设，有一点是不变的，这就是党的建设每个方面要有相对的独立性，可以不依赖其他方面而单独存在，若干方面各有侧重、相辅相成，分工不分家、构成有机统一整体。制度建设之所以不宜作为党的建设的一个方面，主要在于制度建设的依托性、保障性特质。所谓“依托性”，是指制度建设总是依托于党的政治建设、思想建设、组织建设、作风建设、纪律建设等调整对象而存在，一旦离开党的五大建设，制度建设就成了无的之矢。所谓“保障性”，是指制度建设的功用在于为党的五大建设提供制度支撑，明确开展党的建设活动的行为遵循，铺设推进党的建设工作的行为轨道。制度建设的这种依托性、保障性特质，决定着它是非自足、不独立的，与党的五大建设形成体用关系，即以制度建设为用、以党的五大建设为体，这就意味着，制度建设的谋篇布局要紧紧围绕全面推进党的五大建设展开，制度建设的功用要通过引领和保障党的五大建设来体现，制度建设的成效最终要通过作为党的五大建设结果的党的建设质量来检验。

进言之，党的十九大要求把制度建设贯穿于以党的政治建设为统领的党的五大建设之中，这就确立了一种开放性的“1+N+1”党的建设总体布局。其中，两个“1”应当是不变的，前一个“1”代表党的政治建设——我们党是马克思主义执政党，以党的政治建设为统领、把党的政治建设摆在首位，这就回归了党的建设的“本来”，无论未来党的建设形势任务怎么发展变化，但万变不离其宗，党的建设总体布局都应当始终坚持党的政治建设的统领地位不动摇；后一个“1”代表的是制度建设——习近平总书记深刻指出“加强党内法规制度建设是全面从严治党的长远之策、根本之策”，全面从严治党越是向纵深推进，越要充分发挥制度的治本作用，把制度建设贯穿于党的建设各方面之中，实行制度治党、依规治党，这是大势所趋、不可逆转。“N”代表党的建设的若干方面，目前包括思想建设、组织建设、作风建设、纪律建设4个方面，但这几个方面也不会一成不变，随着我们对党的建设规律认识的日益深化，未来还有可能作出优化调整，以保持党的建设总体布局的与时俱进。

第二，“贯穿其中”推动制度建设与党的五大建设形成结构性耦合。

把制度建设贯穿于党的五大建设之中，同时提出了两方面要求。

一方面，要求制度建设的谋划推进以及具体制度安排，不能偏离更不能脱离党的五大建设，不可自说自话、自我循环，而应立足、直面、植根于党的建设生动实践，遵循党的五大建设内在规律，综合考量各方面各领域制度化的必要性和可行性、时机条件成熟度等因素，及时准确回应党的五大建设提出的制度需求。另一方面，要求开展党的五大建设各方面工作都要在制度轨道上推进，包括党的建设做什么、谁来做、怎么做等都要有规可依、依规而为。

这两方面要求是异曲同工的，全面推进党的建设活动的过程同时也是一个从严建章立制、从严执规执纪的过程，这就表明制度建设与党的五大建设相互交织形成一种结构性耦合关系：制度建设从党的五大建设中来又回到党的五大建设中去，党的建设活动既成就了制度规定又受制度约束，制度建设供求两端与党的五大建设全方位对接，制度建设与党的五大建设两个系统你来我往、互相渗透，你中有我、我中有你，建立起一种水乳交融的结构性联系。打个比方，倘若将制度建设比作人的血液系统，将党的五大建设比作人的肌肉系统，那么制度建设与党的五大建设的这种结构性耦合关系就是一种“血肉联系”。

通过“贯穿其中”形成一种结构性耦合关系，这就要求制度建设始终深入党的五大建设之中而非在其外进行，据此保证制度安排是内生的而非外来的，制度变革是需求导向型而非供给导向型，制度建设是根据党的五大建设提出的制度化需求来有的放矢地精准提供制度供给，这种基于制度供求双方信息完全和信息对称之上的建章立制，更有可能实现制度供求的平衡。在这个意义上，较之把制度建设与党的建设各方面简单并列起来，“贯穿其中”更有助于防止出现制度建设与党的建设“两张皮”的问题，避免因制度供求双方信息不对称造成制度过剩或者制度短缺问题。这种结构性耦合，不仅有利于从根本上解决制度无效供给问题，而且有利于依靠量身定制的制度安排将党的建设活动全面纳入制度化规范化程序化轨道。

通过“贯穿其中”实现制度建设与党的五大建设形成结构性耦合，这其中暗含深刻的“惊人一跃”，这就是将抽象的、复杂的、容易失之随意的党的建设问题，巧妙地转化为具象的、简便的、更具确定性的制度建设问题。对于推进党的建设新的伟大工程而言，尽管其意义是明白的、目标是清楚的、目的是清晰的，但在推进过程中如何回答好一系列“党建问题”，包括要做好哪些事、哪些主体参与、运用什么方式、采取哪些举措、遵循什么标准、达到什么要求、效果如何评价，等等，显然，如果仅仅从个人经验和感悟中寻找答案，那经常是不确定、靠不住的。而把制度建设“贯穿其中”，将复杂的“党建问题”转化为技术性的“制度问题”，这个难题就可以迎刃而解。这就是，将全面推进党的五大建设政治要求转化为建章立制、明确职责，将抓党建工作转化为抓制度执行，将评价党建工作得失优劣转化为评价制度的执行遵守情况，这就使党建工作责任变得明确、过程变得可控、效果变得确定、评价变得准确、奖惩变得分明。

在这个意义上，通过把制度建设“贯穿其中”，将如何全面推进党的五大建设问题在相当程度上巧妙地转化为如何建章立制、执规执纪问题，化繁为简，依靠制度治党、依规治党推进全面从严治党，这其中蕴含着一种高超的治理智慧。

第三，“贯穿其中”彰显制度建设既要自转顺畅更要公转有力。

制度建设自身带有一种自我繁衍、自我扩张、自成一体的内驱力，这种动力主要源于形式逻辑力量，它激励着制度再生制度、制度结盟制度、制度复制制度，在制度的制定、执行、遵守以及与之相关的研究、宣传、解释、清理、备案、评估等相关工作之间产生传导效应并相互强化，从而形成制度建设的自转。之所以如此，是因为一项制度发挥作用通常要依赖于来自其他相关制度的声援，制度威力源于体系力量。比如，领导体制发挥作用依赖于工作机制的辅助，实体性制度发挥作用依赖于程序性制度的保障，上位制度发挥作用依赖于下位制度的配套细化，行为法发挥作用依赖于组织法和监督救济法提供支撑，原则发挥指导作用依赖于规则的落实落细，等等。一木不成林，这就势必驱动制度建设由点到线、由线到面、由面到体，制度“雪球”越滚越大、制度“链条”越拉越长，推动着制度建设朝着体系化方向迈进。制度建设的这种自转固然有其必要性，但也容易过犹不及，一旦制度建设埋头自转，“躲进小楼成一统”，忘记了应当时刻围绕党的建设公转，那么这种自转就变异成徒劳无益的制度空转。

要求制度建设“贯穿其中”，这就在时刻提醒并敦促制度建设紧紧围绕党的五大建设公转。在推进制度建设过程中，要紧紧围绕加强党的长期执政能力建设、先进性和纯洁性建设这条主线来谋篇布局，要根据全面从严治党形势任务发展变化作出相应的决策部署，要着眼全面推进党的五大建设对制度建设作出顶层设计，要聚焦解决党的领导弱化、党的建设缺失、管党治党宽松软等问题深化党的建设制度改革，要立足党的建设实际作出实事求是的制度安排，等等。只有让制度建设紧紧围绕党的五大建设公转，才能保证制度建设无论推进速度有多快、调整范围拓展到多大、制度体系化程度有多高，都不会偏离服从服务于引领和保障党的建设这个主题和圆心——究其根本，让制度建设顺畅自转的目的在于保证它围绕党的建设有力公转。进言之，党的建设也要始终围绕中心、服务大局，紧紧围绕引领和保障中国特色社会主义伟大事业发展来公转。如此一来，就形成了党内法规制度建设既自转又围绕党的五大建设公转，党的建设既自转又围绕党和人民事业公转。这种运转模式和运行逻辑，类似于月亮绕着地球转、地球绕着太阳转，党和人民事业就是“太阳”这一恒星。

把制度建设贯穿于党的五大建设之中，实现制度建设的自转与公转的并行不悖，有利于借助制度建设的体系化推动党的建设的一体化。党的建设是个浩大系统工程，各方面党的建设工作必须是一盘棋。但在实际工作中，由于各项党的建设工作往往由各级各类党的组织承担，这就容易出现分有余统不足的问题，甚至有可能因部门本位、地方利益造成推诿扯皮、各自为战。贯彻落实新时代党的建设总要求，无论是发挥好党的政治建设对党的思想建设、组织建设、作风建设、纪律建设的统领作用，还是强化党的建设各个方面之间的相辅相成，以及保证党的建设每个方面内部不同要素之间的协调一致，都对党的五大建设提出一体化要求。提升党的建设一体化水平需要综合施策，而关键一招就是善于借助制度建设的体系化之力。制度建设的体系化，是制度之治的内在要求——每种制度安排必须逻辑周延、不同制度之间必须衔接协调、所有制度规定必须构成统一整体，建章立制与贯彻落实要贯通一体。制度建设具有天然的统一性，把制度建设贯穿于党的五大建设之中，让党的五大建设在制度化轨道上推进，这就使制度建设的统一性和体系化要求自然而然地延伸至党的五大建设，从而有力地推动和保证党的建设的一体化。

较之党的五大建设各方面工作之间的不同步不协调不衔接，制度短板、制度冲突、制度裂缝以及制度闲置虚设得不到落实等“制度问题”，更容易被发现、更难以被容忍，也更容易得到解决。正因如此，在实践中，理性的做法是运用提升制度建设体系化水平这座“桥”来完成党的建设一体化这个“过河”任务。

第四，“贯穿其中”要求以高质量的制度建设全面实现党的五大建设制度化。

制度建设的“贯穿其中”，主要任务是全面实现党的五大建设制度化。为此，就要针对各方面各层级党的建设工作建构一个四通八达的“制度路网”，它是以党章为“总枢纽”，依靠准则、条例铺设“高速公路”，依靠其他中央党内法规以及部委党内法规铺设“国道”，依靠地方党内法规铺设“省道”，依靠市县党委建章立制铺设“市县公路”，依靠党的基层组织出台的制度铺设打通最后一公里实现“村村通”的“乡村公路”，通过制度建设对党的五大建设的全覆盖，实现在纵横交错的制度化轨道上有序推进党的建设各方面工作。全面实现党的五大建设制度化，要求纵向到底、横向到边，全方位推进党的制度建设。在横向上，既要实现党的政治建设、思想建设、组织建设、作风建设、纪律建设等各个方面工作的制度化规范化程序化，又要针对每个方面党的建设工作建立健全领导体制工作机制，全面实现用制度管人管权管事；在纵向上，无论是党的中央组织以及中央纪委、中央各部门，还是各级地方党委及其工作部门，以及各类党组（党委）和党的基层组织，都要落实制度治党要求，依据法规制度全面推进党的五大建设活动。不难看出，在把党的五大建设贯通一体方面，“贯穿其中”的制度建设是重要纽带。当然，全面实现党的五大建设制度化，这是一个没有止境、不断向前的动态过程，制度建设只有随着全面从严治党向纵深发展同步推进，才能实现党的建设工作推进到哪里，制度建设“轨道”就延伸到哪里，始终保证党的五大建设在制度轨道上向前推进。

制度建设要做到“贯穿其中”，必须解决好自身质量这个前提问题。经过长期努力，制度建设成效明显，在引领和保障党的建设方面发挥了重要作用。不过，对照加强新时代党的建设、不断提高党的建设质量的新要求，目前的制度建设还不能有效满足全面从严治党提出的制度需求，制度的供给侧存在一些结构缺陷，制度数量不足、制度质量不够高，制度不够用、不大管用。一方面，制度建设的各类构成要素还不够完善。比如，制度意识不够强，制度理念还比较模糊，制度价值取向不够清晰，制度安排不够科学，制度的教育引导规范评价奖惩功能还不全面，制度理论研究严重滞后，制度空白短板问题与制度间不一致不衔接不协调问题并存，制度实施不到位，制度建设的机构人员保障“小马拉大车”，等等。另一方面，制度建设不同要素间存在不衔接不配套不协调等碎片化问题。比如，制度理念、制度价值取向在一些制度安排中尚未得到应有体现，制度建设链条各环节强弱不等，党的五大建设各领域制度化进程不平衡，制度设计中重实体轻程序现象比较突出，制度制定与实施一手硬一手软，等等。制度供给能力水平取决于制度建设各要素产生的合力，受制于最短的“桶板”，特别是取决于保障党的政治建设这一“底板”。制度供给侧的结构性问题，阻碍着制度建设的“贯穿其中”。鉴于此，贯彻落实新时代党的建设部署要求，要着力推进制度建设的供给侧结构性改革，有针对性地调整优化结构，填空白、补短板、强弱项，强化各要素间的关联性和匹配性，实现制度建设自身的贯通一体、结构均衡，依靠高质量制度建设推动党的建设高质量发展。

从这个角度看，党中央要求到建党 100 周年时形成比较完善的党内法规制度体系，以及高效的党内法规制度实施体系、有力的党内法规制度建设保障体系，并强调把制度建设贯穿于党的五大建设之中。这既把加强制度建设的重要性提到前所未有的高度，又对提高制度建设质量提出了前所未有的要求，只有聚全党之智、举全党之力，才能写好推进新时代制度建设这篇事关党的建设新的伟大工程乃至“四个伟大”的大文章。

贯彻落实党的十九大作出的决策部署，按照党的建设“一纲四目”总体布局，把制度建设贯穿于党的五大建设之中，还有一个问题很有必要在理论上弄明白。实践中，经常有人提出这样的疑问：既然党内法规属于行为规范，而思想存在于人们内心之中，那么怎能做到通过党内法规制度去规范人的内心活动？

众所周知，人的思想决定人的行动，思想问题是根子问题。对于一个政党而言，思想统一是行动一致的必要前提，思想分散就会各行其是、一盘散沙，思想混乱是万乱之源。一个政党的指导思想是一面旗帜，旗帜必须鲜明，如果指导思想含混不清，那么政党就容易迷失前进方向。一个政党的指导思想必须正确，如果指导思想错了，那就会走上歪路邪路。对于执政党而言，党内思想统一与否、指导思想正确与否，不仅事关党的自身建设，更事关国家和社会发展。在这个意义上，政党重视思想建设是怎么强调都不为过的。正因如此，我们党历来高度重视加强党的思想建设，始终强调要坚持思想建党、理论强党，不断推进党的理论创新和理论武装工作。党的十九大强调指出，新时代党的建设要以坚定理想信念宗旨为根基，思想建设是党的基础性建设，要把坚定理想信念作为党的思想建设的首要任务。

在新时代党的建设总体布局中，制度建设贯穿于党的五大建设之中，党的思想建设领域自然也不例外。问题在于，如何在思想与制度二者间建立起联系，或者说，怎么推进党的思想建设的制度化，这个问题并非不言自明。毕竟，党内法规属于行为规范而非道德规范，后者主要依靠内心谴责这种自律性去实施。党员的思想不同于言行，它是装在人的大脑中，虽然本人心知肚明，但外人是看不见摸不着的，那么如何通过外在的、有形的党内法规制度去解决内在的、无形的思想问题，这的确是一个技术难题。此外，为解决思想问题制定党内法规，还要破解另外两个难题：一是整体与个体关系。作为全党意志集中体现的党的思想，怎么做到深入人心、植根每个党员心中，内化为党员自己的思想观点、理想信念？二是统一与创新关系。思想观点容易见仁见智，呈现个性化、开放性等特点，如何做到既能保证全党思想统一，又能有效防止思想禁锢、思想僵化？

党员的思想观念固然是内在的、无形的，看似无法让党内法规深入脑子里去直接规范，但是，党员的思想观念既不是与生俱来的，总要通过某种方式输入逐渐形成；也不是深藏不露的，总要通过某种方式输出表现为言行。因此，完全可以通过党内法规去把住党员思想观念的“输入”“输出”两个端口，以达到解决思想观念问题的目的。具体而言，一方面，法规制度可以针对为党员思想观念的形成源源不断提供素材的“输入”端进行规范。比如，将党员认真学习党的思想确定为党员义务，明确规定要组织开展形式多样的党员学习教育培训宣传活动，引导督促推动党员将党的理论和指导思想内化于心。另一方面，法规制度可以针对党员思想观念“输出”端的言行进行规范，让党员言有所忌、行有所止。比如，明令禁止党员违规违纪发表背离党的理论和指导思想的错误言论，禁止党员作出背离党的理论和指导思想的行为，规定对违规违纪言行要严肃查处、严肃追责。当然，通过法规制度管住党员思想观念的“输入”和“输出”，一个重要前提是，首先要将党的思想建设方面的要求载入党内法规，为统一全党思想提供标准；同时，还要适应党的思想与时俱进创新发展的需要，及时修改相关制度规定。

由此可见，通过法规制度推动解决党员的思想观念问题，不是机械地用外在的党内法规去直接规范内在的“脑子”里的思想观念问题，而是主要通过把住党员思想观念的“输入”和“输出”两个端口，把对全党的思想要求上升固化为要求全体党员一体遵守的制度规定，将推进党的理论创新和理论武装、加强党性修养等工作纳入制度化轨道，从而发挥制度治党、依规治党对思想建党的促进保障作用。

以上关于通过党内法规推动解决党员思想观念问题的制度机理分析，与其说是一种理论探讨，倒不如说是一种实践解读。事实上，我们党历来重视依靠党内法规加强党的思想建设。

作为党的根本大法，党章对坚持思想建党、加强党的思想建设作出明确规定：（1）明确党的指导思想。中国共产党以马克思列宁主义、毛泽东思想、邓小平理论、“三个代表”重要思想、科学发展观、习近平新时代中国特色社会主义思想作为自己的行动指南。同时，党章强调，包括坚持马克思列宁主义毛泽东思想在内的四项基本原则，是我们的立国之本。(2) 要求全党统一思想。全党要用邓小平理论、“三个代表”重要思想、科学发展观、习近平新时代中国特色社会主义思想和党的基本路线统一思想，统一行动，并且毫不动摇长期坚持下去。(3) 确立了党的思想路线。党章明确了党的建设必须坚决实现的5项基本要求，其中第二项基本要求是：“坚持解放思想，实事求是，与时俱进，求真务实。党的思想路线是一切从实际出发，理论联系实际，实事求是，在实践中检验真理和发展真理。全党必须坚持这条思想路线，积极探索，大胆试验，开拓创新，创造性地开展工作，不断研究新情况，总结新经验，解决新问题，在实践中丰富和发展马克思主义，推进马克思主义中国化。”(4) 明确要求党员、干部认真学习贯彻党的思想。对党员而言，认真学习马克思列宁主义、毛泽东思想、邓小平理论、“三个代表”重要思想、科学发展观、习近平新时代中国特色社会主义思想，贯彻执行党的基本路线和各项方针政策，这是必须履行的义务。对党的各级领导干部而言，必须具备的基本条件当中就包括：要具有履行职责所需要的马克思列宁主义、毛泽东思想、邓小平理论、“三个代表”重要思想、科学发展观的水平，带头贯彻落实习近平新时代中国特色社会主义思想，努力用马克思主义的立场、观点、方法分析和解决实际问题；要具有共产主义远大理想和中国特色社会主义坚定信念，坚持执行党的基本路线和各项方针、政策；要坚持解放思想，实事求是，与时俱进，开拓创新，等等。

在党章基础上，《关于新形势下党内政治生活的若干准则》将“坚定理想信念”作为第一条准则，就夯实党的思想基础、统一全党思想提出一系列明确要求：必须高度重视思想政治建设，把坚定理想信念作为开展党内政治生活的首要任务；共产主义远大理想和中国特色社会主义共同理想，是中国共产党人的精神支柱和政治灵魂，也是保持党的团结统一的思想基础；全党同志必须把对马克思主义的信仰、对社会主义和共产主义的信念作为毕生追求，在改造客观世界的同时不断改造主观世界，解决好世界观、人生观、价值观这个“总开关”问题，不断增强政治定力，自觉成为共产主义远大理想和中国特色社会主义共同理想的坚定信仰者和忠实实践者；全党必须毫不动摇坚持马克思主义指导思想，党的各级组织必须坚持不懈抓好理论武装，广大党员、干部特别是高级干部必须自觉抓好学习、增强党性修养；把马克思主义理论作为必修课，认真学习马克思列宁主义、毛泽东思想、邓小平理论、“三个代表”重要思想、科学发展观，认真学习习近平总书记系列重要讲话精神，认真学习党章党规，不断提高马克思主义思想觉悟和理论水平，等等。

需要注意的是，由于我们党是执政党，发挥总揽全局、协调各方的领导核心作用，因此，不仅党章、准则以及其他党内法规对党内加强思想建设、统一全党思想提出明确要求，而且在宪法和法律中也对全社会提出坚持党的指导思想的法律要求。比如，《宪法》序言提出：“中国各族人民将继续在中国共产党领导下，在马克思列宁主义、毛泽东思想、邓小平理论、‘三个代表’重要思想、科学发展观、习近平新时代中国特色社会主义思想指引下……把我国建设成为富强民主文明和谐美丽的社会主义现代化强国，实现中华民族伟大复兴。”《宪法》第24条第2款规定：“国家倡导社会主义核心价值观，提倡爱祖国、爱人民、爱劳动、爱科学、爱社会主义的公德，在人民中进行爱国主义、集体主义和国际主义、共产主义的教育，进行辩证唯物主义和历史唯物主义的教育，反对资本主义、封建主义的和其他的腐朽思想。”根据党章党规、宪法法律规定，马克思主义是立党立国的根本指导思想，马克思列宁主义、毛泽东思想、邓小平理论、“三个代表”重要思想、科学发展观、习近平新时代中国特色社会主义思想，不仅是我们党的行动指南，还指引着全国各族人民推进中国特色社会主义事业建设。

总之，确立党和国家的指导思想，不仅是一个政治问题，也是一个法治问题；全党全社会应当坚持指导思想，不仅是一项政治要求，也是一项法治要求；加强党的思想建设，不只是一个关乎党员干部觉悟和思想情境的问题，更是一个关乎管党治党、执政治国的根本问题。鉴于此，如何紧扣党的思想建设特点量身定制，无疑是加强党内法规制度建设必须解决的一个基本任务。

党的监督保障法规制度

党的监督保障法规，主要功能是强化“一链六环”激励约束机制。

打个比方，如果将整个党内法规体系比作一条龙，那么龙头是党的组织法规制度，龙身是党的领导法规制度和党的自身建设法规制度，龙尾就是党的监督保障法规制度。对于加强党的工作、推进党的事业而言，要形成主体、行为、监督保障三位一体，倘若缺失监督保障，那就不可能保证由适格的主体作出适宜的行为。相应地，在党内法规体系中，主要用来规范监督保障活动的党的监督保障法规制度，它同规范主体的党的组织法规制度、规范行为的党的领导法规制度和党的自身建设法规制度，共同形成三足鼎立之势，倘若缺失监督保障法规制度，那么党内法规针对党政机关和党员、干部等主体提出的行为规范化要求就难免会落空，党的理论路线方针政策以及党的组织作出的决策部署就难以落实落地。在整个党内法规体系中，党的监督保障法规制度承担着压轴压阵的重任，它要呼应前三个制度板块提出的规范化要求，回应落实党的理论路线方针政策以及党的组织作出的决策部署的要求，诉诸严明纪律、加强监督、强化激励、严肃惩戒、优化工作保障等方式，为党务关系主体输送正向激励的动力与反向遏制的压力，构筑起权力制约和权利保障的制度防线，从而为管党治党、执政治国目标的实现提供坚强制度保证。

党的十九大强调要坚持严管和厚爱结合、激励和约束并重。《中共中央关于加强党内法规制度建设的意见》要求“完善党的监督保障法规制度，切实规范对党组织工作、活动和党员行为的监督、考核、奖惩、保障等，确保行使好党和人民赋予的权力”。鉴于此，建立健全党的监督保障法规制度，主要任务是构建一套确保党的决策部署令行禁止的激励约束机制，打造一个由 6 个环节前后相续、环环相扣的制度链条。

第一环：严明党的纪律规矩，要求党的组织和党员干部有令必行、有禁必止。

毛泽东同志说，路线是“王道”，纪律是“霸道”，这两者都不可少。习近平总书记指出：“党要管党、从严治党，靠什么管，凭什么治？就要靠严明纪律。”加强纪律建设是全面从严治党的治本之策。我们党是用革命理想和铁的纪律组织起来的马克思主义政党，组织严密、纪律严明是党的优良传统和政治优势，也是我们的力量所在。党的纪律是多方面的，包括政治纪律、组织纪律、廉洁纪律、群众纪律、工作纪律、生活纪律等6大类，其中政治纪律是最重要、最根本、最关键的纪律，遵守党的政治纪律是遵守党的全部纪律的重要基础。严明党的纪律，首先要严明党的政治纪律。党的政治纪律是各级党的组织和全体党员在政治方向、政治立场、政治言论、政治行为等方面必须遵守的规矩，是维护党的团结统一的根本保证。遵守党的政治纪律和政治规矩，最重要的就是坚决维护习近平总书记党中央的核心、全党的核心地位，坚决维护党中央权威和集中统一领导。

党章设专章规定“党的纪律”。党章第39条规定：“党的纪律是党的各级组织和全体党员必须遵守的行为规则，是维护党的团结统一、完成党的任务的保证。党组织必须严格执行和维护党的纪律，共产党员必须自觉接受党的纪律的约束。”党的十九大将纪律建设作为党的五大建设之一纳入党的建设总体布局，这就彰显了加强纪律建设的极端重要性。严明党的纪律，要求党的监督保障法规制度不仅要从正向上去规定各级党的组织和全体党员必须遵守的行为规则，比如应当做什么、谁来做、怎么做等；更要从反向上为各级党的组织和全体党员开列负面清单，划出不能逾越的底线、不能染指的红线、不能触碰的带电的高压线，并规定对做出了负面清单所列行为的党的组织和党员予以严肃查处。关于党的纪律方面的一般性要求，在《中国共产党纪律处分条例》中有集中规定，至于党的工作各领域的专门性纪律要求，分散在相关党内法规之中。我们党是先锋队，较之国家法律针对公民行为作出的规范，党内法规针对党员提出的标准应当更高、要求应当更多、纪律应当更严，加强党的纪律建设必须坚持纪严于法、纪在法前，把纪律规矩挺在前面，依靠严明党的纪律保证各级党的组织和全体党员“一切行动听指挥”、令行禁止。

第二环：完善责任制和监督考评制度，敦促党的组织和党员干部遵规守纪、落实决策部署。

落实法规制度和决策部署，离不开责任制这个“牛鼻子”。职责不明、责任不清，必然导致揽权推责、制度落空。避免党内法规制度“无主”执行，保证党的决策部署不折不扣执行，要求党的组织和党员干部守土有责、守土尽责、守土负责，首当其冲的是建立健全党的工作责任制，这是开展监督检查、奖励表彰、问责追责等活动的前提条件。建立健全党的工作责任制，要在全面、精准、严格上下功夫。“全面”要求责任制实现对党的工作全覆盖，涵盖党的领导和党的建设活动各个方面，既包括全面从严治党责任制、党建工作责任制、党风廉政建设责任制等，也包括党领导改革、经济、政治、法治、文化、社会、生态文明建设等各领域的工作责任，避免责任制留下空白和死角。“精准”要求基于党的组织和领导干部的职权职责合理确定责任，科学确定责任主体和责任类型，明确组织责任和个人责任，第一责任人和直接责任人，主要责任、参与责任和连带责任，领导责任和工作责任，等等，避免出现权大责小或者权小责大，以及失之笼统、责任不明等问题。“严格”要求建立责任制要贯彻落实全面从严治党方针，高标准、严要求，强化责任刚性约束，依靠责任制推动解决管党治党和党的领导的宽松软问题。

落实法规制度和决策部署，离不开党内监督这个“紧箍咒”。信任不能代替监督。党内监督没有禁区、无一例外。必须建立健全并严格落实监督制度，用监督传递压力、用压力推动落实。习近平总书记指出，“党的执政地位，决定了党内监督在党和国家各种监督形式中是最基本的、第一位的。只有以党内监督带动其他监督、完善监督体系，才能为全面从严治党提供有力制度保障”，“但如果不同有关国家机关监督、民主党派监督、群众监督、舆论监督等结合起来，就不能形成监督合力”。

因此，要落实《中国共产党党内监督条例》等要求，一方面，建立健全党中央统一监督、党委（党组）全面监督、纪检机关专责监督、党的工作部门职能监督、党的基层组织日常监督、党员民主监督等复合型党内监督体系。另一方面，各级党委应当支持和保证同级人大、政府、监察机关、司法机关等对国家机关及公职人员依法进行监督，人民政协依章程进行民主监督，审计机关依法进行审计监督；各级党的组织还应当支持民主党派履行监督职能，各级党的组织和党的领导干部还应当认真对待、自觉接受社会监督。就党内监督对象而言，要重点监督党的领导机关和领导干部特别是主要领导干部；就党内监督方式而言，要注重发挥巡视利剑作用，实现党委在一届任期内对所属党的组织巡视的全覆盖。

落实法规制度和决策部署，离不开督促检查这个“皮鞭子”。上级党的组织运用督促检查来推动党的理论路线方针政策的贯彻执行，推动党中央决策部署以及上级党的组织决定的贯彻落实，推动宪法法律和党章党规的贯彻实施，这是履行好领导或者指导职能的基本方式，是其必须履行好的一项基本职责，是一项经常性工作，也是抓落实的关键一招。

开展督促检查工作，要注意把握好以下几个问题：一要在党中央集中统一领导下，各级各类党的组织分级负责、各负其责。二要紧紧围绕服务党和国家的中心任务和重点工作，始终在大局中谋划、在大局下行动。三要摸清实情、聚焦问题，敢于较真碰硬、加强督促整改，实事求是、喜忧兼报，客观公正评价工作得失，既督任务、督进度、督成效，又查认识、查责任、查作风，确保决策部署落实到位。四要着眼提升督促检查工作科学化规范化制度化水平，建立健全任务分解、回访调研、批示件办理、联合督查、调研督查、决策落实情况报告、核查复核、督促整改等工作制度。五要加强督促检查工作的计划和统筹，制定督促检查工作年度计划和阶段性安排，增强工作的系统性、科学性、预见性。六要严格依照宪法法律和党章党规，善于运用法治思维和法治方式推进落实，改进创新督促检查方式方法，加强现场核查、实地暗访、随机抽查，着力发现问题、解决问题、推动工作。七要充分运用督促检查结果，提升督促检查工作效能，对督促检查中发现的问题，要责成并督促有关地区、部门和单位认真纠正整改、吸取教训，及时完善政策，对问题突出的地区、部门和单位相关责任人进行约谈，督促检查情况可在一定范围内通报或在新闻媒体上公布，接受各方面监督。

落实法规制度和决策部署，离不开考核评价这个“指挥棒”。赏罚分明的前提条件是公正评定功过，这就需要强化考核评价，区分党的组织和党员干部干还是未干、干多还是干少、干好还是干坏，据此奖励先进、鞭策后进，激励党的组织和党员干部干事创业。

建立健全考核评价制度，要把握好以下几点：一要对考核主体、考核对象、考核情形、考核方式、结果运用等作出明确规定，增强针对性和可操作性，特别是要科学设计考核指标，引导党政领导干部牢固树立正确政绩观，避免考评“指挥棒”指偏了、挥歪了，诱发“劣币驱逐良币”、机会主义追求短期效应等现象。二要改进考核方式，把平时考核、年度考核、专项考核等有效结合起来，方法力求简便有效，不搞繁琐哲学。三要善考真评，考出实情、评得服气，谨防应付考评的形式主义和官僚主义。四要强化考评结果运用，与奖惩挂钩，与干部提拔使用挂钩，避免出现考评结果束之高阁、不了了之问题，雷声大、雨点小，或者干打雷、不下雨的考评，只会导致“指挥棒”失灵。

第三环：完善激励制度，激发党的组织和党员干部担当作为、创先争优。

一要完善党员权利保障制度。党员是党的细胞，党的活力源于9100多万名党员的主动性积极性创造性。如何让9100多万个“细胞”都“动”起来，激发每一个“细胞”的活力，使党的组织的每一分子都充满正能量，为推进“四个伟大”贡献智慧和力量，这是加强新时代党的建设的一项基础工程。激发党员活力，必须健全党员民主权利保障制度，尊重党员主体地位，把党员权利保障好。党章规定了党员享有知情权、参与权、表达权、监督权、选举权和被选举权等8项基本权利，《中国共产党党员权利保障条例》据此作出细化，成为保障党员权利的基础主干党内法规。《中央党内法规制定工作第二个五年规划（2018—2022 年）》明确要求，要贯彻落实十九大党章修正案和党内政治生活若干准则有关规定精神，针对近年来党员权利保障方面存在的问题，修订《中国共产党党员权利保障条例》，细化权利保障措施，畅通党员参与党内事务、监督党的组织和干部、向上级党的组织提出意见和建议的渠道，保证党员的主体地位，引导全体党员正确行使权利、认真履行义务。2020 年，党中央对该条例予以修订。这次修订，以党章为根本遵循，落实新时代党的建设总要求，明确党员权利保障的原则和总体要求，细化党章规定的党员权利，完善保障措施，压实党的组织、领导干部的职责任务，保障党员正确行使权利。这对于充分体现我们党的领导制度优势，发挥党员主体作用等具有重要意义。

二要完善党内关爱帮扶机制。救助生活困难的公民，这是人权保障的重要内容，是社会文明的重要标志，是政府保障民生的重要职责。在党内，为老党员和困难党员提供必要救助帮扶，做好“雪中送炭”工作，让他们感受到组织的温暖，这也是党的组织应尽的职责。中办、国办几乎在每年“两节”通知中都对此提出要求，要做好党内关爱帮扶工作，走访慰问生活困难党员、老党员、老干部和军队离退休干部等。慰问生活困难党员和老党员，这是党费的一个主要支出项目。以 2016 年度为例，中央组织部代中央管理党费收入全年约 78 亿元，支出约 43 亿元，用于关爱帮扶的约 28 亿，占支出总额的近 65%。其中，2016 年春节前，拨给 31 个省区市和中央有关系统（部门）8020 万元，用于走访慰问生活困难党员和老党员；拨给 31 个省区市 3000 万元，用于补助新中国成立前入党的农村老党员和未享受离退休待遇的城镇老党员的生活补贴；“七一”前夕，拨给 31 个省区市和中央有关系统（部门）17,258 万元，用于纪念建党 95 周年走访慰问老党员和生活困难党员；赴基层慰问生活困难党员和老党员发放慰问金 15.4 万元。《中央党内法规制定工作第二个五年规划（2018—2022 年）》明确提出，制定党内关怀帮扶办法，突出党内政治关爱，明确党内关怀的适用情形、主要措施和工作机制，从思想、工作、生活上关心党员，加强对老党员、生活困难党员等的关怀帮扶，增强党员归属感。《中国共产党党内关怀帮扶办法》于 2019 年制定出台，它是党的历史上第一部用来规范党内关怀帮扶工作的专门法规。

三要完善激励广大党员干部新担当新作为的制度。水不激不活，鱼不激不跃，人不激不奋。当前，我国正处在重要战略机遇期，同时也是矛盾凸显期，特别需要党员干部尤其是领导干部不忘初心、牢记使命，强化迎难而上的责任意识，敢于担当、知难而进，展示新气象、作出新作为。习近平总书记提出“三个区分开来”：要把干部在推进改革中因缺乏经验、先行先试出现的失误和错误，同明知故犯的违纪违法行为区分开来；把上级尚无明确限制的探索性试验中的失误和错误，同上级明令禁止后依然我行我素的违纪违法行为区分开来；把为推动发展的无意过失，同为谋取私利的违纪违法行为区分开来。要坚持“三个区分开来”，完善激励党员干部新担当新作为方面的法规制度，建立健全激励机制和容错纠错机制，加大正向激励力度。激励广大党员干部干事业、谋发展，在困难面前敢闯敢试、敢为人先，在矛盾面前敢抓敢管、敢于碰硬，在风险面前敢作敢为、敢于创新；宽容干部在工作特别是改革创新中的失误，旗帜鲜明为敢于担当的干部担当、为敢于负责的干部负责，对那些想干事、能干事、敢担当、善作为的干部要充分理解、大力支持和保护，为他们撑腰鼓劲，让他们戴上法规的“护身符”、吃下制度的“定心丸”，最大限度调动广大干部的积极性、主动性、创造性，真正使敢担当、敢负责、敢作为在干部队伍中蔚然成风。同时，还要对不担当、不作为、敷衍塞责的干部严肃批评，解决好一些干部“大错不犯、小错不断、事情不干”的问题，推动形成能者上、庸者下、劣者汰的用人导向和从政环境。为贯彻落实党的十九大有关决策部署，中共中央办公厅 2018 年印发《关于进一步激励广大干部新时代新担当新作为的意见》，对建立激励机制和容错纠错机制，进一步激励广大干部新时代新担当新作为提出 7 项明确要求：大力教育引导干部担当作为、干事创业，鲜明树立重实干重实绩的用人导向，充分发挥干部考核评价的激励鞭策作用，切实为敢于担当的干部撑腰鼓劲，着力增强干部适应新时代发展要求的本领能力，满怀热情关心关爱干部，凝聚形成创新创业的强大合力。

四要建立健全党内奖励表彰制度。党的十八大以来，习近平总书记多次对党和国家功勋荣誉表彰工作作出重要指示，强调要充分发挥党和国家功勋荣誉表彰的精神引领、典型示范作用，推动全社会形成见贤思齐、崇尚英雄、争做先锋的良好氛围。在党费支出中，用于党内表彰的也占有相当数额。比如，在 2016 年中央组织部代中央管理的全年党费支出中，近 5%用于党内表彰。目前，我国已经构建一套“1+1+3”的党和国家功勋荣誉表彰制度体系。其中，第一个“1”是 2015 年党中央印发的《关于建立健全党和国家功勋荣誉表彰制度的意见》，明确了功勋荣誉表彰工作的总体要求和基本原则、类别设置、程序和管理、组织实施等，它是整个党和国家功勋荣誉表彰工作的总纲。第二个“1”是 2015 年十二届全国人大常委会第十八次会议表决通过的《国家勋章和国家荣誉称号法》，它是根据宪法制定的一部关于国家勋章和国家荣誉称号的专门法律，着眼于把国家勋章和国家荣誉称号的设立、授予对象、授予程序等最主要、最基本的制度建立起来。“3”是指 2017 年党中央和中央军委出台的《中国共产党党内功勋荣誉表彰条例》《国家功勋荣誉表彰条例》《军队功勋荣誉表彰条例》等党内、国家、军队 3 个功勋荣誉表彰条例，它们是在党中央《关于建立健全党和国家功勋荣誉表彰制度的意见》和《国家勋章和国家荣誉称号法》框架内，对各自领域功勋荣誉表彰工作作出的具体规范。其中，《中国共产党党内功勋荣誉表彰条例》属于规范党内奖励表彰工作的基础主干党内法规。制定该条例的目的在于充分发挥先进典型表率示范作用，激励广大党员和党的组织奋发进取、创先争优，增强党的创造力凝聚力战斗力，保持和发展党的先进性和纯洁性。该条例共 7 章 37 条，对授予勋章、授予荣誉称号、开展表彰、颁发纪念章的条件和标准及其待遇和管理等问题作出明确规定，为开展党内功勋荣誉表彰工作提供了基本遵循，为广大党员和各级党的组织提供了强有力的正向激励。

第四环：完善责任追究制度，惩戒党的组织和党员干部失职失责、违规乱纪。

坚持全面从严治党、依规治党，必须做到有权必有责、有责要担当、失责必追究。习近平总书记指出："不讲责任，不追究责任，再好的制度也会成为纸老虎、稻草人。""很多情况没有监督，违反了也没有任何处理。这样搞，谁会把制度当回事呢？"一分部署、九分落实。如果有令不行、有禁不止，那么党的组织再完美的决策部署也只能是镜中花、水中月；法规制度的生命在于执行，而制度笼子会让人"不舒服"，如果不依靠严厉的责任追究来保障其实施，那么选择性执行、随意执行，束之高阁、形同虚设就在所难免。在这个意义上，完善党的监督保障法规制度，重中之重是落实党章"坚持惩前毖后、治病救人，执纪必严、违纪必究，抓早抓小、防微杜渐，按照错误性质和情节轻重，给以批评教育直至纪律处分"等要求，建立健全并严格执行执纪办案、责任追究制度，通过对有禁不止、有令不行，失职失责、违规乱纪等行为的严肃查处，形成震慑、倒逼实施，真正让铁规发力、禁令生威，切实把制度威力充分释放出来，切实把制度优势转化为治理效能。

一要畅通检举控告渠道、规范问题线索受理处置。党章第 4 条在规定党员权利时明确，党员有权在党的会议上有根据地批评党的任何组织和任何党员，向党负责地揭发、检举党的任何组织和任何党员违法乱纪的事实，要求处分违法乱纪的党员，要求罢免或撤换不称职的干部；有权向党的上级组织直至中央提出请求、申诉和控告，并要求有关组织给以负责的答复。《中国共产党党员权利保障条例》规定，党组织应当保障检举控告人的权益，对检举控告人的信息以及检举控告的内容必须严格保密，严禁将检举控告材料转给被检举控告的组织和人员。为把党员这方面权利落到实处，《中央党内法规制定工作第二个五年规划（2018—2022 年）》要求，制定《中国共产党纪律检查机关处理检举控告工作规则》，以总结近年来各级纪检机关受理处置检举控告的经验做法，与国家监督体制改革相衔接，规范检举控告的受理范围、归口管理、办理程序，明确实名举报办理、举报人权益保护等内容，提高问题线索源头的受理处置规范化水平。

2020年，中央办公厅印发《纪检监察机关处理检举控告工作规则》。该规则共10章58条，依次规定了总则、检举控告的接收和受理、检举控告的办理、检查督办、实名检举控告的处理、检举控告情况的综合运用、当事人的权利和义务、诬告陷害行为的查处、工作要求和责任、附则等主要内容。该规则规定，任何组织和个人对以下3类行为，有权向纪检监察机关提出检举控告：一是党组织、党员违反政治纪律、组织纪律、廉洁纪律、群众纪律、工作纪律、生活纪律等党的纪律行为；二是监察对象不依法履职，违反秉公用权、廉洁从政从业以及道德操守等规定，涉嫌贪污贿赂、滥用职权、玩忽职守、权力寻租、利益输送、徇私舞弊以及浪费国家资财等职务违法、职务犯罪行为；三是其他依照规定应当由纪检监察机关处理的违纪违法行为。该规则要求，纪检监察机关应当认真处理检举控告，回应群众关切，发挥党和国家监督专责机关作用，保障党的理论和路线方针政策以及重大决策部署贯彻落实，为党风廉政建设、社会和谐稳定服务。该规则明确，纪检监察机关处理检举控告工作应当遵循以下4项原则：一是实事求是，以事实为依据处理检举控告，鼓励支持检举控告人客观真实地反映情况。二是依规依纪依法，按照党章党规党纪和宪法法律以及信访工作有关规定处理检举控告，引导检举控告人依规依法、理性有序地反映问题。三是保障合法权利，贯彻“三个区分开来”要求，既保障检举控告人的监督权利，又查处诬告陷害行为，保护党员、干部干事创业积极性。四是分级负责、分工处理，按照管理权限受理检举控告，建立信访举报、监督检查、审查调查、案件监督管理等部门相互配合、相互制约的工作机制。该规则深入贯彻党的十九大和十九届二中、三中、四中全会精神，着眼坚持和完善党和国家监督体系，贯彻党的群众路线，拓宽党内监督、群众监督渠道，保障检举控告人监督权利，维护党员、干部合法权益，规范纪检监察机关处理检举控告的接收、受理、办理、处置程序，促进监督执纪执法权正确行使，对于增强监督的严肃性、协同性、有效性，推动全面从严治党向纵深发展具有重要意义。

二要建立健全违纪案件办理机制。案件办理工作是定是非、决对错的，事关党的组织和党员切身权益，必须在制度化规范化程序化轨道上推进。习近平总书记在中央政治局会议审议国家监察体制改革方案时指出，坚持宽打窄用，调查手段要宽、调查决策要严，必须有非常严格的审批程序。鉴于此，建立健全违反党纪案件办理机制，应当紧扣监督执纪工作流程，严格规范立案条件、审查程序、审批权限和请示报告制度，谨防失之随意。

2017 年，中央纪委制定出台《中国共产党纪律检查机关监督执纪工作规则（试行）》，主动强化自我约束，为规范监督执纪权力，打造忠诚干净担当的纪检监察干部队伍发挥了重要作用。党的十九大对坚定不移全面从严治党作出战略部署，党的纪律检查体制改革和国家监察体制改革持续深化，对纪检监察机关依规依纪依法履职尽责提出了新的更高的要求。党中央对纪检监察工作高度重视，决定根据新形势新任务对该规则进行完善，并上升为中央党内法规。2018 年，中央办公厅印发《中国共产党纪律检查机关监督执纪工作规则》。该规则共 10 章 77 条，依次规定了总则、领导体制、监督检查、线索处置、谈话函询、初步核实、审查调查、审理、监督管理、附则等主要内容。该规则以党章为根本遵循，坚持和加强党对纪律检查工作的领导，把坚决维护以习近平同志为核心的党中央权威和集中统一领导作为重大政治责任，总结党的十八大以来纪检监察体制改革理论、实践、制度创新成果，强化内控机制，细化监督职责，着力建设一支忠诚坚定、担当尽责、遵纪守法、清正廉洁的纪检监察干部队伍，推动全面从严治党向纵深发展。各级纪检监察机关要认真贯彻落实该规则，严格遵守执纪执法各项制度规定，在行使权力上慎之又慎，在自我约束上严之又严，把执纪和执法贯通起来，监督执纪和监察执法一体推进，统筹运用纪法“两把尺子”，贯通运用监督执纪“四种形态”，既坚持执纪必严，又坚持纪法协同，实事求是、精准科学，进一步推进反腐败工作法治化、规范化；要主动开展自我监督、自觉接受外部监督，对执纪违纪、执法违法者“零容忍”，坚决防止“灯下黑”，做党和人民的忠诚卫士。

三要运用问责方式惩戒党的组织和领导干部的失职失责行为。党的组织和党的领导干部肩负党的领导和党的建设重任，责任重于泰山，应当守土有责、守土负责。党章第44条明确规定："党组织如果在维护党的纪律方面失职，必须问责。"为了推进全面从严治党向纵深发展，规范和强化党的问责工作，落实党的组织管党治党政治责任，督促党的领导干部践行忠诚干净担当，2016年，党中央制定出台《中国共产党问责条例》，为党的问责工作提供了基本遵循，推动失责必问、问责必严成为常态，发挥了全面从严治党的利器作用。根据新的形势、任务和要求，2019年党中央对《中国共产党问责条例》予以修订。

修订后的《中国共产党问责条例》共27条，明确了党委（党组）、纪检机关、党的工作机关等各自肩负的问责职责；确定了问责对象是党的组织、党的领导干部，重点是党委（党组）、党的工作机关及其领导成员，纪委、纪委派驻（派出）机构及其领导成员；规定了11种党的组织、党的领导干部违反党章和其他党内法规，不履行或者不正确履行职责的应予问责的情形；规定了对党的组织可以采取检查、通报、改组等3种问责方式，针对党的领导干部可以采取通报、诫勉、组织调整或者组织处理、纪律处分等4种问责方式；明确了可以不予问责或者免予问责、可以从轻或者减轻问责、应当从重或者加重问责等情形。该条例明确规定，实行终身问责，对失职失责性质恶劣、后果严重的，无论其责任人是否调离转岗、提拔或者退休等，都应当严肃问责；问责决定应当由有管理权限的党的组织作出；要正确对待被问责干部，对影响期满、表现好的干部，符合条件的，按照干部选拔任用有关规定正常使用。修订后的《中国共产党问责条例》，全面贯彻习近平新时代中国特色社会主义思想和党的十九大精神，以党章为根本遵循，把"两个维护"作为根本原则和首要任务，聚焦管党治党政治责任，坚持严字当头，针对实践中出现的问责不力、泛化简单化等问题，着力提高党的问责工作的政治性、精准性、实效性。

四要运用组织处理和党纪处分惩戒党的组织和党员干部的违规乱

纪行为。我们党是纪律严明的马克思主义执政党。任何党的组织和党员违反党章党规，违反宪法法律，违反党和国家政策，违反社会主义道德，危害党、国家和人民利益的行为，依照规定应当给予组织处理和党纪处分的，都必须受到严肃追究，党内决不允许有任何不受纪律约束的党的组织和党员。对党的组织和党员违犯党纪的行为，应当以事实为依据，以党章党规和国家法律法规为准绳，准确认定违纪性质，区别不同情况，恰当予以处理。《中国共产党纪律处分条例》规定，对党员的纪律处分由轻到重包括警告、严重警告、撤销党内职务、留党察看、开除党籍等 5 种，对严重违犯党纪的党的组织采取的纪律处理措施有改组或者解散两种。该条例对纪律处分适用规则，以及违反政治纪律、组织纪律、廉洁纪律、群众纪律、工作纪律、生活纪律等 6 大纪律的行为对应的处分种类以及处分决定的作出等进行了明确规定。

2018 年，党中央对《中国共产党纪律处分条例》进行了修订，总结实践经验，特别是针对查处的违纪违法案件中暴露出来的问题，进一步充实和规范违纪情形及对应的处分，对处分种类、运用规则、批准权限、处分程序等修改完善，增强了该条例的针对性、时效性、警戒性。同时，中央有关部门按照《中央党内法规制定工作第二个五年规划（2018—2022 年）》要求，研究起草规范组织处理工作的专门法规，对组织处理的适用情形、种类、作出主体、决定程序等作出明确规定。

第五环：完善异议处理制度，化解党务关系纠纷、维护党的团结统一。

矛盾无处不在无时不在，在公共治理过程中出现各种争端异议，这很正常，不能搞简单的“捂”“堵”，而是要提前准备好“减压阀”“灭火器”，建立健全纠纷解决机制，注重疏导工作，定分止争、化解矛盾。在国家治理中，为了化解社会矛盾和维护合法权益，建立了包括诉讼、调解、仲裁、行政裁决、行政复议等多样化纠纷化解和权利救济机制，可谓“没有救济就没有权利”。治国如此，治党亦然。党要管党、从严治党，要在强化纪律约束和监督追责的同时，建立健全异议处理制度，畅通意见反映、申诉申辩渠道，规范争议受理处理程序，化解党内矛盾、理顺党内关系、维护党内秩序、保障党员权利，更好地保证党的团结统一、行动一致。这方面的制度安排，以党章有关规定为基础，《中国共产党党员权利保障条例》等党内法规作出集中规定，《中国共产党党内监督条例》等有关党内法规予以相应补充。下一步，还要在完善有关实体性规定的同时，重点分类完善程序性规定，切实增强法规制度的针对性和可操作性。

一要建立健全异议反映制度。根据党章以及《中国共产党党员权利保障条例》《中国共产党党内监督条例》等有关规定，异议反映主要包括3类：

第一类是党员因对不涉及自身权益的组织行为持不同意见而向党的组织反映。党的组织要善于倾听各种不同意见，对党的决议和政策如有不同意见，在坚决执行的前提下，可以声明保留，并且可以把自己的意见向党的上级组织直至中央提出，对于持有不同意见的党员，只要他们坚决执行党的决议和政策，就不得对他们进行纪律追究。

第二类是党员因对涉及自身或其他党员权益的组织行为表示不服而提出申辩、申诉或者控告。在实施党内监督过程中，党的组织应当保障监督对象的申辩权、申诉权等相关权利，监督对象对处理决定不服的，可以依照党章规定提出申诉。在党的组织讨论决定对党员的党纪处分或作出鉴定时，本人有权参加和进行申辩，其他党员也可以为他作证和辩护。对于党员的申辩以及其他党员为之作出的证明和辩护，有关党的组织要认真听取，进一步核实，采纳其合理意见；不予采纳的，要向本人说明不予采纳的理由。党的组织对党员实事求是的申辩、作证和辩护，不得进行追究。党的组织在依据事实材料对党员作出处分决定时，必须同本人见面，听取本人说明情况和申辩。党员对于党的组织给予本人或其他党员的处分、鉴定、审查结论或其他处理不服，有权逐级向党的组织直至中央提出申诉。党员的各项合法权益受到党的组织或其他党员的侵害时，有权向上级党组织直至中央提出控告。党员在请求、申诉和控告时应有正当理由，实事求是。

第三类是党的组织请求上级党的组织改变或者裁决有关组织决

定。下级组织如果认为上级组织的决定不符合本地区、本部门的实际情况，可以请求改变；如果上级组织坚持原决定，下级组织必须执行，并不得公开发表不同意见，但有权向再上一级组织报告。党的组织讨论决定重要问题发生争论的，在特殊情况下也可将争论情况向上级组织报告，请求裁决。

二要建立健全请求处理和复议复查制度。《中国共产党党内监督条例》第 44 条规定，监督对象对监督处理决定不服而提出申诉的，有关党的组织应当认真复议复查，并作出结论。《中国共产党党员权利保障条例》规定，党组织应当认真处理党员的申诉，并给予负责的答复。对于党员的申诉，有关党组织应当按照规定进行复议、复查，不得扣压。上级党组织认为必要时，可以直接或者指定有关党组织进行复议、复查。经复议、复查或者审查决定，对于全部或者部分纠正的案件，重新作出的决定应当在一定范围内宣布。对于处理正确而本人拒不接受的，给予批评教育；对于无正当理由反复申诉的，有关党组织应当正式通知本人不再受理并在适当范围内宣布。

三要建立健全权益补救制度。在国家法上，个人或组织的合法权益受到侵害的，可以依法采用停止侵害、恢复原状、恢复名誉、赔礼道歉、赔偿损失等措施。目前，党内法规制度在这方面作出了一些规定，但还不够全面，比如，对因党的组织而致党员人身、精神、财产权益受损的，尚未建立起类似于国家赔偿的损害赔偿制度。《中国共产党党内监督条例》规定，经调查，监督对象没有不当行为的，应当予以澄清和正名。根据《中国共产党党员权利保障条例》规定，对侵犯党员权利行为的处理是保障党员权利的重要环节。对于有侵犯党员权利行为的党组织，上级党组织应当责令改正；情节较重的，按照规定追究纪律责任。对于有侵犯党员权利行为的党员，其所在党组织或者上级党组织可以采取责令停止侵权行为、责令赔礼道歉，以及批评教育、责令检查、诫勉等方式给予处理；情节较重的，按照规定给予组织调整或者组织处理、党纪处分。

四要建立健全侵权行为处分制度。根据《中国共产党党员权利保障条例》规定，对于侵犯党员权利行为的处理方式主要有两类：一类是党纪处分；另一类是非党纪处分，包括责令停止侵权行为、责令赔礼道歉，以及批评教育、责令检查、诫勉等。

第六环：完善机关服务保障制度，保证党的机关运转有序高效。

兵马未动，粮草先行。党委及其工作部门的全面履职，离不开开会、发文、开展活动，离不开人财物保障，离不开信息、咨询顾问、文稿、政策研究等有关服务保障，这就要求建立一套服从和服务于党的机关履行职能的内部服务保障体系。党的机关服务保障职能，主要由党的机关办公厅（室）等综合部门来承担，扮演好站岗放哨、参谋助手两个角色。大致说来，这些内部事务主要有以下几类：一是决策咨询服务，包括政策研究、法律法规服务、文稿服务、顾问咨询等工作；二是信息资讯服务，包括信息搜集处理、文献史料研究、图书档案、资料编研等工作；三是机关运行保障事务，包括公文处理、会议服务、上传下达、请示报告、情况通报、督查、通信保障等事务；四是机构编制管理、人事管理、机关党建等工作；五是安全保卫、保密等工作；六是机关事务管理工作，包括为党的机关提供住房、公务用车、财政经费、设备设施等相关后勤保障工作，等等。

相对而言，党的机关履行党的领导和党的建设方面的职责居于主体地位，而为其提供服务保障的工作处于从属地位，与之对应，包括党的组织法规制度、党的领导法规制度、党的自身建设法规制度以及大多数党的监督保障法规制度，它们在党内法规体系中处于主体地位、属于主导性制度，而用来规范服务保障工作的法规制度处于从属地位、属于辅助性制度。由于党的机关内部服务保障工作千头万绪、大小不一，没有必要也不可能事无巨细都制定党内法规来予以规范，但对于那些比较重要的事项，也有必要制定相应的党内法规来提供基本遵循，在此基础上，由各单位针对具体事项和工作环节制定细密的内部工作规范，明确工作标准、工作流程、任务分工、协调配合、督促检查、考核评价机制，据此形成一个针对性、操作性、指导性、约束性都很强的内部工作制度体系，据此将党的机关服务保障工作全面纳入制度化轨道，以保证党的机关规范高效运转。

第十九章　党内法规体系以党章为“基石”

坚持和完善中国特色社会主义制度、推进国家治理体系和治理能力现代化，重中之重是捍卫和维护两个根本法的至高无上权威、贯彻落实两个根本法作出的原创性制度安排。这两个根本法，一个是《宪法》，《宪法》是国家的根本法，是治国安邦的总章程，是公民权利的保障书，在中国特色社会主义法律体系和国家政策体系中居于统帅地位；另一个是党章，党章是党的根本大法，是立党、治党、管党的总章程，在党内法规体系和党的政策体系中居于统领地位。坚持依法治国和依规治党有机统一，最重要的是实现《宪法》和党章的相辅相成、相得益彰。坚持依规治党，在根本上是依据党章管党治党；构建党内法规体系，必须以党章为根本，牢固树立党章是一切党内法规源头的鲜明导向。在整个党内法规体系中，党章是万规之本、万规之源、万规之首、万规之王。如果将构建党内法规体系比作建筑一座大厦，那么制定修订党章就属于夯基垒台，制定准则、条例就属于立柱架梁，制定规定、办法、规则、细则就属于添砖加瓦。在这个意义上，形成完善的党内法规体系，是以党章为“基石”，根据党章规定、党章原则、党章精神，制定相应的准则、条例以及规定、办法、规则、细则，据此为我们党管党治党、执政治国提供坚实党内法规制度保障。

党章定位

习近平总书记深刻指出：“党章是我们立党、治党、管党的总章程，是全党最基本、最重要、最全面的行为规范。”党章作为党的根本大法，在党内具有独一无二的崇高地位，在性质、内容、功能、身份、地位等5个方面具有“五个最”的显著特征。

一则，在性质上，党章是全党统一意志的最集中体现。“意志”，指的是意愿和志向；“体现”，指的是以载体方式呈现。党的组织制定法规文件，就是以法规文件为载体来体现党的组织的意志。“党章是全党统一意志的最集中体现”这一判断，包含以下几层涵义：首先，党章作为党内法规，姓的是“党”，体现的是党的统一意志，这一点区别于体现国家意志的法律和体现群团组织、经济组织、文化组织、社会组织等其他非党组织的意志的各类章程；其次，党章体现的是“全党统一意志”，属于中央党内法规，这一点区别于地方和部门制定的法规文件，后者直接体现的是特定层级或者特定领域党的组织的意志；再次，党章“集中”体现全党统一意志，这一点区别于其他中央党内法规和中央文件体现党中央对某一领域或者某一方面工作的部署安排；最后，党章是对全党统一意志的“最集中”体现，是由党的全国代表大会制定修订的，这就将党章与党的中央全会、中央政治局及其常委会审议通过的法规文件区别开来。需要由党章来集中体现的全党统一意志，包括党的性质和宗旨、指导思想和奋斗目标、路线和纲领以及党员和党的干部、党的组织制度和组织体系、党的纪律等方面的最基本的规定，党章对这些内容作出规定，据此成为全党统一意志的集大成者。

二则，在内容上，党章对我们党管党治党、执政治国作出最基本安排。作为党的总章程，党章全面回答党的3个基本问题：一是建设什么样的党、怎样建设党；二是在新时代怎么坚持和发展中国特色社会主义；三是党怎么不忘初心、牢记使命，团结带领全国各族人民实现党的奋斗目标，实现中华民族伟大复兴的中国梦。为此，党章从统揽“四个伟大”的战略高度，确立党的基本理论、基本路线、基本方略，确立管党治党的总要求，确立党治国理政、执政兴国的重大领导主张，党章是党的一切理论和路线方针政策的总源头，是管党治党、执政治国的总依据和总遵循。

三则，在功能上，党章为全党提供最基本行为规范。没有规矩，不成方圆。我们党是风华正茂的百年大党，是长期执政的党。治国必先治党，治党务必从严，从严必依法度，这个“法度”主要就是党内法规制度。所有的党内法规都要为党的组织和党员提供行为规范，但党章的特别之处在于，它是对党的组织的职权和职责、党员的义务和权利、党的领导和党的建设活动的体制机制等作出根本规定，对党的组织和党员必须为、应当为、禁止为等党的纪律要求作出根本规定，对开展党的工作的主体、行为、程序、责任等方面作出根本规定，为全面从严治党、依规治党提供根本依据，为坚持和加强党的全面领导、推进党的伟大事业提供根本遵循。在这一点上，党章是规范中的规范，属于“源规范”，为其他党内法规的制度安排提供基准、定下基调。

四则，在身份上，党章是最根本的党内法规。较之其他党内法规，党章作为最根本的党内法规，其“最根本”之处主要表现为“四个万”。党章是“万规之本”，其他党内法规都是从党章这个“根”上生发出来的树干树枝树叶，它们都是对党章的细化和延伸，每一次党章的发展完善，都直接引发一大批党内法规的制定修订。党章是“万规之基”，整个党内法规体系大厦建筑于党章这个“基石”之上，楼高百尺，靠的是党章夯基垒台、提供坚固根基。党章是“万规之首”，党中央要求以“1+4”为基本架构构建完善的党内法规体系，这个“1”就是居于统领地位的党章。制定各级各类各方面党内法规，都要自觉置于党章统领之下，直接或间接根据党章。党章是“万规之王”，在所有党内法规中具有最高效力，无论是准则、条例还是规定、办法、规则、细则，其效力都在党章之下，任何党内法规规定都不得同党章相抵触，抵触者无效。

五则，在地位上，党章在党内具有最高权威。党章是由党的全国代表大会制定修订的，党的全国代表大会是党的最高领导机关。任何党内法规和党的文件，任何党的工作活动，任何党员思想言行，都不得违反党章。对于党章规定，一切党的组织和全体党员都必须无条件执行，绝不允许打折扣、做选择、搞变通。习近平总书记强调指出：“全党思想统一，首先是对党章认识的统一；全党行动一致，首先是在执行党章上的一致。尊崇党章是最根本、最重要的政治纪律。党的各级组织和全体党员要更加自觉地学习党章、遵守党章、贯彻党章、维护党章，坚持用党章规范自己的言行、按党章要求规规矩矩办事，始终在政治立场、政治方向、政治原则、政治道路上同党中央保持高度一致。”

综上可见，较之其他党内法规和党的文件，党章作为党的总章程，具有“高大厚重”的鲜明特点。其中，“高”主要是指党章高高在上、高瞻远瞩，对党和国家事业发展作出顶层设计，统揽“四个伟大”，高位引领党的领导和党的建设活动；“大”，主要是指党章大题大做，抓大放小，聚焦党的初心使命这个本原问题，作出根本性制度安排；“厚”，主要是指党章重在夯基垒台，构建管党治党、执政治国的坚实根基；“重”，主要是指党章一字千钧，承载着我们党崇高政治理想、高尚政治追求、纯洁政治品质、严明政治纪律，凝聚着党在革命建设改革各个历史时期的宝贵经验，是全党智慧的结晶，其分量重于泰山。

党章作为党的根本大法、党的总章程，与《宪法》作为国家根本法、治国安邦总章程，二者相辅相成、相得益彰。党的十九大提出，坚持依法治国与依规治党有机统一。依法治国，首先是依宪治国；依规治党，首先是依据党章管党治党。依法治国与依规治党有机统一，集中体现为党章和《宪法》的相辅相成、相互促进、相互保障、相得益彰。一方面，党章和《宪法》在调整对象和规范事项上各有侧重：党章侧重规范管党治党问题，规定党的性质和宗旨、指导思想和奋斗目标、路线和纲领以及党员、党的组织、党的干部、党的纪律等；而《宪法》侧重规范治国理政问题，规定国体、政体、基本政治制度、基本经济制度以及公民、国家机构等。另一方面，党章和《宪法》在关于坚持和发展中国特色社会主义这个根本问题上是完全一致的：《宪法》关于国家的根本制度和根本任务的规定，与党章关于坚持和发展中国特色社会主义制度的规定，在基本内容、基本原则、基本要求上是一致的，1982 年制定现行《宪法》与现行党章时二者在这一点上就实现了贯通，并在其后的历次《宪法》修改与党章修改中一以贯之。

为什么党章和《宪法》能够做到既各有侧重又高度一致？这是因为，《宪法》是在党中央领导下制定修订的，反映党的全国代表大会提出的重大政治论断、作出的重大决策部署，这是修宪的重大政治任务，这就为党章和《宪法》的衔接协调提供了根本政治保证。这是因为，党是中国特色社会主义事业的领导核心，国家的大政方针政策是在党的领导下制定的，党领导立法工作，要把党的重大领导主张通过法定程序转化为国家法律规定，这是立法的一个重要原则，也是国家法律制度创新的一个重要来源，这是《宪法》和党章在制度安排上能够实现衔接协调的根本道理所在。在党和国家治理的系统性制度安排中，党章和《宪法》的相辅相成、相互促进、相互保障、相得益彰，就为由党章统领的党内法规体系与由《宪法》统率的中国特色社会主义法律体系的有机统一，为由党章统领的党的政策体系与由《宪法》所统率的国家政策体系的互联互动，提供了根本的政治保证、制度基础和逻辑前提。

党章体例

内容决定形式，形式服从内容。党章的体例属于形式问题，到底选择哪种体例更合适，这要由党章的内容决定。

那么，党章应当规定哪些内容？

这又是根据党章作为党的根本大法这一定位来顶层设计、通盘考虑的。我们党一党执政、长期执政，党章作为全党统一意志的最集中体现，需要“一揽子”回答一系列党的基本问题，这就使党章在内容上表现为“一大二全”。

所谓“大”，是指党章所要回答的都是党的大问题。包括我们党是什么、为了什么、要干什么，党的工作应当由谁来干、怎么干，等等。其中，“党是什么”对应于党的性质；“党为了什么”对应于党的奋斗目标这个初心和使命；“党要干什么”对应于党的工作、党的职责任务、党的事业；“党的工作应当由谁来干”对应于党的组织和党员的职责；“党的工作怎么干”对应于党的行动指南、党的理论和路线方针政策、党的重大决策部署，等等。

所谓“全”，是指党章在内容上要纵向到底、横向到边，实现对党的基本问题的全覆盖。纵向看，党章内容要贯通上下，构建一个从中央到地方再到基层的完整的组织体系和行动框架。横向看，党章内容要涵盖“四个伟大”，其制度安排要覆盖党的领导和党的建设两大方面——作为执政党，我们党是中国特色社会主义事业坚强领导核心，总揽全局、协调各方，这就决定着党章不仅要回答党的自身建设方面的基本问题，更要回答党的领导方面的基本问题，阐明党团结带领广大人民群众推进中国特色社会主义伟大事业的基本主张。在这个意义上，党章不只是规范党的自身建设活动的“党内”根本大法，还因规范党的领导活动、擘画党的伟大事业从而成为“党的”根本大法。

就党章内容而言，可谓有“论”有“定”。

所谓“论”，指的是党章要集中阐明党的重大政治主张。至少包括：关于党的指导思想以及各个组成部分的形成过程、精髓要义、政治定位和历史贡献，关于党在长期革命、建设、改革过程中积累的重要经验、取得的重大成就的历史定论，关于党和国家事业发展所处历史方位的重大论断，关于党领导经济社会发展的重大政策主张，关于加强党的建设的重大决策部署，等等。

所谓“定”，是指面向全体党员和各类各级党的组织建章立制、确定遵循。至少包括：确定入党的条件标准、确定党员的义务权利、确定党的组织体系、确定党的组织的职权职责、确定党的干部的条件标准、确定党的纪律和纪检机关、确定党的象征标志，等等。

相对而言，涉及“论”的内容，更适合采用“文件体”，以段落方式表述，摆事实、讲道理、作部署、提要求；涉及“定”的内容，更适合采用“法规体”，以条文形式表述，立规矩、定遵循、严明纪律，明确规定党的组织和党员必须做什么、应当做什么、提倡做什么、可以做什么、不得做什么、禁止做什么，据此形成一个刚性程度由强到弱的行为“光谱”，和一个以奖惩来保障的正负行为清单，确保令行禁止。党章内容的“有论有定”，决定着无论采用纯粹的“法规体”还是“文件体”都有局限性，更加契合的体例是混合式，即通过设立总纲、采用段落形式来侧重解决“论”的问题，把党的重要思想和基本主张论透彻；通过条文形式来侧重解决“定”的问题，把各方面规定要求定明白。

党章采用哪种形式更适合表达相关内容？形式选择涉及党章文本体例问题。中国是个成文法国家。对于成文法国家而言，党章体例选择无外乎有3种：第一种是标准的“法规体”，即采用编、章、节、条、款、项、目等条文形式来表述——当然，也并非所有的法律法规都采用条文式，比如《全国人民代表大会常务委员会关于实行宪法宣誓制度的决定》就是采用段落形式规定了10个方面问题。第二种是标准的“文件体”，即采用段落形式来表述，如《关于新形势下党内政治生活的若干准则》就是采用段落形式规定了12条准则。第三种是“混合式”，即以“段落+条文”形式来表述。

现行党章采用“总纲+条文”这种体例，是历史选择形成的。1921年，党的一大通过的《中国共产党纲领》，采用的是段落方式，阐明了15个基本问题。1922年，党的二大通过的第一部党章采用的是条文形式，共29条。1945年，党的七大修订的党章首次采用“总纲+条文”体例，总纲部分共11个自然段，正文部分共70条。这种体例一直沿用至今。现行党章经过党的十九大修改后，总纲部分共30自然段，条文部分共11章55条。

党章总纲

总纲，顾名思义，就是党的总纲领。现行党章的总纲共30个自然段，集中回答了3个紧密相关的基本问题：党的性质、地位和奋斗目标是什么？依靠什么样的指导思想来指引全党为实现这一目标而不懈奋斗？党要在指导思想指引下运用什么样的基本理论、基本路线、基本方略来实现这一奋斗目标？紧紧围绕回答这3个基本问题，党章总纲的30个自然段在逻辑上可分为6个板块。

第一板块：即第 1 自然段，主要阐明党的性质、地位和奋斗目标等内容。

党章规定，中国共产党是中国工人阶级的先锋队，同时是中国人民和中华民族的先锋队，是中国特色社会主义事业的领导核心，代表中国先进生产力的发展要求，代表中国先进文化的前进方向，代表中国最广大人民的根本利益。党的最高理想和最终目标是实现共产主义。

第二板块：即第 2~8 自然段，主要阐明党的指导思想及其组成部分。

这一板块采用总分模式。首先，第 2 自然段明确，中国共产党以马克思列宁主义、毛泽东思想、邓小平理论、“三个代表”重要思想、科学发展观、习近平新时代中国特色社会主义思想作为自己的行动指南。然后，在第 3~8 自然段依次分段阐明马克思列宁主义、毛泽东思想、邓小平理论、“三个代表”重要思想、科学发展观、习近平新时代中国特色社会主义思想等党的指导思想 6 个组成部分的精髓要义和政治定位等内容。

第三板块：即第 9~14 自然段，主要阐明中国特色社会主义基本问题。

党章总纲第 1 自然段明确提出我们党的最高理想和最终目标是实现共产主义。这个伟大目标的实现需要十几代人、几十代人的接续奋斗。党章既要放眼长远，朝着实现共产主义目标挺进，又要立足当下、直面现实，奋力推进社会主义建设。社会主义是共产主义的初级阶段。改革开放以来，从党的十二大开始，党的全国代表大会的政治报告标题中就一直含有“社会主义”——党的十二大使用的是“社会主义现代化”表述；十三大使用的是“有中国特色的社会主义”表述；从十四大到十五大使用的是“有中国特色社会主义”表述；从十六大到十九大一直使用“中国特色社会主义”表述。党的十八大以来，中国特色社会主义进入了新时代，党章要直面的是中国特色社会主义建设的基本问题，特别是在新时代坚持和发展什么样的中国特色社会主义、怎样坚持和发展中国特色社会主义。

按照这个逻辑，党章第 9 自然段指出“改革开放以来我们取得一切成绩和进步的根本原因，归结起来就是：开辟了中国特色社会主义道路，形成了中国特色社会主义理论体系，确立了中国特色社会主义制度，发展了中国特色社会主义文化”。坚持和发展中国特色社会主义，是改革开放以来党和国家工作一切理论和实践的主题，是当代中国进步发展的根本方向。党章要求全党高举中国特色社会主义伟大旗帜，坚定“四个自信”，号召全党为实现推进现代化建设、完成祖国统一、维护世界和平与促进共同发展这三大历史任务，实现“两个一百年”奋斗目标、实现中华民族伟大复兴的中国梦而奋斗。

在第 9 自然段基础上，第 10 自然段再进一步，阐明我国正处于并将长期处于社会主义初级阶段，强调这是在原本经济文化落后的中国建设社会主义现代化不可逾越的历史阶段，需要上百年的时间。这就将党的理论路线方针政策进一步聚焦于社会主义初级阶段这个最大的实际，并作出“在现阶段，我国社会的主要矛盾是人民日益增长的美好生活需要和不平衡不充分的发展之间的矛盾”这一重大政治论断，为此，必须坚持以人民为中心的发展思想，坚持新发展理念，各项工作都要把做到“三个有利于”作为总的出发点和检验标准。要统筹推进“五位一体”总体布局和协调推进“四个全面”战略布局，在新世纪新时代实现“两个一百年”奋斗目标。

进言之，社会主义初级阶段的路线方针政策有很多，最基本的又是什么呢？这需要党章阐明党的基本路线，亦即党的政治路线。为此，党章在第 10 自然段的基础上再进一步，在第 11 自然段阐明党在社会主义初级阶段的基本路线，即必须坚持一个中心、两个基本点，为把我国建设成为富强民主文明和谐美丽的社会主义现代化强国而奋斗。接着，在第 12 自然段阐明必须坚持以经济建设为中心，强调“中国共产党在领导社会主义事业中，必须坚持以经济建设为中心，其他各项工作都服从和服务于这个中心”。明确要求实施“七大战略”，即科教兴国战略、人才强国战略、创新驱动发展战略、乡村振兴战略、区域协调发展战略、可持续发展战略、军民融合发展战略，充分发挥科学技术作为第一生产力的作用，依靠科技进步，提高劳动者素质，促进国民经济更高质量、更有效率、更加公平、更可持续发展。在第 13 自然段阐明坚持四项基本原则，强调这是我们的立国之本，在社会主义现代化建设的整个过程中，必须坚持四项基本原则。在第 14 自然段阐明坚持改革开放，强调这是我们的强国之路，提出要全面深化改革，完善和发展中国特色社会主义制度，推进国家治理体系和治理能力现代化。

第四板块：即第 15~23 自然段，集中阐明党领导人民全面推进新时代中国特色社会主义事业的基本主张。

截至第 14 自然段，党章阐明的主要是党的政治立场、政治方向、政治原则、政治道路等基本问题。党章要为党总揽全局、协调各方提供根本遵循，仅仅停留在阐明党的基本路线这个层面还不够，还要在此基础上再具体一点，针对统筹推进“五位一体”总体布局和协调推进“四个全面”战略布局的各个方面阐明党的基本领导主张，以明确党领导经济社会发展各方面工作的大政方针政策。

为此，党章在第 15~19 自然段，用了 5 个自然段依次阐明党领导经济建设、政治建设、文化建设、社会建设、生态文明建设的基本主张，有针对性地作出重大决策部署，这 5 个领域分别对应于社会主义现代化强国的富强、民主、文明、和谐、美丽等 5 个方面。

在阐明统筹推进“五位一体”总体布局之后，党章又对坚持和发展中国特色社会主义的重要保障性工作专门作出部署：在第 20 自然段阐明在党的绝对领导下加强军队和国防建设，在第 21 自然段阐明党的民族宗教政策，在第 22 自然段阐明党的爱国统一战线和祖国统一方针，在第 23 自然段阐明党的外交政策方针。

至此，党章就完成了我们党针对中国特色社会主义事业基本领导主张的集中阐述和决策部署，换言之，我们党在党章上完成了对整个中国特色社会主义伟大事业的战略擘画。

第五板块：即第 24~29 自然段，主要阐明加强新时代党的建设总体部署。

打铁必须自身硬。在“四个伟大”中，党的建设新的伟大工程起着决定性作用。党要管党、从严治党，这是党的建设一贯要求和根本方针。制度治党、依规治党，根本上要依据党章治党。党章作为我们党立党、治党、管党的总章程，当然要对如何加强新时代党的建设作出顶层设计。为此，党章总纲第 24 自然段集中阐明推进党的建设新的伟大工程、加强新时代党的建设总要求。而后，在第 25~29 自然段，依次分段阐明党的建设必须实现的 5 项基本要求，即“五个坚持”：坚持党的基本路线（政治路线）；坚持解放思想，实事求是，与时俱进，求真务实（思想路线）；坚持全心全意为人民服务（群众路线）；坚持民主集中制；坚持从严管党治党。这“五个坚持”大致对应于新时代党的建设中的 5 个方面，即党的政治建设、思想建设、组织建设、作风建设、纪律建设。

第六板块：即第 30 自然段，阐明要坚持和加强党的全面领导。

党的领导是中国特色社会主义最本质的特征，是中国特色社会主义制度的最大优势，是建设中国特色社会主义最根本的保证。鉴于此，党章总纲最后一个自然段作为“压轴”，呼应第 1 自然段党“是中国特色社会主义事业的领导核心”的地位，集中阐明必须坚持和加强党的全面领导。

相对而言，总纲第 15~23 自然段侧重阐明党的理论路线方针政策等党执政治国的领导主张，描绘新时代中国特色社会主义的宏伟蓝图，主要展现的是党的执政主张和领导内容这个“实体”；而第 30 自然段侧重阐明党的领导体制机制，明确党的领导范围、领导事项、领导对象、领导方式等内容，更多强调的是党的领导地位、领导权力及其行使这个“主体”问题。第 30 自然段强调的内容主要包括：旗帜鲜明指出党政军民学，东西南北中，党是领导一切的；强调党必须在同级组织中发挥领导核心作用，党必须集中精力领导经济建设，党必须实行民主的科学的决策，党必须在宪法和法律范围内活动，党必须保证国家机关和其他非党组织积极主动独立负责协调一致地工作，党必须加强对工青妇等群团组织的领导，党必须完善领导体制、改进领导方式、增强执政能力，等等。

综上可见，党章的总纲博大精深、内涵丰富、逻辑严密、纲举目张，它是以集中阐明党的性质、地位和奋斗目标作为逻辑起点，以集中阐明党的指导思想为“纲”，以坚持和加强党的全面领导，坚持党要管党、全面从严治党为“目”，集中阐明党的基本理论、基本路线、基本方略以及重大方针政策和决策部署，全面回答了我们党在新时代加强党的建设、坚持和发展中国特色社会主义一系列基本问题，为推进党和国家事业发展提供了根本遵循。

党章条文

党章条文部分共11章55条，依次专章规定了党员、党的组织制度、党的中央组织、党的地方组织、党的基层组织、党的干部、党的纪律、党的纪律检查机关、党组、党和共青团关系、党徽党旗，这些规定为规范党内关系、开展党的工作提供了根本遵循。11章内容可以分为6个板块，对党的工作干什么、谁来干、怎么干等3个基本问题作出根本规定，对党员与党的组织关系、党的组织间关系、党员间关系3对基本关系作出根本规范。

第一板块：即第1章，主要规范的是党员。

党员是党的细胞。第1章按照逻辑先后顺序规定了申请入党、党员条件标准要求、党员8项义务、党员8项权利、党员发展、入党誓词、预备党员、党员参加组织生活、退党等9个基本问题。其中，关于党员义务和党员权利的规定属于主体部分。较之《宪法》，正确理解党章关于党员义务和党员权利的制度安排，需要准确把握3个问题：一则，党章是先规定党员义务再规定党员权利的；二则，党员义务比党员权利的分量要重；三则，党的组织与党员的关系不同于国家与公民之间的关系，前者是内部关系，具有特别权力关系属性，而后者属于外部关系，应当实现法治化。

第二板块：即第2~5章，主要确立党的组织制度和组织体系。

第2章专门规定党的组织制度，包括民主集中制、党的代表大会制度和选举制度、党的代表会议制度、党的组织设立制度、巡视制度、党的组织纪律、重视党的建设等。第3~5章分别对党的中央组织、党的地方组织、党的基层组织的产生和职责等基本问题作出专门规定。党章据此构建“一体三翼”党的组织体系。

第三板块：即第6章，主要规范的是党的干部。

党的干部是党的事业的骨干，是人民的公仆。这一章对党的干部的培养、选拔任用、考核监督、发挥作用，以及党的各级领导干部的基本条件、职务任期等作出专门规定。这一章的标题是“党的干部”，在第37条使用了“党员干部”“党外干部”两个概念。根据党管干部方针，党的干部既包括党员干部，也包括党外干部。

第四板块：即第7~8章，主要规定党的纪律和党的纪律检查机关。

把党章前6章规定要求落实到位，要靠严明党的纪律来保证。因此，党章第7章专门规定党的“六大纪律”以及违纪处分等基本问题，第8章规定党的纪律检查机关的产生、领导体制、任务、职责、履职要求等基本问题。

第五板块：即第9~10章，主要规定党组、党和共青团的关系。

如果说前8章侧重规定党内关系，那么第9、10章则侧重规定党与非党组织之间的关系。其中，第9章就党组问题作出专门规定，通过在非党组织的领导机关中设立党组这种方式加强党对非党组织及其活动的领导，依托党组制度确保党发挥总揽全局、协调各方的领导核心作用；第10章规定党和共青团的关系，加强党对共青团的领导，保证共青团始终成为党的助手和后备军，确保党的事业薪火相传、后继有人。

第六板块：即第11章，主要规定党的象征标志，即党徽党旗。

综上可见，较之党章总纲部分主要着眼全党这个整体来阐明我们党的重大政治主张、作出的重大决策部署，党章条文部分则主要着眼对党员、党的组织、党员干部等党的个体来确定行为规范。11章内容主要是按主体的不同来建章立制，实现了对党员和党的组织的全覆盖，并以严明党的纪律来保障实施。

综上所述，党章的文本结构和主要内容，是高度契合党章作为党的根本大法这一定位的，党章在逻辑上是“大美”的，谋篇布局科学合理，政治逻辑和技术逻辑都极其严密；党章在内容上走的是“大道”，大道之行，天下为公，党章阐明的重大主张、作出的重大决策部署、作出的重大规定，展现了我们党的崇高政治理想、高尚政治追求、纯洁政治品质、严明政治纪律的“大我”境界。

党章采用的这种“总纲+条文”体例，能够充分表述党章的内容要求，总纲与条文各展其长、各得其所，二者都是党章的重要组成部分，同等重要、缺一不可，特别是总纲提纲挈领集中阐明党的重大政治主张，具有深刻的思想性、鲜明的政治性、明确的方向性，对条文规定在相当程度上起着引领和奠基作用，这就解释了为什么历次党章修改往往在总纲部分聚焦用力。在这个意义上，我们要认真学习党章、严格遵守党章，不能只从“第一条”开始，而要从“第一段”开始。如果忽略对总纲的学习贯彻，那就是忽略了党章 2/5 的篇幅，那就是错过了党章的精髓要义这道精彩“风景”，也就谈不上是全面学习贯彻党章，也就不可能真正理解为什么党章是“党的根本大法”而非“党内根本大法”。

党章修改

党章诞生于党的二大，党的二大制定了第一部党章。从党的三大至党的十九大，除了党的五大因当时特殊历史环境未对党章进行修改、后由中央政治局对党章作出修改外，历次党的全国代表大会均对党章作出不同程度的修改，这就使党章自诞生以来一直保持与时俱进、守正创新，一次次的修改承载着一代代中国共产党人的集体智慧结晶。每次党的全国代表大会皆修改党章，将大会主要精神转化为党章规定，这一政治惯例保证了党章与时代同行并进。

2017 年 10 月 24 日，党的十九大审议通过《中国共产党章程（修正案）》，这在党的历史上是第 17 次修改党章，实现了党的根本大法的又一次与时俱进。党的十九大报告 3.24 万多字，其中载入党章的约 2800 字，约占报告篇幅的 9%，集中体现了党的十九大精神。较之党章历史上的前 16 次修改，这次党章修改是介于改变框架结构的“大改”与修改具体文字的“小改”之间的“中改”。总共修改

107处，其中总纲部分修改58处、增加了2个自然段（第8、29自然段），条文部分修改49处、增加了2条（第14条、第34条）。经过这次修改，党章总纲由28自然段增至30自然段，正文由53条增至55条，篇幅由1.73万多字增至1.94万多字，增加了2100多字。党章经过这次修改，内容规定更加完善、时代特色更加鲜明、规范指引功能更加强大。

如何从整体上认知和把握党的十九大对党章作出的107处修改？就其修改逻辑而言，可以将十九大党章修正案概括为一纲二目、纲举目张。“一纲”，就是以把习近平新时代中国特色社会主义思想写入党的指导思想载入党章为“纲”来统领整个党章修订；“二目”就是丰富和完善“两个坚持”方面的制度规定，一个是坚持和加强党的全面领导，另一个是坚持党要管党、全面从严治党。

关于“一纲”：以把习近平新时代中国特色社会主义思想写入党的指导思想为“纲”统领整个党章修正案。

综观这次党章修改的107处内容，“纲”的统领性主要体现为：以修改第2自然段为原点，以增写第8自然段为支点，通过总纲相关自然段的58处修订将习近平新时代中国特色社会主义思想的内容全面辐射到党章总纲所阐明的重大政治主张之中，并通过49处条文修订进一步延伸至相关条文当中。把“八个明确”和“十四个坚持”科学地嵌入党章结构之中，这就实现了习近平新时代中国特色社会主义思想对统揽“四个伟大”的立体式、全方位指导，实现了对统筹推进“五位一体”总体布局和协调推进“四个全面”战略布局的全面指导，确保习近平新时代中国特色社会主义思想成为全党必须长期坚持的行动指南。

关于第一个“目”：聚焦坚持和加强党的全面领导，阐明党在新时代领导人民推进中国特色社会主义事业的重大政治主张并作出重大决策部署。

从逻辑上来看，相关修改内容从大到小、由高到低可以分为5个层次，即从中国特色社会主义，到社会主义初级阶段，到党在社会主义初级阶段的基本路线，再到党领导经济社会发展的战略部署，最后到进一步强化坚持和加强党的全面领导，层层递进、联成一体。

第一个层次是丰富中国特色社会主义的科学内涵。在党章总纲第9自然段中把发展中国特色社会主义文化同开辟了中国特色社会主义道路、形成了中国特色社会主义理论体系、确立了中国特色社会主义制度，一道作为改革开放以来取得的一切成绩和进步的根本原因。同时，在高举中国特色社会主义伟大旗帜之后，增写坚定道路自信、理论自信、制度自信、文化自信，贯彻党的基本理论、基本路线、基本方略；在三大历史任务之后，增写实现“两个一百年”奋斗目标、实现中华民族伟大复兴中国梦。

第二个层次是调整充实社会主义初级阶段方面的内容。党的十九大作出的我国社会主要矛盾已经转化为人民日益增长的美好生活需要和不平衡不充分的发展之间的矛盾的重大政治论断，反映了我国社会发展的客观实际，是制定党和国家大政方针、长远战略的重大依据。党章据此在总纲第10自然段中作出相应修改。同时，在总纲第10自然段中增写了必须坚持以人民为中心的发展思想，坚持创新、协调、绿色、开放、共享的发展理念，协调推进“四个全面”战略布局等内容。把新世纪新时代经济和社会发展目标调整为：到建党一百年时，全面建成小康社会；到新中国成立一百年时，全面建成社会主义现代化强国。

第三个层次是充实完善党的基本路线方面的内容。在第11自然段中将“为把我国建设成为富强民主文明和谐的社会主义现代国家而奋斗”调整为“为把我国建设成为富强民主文明和谐美丽的社会主义现代化强国而奋斗”，增加了“美丽”，实现了五大目标与“五位一体”总体布局的全面对接；将“国家”调整为“强国”，与新中国成立一百年时要实现的目标相一致。把握我国发展阶段性特征，在原有总纲提出的科教兴国战略、人才强国战略、可持续发展战略等三大战略基础上，在总纲第12自然段中增写实施创新驱动发展战略、乡村振兴战略、区域协调发展战略、军民融合发展战略等四大战略，构成了“七大战略”。在总纲第12自然段中增写“充分发挥创新作为引领发展第一动力的作用”内容。在总纲第12自然段中将“又好又快发展”修改为“更高质量、更有效率、更加公平、更可持续发展”。在总纲第 14 自然段中增写“要全面深化改革，完善和发展中国特色社会主义制度，推进国家治理体系和治理能力现代化”，“更加注重改革的系统性、整体性、协同性”等内容。

第四个层次是充实党领导经济社会发展的战略部署。吸收党的十九大报告中的重大理论观点和重大战略思想，丰富发展了“五位一体”总体布局的内容。(1) 经济建设方面。在总纲第 15 自然段中，将“发挥市场在资源配置中的基础性作用”修改为“发挥市场在资源配置中的决定性作用，更好发挥政府作用”，增写推进供给侧结构性改革、建设世界科技强国等内容。(2) 政治建设方面。在总纲第 16 自然段中，将“健全社会主义法制”修改为“建设中国特色社会主义法治体系”——从法“制”到法“治”之变，一字千金；增写推进协商民主广泛、多层、制度化发展。在总纲第 21、22 自然段中，增写铸牢中华民族共同体意识，将致力于中华民族伟大复兴的爱国者纳入爱国统一战线范畴。(3) 文化建设方面。在总纲第 17 自然段中，把“弘扬民族优秀传统文化，繁荣和发展社会主义文化”修改为“推动中华优秀传统文化创造性转化、创新性发展，继承革命文化，发展社会主义先进文化，提高国家文化软实力”，增写培育和践行社会主义核心价值观等内容。(4) 社会建设方面。在总纲第 18 自然段中，把“加强和创新社会管理”修改为“加强和创新社会治理”——从“管”理到“治”理之变，一字千金；增写不断增强人民群众获得感；增写坚持总体国家安全观，坚决维护国家主权、安全、发展利益等内容。(5) 生态文明建设方面。在总纲第 19 自然段中，增写“增强绿水青山就是金山银山的意识”，“实行最严格的生态环境保护制度”等内容。

此外，这次党章修改还对军队和国防、外交等方面内容作了充实。在国防和军队建设方面，在第 20 自然段中将党对军队由“领导”调整为“绝对领导”，增写贯彻习近平强军思想，坚持政治建军、改革强军、科技兴军、依法治军，建设一支听党指挥、能打胜仗、作风优良的人民军队，切实保证人民解放军有效履行新时代军队使命任务等内容；在第 23 条中增写中央军事委员会实行主席负责制，将第 24 条相关内容修改为“中央军事委员会负责军队中党的工作和政治工作，对军队中党的组织体制和机构作出规定”。在外交方面，在第 23 自然段中增写的内容主要有：坚持正确义利观；推动构建人类命运共同体；遵循共商共建共享原则，推进“一带一路”建设。

第五个层次是对坚持和加强党的全面领导作了进一步强化。将此前的“党的领导主要是政治、思想和组织的领导”调整为“中国共产党的领导是中国特色社会主义最本质的特征，是中国特色社会主义制度的最大优势。党政军民学，东西南北中，党是领导一切的”。同时，将“群众组织”调整为“群团组织”，增写了“使它们保持和增强政治性、先进性、群众性”的要求等内容。

关于第二个“目”：聚焦坚持党要管党、全面从严治党，明确加强新时代党的建设的重大决策部署和重大制度安排。

从逻辑上来看，十九大党章修正案涉及加强新时代党的建设方面的内容，从抽象到具体可以分为 3 个层面，即从党的建设总要求，到党的建设基本要求，再到管党治党的有关制度创新。

第一个层次是完善党的建设总要求。在总纲第 24 自然段中明确提出“坚持党要管党、全面从严治党”这一党的建设指导方针，将“加强党的执政能力建设、先进性和纯洁性建设”修改为“加强党的长期执政能力建设、先进性和纯洁性建设”。根据党的十九大作出的新时代党的建设重大决策部署，在第 24 自然段中把党的政治建设、纪律建设纳入党的建设总体布局，形成“1+4+1+1”的总体布局：以党的政治建设为统领，全面推进党的政治建设、思想建设、组织建设、作风建设、纪律建设，把制度建设贯穿其中，深入推进反腐败斗争。同时，在第 24 自然段中增写不断增强自我净化、自我完善、自我革新、自我提高能力的内容。作这样的修改，使党的建设布局更加完善、要求更加全面，有利于全党以更加科学的思路、更加有效的举措推进党的建设，不断提高党的建设质量。

第二个层次是充实党的建设基本要求。将党的建设基本要求从 4 项拓展为 5 项，整合相关内容、增加新的要求形成第五项“坚持从严管党治党”作为第29自然段，具体表述为：全面从严治党永远在路上。新形势下，党面临的执政考验、改革开放考验、市场经济考验、外部环境考验是长期的、复杂的、严峻的，精神懈怠危险、能力不足危险、脱离群众危险、消极腐败危险更加尖锐地摆在全党面前。要把严的标准、严的措施贯穿于管党治党全过程和各方面。坚持依规治党、标本兼治，坚持把纪律挺在前面，加强组织性纪律性，在党的纪律面前人人平等。强化管党治党主体责任和监督责任，加强对党的领导机关和党员领导干部特别是主要领导干部的监督，不断完善党内监督体系。深入推进党风廉政建设和反腐败斗争，以零容忍态度惩治腐败，构建不敢腐、不能腐、不想腐的有效机制。

第三个层次是完善管党治党的有关制度安排。主要涉及3个方面：

一是充实党的组织方面的制度。党的十八大以来，党的组织建设及相关制度建设取得重要成果。这次党章修改吸收这些成果，进一步完善党的组织方面的制度。(1)在“党的组织制度”一章中，总结巡视工作的丰富实践经验，新增一条作为第14条，规定要实现巡视全覆盖、中央单位巡视、市县巡察等内容。作这样的修改，有利于落实党内监督的战略性制度安排，为推动巡视工作向纵深发展提供党章依据。(2)在“党的中央组织”“党的地方组织”两章中，将党的代表大会对同级纪委报告的“听取和审查”修改为“审查”。作这样的修改，主要是考虑到实践中是以书面形式审议的。(3)在“党的基层组织”一章中，顺应基层呼声，着眼于增强基层组织领导班子稳定性和工作连续性，将总支部委员会、支部委员会每届任期“两年或三年”调整为“三年至五年”；充实基层党组织的职责任务；明确国有企业党组织、社会组织党组织的功能定位和职责任务；增写一条作为第34条，规定基层党支部发挥战斗堡垒作用，表述为：党支部是党的基础组织，担负直接教育党员、管理党员、监督党员和组织群众、宣传群众、凝聚群众、服务群众的职责。(4)在“党组”一章中，增写加强对本单位党的建设的领导，履行全面从严治党责任；增写讨论和决定基层党组织设置调整和发展党员、处分党员等重要事项的内容；将“指导”机关和直属单位党组织的工作调整为“领导”，将党组的职责由 5 项增加至 7 项，强化了党组管党治党的政治责任。

二是充实党员和党的干部方面的制度。在“党员”一章中，充实党员义务和发展党员标准等内容，增写党员要认真学习习近平新时代中国特色社会主义思想，自觉遵守党的政治纪律和政治规矩，勇于揭露和纠正违反党的原则的言行，带头实践社会主义核心价值观，弘扬中华民族传统美德等内容。同时，为从源头上保证党员队伍质量，强调发展党员必须把政治标准放在首位。作这样的充实，对于建设一支政治合格、品德合格、执行纪律合格、发挥作用合格的党员队伍具有重要意义。党的干部是党和国家事业的中坚力量。这次党章修改，在总纲第 25 自然段将原有的“选拔使用在改革开放和社会主义现代化建设中政绩突出、群众信任的干部”修改为“培养选拔党和人民需要的好干部”，同时还将“要做到忠诚干净担当”，“坚持事业为上、公道正派”，“信念坚定、为民服务、勤政务实、敢于担当、清正廉洁”的好干部“二十字”标准，以及反对“四风”等内容充实进“党的干部”一章的相关条款。

三是充实党的纪律和党的纪检机关相关内容。加强纪律建设是全面从严治党的治本之策。这次党章修改吸收党的十八大以来党的纪律建设和纪检体制改革的新成果，对“党的纪律”和“党的纪律检查机关”两章进行了调整和充实。在“党的纪律”一章中，明确党的六大纪律；提出要“坚持惩前毖后、治病救人，执纪必严、违纪必究，抓早抓小、防微杜渐，按照错误性质和情节轻重，给以批评教育直至纪律处分。运用监督执纪‘四种形态’，让‘红红脸、出出汗’成为常态，党纪处分、组织调整成为管党治党的重要手段，严重违纪、严重触犯刑律的党员必须开除党籍”。同时，在第 42 条增设第 2 款补充给予中央和地方各级党委委员、候补委员轻处分的程序，即“对党的中央委员会委员、候补委员，给以警告、严重警告处分，由中央纪律检查委员会常务委员会审议后，报党中央批准。对地方各级党的委员会委员、候补委员，给以警告、严重警告处分，应由上一级纪律检查委员会批准，并报它的同级党的委员会备案”。在“党的纪律检查机关”一章中，重点完善了纪检机关双重领导体制、全面派驻机制的内容，进一步明确纪检机关的职责定位，将党的各级纪委是党内监督专责机关，协助党委推进全面从严治党，职责是监督、执纪、问责等内容写进第 45 条、第 46 条；在第 46 条完善各级纪委对同级党委委员进行执行审查的程序规定。

综上可见，党的十九大修改党章是以“一纲”来统领、靠“二目”来展开的，新党章“新”就新在党的指导思想的新发展，“新”就新在对加强党的领导提出新要求，“新”就新在对推进党的建设作出新部署。经过党的十九大修改，党章集中体现了习近平新时代中国特色社会主义思想的“八个明确”和“十四条坚持”，全面反映了新时代坚持和发展中国特色社会主义的总目标、总任务、总体布局、战略布局和发展方向、发展方式、发展动力、战略步骤、外部条件、政治保证等 10 个方面重大决策部署，实现了党章制度创新与新时代中国特色社会主义建设的全方位对接，实现了新党章与新时代的同频共振，实现了新党章的拥抱新时代、引领新征程。

第二十章 党内法规体系以准则为“梁”

柱立则墙固，梁横则屋成。《中共中央关于加强党内法规制度建设的意见》明确提出，党内法规制度体系是“以准则、条例等中央党内法规为主干”。准则、条例属于支撑党内法规体系大厦的四梁八柱。建构党内法规体系，主体工程是立柱架梁，制定出台准则、条例。相对而言，准则如梁、共撑一顶，其中党内政治生活准则属于综合性准则，发挥着主梁作用，诸如《中国共产党廉洁自律准则》等属于专门性准则，发挥着副梁作用；条例如柱、独当一面，其中，《中国共产党中央委员会工作条例》发挥着顶梁柱作用，《中国共产党地方委员会工作条例》《中国共产党宣传工作条例》《中国共产党党内监督条例》等其他条例则发挥着各当一面的辅柱作用。经过长期努力，党中央已经制定出台了3部准则、40部条例，确立了党内法规体系的骨架，下一步要再研究制定若干部准则和一批条例，以填齐补足所缺之梁、所少之柱，推动形成完善的党内法规体系。本章主要讨论准则问题，条例问题放在下章讨论。

何为准则？《现代汉语词典》将其定义为言论、行为等所依据的原则。《中国共产党党内法规制定条例》给出的定义是：“准则对全党政治生活、组织生活和全体党员行为等作出基本规定。”

着眼全面从严治党、依规治党，将准则置于整个党内法规体系中考察，较之条例、规定等其他党内法规，准则的独特性可以概括为“两基一梁”：从规范事项来看，准则旨在筑牢严肃党内政治生活、提升党的政治能力这个党的建设“基点”；从规范方式来看，准则重点解决的是针对党内政治生活建章立制的“基准”问题；从规范地位来看，准则在党内法规体系中居于“梁”的地位。简而言之，针对党内政治生活制定准则，目的在于强党之基、固党之本。

构筑党建基点

政党属于政治组织，政治组织的基本功能是政治功能，核心能力是政治能力。就此而言，着力提升党的政治能力就成为党的建设的逻辑基点。

基点，是指开展某种活动的基础之地。人靠能力立身，党靠能力立足。加强党的建设，无论是在党内增强党的凝聚力、创造力、战斗力，还是在党外增强党的领导力、组织力、号召力，这些“力”皆属党的政治能力。因此，提升党的政治能力，乃为党强基固本之所需，是推进党的建设的逻辑起点，它为推进党的建设各方面工作提供了共同主题。

党的十八大以来，习近平总书记多次提出要提升政治能力。强调指出政治能力就是把握方向、把握大势、把握全局的能力，就是保持政治定力、驾驭政治局面、防范政治风险的能力；强调指出党的领导干部特别是高级干部要强化政治意识，不断提高政治判断力、政治领悟力、政治执行力；强调指出领导干部要注重提高政治能力，牢固树立政治理想，正确把握政治方向，坚定站稳政治立场，严格遵守政治纪律，加强政治历练，积累政治经验，自觉把讲政治贯穿于党性锻炼全过程，使自己的政治能力与担任的领导职责相匹配；强调指出政治能力是干部的“第一能力”，也是衡量干部能否担当重任的“第一标准”；强调指出党的政治建设是党的根本性建设，党政治建设抓好了，政治方向、政治立场、政治大局把握住了，党的政治能力提高了，党的建设就铸了魂、扎了根。

提升政治能力，既是对领导干部提出的要求，也是对全体党员和各级党的组织提出的要求，更是对全党提出的要求。我们党要完成好管党治党、拒腐防变的自身建设任务，要履行好治国理政、执政兴国的重大历史使命，必须具有与之相适应的政治能力。因此，可以说，加强党的政治能力建设事关党的生死存亡，事关党长期执政和国家长治久安。

一个政党的政治地位高低和政治自信强弱，归根到底取决于政治能力大小，政党的政治能力是政党的核心竞争力。政党的政治能力，集中体现为政党提出明确的政治目标并组织动员足够的社会资源去实现目标的能力。政党政治能力的形成和提升，受到政党的立场、性质、宗旨、地位、目标、纲领以及政党的指导思想、组织原则、作风状态、纪律约束等诸多因素的综合影响。作为一种政党禀赋，政治能力是塑造政党的政治底色、政治形象、政治声誉的内在力量，是支持政党从事政治活动的家底。

政党的政治能力呈现为多个面相。比如，从知与行角度看，政治能力体现为政党把握政党建设和经济社会发展规律，提出引领政党建设、经济社会发展的思想理论和政策主张，并付诸实践的能力。从目标与路径角度看，政治能力体现为政党确定政治目标，并制定和执行与之相匹配的政治路线、政治纲领、政策举措的能力。从党内与党外角度看，政治能力体现为政党统一党内思想、凝聚党员力量与组织社会大众、动员社会力量的能力。

作为马克思主义执政党，我们党是按照民主集中制组织起来的统一整体，在革命建设改革各个历史时期都一直高度重视加强政治能力建设。党正是依靠卓越的政治能力，成功带领中国人民站起来、富起来、强起来。我们党的政治能力之强，至少体现在以下几个方面：

一是党具有先进的政治属性、纯洁的政治品质、高尚的政治追求。党是中国工人阶级的先锋队，同时是中国人民和中华民族的先锋队，代表中国先进生产力的发展要求，代表中国先进文化的前进方向，代表中国最广大人民的根本利益。党的根本宗旨是全心全意为人民服务，党除了工人阶级和最广大人民群众的利益，没有自己的特殊利益。党的最高理想和最终目标是实现共产主义。中国共产党人的初心和使命就是为中国人民谋幸福、为中华民族谋复兴，党把不忘初心、牢记使命作为加强党的建设的永恒课题和全体党员、干部的终身课题。

二是党具有强大的思想武器。党以马克思列宁主义、毛泽东思想、邓小平理论、“三个代表”重要思想、科学发展观、习近平新时代中国特色社会主义思想作为自己的行动指南，与时俱进推进党的理论创新，用马克思主义中国化最新理论成果武装全党、统一思想、教育人民。

三是党具有科学的执政治国纲领。党确定在社会主义初级阶段的基本路线是：领导和团结全国各族人民，以经济建设为中心，坚持四项基本原则，坚持改革开放，自力更生、艰苦创业，为把我国建设成为富强民主文明和谐美丽的社会主义现代化强国而奋斗。党针对这一奋斗目标的实现提出要统筹推进“五位一体”总体布局和协调推进“四个全面”战略布局，提出了一整套领导人民发展社会主义市场经济、发展社会主义民主政治、发展社会主义先进文化、构建社会主义和谐社会、建设社会主义生态文明的行动纲领。

四是党具有伟大的自我革命精神。党深刻认识到，治国必先治党，治党务必从严。坚持党要管党、全面从严治党，加强党的长期执政能力建设、先进性和纯洁性建设，以改革创新精神全面推进党的建设新的伟大工程，以党的政治建设为统领，全面推进党的政治建设、思想建设、组织建设、作风建设、纪律建设，把制度建设贯穿其中，深入推进反腐败斗争，全面提高党的建设科学化水平。要着力提高抵御“四种危险”、应对“四大挑战”能力，不断增强“四自”能力，不断提高党的创造力、凝聚力、战斗力，建设学习型、服务型、创新型的马克思主义执政党，使党始终走在时代前列，成为领导全国人民沿着中国特色社会主义道路不断前进的坚强核心。

党的政治能力实质上是一种治理能力。作为长期执政、领导一切的马克思主义政党，我们党要同时提升两种治理能力：

一种是执政治国能力。这种治理能力属于领导能力，是党领导人民治理“国务”的政治能力。实现中华民族伟大复兴、建设社会主义现代化强国这一历史使命艰巨繁重，党肩负着执政兴国的重大历史使命，必须不断提高执政能力和领导水平，发挥好总揽全局、协调各方的领导核心作用，把方向、谋大局、定政策、促改革，领导国家机关等非党组织开展工作，领导经济社会发展活动，领导全面深化改革工作，领导全面依法治国工作，领导国家治理活动，等等。

另一种是管党治党能力。这种能力属于自身建设能力，是党治理“党务”的政治能力。我们党是由9100多万党员、470多万党的组织共同构成的大党，是执掌国家政权、发挥领导核心作用的执政党，如此多的党员和党的组织、如此重要的政治地位，使党内事务千头万绪、党内关系错综复杂，要治理党内事务、理顺党内关系、化解党内矛盾，就必须坚持不懈加强党的自身建设，不断提升党务治理能力，保持党的先进性和纯洁性，保证党的团结统一、行动一致。

对于我们党而言，提升治理“国务”和治理“党务”两种能力，缺一不可、不可偏废，我们党依靠伟大自我革命引领伟大社会革命。一个朴素的道理是，如果党治理“国务”的政治能力不够强，就无法赢得亿万人民群众的支持和信赖；打铁必须自身硬，如果党治理“党务”的政治能力不够强，就难以有效统揽“四个伟大”。

需要注意的是，党要同时提升以上两种政治能力，并不是说这两种能力是相提并论的，二者有着主与次之分、目标与手段之别。习近平总书记强调指出：“新的历史条件下，我们要更好进行具有许多新的历史特点的伟大斗争、推进中国特色社会主义伟大事业，就必须以更大力度推进党的建设新的伟大工程，坚定不移推进全面从严治党，切实把党建设好、管理好，保持党的先进性和纯洁性，增强党的创造力凝聚力战斗力，提高党的领导水平和执政水平，确保党始终成为中国特色社会主义事业的坚强领导核心。”由此可见，加强党的建设的“落点”是巩固党的执政地位、强化党的领导核心作用。相对而言，党治理“国务”的政治能力属于主体能力，在党的政治能力建设中居于主导地位，更多地属于“生产”能力，而党治理“党务”的政治能力属于保障能力，在党的政治能力建设中居于从属地位，更多地属于“生活”能力。生活的意义见之于生产，治理“党务”的政治能力最终要转化为治理“国务”的政治能力。

关于加强党的建设是以提升党的政治能力为“基点”，这在新时代党的建设总要求中可见一斑。从党的十九大确立的党的建设主题主线，以及确立的“1+N+1”党建总体布局来看：一则，坚持和加强党的全面领导、提高党的长期执政能力，对应于提升党治理“国务”的政治能力；二则，加强党的自身建设、保持党的先进性和纯洁性，对应于提升党治理“党务”的政治能力；三则，通过加强党的自身建设为实现党的长期执政提供根本政治保证，就是以提升党治理“党务”的政治能力来促进和保障党提升治理“国务”的政治能力。在这个意义上，以党的政治建设统领党的各方面建设，实质上就是以党的政治能力建设为“基点”来谋划推进党的各方面建设，实现党的建设高质量发展，最终在效果上要集中体现为党的政治能力得到提升。

如何有效提升党的政治能力？大致说来主要有两条途径。一条途径是通过开展严肃的党内政治生活来养成。在全党范围内，通过加强政治文化建设，对广大党员干部进行优良传统作风教育，营造良好政治生态，依靠组织开展专题学习教育、民主生活会、组织生活会、“三会一课”等各种方式，在同志之间、党的组织之间开展真刀真枪的批评和自我批评，加强党员党性锻炼，教育引导、督促推动广大党员和各级党的组织增强“四个意识”、坚定“四个自信”、做到“四个服从”，不断提升党员干部的政治鉴别力和政治敏锐性，坚定政治信仰、强化政治意识、提高政治站位、提升政治素养。另一条途径是通过置身于生动的党的政治活动来锤炼。在管党治党、执政治国的政治实践舞台上，让广大党员干部在履职尽责中摸爬滚打，“在游泳中学会游泳”，在干事创业中练就过硬政治本领，在党的政治活动实践中培养、检验、提升政治能力。这两条途径一内一外、一动一静，二者各有侧重但殊途同归，共同致力于提升广大党员和各级党的组织的政治能力，进而提升全党的政治能力。

进言之，如果从政治能力的“生产”与“消耗”角度看，开展严肃的党内政治生活在提升党的政治能力上，要扮演更重要角色、承担更艰巨责任。之所以如此，是因为组织开展党的政治活动，既在“生产”政治能力，也要“消耗”政治能力，而开展严肃的党内政治生活则不同，它只生产、不消耗政治能力。在这个意义上，党的政治活动对党内政治生活表现出依赖性，坚强有力的党的政治活动要以严肃的党内政治生活为前提，组织开展党的政治活动要依靠严肃的党内政治生活来“造血”和“输血”，倘若党内政治生活不正常，无法源源不断地为党的政治活动输送能量，那么党的政治活动就会产生“贫血”问题。

由此可见，对于提升党的政治能力而言，开展严肃的党内政治生活至关重要。依靠严肃的党内政治生活来提升党的政治能力，这是我们党的一大发明创造，彰显出我们党对自身建设规律的深刻把握。事实胜于雄辩。通过严肃的党内政治生活来提升党的政治能力这个办法的远见和正确，已为党的建设正反两方面经验所证明：什么时候我们党重视党内政治生活，党内政治生态就风清气正，党的政治能力就得到显著提升，党的政治活动就有序有力，党和国家事业就发展得好；什么时候党内政治生活不正常，党的政治能力提升受阻，党的政治活动就会失序失常，党和国家事业发展就会碰到严重障碍。就此而言，要提升党的政治能力，必须高度重视党内政治生活。

再进言之，开展严肃的党内政治生活，主要目的就是提升党的政治能力。亦即，党内政治生活聚焦的是党强基固本的问题，它专为提升党的政治能力而生。具体而言，党内政治生活是以提升党的政治能力为出发点和落脚点，党内政治生活的主题主线是围绕着提升党的政治能力来展开，党内政治生活的体制机制和方式方法是服从服务于提升党的政治能力，党内政治生活的效果最终是通过对提升政治能力贡献的大小来评价。

依靠专门的党内政治生活来提升党的政治能力，其中的道理很朴素、并不深奥。众所周知，植物作为一种有机体，是通过持续不断的光合作用、新陈代谢来生存和成长的，这是一种适应自然的能力；人作为一种社会动物，必须强身健体、修身养性，这是一种适应自然和社会的能力；家之所以为家，家庭成员要过正常的家庭生活，这是一种维系家庭的能力。同理，党作为政治组织，自然也得要求党员和党的组织这些“家庭成员”开展正常的党内政治生活。我们党的创立和发展是以列宁的建党思想为指导的，自建党伊始就在党员与党的组织之间建立起必然联系，要求每名党员都要加入党的一个组织，加入一个党的“家庭”过组织生活——对此，党章第 8 条明确规定：“每个党员，无论职务高低，都必须编入党的一个支部、小组或者其他特定组织，参加党的组织生活，接受党内外群众的监督。”每个党的组织都是若干党员所组成的组织，要成为一个有家人且有家庭生活的“家”，那就既不允许存在未编入或者脱离党的组织的特殊党员，也不能出现没有党员的“空壳”组织。因此，要求全体党员严肃党内政治生活、加强政治能力训练，据此强化党员意识、组织意识、党的意识，强化党性观念、提升党性修养，最终是为了达到提升党的政治能力水平这一目标。

不难想象，如果我们党没有党内政治生活，那么党员的党的意识、党性观念就必然会淡漠，党的纪律、党内关系必然会松弛，党就不可能具有强大的凝聚力和战斗力；如果我们党没有严肃的党内政治生活，那就难以保持党的先进性和纯洁性，党就很难有能力肩负起执政兴国的伟大历史使命。从这个角度看，我们就能深刻理解《关于新形势下党内政治生活的若干准则》的开宗明义：“办好中国的事情，关键在党，关键在党要管党、从严治党。党要管党必须从党内政治生活管起，从严治党必须从党内政治生活严起。”

依靠开展严肃的党内政治生活来提升党的政治能力，是就我们党这个整体而言的，而党的政治能力是由所有党的组织和全体党员、干部的政治能力汇聚而成的，因此，严肃党内政治生活、提升党的政治能力，就必须落实落细到每个党的组织和每名党员、干部身上，要求所有党的组织和全体党员都要通过开展严肃的党内政治生活来加强政治训练、强化政治意识、增强政治素质，据此不断提高自身的政治能力。

提升党的组织和党员、干部的政治能力，要在兼顾全面的基础上突出重点。就提升党的组织政治能力而言，既要全面提升各级各类党的组织的政治能力，更要重视提升党的领导机关特别是党的中央领导机构的政治能力，确保党中央在深刻把握党的建设规律、社会主义建设规律、人类社会发展规律基础上，科学制定党的路线方针政策、正确作出重大决策部署。就提升党员、干部的政治能力而言，既要提升全体党员、干部的政治能力，更要重视提升党的领导干部特别是党的高级领导干部的政治能力，确保他们牢固树立政治理想、正确把握政治方向、坚定站稳政治立场、严格遵守政治纪律，加强政治历练、积累政治经验，自觉把讲政治贯穿于党性锻炼全过程，使自己的政治能力与担任的领导职责相匹配。对此，《关于新形势下党内政治生活的若干准则》提出了明确要求："新形势下加强和规范党内政治生活，重点是各级领导机关和领导干部，关键是高级干部特别是中央委员会、中央政治局、中央政治局常务委员会的组成人员。"

此外，有必要指出的是，提升党的政治能力，当然要加强党的政治建设，但加强党的政治建设，却不限于提升党的组织的政治能力，还要拓展至国家政权机关等其他非党组织，它们在本质上也属于政治机关。对此，《中共中央关于加强党的政治建设的意见》提出："加强党的政治建设，关键是要提高各级各类组织和党员干部的政治能力。必须进一步增强党的组织政治功能，彰显国家机关政治属性，发挥群团组织政治作用，强化国有企事业单位政治导向，不断提高党员干部特别是领导干部政治本领。"据此，提升党的政治能力，一个重要方面就是提升党对国家政权机关等非党组织的政治领导能力。通过提升党的组织的政治能力引领和带动非党组织站稳政治立场、自觉接受党的领导，这是加强党的政治建设的重要内容，是一篇需要党去写好的大文章。

聚焦党内政治生活

《中国共产党党内法规制定条例》规定："准则对全党政治生活、组织生活和全体党员行为等作出基本规定。"从党内法规制定实践来看，较之条例、规定、办法、规则、细则等党内法规名称可以广泛适用于党的各方面工作明显不同的是，"准则"这个名称属于专名专用，专指对全党政治生活作出基本规定的规章制度，它是专门用来规范党内政治生活的，不太适合去规范党内政治生活之外的其他事项。专为规范党内政治生活制定出台准则，这既是准则这一名称一直以来实际用法的惯例使然，也是保证制定出台的准则名副其实的必然要求，有利于通过确立准则的特殊地位来彰显严肃党内政治生活的极端重要性。

从历史角度看，“准则”的专名专用可以追溯至第一个党内政治生活准则的出台。

1980 年，党的十一届五中全会深刻总结历史经验特别是“文化大革命”教训，制定了《关于党内政治生活的若干准则》，为拨乱反正、恢复和健全党内政治生活、推进党的建设发挥了重要作用。这是我们党的历史上第一次专门针对全面规范党内政治生活问题制定一部综合性党内法规，也是我们党的历史上第一次在制定党内法规时使用“准则”这个名称。这两个“第一次”一经相遇，从此就在党内政治生活这一主题与准则这一名称二者之间建立起一种必然联系：“准则”专指关于党内政治生活的准则。

这一点，为《关于党内政治生活的若干准则》所反映。该准则指出：“我们党在长期的革命斗争中，特别是经过延安整风运动和党的第七次代表大会，全面总结了处理党内关系的正反两方面的经验，逐步形成了以实事求是、理论联系实际、党员和领导密切联系群众、开展批评与自我批评、坚持民主集中制为主要内容的党内政治生活准则。全党同志遵循这些准则，空前团结，步调一致，取得了抗日战争和解放战争的胜利。”“为了全面恢复和进一步发扬党的优良传统和作风，健全党的民主生活，维护党的集中统一，增强党的团结，巩固党的组织和纪律，提高党的战斗力，中央根据目前党的状况，向全党重申党内政治生活的下列准则。”所谓“下列准则”或者“若干准则”，指的就是该准则所规定的 12 条准则。由此可见，该准则提出的“坚持党的政治路线和思想路线”“坚持集体领导，反对个人专断”“维护党的集中统一，严格遵守党的纪律”等 12 条准则，它们作为处理党内关系的基准和原则，共同构成了党内政治生活的主要内容，严肃党内政治生活就是要贯彻落实这 12 条准则。打个比方，如果将开展党内政治生活比作写一篇大文章，那么这 12 条准则就是文章的大纲，按照这 12 条去写文章，党内政治生活就能够全面规范，少了其中任何一条，党内政治生活就是不正常的、残缺不全的。

“准则”专名专用、专指关于党内政治生活的准则，这一点也为《中国共产党党内法规制定条例》所明确：“准则对全党政治生活、组织生活和全体党员行为等作出基本规定。”从该条例所界定的适合制定准则的事项来看，同1980年《关于党内政治生活的若干准则》提出的12条准则之间存在明显的对应关系，其中，同“全党政治生活”相对应的包括“坚持党的政治路线和思想路线”“坚持集体领导，反对个人专断”“维护党的集中统一，严格遵守党的纪律”等3条准则，强调的是坚持以民主集中制为核心的党内政治原则；同“全党组织生活”相对应的包括“坚持党性，根绝派性”“发扬党内民主，正确对待不同意见”“保障党员的权利不受侵犯”“选举要充分体现选举人的意志”“正确对待犯错误的同志”等5条准则，明确的是以发扬党内民主为主要内容的组织生活规范；同“全体党员行为”相对应的包括“要讲真话，言行一致”“同错误倾向和坏人坏事作斗争”“接受党和群众的监督，不准搞特权”“努力学习，做到又红又专”等4条准则，强调的是党员、干部必须坚持原则、加强党性锻炼、提高工作本领。1990年制定的《中国共产党党内法规制定程序暂行条例》，2012年制定、2019年修订的《中国共产党党内法规制定条例》，对“准则”所作的一以贯之的定义，之所以以1980年的《关于党内政治生活的若干准则》作为参照系，主要是时间原因，该准则是1980年制定的，出台在前，《中国共产党党内法规制定程序暂行条例》是1990年制定的，出台在后，事实上是确认了“准则”专指党内政治生活的准则这一现实。《中国共产党党内法规制定条例》关于准则的定义，同样适应于《关于新形势下党内政治生活的若干准则》，以及专门就严肃党内政治生活若干准则中的一条准则再作丰富而形成的专门性准则——《中国共产党廉洁自律准则》。

就此而言，既然准则这一名称的初次使用即同党内政治生活紧密联系在一起，那么延续准则这一名称专名专用的做法，与准则专为规范党内政治生活而制定的初衷相契合，也符合人们关于准则适用范围的认知习惯。

不过，将准则的名称与党内政治生活紧密联系在一起，并非一种历史巧合，而是一种因事命名、名实相符的必然——“准则”这个特殊名称与“党内政治生活”这个特别事项二者之间具有一种天然的逻辑联系。要说明这一点，需要问答5个相关问题。

第一个问题：有资格称为党内政治生活必须遵循的准则的，是否只有《关于党内政治生活的若干准则》所提出的12条？

显然不是。1980年的《关于党内政治生活的若干准则》提出的12条准则，是总结历史经验教训、针对当时的党内政治生活状况提出的。这12条准则不是一成不变的，随着形势任务的发展变化，再加上我们党对党的建设规律、中国特色社会主义发展规律认识的不断深化，到底要有哪几条准则，以及每条准则在内容上有什么具体要求等，这些都会与时俱进。为此，2016年的《关于新形势下党内政治生活的若干准则》着眼于更好进行具有许多新的历史特点的伟大斗争、推进党的建设新的伟大工程、推进中国特色社会主义伟大事业，经受“四大考验”、克服“四种危险”，有针对性地提出了新的12条准则。比较一新一旧两个12条准则，2016年的《关于新形势下党内政治生活的若干准则》既坚持了1980年的《关于党内政治生活的若干准则》中当下依然适用的一些准则，并对其内容作了丰富发展；又聚焦解决当下党内政治生活中的突出问题提出了一些新的准则，进一步增强党内政治生活的政治性、时代性、原则性、战斗性。由此可见，党内政治生活必须遵循的准则本身具有时代性、开放性，制定修订党内政治生活若干准则只能择其要者规定，且还要与时俱进加以完善。鉴于此，1980年的《关于党内政治生活的若干准则》和2016年的《关于新形势下党内政治生活的若干准则》都谨慎地使用了“若干准则”来指代其所提出的12条准则——“若干准则”是一个谨慎的开放性表述，如果将“若干”二字去掉，那就意味着12条准则已经穷尽了所有基本要求。

第二个问题：针对规范党内政治生活作出基本规定，是否只需制定一部准则就够了？

显然不是。《关于新形势下党内政治生活的若干准则》提出了12条准则，并对每条准则的内容提出了详略不等的要求。每条准则代表党内政治生活的一个侧面，12 条准则集中在一起代表新形势下党内政治生活整体的 12 个侧面。12 条准则之间既相互联系又相对独立：将 12 条准则集中在一起形成“若干准则”，重在从“统”的意义上全面规范党内政治生活，同时，还可以在《关于新形势下党内政治生活的若干准则》基础上再去“分”，让 12 条准则丰富发展成多部用以规范党内政治生活某一侧面的专门性准则。应当说，将 12 条准则丰富发展为 12 部准则，并不存在什么逻辑障碍，比如，《中国共产党廉洁自律准则》，主要对应于《关于新形势下党内政治生活的若干准则》中的第 12 条准则“保持清正廉洁的政治本色”。

当然，这并不是说必须分门别类制定 12 部准则，是否要将某一条准则丰富发展为一部专门性准则，还要综合考虑其必要性和可行性，如果《关于新形势下党内政治生活的若干准则》针对某条准则提出的内容要求已经比较具体，那就无须再去制定专门性准则；或者《关于新形势下党内政治生活的若干准则》针对某条准则提出的内容要求虽然比较原则，但制定专门性准则的时机条件尚不成熟，那也不宜匆忙制定专门性准则，可以通过制定条例等其他党内法规去细化补充。需要注意的是，在将《关于新形势下党内政治生活的若干准则》中的某条准则丰富发展为一部专门性准则时，重在对这一条准则本身作细化规定，因此这部专门性准则自然也就不能再使用“若干准则”的名称了。

第三个问题：为规范党内政治生活而制定的党内法规，是否都得使用“准则”这个名称？

显然不是。开展党内政治生活会广泛涉及党的组织之间、党的组织和党员之间、党员之间的关系，这就意味着党内政治生活会辐射到党的领导和党的建设活动的方方面面，而几乎制定所有的党内法规都会程度不等地涉及党内政治生活问题，不可能都称之为“准则”，当且仅当为规范党内政治生活确立基准和原则时，才能使用“准则”，至于针对党内政治生活某一领域或者某一方面作出具体规定的，要视情使用条例、规定、办法、规则、细则等其他名称，比如，针对规范民主生活会问题制定的是《县以上党和国家机关党员领导干部民主生活会若干规定》。

第四个问题：规范党内政治生活的党内法规与规范其他党的工作活动的党内法规在发挥调整作用的方式上是否相同？

明显不同。规范党内政治生活的党内法规属于“内需”型，目的在于将党锻造成具有鲜明政治属性、强劲政治能力的统一整体，与之相关的制度安排的发力方向是“向内”的，由外向内聚力，来自四面八方的制度“箭头”都共同射向强化政治性、增强政治能力这个“靶心”。相对而言，规范其他党的工作活动的制度安排，其发力方向则正好相反，由内向外释放力量，落点是党的组织、党员履职尽责的各项工作活动。由此可见，用来规范党内政治生活的制度规定，侧重于本体、内向、内聚，强化功能、累积能量，解决的是强基固本问题，而用来规范其他党的工作活动特别是党的领导活动方面的制度规定，侧重于客体、外向、发散，发挥作用、释放能量，解决的是发挥功能的问题。

第五个问题：除规范党内政治生活外，在针对其他事项作出基本规定时可否使用“准则”名称？

显然不可。之所以如此，主要基于两方面理由：

一方面，“准则”含有党的基准、通则之义，其所维护的是党的生命线，着重解决的是党强基固本的根本问题，在党的组织的工作活动和党员行为中，唯有对党内政治生活作出基本规定才配得上制定准则。党内政治生活，是保证党的肌体健康、维护党的团结统一、保持党的政治属性的基本政治工作，要永葆党的先进性和纯洁性，提升党自我净化、自我完善、自我革新、自我提高的能力，就必须严肃党内政治生活。只有严肃党内政治生活，坚持党的政治路线、思想路线、组织路线、群众路线，着力增强党内政治生活的政治性、时代性、原则性、战斗性，才能在全党形成又有集中又有民主、又有纪律又有自由、又有统一意志又有个人心情舒畅生动活泼的政治局面，才能不断提升党的执政能力和领导水平、保持党的先进性和纯洁性。反之，如果党内政治生活不正常，出现党员、干部特别是高级干部理想信念不坚定、对党不忠诚、纪律松弛、脱离群众、独断专行、弄虚作假、庸懒无为等问题，出现个人主义、分散主义、自由主义、好人主义、宗派主义、山头主义、拜金主义等问题，出现“四风”突出问题，出现任人唯亲、跑官要官、买官卖官、拉票贿选等问题，出现滥用权力、贪污受贿、腐化堕落、违法乱纪等问题，那就会伤及党的根本，严重侵蚀党的思想道德基础，严重破坏党的团结和集中统一，严重损害党内政治生态和党的形象，严重影响党和人民事业发展。可以说，党内政治生活严肃则党兴国强，党内政治生活失常则党衰国弱，正是由于要靠党内政治生活强基固本，因此严肃党内政治生活就重于泰山，全面从严治党首先是严肃党内政治生活，推进党的建设重中之重的是严肃党内政治生活。严肃党内政治生活具有无可比拟的极端重要性，决定着只有针对党内政治生活的规范才能称得上是党的基准和通则，只有针对党内政治生活的规范才适合制定基准和通则——也就是准则。

另一方面，“准则”地位很特别，决定着它只适用于规范党内政治生活。准则地位的特别之处主要有 3 点：(1) 准则具有补充党章的功用，这明显区别于条例、规定等其他党内法规只能细化党章规定。1980 年的《关于党内政治生活的若干准则》出台后，《人民日报》的社论明确指出：“《准则》是党的一项重要法规，是党章的具体补充。”党的十二大报告强调：“在这次党章修改之前，我们党曾经制定了《关于党内政治生活的若干准则》，在党的实际生活中起了很好的作用。这个准则今后作为党章的重要补充，将继续保持它的全部效力。”党中央将党内政治生活若干准则与党章相提并论，足见其特殊地位。“准则”的这种特殊地位，主要源于其所规范的党内政治生活的极端重要性，除针对党内政治生活作出基本规定的准则外，针对党的工作任何其他领域制定的任何其他党内法规，都无权“补充”、只能“细化”党章。(2) 准则的效力位阶很高，仅次于党章，高于条例，更高于规定、办法等其他党内法规，制定条例及以下的其他党内法规时，不得与准则的规定相抵触，否则无效。“准则”位阶之高、效力之大，在很大程度上要归结为它是针对党内政治生活作出的基本规范。(3) 准则在党内法规体系中的位置很特别，与条例之间的逻辑联系是或然的而非必然的。一般而言，制定下位法规要以上位法规为直接制定依据，不过，准则的效力虽然高于条例，但在多数情况下，制定条例却并非直接依据准则而是直接依据党章。之所以如此，主要是因为准则的适用范围主要聚焦党内政治生活领域，而非直接规范党的领导和党的建设活动，既然它不对党内政治生活之外的其他党的工作活动作出直接规范，那也就无法为制定相关条例提供直接依据，从而使相关条例的制定只能直接依据党章。通俗地讲，准则重点解决的是规范党内政治生活这个“生活”问题，而不是解决党的领导和党的建设活动这个“生产”问题，而条例及其以下党内法规往往要同时涉及“生活”和“生产”两方面问题，因此，当条例内容涉及“生活”问题时，要以准则作为直接制定依据，而当条例内容主要规范“生产”问题时，那就得从党章中寻找直接制定依据了。准则与条例之间的这种特别关系，也可以视作准则专名专用、只用于规范党内政治生活的一个有力证明。

明确党内政治生活基准

准则之所以为准则，就在于它主要旨在为规范党内政治生活确立行为基准。

严肃党内政治生活，是对全党提出的要求，任何党的组织和党员都不能例外。加强和规范党内政治生活，把党内政治生活纳入党内法规制度轨道，需要紧扣提升党的政治能力这个主题，构建一个立体式、全方位的党内政治生活制度体系。所谓“立体式”，强调的是建章立制的纵向到底、顶天立地：以党章为根本遵循，由党章在宏观层面上对严肃党内政治生活提出根本要求；以准则为基本遵循，由准则在中观层面上对规范党内政治生活作出基本规定；以其他党内法规为具体遵循，由它们在微观层面上对开展党内政治生活作出具体规定。所谓“全方位”，强调的是建章立制横向到边、全面规范：在主体上，要覆盖全体党员和所有党的组织；在事项上，要辐射到党的工作各个方面；在运行上，要构建一套科学的体制机制、方式方法；在要求上，要旗帜鲜明提出提倡什么、反对什么，必须做什么、禁止做什么，等等。

在整个规范党内政治生活的制度体系中，准则居于承上启下地位。一方面，准则要“上承”党章相关规定。比如，党章提出的要坚持从严管党治党方针；要发扬党的优良传统和作风；要坚持党的政治路线、思想路线、组织路线、群众路线；要坚持民主集中制；要不断提高党的执政能力和领导水平；要不断提高党的创造力、凝聚力、战斗力；要维护党的团结统一，对党忠诚老实，言行一致，坚决反对一切派别组织和小集团活动，反对阳奉阴违的两面派行为和一切阴谋诡计；要切实开展批评和自我批评；每个党员都要参加党的组织生活，党员领导干部还要参加民主生活会；党禁止任何形式的个人崇拜；要努力造成又有集中又有民主、又有纪律又有自由、又有统一意志又有个人心情舒畅生动活泼的政治局面，等等。党章提出的这些根本要求，都要在准则中加以体现。另一方面，准则要“下启”条例、规定等较低位阶的相关党内法规。准则或是作出定性规定，确定判断是非对错的基本标准，至于定量要求则留给较低位阶党内法规去明确；或是针对党内政治生活某一方面具体事项提出建章立制的制度化要求，比如健全领导班子理论学习中心组学习制度、完善请示报告制度、完善重大决策体制机制等；或是要求作出配套性制度安排，等等。

准则在党内政治生活制度体系中的这种承上启下的定位，决定着准则特别是综合性的党内政治生活若干准则，其主要任务是在党章基础上确立党内政治生活的基本标准、搭建党内政治生活的基本框架，主要包括：阐明党内政治生活的战略定位、基本立场、价值导向、目标任务，明确党内政治生活的主要内容，提出开展党内政治生活必须遵循的基本原则，确立严肃党内政治生活的标准要求，规范开展党内政治生活的体制机制和方式方法，等等。

准则重在确立党内政治生活的基本框架，这就意味着：一则，准则特别是综合性的党内政治生活若干准则要着眼于“全”，按照党内政治生活的内在逻辑结构要求，在制度安排上对规范党内政治生活作通盘考虑、整体设计，既要对分散在党章各处的规定梳理归纳、集成一体，又要细化党章有关原则性要求、言透党章未言尽之事，还要补充党章有关规定，言党章未言之事。二则，准则在作出相关规定时，要把握好抓大放小、定“基准”这个度。根据《中国共产党党内法规制定条例》，准则作出的制度安排属于“基本规定”，这是相对于党章作出的“根本规定”、条例就某一方面作出的“全面规定”、规定办法规则细则等就某一方面作出的“具体规定”而言的。较之党章上的规定，准则作出的“基本规定”要具体些，而较之条例等，准则作出的“基本规定”要原则些，重在提纲挈领、定性定调，避免失之琐碎，不必纠缠细枝末节。亦即，准则所要解决的是党内政治生活的纲领性大问题，至于对党的组织和党员开展党内政治生活提出的具体要求，这个任务可交由较低位阶的其他党内法规去完成。

实践经验表明，要通过制定准则来搭建党内政治生活骨架、确立党内政治生活的基准，光靠 1 部准则是不够的，需要采用统分结合的方式形成“1+N”准则体系。其中，“统”是指制定 1 部综合性的党内政治生活若干准则，涵盖党内政治生活主要方面，1980 年的《关于党内政治生活的若干准则》与 2016 年的《关于新形势下党内政治生活的若干准则》即属于综合性准则；“分”是指就党内政治生活的某些方面制定 N 部专门性准则，丰富和细化《关于新形势下党内政治生活的若干准则》有关要求，比如，《中国共产党廉洁自律准则》即可视作对《关于新形势下党内政治生活的若干准则》中“保证清正廉洁的政治本色”这条准则的丰富发展。

1980 年的《关于党内政治生活的若干准则》基于当时拨乱反正、恢复和健全党内政治生活的现实需要，有针对性地提出了 12 条准则，确立了一个比较完整的党内政治生活框架。2016 年党的十八届六中全会通过的《关于新形势下党内政治生活的若干准则》，坚持继承和创新相结合，坚持目标导向和问题导向相结合，深刻分析新形势新任务新要求，深刻阐明严肃党内政治生活的重要性紧迫性，以党章为根本遵循，坚持党的政治路线、思想路线、组织路线、群众路线，着力增强党内政治生活的政治性、时代性、原则性、战斗性，有针对性地提出了12条新准则，明确了新形势下严肃党内政治生活的主要内容，构建起一个更加完善的党内政治生活框架，为新时代加强和规范党内政治生活提供了基本遵循。

《关于新形势下党内政治生活的若干准则》对其提出的12条准则各自在党内政治生活中扮演的角色、发挥的功能作出了明确规定，依次定位为党内政治生活的首要任务、根本保证、重要目的、重要内容、根本要求、重要制度保障、重要基础、组织保证、重要内容和载体、重要手段、重要举措、重要任务，12条准则各有侧重、相辅相成、浑然一体。具体而言，关于第1条准则“坚定理想信念”，该准则指出：“必须高度重视思想政治建设，把坚定理想信念作为开展党内政治生活的首要任务。”关于第2条准则“坚持党的基本路线”，该准则指出：“党在社会主义初级阶段的基本路线是党和国家的生命线、人民的幸福线，也是党内政治生活正常开展的根本保证。”关于第3条准则“坚决维护党中央权威”，该准则指出：“坚决维护党中央权威、保证全党令行禁止，是党和国家前途命运所系，是全国各族人民根本利益所在，也是加强和规范党内政治生活的重要目的。”关于第4条准则“严明党的政治纪律”，该准则指出：“纪律严明是全党统一意志、统一行动、步调一致前进的重要保障，是党内政治生活的重要内容。”关于第5条准则“保持党同人民群众的血肉联系”，该准则指出：“必须把坚持全心全意为人民服务的根本宗旨、保持党同人民群众的血肉联系作为加强和规范党内政治生活的根本要求。”关于第6条准则“坚持民主集中制原则”，该准则指出：“民主集中制是党的根本组织原则，是党内政治生活正常开展的重要制度保障。”关于第7条准则“发扬党内民主和保障党员权利”，该准则指出：“党内民主是党的生命，是党内政治生活积极健康的重要基础。”关于第8条准则“坚持正确选人用人导向”，该准则指出：“坚持正确选人用人导向，是严肃党内政治生活的组织保证。”关于第9条准则“严格党的组织生活制度”，该准则指出：“党的组织生活是党内政治生活的重要内容和载体，是党组织对党员进行教育管理监督的重要形式。”关于第10条准则“开展批评和自我批评”，该准则指出：

“批评和自我批评是我们党强身治病、保持肌体健康的锐利武器，也是加强和规范党内政治生活的重要手段。”关于第 11 条准则“加强对权力运行的制约和监督”，该准则指出：“监督是权力正确运行的根本保证，是加强和规范党内政治生活的重要举措。”关于第 12 条准则“保持清正廉洁的政治本色”，该准则指出：“建设廉洁政治，坚持反对腐败，是加强和规范党内政治生活的重要任务。”

应当说，《关于新形势下党内政治生活的若干准则》不仅确立了一个由 12 条准则共同构成的完善的党内政治生活行动框架，而且深刻阐明了每条准则的主旨要义、具体要求，针对性、可操作性都比较强。只要把这 12 条准则提出的要求落到实处，那就一定能够让党内政治生活严肃起来，一定能够营造风清气正的政治生态，一定能够在全党形成生动活泼的政治局面，一定能够显著提高党的政治能力。

在坚决贯彻落实《关于新形势下党内政治生活的若干准则》的同时，随着全面从严治党向纵深推进，当时机条件成熟时，综合考虑必要性和可行性，也可以针对这 12 条准则中的某几条再研究制定几部专门性准则，对党内政治生活某些方面内容作出更加明确具体的规定。比如，似乎可以党章第 28 自然段和第 10 条以及《关于新形势下党内政治生活的若干准则》第 6 条准则为基础，研究制定中国共产党民主集中制准则，对如何在全党范围内坚决贯彻落实民主集中制提出针对性和操作性更强的要求。再如，似乎可以党章有关坚持党的群众路线的规定以及《关于新形势下党内政治生活的若干准则》第 5 条准则为基础，研究制定一部中国共产党密切联系群众准则，教育引导党的各级组织、全体党员特别是各级领导机关和领导干部牢固树立人民群众是历史创造者的历史唯物主义观点，站稳群众立场，贯彻党的群众路线，提高做群众工作能力，转变工作作风，做到一切为了群众、一切依靠群众，从群众中来，到群众中去，为群众办实事、解难事，当好人民公仆。

还有一个问题需要注意。既然实践中不只有一部准则，那就要处理好不同准则间的效力位阶问题。首先，要看审议通过准则的主体和程序的高低，中央全会审议通过的准则，其效力要高于中央政治局会议审议通过的准则。其次，对于相同主体通过相同程序审议的不同准则而言，它们处于同一效力位阶，如果出现规定相左问题，那就要看新旧，新准则通常优于旧准则，比如 1980 年党的十一届五中全会通过的政治生活准则与 2016 年党的十八届六中全会通过的政治生活准则，二者都在施行，如果规定不一致，宜以新准则为准。最后，要看一般与特别，由于《关于新形势下党内政治生活的若干准则》属于一般性法规范畴，其他专门性准则属于特别性法规范畴，按照特别优于一般原理，应当优先适用专门准则。不过，由于《关于新形势下党内政治生活的若干准则》是党的十八届六中全会审议通过的，除非其他专门性准则也是由中央全会审议通过，否则不得同其抵触。

制定准则架起“梁”

构建党内法规体系，主体工程是立柱架梁，制定准则和条例就属于搭建四梁八柱。之所以将准则比作党内法规体系的“梁”，主要是因为其所规范和加强的党内政治生活乃是党的建设新的伟大工程的“脊梁”。

习近平总书记强调指出：“做好各方面工作，必须有一个良好政治生态。政治生态污浊，从政环境就恶劣；政治生态清明，从政环境就优良。政治生态和自然生态一样，稍不注意，就很容易受到污染，一旦出现问题，再想恢复就要付出很大代价。”开展严肃认真的党内政治生活，是我们党的优良传统和政治优势，也是我们党作为马克思主义政党区别于其他政党的重要标志。党的先进性纯洁性和创造力凝聚力战斗力，来自科学的理论指导、共同的理想信念、严密的组织体系和铁的纪律，而这些都要靠严肃的党内政治生活来保障；有效防范、及时清除弱化党的先进性、损害党的纯洁性的消极因素，根本途径是加强和规范党内政治生活。有了严肃的党内政治生活，党的政治优势、思想优势、组织优势、作风优势、纪律优势、制度优势等显著优势才能得到充分发挥，党员干部的思想境界、政治素养、道德水平才能得到不断提高，党自我净化、自我完善、自我革新、自我提高的能力才能得到不断增强。可以说，严肃的党内政治生活，是保持党的先进性和纯洁性的根本保证，是保证党具有旺盛生机和蓬勃活力的不竭源泉。正反两方面经验告诉我们，什么时候党内政治生活正常健康，我们党就风清气正、团结统一，充满生机活力，党的事业就蓬勃发展；反之，就弊病丛生、人心涣散，各种错误思想、错误路线得不到及时纠正，给党的事业造成严重损失。长期实践证明，党内政治生活是我们党坚持党的性质和宗旨、保持先进性和纯洁性的重要法宝，是解决党内矛盾和问题的“金钥匙”，是党员、干部锤炼党性的“大熔炉”，是纯洁党风政风的“净化器”。

正因如此，党要管党必须从党内政治生活管起，从严治党必须从党内政治生活严起。正因如此，可以说，党内政治生活正常严肃与否，决定着党的政治生态的好坏，党内政治生活的规范化程度，代表着党的建设制度化水平，党内政治生活的政治性、时代性、原则性、战斗性，代表着全面从严治党的高度，党内政治生活质量是衡量党的建设质量的重要标志。在这个意义上，可以说党内政治生活堪称党的建设新的伟大工程的脊梁。党内法规是用来规范党的工作活动的，既然党内政治生活是党的建设新的伟大工程的脊梁，那么专门适用于党内政治生活的准则，自然就成了党内法规体系的“梁”。

准则如梁、共擎一顶，作为梁的准则只有质量过硬才能支撑起“顶”。这就要求，一则，准则的调整半径必须足够长，能够涵盖党内政治生活方方面面，支撑起一个为我们党遮风蔽雨，经受住“四大考验”“四种危险”，永葆党的先进性和纯洁性、具有卓越政治能力的“顶”。二则，准则作出的规定必须足够硬，适应全面从严治党严紧硬要求，严肃党内政治生活，严明党的纪律，强基固本，解决“打铁必须自身硬”问题。三则，准则数量必须足够多，既要发挥《关于新形势下党内政治生活的若干准则》作为综合性准则的“主梁”作用，又要依靠《中国共产党廉洁自律准则》等若干部专门性准则作为“副梁”，主副同向发力、形成强大合力，共擎千钧之“顶”。

准则如梁、牵引四方，作为梁的准则，居于高位引领整个党内法规体系建设的重要地位。党内政治生活虽然只是党的建设的一个部分而非全部，但严肃党内政治生活可以牵一发动全身，能够产生四两拨千斤的“杠杆效应”：以领导机关和领导干部率先垂范、严肃党内政治生活为支点，严肃的党内政治生活能够“撬动”党的建设各方面工作。与这一杠杆原理相对应，作为加强和规范党内政治生活的准则，就成了能够在全党范围内广泛深度传导全面从严治党“重压”、全面拉动党内法规体系建设的梁。

具体而言，准则的这种高位引领功能主要体现在以下 4 个方面：

一则，有力推动党章完善。党内政治生活准则既在实施党章，也在补充党章，还可以不断推动党章完善。修订党章，无论是完善发展党的指导思想还是调整完善党的政治路线、思想路线、组织路线、群众路线，无论是调整优化党的建设总体布局还是发展完善中国特色社会主义事业总体布局和战略布局，这些内容皆与党内政治生活密切相关。将严肃党内政治生活、管党治党的新鲜经验和成熟做法先提升固化为准则要求，待党章修订时再上升为党章规定，准则的制定修订会直接推动党章修订。在这个意义上，准则能够起到制度“蓄水池”作用，为党章的修订输送源头活水。

二则，烙印党内法规的政治底色。所有的党内法规都是党的统一意志的体现，无一例外都要姓“党”，具有鲜明政治特色。相对而言，准则直接规范的是党内政治生活，政治属性更强、政治色彩更浓、政治特色更加明显。党内政治生活准则要求全党旗帜鲜明讲政治，特别是对党的领导机关和党员领导干部提出更高更严政治要求，而党内法规是由这些领导机关和领导干部起草审议的，准则要求其站稳政治立场、把牢政治方向、强化政治意识，这些政治要求会深刻影响其所作出的党内法规制度安排，并直接反映在其所制定的党内法规当中。就此而言，准则中的政治要求和红色基因据此传递至各领域各层级党内法规制度中，有助于保证整个党内法规体系政治底色鲜明、政治本色不变。

三则，直接推动出台一批衔接配套制度。准则是梁，梁下有柱、柱间有砖，梁上有椽、椽上有瓦，党内政治生活准则的制定修订，必然会直接推动出台一批党内法规制度与之衔接或者配套。比如，《关于新形势下党内政治生活的若干准则》明确要求建立健全一系列相关法规制度，包括坚持和创新党内学习制度、健全党内重大思想理论问题分析研究和情况通报制度、健全重大问题请示报告制度、建立和完善民意调查制度、健全领导干部调查研究制度、坚持和完善党内民主各项制度、健全党内重大决策论证评估和征求意见制度、建立健全党务公开制度、规范和完善党内选举制度、健全党的代表大会代表参与重大决策制度、健全干部选拔任用工作纪实制度、建立健全干部改革创新容错纠错机制、建立权力清单制度，等等。只有落实这些建章立制任务，或制定修订条例与之衔接，或制定修订规定、办法、规则、细则与之配套，才能保证准则之梁得支撑、不悬空。换言之，这也彰显出准则具有引领推动出台一系列法规制度的巨大作用。

四则，高位拉动整个党内法规体系建设。对于一幢房子而言，梁所承受的重力需要各部分分担，梁所承载的意义也会同各部分分享。严肃党内政治生活，意在推进全面从严治党向纵深发展。用来加强和规范党内政治生活的准则，兹事重大，牵动整个党的建设，其位很高，辐射到党内法规制度建设方方面面。一是信号引领。党中央通过制定修订准则来加强和规范党内政治生活，这就向全党释放出全面从严治党根本上要依规治党的强烈信号，有利于推动各级党的组织和党员领导干部更加重视党内法规制度建设。二是思想引领。党内政治生活准则所强调的马克思主义立场观点方法，所确立的管党治党、执政治国理念和思想，所彰显的党的建设价值取向，所表明的坚持党要管党、全面从严治党决心和信心，这些都会深刻影响各领域各层级党内法规制度设计，全面渗透到各方面党内法规制度安排之中。三是内容引领。准则位阶高于条例、规定等其他党内法规，一部准则制定修订出台后，现有条例、规定等其他党内法规要自觉同其对标对表并作出修改以与其保持一致，新制定的相关条例、规定等党内法规需要以其为依据进行制度设计。四是方法引领。党中央制定修订准则时运用的科学方法，比如坚持以党章为根本依据、坚持继承和创新相结合、坚持目标导向和问题导向相结合、坚持统筹协调和系统谋划，等等，上行下效，会对制定修订其他党内法规产生示范引领作用。不难看出，准则如梁，全面辐射、高位引领整个党内法规制度建设，这种影响力为准则所独具，是条例等其他党内法规所无法比拟的。

准则如梁、梁横则屋成，建构党内法规体系必须将制定修订准则当作重中之重。如果不去严肃党内政治生活，那就不可能真正实现党要管党、全面从严治党；如果不去加强党内政治生活，那就不可能推进全面从严治党向纵深发展；如果没有完备的党内政治生活准则，那就不可能建成完善的党内法规体系。在党的历史上，每次举全党之力、集全党之智制定或者修订一部准则，都会把党内法规体系建设向前推进一大步。准则如梁，准则不太健全不够完善，党内法规体系大厦就不可能牢靠；准则如眼，构建党内法规体系要靠建立健全准则来画龙点睛；准则如表，准则的完善程度在一定程度上是反映党内法规体系完备程度的晴雨表。一个时期制定修订的准则，往往成为这个时期党内法规制度建设的重要标志。十八届党中央期间，党内法规制度建设从制定实施中央八项规定起步，久久为功、累积成势，以制定《关于新形势下党内政治生活的若干准则》达到高潮，标志党内法规制度建设达到的新高度，推动管党治党出现前所未有的崭新局面。接下来，形成和完善党内法规体系，还需要制定出台若干专门性准则，这会有力牵引党内法规体系迈向更加完善的新高度。

第二十一章　党内法规体系以条例为“柱”

制定条例，主要是对党的某一领域重要关系或者某一方面重要工作作出全面规定，为开展相关党的领导和党的建设活动提供基本遵循。在党内法规体系中，条例侧重为开展党的工作活动提供基本制度和重要制度。构建党内法规体系，一项经常性重点工作就是通过制定条例来“立柱”，让每部条例独当一面，保证若干部条例合成一体。一个完善的党内法规体系，应当在党的组织、党的领导、党的自身建设、党的监督保障4个板块制定出台数量充足、质量过硬的条例。在党内法规体系中，不同的条例扮演的角色存在主次之分，其中，《中国共产党中央委员会工作条例》是顶梁柱，居于所有条例之首，其他条例各即各位、各司其职，在各自规范调整的领域内发挥主导性作用。

条例是基本遵循

何为条例?《中国共产党党内法规制定条例》规定：“条例对党的某一领域重要关系或者某一方面重要工作作出全面规定”。据此，制定条例要满足3个基本条件：一是条例所要规范的是党的重要关系或者党的重要工作，二是一部条例的调整范围聚焦于某一领域而非整个领域或者是某一方面而非所有方面，三是一部条例要对一个领域党的重要关系或者一个方面党的重要工作作出全面规范、实现全覆盖。

党的关系，也就是党务关系，它主要包括党的组织间关系、党的组织与党员关系、党的组织与党的干部关系、党员间关系、党的干部间关系，以及党的组织与非党组织关系、党的组织与群众关系、党员与群众关系、党的干部与群众关系，等等。党的关系由主体、客体、内容3个要素构成，主体是指党的组织、党员、党的干部以及非党组织、群众，客体是指党务行为、人身权益、物及精神产品等，内容是指党员义务与权利、党的组织职责与职权、党的干部职责与职权以及非党组织职责、群众权利等。

党的关系纵横交错，在纵向关系中，上级有权领导、管理、指导、监督、处理下级；在横向关系中，互不隶属主体之间开展协作、委托等活动。党的关系内外有别，对应于党的自身建设活动的是党内关系，对应于党的领导和执政活动的是外部关系。党的关系有主有次，适合纳入党内法规调整范围的属于基本的、主干性的重要关系，法规位阶与党的关系重要程度正相关，重要的事实性关系经由法规调整升华成法规性关系；至于那些派生性的细枝末节关系无须纳入党内法规直接调整范围，它们由党内法规之下的其他制度调整。其中，法规关系又可细分：各方主体皆守规、未遭破坏的原初性法规关系属于第一性法规性关系；为了纠正被违规行为破坏的第一性法规性关系而形成的制裁补救性法规性关系，则属于第二性法规性关系。

党的工作，是党的组织基于党的功能定位，对应于政治领导力、思想引领力、群众组织力、社会号召力，围绕党的意志的形成、表达、宣传、贯彻落实而开展的一系列活动。一方面，按照逻辑次序，党的工作包括选举工作、组织机构设置工作、决策工作、执行工作、督促检查工作、考评奖惩工作等；另一方面，按照所涉事项，党的工作分为党的自身建设工作与党领导经济社会发展工作两大类，前者涵盖党的政治建设、思想建设、组织建设、作风建设、纪律建设以及制度建设、反腐败工作等方面，后者包括党领导经济建设、政治建设、文化建设、社会建设、生态文明建设、国防和军队、外交外事工作等方面。

相对而言，在开展党的自身建设工作时，基于“四个服从”，党的组织可以管得很全面、很直接、很具体，实现管党治党的严紧硬；而党的组织在开展党的领导工作时，则要把坚持党的全面领导与支持和保证非党组织依法依章程履职尽责二者统一起来，党的领导重在把方向、谋大局、定政策、促改革，抓大放小，善于依靠国家政权机关实施党对国家和社会事务的领导。

党的工作是由各级各类党的组织承担的，不同组织承担的工作之间存在大小轻重之别。多数日常性工作的开展依据领导指示要求、惯例、经验等即可，而开展影响较大的工作则必须靠制度来规范，按照制度治党的要求建章立制，对于那些事关重大的重要工作则要更进一步，按照依规治党的要求，通过制定和实施党内法规来规范。把党的工作纳入制度化规范化程序化轨道，要从两个方向同时推进制度建设，既要针对处于不同环节上的党的工作建章立制，建立健全党的选举工作制度、组织机构设置工作制度、决策工作制度、执行工作制度、督促检查工作制度、考评奖惩工作制度等，又要针对不同领域中党的工作建章立制，建立健全涵盖党的领导和党的建设活动各方面的工作制度。这两类制度安排各有侧重、相辅相成，形成规范党的工作的双轨。

党的关系与党的工作，二者既有区别又有联系。

二者区别主要在于侧重点不同。党的关系更多强调的是主体身份属性，反映的是各类各级主体在管党治党、执政治国活动中扮演不同角色、形成不同关系，包括领导与被领导关系、“四个服从”关系、委托与协作关系、请示与审批关系、报告与知悉关系、通报与知情关系、咨询与指导关系、监督与被监督关系，等等，基于主体间关系定位来量身定制相关主体的职权/职责、义务/权利。各类党的关系都是相关主体相互作用的结果，但在不同关系中，不同主体的能动性强弱差别明显。通过制度规范党的关系，就是要坚持民主集中制，以制度为“梳”理顺不同主体间的职权/职责、义务/权利关系，保证各类主体各安其位、各行其道，保证全党的团结统一、行动一致。相形之下，党的工作更多强调的是主体行为导向，明确党和国家事务治理的目标和任务、路径和举措、组织和领导等，回答干什么、谁来干、怎么干等基本问题，分级分类、化整为零，建章立制、铺设轨道，授权定责、各负其责，依靠制度规定管好人、管对事、管住权，保证党的意志和党的组织决策部署得以正确形成并得到不折不扣的执行。

关于二者的联系，可以从两方面看。

一方面，确定党的关系是推进党的工作的前提和基础。《宪法》确立中国共产党是中国特色社会主义事业的领导核心，党章明确党必须按照总揽全局、协调各方的原则在同级各种组织中发挥领导核心作用。正是因为党章和《宪法》确定了党与非党组织、人民群众之间的领导与被领导关系，所以党据此实施领导经济社会发展的各项工作，包括领导立法、制定政策、作出决策、推荐干部等，而非党组织、人民群众则要接受党的领导、响应党的号召。类似地，正是因为党章要求党内必须坚持“四个服从”，明确了党员个人与党的组织之间、少数与多数之间、下级组织与上级组织之间、全党与党中央之间都是“命令—服从”关系，所以党据此实施全面从严治党各项工作，全方位推进党的政治建设、思想建设、组织建设、作风建设、纪律建设以及制度建设、反腐败工作等各项活动，要求全党增强“四个意识”、坚定“四个自信”、做到“两个维护”，各级党的组织和全体党员必须坚决贯彻落实党中央决策部署和上级党的组织决定。

另一方面，开展党的工作是体现和实现党的关系的基本途径。党的关系的核心是职权/职责、义务/权利关系，这种职权/职责与义务/权利不是抽象的，而是开展党的工作时要具体履行的职责与义务、行使的职权与权利，这种职责/职权、义务/权利关系也不是抽象的，而是同党的工作密切相关的活动中的具体的关系。因此，如果没有党的工作来体现，党的关系就会空洞无物；如果没有党的工作来实现，那么法规制度设定的党的关系就无法转化成现实中的具体党的关系。

基于党的关系与党的工作的区别与联系，党内法规作为一种行为规范，其制度安排是以规范党的关系为前提和基础，以分级分类规范党的各项工作为重点。关于这一点，我们可以从多个方面来佐证。比如，党内法规名称多为“工作条例”“工作规定”“工作规则”等，而非“关系条例”“关系规定”“关系规则”等，如《中国共产党党组工作条例》《党政领导干部选拔任用工作条例》《中国共产党政法工作条例》。又如，就单个党内法规规范内容来看，涉及领导体制、工作机制、职责分工、协作配合、组织机构设立、职能职责等方面的规范，侧重于规定党的组织上下左右内外关系，而涉及党的组织的运行机制、议事决策、监督追责等方面的规范，侧重于规定党的组织如何开展工作，通常是先规定主体间关系再规定主体工作，且以规范党的组织履职尽责、开展工作为重点。再如，放眼整个党内法规体系，在党的组织法规制度、党的领导法规制度、党的自身建设法规制度、党的监督保障法规制度4大板块中，党的组织法规制度侧重规范党的关系，构建一个分工明确、协调统一的党的组织体系，而其他3大制度板块则侧重分类规范党的各项工作。

制定条例，目的在于规范党的关系或者党的工作，但不能反过来说只要规范党的关系或者党的工作就得制定条例。条例作为“规格”很高的党内法规，仅适用于对党的某一领域重要关系或者某一方面重要工作作出全面规定。

前已论及，并非所有党的关系或者党的工作都有必要制度化。党的工作和党的关系千头万绪、纷繁复杂，每一个党的组织开展的每一项工作，每一名党员实施的每一个行为，都会形成具体的党的关系，可以说，党的组织、党员无时无刻不在党的工作和党的关系当中。实践中，党的组织和党员开展的大量工作，是基于领导指示要求、惯例、经验等而为的，无论是工作本身还是由此形成的关系，往往是因事因时因人而异，没有必要将其制度化，也很难将其制度化。

进言之，对于那些有必要且有可能实现制度化的党的关系或者党的工作，也未必都要“入规”。达到制定党内法规标准的事项应当是重要工作或者重要事项。是否重要，要综合考虑其对党的建设和党的事业影响力的广度、高度、深度、长度等而定。对于那些影响范围局限于较小的特定区域、领域、群体甚至特定单位内部的事项和工作，可以通过制定党内法规的配套制度、本地区或者本单位的内部规章制度等来规范。只有当特定事项或者工作涉及范围广泛、影响比较大，需要对党的组织职权/职责、党员义务/权利作出调整时，才有必要制定党内法规。当然，即使是有必要制定党内法规，也未必要制定条例，如果可以通过制定规定、办法、规则、细则等低位阶党内法规来提供具体遵循，那就不必制定条例——根据《中国共产党党内法规制定条例》，“规定、办法、规则、细则对党的某一方面重要工作的要求和程序等作出具体规定”，而“条例对党的某一领域重要关系或者某一方面重要工作作出全面规定”。

适合通过制定条例来规范调整的党的关系或者党的工作，它们之所以“重要”，是因为它们属于党的基本关系和基本工作。所谓“基本”，对上而言，每个关系代表着一个领域，每项工作代表着一个方面，它们合在一起构成党的建设和党的事业的主体框架，共同支撑管党治党、执政治国的大局；对下而言，每个基本关系都会衍生出二级、三级等多层级党的关系，每项基本工作牵引派生出二级、三级等多层级党的工作，从而涵盖党的建设和党的事业的全局。

同时，较之一部规定、办法、规则、细则等低位阶党内法规，一部条例的独特性集中体现为要实现对某一领域重要关系或者某一方面重要工作的全覆盖，亦即，条例所要作出的应当是全面规定。所谓“全面规定”，一是指涵盖面全，制度调整的半径足够长，纵向到底、横向到边，不留空白、没有死角；二是指适用对象全，囊括所有与之相关的党的组织、党员和党的干部、非党组织和党外群众；三是指适用情形全，包括所有与之相关的工作活动和事项；四是指制度安排全，为规范某一重要关系或者某一重要工作提供基本遵循，全面回答为什么、是什么、谁来干、干什么、怎么干、如何监督追责等基本问题；五是指权责配置全，“一揽子”解决相关党的组织开展相关工作的体制机制、职权/职责、义务/权利等问题，确定权责关系的基本架构。正是由于制定条例必须对某一领域重要关系或者某一方面重要工作作出“全面规定”，因此每部条例都有能力代表一方、独当一面。

需要注意的是，不能将条例作出“全面规定”的要求误解为事无巨细、面面俱到，相反，条例作为基础主干党内法规，重在为调整党的重要关系或者规范党的重要工作立纲。以条例为纲，以配套性的规定、办法、规则、细则为目，纲举目张、主次分明，从而全面实现党的重要关系或者党的重要工作的制度化规范化程序化。

前已论及，从不同角度、按照不同标准，可以将党的关系、党的工作分成不同类型。党的重要关系、重要工作也是如此。比如，党的重要工作往往是“横看成岭侧成峰”，既可以按照逻辑链条先后次序分为党的选举工作、组织机构设置工作、决策工作、执行工作、督促检查工作、考评奖惩工作、党务公开工作等，也可以基于党章第18条规定，按照所涉事项的不同分为党的宣传工作、教育工作、组织工作、纪检工作、群众工作、统战工作等，以及党领导改革工作、立法工作、政法工作、财经工作、“三农”工作、文化工作、综治工作、民生保障工作、信访工作、生态环保工作等，还可以按照工作主体的不同分为党委工作、纪检监察工作、部门工作、党组工作、基层党组织工作，等等。无论是党的重要关系还是党的重要工作，其实都是立体的，一种分类如同一束光，光亮背后总有阴影，难以穷尽各个侧面，而多种分类多角度交织则有助于形成全方位透视。

基于这些分类形成若干领域重要关系、若干方面重要工作，每一领域、每一方面一般都要制定一部条例提供基本遵循，这就形成了若干多条例从多个角度交织调整形成的制度网。比如，从党的工作逻辑链条角度，至少要有党组织选举工作条例、机构编制工作条例、党的重大决策工作条例、重大事项请示报告工作条例、党委督促检查工作条例、考核评价工作条例、党内功勋荣誉表彰条例、党内监督条例、问责条例、组织处理工作条例、党纪处分条例、控告申诉工作条例、党务公开工作条例等，据此形成一个环环紧扣的制度链条。又如，从党的关系主体、党的工作领域角度，至少要有中央委员会工作条例、地方党委工作条例、党的工作机关条例、党组工作条例、纪检机关条例、各类基层党组织工作条例，以及党领导经济社会发展方面的若干部条例，才能实现对管党治党、执政治国领域的全覆盖。

需要注意的是，从不同角度切入分头制定相应条例，相关条例在规范调整的事项上必然会产生交叉，这就要求在制定条例时搞好统筹，尽量避免重复，尤其不能相冲突。在不冲突前提下，有可能存在粗细详略不一致情形，如果是采用同一审议程序、同一发布方式的“规格”相同的条例对同一事项作出的规定不一致，那就按照特别法规优于一般法规的原则，优先适用特别规定。比如，有关条例中关于重大事项请示报告方面的规定，如果与《中国共产党重大事项请示报告条例》不一致，则考虑到后者是专门规定请示报告工作的特别法规，它应当得到优先适用。

研究制定条例，不能局限于一个角度、单线思维，而应从多个角度运用复合思维，这种多角度齐头并进的建章立制路径，并非党内法规制度建设所独有，而是编织制度之网的惯常思路和有效做法，在国家立法中也是屡试不爽。以行政法为例，一方面，立法机关要按照行政管理领域的划分，分别制定适用于某一领域的部门行政法，比如《人民警察法》《道路交通安全法》《海关法》《土地管理法》《城乡规划法》《教育法》《食品安全法》《环境保护法》《突发事件应对法》，在“横向”上对应诸领域形成诸法并列；另一方面，立法机关要按照行政权运行内在逻辑，分别制定广泛适用于各个行政管理领域的行政基本法，比如《行政许可法》《行政强制法》《行政处罚法》《行政复议法》《政府采购法》等，在“纵向”上对应诸环节形成诸法并列，综合立法与专项立法殊途同归、相得益彰，二者交织形成完善的行政法律制度体系。

通过制定条例的方式，对党的某一领域重要关系或者某一方面重要工作作出全面规定，要注意承上启下。“承上”是指制定条例要有上位法规依据。多数情况下，条例是直接根据党章制定的，少数情况下，特别是涉及规范党内政治生活问题，还要根据准则制定条例。之所以如此，是因为准则的位阶固然高于条例，但由于准则的适用范围主要聚焦党内政治生活，这就意味着制定有关其他方面工作的条例时往往无法从准则中找到制定依据，只能直接根据党章制定。亦即，不能因为准则的效力高于条例就机械地认为，制定条例非得直接根据准则不可，相反，条例通常是根据党章制定的。“启下”是指制定条例要为下位法规预留空间。在党内法规体系中，条例的定位是要作出“全面规定”，而规定、办法、规则、细则等的定位是要作出“具体规定”。据此，制定条例这种基础主干党内法规，应当重在解决制度保障的基本问题，不宜贪大求全、无微不至，也不可能将所有相关问题不分大小、一网打尽，要注意为地区差异、部门差异、改革创新等预留必要的制度空间，通过制定规定、办法、规则、细则等配套性法规来细化相关条例、提供具体遵循。

靠制定条例立“柱”

对于房子而言，柱子的角色定位是立基顶梁构筑房间。柱子只有立于坚实地基之上才能起到支撑作用，柱子只有质量过硬才能承受住重压，柱子长短决定着空间大小，每根柱子都应独立承担一方压力，多柱并立、环绕顶梁柱共同撑起屋梁，不同柱子要长短适宜形成合力。

条例亦然。制定条例是对党的重要关系或者重要工作作出全面规定，为党的组织和党员框定权责空间、设定行为边界，保证党的组织和党员在规定范围内工作活动。条例必须以党章为“基”，多数是直接基于党章、根据党章制定，少数是直接根据准则，但归根到底也要基于党章。条例必须足够“粗”，涵盖所要规范的对象和事项，聚焦解决体制机制、职权职责、义务权利设定等基本问题，能够独当一面，支撑起规范党的重要关系或者重要工作的重任。条例必须足够“高”，构建多层次、层次分明，复合型、上下畅通的立体制度空间，上下贯通、纵向到底，全方位满足一项工作涉及多个层级党的组织或者一类主体涉及多个层面工作的规范化需要。条例必须足够“硬”，政治过硬、质量过关，立规矩、定遵循，依靠制度规定的钢筋铁骨形成规范和保障党的组织和党员的刚性约束，严明纪律、令行禁止。条例数量必须足够“多”，为规范党的重要关系或者重要工作全面提供基本遵循，一部条例独当一面、统领一方，不同条例各负其责、相互照应，所有条例联成一体、形成合力。

在整个党内法规体系的坐标中，条例居于承上启下的重要地位。条例上承党章，贯彻党章精神，落实党章要求，细化党章规定，不同条例各有侧重，所有条例“众星捧月”，这个“月”就是党章；条例下启规定、办法、规则、细则，发挥龙头牵引作用，按照“1+N”模式，一部条例统率一系列配套性规定、办法、规则、细则，形成一个“党内法规规范群”。从党章出发、以党章为源，条例重在创设，包括创设党的组织职权职责、党员义务权利、党的干部职权职责等，创设党的领导体制和工作机制，创设履职方式方法，创设考评监督追责，而规定、办法、规则、细则只能在准则、条例设定的制度空间内再作细化，重在拾遗补阙。由此可见，条例重在立纲，为保障党的领导和党的建设活动立纲，为规范党的组织工作活动和党员行为立纲，为构筑党内法规规范的逻辑架构立纲，而规定、办法、规则、细则只能对条例作配套性规定，明其意犹未尽之事；条例重在定性，定立场方向，定对错是非，定高线底线，而规定、办法、规则、细则只能在条例定性规定基础上进一步量化明确。

正是由于条例"位高权重"，因此《中国共产党党内法规制定条例》明确规定，条例的制定权专属党中央，中央纪委、党中央工作机关、省级党委等皆无权制定条例。

较之规定、办法、规则、细则等具体遵循，条例作为基本遵循，呈现以下几个鲜明特征：

一则，条例在形象上是"高大全"。条例的政治站位高、规范地位高、效力位阶高，制度设计格局大、规范调整事项大、制度安排空间大，涵盖范围全、调整对象全、规范要素全。在党内法规体系中，条例的数量所占比例虽然不到1%，但其规范贡献率要超过99%。

二则，条例在质量要求上是"精准稳"。条例属于基础主干法规，作为党内法规体系之柱，条例不在多而在精，一个顶一个，应当有所为有所不为，不能降格去规定比较具体甚至琐碎的事项，不必事无巨细都去管，否则有自我矮化之嫌，在作出制度安排时也不宜搞"一刀切"、规定得太细，否则不利于各地区各部门结合实际作出细化的配套规定。条例只能规定看得很准、考虑周全的内容，只能将那些规律性认识、成熟经验、为实践证明行之有效的做法提炼上升为制度规定，不宜去固化试错性做法、生涩成果、局部经验。政贵有恒，条例直接体现党中央意志和重大主张，一经出台就要保持相对稳定性，为各级党的组织和全体党员提供稳定行为预期，不宜朝令夕改，否则会削弱条例的权威性、影响党中央威信和形象。

三则，条例在制定出台上是"难长严"。制定出台条例，事关管党治党、事关执政治国，党中央每制定一部条例，都是一件大事要事好事，要把大事做成、要事做妥、好事做好，显然绝非易事，而是难乎其难，需举全党之力、集全党之智，条例数量虽然占党内法规总量的不到1%，但制定出台这一“关键少数”制度所要耗费的智力物力却要超过99%。制定出台一部条例，不可能一蹴而就，少则一两年、多则五六年，十年磨一剑也不足为奇，起草过程要深入调研、反复论证，字斟句酌、数易其稿，几上几下、民主集中。由于制定出台条例事关重大，因此审议通过条例的标准非常严苛、主体和程序非常严格，《中国共产党党内法规制定条例》明确，“条例草案一般由中央政治局会议审议批准”。

总而言之，在党内法规体系中，尽管条例与规定、办法、规则、细则等二者的数量比约为1∶99，但无论是在制度创新率、规范贡献率、制度影响力上，还是在制定难度系数、耗费制定资源、执行力量配置上，条例与规定、办法、规则、细则等二者的比率应当是99∶1。在这个意义上，构建完善的党内法规体系，重中之重、难中之难是制定修订条例，进言之，提高党内法规制度执行力，重中之重、难中之难也是贯彻执行条例。

经过新中国成立70多年、改革开放40多年坚持不懈努力，特别是党的十八大以来党内法规制度建设的快马加鞭，党中央制定出台了40部条例，搭建了党内法规体系的框架。以这些条例为龙头，党中央以及中央纪委、党中央工作机关、省级党委制定出台了5134件配套性的规定、办法、规则、细则，建成了一个比较完善的党内法规体系。这些党内法规的制定出台，把党的组织和党员领导干部的权力关进了制度笼子，为党员权利保障提供了坚实制度屏障，为党的领导和党的建设活动提供了制度遵循，为党的建设和党的事业发展提供了有力制度保障。

同时，我们要清醒看到，现有的党内法规体系还不是十分完善，特别是条例数量还不够多，有的条例存在质量不够高、定位不太明确、结构不尽合理等问题。

就其数量而言，现有的40部条例调整范围有限，尚未实现对党的领导和党的建设各方面工作的全覆盖，诸如党的纪检机关工作条例、党的组织工作条例、党的群团工作条例、党领导经济社会发展工作的相关条例尚未出台，这就容易因群龙无首导致相关的规定、办法、规则、细则存在碎片化问题。初步估算，一个完善的党内法规体系，可能需要60多部条例，对照这个目标，还有20多部条例亟待出台。

就其质量而言，对照内容科学、程序严密、务实管用这个标准，对照立得住、行得通、管得了这个要求，有的条例在逻辑上不够周延，要求不够明确，规律把握没到位，针对性可操作性不够强，明显滞后于实践发展，相关条例亟待修订。

就其定位而言，在整个党内法规体系中，现有的条例在准确定位上还有一定差距。在党章、准则这个“上位”与规定、办法、规则、细则这个“下位”二者之间制定条例，需要在“承上”方面理清楚哪些事只能由党章来定、哪些事该由准则来定，在“启下”方面把握好哪些可由规定、办法、规则、细则来定，据此准确界定条例的制度安排空间。但现实中，有的条例定位不够明确，既存在规定得过粗、造成党章相关规定得不到落实的问题，也存在规定得过细，未给规定、办法、规则、细则等预留制度空间的问题，鉴于此，今后在制定修订条例时需要更加精准定位，避免出现条例的越位、缺位或者错位问题。

就其结构而言，由于之前很长一段时间的缺乏顶层设计、急用先立、部门主导起草、制定技术欠缺等原因，部分现有条例呈现多少不等、分布不均等问题。相对而言，党的建设方面条例多些，而党的领导方面条例偏少；就党的建设领域而言，条例主要集中在组织工作、纪检工作等方面，而党的政治建设、思想建设、作风建设等方面的条例屈指可数。如何处理好新旧条例之间的承续、一般性条例与特别性条例之间的统分、相邻条例之间的分工衔接，实现条例分布的均衡化，这还需要继续探索。实践中，从规范事项、调整对象、工作类型、行为方式、适用领域等不同角度切入制定出台的一些条例，相互间存在边界不清、衔接不紧、交叉重复、冲突打架等结构性缺陷，这个缺陷通过配套性规定、办法、规则、细则进而传导扩散到党内法规体系当中，无疑会影响法规的统一性、制约制度合力的形成。

党的十九届四中全会明确提出，坚持和完善中国特色社会主义制度、推进国家治理体系和治理能力现代化的总体目标是，到我们党成立 100 年时，在各方面制度更加成熟更加定型上取得明显成效；到 2035 年，各方面制度更加完善，基本实现国家治理体系和治理能力现代化；到新中国成立 100 年时，全面实现国家治理体系和治理能力现代化，使中国特色社会主义制度更加巩固、优越性充分展现。对照这一目标，以制定修订条例为重点推进党内法规体系建设，也要分三步走，第一步是到建党 100 周年时形成比较完善的党内法规体系，这要再制定几部条例；第二步是到 2035 年形成完善的党内法规体系，这估计要再制定 20 多部条例，同时要修订一批条例；第三步是到新中国成立 100 周年时形成更加完善的党内法规体系，这还要再制定若干部条例，同时要对一大批条例进行修订。

顶　梁　柱

党内法规体系这座大厦要靠数十部条例来支撑，其中的顶梁柱就是《中国共产党中央委员会工作条例》。

2020 年 9 月 28 日，习近平总书记主持召开中共中央政治局会议审议批准该条例。专门针对中央委员会工作制定一部条例，是党和国家政治生活中的一件大事，制定的时机和条件必须十分成熟。党的十八大以来，正是由于“两个维护”深入人心，党中央权威和集中统一领导得到坚定维护，中央委员会工作体制机制日益完善，制定出台《中国共产党中央委员会工作条例》已经成为实践亟需和众望所归。据此，以习近平同志为核心的党中央审时度势科学决策，完成了《中国共产党中央委员会工作条例》制定出台这一重大政治任务。

不言而喻，针对中央委员会建章立制，这是党的政治建设的根本问题，是党内法规制度建设的核心问题。自成立之日起，我们党即着手加强中央委员会制度建设，各方面领导制度和工作制度历经革命建设改革时期的制定修订逐步定型。其中，有关中央委员会的规定，定型于党的十二大党章；有关中央政治局及其常委会的规定，定型于党的八大党章；有关中央书记处的规定，定型于党的十三大党章；有关中央委员会总书记的规定，定型于党的十二大党章。

党章关于中央委员会的制度规定，为制定《中国共产党中央委员会工作条例》提供了根本依据。

党章关于中央委员会的规定，主要集中在“党的中央组织”一章。其中，第19条规定由中央委员会召集党的全国代表大会，决定全国代表大会的名额和选举办法；第20条规定中央委员会向党的全国代表大会报告工作；第22条规定中央委员会的任期，中央委员会委员、候补委员的党龄条件、名额，中央委员会委员的出缺和递补，召开中央委员会全体会议，中央委员会的职权；第23条规定党的中央政治局、中央政治局常委会、中央委员会总书记的产生，中央政治局及其常委会的职权，中央书记处的地位及其成员的产生，中央委员会总书记的职权，中央领导机构和中央领导人在下届全国代表大会开会期间继续主持党的经常工作；第24条规定中国人民解放军的党组织根据中央委员会的指示进行工作等。

同时，在党章“总纲”和有关条文中还有一些涉及党中央领导活动的规定，主要包括：在“总纲”中强调要坚定维护以习近平同志为核心的党中央权威和集中统一领导；在“党员”一章中规定党员有权向上级组织直至中央提出自己的意见；在“党的组织制度”一章中规定党的最高领导机关是党的全国代表大会和它所产生的中央委员会，全党各个组织和全体党员服从党的全国代表大会和中央委员会；在“党的纪律”一章中规定由党中央决定对中央委员会委员、候补委员作出有关纪律处分；在“党的纪律检查机关”一章中规定由中央委员会批准选举产生的中央纪委常委会和书记、副书记，等等。

党章关于中央委员会的规定，明确了中央委员会的地位、产生、职权、活动等基本问题，这些根本性制度奠定了中央委员会制度建设的基调，为制定《中国共产党中央委员会工作条例》提供了根本依据。制定该条例，主要任务就是贯彻党章精神、落实党章原则、细化党章规定，对中央委员会的产生和运行作出全面规定，为党中央开展领导工作提供基本遵循。

习近平总书记强调：“坚持党的领导，首先是坚持党中央权威和集中统一领导，这是党的领导的最高原则，任何时候任何情况下都不能含糊、不能动摇。”研究制定《中国共产党中央委员会工作条例》，最重要的是坚持正确政治立场、把牢正确政治方向。该条例紧紧围绕保障“两个维护”这个主旨谋篇布局、建章立制，旗帜鲜明地坚持和巩固党中央总揽全局、协调各方的领导核心地位，通过8章35条对党中央的领导地位、领导体制、领导职权、领导方式、决策部署、自身建设等作出全面规定。

一、阐明党中央工作总体要求

该条例总则阐明了党中央工作要坚持党的指导思想、肩负重大政治使命、牢牢把握政治原则等3项总体要求，这就明确了党中央开展工作的“大纲”。

其一，党中央始终坚持以党的指导思想为指导开展工作。党的指导思想科学指引党和国家事业前进方向，中央委员会作为党的最高领导机关，始终以党的指导思想为开展工作的行动指南。该条例强调，中央委员会高举中国特色社会主义伟大旗帜，以马克思列宁主义、毛泽东思想、邓小平理论、“三个代表”重要思想、科学发展观、习近平新时代中国特色社会主义思想为指导。

其二，党中央践行初心使命发挥领导核心作用。该条例强调，中央委员会带头增强“四个意识”、坚定“四个自信”、做到“两个维护”，不忘初心、牢记使命，总揽全局、协调各方，以坚定正确的政治立场和政治方向，团结带领全党全军全国各族人民为全面建成社会主义现代化强国、实现中华民族伟大复兴的中国梦不懈奋斗。上述规定，明确了党中央工作的政治使命和实现路径。

其三，党中央开展工作牢牢把握的政治原则。政治原则统领工作规则。关于党中央开展哪些工作、怎么开展工作等具体规定，主要是对党的政治原则的细化。党章总纲第25～29自然段针对加强党的建设提出了5项基本要求，即坚持党的基本路线、坚持党的思想路线、坚持全心全意为人民服务、坚持民主集中制、坚持从严管党治党；第30自然段阐明了坚持党的领导问题。根据党章精神，紧扣党中央工作特点和实际，《中国共产党中央委员会工作条例》第4条明确了中央委员会开展工作牢牢把握6项政治原则、做到“六个坚持”，其中，第一个“坚持”对应党章提出的坚持党的领导的政治要求，其他五个“坚持”对应党章提出的加强党的建设的5项基本要求。

二、巩固党中央领导地位

领导地位事关根本，坚定维护党中央权威和集中统一领导，必须毫不动摇坚持和巩固党中央在党和国家治理中的最高领导地位。坚持党中央权威和集中统一领导，是我们最大的政治优势、组织优势、制度优势。《中国共产党中央委员会工作条例》第2章专门规定了党中央的最高领导地位。

准确把握党章和《中国共产党中央委员会工作条例》关于党中央最高领导地位的规定，有3点需要注意：一则，中央委员会本身就是党的最高领导机关。党章规定：“党的最高领导机关，是党的全国代表大会和它所产生的中央委员会。”据此，中央委员会本身就是党的最高领导机关，较之“最高权力机关”，“最高领导机关”内涵更加丰富、地位更加崇高。二则，党中央在党和国家治理中居于最高领导地位。在国家治理体系中，全国人大是最高国家权力机关，国务院是最高行政机关，国家监委是最高监察机关，最高人民法院是最高审判机关，最高人民检察院是最高审判监督机关。而这些最高国家机关都在党中央集中统一领导下依法依章程履职尽责、开展工作，党中央的最高领导地位是至高无上、独一无二的。三则，党中央的最高领导地位具体表现为由中央委员会以及中央政治局、中央政治局常委会分别在其职权范围内作出领导决策。在全国代表大会闭会期间，中央委员会领导党的全部工作，对外代表中国共产党；中央委员会全体会议闭会期间，中央委员会的职权由中央政治局和它的常务委员会行使。

着眼坚持和巩固党中央作为领导决策核心这一最高领导地位，

《中国共产党中央委员会工作条例》从3个角度作出具体规定：

一是规定党中央对党和国家事业实行全面领导。党中央统揽“四个伟大”，统筹推进“五位一体”总体布局和协调推进“四个全面”战略布局，全面领导改革发展稳定、内政外交国防、治党治国治军等各领域各方面工作，对党和国家事业发展重大工作实行集中统一领导。

二是规定党中央对党外各类组织实行全面领导。各级人大、政府、政协、监察机关、审判机关、检察机关，武装力量，各民主党派和无党派人士，人民团体，企事业单位，基层群众性自治组织，社会组织等，都必须自觉接受党中央领导。

三是规定党中央在党内实行集中统一领导。全党必须自觉服从党中央，向党中央看齐，坚决维护党中央权威和集中统一领导，自觉在思想上政治上行动上同党中央保持高度一致。

三、健全党中央领导体制

坚定维护党中央权威和集中统一领导，必须坚持和完善党中央集中统一领导体制。《中国共产党中央委员会工作条例》第3章专门规定党中央的领导体制，一方面，明确了中央委员会的产生、组成和任期，中央政治局及其常委会、中央委员会总书记、中央书记处的产生，中央领导机构和中央领导人的履职时限；另一方面，明确了党中央领导中央军委、中央纪委开展工作，设立并领导中央决策议事协调机构、工作机关、党组等开展工作。

四、列明党中央领导职权

立规的核心问题是确权。坚定维护党中央权威和集中统一领导，必须从制度上明确和强化党中央的集中统一领导权力。《中国共产党中央委员会工作条例》第4章依次对中央委员会、中央政治局、中央政治局常委会、中央委员会总书记的领导职权以及中央书记处的工作职责作出规定。深刻把握相关制度设计的政治逻辑，要把握好3个“辩证统一”：一是就职权边界的规定而言，该条例兼顾坚持党中央全面领导与集中统一领导，在党中央职权设定上体现出范围无限性与职权有限性的辩证统一；二是就职权配置的规定而言，该条例确立完全授权与分级行使体制，在党中央职权行使上体现出决策终局性与过程性的辩证统一；三是就职权内容的规定而言，该条例根据履行职责所需来设定与之相匹配的职权，体现出党中央领导职权与领导职责的辩证统一。

究其本质，党中央的最高领导职权就是最大的政治责任。这种最大政治责任，是把方向、谋大局、定政策、促改革的重大政治责任，是统揽“四个伟大”的重大政治责任，是确保党和国家事业兴旺发达、国家长治久安的重大政治责任，是把新时代中国特色社会主义伟大事业不断推向前进的重大政治责任。

五、明确党中央领导方式

党章强调：“党必须适应形势的发展和情况的变化，完善领导体制，改进领导方式，增强执政能力。”领导方式是指实施领导活动、实现领导目标所运用的具体手段。该条例着眼于保证党中央领导目标的实现，第一次在党内法规中对党中央的领导方式作出集中规定。这是该条例的一大亮点，是对党中央领导方式的一次全面总结提炼，也是党的领导制度的一次重要集成创新。

该条例提出，党中央坚持和发展马克思主义思想方法和工作方法，深刻把握共产党执政规律、社会主义建设规律、人类社会发展规律，以高度的责任担当、强烈的忧患意识、无畏的革命精神，领导全党以伟大自我革命引领伟大社会革命，把新时代中国特色社会主义伟大事业不断推向前进。

概括起来，党中央实施集中统一领导，主要运用“领”和“统”这两手。其中，“领”是指靠前引领各方、保证前进方向正确——党中央举旗定向、掌舵领航，指引党和国家事业的前进方向，要加强政治引领，坚定不移走中国特色社会主义道路；加强思想引领，用习近平新时代中国特色社会主义思想武装全党、教育人民；加强风范引领，以强大真理力量和人格力量凝聚党心军心民心。“统”是指居中统揽全局、形成强大合力——党中央总揽全局、协调各方，确保全党全军全国各族人民统一意志、统一行动、步调一致向前进，要统揽各项工作，整体推进党和国家各方面事业；统揽各方力量，领导各级各类组织和广大党员、干部、群众一体行动；统揽国家治理，坚持和完善中国特色社会主义制度、推进国家治理体系和治理能力现代化。

六、完善党中央决策部署体制机制

《中国共产党中央委员会工作条例》第 6 章规定了党中央决策部署体制机制。一是明确了党中央的决策原则。党中央按照集体领导、民主集中、个别酝酿、会议决定的原则，对党和国家工作的重大问题作出决策。二是明确了党中央决策的主体和事项。根据决策事项的不同，党中央的决策权分别由中央委员会、中央政治局、中央政治局常委会以及党中央决策议事协调机构等行使，它们在各自职权范围内对相关问题作出决策。根据该条例规定，属于中央委员会职权范围内的决策事项，先由中央政治局研究讨论；属于中央政治局职权范围内的决策事项，先由中央政治局常委会研究讨论；属于中央政治局常委会职权范围内的决策事项，根据需要可先由有关党中央决策议事协调机构会议或者中央书记处办公会议研究讨论。三是明确了党中央的决策部署方式。党中央根据需要分别召开中央委员会全体会议、中央政治局会议、中央政治局常务委员会会议讨论决定，根据需要召开工作会议、专题会议等分析形势部署工作；党中央决策议事协调机构召开会议研究决定、部署协调相关领域重大工作。四是明确了党中央决策部署会议的召开。该条例对中央委员会全体会议、中央政治局会议、中央政治局常委会会议的召开次数、召开时间、会议议题的确定、参会人数要求、讨论决定方式、表决通过人数要求等问题作出规定，同时还对中央书记处办公会议、中央工作会议和专题会议、党中央决策议事协调机构会议等会议的召开问题作出原则性规定。五是明确了党中央的决策协商。党中央就党和国家重要方针政策、重大问题、重要人事安排等进行协商，听取各民主党派中央、全国工商联和无党派人士代表的意见和建议，通报重要情况，沟通思想、增进共识。

七、提出加强自身建设要求

《中国共产党中央委员会工作条例》针对中央委员会、中央政治局、中央政治局常委会组成人员的自身建设提出3项严格要求。一要坚决做到“两个维护”。必须将“两个维护”作为根本政治要求，带头做到“两个维护”，确保党中央政令畅通、令行禁止，确保党中央决策部署落地见效。二要严格遵守组织原则和纪律规矩。必须牢记自己是党的最高领导机关的一员，坚持组织原则和党性原则，严守政治纪律和政治规矩，按程序办事、按规则办事、按集体意志办事，坚决维护党的团结统一。中央政治局委员应当及时将工作中的重大决策、重大事项、重要情况向党中央请示报告；在执行过程中需要对党中央决策、决定和重大工作部署作出调整的，必须报党中央批准。应当自觉执行党章等党内法规，自觉贯彻党的群众路线，严格执行中央八项规定，坚决反对形式主义、官僚主义、享乐主义和奢侈之风，自觉同特权思想和特权现象作斗争，始终保持清正廉洁的政治本色。三要发扬党内民主。既要有“守”的自觉，带头发扬党内民主，认真执行党章等党内法规确定的民主原则和程序；又要有“为”的担当，中央委员会委员、候补委员参加中央委员会全体会议，应当积极就党和国家工作发表意见、提出建议。

坚持和完善中国特色社会主义制度、推进国家治理体系和治理能力现代化，首要任务是坚持和完善党的领导制度体系，重中之重是完善坚定维护党中央权威和集中统一领导的各项制度。因此，该条例的制定出台具有重大现实意义和深远历史意义，为“中国之制”奠定了重要政治基石，为“中国之治”提供了根本领导制度保障。

第一，该条例的制定出台，对坚持和完善党的领导制度体系产生多重叠加效果。

一是画龙点睛之效。坚持党的全面领导，第一位的是坚定维护党中央权威和集中统一领导；完善党的领导制度体系，最重要的是完善党中央的领导制度，制定该条例对于党的领导制度建设而言可谓画龙点睛。二是纲举目张之效。在该条例出台前，有关党中央工作的制度规定分散在不同法规文件中，集成性不够。该条例的出台标志着形成了一个纲举目张的党中央工作制度体系，这个“纲”就是《中国共产党中央委员会工作条例》，这些“目”就是现有的和将来制定的各方面具体规定。三是示范引领之效。党中央以身作则、率先垂范，注重通过建章立制来加强和改进领导工作，这就向全党全社会释放了党中央高度重视完善党的领导制度的强烈信号，为加快推动各方面党的领导制度的立改废释工作提供了正向激励和强大动力。

第二，该条例填补了党的组织制度的关键缺项。

党的十九届四中全会明确提出：“健全维护党的集中统一的组织制度，形成党的中央组织、地方组织、基层组织上下贯通、执行有力的严密体系，实现党的组织和党的工作全覆盖。”改革开放以来特别是党的十八大以来，党中央着眼于完善党的组织体系和组织制度，针对各类党组织制定出台了相应的条例，包括《中国共产党地方委员会工作条例》《中国共产党工作机关条例（试行）》《中国共产党党组工作条例》《中国共产党农村基层组织工作条例》《中国共产党党和国家机关基层组织工作条例》《中国共产党普通高等学校基层组织工作条例》《中国共产党国有企业基层组织工作条例（试行）》《中国共产党支部工作条例（试行）》等。随着这些条例的陆续出台，中央委员会工作条例缺位的问题变得日益突出。在这个意义上，《中国共产党中央委员会工作条例》的制定出台，填补了党的组织制度长期以来的一个重大空缺，实现了各类党组织皆有专门条例，据此形成了一幅党的组织制度的完整“版图”。

第三，该条例的制定出台是坚持依规治党的重大举措。

在支撑党内法规体系的四梁八柱中，该条例属于顶梁柱，其制定出台对于在建党 100 年时形成比较完善的党内法规体系具有里程碑意义。党中央通过制定和实施该条例来提升领导工作的制度化规范化程序化，这充分彰显了党中央坚持依规治党的坚定决心，极大地提升了党内法规的权威性和严肃性，有助于在全党范围内进一步树牢依规治党的思想自觉和行动自觉。该条例的制定出台，代表着新时代党内法规制度建设达到一个新的历史高度，标志着推进依规治党由此进入一个崭新历史阶段。

分门别类制定条例

为了实现党内法规对党的各方面工作活动的全面规范，实践中采用的是分门别类、双管齐下的建章立制思路，其中，“分门”主要对应于各个领域的事项，“别类”主要对应于各类行为方式。在党章中，指向事项和行为的规范是融为一体的，但自制定条例开始，就采用分领域立规与分行为立规并进的思路，进而延伸至规定、办法、规则、细则等配套法规的制定活动之中。分领域与分行为制定条例，二者各有侧重、纵横交错，为统筹推进党的各方面工作提供深度制度保障。

一方面，针对不同领域“分门”研究制定相关条例。

按照统筹推进“五位一体”总体布局和协调推进“四个全面”战略布局，可以将党的工作活动划分为党的领导和党的建设两大类。就党的领导领域而言，党政军民学，东西南北中，党是领导一切的，党的领导涵盖中国特色社会主义事业建设各领域各方面，包括党领导经济建设、政治建设、文化建设、社会建设、生态文明建设以及国防和军队建设、统战民族宗教工作、外交外事工作等诸多领域，每个领域又可以划分为若干个方面——比如，政治建设领域包括人大工作、政协工作、行政管理、法治建设、基层民主政治建设等多个方面。就党的建设而言，按照新时代党的建设总体布局，可以划分为党的政治建设、思想建设、组织建设、作风建设、纪律建设以及制度建设、反腐败工作等诸多领域，每个领域又可以划分为若干方面——比如，党的组织建设包括党的中央组织、地方组织、基层组织，党的工作机关、党组，以及干部队伍建设、人才工作等。

为了推进党的领导和党的建设两方面工作活动，党分别设立了相应的机关机构。相对而言，侧重于开展党的领导工作的机关机构主要有：党委财经、改革、农村、网信、依法治国、审计、精神文明、教育、国安、外事、军民融合等（决策）议事协调机构及其办公室，党委统战、政法等党委工作部门。侧重于开展党的建设工作的机关机构主要有：纪委、组织、机关工委等党的机关。党委宣传部门、机构编制部门等既可开展党的领导工作也可开展党的建设工作。此外，党委办公厅（室）、政策研究室等发挥综合协调、参谋助手等作用。据此，在党中央集中统一领导、地方党委分级负责基础上，形成了一种党的机关分工负责的治理模式，各个领域事项不同、负责的党的机关不同、工作主题和内容不同。坚持依规治党，为党的组织开展管党治党、执政治国各领域工作提供基本遵循，就得以党章为根本依据，针对各领域各方面分别制定相应条例，比如组织工作条例、宣传工作条例、统战工作条例、政法工作条例、机构编制工作条例、农村工作条例、党和国家机关基层组织工作条例、外事工作条例、军队政治工作条例，等等，这些条例之间的最大区别在于各自的调整对象、规范事项迥然不同。

在“分门”治事、因事建制研究制定条例时，要注意把握以下几点。

一是遵循事项处理的内在逻辑来对条例谋篇布局。一部条例聚焦规范一类重大事项，条例要为相关事项处理提供基本遵循，就得对照事项处理的内在逻辑作出制度安排。为此，条例的框架结构一般依次主要包括：所要规范的事项，事项处理所应遵循的指导思想和基本原则，事项处理的领导体制和工作机制，事项处理所涉主体的职权职责配置，事项处理的主要举措和方式方法，事项处理所需的监督保障要求，等等。

二是基于对管党治党、执政治国各领域重大事项的科学分类来研究制定条例。在统筹推进“五位一体”总体布局和协调推进“四个全面”战略布局的大框架下，遵循同一标准对所涉相关重大事项作出科学分类，将党的领导和党的建设两个方面工作划分成平行的、等规格的若干类别，再据此制定相应的条例。这种分类，既要注意事项本身的可分性，不能将不可分的事项强行划分、割裂其内在联系，又要注意事项分类的穷尽性并把握好边界，避免出现盲区疏漏、应分未分，还要注意作平行分类、分出同一规格若干事项，否则就会出现针对大小不同的事项制定出高低不等的条例。同时，要基于科学的事项分类，保证各部条例自身边界清晰、相邻条例无缝对接、相关条例共同涵盖范围完整无缺。

三是注意保持整个条例制度安排的协调一致。“分门”制定条例，涉及跨领域跨部门的事项，一般是由党中央决策议事协调机构的办公室牵头承担起草工作；事项处理主要隶属于一个部门职责的，通常是由中央和国家机关相关主管部门牵头起草，具体起草工作往往由主管部门的内设机构承担。实践中，“分门”制定条例采用“分部门”牵头起草的制定工作体制，容易出现“见树木不见森林”的部门本位现象，甚至出现揽权推责、谋求部门利益的问题，从而造成相关条例之间的不协调不一致不衔接。鉴于此，牵头起草的部门要强化“四个意识”、提高政治站位，从讲政治的高度做好党中央委托的条例起草工作，克服部门本位、超越部门视野、戒除部门利益，自觉将条例起草工作置于党和国家工作大局中去谋划和推进，保证相关条例在制度安排上的协调一致。为此，要通过建立健全党内法规制定工作联席会议制度、条例稿起草广泛征求相关部门意见机制、条例草案严格审核审议机制、发文前严细审核把关机制以及中央党内法规清理机制等来预防和纠正此类问题。

另一方面，针对不同行为方式“别类”研究制定相关条例。

管党治党、执政治国事务千头万绪、变动不居，与之相关的党的组织工作活动和党员行为不拘一格、不计其数，乍看起来，似乎很难将其归纳出几种行为方式，实则不然。开展党的工作所采用的具体行为方式固然形态各异，但它们其实只是若干类基本行为方式在实践中的具体化和不断重复翻版，我们可以选择某一标准对纷繁复杂的具体行为形式进行归纳分类，亦即对党务行为作类型化处理。

比如，从内外角度，可以将所有行为方式划分为党的领导活动和党的自身建设活动两大类；从主体角度，可以将所有行为分为党的组织工作活动和党员行为两大类；从普遍性角度，可以将所有行为分为针对不特定多数主体作出反复适用决定的抽象行为和针对特定主体只能一次性适用的具体行为两大类；从导向角度，可以将所有行为分为约束类行为和激励类行为两大类；从刚性程度角度，可以将所有行为分为强制性行为和非强制性行为两大类；从行为逻辑角度，可以将所有行为分为决策行为、执行行为、监督保障行为，等等。

提升党的领导和党的建设水平，一个重要方面就是探索总结提炼固化党务行为方式，使之从混沌、细碎、不确定升级为清晰、精准、确定。衡量我们党管党治党、执政治国实践的成熟和完善程度，一个重要判断标准就是是否形成了一套主次分明、功能互补、有效管用的党务行为方式。推进党内法规制度建设，一个重要任务就是针对这套党务行为方式量身定制一套科学合理的行为规范。

从规范党务行为的角度制定党内法规，可以党的组织决策部署、贯彻执行、监督追责3个环节为经线，以每个环节涵盖的若干基本行为方式为纬线，针对这些常用、通用、主干行为方式研究制定相应的条例，再根据条例对其包含的各种具体行为制定配套的规定、办法、规则、细则，据此通过党内法规制度编织一个逻辑上前后相续、功能上主次分明的“丰”字型党务行为体系。

我们对此可以举例说明。比如，针对党的组织决策部署环节，可以区分党内法规制定、规范性文件制定、作出重大决策、作出重大工作部署等不同事项，分别研究制定相应的条例。就其中的党内法规制定工作而言，可以《中国共产党党内法规制定条例》为依据，针对编制规划计划活动、调研起草活动、审议发布活动、备案活动、解释活动、清理活动、实施评估活动等具体行为，再分别制定出台相应的规定、办法、规则、细则等配套性法规文件。

我们在从“别类”角度开展工作、根据党务行为类型研究制定条例时，要注意把握以下几点。

一是根据行为的主要环节来对条例进行谋篇布局。党的组织开展工作活动和党员实施行为有其内在逻辑，研究制定相关条例应当对照行为的先后逻辑顺序依次作出规定。比如，《党政领导干部选拔任用工作条例》的“分则”部分在对选拔任用条件作出规定的基础上，依次对分析研判和动议、民主推荐、考察、讨论决定、任职等作出规定，之后，还就依法推荐、提名和民主协商，交流、回避，免职、辞职、降职等重要问题作出规定。

二是主要针对常用性、通用性、主干性党务行为研究制定相关条例。党务行为尽管表面看来形态各异、错综复杂，但其实暗含着一个脉络清晰、主次分明的党务行为“光谱”。适合专门为之制定条例作出全面规定的党务行为，应当是具有常用性、通用性、主干性的重要行为。常用性，强调的是行为使用的频率高，相关党的组织经常使用、反复使用；通用性，强调的是行为使用的范围广，适用于众多党的组织和党员；主干性，强调的是行为地位很重要，属于实施党的领导和党的建设活动的基本手段、主要方式。这些常用性、通用性、主干性党务行为方式属于党的组织工作活动和党员行为的“大动脉”，针对它们专门制定条例，有利于通过抓主带从、辐射全面来把党的组织工作活动和党员行为纳入制度化轨道，有利于节减针对多个领域甚至所有领域共用行为重复建章立制的立规成本，也有利于保证对重要行为方式统一标准、统一要求。

三是注意相关条例的照应衔接。一般而言，这些常用、通用、主干行为，诸如党内法规制定工作、党的规范性文件制定工作、党的重大决策程序、党内重大事项请示报告、党内重要情况通报、党务公开、党内督促检查等，彼此之间更多属于平行关系，在制度安排上交叉重复的概率相对较低，因此，把握相关条例间的关系，既要注意保持其协调一致，更要注意彼此间的衔接照应，从而握成制度安排“拳头”。这类条例所要规范的行为涉及众多部门工作的开展，超出党中央某一工作机关的职权职责，属于综合性党内法规，因此根据《中国共产党党内法规制定条例》第20条的规定，一般是由中央办公厅协调中央纪委以及中央有关部门等起草或者成立专门起草小组起草，特别重要的中央党内法规由党中央组织起草。

需要注意的是，针对不同领域事项与不同行为类型，采用“分门+别类”方式研究制定条例，不能因此简单地以为，两种意义上的条例是平分秋色、等量齐观的。事实上，由于大多数党的组织工作活动和党员行为在不同领域往往呈现个性化差异，相关的条例需要根据特定领域特定事项来量身定制，这就使“分门”制定的条例在数量上明显多于“别类”制定的条例。就现有40部条例而言，大多数是基于“分门”而定，“别类”而定的屈指可数，二者间的这种多寡差别是合理的。不过，目前的主要问题，不是二者在量上的相对悬殊，而是绝对差距，基于“别类”制定的条例明显滞后于“分门”制定的条例，不少实践急需的条例尚未出台。之所以如此，一个重要原因是“分门”制定条例往往会涉及特定部门，相关部门出于履职需要存在推动立规工作的动力，而“别类”制定条例因其涉及众多部门、具有“公用性”，反倒容易在立规工作的部门推动上出现动力不足问题。形成完善的党内法规体系，既要重视“分门”制定条例，也不能忽视“别类”制定条例，二者缺一不可。在条例制定的顶层设计上，我们党已经开始注意解决“别类”制定条例的滞后问题。比如，党的十八大以来，制定出台了《中国共产党重大事项请示报告条例》《中国共产党党务公开条例（试行）》等，有意研究制定党的组织重大事项决策程序条例等，这些都属于在“别类”制定条例方面的加强。

“分门”“别类”双向制定条例，以这种方式为形成党内法规体系“立柱”，就是在纵向“立柱”同时，再从多个角度斜向“立柱”，据此形成一种“X”型的多柱结构，显然，从力学角度观察，由此形成的制度结构更加稳固。当然，确保“分门”“别类”制定条例各展其长、相辅相成、形成合力，需要注重解决不同条例之间的衔接协调问题。“五位一体”总体布局和“四个全面”战略布局是一个有机统一整体，不同组成部分、不同要素之间存在千丝万缕联系，往往是事项与行为二者兼具，工作领域与行为方式之间通常是你中有我、我中有你，既不存在与事无关的纯粹行为，也不存在与行为无关的纯粹事务。同时，各个领域党的工作唇齿相依，不同行为方式也是互联互动的，鉴于此，在研究决定制定哪些条例、各部条例内容如何安排等内容时，就得登高望远、顶层设计，通盘考虑各个制定角度之间的逻辑关联性，以提升条例制定工作的协同性、保证制度安排的集成性。

无论是“分门”还是“别类”制定条例，都要保证每部条例聚焦主题，避免追大求全，坚持有所为有所不为，在制定技术上注意“避让”，做好衔接协调照应，凡是其他条例已作规定或者更适合由其他条例规定的，那就多用转致条款，不必再去作出重复规定。同时，要不断深化对领域事项分类、行为方式分类的内在规律认识，依靠科学逻辑最大限度避免因“分门”“别类”研究制定条例造成党内法规制度安排出现疏漏空缺、交叉重复甚至冲突打架等问题。

有必要顺带提及的是，分门别类、从事项与行为两个角度双管齐下、统筹推进条例制定工作，这种立规思路并非党内法规所独有，在国家立法实践中也多有采用，行政法的制定工作即是如此。一方面，根据调整领域、规范事项的不同，全国人大及其常委会已经分别制定了70多部法律：在外交领域制定了《护照法》《驻外外交人员法》，在军事国防领域制定了《兵役法》《现役军官法》《预备役军官法》《军人保险法》《军事设施保护法》《人民防空法》《国防教育法》《国防动员法》《国防交通法》，在公安领域制定了《人民警察法》《人民武装警察法》《居民身份证法》《出境入境管理法》《治安管理处罚法》《枪支管理法》《消防法》《禁毒法》，在交通安全领域制定了《道路交通安全法》《海上交通安全法》，在国家安全领域制定了《反间谍法》《国家安全法》《反恐怖主义法》《网络安全法》《境外非政府组织境内活动管理法》，在保密档案领域制定了《保守国家秘密法》《档案法》，在海关领域制定了《海关法》，在司法行政领域制定了《律师法》《公证法》《监狱法》，在人事管理领域制定了《公务员法》，在土地管理领域制定了《土地管理法》，在房地产领域制定了《城市房地产管理法》，在城乡建设领域制定了《城乡规划法》，在测绘地理信息领域制定了《测绘法》，在教育领域制定了《教育法》《义务教育法》《职业教育法》《高等教育法》《民办教育促进法》《教师法》《国家通用语言文字法》，在科技领域制定了《科学技术进步法》《科技成果转化法》《科学技术普及法》，在文化体育领域制定了《电影产业促进法》《公共文化服务保障法》《非物质文化遗产法》《文物保护法》《体育法》，在医药卫生领域制定了《食品安全法》《献血法》《传染病防治法》《执业医师法》《药品管理法》

《国境卫生检疫法》《人口与计划生育法》，在环境保护领域制定了《环境保护法》《防沙治沙法》《海洋环境保护法》《大气污染防治法》《水污染防治法》《环境噪声污染防治法》《放射性污染防治法》，在野生动物植物保护领域制定了《野生动物保护法》，在气象地震自然灾害领域制定了《气象法》《防震减灾法》，在旅游领域制定《旅游法》，在应急管理领域制定了《突发事件应对法》，等等。另一方面，针对各级各类行政机关普遍使用的行政行为，制定了《行政许可法》《行政强制法》《行政处罚法》《行政复议法》《国家赔偿法》《行政诉讼法》等多部法律，此外，还正在研究制定行政程序法、行政收费法等法律。这两个方面立法的齐头并进、相辅相成，共同为全面推进依法行政、建设法治政府提供了法律保障。

国家立法特别是行政法的这种立法思路，对于党内法规制定工作显然具有启示意义。在一定程度上，依规治党逻辑与依法行政逻辑具有相似性。当立法和立规不约而同采用“分门+别类”立法思路时，这就意味着此种建章立制思路应当是契合制度之治内在规律的。

既有和应有的条例

全面从严治党永远在路上。党内法规制度建设没有止境。建党100周年时，形成比较完善的党内法规制度体系。随着推进国家治理体系和治理能力现代化，到2035年，要形成完善的党内法规制度体系。现行有效的条例有40部，形成完善的党内法规体系，在2035年前估计还要再研究制定20多部条例，之后的任务主要是与时俱进修订条例。

按照分门别类统筹推进条例制定工作的思路，下面先依次讨论党内法规体系每个制度板块“分门”制定条例问题，再简要探讨针对常用、通用、主干行为研究制定相关条例问题。

一、党的组织方面的条例

党的组织法规制度旨在构建“一体三翼”党的组织体系。应然意义上，在党的组织方面大约需要20部条例。主要包括：（1）党的选举工作方面，应有党的中央组织选举工作条例、党的地方组织选举工作条例、党的基层组织选举工作条例。（2）在党的中央委员会工作方面，应有党的中央委员会工作条例。（3）在党的地方委员会方面，应有地方党委工作条例。（4）在党的基层组织工作方面，应有国有企业党的基层组织工作条例、集体企业党的基层组织工作条例、非公有制企业党的基层组织工作条例、农村党的基层组织工作条例、党和国家机关党的基层组织工作条例、高校党的基层组织工作条例、事业单位党的基层组织工作条例、社会组织党的基层组织工作条例、街道社区党的基层组织工作条例、党支部工作条例。（5）在党的纪律检查机关方面，应有党的纪律检查机关工作条例。（6）在党委工作部门方面，应有党的工作机关条例、党委（决策）议事协调机构工作条例。（7）在党组方面，应有党组工作条例。（8）在机构设置和编制管理方面，应有机构编制工作条例。（9）在党的象征标志方面，应有党徽党旗条例。

目前，在党的组织法规制度板块，党中央已经出台了38部党内法规。其中条例有13部，即《中国共产党中央委员会工作条例》（2020年）、《中国共产党地方组织选举工作条例》（2020年）、《中国共产党基层组织选举工作条例》（2020年）、《中国共产党地方委员会工作条例》（2015年）、《中国共产党全民所有制工业企业基层组织工作条例》（1986年）、《中国共产党农村基层组织工作条例》（2018年）、《中国共产党党和国家机关基层组织工作条例》（2019年）、《中国共产党普通高等学校基层组织工作条例》（2010年）、《中国共产党党组工作条例》（2019年）、《中国共产党工作机关条例（试行）》（2017年）、《中国共产党支部工作条例（试行）》（2018年）、《中国共产党机构编制工作条例》（2019年）、《中国共产党国有企业基层组织工作条例（试行）》（2019年）。

同时，党中央还制定出台了一批规定、办法、规则、细则，比如，《中国共产党全国代表大会和地方各级代表大会代表任期制规定》（2019年）、《中国共产党党旗党徽制作和使用的若干规定》

(1996年)、《关于党的省、自治区、直辖市代表大会实行差额选举的暂行办法》(1988年)等。同时，党中央还针对中央决策议事协调机构及其办公室制定了工作规则、工作细则。为贯彻党中央关于深化党和国家机构改革的重大决策部署，2018年，印发了数十个中央和国家机关“三定”规定，丰富和发展了党的组织法规制度。

此外，党中央为加强党的组织建设，还制定出台了大约40件规范性文件，比如，中共中央批转《中央组织部、中央直属机关党委、中央国家机关党委关于加强和改进中央党政机关党的工作的意见》(1988年)、《中共中央关于加强农村基层组织建设的通知》(1994年)、《关于加强中央纪委派驻机构建设的意见》(2014年)。

总体而言，由于我们党历来重视组织建设，因此党的组织法规制度建设进展较快，这个制度板块出台的条例数量超过整个条例数的1/4。特别是党的十八大以来，党中央制定了中央委员会工作条例、党组工作条例、党的工作机关条例、党支部工作条例，修订了地方党委工作条例，出台了机构编制工作条例，这就将党的组织法规制度建设往前推进了一大步。

习近平总书记强调，“党的力量来自组织，组织能使力量倍增”。党的组织担负着忠实履职尽责、实现党的伟大历史使命的重任。坚持依规治党，推进全面从严治党向纵深发展，首先要有规可依，而有规可依的第一步就是健全党的组织法规制度，对于形成完善的党内法规体系而言，党的组织法规制度是第一块拼图。进入新时代、迈上新征程、续写新篇章，我们必须坚持民主集中制这一根本组织原则，加大完善党的组织法规制度力度，把党的组织建设得更加坚强有力。

站在新的历史起点上，适应全面从严治党向纵深推进的新要求，需要适时修订完善《中国共产党普通高等学校基层组织工作条例》等现有条例。特别是，要综合考虑制定条例的条件和时机等因素，积极稳妥推进相关条例制定工作，通过再研究制定党的中央组织选举工作条例、集体企业党的基层组织工作条例、非公有制企业党的基层组织工作条例、社会组织党的基层组织工作条例、街道社区党的基层组织工作条例、党的纪律检查机关工作条例、党委（决策）议事协调机构工作条例、党徽党旗条例等约 10 部条例，并带动制定配套性规定、办法、规则、细则，确立起覆盖全面、结构合理、内容科学的党的组织法规制度框架，夯实管党治党、执政治国的组织制度基础。

二、党的领导方面的条例

党的领导法规制度旨在打造“一核四驱”的领导体系。应然意义上，在党的领导方面大约要有 20 部条例。主要包括：（1）在党领导经济建设方面，应有党领导经济工作条例、党领导农村工作条例。（2）在党领导政治建设方面，应有党领导国家政权机关工作条例、党的政法工作条例、党的群众工作条例、党的统战工作条例、社会主义学院工作条例。（3）在党领导思想文化建设方面，应有党的宣传工作条例、党领导文化工作条例、党的思想政治工作条例。（4）在党领导社会建设方面，应有党领导社会治理工作条例、党领导网络和信息化工作条例、党领导国家安全工作条例。（5）在党领导生态文明建设方面，应有党领导生态文明工作条例。（6）在党的人才工作方面，应有党的人才工作条例。（7）在党领导外事工作方面，应有党领导外事工作条例。（8）在党领导人民军队方面，应有军队政治工作条例。

目前，为坚持和加强党的全面领导，党中央已制定出台 43 部相关法规。其中条例有 7 部，即《中国共产党宣传工作条例》（2019 年）、《中国共产党统一战线工作条例》（2020 年）、《中国共产党政法工作条例》（2018 年）、《社会主义学院工作条例》（2018 年）、《中国共产党农村工作条例》（2019 年）、《军队政治工作条例》（2021 年）、《企业思想政治工作人员专业职务试行条例》（1990 年）。

同时，党中央在党的领导方面制定出台了 30 多部规定、办法、规则、细则。比如，在党领导政治建设方面，出台了《党政主要负责人履行推进法治建设第一责任人职责规定》（2016 年）、《领导干部干预司法活动、插手具体案件处理的记录、通报和责任追究规定》（2015 年）、《保护司法人员依法履行法定职责规定》（2016 年）、《从律师和法学专家中公开选拔立法工作者、法官、检察官办法》（2016

年）、《政法机关党组织向党委请示报告重大事项规定》（2017 年）等；在党领导文化建设方面，出台了《党委（党组）意识形态工作责任制实施办法》（2020 年）、《党委（党组）网络意识形态工作责任制实施细则》（2018 年）、《全国性文艺新闻出版评奖管理办法》（2005 年）、《突发公共事件新闻报道应急办法》（2008 年）等；在党领导社会建设方面，出台了《脱贫攻坚责任制实施办法》（2016 年）、《省级党委和政府扶贫开发工作成效考核办法》（2016 年）、《健全落实社会治安综合治理领导责任制规定》（2016 年）等；在党领导生态文明建设方面，出台了《党政领导干部生态环境损害责任追究办法（试行）》（2015 年）、《生态文明建设目标评价考核办法》（2016 年）等；在党领导外事方面，出台了《关于全国外事管理工作的若干规定》（2000 年）等；在党领导人民军队方面，出台了《中国人民解放军预备役部队政治工作规定》（2011 年）、《民兵政治工作规定》（2010 年）等。

此外，为了加强党的领导，党中央还出台了 300 多件规范性文件，并往往在这些中央文件中就建立健全党的领导体制机制问题提出要求，它们是党的领导法规制度的重要渊源。由于这些文件内容主要属于经济社会发展事务，党中央部署推进相关工作，既要注重体现坚持党的全面领导，又要强调国家政权机关尤其是政府履行法定职责、发挥主导作用，这就使此类文件多为党中央、国务院联合制定，或者中央办公厅、国务院办公厅联合制定。这些文件，大多数属于党中央根据经济社会发展形势任务变化、现实需要不定期制定，也有一些文件定期出台已成惯例，比如近年来中央一号文件皆为“三农”问题，再如党中央二中全会文件主题通常是机构改革方案、五中全会文件主题通常是就编制经济社会发展规划提出建议。在党中央制定的部署经济社会发展的文件中，既有一些由中央全会审议通过的纲领性文件，比如党的十九届四中全会审议通过的《中共中央关于坚持和完善中国特色社会主义制度、推进国家治理体系和治理能力现代化若干重大问题的决定》，又有许多统筹部署某一方面工作的综合性文件，比如《中共中央关于加强和改进党的群团工作的意见》（2015 年）、《中共中央、国务院关于加快推进生态文明建设的意见》（2015 年），还有大量的专门性文件，比如《中共中央关于加强党领导立法工作的意见》（2016 年）、《法治中国建设规划（2020—2025 年）》（2020 年）、《关于完善农村土地所有权承包权经营权分置办法的意见》（2016 年）。

综观党的领导法规制度现状，较之党内法规体系的其他 3 个制度板块，这一制度板块相对而言是个短板。大致说来，党的领导法规制度板块目前是“七多七少”：一是文件多、法规少，党中央在这方面出台了 300 多个规范性文件，但党内法规只有 40 来部。二是规定办法多、条例少，在 40 来部中央党内法规中条例只有 7 部，法规位阶普遍较低，部分领域缺少基础主干党内法规，按照急用先立原则制定的规定、办法等，规范的往往是某一方面的专项工作，涵盖面有限，部分领域存在无规可依问题。三是散的多、整合少，党领导经济社会发展的制度规定散见于相关规范性文件当中，碎片化现象突出，缺乏综合性党内法规作出集中统一规定，制度安排的集约化程度偏低。四是个性化制度多、共性制度少，一事一规定，一项工作一种制度安排，尚未做到有效回应坚持和加强党的全面领导的共性制度需求，制度供给模式存在结构性制缺陷。五是规定体制机制多、方式方法少，相关党内法规特别是规范性文件，侧重于针对某方面工作提出加强组织领导的要求，至于党委（党组）以及党委工作机关到底应当运用什么方式方法来实施领导活动鲜有涉及。六是抽象要求多、具体规定少，往往停留在原则性强调党委（党组）要加强对经济社会某一方面工作的组织领导，但对各级各类党的组织如何划分领导的职权职责以及如何科学规范高效履职尽责缺乏具体规定，在党的组织领导什么、具体由谁领导、怎么实施领导、如何考核评价等方面缺少明确具体、针对性可操作性强的制度遵循。七是动态调整多、稳定不变少，在领导体制、工作机制、对象事项、工作要求等方面，经常是一个文件一个要求、不同文件不同要求、新文件提出新要求，这不利于保证领导制度的确定性、可预期性、稳定性、连续性。

党的领导法规制度之所以出现以上这些供给不足问题，一个深层次原因是人们对党的领导法规制度的功能定位认识不到位。比如，有的认为，党内法规只能规范党的自身建设的"党内"事务，不能涉及经济社会发展等"党外"事务；有的认为，依法治国要求对经济社会发展事务的规范应当诉诸国家法，党内法规不宜涉足；有的认为，党领导经济社会发展主要靠的是制定"红头文件"来定政策，与党内法规关系不大；有的认为，党的领导活动政治性政策性强，需要灵活多样、因事因时而"变"，这与党内法规的"定"之间是矛盾的；有的认为，党的领导不能受到约束，党自己制定党内法规来规范自己会"自缚手脚"，不利于坚持和加强党的全面领导；有的认为，党的领导体制机制、方式方法不一而足，通过党内法规去规定容易挂一漏万，等等。

这些认识显然是片面甚至错误的，需要正本清源。我们党是中国特色社会主义事业领导核心，总揽全局、协调各方，党的领导是否规范高效、坚强有力，事关党长期执政和国家长治久安，事关"四个伟大"，因此，加强党的领导法规制度建设、完善党的领导制度保障，这是坚持和完善党的全面领导的必然要求，是依法执政的必然要求，是依规治党、全面从严治党的必然要求，是建设法治中国的必然要求，是推进国家治理体系和治理能力现代化的必然要求。党的十八大以来，为了解决党的领导个别具体活动不规范问题，党中央前所未有地加大党的领导法规制度建设力度，新制定了 20 多部党内法规，超过现有 40 多部党的领导法规的半数。实践表明，这些党内法规的出台，非但没有束缚党的手脚、削弱党的领导，反而大大加强了党的全面领导，党的领导权威和领导力度得到显著提升，充分彰显了党的领导法规制度的重要作用，制度力量、领导效果和治理效能得到充分释放。

党的十九大将"坚持党对一切工作的领导"确定为"十四个坚持"的第一条，强调要"增强依法执政本领，加快形成覆盖党的领导和党的建设各方面的党内法规制度体系，加强和改善对国家政权机关的领导""完善坚持党的领导的体制机制""要改进党的领导方式和执政方式，保证党领导人民有效治理国家"。为贯彻落实党的十九大精神，《中央党内法规制定工作第二个五年规划（2018—2022 年）》对加快推进党的领导法规制度作出了重要部署，提出要制定修订 10 多项党的领导法规项目。鉴于此，要将健全党的领导法规制度作为构建党内法规体系的重中之重，抓重点、补短板、强弱项、填空白，在现有党内法规基础上，适时研究制定党领导经济工作条例、党领导国家政权机关工作条例、党的群众工作条例、党领导文化建设工作条例、党的思想政治工作条例、党领导社会治理工作条例、党领导网络安全和信息化工作条例、党领导国家安全工作条例、党领导生态文明工作条例、党的人才工作条例、党领导外事工作条例等，牵引推动整个党的领导法规制度板块尽快健全起来，实现对党的领导各方面工作的全覆盖。

三、党的自身建设方面的条例

党的自身建设方面的法规旨在按照党建"一纲四目"总体布局建章立制，把党的自身建设活动全面纳入制度化规范化程序化轨道。应然意义上，在党的自身建设方面大约需要 10 部条例。主要包括：（1）在党的思想建设方面，应有党史文献工作条例、党校（行政学院）工作条例。（2）在党的组织建设方面，应有党的组织工作条例、党员教育管理工作条例、党政领导干部选拔任用工作条例、干部教育培训工作条例、干部人事档案工作条例。（3）在党的作风建设方面，应有党政机关厉行节约反对浪费条例、从严治吏反对特权条例。（4）在党的纪律建设方面，应有党的纪律条例。

目前，党中央在党的自身建设方面出台了 79 部党内法规，其中条例 7 部，即《中国共产党党校（行政学院）工作条例》（2019 年）、《干部教育培训工作条例》（2015 年）、《党政领导干部选拔任用工作条例》（2019 年）、《中国共产党党员教育管理工作条例》（2019 年）、《干部人事档案工作条例》（2018 年）、《党政机关厉行节约反对浪费条例》（2013 年）、《中国共产党军队党的建设条例》（2020 年）。

同时，党中央还出台了 70 多部规定、办法、规则、细则。比如，在党的思想建设方面，出台了《中国共产党党委（党组）理论学习中心组学习规则》（2017 年）；在从严治吏方面，出台了《关于加强市（地、州、盟）党政正职管理的若干规定》（2011 年）、《推进领导干部能上能下若干规定（试行）》（2015 年）、《领导干部报告个人有关事项规定》（2017 年）；在加强基层基础建设方面，出台了《中国共产党发展党员工作细则》（2014 年）、《县以上党和国家机关党员领导干部民主生活会若干规定》（2016 年）；在持续改进作风建设方面，出台了《十八届中央政治局关于改进工作作风、密切联系群众的八项规定》（2012 年）、《党政机关国内公务接待管理规定》（2013 年）。

此外，为加强党的自身建设，党中央已出台了近 200 件规范性文件，这些中央文件为加强和规范党的自身建设活动提供了丰富的法规制度渊源。其中，有些属于综合性文件，比如，《中共中央关于加强党的建设的通知》（1989 年）、《中共中央关于加强党的建设几个重大问题的决定》（1994 年）、《中共中央关于加强和改进新形势下党的建设若干重大问题的决定》（2009 年）、《中共中央关于加强党的政治建设的意见》（2019 年）。大多数规范性文件是针对加强党的建设某一方面工作制定的，比如，在加强理想信念教育方面的《关于在全体党员中开展“学党章党规、学系列讲话，做合格党员”学习教育方案》（2016 年），在从严治吏方面的《关于进一步从严管理干部的意见》（2009 年），在加强基层基础建设方面的《关于在深化国有企业改革中坚持党的领导加强党的建设的若干意见》（2015 年），在持续改进作风建设方面的《中央办公厅、国务院办公厅关于党政机关停止新建楼堂馆所和清理办公用房的通知》（2013 年），在加强党的纪律建设方面的《中共中央关于共产党员不准修炼“法轮大法”的通知》（1999 年），在反腐倡廉建设方面的《关于深入开展“小金库”治理工作的意见》（2009 年）。

为加强党的自身建设提供制度保障，这是党内法规制度建设的安身立命之本，是加强党内法规制度建设的首要任务，也是党内法规制度建设历来用力最多的领域——在相当长一段时间内，人们将党内法规制度建设限定在党的自身建设范围，这一板块的中央领导法规数量位居4大板块之首。

不过，这并不意味着党的自身建设领域的党内法规制度已经非常完善了。事实上，全面从严治党向纵深发展的新形势新任务，对党的自身建设法规制度的制定工作提出了更高标准，亟待通过制定修订一批条例来为加强新时代党的建设提供制度保障。具体而言，一方面要分领域研究制定若干龙头性条例，纲举目张推动党的自身建设活动的规范化，主要包括党的组织工作条例、党的纪律条例等，这些条例属于对相关领域工作作出全面规范的“一般法”。另一方面要针对党的自身建设每个领域的重要工作研究制定若干专门条例，它们属于“特别法”，比如，在党的作风建设领域，研究制定从严治吏反对特权条例。

党的自身建设各领域之间存在不可分割的天然联系，这就要求无论制定修订哪部条例都要紧扣保持党的先进性和纯洁性这个共同目标展开，分工不分家，多些“左顾右盼”，通盘考虑、一体推进，防止出现不同条例自说自话、互不搭理甚至吵嘴打架等问题。要处理好同一领域综合性条例与专门条例之间的总分关系或者“一般法”与“特别法”关系。作为“一般法”的综合性条例侧重于管总，应当“求全责备”；作为“特别法”的专门条例侧重于分而治之，需要追求“片面的深刻”。要把握好相邻领域不同条例的边界，每部条例紧紧围绕主题发力，坚持有所为有所不为，该为的要为到位，不能留下制度空白、漏洞，不该为的注意“礼让”，不能伸手过长、越位错位，避免出现制度安排交叉重复甚至冲突打架。要提高政治站位，中央有关部门在起草条例稿时要强化“四个意识”，站在全面从严治党的政治高度研究谋划条例的制度安排，切忌为狭隘的部门本位和部门利益所困，切忌借起草条例之机“开疆辟土”、揽权推责，在条例中塞进解决人财物等问题的私货。要把制度创新与制度转化升级统一起来，聚焦解决党的自身建设突出问题，对症下药、精准立规，既要适应全面从严治党新要求大胆推进制度创新，实现“从0到1”的突破，又要善于把党的自身建设领域出台的大量规范性文件中的制度要求以及下位党内法规中的成熟制度规定，转化升级为制定修订的条例内容，实现“从 1 到 2”的提升。

四、党的监督保障方面的条例

在整个党内法规体系中，居于“压轴”地位的党的监督保障法规制度，旨在构建“一链六环”的激励约束机制。应然意义上，党的监督保障法规方面大约要有 13 部条例。（1）在建立健全责任制和监督机制方面，应有实行党政机关工作责任制条例、党内监督条例、巡视工作条例；（2）在强化正向激励方面，应有党内激励条例、党内功勋荣誉表彰条例、国家功勋荣誉表彰条例；（3）在严肃责任追究方面，应有违反党纪案件办理工作条例、问责条例、组织处理条例、党纪处分条例；（4）在党员权益保障和异议处理方面，应有党员权利保障条例、党内控告申诉和救济工作条例；（5）在机关运行保障方面，应有党的机关运行保障工作条例。

目前，党中央在党的监督保障法规制度板块出台了 79 部法规。其中条例有 7 部，即《中国共产党党内监督条例》（2016 年）、《中国共产党巡视工作条例》（2017 年）、《中国共产党党内功勋荣誉表彰条例》（2017 年）、《国家功勋荣誉表彰条例》（2017 年）、《中国共产党问责条例》（2019 年）、《中国共产党纪律处分条例》（2018 年）、《中国共产党党员权利保障条例》（2020 年）。

同时，党中央还出台了 70 多部规定、办法、规则、细则等配套法规。比如，在严明党的纪律规矩方面出台了《农村基层干部廉洁履行职责若干规定（试行）》（2011 年），在建立健全工作责任制和党内监督方面出台了《干部选拔任用工作监督检查和责任追究办法》（2019 年），在强化正向激励方面出台了《推进领导干部能上能下若干规定（试行）》（2015 年），在责任追究方面出台了《党组讨论和决定党员处分事项工作程序规定（试行）》（2018 年）。

为加强党的监督保障工作，党中央出台了近 100 件规范性文件。比如，《关于建立健全党和国家功勋荣誉表彰制度的意见》（2015 年）、《关于建立促进科学发展的党政领导班子和领导干部考核评价机制的意见》（2009 年）、《中共中央关于清理历史遗留问题中涉及到有关中央文件的处理办法的通知》（1979年）、《关于建立健全信息发布和政策解读机制的意见》（2014年）。

从功能属性角度来看，党的监督保障方面的条例呈现以下几个特点：一是依托性。党的组织、党的领导、党的自身建设等方面的条例，都有其相对独立的固有功能，而党的监督保障方面的条例，其主要任务是通过监督追责保障，倒逼和激励驱使党的组织、党的领导、党的自身建设这3个方面制度规定的实施，推动党的理论和路线方针政策的落实落地。二是普适性。但凡党内法规都是普遍适用的，但较之其他领域的条例往往聚焦党的某类组织或者某方面工作而言——比如地方党委工作条例聚焦地方党委，党组工作条例聚焦党组，党的工作机关条例聚焦党的工作机关，党的政法工作条例聚焦政法工作等——这一领域的条例往往是与各级党的组织和全体党员都有关系，比如党内监督条例、党纪处分条例、党员权利保障条例的普适性特点非常突出，正因如此，此类条例一般要纳入“两学一做”范围。三是辐射广。涵盖面宽，大多数条例都会涉及党的组织、党的领导、党的自身建设3个领域；涉及主体多，包括党的组织与非党组织、党的组织与党员、党员干部与党外干部；规范事项纷繁，既指向党的机关履职活动等外部事项，又涉及党的机关自身建设、运行保障等内部事项。四是关联度高。纪律要求、责任分配、监督举措、奖惩结果等不同要素前后相续，这就决定着相关条例的制度安排必然息息相关，这明显不同于诸如地方党委工作条例、党的工作机关条例、党组工作条例、党的纪检机关条例等之间的基本平行关系。五是冷热感强。这一领域的条例无论是划红线、标底线、扎笼子，还是损益的处分处理、授益的奖励激励，都会“直接”涉及党的组织、党员干部的实实在在的权益，其制度变革直接带来如同时节变更的明显体感变化——党的十八大以来的全面从严治党，从这个领域发送的信号、传递的压力、带来的感受更加强烈。六是制度刚需。这一领域的条例直接涉及党的组织和党员干部权益增减，因此对确定的、清晰的、可预期的制度规定的需求更加强烈，且相对于政策、惯例、领导指示等非制度性安排其可替代性更低些。

在整个党内法规体系中，党的监督保障法规制度扮演着“守门员”“监督员”“裁判员”等角色，这一制度板块如果不健全、不过硬，那么全面从严治党就不托底。形成完善的党内法规体系，必须抓紧制定修订这一领域的条例，有空白的要填上，有短板的要补足，有弱项的要强化，碎片化的要整合。推进这一领域的条例制定修订工作，要紧紧围绕建立健全激励与约束相容机制这个主题来展开，激励正向、抑制负向，推动形成有功必奖、有过必究的行为导向。

五、针对常用、通用、主干行为制定条例

前已论及，全面推进党内法规制度建设，要分门别类、统筹推进，在按照党的组织法规、党的领导法规、党的自身建设法规、党的监督保障法规 4 大板块“分门”研究制定各方面党内法规基础上，还要从“别类”视角，针对常用、通用、主干行为研究制定相关党内法规。

实践中，已经从“别类”角度制定了几部条例，比如《中国共产党党内法规制定条例》《中国共产党重大事项请示报告条例》《中国共产党党务公开条例（试行）》，在进行党内法规统计和研究时，它们分别被归入党的监督保障法规、党的领导法规、党的自身建设法规等板块。其实，这种归类有点勉强。比如，党内法规制定工作已经超出党的监督保障领域中的机关运行保障范畴——尽管相关具体工作是由党委办公厅（室）法规工作机构承担。鉴于此，在通盘考虑党内法规体系“立柱架梁”问题时，确有必要在 4 大板块这个基本逻辑之外再添加一个维度，类似于行政法分类中的“总类”，针对常用、通用、主干行为研究制定若干部条例。

如果从行为角度观察党的组织工作和活动，那么无论是实施党的领导活动还是加强党的自身建设工作，它们皆是围绕着“决策”这个主题展开的，要么是作出决策，要么是执行决策，要么是对决策的作出及其执行的监督保障，决策、执行、监督保障三位一体，构成逻辑自洽的党务活动架构。考虑到党内法规制度体系 4 大板块分类中的“党的监督保障法规”已经相当程度上涵盖了党务活动的“监督保

障”这一环节，因此，针对常用、通用、主干行为研究制定条例，可以聚焦决策的作出和执行两个环节。

针对决策的作出环节，需要制定若干部条例来规范党的组织作决策活动。

党章要求“党必须实行民主的科学的决策，制定和执行正确的路线、方针、政策”。决策权是含金量最高的权力，要把权力关进制度的笼子里，首先要管住的是决策权；决策活动处在党的组织工作活动的源头，推进全面从严治党向纵深发展，关键是要规范决策活动；党是中国特色社会主义事业领导核心，国家政权机关决策往往是以党的决策为基础和前提，因此，规范党政机关决策行为关键是规范党的组织的决策活动。

就规范决策活动而言，从应然角度来看，根据党的组织作出重大决策的方式及所涉事项的不同，有必要研究制定5部条例。（1）中国共产党重大决策程序条例。对于各级各类党的组织而言，“重大事项”的实体内容固然差异明显，但用来衡量决策事项重大与否的标准，以及作出重大决策的程序却具有共通性。制定该条例，明确界定重大决策的范围，对党的组织作出重大决策的动议、论证、决定等主要程序作出全面规定，特别是对党员群众参与、专家论证、合法合规性审查、风险评估、会议决定等必经程序提出明确要求，确保党的组织科学决策、民主决策、依法依规决策。（2）中国共产党党内法规制定条例。建章立制活动无疑属于党的组织重大决策活动。制定出台该条例，明确党内法规的制定主体、制定权限、制定体制机制，对编制规划计划、调研起草、审核审批、发布实施以及解释、备案、评估、清理等党内法规制定活动全过程作出全面规定，确保党的组织以正确的方式制定正确的党内法规。（3）中国共产党规范性文件制定条例。通过制发普遍适用、反复适用的规范性文件来部署工作、制定政策、传递政令，这是各级各类党的组织共有的一种基本决策方式，是一种典型的抽象行为。制定该条例，对各级各类党的组织的文件制定权限、各类规范性文件的适用情形，规范性文件的制定、立项、起草、审核审批以及主要内容、效力、实施等作出全面规定，确保在制度化轨道上推进党的规范性文件制定和实施活动。（4）中国共产党改革工作条例。改革是一种破旧立新的自我革命，“破”的是不合时宜的旧观点旧体制旧做法，“立”的是适应新时代新形势新任务要求的新观点新体制新做法，党领导改革工作，提出改革主张、作出改革部署，这是一种重要决策。各级各类党的组织在全面深化改革中都承担着重要职责，党中央负责顶层设计、统筹推进，其他党的组织要在其职权范围内贯彻落实党中央决策部署、探索推进本地区本领域本部门改革工作。制定该条例，对改革工作的基本原则、各级各类党的组织作出改革决策的权限、改革工作体制机制、作出改革决定的程序、改革措施的类型、重大改革于法有据、改革决定的督促落实责任等作出全面规定，为党领导全面深化改革工作提供基本遵循。（5）党的组织征求意见建议工作条例。党的组织决策不能闭门造车，要坚持民主决策原则，不仅广泛听取下级党的组织、党员和群众意见建议，还要征求同级相关党的组织和非党组织的意见建议，发扬民主、集思广益。制定该条例，对党的组织在作出决策过程中广泛征求意见、听取建议、强化协调协商等问题作出全面规定，明确征求意见建议的范围和对象、方式和方法、协商和协调、吸收和反馈、采纳情况报告等，有效解决实践中存在的征求意见建议失之随意、不全面不规范等问题。

目前，上述5部条例中已经制定出台的只有《中国共产党党内法规制定条例》，其余4部条例尚未列入议事日程，有待进一步研究论证。

针对决策的实施环节，需要制定若干部条例来规范党的组织决策部署的贯彻执行活动。

一分部署，九分落实。党的组织作出的决策无论多么正确，都不会自然而然地落地生根、开花结果，只有以踏石留印、抓铁有痕的劲头抓决策部署的贯彻落实，纸上的蓝图才会变成现实的美景，如果决策执行过程中出现“中梗阻”或者“最后一公里”问题，那么再美的蓝图也只是画中饼、水中月。鉴于此，贯彻落实决策部署从来就是党的组织工作活动的重中之重，也是建章立制工作的重中之重。

就规范党的组织决策的执行而言，从应然角度来看，为了确保下级党的组织和有关党员、干部、群众及时了解、正确理解、切实落实党的组织的决策部署，有必要研究制定 5 部条例。（1）中国共产党党务公开条例。要求相关主体执行决策的前提条件是让其知晓决策。为此，要落实党章赋予党员的知情权、参与权、监督权，制定一部党务公开条例，对党务公开的体制机制、基本原则、范围、事项、方式方法、监督与追责等作出全面规定，要求党的组织按规定将加强党的领导、实施党的建设活动的有关事务在党内或者向社会公开，据此不断提高党的组织工作活动的透明性、开放度、知晓率。（2）中国共产党重大事项请示报告条例。对于在贯彻落实党的组织的决策部署中出现的重大事项，党的下级组织要向上级组织、党员干部要向所属党的组织作出请示报告，这是党的一项重要政治纪律、组织纪律、工作纪律。制定该条例，对重大事项的范围、请示报告的原则，以及请示报告的主体、内容、程序、方式、责任等作出全面规定，从而把党内请示报告活动全面纳入制度化轨道。（3）中国共产党重要情况通报工作条例。请示报告和情况通报是一对孪生兄弟。贯彻落实民主集中制原则，既要求党的下级组织向上级组织、党员干部向所在党的组织请示报告重大事项，也要求党的上级组织对下级组织、党的组织对所属党员干部通报其作出决策部署等重要情况。制定该条例，对党的上级组织向下级组织、党的组织向所属党员干部和有关群众等通报重要情况的体制机制、基本原则、通报范围和对象、通报方式、舆情处置等基本问题作出全面规定，解决实践中重要情况通报不规范、不全面、不及时等问题。（4）中国共产党督导工作条例。抓落实的重要一招是加强督促检查和引领指导，把握方向、施加压力、增添动力、释疑解惑、校正偏差，确保正确的决策得到正确的执行。制定该条例，对督促检查和引领指导的体制机制、基本原则，以及督导的主体、对象、事项、程序、方式方法、结果运用、责任等作出全面规定，切实解决实践中督促检查和引领指导活动存在的缺位、错位、越位等问题，确保督导工作做到督有依据、查有遵循、领有方向、导有标准。（5）党政领导干部考核工作条例。党政领导干部的行为选择在相当程度上取决于党的组织对其实施的考核评价，不同的考核评价标准会激励党政领导干部作出迥异的行为选择，考核评价机制发挥着左右行为选择的“指挥棒”作用。为此，需要制定一部党政领导干部考核工作条例，确定科学的考核评价原则和标准，明确考核评价的体制机制、主体、内容、程序、方式，强化考核评价结果运用，在党政领导干部业绩优劣与奖惩升降之间建立起正相关关系，通过科学的考核评价激励党政领导干部履职尽责、担当作为，为党的组织决策部署得到不折不扣贯彻落实提供充足的行为激励。

目前，上述5部条例中，《中国共产党党务公开条例（试行）》《中国共产党重大事项请示报告条例》《党政领导干部考核工作条例》已经出台，党的督导工作条例、党内重要情况通报工作条例尚未列入制定议程，有待进一步深化研究。

从党的组织作决策、执行决策的角度“别类”研究制定的相关条例，在自成一体的同时，又与按照党内法规体系4大板块“分门”研究制定的那些条例相辅相成。

第二十二章　党内法规体系以规定办法规则细则为“砖瓦”

截至2020年年底，现行有效党内法规5000多部，除1部党章、3部准则、40部条例外，其余皆为规定、办法、规则、细则，后者数量占比超过99%，无疑属于党内法规体系中的绝大多数。与准则、条例的制定修订权专属党中央不同的是，无论是党中央还是中央纪委，无论是党中央工作机关还是省（自治区、直辖市）党委，都可以制定规定、办法、规则、细则，这就使制定修订这4个名称的党内法规成为立规的经常性工作。规定、办法、规则、细则通常是准则、条例等基础主干法规的配套法规，贯彻实施一部准则或者条例往往需要制定N部规定、办法、规则、细则等细化和落实，这就形成了“1+N”的党内法规规范群，一将领千军、一将靠千军。规定、办法、规则、细则是党内法规体系大厦的“砖瓦”，我们只有及时做好“添砖加瓦”工作，才能保证党内法规体系大厦封顶竣工。

适用情形

对于什么情形下应当制定准则、条例，《中国共产党党内法规制定条例》分别作出了明确规定。不过，什么情形可以制定规定？什么情形可以制定办法？什么情形可以制定规则？什么情形可以制定细则？对此，该条例并未一一作出明确规定，只是在第5条第5款对这4个名称的使用一并作出界定：“规定、办法、规则、细则对党的某一方面重要工作的要求和程序等作出具体规定。”

根据这一界定，使用规定、办法、规则、细则 4 个名称具有 3 点共性要求：一则，所要规范的工作属于党的某一方面“重要工作”。这就设定了制定党内法规的门槛。够得上制定党内法规的党的某一方面工作应当是重要工作，如果某项特定工作算不上重要，那就够不上制定党内法规的“格”，只能在党内法规之下制定其他的规章制度来对其作出规范。二则，所要规定的内容属于党的某一方面重要工作的“要求和程序等”。相对而言，“要求”侧重于实体性内容，与“程序”性内容相辅相成。三则，所要作出的制度安排属于“具体规定”。这就意味着它们的内容应当是明确的，具有很强的针对性和可操作性，在这一点上明显区别于强调党章规定之根本性、准则规定之基本性、条例规定之全面性。

《中国共产党党内法规制定条例》为什么未对规定、办法、规则、细则 4 个名称各自在适用范围上的特殊性作出明确规定？

这至少有两方面考虑。一方面是因为区分主次。党章是党的根本大法，准则、条例属于基础主干党内法规，而规定、办法、规则、细则属于配套法规，其重要性显然不可与党章及准则、条例相提并论。因此，该条例区分主次、抓大放小，分别用一款内容对党章、准则、条例 3 个名称的使用情形逐一作出明确规定，而对规定、办法、规则、细则 4 个名称，则以“打包”方式一并规定。另一方面是因为不宜具化。党的重要工作包括若干方面，党的重要事项更是不胜枚举，这就意味着该条例难以也不必对规定、办法、规则、细则 4 类名称各自的适用情形一一列举；切合实际的做法是，对 4 类名称的适用范围作出一个粗线条的共性规定，再由制定主体根据所要规范的工作活动事项选择与之相适应的名称。

虽然《中国共产党党内法规制定条例》未对规定、办法、规则、细则各自的适用范围作出明确具体的规定，但经过长期实践，在党内法规制定工作中已经形成了相对稳定的使用习惯，按照规定、办法、规则、细则 4 个名称的语义差异，各自形成了比较清晰的适用情形。在这一点上，中央党内法规的名称使用具有标杆意义。

一、"规定"名称的适用

在现行有效的5178件党内法规中，规定有1102件，约占总量的21%。其中，在240部中央党内法规中，规定有113部；在308件部委党内法规中，规定有118件；在4630件地方党内法规中，规定有871件。由此可见，使用"规定"这一名称的法规在中央党内法规、部委党内法规、地方党内法规中所占比例依次递减，之所以如此，是与规定本身侧重于立规矩定遵循这个定位有关，从党中央到中央部委再到地方，可以制定规定的范围逐级递减，就地方而言，更多地是通过制定"办法"来配套而非通过制定"规定"来立规矩定遵循。

规定，通常是对准则特别是条例的直接细化，一部条例往往需要多个规定从不同角度来配套，一个规定聚焦解决一个主要问题，若干个相关规定合力解决一部条例需要细化的多个问题。比如，为了细化《党政领导干部选拔任用工作条例》相关规定，党中央制定出台了《公开选拔党政领导干部工作暂行规定》《党政机关竞争上岗工作暂行规定》《党政领导干部辞职暂行规定》《党政领导干部职务任期暂行规定》《党政领导干部交流工作规定》《党政领导干部任职回避暂行规定》《推进领导干部能上能下若干规定（试行）》等一系列配套规定。

由于不同的"规定"在细化配套的角度和方式上存在差异性和独特性，就使"规定"在适用情形上呈现广泛性和多样性，有的是针对特定人群，比如《行政执法类公务员管理规定（试行）》（2016年）、《专业技术类公务员管理规定（试行）》（2016年）、《中央企业领导人员管理规定》（2018年）、《保护司法人员依法履行法定职责规定》（2016年）；有的是针对特定物体，比如《关于国家秘密载体保密管理的规定》（2000年）；有的是针对特定事项，比如《十八届中央政治局关于改进工作作风、密切联系群众的八项规定》（2012年）；有的是针对特定工作，比如《关于实行党风廉政建设责任制的规定》（2010年）、《中国共产党党内法规和规范性文件备案审查规定》（2019年）；有的是针对特定活动，比如《县以上党和国家机关党员领导干部民主生活会若干规定》（2016年）；有的是针对特定关系，比如《被巡视党组织配合中央巡视工作规定》（2017年）。此外，还有大量的“规定”是用来规范党政机关的职能、机构、编制的“三定”规定，为贯彻落实党的十九届三中全会精神，制定了《应急管理部职能配置、内设机构和人员编制规定》等数十个“三定”规定。

从党内法规制定实践来看，在使用“规定”这个名称时经常是以条例为参照的。一方面，就其所要规范的工作活动来看，它们固然也很重要，但其重要性又尚未达到制定条例的程度，算不上完整意义上的党的某一方面重要工作，而是其中的一个局部、一个层次或者一个侧面。另一方面，就其本身提出的规范性要求而言，它们固然也要全面，一般是兼及实体与程序，兼具定职与履职，兼有职责和责任，但相关规定相对于条例而言还是比较具体，侧重解决的是“量化”问题，区别于条例重在解决“定性”问题；聚焦的是为某一方面立规矩，区别于条例在各个相关方面定遵循，作出的是全面规定。一言以蔽之，针对规范特定问题，之所以更适合制定规定而不宜制定条例，主要是因为该问题的“规格”不够。因此，规定虽然貌似条例，但实则为条例的“具体而微者”，条例属于基础主干法规，而规定则属于从条例这个主干上生发出来的枝桠。

二、“办法”名称的适用

在现行有效的5178件党内法规中，办法有2705件，约占总量的52%。其中，在240部中央党内法规中，办法有52部，显然在数量上与113部规定相差甚远。不过，在部委党内法规和地方党内法规中，情形却正好相反。在现行有效的308件部委党内法规中，办法有162件，数量上超过118件规定；在现行有效的4630件地方党内法规中，办法多达2491件，在数量上远超871件规定。

部委党内法规与地方党内法规，主要任务是为贯彻落实中央党内法规而作出配套性制度安排，办法在配套法规数量中占据“半壁江山”，这充分表明制定办法的主要目的在于配套。

在实践中，“办法”广泛适用于多种配套情形，既可以是对准则或者条例相关要求的配套，也可以是对规定的配套；既可以是针对上位法规的全面配套，也可以仅就其中一个方面作出专门配套；既可以侧重提出实体性举措，也可以侧重作出程序性安排。

在使用办法这个名称时，要视具体情况采用“实施办法”“管理办法”“××办法”等不同表述。当专为实施某项具体制度规定而制定办法时，一般称为“实施办法”，比如《信访工作责任制实施办法》（2016 年）、《脱贫攻坚责任制实施办法》（2016 年）；当专为规范某项管理活动而制定办法时，一般称为“管理办法”，比如《节庆活动管理办法（试行）》（2012 年）、《全国性文艺新闻出版评奖管理办法》（2005 年）；当专为规范某一方面工作而制定办法时，一般称之为“××”办法，比如《地方党委委员、纪委委员开展党内询问和质询办法（试行）》（2007 年）、《省（自治区、直辖市）纪委书记、副书记提名考察办法（试行）》（2015 年）、《省级党委和政府扶贫开发工作成效考核办法》（2016 年）、《党政领导干部生态环境损害责任追究办法（试行）》（2015 年）。

办法与规定都属配套法规，但二者在语义上存在明显差异，“规定”强调的是立规矩定遵循，规范性意味更浓些，而“办法”强调的是举措和方法，可操作性意味更浓些。因此，较之规定，为贯彻落实上位法规而制定配套性的办法，在落实落细上用功发力就更是关键所在，能否提出有效管用的贯彻落实的办法，这直接决定着“办法”类配套法规的生命力。在这个意义上，制定办法，必须聚焦提出有效管用的“实招”，紧密结合本地区本部门本领域实际，确定针对性、可操作性强的具体举措，切忌宏大叙事、高谈阔论，切忌坐而论道、照抄照转，切忌抽象原则、虚头巴脑。

三、“规则”名称的适用

在现行有效的 5178 件党内法规中，规则有 430 件，约占总量的 8%。其中，在 240 部中央党内法规中，规则有 18 部；在 308 件部委党内法规中，规则有 8 件；在 4630 件地方党内法规中，规则有

404 件。

规则，一般适用于对党的机关的议事决策活动作出规范，即根据相关条例关于党委、党委（决策）议事协调机构、党组、党的工作机关等党的机关的职权职责和议事决策的规定，基于党的机关“三定”规定，对党的机关议事和决策的机构、权限、范围、程序、会议制度、督促落实等作出明确具体的规范。

在党中央制发的各类工作规则中，大多数是党中央决策议事协调机构工作规则。同时，在中央部委和省级党委制发的工作规则中，多数是中央部委部（厅、室）务会工作规则、省级党委及其常委会工作规则。除工作规则外，也有少量其他党内法规使用规则这类名称，比如，2017 年出台的《中国共产党党委（党组）理论学习中心组学习规则》，2018 年出台的《中国共产党纪律检查机关监督执纪工作规则》。从现实适用情形来看，规则这类党内法规突显的是“过程管理”，实现党的组织某项工作活动过程的规范化，带有相当的内部性、程序性、流程性色彩。

四、“细则”名称的适用

在现行有效的 5178 件党内法规中，细则有 897 件，约占总量的 17%。其中，在 240 部中央党内法规中，细则有 13 部；在 308 件部委党内法规中，细则有 20 件；在 4630 件地方党内法规中，细则有 864 件。

从统计数据来看，党中央及中央部委在制定党内法规时，较少使用细则这个名称，而地方党内法规中细则的比例则要高得多，这与省级党委往往通过制定实施细则来对上位党内法规作配套紧密相关。

细则，顾名思义，是较之规则更加详细更为具体的规则。在实践中，使用细则名称的情形主要有 3 种：一种是针对特定法规的“实施细则”，它们主要是为了贯彻实施规定、办法、规则等上位党内法规而制定的配套制度，这类实施细则绝大多数是由地方制定的，党中央及中央部委偶尔也使用，比如，党中央制定的中央八项规定实施细则。另一种是针对特定机构的“工作细则”，它们主要用来规范党委

（决策）议事协调机构的办公室（或者秘书组）的职权职责和日常工作活动，之所以称这类工作规范为“工作细则”，主要是考虑对应于党委（决策）议事协调机构的工作规范称为“工作规则”，“细则”在规格上比“规则”低。还有一种是针对特定事项或者工作的“工作细则”，它们主要是用来提供比较细致具体的工作遵循，比如《中国共产党发展党员工作细则》（2014 年）。

在整个党内法规效力等级体系中，细则处于效力位阶的最底端；在整个党内法规神经系统中，细则直接触碰实践，属于接地气的神经末梢；在整个党内法规制度安排由抽象到具象的光谱中，细则属于最具体最细致的层面。就此而言，如果我们制定出台的细则粗枝大叶，那么这种名不副实的“细则”就失去存在的意义，就无法把上位党内法规的要求落实落细落小。鉴于此，制定细则必须有绣花的“细”功夫，只有力求详尽，细则才会落地生根、开花结果。

“1+N”中的那些“N”

在技术逻辑上，党内法规制度安排呈现为总分关系、统分结合。整个党内法规体系是在党章统率之下划分为若干个领域，每个领域需要制定一部或者数部准则、条例，这些准则、条例是对党章规定和党章精神的补充或者直接细化具化。就每个领域而言，又是以相关准则、条例为统帅划分为若干个方面，为细化准则、条例的相关规定往往需要制定配套法规，据此形成“1+N”的规范群，“1”就是居于统帅地位的准则或者条例，“N”就是那些配套性的规定、办法、规则、细则。

建章立制的所有任务，为什么不在作为“1”的准则或者条例中一并作出规定、一揽子解决，还要通过制定规定、办法、规则、细则等“N”来配套衔接呢？

这是因为，这么做有利于兼顾党内法规制度的普适性、稳定性与针对性、可操作性。前“两性”与后“两性”之间存在一定紧张关系，往往很难在同一法规中同时满足两方面要求。我们党是大党、执政党，我国是幅员辽阔的发展中大国，各地区情况差异很大，各方面情况又在不断发展变化，这就意味着在制定准则、条例时如果规定得很细很具体，虽然满足了针对性、可操作性要求，但会因此损及普适性、稳定性。之所以如此，是因为一个特别适合一个地方的“一刀切”的具体规定往往特别不适合其他地方，越是具体细致的规定就越难适应实践发展、越难保持稳定。准则和条例作为基础主干法规，是党内法规体系的四梁八柱，它们必须具有普适性、保持稳定性。

鉴于此，既然不可能指望在准则、条例这一层次上同时满足普适性、稳定性与针对性、可操作性两方面要求，那就只能采用“1+N”模式来抓大放小、以主带次。通过制定准则、条例来抓住主要矛盾和矛盾主要方面，侧重于解决普适性、稳定性问题，坚持党中央权威和集中统一领导，基于各地区最大公约数作出普遍适用规定，基于管党治党、执政治国规律作出长期适用规定。在这个基础上和前提下，授权各地区各部门紧密结合地区差异和部门实际制定配套法规以解决次要矛盾和矛盾的次要方面，那些配套的规定、办法、规则、细则主要是侧重于解决针对性、可操作性问题。

“1+N”模式，与党内法规统分结合的制定体制是高度契合的。根据《中国共产党党内法规制定条例》，不仅党中央制定党内法规，而且中央部委和省级党委也可以制定党内法规，不过，后者无权制定准则、条例，只能制定规定、办法、规则、细则。该条例第 9 条第 1 款列举了适合制定中央党内法规的 7 类事项，并在第 2 款明确规定：“凡是涉及党中央集中统一领导的事项，只能由中央党内法规作出规定。”至于中央部委和省级党委，根据该条例第 10 条、第 11 条规定，应当就其职权范围内有关事项制定部委党内法规和地方党内法规，且这种立规活动的首要任务是“为贯彻执行中央党内法规作出配套规定”。不难看出，“1+N”模式与统分结合的立规体制是紧密联系、互为因果的，既可以说，正是因为采用“1+N”模式更适合党内法规制定的实践逻辑，所以选择了与之匹配的统分结合立规体制，也可以说，正是因为确立了统分结合的立规体制，所以自然就会形成“1+N”模式。

究其根本，无论是“1+N”模式还是统分结合立规体制，都是由以民主集中制为核心的党的治理结构决定的。党章规定，党是根据自己的纲领和章程，按照民主集中制组织起来的统一整体。在党的组织体系中，党中央是位居中枢的大脑，是党的最高领导机关，中央各部委、地方党委的首要职责是贯彻落实党中央决策部署，各级各类党的组织在党中央的集中统一领导下履职尽责。党的治理以民主集中制为核心，党中央发挥地方和部门积极性，在充分发扬民主的基础上实行正确的集中，而地方和部门坚持党中央权威和集中统一领导，在集中指导下享有广泛的民主，据此形成的党的治理结构就是统分结合或者“1+N”模式的。党内法规制定活动属于党的治理活动的组成部分，前者必然要服从服务于后者。因此，置于这种党的治理结构之中的党内法规制定活动，不言而喻，相应地自然就应采用统分结合的立规体制、形成“1+N”模式，而不能采用其他什么立规体制、形成其他什么党内法规模式。

在“1+N”模式中，作为“N”的规定、办法、规则、细则为实现对作为“1”的准则特别是条例的配套衔接，通常需要分级进行、接力而为。

一级配套衔接。党中央通过制定较低层级的中央党内法规来对较高层级的中央党内法规进行配套衔接。这个层次上的配套衔接包括多种情形：有的是全面细化，比如，中央八项规定实施细则是对整个中央八项规定作出具体细化；有的是局部细化，比如，为了细化《中国共产党党内法规制定条例》中有关备案、解释、执行等规定，党中央分别制定了《中国共产党党内法规和规范性文件备案审查规定》《中国共产党党内法规解释工作规定》《中国共产党党内法规执行责任制规定（试行）》等配套法规；有的是对准则、条例的细化，比如《党政机关国内公务接待管理规定》是对《党政机关厉行节约反对浪费条例》相关要求的具体化；有的是按照规定、办法、规则、细则的排序，针对较高位阶法规制定较低位阶的配套法规，比如党中央在制定出台《领导干部报告个人有关事项规定》的同时，制定出台了配套性的《领导干部个人有关事项报告查核结果处理办法》。

二级配套衔接。中央各部委、省级党委通过制定部委党内法规、地方党内法规来对中央党内法规进行配套衔接。为此制定出台的配套法规形成配套法规的主体部分。在实践中，中央部委和省级党委在制定党内法规时往往直接阐明其配套法规的定位，比如，中央组织2010年在印发有关法规的通知中开宗名义，“最近，中共中央办公厅印发了《党政领导干部选拔任用工作责任追究办法（试行）》。与之配套衔接，中共中央组织部制定了《党政领导干部选拔任用工作有关事项报告办法（试行）》、《地方党委常委会向全委会报告干部选拔任用工作并接受民主评议办法（试行）》、《市县党委书记履行干部选拔任用工作职责离任检查办法（试行）》”。根据党章规定，全党服从党中央，贯彻落实党中央决策部署是各地区各部门的首要职责，各级党委（党组）必须在坚持党中央集中统一领导下依据党章党规履行各自职责。各地区各部门虽然也有决策权，但这种决策不是“源决策”，是为贯彻落实党中央决策部署而作出的“次决策”，属于执行性决策。这就意味着，严格说来，各地区各部门不享有“创制性”立规权，只能行使“执行性”立规权，中央部委和省级党委制定的党内法规，除非是经党中央授权在试点领域或者地区作探索性、试行性立规，否则主要都是贯彻落实中央党内法规的配套性法规。中央部委和省级党委在制定配套性法规时各有侧重，前者着重从“条”上作出配套衔接，紧扣本部委职责，聚焦规范本领域本系统本部门相关工作，一般只能对本领域本系统本部门的党的组织提出要求，不宜“越位”对其他党的组织提出普遍性要求；后者着重从“块”上作出配套衔接，紧密结合本地区实际，对本地区贯彻落实中央党内法规作出明确具体规定，可以对本地区所涉各类各级党的组织提出要求。

三级配套衔接。中央部委和省级党委通过制定较低位阶的党内法规来对其制定的较高位阶党内法规进行配套衔接。这种做法，类似于党中央通过制定较低位阶法规来配套衔接较高位阶法规。此类配套法规，看似是对部委法规和地方法规的直接配套衔接，实则是对中央党内法规的间接配套衔接，目的在于确保中央党内法规在各地区各部门落到实处。比如，2009年，中央组织部制定《干部人事档案材料收集归档规定》，作为中央组织部制定的《干部档案工作条例》这部部委党内法规的配套性法规，而《干部档案工作条例》则是针对《党政领导干部选拔任用工作条例》相关要求的配套衔接。

仅就党内法规而言，以较低位阶党内法规来配套衔接较高位阶党内法规的情形，主要包括以上三级。不过，如果放眼整个党的制度体系，配套衔接工作并未止步于党内法规这个层级，在党内法规之下，还有层次更多、主体更广、数量更大的制度规定，来承接配套工作，从而将党内法规的要求在各地区各部门各单位落实落细落小，据此形成一个以党章为统率、以党内法规为中坚、以大量的“亚内微”制度为补充的庞大制度体系——对此，《中共中央关于加强党内法规制度建设的意见》明确提出：“不具有党内法规制定权的党组织制定的规范党组织工作、活动和党员行为的规范性文件，是党内法规制度体系的重要补充。”

所谓“亚级制度”，是指不具有党内法规制定权的省级纪委、省委部门和市县两级党委制定出台的制度。这些制度不属于党内法规范畴，但其制定依据是党内法规，主要功能在于承接细化相关党内法规，在本部门本地区具有普遍适用、反复适用的规范功能，为本地区本部门履职尽责、实施党的领导活动、加强党的建设工作提供具体遵循。

所谓“内部制度”，是指机关内部工作制度，包括各级各类党委（党组）、纪委、党委工作部门等制定的内部工作制度，制定主体既包括有党内法规制定权的党的组织，也包括没有党内法规制定权的党的组织。这些规范一个机关开展工作、内部管理等方方面面的内部工作制度，虽然主要限于本机关内部使用，一般不能对外，对本机关之外的党的组织和党员没有拘束力，但其制定依据是党内法规，主要功能也是承接细化相关党内法规。本机关工作人员开展相关工作时必须遵循这些制度规定，不得违反，违反者即违反工作纪律。

所谓“小微制度”，是指各级各类党的基层组织制定出台的行为规范。我们党现有 460 多万个基层党组织，每个基层党组织都要依据党章党规制定或多或少的规章制度来自我教育、自我管理、自我监督。这些“小微制度”于推进基层党组织的工作活动和党员行为的规范化而言，是不可或缺的，它们是对党内法规制度的延伸和补充，类似于人的神经末梢、毛细血管，重在打通制度治党、依规治党的“最后一公里”。

在党内法规之下，这些在数量上是党内法规成千上万倍的“亚内微”制度，作为党内法规的延伸和补充，在保证依规治党落地落实落细上发挥着不容低估的独特作用。打个比方，如果将党的制度比作树，那么党章是根本，准则、条例是主干，规定、办法、规则、细则是枝桠，“亚内微”制度就是树叶；如果将党的制度比作路，那么党内法规就是高速公路、国道、省道，而“亚内微”制度就是市、县级公路和通往千家万户的门前小道。

由此可见，放眼整个党的制度体系，如同一条源远流长的大河，源头是党章，从准则、条例到配套性中央党内法规，从中央党内法规到配套性的部委党内法规和地方党内法规，从党内法规再到各种“亚内微”制度，制定主体越来越多，制度规定越来越细，制度数量越来越大，距离实践越来越近，制度覆盖面越来越广，从而将各级各类党的组织工作活动和广大党员行为涵盖在广袤流域当中。在这个意义上，整个党内法规体系乃至整个党的制度体系呈现为“1+N”模式，其中“1”是党章，其他“N”级、“N”类制度都是直接或者间接依据党章制定，可视作对党章规定直接或者间接的配套。党章一生二、二生三、三生千万制度，党章是一切党的制度的源头。

就立规技术而言，把主体性法规与配套性法规紧密连接起来，得依靠合适的制度接口。上位党内法规要留下接口、预留制度细化空间。在上位党内法规中，若需制定下位党内法规以明确未尽事宜，则要采用“由……另行规定”“由……作出配套规定”“……应当制定实施办法”“……制定实施细则”等表述植入制度接口，授权或者要求相关党的组织制定配套性法规。制度接口可以是一个或者多个，预留的制度细化空间或大或小，视具体情况而定。据此，相关党的组织对准制度接口，在预留的制度细化空间内作出相应规定，完成对主体性法规的配套衔接。

就时间先后而言，多数情况下，应当是先有主体性法规，而后在此基础上再去制定配套法规。不过，有时也会存在相反情形，即当制定上位党内法规条件尚不成熟时，党的组织可以制定下位党内法规先行探索，或者授权下级党的组织在特定领域或者地域先试点制定试验性法规，待条件成熟后，再制定上位党内法规。对此，虽然上位党内法规的制定出台是后于下位党内法规的，但这并不妨碍上位党内法规是主体性法规，而下位党内法规是配套性法规——毕竟，判断哪个是主体哪个是配套，衡量标准不是时间的先后而是位阶的高低。

量身定制配套法规

较之主体性法规而言，配套性法规处于从属地位、发挥保障功能，其职责任务是推动主体性法规落实落细。规定、办法、规则、细则作为配套性法规，其主要任务是言准则、条例言犹未尽之事。在这个意义上，规定、办法、规则、细则等配套法规的制度创设空间是有限的，其制定只能量身定制、精准对接、审慎作为，不能喧宾夺主乱作为，不能拖拖拉拉慢作为，不能按兵不动不作为，不能装腔作势假作为，应当在准则、条例提出的配套要求与实际情况的紧密结合上做文章，确保立符其位、配得其所。

一、量身定制的“四字诀”

量身定制规定、办法、规则、细则等配套性法规，要念好准、专、实、快“四定诀”。

准，是指准确对接。

配套性法规是从属于、依附于主体性法规之上的，自主性有限，必须找准定位、精准对接。在研究制定配套性法规时，要准确领会和把握主体性法规的精髓要义，不得无中生有、节外生枝，不得借配套之名塞进部门利益和地方保护的私货，更不得曲解原文、违背原义作出与主体性法规相悖的规定；要精准对接主体性法规预留的制度空间，配套性法规的制定主体只能在其职权范围内作出相应规定，不得突破预留的制度空间，更不得突破制定权限；要准确把握配套性法规的位阶和名称，以小配大、以低配高，根据主体性法规提出的配套要求，准确使用规定、办法、规则、细则的名称；要准确把握配套性法规与上下左右相关法规的关系，避免越位错位，防止交叉重复甚至冲突打架；要准确把握出台配套性规定供求两方面条件，保证配套性法规切合实际，不能搞立规作秀、不能搞脱离实际的制度政绩工程、形象工程。

专，是指专于一域。

一个主体性法规往往需要若干个不同视域、不同领域、不同区域的法规来配套，每个法规应当专注一域、精准施策，重在精准滴灌、不搞“大水漫灌”，不同配套性法规应当各有侧重、相辅相成。相对而言，党内法规的同级配套，除非是针对主体性法规只制定一个配套法规作全面细化，否则要解决好多部相关配套性法规之间的分工协作问题，一个配套法规从一个视角切入、配套细化一个视域，不同视域通盘考虑、交织透视，一规聚焦一视角、专注一视域，多规功能互补、交织一体。中央部委在制定中央党内法规的配套规定时，要在专注于一领域上下功夫，紧扣自身职责、着眼实践需要、总结工作经验，量身定制专门性规定，确保中央党内法规在本领域本系统全面落实。省级党委在制定中央党内法规的配套规定时要在突出专注于一地域上下功夫，紧密联系本地区实际，借鉴其他地方经验、积极探索、善于总结，把本地区贯彻落实党中央决策部署的好经验好做法好案例提炼上升为制度规定，充分利用中央党内法规预留的制度空间讲好“地方话”、唱好“地方戏”，开动脑筋、创造性贯彻落实，保证制度安排富有本地特色、符合本地实际、扎根本地土壤，成为有生命力的制度。

实，是指务求实效。

制定配套性法规目的在于“补白”，细化主体性法规的抽象性、原则性、裁量性规定，推动其落实落地，如果配套性法规避实就虚、止于抽象，那就失去配套的意义了。鉴于此，研究制定配套性法规一定要有精雕细琢的“工匠”精神，一定要紧密结合实际做好落实落细落地的文章，推动主体性法规中的抽象规定具体化、原则性要求规则化、裁量性条款精细化，进一步提升党内法规规范调整功能的针对性和可操作性。实，要求研究制定配套法规坚持一切从实际出发，求真务实，制度规定实实在在，不能搞形式主义、官僚主义。实，要求配套法规精干劲道，坚持有限作为，有所为有所不为，不搞面面俱到，不必小而全，不能简单照抄照搬照转主体性法规，看似齐全、实则无用。实，要求配套性法规着力提高含金量，要有真金白银，有硬招实招，不能搞水分大、“泡沫”多的制度规定。实，要求配套法规坚持问题导向、有的放矢，主体性法规中缺什么就去补什么，主体性法规中哪些规定比较粗就去细化哪些规定，决不能打太极、绕圈子，含糊其词、语焉不详。实，要求配套法规按照于法周延、于规周详要求，在体制机制、方式方法、规范对象、调整事项、适用情形、行为主体、职权职责、工作举措、程序期限、监督保障、奖惩措施等各个问题上，力求能实则实、能细则细、能明则明，最大限度保证配套性法规的针对性和实效性。

快，是指高效及时。

除非是授权试点探索制定试验性法规，否则配套性法规的制定总是在主体性法规出台之后。由于主体立于前、配套定于后，客观上难免会有时滞，但这个时间差如果过长，配套滞后、姗姗来迟，就如同车厢与火车头脱节，会严重影响主体性法规的落实落地。实践中，经常出现配套性法规的制定反应迟钝、行动迟缓，一拖再拖、效率低下，甚至两三年都出不来，“千呼万唤始出来”，已成明日黄花。因此，配套性法规的制定必须坚持高效及时，最大限度缩短与主体性法规的出台的时间差，把时滞效应降到最低。

针对不同的配套情形，可以采用不同方式提升配套效率。

就同级配套而言，制定主体可以对主体性法规与配套性法规同步谋划、同步部署、同步推进，二者一并出台或者先出台主体性法规紧接着出台配套性法规——前者例如党中央在制定出台《领导干部报告个人有关事项规定》的同时制定出台配套性的《领导干部个人有关事项报告查核结果处理办法》，后者例如在中央八项规定出台后立即出台实施细则。

就制定部委党内法规来为中央党内法规配套而言，由于中央党内法规一般是由相关中央部委起草的，它们比较清楚其中的哪些规定需要配套细化，因此可以统筹考虑、同步起草配套法规，待中央党内法规出台后即及时出台配套性法规。

就制定地方党内法规来为中央党内法规配套而言，在中央党内法规起草过程中，通常都会反复征求地方意见建议，地方可以有针对性地提前谋划、多做准备，待中央党内法规出台后即抓紧起草审议发布配套性法规。

强调制定出台配套法规的快，有两个前提：一个是速度服从质量，不能因为快就搞急就章，切忌“萝卜快了不洗泥”，草率立规、匆促出台是要不得的，最重要的还是保证质量；另一个是防止出现抢跑问题，有些中央党内法规的贯彻落实，需要先在中央层面出台配套性法规，然后由中央部委作细化，再由地方出台配套规定，遇到这种情形，就得先上位后下位依次有序推进，下位法规不能抢跑。此外，强调制定配套法规要快，不仅指主体性法规制定修订后要反应迅速、及时跟进，还包括在主体性法规出台后维持不变的情况下，配套性法规也可以根据形势任务发展变化及时作出修订完善，通过配套性法规的及时“应变”来缓解主体性法规的“未变”与实践发展之间的紧张关系。

实践中，配套法规在做到准、专、实、快4个方面的同时，还有不少的提升空间。有的是“缺配”，该配未配，导致主体法规难以落实落地；有的是“超配”，无须配套的却作出配套规定，或者不切实际搞层层加码，或者节外生枝甚至无中生有，超出了配套范围，越了位；有的是“少配”，未配到位，短斤少两，为了补缺又不停打“补丁”；有的是“硬配”，未找准配套制度接口，未深入研究配套制度空间，生搬硬套，为配套而配套；有的是“假配”，未结合本地区或者本部门实际作“深加工”，闭门造车，简单照抄照搬照转上位规定或者其他地区部门规定，文风不正、空洞无物，貌似齐全、实则无用；有的是“错配”，张冠李戴，不当使用配套法规的名称、规格、表述方式；有的是“乱配”，违规立规，随意突破配套空间、制定权限，随意突破上位政策法规文件规定；有的是“孤配”，未考虑与相关配套性法规之间的衔接协调，造成与其他法规交叉重复甚至冲突打架，等等。在整个党内法规体系中，配套性法规属于绝大多数，如其不给力，则会严重制约完善的党内法规体系的形成，严重制约主体性法规的全面实施，进而严重制约依规治党、全面从严治党。

二、量身定制的前提是主体性法规“交”得好

在制定主体性法规时，要审慎考虑“交”还是不“交”。是否可以针对主体性法规的未尽事宜制定配套性法规，必须有严格条件限制，因为这种“交”涉及制定权限、规范对象、适用范围等诸多问题。

同一主体针对较高位阶的主体性法规制定一个或者多个较低位阶的法规来配套，最大的前提条件是保证规事相符。此类配套情形，主体性法规与配套性法规虽然在制定主体上是一样的，看似不涉及制定权限问题，但实则存在审议主体、审议程序、审批方式、发文规格等方面的差异，因此，也要审慎考量是否有必要、是否适合以较低位阶法规来配套的问题，避免出现“小规”定“大事”现象。

针对中央党内法规制定部委党内法规来配套，最大的前提条件是职事相符。交予的中央部委，应当具有针对相关事项制定相关配套性法规的职权，其据此制定的配套法规，大多数是适用于全国范围内的特定领域事项——比如中央组织部制定的规范干部选拔任用某一方面工作的党内法规，适用于全国各级各类党政机关组织开展相关工作；少数是适用于特定层级或者特定对象——比如中央和国家机关工委制定的配套性法规，针对中管干部制定的配套性法规。

针对中央党内法规制定地方党内法规来配套，最大的前提是允许存在地方差异。对于有些事项，比如党内监督问题、问责问题、党纪处分问题等，应当由党中央决定、全党执行，全党全国必须整齐划一，不允许存在地方差异，这就不适合制定配套性法规——比如，党中央明确提出地方不能就《中国共产党党内监督条例》制定配套性法规。对于有些事项，只有党中央允许地方在贯彻党中央决策部署前

提下作出有地方特色的规定，地方才可因地制宜制定体现地区特殊性的配套规定。

同时，要尽可能明确“交”的内容。主体性法规不可笼统要求制定配套性法规，简单地一交了之，应当尽可能提出明确要求，实现“手把手”的顺利交接。具体而言，需尽量明确以下“交”的内容：

一是明确“交”的情形，即规定针对哪些情形制定配套性法规，是必须制定、应当制定还是可以制定配套规定。

二是明确“交”的对象，即规定谁来制定配套性法规，是党中央还是中央部委、省级党委，是普遍性授权还是只授权特定党的组织制定配套规定。

三是明确“交”的事项，即规定配套性法规须就哪些事项作出细化，是作全面细化还是聚焦特定事项，是要求层层配套还是只要求省级党委制定一个配套性法规适用于本地区。

四是明确“交”的方式，即视情采用相应的授权方式，通常而言，需要作出全面配套规定的，一般在主体性法规的附则中要提出配套要求，针对相关条款要求制定配套规定的，一般要在该条款中提出“具体办法由×××另行规定”要求，有时也可在印发主体性法规的通知中提出制定配套措施的要求。

五是明确完成“交”的形式，即规定配套性法规是属于××规定、实施办法、实施细则还是要制定工作规则、工作细则、实施举措、目录清单等。

六是明确完成“交”的期限，即要求在规定的期限内制定出台配套规定，避免遥遥无期。

七是强化对完成“交”的情况的监督，即明确相关党的组织制定配套性法规的责任，并通过督促检查、巡视巡查、备案审查等确保配套性法规制定的质量和效率。

以上这些，主要针对的是先有主体性法规再制定配套性法规的情形。在实践中，偶尔也存在相反情形，即由于制定普遍适用的主体性法规条件尚不成熟，授权在特定领域或者地区先行试点，探索制定相关规定，待形成可复制可推广的成熟经验后再制定主体性法规。从逻辑关系来看，尽管试点法规在前，但这并不妨碍后制定的法规的主体性法规的地位，试点法规仍属于配套性法规。在这种情形下，上级党的组织要明确授权试点的领域、地域和期限等，并对试点工作和制定试验性法规加强指导。

主体法规是否“交”得好，直接关乎配套性法规质量。实践中，有些配套性法规之所以出现配得不好的问题，其症结在相当程度上是主体性法规“交”得不好，包括对不宜交或者不必交的事项却在建章立制时留下制度尾巴，简单采用空白支票式授权方式、留下过大裁量空间，对需作配套的情形、主体、事项、内容、方式、期限、监督等未作明确指示，等等，导致在制定配套性法规时不易精准发力甚至无所适从。鉴于此，只有解决了主体法规“交”得好这个前提问题，才有可能实现配套性法规“接”得好。

三、量身定制的关键是配套性法规要“接”得好

一方面，每部配套性法规都要力求精准对接。

针对目前配套性法规的制定情况，要实现准、专、实、快等要求，需要同时在“瘦身”和“健身”上下功夫。

所谓“瘦身”，是指减量。减量，既要控制配套性法规特别是地方党内法规的增量，也要通过清理减少配套法规的存量，将那些滞后的、过时的、休眠的、没用的配套性法规废止或者宣布失效，减去党内法规体系中的“赘肉”。在对待配套性法规问题上，要改变配套性法规有比无好、多比少好、数量多多益善的片面认识，克服把制定配套性法规当作“政绩”的肤浅做法，避免掉入制度陷阱。要坚持实事求是，坚持问题导向、目标导向和效果导向相结合，有的放矢，强化制度不在多而在于有效管用的理念，严格控制配套性法规数量，特别是要防止和纠正层层配套、层层加码、层层不落实的问题。

所谓“健身”，是指提质。提质，要求配套性法规保证质量，政治过硬、措施有力。要着力解决配套性法规文风不正、含金量不高、实效性不够等问题。要对照短实新、有效管用的要求研究制定配套性法规：短小精悍、精准发力，不追求面面俱到搞小而全，更不能节外

生枝或者画蛇添足；要紧密结合实际定实招、出干货、求实效，不讲大而无用的空话套话；要充分利用主体性法规预留的制度配套空间，调动积极性、能动性、创造性，真动脑筋、深入挖潜、探索创新，把小制度当作大文章来做，切不可靠几个“秀才”闭门造车或者“依葫芦画瓢”，切忌不负责任地简单照抄照搬照转。

为了解决配套性法规的“瘦身”和“健身”问题，《中国共产党党内法规制定条例》第14条作出明确规定：“上位党内法规明确要求制定配套党内法规的，应当及时制定；没有要求的，一般不再制定。制定配套党内法规，不得超出上位党内法规规定的范围，作出的规定应当明确、具体，具有针对性、可操作性。除非必要情况，对上位党内法规已经明确规定的内容不作重复性规定。”

另一方面，相关联的配套性法规要力求共同承接。

针对一部主体性法规的落实落细，往往需要制定多部法规来配套，这就要求不同配套性法规力求各即各位、各展其长、衔接联动。

所谓“各即各位”，就是要求配套性法规正确定位，既不能错位，也不能缺位，更不能越位。各即各位，对于制定机关而言最重要的就是紧贴主体性法规、紧扣自身职责、紧密联系实际，有所为有所不为，该为的要为到位、不该为的决不多写一字。

所谓“各展其长”，就是要求配套性法规充分发挥“寸有所长”独特优势。要区分主体性法规提出的配套要求是作全面的还是局部的配套，是分领域的还是分区域的配套，是实体性的还是程序性的配套，是羁束性的还是裁量性的配套，精准施策、量体裁衣。其中，部委党内法规要注重在一个方面或者侧面发力，聚焦本领域本系统作配套；地方党内法规要注重在一个区域发力，紧紧围绕保证主体性法规在本地区落实落地作配套。

所谓“衔接联动”，就是要求配套性法规避免出现合成谬误。配套服从主体、下位服从上位、局部服从整体，每部配套性法规都只是整个党内法规体系的一个组成部分，都要着眼于维护整个党内法规体系的统一性作出适宜的制度安排，不能各行其是、各自为战，避免交叉重复、冲突打架、对冲抵消，防止出现单个配套似有道理但所有配套却形不成合力的合成谬误。鉴于此，在制定配套性法规时，要同时把握好不同党内法规之间、党内法规与规范性文件之间、党规与国法之间等多重关系。

对于不同层级的配套性法规而言，其可“为”的制度空间大小迥异，需要衔接协调的制度规定也多少不等。一则，对于配套性的中央党内法规而言，要同所有上位中央党内法规和中央文件保持一致，与同位中央党内法规和中央文件衔接协调，要遵循党在宪法和法律范围内活动的原则，不作出同宪法和法律不一致的规定，要注意关照有关行政法规的规定，避免出现制度冲突。二则，对于部委党内法规而言，要同所有中央党内法规和中央文件保持一致，与本部门和其他部委相关规定衔接协调，不作出同宪法、法律、行政法规不一致的规定，要注意关照国务院部门规章的有关规定。三则，对于地方党内法规而言，要同所有中央党内法规和中央文件保持一致，体现中央部委党内法规和文件要求，不作出同宪法、法律、行政法规不一致的规定，要注意关照同级地方性法规、地方政府规章以及国务院部门规章的有关规定。

要保证配套性法规的衔接联动，在制定工作层面需要建立健全一套衔接联动机制，包括事前的统筹谋划、事中的广泛征求意见建议和沟通协调一致、事后的备案审查衔接联动和争议协调解决。此外，在制定配套性法规特别是部委党内法规时，如果同时涉及两个及以上中央和国家机关职权职责、不宜以一个部委名义制定配套性法规的，可以联合制定党内法规——根据《中国共产党党内法规制定条例》第13条规定，这种“联合立规”，既可以是两个以上中央部委的联合制定，也可以是两个以上中央部委和中央国家机关的联合制定。

综上所述，对于“1+N”的N来说，无论N的数量有多少，都要以“1”为统领，紧紧围绕落实落细主体性法规做文章；无论配套性法规由哪个主体制定，每个配套性法规都是“制度家族”的一员，各级各类配套性法规必须上下衔接、左右协调、内外联动，只有实现同频共振、释放同一信号，才能形成强大制度合力，才能产生应有的治理效能。

第二十三章　依规治党视域中的文件“造规”

一方面，使用准则、条例、规定等7类名称的党内法规文本中的条款，并非百分之百都属于党内法规规范，党内法规文本中诸如“涉嫌违法犯罪的，按照国家有关法律规定处理”之类的条款，实质上不属于党内法规规范，而是一个准用性规则或者转致条文，其功用不在于直接规范党的组织工作活动和党员行为，而在于实现同国家法律的衔接。另一方面，党内法规规范也并非百分之百都在党内法规文本当中，一些使用决定、意见等名称的党的规范性文件，其中针对党的领导和党的建设活动提出明确规范性要求的内容，也属于党内法规规范。也就是说，具有立规权的党的组织所制定的规范性文件，事实上构成了党内法规规范的一种源渊。党内法规体系是党内法规规范的集合体，正是由于现有党内法规体系中的不少规范源于党的文件，因此我们在研究分析党内法规体系时，就不宜忽视党的文件“造规”现象。之所以出现党的文件“造规”，主要是历史成因使然，同时也有一定的现实合理性。不过，随着党内法规制度建设的不断深化拓展，更多地习惯于通过制定准则、条例、规定等党内法规来建章立制，立规矩、定遵循，为管党治党、执政治国提供制度依据，而决定、意见等党的规范性文件更多地用于部署安排工作，出政策、定措施，用以统筹推进党的工作和党的事业，党内法规与规范性文件二者的功能性差异正变得日益清晰。如此一来，党的文件“造规”功能正在逐步收缩，通过制定准则、条例、规定等方式“造规”变成了主渠道甚至唯一途径。对此，《中国共产党党内法规制定条例》第4条第2款明确规定：“凡是涉及创设党组织职权职责、党员义务权利、党的纪律处分和组织处理的，只能由党内法规作出规定。”这个排他性规定表明，包括党的文件在内的其他公文，不宜针对这些内容作出规定。

文件“造规”的条件限定

我们之所以称一些文件为“规范性文件”，是因为它们属于党的组织的抽象行为而非具体行为的产物，它们侧重提出规范性要求而非作出具体决定。现实中，有相当数量的党内法规规范存在于党的规范性文件当中，这些文件是党内法规规范的重要渊源这个事实，在理论上很大程度上被忽视了。之所以会出现视而不见的问题，一个重要原因是“党内法规”与“党的规范性文件”是两个经常相提并论的概念，这就容易让人误以为只有党内法规文本中才有党内法规规范。我们在认知和建构党内法规体系时，就目前而言，倘若把有关规范性文件中的那些党内法规规范抛在一边，那么我们就既“看不见”一个实然体系的全部，也难以建构一个应然上的完善体系。

当然，尽管所有的规范性文件都会或多或少提出规范性要求，但并不是说所有规范性文件都属于党内法规规范的渊源，事实上，只有“有关”规范性文件才有资格成为渊源，进言之，在此类文件中，只有“有关”规范性要求才有资格成为党内法规规范。也就是说，只有具有立规权的党的组织在其制定的规范性文件中针对党的领导和党的建设活动首次提出的有关规范性要求，才属于党内法规规范。这个略显复杂的判断，包含着若干对党的文件“造规”的条件限定。

第一，文件制定主体应当是“有立规权的党的组织”。

把470多万个党的组织的工作活动和9100多万名党员的行为全面纳入制度化、规范化、程序化轨道，要靠各级各类党的组织制定的涵盖所有党的领导和党的建设领域的制度共同发挥作用，这些制度上至党的根本大法确定的总规矩总遵循，下至党的基层组织制定的“毛细血管”制度。在各类党的组织制定的各类文件中，只有极少数具有立规权的党的组织在其制定的规范性文件当中确定的规章制度，才有资格成为党内法规规范，而绝大多数党的组织因不享有立规权，因此在其所制定的规范性文件中确定的那些规章制度，是位居党内法规规范之下的，它们作为对党内法规的细化和补充，本身不属于党内法规规范的范畴。

第二，文件应当是立规主体自身“制定”的。

根据工作需要，党的文件的制定和发布采用不同方式，有的是由党的组织制定并以其名义印发，有的是由党的组织制定但以其办公厅（室）名义印发，有的是由下级党的组织制定但以上级党的组织或其办公厅（室）名义转发。因为党内法规制度安排体现的是“制定”主体而非“发布”主体的意志，所以，有资格成为党内法规制度渊源的规范性文件必须是具有立规权的党的组织制定的。至于那些由无立规权的党的组织制定、由有立规权的党的组织办公厅（室）转发的文件，虽其文件内容获发布主体认可，但文件所体现的“意志”仍是制定主体而非发布主体的意志，因而它们仍然不能成为党内法规规范的渊源。

根据《中国共产党党内法规制定条例》，有资格成为党内法规规范渊源的规范性文件主要有：党中央制定且以中央文件形式发布的文件，包括中共中央文件、中央办公厅文件等；中央纪委、党中央工作机关制定但以中央办公厅文件形式转发的文件；中央纪委、党中央工作机关制定且以中央纪委文件、党中央工作机关文件形式发布的文件；省级党委制定并以党委文件或者党委办公厅文件形式发布的文件。

除此之外的其他规范性文件，包括中央纪委办公厅、党中央工作机关办公厅发布的文件，中央办公厅、省级党委办公厅转发的无立规权的机构制定的文件——比如中央办公厅转发中央议事协调机构的意见，省级党委办公厅转发省纪委、省委各部门的意见，等等，它们都不构成党内法规规范的渊源。

第三，文件应当属于“规范性文件”。

党的组织实施的行为可分成两类：一类是具体行为，即针对特定人特定事制定的只能适用一次的文件，比如人事调整、内部机构设置、奖惩决定，以及请示、报告、会议活动通知、会议纪要、领导讲话和指示批示、工作总结、工作方案等；另一类是抽象行为，即针对不特定人不特定事制定的可以普遍适用、反复适用、长期适用的文件，比如决议、决定、意见等。在前一类文件中，虽然也经常使用“要……”的表述来提要求，但党的组织或者领导的相关要求或者意思表示，不属于可以普遍适用、反复适用、长期适用的规章制度。而对应于后一类行为的文件，则属于党的规范性文件。

顾名思义，规范性文件之所以被称为规范性文件，是因为其中含有可以普遍适用、反复适用、长期适用的规范性要求，换言之，规范性文件当中必有规范性要求，否则就不成其为“规范性”文件了。如果规范性文件是由有立规权的主体制发的，那么其中的规范就属于党内法规规范。不过，对这些规范性文件，我们既不能简单地认为它的内容都是党内法规规范，更不能简单地认为其主要功能是建章立制，事实上，制定出台文件的目的主要是部署推进工作活动。

这种功能定位决定了规范性文件在结构上一般包括阐述重要意义、明确指导思想工作原则和工作目标、部署主要任务和提出相关举措、要求加强组织领导等 4 个部分。其中，第一部分重在“说理”，以统一思想、提高认识，其中一般不存在党内法规规范；第二部分明确指导思想、确定工作原则，有可能存在党内法规规范；第三部分内容中，提出的诸如“要努力做好……工作”之类的具体工作任务等不属于党内法规规范，提出的诸如“要建立健全××制度”之类的要求一般属于提出建章立制任务，它们还要依靠后续立规来落实，因此本身也不能算作党内法规规范，只有直接明确提出诸如“准则一般由党的中央委员会审议批准”之类的规范性要求才能算作党内法规规范；第四部分内容一般会涉及建立健全领导体制、工作机制、确定领导事项、改进领导方式方法、加强机构队伍建设、要求党的组织和党员严格执行等，其中可能存在一些党内法规规范。

第四，文件规范的应当是“党务”。

党内法规以规范党的领导和党的建设活动为己任，指向的是党的组织的工作活动和党员行为，涉及的是党的事务，调整的是党务关系，不能越界规范应由国家法律调整的公民、法人和非法人组织间的社会关系。党的规范性文件中的有关规章制度，只有当其规范的是党的事务时才属于党内法规规范。不过，不可将“党的事务”简单等同于“党内事务”。党的规范性文件所涉事务主要包括两类：

第一类是党的自身建设活动所涉“党内事务”，关乎维护党内秩序、化解党内矛盾、规范党内生活。在这方面，有立规权的主体在党的政治建设、思想建设、组织建设、作风建设、纪律建设、制度建设等各领域制发了大量的规范性文件，其中存在相当数量的党内法规规范，它们为处理相关党内事务提供了制度遵循，对相关党的组织和党员产生法规约束力。

第二类是党的领导活动所涉“党外事务”，关乎国家机关、人民团体、经济组织、文化组织、社会组织的工作活动，进而直接或间接影响群众生产生活和公民权益。在这方面，少数规范性文件是党委及其工作机关单独制发的，其中有些属于“党的领导”事务，比如党领导立法、政法、群团、统战等方面工作，有些属于“党管”事务，包括意识形态、机要保密、干部人才等；大多数规范性文件是由党政联合制发的，用来部署推进经济建设、政治建设、文化建设、社会建设、生态文明建设等方面的工作。

就有立规权的主体制发的第二类文件而言，其中提出的各种“规范化”或者“规范性”要求到底是否属于党内法规规范，不能一概而论，要作具体分析：(1) 那些要求有关党的组织建立健全体制机制的“规范化”内容的，它们属于下一步开展相关建章立制工作的依据，本身不属于党内法规规范；(2) 那些直接向有关党的组织和党员提出规范性要求的，属于党内法规规范；(3) 那些用来规范党的组织与非党组织、群众之间的领导与被领导关系，规定党的组织领导范围和事项、领导体制机制、领导职权职责、领导方式方法、机构队伍保障、领导责任等内容的，属于党内法规规范；(4) 那些涉及党领导有关经济社会发展事务的政策主张，包括对有关国家法律制度提出立改废释的意见建议，这些下一步还要通过法定程序转化为法律法规政令，它们本身不属于党内法规规范；(5) 那些纯属有关国家机关在法定职责范围内从事经济社会发展管理工作的部署安排要求，不是党内法规规范。

第五，文件中提出的有关工作活动要求应当是“新”的。

党内法规体系是由各种不同的党内法规规范共同组成的有机统一整体，在这个体系中，每条规范都是独一无二的，既不允许出现两条相互冲突的规范，也不能存在两条完全相同的规范。因此，存在于党的规范性文件中的某条规范，只有当它是该规范性文件首次提出的新要求、作出的新规定，才能算作为整个党内法规体系增加了一条新规范；如果有关规范性要求只是对既有党内法规规范的重申或者引述，那它就不能算作是新生规范，它看似是规范，实则不然。

党内法规规范包括原则和规则两种，有关规范性文件中“新制定”的一条规范，既可以是首次提出一条新原则，也可以是首次规定一条新规则。就新规则而言，之所以能称其为“新”，需在假定、处理、后果3个要素中的一个、两个或者三个上具有区别于既有规则的“新意”，包括文件制发主体、适用情形、适用对象、适用事项、适用地域、适用领域，职权职责、义务权利、行为主体、行为标准、行为要求、行为方式、行为顺序、行为时限、行为裁量空间，监督救济、督促检查、组织处理、问责、追责、奖励表彰，等等，只要其中有一点发生变化，那就属于“新”，就能算作对党内法规体系贡献了一条新规范。由此可见，规范性文件中“新”提出的规范性要求，其“创新”程度差别很大，就规则而言，有的是在假定、处理、后果3个要素上都是全新的，有的仅在3个要素当中的某一点上有创新。尽管制度创新程度高低不等，但并不妨碍它们成为一条新规范。

不同新规范之间之所以存在新意大小上的区别，是由诸多因素造成的，其中很重要的一条在于规范性文件制定主体的权限大小有别，通常是立规主体层级越高，制度创新空间越大，更多是在作出原创性规定，反之，层级越低，制度创新空间越小，更多是在作出执行性规定。对于较低层级的立规主体而言，主要是结合本地区本部门实际制定配套性规范，在立规权限范围内在做实做细上做文章，不允许突破上位法规规定搞制度创新。

第六，文件中提出的有关要求应当是“规范性要求”。

“规范性”要求，指的是可以普遍适用、反复适用、长期适用的要求。一方面，规范性要求严格区别于具体工作要求。在党的规范性文件中，必然会针对推进工作作出相关部署，比如要求开会动员、发文件、抓落实、搞督查、作总结、请示报告，等等，这些通常属于具体工作要求，不具有普遍适用、反复适用、长期适用的特点，因而不属于规范性要求。另一方面，“规范性”要求严格区别于“规范化”要求。在党的规范性文件中，经常会提出建立健全体制机制、制定出台规章制度等“规范化”要求，它们本身并不具有规范性，不能算作党内法规规范。比如，《中共中央关于加强党内法规制度建设的意见》提出：“将党内法规制度作为各级党委（党组）中心组学习重要内容，纳入党校、行政学院、干部学院必修课程。探索建立党员领导干部任前党内法规知识考试制度。”其中，前一句话属于“规范性”要求，这一要求对各级党委（党组）和党校、行政学院、干部学院等产生直接拘束力，相关主体要直接贯彻落实中央这一要求；后一句话属于“规范化”要求，强调的是要推进这方面工作的制度化，实现有规可依、有章可循。不难看出，“规范性”要求本身就是规矩和遵循，可直接用来规范党的组织工作活动和党员行为，而“规范化”要求本身则是工作任务，有关主体要据此去制定出台规矩遵循，二者相差甚远，不可混为一谈。

综上所述，文件“造规”是有着严格的条件限定的，我们不妨对此作个简要总结：（1）党的文件可分为两种，一种是对应抽象行为的规范性文件，另一种是对应具体行为的非规范性文件，只有前者中才有可能存在党内法规规范。（2）规范性文件分为两种，一种是有立规权的党的组织制定的，另一种是无立规权的党的组织制定的，只有前者中才有可能存在党内法规规范。（3）有立规权的党的组织制定的规范性文件内容包括两种，一种是涉及制度要求，另一种是与制度要求无关的思想认识和工作部署等，只有前者中才有可能存在党内法规规范。（4）有关制度要求可分为两种，一种是从无到有新提出的，另一种是对现有制度要求的重申，只有前者中才有可能存在党内法规规范。（5）新提出的制度要求可以分为两种，一种是直接提出规范性要求，另一种是提出规范化要求，只有前者中才有可能存在党内法规规范。(6) 规范性要求可分为两种，一种是指向党的组织工作活动和党员行为，另一种是指向非党组织和群众，前者通常都是党内法规规范，而后者则未必都是。

文件“造规”的成因分析

文件“造规”成因复杂，既有长期形成的文件治党的相沿成习原因，又有现实中因立规不及时而需规范性文件弥补党内法规规范供给不足的原因，也有党内法规相对于规范性文件的独特功能和权威地位有待进一步彰显的原因，还有规范性文件在解决有关制度化问题上的便利和优势的原因。

第一，长期形成的文件治党的路径依赖性。

“红头文件”是党政机关传达党的路线方针政策、发布决策、部署工作、通报情况的重要载体。长期以来，各级各类党的组织通过制定实施文件来部署开展党的工作，解决管党治党突出问题，这已经成为推进党的工作的一种基本方式、常规方法、经验性做法，日积月累、相沿成习，在形成一个几乎面面俱到的庞大文件体系的同时，也形成了一种谋事制定文件、干事落实文件、办事依据文件、遇事寻找文件的思维定式和行为习惯，慢慢形成了一种文件治党的路径依赖性。毋庸讳言，制定实施“红头文件”，此于党的组织部署推动工作而言固然有效管用，但规范性文件在立规矩定遵循方面却往往力不从心、捉襟见肘，党的十八大以前，二三十个文件管不住一张嘴的尴尬便是例证。

当然，转变这种由来已久、根深蒂固的文件治党思维习惯，是不可能一蹴而就的，要养成尊规学规信规守规用规的浓厚氛围，牢固树立管事立规、办事依规、遇事找规、了事靠规的依规治党意识和习惯，会经历一个较长时期甚至有些艰难的转变过程。在相当程度上，由于人们对“红头文件”比党内法规更为熟悉，党的组织在出台文件方面较之制定党内法规更有经验，自然也就更习惯于通过规范性文件去建章立制，不太习惯去专门制定党内法规。

在这方面，实践中还有一些模糊甚至错误观点。比如，有人认为，既然党内法规和规范性文件都是党委制定的，二者体现的都是党委意图，那就没必要把它们分得那么清楚，只要有用就行，不必拘泥于形式。有人甚至认为，党内法规是以“通知”形式发布的，党内法规本身其实也是文件。在党内法规与规范性文件界限不太清晰，党内法规在建章立制方面的主导地位有待全面确立，而文件治党惯性力量又很强大的背景下，相当数量的党内法规规范直接源于规范性文件而非党内法规文本，也就不足为怪了。

第二，党章体例产生根源性影响。

党章是党的根本大法，是管党治党的总依据、总章程，由党章统领的党内法规体系中的一切规章制度，都直接或间接源于党章。党内法规制度建设以党章为根本，党章的这种根源性影响不止作用于法规制度内容，也作用于建章立制方式选择。追根溯源，党内法规与规范性文件的界分源于党章“总纲+条文”的文本体例，而规范性文件的“造规”做法，则是实践中有意无意对党章总纲功能的不当模仿。

党章由总纲和条文两大板块构成。就其文本结构而言，党章的总纲堪称顶级规范性文件，党章的正文则是顶级党内法规，二者相辅相成、各展其长，相得益彰、融为一体。其中，由 30 个自然段构成的总纲，侧重于立论、说理、宣示、部署、确立大政方针政策，这些内容显然更适合采用规范性文件形式表达，不太适合采用党内法规形式去表述；而由 11 章 55 条构成的条文部分，侧重于规定党员义务权利、党的组织制度、党的各级各类组织的职权职责、党的干部、党的纪律、党组，等等，这些内容更适合采用党内法规形式去明确，不太适合采用规范性文件形式去确定。

当然，党章作为党的根本大法，不仅条文内容属于党章规范，在总纲中也有大量党章规范，既包括在党的建设方面提出的根本性规范要求，也包括确立党的领导方面的根本性指导原则，诸如党的领导地位、领导职权职责、领导体制机制、领导方式方法。需要注意的是，总纲部分所阐明的党领导经济社会发展方面的重大政策主张等内容，它们要通过法定程序转化为宪法法律规定。由此可见，党章的总纲与条文珠联璧合，共同承担起党章为管党治党、执政治国提供总依据、总规矩、总遵循的职责使命。

党章作为党的根本大法，其“总纲+条文”的文本体例为党内法规与规范性文件的二分提供了源头。党章的总纲作为党的规范性文件的顶级形态，创立了一种党的组织传递指令、部署工作的模式，当党的组织需要宣示重要观点、阐明重要主张、部署重要工作、确定重要政策时，就去制定党的规范性文件；党章的条文作为党内法规的顶级形态，也创立了一种党的组织实现制度化规范化程序化的模式，当党的组织需要立规矩定遵循时，就去制定规章制度。如此一来，在党章中，总纲和条文实现了文件和法规的“二源合一”，从党章文本体例发端形成两大支流：一支是由党章总纲所统领的党的规范性文件体系，另一支是由党章条文所统领的党内法规体系。

就此而言，党的组织以党章为根本依据，主要是通过制定规范性文件来作出决策部署、统筹推进党的工作，主要是通过制定党内法规来建章立制，为管党治党、执政治国提供制度遵循，二者泾渭分明，不应发生文件“造规”问题。但事实并非如此。实践中之所以经常出现文件“造规”问题，一个重要原因是党的组织在效仿党章总纲制定规范性文件时，既正确地效仿了其决策部署、定政策的一面，又不太合适地效仿了其建章立制、定规矩的一面。

党章总纲之所以不仅要作出重大决策部署，还承担部分建章立制功能，有其特殊性。总纲在坚持和加强党的全面领导、坚持党要管党全面从严治党两个方面，提出了根本性要求、作出了根本性规范，它们都属于党章规范范畴。这些内容是面向全党提出的总体性要求，包括党的性质和宗旨、指导思想和奋斗目标，包括党的基本理论、基本路线、基本方略，包括党的建设的总要求及总体布局，等等。它们只适合在总纲中加以规定，特别是关于党的领导地位、领导范围、领导职权职责、领导体制机制、领导方式方法等重要内容，除非是在党章条文部分专设一章加以规定，否则只适合在总纲部分加以规定。

但是，党章总纲担负部分建章立制功能这一逻辑，不宜延伸至“红头文件”中，换言之，党的组织在制定规范性文件时，不宜简单照搬党章总纲的逻辑。现实中，无论是党的中央组织还是中央纪委，无论是党中央工作机关还是省级党委，它们可以通过制定党内法规来解决建章立制问题，通过制定规范性文件来解决决策部署推进工作问题，大可不必依靠规范性文件这种方式去完成部署工作和建章立制两个任务。也就是说，既然党的组织完全可以同时使用两只手分别解决两个问题，那就没必要让一只手闲着，而另一只手却忙于解决两个问题。鉴于此，科学的做法是，让规范性文件聚焦部署推进工作，至于立规矩定遵循的任务，主要由党内法规来完成。

第三，依规治党体制机制尚未全面建立。

所谓依规治党体制机制，是指牢固确立党内法规在党管党治党、执政治国中的基础性作用，形成一整套以“合规性”为核心的立规、执规、守规、司规体制机制。目前，这套体制机制尚未全面建立起来，制约着党内法规权威的普遍确立、牢固确立，这当中就包含着党内法规在提供规范上仍需进一步确立起主导性支配性地位。

我们强调党内法规的重要性，既不是说党内法规比规范性文件更重要，也不是说党内法规效力比规范性文件更高，所要强调的是在提供党内法规规范方面应当以党内法规为主、以规范性文件为补充。党内法规与规范性文件的重要性之所以难分伯仲，是因为二者功能定位不同，前者重在立规矩，后者重在部署推进工作，对于我们党管党治党、执政治国而言，二者并行不悖、缺一不可。之所以说党内法规与规范性文件效力难分高低，是因为判断法规文件效力高低的首要标准是制定主体。凡是上级党的组织制定的，无论是党内法规还是规范性文件，其效力都高于下级制定的党内法规和规范性文件；至于同级党的组织制定的党内法规与规范性文件，则要根据审批程序以及发文规格的高低来判断，党内法规与规范性文件如果出自同一制定主体、同一审批程序、同一发文规格，那么二者则处于同一效力等级。比如，2013 年中央政治局会议审议通过、以中共中央文件形式发布了《中国共产党巡视工作条例》，对于该中央党内法规，2017 年中央政治局会议审议通过、以中共中央文件形式发布的《中共中央关于修改〈中国共产党巡视工作条例〉的决定》，就是以规范性文件修改党内法规，这种修改的法理逻辑是，二者效力等级相同，但新规定优于旧规定。

在党和国家治理实践中，特定层级的党委和政府都兼用立法立规与发文件这两手，且规范性文件在数量上远超所立之法或所立之规，不过，二者给人形成的印象却相差甚远：政府规范性文件基本上不涉足“立法”、其权威性明显不及政府所立之法，而党委规范性文件较多涉足“造规”、其权威似乎高于党委所立之规。之所以如此，一个重要原因就是行政管理以“合法性”为轴建立起一套依法行政体制机制，而党的工作尚未全面实现以“合规性”为轴建立起一套依规治党体制机制。

依法行政体制机制，建立于行政机关是执法机关这个根基之上，遵循的是权责法定、依法管理这一原则，其核心是确保行政活动的“合法性”，据此确立起法在行政活动中的支配性地位。主要包括：明确规定重要事项属于立法保留事项，只能由人大立法或者政府立法，政府不能就此制定规范性文件；政府立法程序较之制定规范性文件，更加严格也更为开放；行政管理职权职责只能源于法律规定，而非政府规范性文件；行政管理活动，无论是内部行政管理还是外部行政管理，特别是外部行政管理活动，依据的是法而非规范性文件；行政机关作出减损公民权益的决定必须有法律依据、依法而为，不能依据规范性文件；公民、法人和非法人组织判断行政管理正当与否的直接依据是合法与否而非是否合乎规范性文件要求；司法机关判断行政行为合法与否的依据、行政机关证明其行为合法与否的依据都只能是法而不是规范性文件——如果行政机关所提供的依据只是文件而没有法，那会导致败诉，这对行政活动依“法”而为无疑是一种有力的倒逼。在这套以“合法性”为轴构建起来的依法行政体制机制中，法是居于支配性地位的，基本上未给规范性文件“立法”留下多少空间，规范性文件的功能定位就是部署推进工作、确定政策措施、推动法律实施，如出现要通过政府立法解决合法性依据的情形，则由其在权限内制定行政法规或者政府规章。

相形之下，党的工作尚未全面建立起一套以“合规性”为轴的依规治党体制机制。比如，哪些事项只能由党内法规而不能由规范性文件来规范，目前还不是那么明确；制定党内法规与制定规范性文件，在程序要求上差别并不大，在实践中有时基本相同；设定党的组织的职权职责、党员的义务权利，长期以来，既见之于党内法规，也见之于规范性文件；关于请示报告、情况通报、征求意见等方面的要求，有些是由党内法规规定的，有些则是由规范性文件规定的；党的纪律要求以及违纪的问责追责等，不只源于党内法规，有些也源于规范性文件，被处理或者处分的党员并不能因为党的组织的决定所依据的是规范性文件就可成功质疑其“合规性”；党的组织履行管党治党责任，既要依据党内法规，也要依据规范性文件；对于党员而言，凡是党的组织的要求，无论是在党内法规还是规范性文件中提出的，都要不加区分地严格遵守，对于党的组织而言，无论上级党的组织制定的是党内法规还是规范性文件，都要不加区分地严格执行；判断党的组织和党员行为对错是非，既可以依据规范性文件，也可以依据党内法规，等等。由此可见，现行的党的工作体制机制，基本上是“合文件性”与“合规性”双轴并行，在某种意义上“合文件性”之轴要比“合规性”之轴更强些。

在这种党内法规与规范性文件并未得到清晰界分的体制机制中，党内法规在提供规范上并不当然发挥主导性作用，规范性文件“造规”事实上拥有广阔空间。在这种体制机制下，规范性文件“造规”是自然而然、顺理成章的事。一种体制机制一旦形成，即会产生巨大惯性作用，不可能改变于朝夕之间。党中央明确提出“治国必先治党，治党务必从严，从严必依法度”，这个法度，主要就是党内法规。坚持依规治党，势必要将现行的双轴体制机制转变为单一的以“合规性”为轴的体制机制。不难想象，这种转变过程会异常艰难，要经历一个较长的时期才能完成。

第四，一些规范的缺位要靠规范性文件“造规”去补位。

制度是一种典型的公共物品。党内法规作为一种公共物品，其产出是由供求双方关系决定的。

一方面，在党内法规需求侧上，主要影响因素包括：党中央自上而下提出的制度化要求与党员群众自下而上提出的制度化期待，党依法执政所需的制度遵循与党领导经济社会发展实践提出的制度需求，依规治党的内生动力与来自法治中国建设的外在压力，等等。历史地看，党管党治党、执政治国对党内法规的需求强弱或者制度依赖度不是一成不变的，而是与时俱进、不断增强升级的，全面从严治党向纵深推进，势必要求依规治党同步推进，这就使依规治党导向越来越明确、法规刚性需求越来越强，法规数量要求越来越多、法规质量要求越来越高，法规涵盖范围越来越广、规范化程度越来越深，规范力度越来越大、调整准度越来越精，制度稳定性要求越来越高、制度体系化要求越来越强，等等。

另一方面，在党内法规供给侧上，主要影响因素包括：有关党的组织和领导干部的党内法规意识强弱和对党内法规制定工作的重视程度，支持法规制度安排的经验积累状况，制定体制和工作机制的完善程度，制定能力、制定水平、制定技术的高低，制定工作谋划部署的科学性及执行情况，等等。随着实践发展，党内法规制度的供给侧也在不断升级换代，在认识与实践、意识与能力、领导体制与工作机制、决策部署与贯彻执行、起草与审议、经验与技术等方面，都要回应全面从严治党、依规治党的形势任务变化，由弱转强、由低变高，这种转变也越来越多地从消极被动转向积极主动。

党内法规的供求两侧是互联互动、交互影响的，通常而言，需求在前、供给在后，需求主导、供给适应。在这个意义上，供求不同步、供给略微滞后于需求是正常的，但是，如果供给跟进过慢、欠账太多，产生严重的供不应求、供求失衡问题，那就不正常了。

在过去较长一段时期内，党内法规供给侧发展滞后于需求侧要求，结果造成党内法规供不应求的问题比较突出。一是短缺，党的工作不少领域无规可依，存在制度空白或者制度短板；二是粗放，一些党内法规制定质量不高，针对性、可操作性、有效性不强；三是老旧，制度更新升级速度不够高，有的党内法规一“暂行”就是一二十年，有的三四十年前制定出台的党内法规已是老态龙钟，明显不适应新形势新任务新要求，但仍未被废止；四是零碎，因缺少顶层设计和科学统筹，党内法规碎片化，法规之间存在不一致不协调不衔接问题。

党内法规需求是刚性的，把党的领导和党的建设活动纳入制度化轨道是大势所趋，管党治党、执政治国实践发展不可能停下来去耐心等待推进党内法规供给侧结构性改革以提供更多更好的党内法规。在党内法规供给不足、缺位失位情形下，党的组织在制定出台有关规范性文件时，一并提出相应的规范性要求来填补相关制度空白，为党的组织工作活动和党员行为提供遵循，这种“补位”既是应急之举，也是务实之措，有利于缓解党内法规供不应求矛盾，有利于推进党的工作制度化规范化程序化。

因党内法规的“缺位”而致规范性文件的“补位”，这种现象在党内法规体系的4大制度板块中都程度不等地存在，只不过是在不同的制度板块以及同一板块的不同领域方面之间，存在大补、中补、小补上的区别。

所谓“大补”，是指在一些党的工作领域尚未制定出台基础主干党内法规，甚至连专项党内法规都未制定，党的组织开展有关工作的制度遵循主要源于规范性文件。这在党的领导工作中体现得最为明显。党的十八大之前，由于《中国共产党宣传工作条例》《中国共产党统一战线工作条例》《中国共产党政法工作条例》《中国共产党农村工作条例》等党的领导法规皆未出台，这就意味着，党领导开展相关工作主要依据的就是规范性文件。就目前而言，在党领导经济建设、政治建设、文化建设、社会建设、生态文明建设等领域，还有许多领域都尚未制定出台基础主干党内法规，这就使党实施相关领导活动时，仍然主要依据相关的规范性文件。就此而言，落实党章第30自然段提出的“完善领导体制，改进领导方式，增强执政能力”等建章立制要求，主要靠的是这些规范性文件——有些是通过专门制定出台规范性文件的方式来“造规”，比如制定出台《中共中央关于加强党领导立法工作的意见》；更多的是未制定专门文件，而是在相关文件的“加强组织领导”部分提出一些规范性要求。

所谓“中补”，是指一些党的工作领域虽然制定了党内法规，但尚未实现党内法规对党的工作的全方位、立体式调整，留下大量事项要靠规范性文件来建章立制，以解决相关的管人管权管事问题。党的组织法规制度板块和党的自身建设法规制度板块就是如此。在党的十八大之前，这个问题很突出。其时，在党的建设方面制定出台了不少党内法规，比如《中国共产党地方组织选举工作条例》《党政领导干部选拔任用工作条例》《中国共产党地方委员会工作条例》《中国共产党党和国家机关基层组织工作条例》等，在一些领域实现了有规可依。但同时，一些领域由于尚未制定出台党内法规，因此其工作开展就主要依据的是规范性文件，党内法规“缺位”问题要靠规范性文件去“补位”。党的十八大以后，这些领域制定出台了诸如《中国共产党党组工作条例》《中国共产党工作机关条例》《中国共产党支部工作条例（试行）》《中国共产党党务公开条例（试行）》《党组（党委）落实全面从严治党主体责任规定》等一大批重要法规，而此前，这些党内法规的“缺位”是靠规范性文件“补位”的。目前，在加强党的建设方面，党内法规与规范性文件二者在提供制度遵循方面恐怕仍然难分伯仲。比如，在加强基层党组织建设、选人用人等方面，更多的是依据党内法规，而在加强理论创新、理论武装、党性锻炼等方面，更多的规范性要求是由规范性文件提供的。

所谓“小补”，是指一些党的工作领域基础主干党内法规齐全、配套法规比较完备，基本实现了有规可依，规范性文件“造规”只起拾遗补阙作用。党的监督保障法规制度板块就是如此。要把我们党建设成为一个纪律严明的政党，就必须把党的组织和党员必守的政治红线和纪律底线划清楚；只有把权力笼子织牢编密，才能有效防止权力滥用；问责追责直接关乎党的组织职权职责和党员权利义务，必须持之有据，等等。党内监督保障活动的这些内在要求，使党的监督保障法规制度板块相对健全，制定出台了《中国共产党党内监督条例》《中国共产党巡视工作条例》《中国共产党问责条例》《中国共产党纪律处分条例》《中国共产党党员权利保障条例》等一大批重要法规，基本上实现了有规可依。同时，对于一些监督保障的细节问题、新问题、边缘问题、法规缝隙问题等，在尚未制定出台党内法规或者不便制定出台党内法规的情形下，就通过规范性文件有针对性地提出规范性要求来加以完善。比如，为落实《中国共产党巡视工作条例》有关要求，在党中央正式制定出台市县巡察工作办法之前，先制定出台《关于市县党委建立巡察制度的意见》，以明确巡察机构、巡察对象、巡察方式等问题。

在实践急需但党内法规又供给不足造成缺位的情形下，通过规范性文件及时补位以实现有章可循，这很有必要也切实可行。不过，长远来看，对照构建完善的党内法规体系、推进依规治党的要求，党内法规长期缺位是不合适的，规范性文件的补位也是不妥当的，理性的做法是二者各即各位、各归其位。

党的十八大以来，党内法规需求侧发生显著变化，管党治党、执政治国对党内法规的需求空前高涨，迫切需要制定出台更多更好的党内法规；同时，在全面深化改革特别是深化党的建设制度改革的大背景下，党内法规供给侧结构性改革力度也是前所未有，党内法规的制定能力水平、力度速度、数量质量都达到新的历史高度。党内法规供给能力的显著提升，缩小了供求缺口、缓解了供不应求问题。当然，解决党内法规的供不应求问题，不仅要还清存量欠账，还要解决好新需求提出的增量问题，制定工作任务之重不言而喻，党内法规供给侧结构性改革的任务异常繁重。

第五，规范性文件在分担有关“造规”任务上寸有所长。

实践中，之所以出现规范性文件普遍、深度、持久“造规”现象，这绝非偶然，自有其必然性，不能简单否认其现实必要性和合理性。对于有些建章立制任务，在规范性文件中一并完成较之专门制定党内法规要更为合适，特别是在党内法规的规范调整尚未做到全覆盖的情形下，规范性文件在分担部分“造规”任务上呈现出独特优势。有时，通过专门制定党内法规来提供规范反倒是尺有所短，而由规范性文件来分担相应“造规”任务却彰显出寸有所长——这种“长”，主要表现在以下几个方面：

一是借势。借重视推进相关党的工作“东风”，在制定规范性文件作出部署安排时，连人带事加建章立制一并研究、统筹考虑，采用

“捆绑”“打包”式建章立制方法，在文件中紧扣谋划部署相关工作，顺势对所涉党的组织和党员提出规范性要求，严明纪律规矩，明确工作程序，确定领导体制和工作机制，对加强组织领导、机构队伍建设、督查考核等一揽子作出制度安排，如此而为是顺势而为、水到渠成。这种做法，实现了规范性文件部署工作与建章立制的合二为一，因事立规矩、借势定遵循，免去了另起炉灶专门制定相关党内法规的麻烦。

二是贴身。针对党的某方面工作专门制定的党内法规，其普遍适用性的特点决定着它更多反映的是共性而非个性要求，这种体现“最大公约数”的制度安排如同“大众化”制衣，统一定制的长处在于在其适用范围内人人皆可穿，其不完美之处在于可能人人都觉得不那么贴身，或紧或松、或长或短。相对而言，规范性文件可以紧扣其部署推进的党的某方面工作有针对性地建章立制，更有可能做到“小众化”制衣，最大限度反映制度规定所涉事项和主体的个性要求，量体裁衣、量身定制，作出更加合体贴身的制度安排，避免出现人小衣大或者人大衣小问题。

三是便捷。无论是制定党内法规还是规范性文件，都要按照规定程序进行，该经历的环节一个都不能少，不允许偷工减料、跑冒滴漏。不过，较之规范性文件，党内法规制定程序要求更为严格。制定党内法规急不得，只能小步快跑、文火慢炖，切忌搞急就章，必须充分调研、反复论证、审慎决策，严格按照《中国共产党党内法规制定条例》规定的起草程序循序渐进、环环紧扣，原则上都要经过集体审议，特别是重要的党内法规不可走捷径而采用领导传批等方式。再加上党内法规的制定技术规范要求很严格，发文规格要求更高且以公开发布为原则。诸如此类要求，就造成通过制定党内法规生产法规规范的周期一般比较长，相形之下，通过制定规范性文件特别是制定出台政策性文件来提出有关规范性要求，简便易行、快捷高效，可以做到短平快。

四是稳妥。党内法规应当是管党治党、执政治国成熟经验的总结提升，一旦制定出台就要保持相对稳定性，朝令夕改会损害其严肃性权威性。但是，经验不会自然形成，需要长期探索、不断积累，制度安排只有经过反复试错，才能最终实现一箭中靶。在正式制定党内法规之前，先在规范性文件中作出相关制度安排，在局部先行先试，既解了实践中法规制度急需紧缺的燃眉之急，又通过探索试行检验制度规定的可行性。较之党内法规而言，规范性文件调整变动、新陈代谢比较快，因此这种制度试错可进可退，回旋余地大：如果实践证明切实可行，成熟经验可复制可推广，那就将其上升为党内法规；如果实践效果不太确定，成绩与问题并存，那就有针对性地作出调整完善以观后效；如果实践表明行不通立不住，那就及时喊停、恢复原状，有利于避免出现因匆忙立规而覆水难收的被动局面。

由此可见，由规范性文件来分担部分“造规”任务有其现实合理性，即使是将来建成了完善的党内法规体系，党内法规“缺位”问题不复存在，仍然有必要将一些建章立制任务交由规范性文件来完成，没有必要也不大可能追求一种纯粹，将生产党内法规规范的任务百分之百地交给党内法规。

这就需要我们审慎把握规范性文件“造规”的时度效。就当下而言，主要矛盾或者矛盾的主要方面是规范性文件“造规”多了而非不够，是过了而非不及。鉴于此，我们要防止有意无意地夸大规范性文件“造规”的现实合理性，尽快转变一些党的组织在建章立制时习惯于出台文件而非制定党内法规的路径依赖性，防止和解决规范性文件“造规”的过犹不及。

文件“造规”的功能收缩

坦率地说，要想对党内法规与规范性文件两个渊源各自产生的党内法规规范的数量作出全面统计，这几无可能。之所以如此，是因为党内法规规范分为原则和规则，其中规则的假定、处理、后果 3 个要素又可能分散在不同条文、不同文本、甚至不同制度板块当中，难以全面准确统计党内法规规范的数量，如此一来，要全面准确统计党内法规规范分别源于党内法规与规范性文件的数量，自然就几无可能了。

不过，近年来开展的党内法规和规范性文件集中清理、备案审查、编制党内法规制定工作规划计划等相关工作，深化了我们对党内法规和规范性文件在生产法规规范上的规律性认识，可以得出两个基本结论。

第一，党内法规规范渊源呈现出类似于供求曲线的“×型”结构。总体来看，党内法规与规范性文件在提供法规的关系上是负相关的，二者此长彼消。在制度需求既定情形下，制定出台的党内法规越多，规范性文件“造规”空间就越小；反之，越是依赖规范性文件“造规”，对党内法规的依赖度就越低。对于“×型”的两条曲线而言，制定党内法规这条“线”自下而上呈上升趋势，规范性文件“造规”这条线自上而下呈下降趋势，在二者交点处，各自提供的法规规范不分上下，相交之前，规范性文件的渊源地位高于党内法规，相交之后，党内法规的渊源地位高于规范性文件，且越来越高。

第二，“×型”的交点发生在党的十八大前后。历史地看，党内法规与规范性文件在提供法规规范上的地位变化，可以分为 4 个阶段：第一阶段是新中国成立后至改革开放前，规范性文件“造规”居于支配地位，党内法规很少、处于从属地位；第二阶段是改革开放后到党的十八大前，随着一大批党内法规的制定出台，二者关系从支配/从属关系逐步转变为主导/辅助关系，进而发展成不分主次、平分秋色；第三阶段是十八届党中央期间，党内法规制定力度之大、速度之快前所未有，党内法规快速上升至主导地位，规范性文件“造规”发挥辅助作用；第四阶段是党的十九大之后，大力推进党内法规体系建设，凡是建章立制，原则上要制定党内法规，规范性文件“造规”成为例外或者补充，党内法规成为法规规范的主导渊源、居于支配地位，规范性文件“造规”下降为从属地位，重在拾遗补阙。正是在此背景下，2019 年修订的《中国共产党党内法规制定条例》第 4 条第 2 款明确规定：“凡是涉及创设党组织职权职责、党员义务权利、党的纪律处分和组织处理的，只能由党内法规作出规定。”这就意味着，自此之后制定的规范性文件，不可再对这些内容作出规定。

这两个基本结论是就整体和大势而言的，至于具体到每个制度板块的每个具体领域，党内法规与规范性文件“造规”地位的对比状况及变化进度，那又不尽一致。比如，相较于整体而言，党的建设领域更早实现党内法规对规范性文件“造规”地位的超越，而在党的领导领域，规范性文件“造规”则要延续更长时间。

尽管如此，在整体上，是或者应当是主要靠制定党内法规来完成建章立制任务，规范性文件的“造规”功能会或者应当会逐步收缩，此乃大势所趋，不会停歇，更不可能出现逆转。之所以如此，既有国家法与国家机关规范性文件“造法”关系发展变化的经验借鉴，更是依规治党、依法执政的必然要求。

第一，有利于推进党内法规与规范性文件厘清边界、各展其长。

前已论及，实施党的领导、加强党的建设、推进党的事业，党内法规与规范性文件功能互补、缺一不可，各有所长、相辅相成。其中，党内法规的功能定位侧重于建章立制，立规矩定遵循，把党的组织工作活动和党员行为纳入制度化规范化程序化轨道，为我们党管党治党、执政治国提供坚强法规制度保障；而规范性文件的功能定位侧重于统一思想认识、明确目标任务、作出部署安排、出台政策措施、提出工作要求，组织号召动员相关党的组织与非党组织、党员和群众，各负其责、齐心协力共同推进党的建设和党的事业发展。党内法规与规范性文件之所以并行不悖、互相不能替代，这是由二者功能定位的各有侧重决定的，如果在制定党内法规时附加解决工作部署问题，或者在制定规范性文件时附加解决建章立制问题，那会导致二者边界不清、功能错位、相互越位，容易出现“种了别人的地荒了自己的田”的问题。

在实践中，虽然也有少数党内法规越界涉足工作部署，但更加突出的问题是规范性文件的越位“造规”，因此，厘清党内法规与规范性文件的边界，重点是要解决好规范性文件越界代替党内法规的“造规”问题。应当说，在党内法规不健全造成“缺位”情形下，规范性文件“补位”有其合理性，但当党内法规制定工作已经驶入快车道，建成比较完善乃至更加完善的党内法规体系进入倒计时全力推进阶段时，规范性文件再去“造规”就不是补位而是有越位之嫌了。规范性文件的越界“造规”，既偏离了其功能定位，干了不应干、也干不好的建章立制工作，也挤占了党内法规的制定空间，不利于党内法规建章立制功能的充分发挥。因此，在新形势下，厘清党内法规与规范性文件二者边界，应当加快转变规范性文件附带“造规”的思维定式和习惯性做法，让规范性文件理性回归其功能定位，退出“造规”领域、腾出“立规”空间，为党内法规在建章立制上唱主角提供必要前提。

需要注意的是，着力解决规范性文件“造规”问题，既不等于说在规范性文件中不能再去提出任何“规范性”要求，更不等于说在规范性文件中不能再去作任何“规范化”部署。显然，作出“规范化”部署、提出建章立制任务要求，此与提出“规范性”要求的建章立制是两回事，不可混为一谈。规范性文件当然可以有针对性地提出建章立制的“规范化”任务，这往往是党的组织作出决策部署的一项重要内容。对规范性文件中提出的有关建章立制任务，有关主体要抓好贯彻落实，及时启动立规程序，制定出台相关党内法规。

第二，有利于推进规范性文件瘦身健身、从“造规”转向“用规”。

党中央三令五申，要切实转变文风，文件要短实新，力戒穿靴戴帽、虚头巴脑、拖沓冗长。在文件起草过程中，之所以往往感觉篇幅减不动、文件短不了，一个重要原因就是文件结构刚性化，既要解决部署安排和任务举措问题，又要用相当篇幅去建章立制，一身二任、分身乏术。在这个意义上，实现文件瘦身健身，就要在改变文件结构上下功夫，其中的一个重要方面就是卸载规范性文件“造规”功能，让文件聚焦主业、轻装上阵，紧紧围绕部署推进党的工作做文章。

这是规范性文件的一种从“造规”向“用规”的转变。规范性文件在部署推进党的工作时，依据现有党内法规所确定的领导体制和工作机制、党的组织职权职责和党员义务权利、纪律规矩要求，执行落实实体性、程序性、保障性规范要求，紧扣为什么干、谁来干、干什么、怎么干等基本问题，针对相关党的组织和党员统一思想认识、设定工作目标、指明工作思路、布置工作任务、明确政策举措、使用工作方式、采取保障举措等作出安排、提出要求。如果现有党内法规还不能完全满足部署推进有关党的工作的“规范性”需要，那就在规范性文件中明确提出要建立健全相关党内法规制度的“规范化”要求——但点到为止，不去越界就制度具体内容作出规定。

推进规范性文件从“造规”到“用规”的转变，有利于理顺党内法规与规范性文件的关系，制定和实施规范性文件应当按照依规治党的要求，在党内法规制度轨道上研究部署推进党的工作，无论是提出的任务还是采取的措施都应当持之有据、符合规定，不能在党内法规轨道之外推进工作，更不能在文件中随意改变党内法规关于党的组织职权职责、党员义务权利、党纪处分和组织处理等方面的规定。

这种从“造规”到“用规”的转变，会使规范性文件的结构发生显著变化。一方面，在文件中关于工作部署的主体部分，聚焦布置任务、提出举措、明确分工和责任分解，不再去建章立制、新提出规范性要求；另一方面，特别是在文件最后的“组织领导”部分，除非是要提出新的规范性要求，否则就不必再从完善领导体制机制、方式方法、督促检查、人财物保障等方面，去分别提出规范性要求，只需简明扼要地要求相关党的组织依规履职、各负其责即可。

关于这种转变，行政规范性文件是一个可供参照的先例。在“职权法定”“依法履职”等依法行政原则全面确立之前，行政机关也是习惯于在其制定的规范性文件中一边部署推进行政管理工作一边“造法”建章立制，但是，随着依法行政体制机制的逐步确立，行政规范性文件最终完成了从“造法”到“用法”的转变。

另一个也有参考价值的例子，是党内法规文本的体例在党的十八大之后悄悄经历的巨大变化。之前，制定党内法规习惯于大而全、小而全，不少党内法规简单重复其他党内法规现有规定，造成党内法规制度之间交叉重复、党内法规体系水分大，比如，不少党内法规在“监督与追责”一章中，用了不少条文简单重复党内监督、问责、党纪处分等方面的规定。党的十八大以后，逐渐转变了这种立规体例，在制定出台相关党内法规时，如果在“监督与追责”等方面没有提出特别规定的要求，那就采用转致立规技术，简要提出“依据党内监督条例、巡视工作条例、问责条例、纪律处分条例等开展监督追责”等要求即可，不再去简单重复现有规定。这种立规体例改革，使近期制定的党内法规条文少了、篇幅短了、含金量高了。

从节减党内法规制定成本、维护法规制度统一的角度来看，规范性文件从“造规”向“用规”的这种转变也是非常必要的。

关于这个问题，可以党领导经济工作为例来说明。近年来，党中央在党领导发改、财政、金融、税收、投融资、电力、产权、“三农”、国企、非公企业等方面制定出台了50多个文件，这些文件通常包括两方面内容：一方面是阐明党的领导主张和政策措施，这方面内容因事因时而异，个性差异大、调整频率高；另一方面是规定党领导经济工作的体制机制和方式方法，这方面内容大同小异，共性要求多、比较稳定。若在每个中央文件中都去对领导体制机制和方式方法提要求、作规定，则要么是针对同一内容不同文件反复规定、耗费制度制定成本，要么是因为不同文件要求不一致从而损害制度统一性。鉴于此，有必要改变这种习惯性做法，制定一部党领导经济工作的综合性法规，对党领导经济工作的原则、领导体制机制、领导对象和事项、领导主体及其职责、领导方式方法、领导不力责任追究等基本问题，一揽子一次性作出统一规范，为加强和改善党对各项经济工作领导提供基本遵循。以这部综合性法规确立的党领导经济工作的共性制度遵循为基础，将来再去制发相关规范性文件时，除有特别要求外，就不必再去重复作出规定，可以集中笔墨去阐明党领导有关经济工作的新目标新要求新主张新政策新举措，并在这部综合性法规铺设的制度轨道上研究谋划部署工作、推进政策举措落实。

不难看出，将规范性文件从“造规”的负担中解脱出来，可谓一举两得，既有助于规范性文件轻装上阵、聚焦主业，也有助于降低党内法规的制定成本、维护党内法规制度的统一。

当然，这种从“造规”到“用规”的转变，是以党内法规健全、有规可依为前提的，如果党内法规缺位问题得不到解决，那么规范性文件的“造规”补位就不可避免。反过来说，落实依规治党要求，推动规范性文件从“造规”向“用规”的转变，会有力地刺激和倒逼党内法规的制定完善，以承接和接管规范性文件“造规”退出之后产生的大量立规任务。这种刺激和倒逼效应，会扩散到党的组织法规制度、党的领导法规制度、党的自身建设法规制度、党的监督保障法规制度等4大板块，特别对于党的领导法规制度板块而言，由于之前立规欠账较多，因此受到的刺激和倒逼效应更加强烈，这将会有力地推动党领导改革工作、经济工作、法治工作、群众工作、意识形态工作、社会工作、人才工作、外事工作等方面制定一批党内法规。

第三，有利于提升党内法规规范质量、推动形成完善的党内法规体系。

根据《中共中央关于加强党内法规制度建设的意见》，完善的党内法规制度体系是由各领域各层级党内法规制度组成的有机统一整体。“有机统一整体”是一项很高的要求，如果听任规范性文件过多“造规”，那就不太容易形成一个“有机统一整体”，只有当原则上是通过制定党内法规来提供规范、规范性文件仅仅确有必要才去拾遗补阙时，才有可能保证党内法规制度体系是一个“有机统一整体”。

之所以如此，至少有以下几方面理由：

其一，建构党内法规体系需要统一部署、统筹推进，而规范性文件“造规”的遍地开花容易造成失之于“散”，故其退出“造规”有利于强化立规工作的“统”。

建构党内法规体系是一个系统工程，如何把分散在各领域各层级各时期的党内法规制度统一起来形成一个整体，如何确保党内法规制度与时俱进、全面及时准确回应管党治党和执政治国实践的发展需要，这些都离不开顶层设计、通盘考虑、战略谋划。统一部署、统筹推进党内法规体系化建设的一个重要抓手就是科学编制党内法规制订工作规划计划，并将重要制定项目列入党委常委会工作要点，特别是在每次党的全国代表大会之后，编制实施中央党内法规制订工作规划，明确未来5年党内法规制定工作的总体思路、制订项目和时间表、路线图。但是，由于编制党内法规制订工作规划计划、部署推进党内法规制定工作，只适用于制定党内法规，无法涵盖规范性文件的“造规”活动，因此，如果听任规范性文件在规划计划之外自行其是、大量“造规”，那就会使规划计划的统筹指导效果大打折扣。在这一点上，类似于一个城市在按规划建设的高楼大厦之间，散落着一些私建乱搭建筑。

鉴于此，非常有必要解决规范性文件“造规”导致立规活动失之于散的问题，通过将尽可能多的“造规”任务由规范性文件转至制定党内法规，使党内法规制订工作规划计划实现对立规活动的全覆盖，按照统一部署来统筹推进党内法规体系建设。

其二，推进党内法规体系化建设要走专业化道路，而规范性文件顺带为之的“造规”容易失之于“兼”，故其退出“造规”有利于提升建章立制的“专”。

作为纪律规矩、行为遵循、衡量标尺，党内法规规范必须涵义清晰、要求明确、逻辑严密，不可语焉不详、模棱两可。为此，《中国共产党党内法规制定条例》对党内法规制定工作提出很高的专业要求，要由专门人员调研起草、运用专业术语表述、使用专门技术规范、采用专用体例格式、经由专门程序审议批准，唯有如此才能制定出高质量的党内法规制度。但是，这些专业性要求很难落实到规范性文件“造规”活动中。

之所以如此，是因为规范性文件一身二任，既要部署工作又要提供规范，但这两项任务在思维方式、话语体系、表述方式、概念使用等方面差之甚远，而其重点是用来部署工作的，“造规”活动乃是顺带为之、“客串”而已，“入乡随俗，客随主便”。这就使其中的“造规”活动不得不迁就规范性文件的行文习惯、语言风格、文种体例，不得不迁就规范性文件的起草、审核和审议程序、标准，这就在事实上降低了制定规范的专业性要求和专业化水平。

实践中，较之按照专业化流程生产的标准党内法规规范，源于规范性文件的规范往往显得业余、粗糙，多半是简单提出“要……”的要求，不可能进一步作出“必须”“应当”“鼓励”“可以”“不得”“严禁”等的细分，难以保证规范的指向精准、语义准确、逻辑严密。

不言而喻，来自两个源头、专业性高低不等的党内法规规范，难以水乳交融，很可能油是油、水是水；由两种来源的党内法规制度汇集而成的体系，难以做到“内容科学、程序严密、配套完备、运行有效”。

正是由于规范性文件越多生产党内法规规范，可能越会拉低党内法规制度的整体专业化水平，规范性文件越多退出“造规”活动，那就越有利于党内法规体系专业化水平的提升。

其三，党内法规制度应当是能对实践中反复出现的党的组织的工作活动和党员行为进行塑造的模与范，而规范性文件“造规”的就事定制容易造成失之于“具体”，故其退出“造规”有利于保证党内法规规范的“抽象”。

规范之所以成其为规范，乃是基于其必要的抽象性而可普遍适用、反复适用。但是，每个规范性文件都要围绕特定主题、主旨谋篇布局，这就决定着其“造规”半径有限，往往不得不就事论事、因事定制提出具体要求，不便借题发挥，更不能超出主题去针对所涉事项作出普遍适用规定，这就使其所生产的党内法规规范显得比较具体，涵盖面不广、抽象程度不高。同时，围绕一个主题往往要制定各有侧重、多个层级的规范性文件，且要随着实践发展不断制定出台新文件，这就造成文件中提出的相关规范性要求交叉重复且变动频繁、稳定性不够。

源于规范性文件的党内法规规范的这些过于具体、抽象性不够，见树木不见森林、整体性不够，易于变动、稳定性不够等特质，较之党内法规规范的普遍适用、反复适用、长期适用要求，有着天然的局限性，可谓先天不足。在党内法规体系中，如果源于规范性文件的党内法规规范比重过大，无疑会造成规范叠床架屋、体系肥胖臃肿、制度变动不居。通常而言，党内法规制度涵盖范围越广就会越抽象，越抽象就会越稳定，越稳定就越有利于形成确定的行为预期。

在这个意义上，将尽可能多的生产规范的任务由规范性文件转向党内法规，是拓宽党内法规规范涵盖面，提升党内法规规范的抽象性、整体性、稳定度的内在要求，是保证党内法规制度普遍适用、反复适用、长期适用的必然要求。

其四，党内法规体系要求所有规范互联互动、衔接协调，而规范性文件“造规”的零敲碎打容易造成失之于“碎”，其退出“造规”有利于强化党内法规规范之间的“联”。

一个完善的党内法规体系是一张疏而不漏的网，千万条规范如同丝线纵横交织联为一体，每一条规范无论来自哪里，都必须融入整个体系、同其他规范紧密相连，否则就会形成制度漏洞。

这个要求对于规范性文件“造规”而言几乎难以企及。规范性文件在“造规”时，固然不难做到在同一文件之中保证所提的规范性要求的协调一致，但是，一则，在更广范围内，如何保证同一主题制定出台的多个规范性文件之间、同其他主题的规范性文件之间、同党内法规之间在制度安排上的协调一致；二则，在更高要求上，如何保证源于规范性文件的规范同其他规范在价值取向、功能定位、机制设计上的协调一致；三则，在更细规定上，如何保证规范性文件提出的原则要求与其他原则之间的互联互通，特别是如何保证其所产生的规则在假定、处理、后果3个要素上同党内法规体系中的其他规则之间的衔接协调，等等。这些互联互通、衔接协调要求，就规范性文件来说，的确是难以达到的。

正因为如此，规范性文件“造规”零敲碎打这种碎片化立规方式，极易造成规范的碎片化：对于一个规则而言，由于规范性文件通常只对规则中的一两个要素作出规定，而其他构成要素得不到其他党内法规的补全，这就会造成残缺的规则“次品”；就整个体系而言，由于各个制度碎片“各为其主”、各唱各调，这种盲人摸象式的建章立制，势必造成不同制度碎片很难形成一个有机统一整体。保证党内法规制度之间的互联互通、衔接协调，形成完善的党内法规体系，需要系统思维、整体设计、统筹推进，而这显然与规范性文件“造规”的零敲碎打格格不入。

在这个意义上，让规范性文件退出“造规”，将绝大多数“生产”规范活动纳入统一的、标准化的党内法规“生产线”，一体设计、统筹推进，这更有可能保证党内法规规范之间的互联互通、衔接协调，从而共同形成一个有机统一整体。

综上所述，回顾历史，规范性文件“造规”在填补党内法规制度空白上发挥过重要历史作用；直面当下，有不少党内法规规范仍然源于规范性文件；放眼未来，可能有一些场合的建章立制仍然离不开规范性文件去拾遗补阙。尽管如此，党内法规规范应当以党章、准则、条例、规定、办法、规则、细则等党内法规为主源，以决议、决定、意见等规范性文件为补充，此乃大势所趋。唯有如此，才能凸显党内法规的严肃性和权威性，形成有机统一的党内法规体系，才能建立健全一套以“合规性”为轴的依规治党体制机制，确保依规治党战略部署落实落地。

党的政策、党内法规与国家法律制度

党的十九届四中全会提出，要坚持和完善中国特色社会主义制度、推进国家治理体系和治理能力现代化。开展党和国家治理活动，既要形成一个由党章所统率的党内法规体系，用来规范党的领导和党的建设活动，又要形成一个以宪法为核心的国家法律制度体系，用来规范公民、法人和非法人组织的活动，还要形成一个以党中央文件为主要载体的党的政策体系，用来部署、指导和推动经济社会发展活动。如此一来，如何准确把握党的政策、党内法规与国家法律制度三者关系，就成为推进国家治理体系和治理能力现代化要解决好的一个重大理论和实践问题。

一、党的政策、党内法规与国家法律制度的逻辑关系

为了形象揭示党的政策、党内法规与国家法律制度关系，我们不妨将党的法规文件调整范围与国家法律文件调整范围分别假定为一个圆。（见图 23-1）

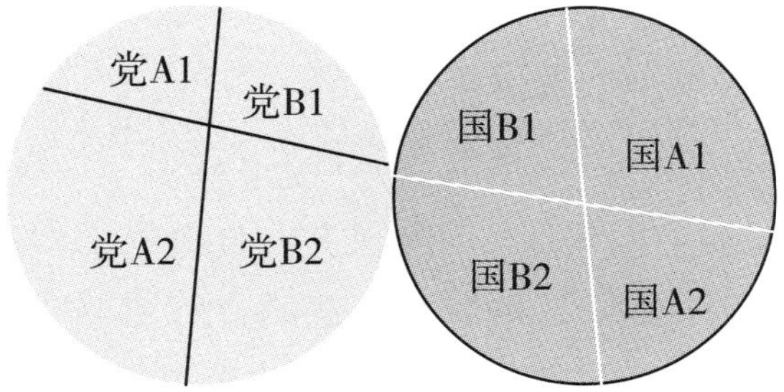

图 23-1　党的法规文件与国家法律文件的逻辑关系

就党的法规文件之圆而言，可将其粗分为党 A 和党 B 两个部分。党 A 属于党的自身建设活动，不含党的领导和执政事项，此类法规文件通常由党委单独制定。党 A 可细分为党 A1 和党 A2，其中，党 A1 属于党内法规，党 A2 属于党的规范性文件。党 B 属于党的领导和执政活动，对经济社会发展等事项作出决策部署，不含党的自身建设事项，此类法规文件通常由党的组织与非党组织（包括人大、政府、政协、监委、法院、检察院、人民团体、国有企业事业单位、军队等）联合制定、以党的文件字号发布。党 B 可细分为党 B1 和党 B2，其中，党 B1 属于党内法规，党 B2 属于党的规范性文件。换言之，党 A1 与党 B1 代表党内法规调整范围，党 A2 与党 B2 代表党的规范性文件调整范围。

就国家法律文件之圆而言，可将其粗分为国 A 和国 B 两个部分。国 A 对应于私法调整领域，规范的是平等主体之间的关系，不直接涉及公共机构。国 A 可细分为国 A1 和国 A2，其中，国 A1 属于法律文本，主要是全国人大及其常委会制定的法律；国 A2 属于具有法律法规效力的决定、决议、命令、意见等，主要是国家规定。国 B 对应于公法调整领域，规范的是公共机构与私人间关系、公共机构相互间关系，不涉及私人间关系。国 B 可细分为国 B1 和国 B2，其中，国 B1 属于法律文本，大多数是法律、行政法规、地方性法规、规章；国 B2 属于具有法律法规效力的决定、决议、命令、意见等，多数属于地方和部门规定。换言之，国 A1 与国 B1 代表法律法规规章调整范围，国 A2 与国 B2 代表具有法律效力的国家规范性文件调整范围。

第一，党的法规文件与国家法律文件在调整范围上不重叠的区域可以各安其位。

在图 23-1 中，党 A 与国 A 两个部分一般不会相交。在党的法规文件中，有关党的自身建设的规定通常不会与私法调整领域重叠。具体而言，一方面，党用来部署和规范党的政治建设、思想建设、组织建设、作风建设、纪律建设、制度建设等自身建设方面工作的法规文件，不会涉及公民、法人和非法人组织的法定权益问题，后者只能由国法规定；另一方面，私法调整通常也不会涉及党的自身建设事项。既然二者是不相交的，也就不存在把党的法规文件中的相关主张转化为国家法律制度的问题。换言之，倘若党的法规文件中涉及私法问题，直接改变党外群众的法定权益；或者是私法规定中涉及党的自身建设问题，二者很可能都属于越界，应当纠正。特别是在制定党的自身建设方面法规文件时，党内法规机构在对法规文件进行前置性合法性审查或者事后的备案审查时，应当将此当作合法性审查的重点内容之一，避免党的法规文件直接对私法调整事项作出规定，特别是作出与现行私法相抵触的规定。

第二，党的法规文件与国家法律文件在调整范围上相交的区域需要协调一致。

在图 23-1 中，党 B 与国 B 存在相交的可能性。具体而言：

其一，党 B1 与国 B1 通常不会相交。规范党的领导活动方面的党内法规，侧重于调整党政关系，并不直接规定政政、政民关系，后者属于公法调整，党内法规同公法衔接但并不重叠。换言之，一方面，如果党内法规涉及政政关系或者政民关系，且与公法规定不一致，那就有越位之嫌。党内法规工作机构在对拟交审议的党内法规草案作前置性合法性审查时，或者在事后备案审查过程中，要特别注意把好合法性审查关。另一方面，除宪法确定党的领导地位之外，在公法中一般不宜对党政关系的调整特别是对党的组织的设立与运行等作出具体规定，否则就会出现立法机关作为党的领导对象却制定规则来规范作为领导者的党的组织的领导活动的尴尬。

其二，党的法规文件与国家法律文件相交的可能性通常发生于党

B2 与国 B2 之间，即规范党的领导活动的党的规范性文件，可能会与国家机关制定的、具有法律效力的国家规范性文件产生交集。实践中，这往往表现为党的组织和国家政权机关联合制定文件，联合制定本身就表明文件内容属于领导者与领导对象双方形成的合意。当然，党的组织作为领导者，也可以单独制定文件来部署经济社会发展工作，对领导对象提出工作要求或者意见建议。

进一步说，党 B2 与国 B2 相交的区域又可细分为两种类型：

一是创设规则性交集。指的是文件从无到有、直接对个人和组织提出为或禁为的行为要求。党的组织不能在单独制定的文件中改变法律法规有关公权力设定和行使方面的实体性和程序性规定，更不能直接对公民、法人和非法人组织的行为选择提出限制或者禁止性要求，否则就有越位于法之嫌。党政联合制定的文件虽然可以作出相关规定，但其内容要求不得违反同位法律文本以及上位党规国法规定，否则即有违法违规之嫌。

二是提议立法性交集。指的是党的组织在其文件中提出立法主张、要求立法应当坚持的政治方向，或者就具体法律制度安排提出意见建议等，它既可以体现在党的组织单独制定的文件中，也可以体现在党政联合制定的文件中。此类文件中涉及党的立法主张等方面的内容，比如《中共中央关于全面深化改革若干重大问题的决定》提出的“单独两孩”政策，显然不能因其同现行国法规定看似不一致就误以为党的文件违法。党内法规工作机构在作前置性审查或者事后的备案审查时，应当综合考量，把好“法律关”，针对法律法规立改废释的部署安排的适当性问题进行研究论证，而不是机械地进行“合法性”审查、似是而非地认为相关内容不合法。需要注意的是，此类文件提出的立法主张，既可以针对公法调整事项，也可以针对私法调整事项，不过，它们皆属党的组织针对立法机关提的要求（因为如何立法本身也是个公法问题），不能因为党的立法主张涉及私法调整事项，就误以为是党 B2 与国 A 产生交集。

二、党的规范性文件、党内法规之党外适用

制发和实施政策性文件，这是我们党执政治国的一种重要方式。

党的规范性文件可否直接作为党外的个人和组织的行为依据，这经常是一个令人困惑的实践问题。比如，行政机关能否直接依据党的法规文件作出行政审批决定？法院能否在判决书中直接援引党的法规文件作为裁判依据？公民能否直接依据党的法规文件向国家机关、其他公民和组织主张自己的权利？

总体说来，党的法规文件应当内外有别。

党的法规文件一般不能直接作为党外群众和非党组织的行为依据。以《中共中央关于全面深化改革若干重大问题的决定》为例，一方面，尽管它从党内看是一种“决定”，但对国家政权机关而言则是党提出的有关法律制度改革的主张，它毕竟不是国家决定，不能视作国家对个人和组织的直接授权或限权。比如，该决定提出的“单独两孩”政策，应将其视作党中央向国家立法机关提出修改《人口与计划生育法》等法律法规的意见和建议，不应被当作是直接授予“单独可生二胎”的权利，因为生二胎的限制原本来自国法，还得通过修改国法来解除。另一方面，对于党的组织和党员而言，只要党的法规文件作出了明确规定，就不得将相关要求当作一种可执行可不执行的意见或者建议，必须一体遵行、令行禁止，维护党的集中统一和行动一致，这是党的政治纪律和组织纪律的要求。如果法规文件内容事关党的自身建设，那无疑要坚决服从、严格遵循，不得例外；如果是事关党领导经济社会发展作出的决策部署，对无须修改法律的，要立即带头贯彻落实，对需先修改法律再实施改革举措的，要结合自身实际积极拥护和推动把党的主张转化为国家法律规定，始终同党委决定保持一致，不得各行其是。

在党外，党的法规文件特别是用来领导部署经济社会发展问题的党的规范性文件，会对所涉个人和组织的行为选择产生什么样的影响，可否直接作为所涉个人和组织的行为依据，要具体情况具体分析。

第一，从党的法规文件制定主体来看，要区分是党的组织单独制定还是党政联合制定。

法规文件体现着制定主体的意志，单一主体制定的法规文件反映单方意志，双方或多方主体联合制定的法规文件则是所有制定主体的合意。在实践中，党的法规文件包括单独制定和联合制定两种形式。就党的组织单独制定的法规文件而言，规范的主要是党的组织的工作活动和党员行为，规范的主要是党内生活，调整的是党内关系，一般不会在党外成为公民、法人和非法人组织为或不为某种行为的直接依据。

党的组织与其他组织联合制定的规范性文件在适用范围上则与此不同。常见的是党委与政府联合制定，用来部署经济社会发展方面的工作。此外，党的组织有时还与人大、政协、人民团体等联合制定规范性文件，对相关国家和社会管理等方面的工作作出决策部署。按照惯例，这些联合制定的文件在发布时虽然采用党的文件发文字号（在这个意义上，称其为联合发文不准确，其属于联合制定、党委发布），属于党的文件范畴，但由于文件内容既体现了党的意志，也体现了负有国家和社会管理职能的其他参与制定主体的意志，因此文件内容往往会对国家和社会管理等方面的事务作出部署、提出要求。对于此类联合制定的规范性文件，有关党政机关、政协、人民团体等必须贯彻落实，如果文件依法对公民、法人和非法人组织提出当为或禁为的特定要求，相关个人和组织也应当遵循。之所以如此，是因为政府等参与制定主体原本就依法拥有针对国家和社会管理某方面工作作出决定，制定行政法规、规章和发布规范性文件的权力，据此规范下级行政机关及其工作人员以及相关个人和组织的行为。也就是说，党委与政府等联合制定的文件，一般是具有一定法律效力的，它可以在党外成为个人和组织实施相关活动的直接依据。

党政联合制定的党内法规对相关党政机关具有法律效力。比如，中共中央、国务院联合制定的《党政机关厉行节约反对浪费条例》对党政机关经费管理、国内差旅、因公临时出国（境）、公务接待、公务用车、会议活动、办公用房、资源节约等作出全面规范，对宣传教育、监督检查、责任追究等工作提出明确要求。尽管该条例属于党内法规，但从国法角度来看，该文件的制定主体之一是国务院，而国务院作出的决定属于具有行政法规效力的“国家规定”，因此，正如中共中央、国务院在印发该条例的通知中所指出的那样，它“是党政机关做好节约工作、防止浪费行为的总依据和总遵循”。

党政联合制定的党内法规对党政机关工作人员具有法律效力。比如，《关于党政机关工作人员个人证券投资行为若干规定》第3条规定，党政机关工作人员个人可以买卖股票和证券投资基金，但严禁利用职权、职务上的影响或者采取其他不正当手段，索取或者强行买卖股票、索取或者倒卖认股权证；严禁买卖或者借他人名义持有、买卖其直接业务管辖范围内的上市公司的股票；严禁利用工作时间、办公设施买卖股票和证券投资基金，等等。

党政联合制定的党内法规对其他有关个人和组织具有法律效力。比如，《关于省、地两级党委、政府主要领导干部配偶、子女个人经商办企业的具体规定（试行）》规定，不准省、地两级党委政府主要领导干部配偶、子女在该领导干部任职地区从事房地产开发、经营及相关代理、评估、咨询等有偿中介活动；不准从事广告代理、发布等经营活动；不准开办律师事务所；不准从事营业性歌厅、舞厅、夜总会等娱乐业、洗浴按摩等行业的经营活动；不准从事其他可能与公共利益发生冲突的经商办企业活动。相关人群尽管未必是党员或党政机关工作人员，但也必须遵守该规定所作的禁止性规定。

第二，从党的法规文件规范对象来看，要区分受其影响的主体是公共组织还是私权主体。

党的法规文件具有权威性和严肃性，会在全党全社会产生重要影响，特别是那些主要用来部署经济社会发展工作的党的规范性文件，会对有关个人和组织的行为选择产生重要影响。按其公共性由强到弱的排序，可以将受到党的法规文件影响的党外的组织和个人分为以下几大类：第一类是人大、政府、监委、司法机关等国家政权机关；第二类是政协、人民团体、事业单位、基层群众性自治组织、社会组织等；第三类是国有企业、集体经济组织等；第四类是非公有制企业和个人。一般而言，党的组织对公共性较强的主体可更多强调其坚持正确的政治方向，对公共性较弱的主体提出的政治要求相对会少些。亦即，随着主体的公共性的由强变弱，党的法规文件对其产生的拘束性通常也由强变弱。换言之，公共性更强的主体，应当更多地将党的法规文件当作其行为依据；而公共性更弱的主体，会更少地将党的法规文件当作其行为依据。鉴于此：

一则，国家政权机关活动的公共性最强，必须在党的领导下从事立法、执法、监察、司法等活动，它们在行使决策权、执行权、监察权和监督权等国家权力时，必须贯彻落实党的法规文件要求，不能与之相左。同时，国家政权机关受制于职权法定原则，当其实施影响公民、法人和非法人组织权益的公务活动时，只能直接依据国法而为，一般不能直接依据党的法规文件行使国家权力。

二则，政协、人民团体、事业单位、基层群众性自治组织、社会组织等主体活动的公共性较强，应当在党的领导下独立自主地开展工作，应当贯彻落实党的法规文件精神，其所作所为应当符合党的理论和路线方针政策要求。同时，当其作出影响组织成员权益的决定时，应当直接依据章程、规约或者国法，不能直接依据党的法规文件。

三则，国有企业、集体经济组织等主体活动有相当的公共性，应当发挥其党组织的领导作用或战斗堡垒作用，贯彻落实党的法规文件精神，但其作为市场主体更多地要按照市场规律开展生产经营活动，主要按照企业法、合同法和有关经济行政法规定开展经济活动，直接受制于国法规定，不能直接依据党的法规文件开展生产经营活动。

四则，非国有企业、普通公民个人行为主要是私人行为，应当学习贯彻党的法规文件精神，积极响应党的号召，但对党的法规文件要求一般不负有必须遵从的法定义务，通常也不能直接依据党的法规文件主张其法定权益。比如，《党政机关厉行节约反对浪费条例》第2条将其适用范围明确界定为“党的机关、人大机关、行政机关、政协机关、审判机关、检察机关，以及工会、共青团、妇联等人民团体和参照公务员法管理的事业单位”，不能直接适用于公民、法人和非法人组织。

第三，从党的法规文件调整方式来看，要区分提出的是引导性建议还是规制性要求。

党的法规文件和国家法律文件都属于公文范畴，公文按实现公共意图的方式可分为两类：一类是依靠强制力保证实施的规制；另一类是依靠其权威性影响保证实施的指导。党的法规文件依靠其权威性对国家法律文件的制定和实施产生深刻影响，但党的组织毕竟不能直接依靠国家强制力保证其意图实现，因此，从国家和社会角度来看，党的法规文件主要属于引导性的依据而非规制性的依据，党的组织通过制发文件提出改革法律制度要求，释放制度立改废释走向方面的信号，引导立法机关、执法机关、司法机关等与公民、法人和非法人组织作出的相应的行为预期调整。

其一，党的法规文件更多地用作证明行为合理性而非合法性的依据。个人和组织在作出行为选择时，往往会同时面临合法性与合理性两方面问题，合法性是指合乎现行有效的国家法律规定，合理性是指合乎事物发展变化内在规律。当国家法律能够回应社会关切、适应现实需要，在较长时间内保持稳定时，合法性与合理性是高度重叠的，人们的行为选择合法同时也合理；但当国家法律滞后于实践、不能满足现实的制度需求时，就会出现合法不合理问题，一旦人们从党的文件中获得相关国家法律规定将会被调整的信号后，就既要考虑如何在法律修改之前保持其行为合法性，同时还得按照合理性要求对其行为预期作出相应调整。因此，党的文件固然通常不能直接作为证明其行为合法性的依据，但经常会成为人们证明其行为决策合理性的重要依据。在这个意义上，如果我们不是狭义地将“行为依据”理解为证明其行为合法性的法律依据，而是在广义上作证明其行为合理性的决策依据，那么党的文件显然也是重要的行为依据。

其二，党的规范性文件更多地属于政策依据而非法律依据。法律制定和修改程序的繁琐性以及制度规定的稳定性和连续性，需要制定程序相对简便、内容具有动态性和灵活性的政策来补充，这就决定了法律与政策总是并行互补的，人们理性的行为选择需要同时考量法律规定与政策安排两个变量。党的文件内容包含的部署安排法律的制定和实施等方面的政策措施，既是对法律制定者提出的明确要求，立法者需要据此安排法律制度的立改废释活动，也是对公民、法人和非法人组织释放制度变革信号，相关主体会依据文件精神对其行为预期作出相应调整。因此，法律的制定主体和适用对象并不是将党的文件当作其活动的法律依据，而是在政策依据意义上对待党的文件的。

其三，党的规范性文件更多地用作实质依据而非形式依据。法治国家、法治政府、法治社会建设活动是在党的领导下进行的，法律制度变革要体现党的意图，但党的文件又不能直接替代法律去设定公共机构的职权职责与公民的权利义务。这种定位就意味着：一则，党的文件主要是源而非流。党的理论和路线方针政策是国家法律的灵魂，文件精神会体现和渗透在立法、执法、司法等活动当中，作为法律活动的重要渊源，但它又不是开展这些活动的直接依据。二则，党的文件内容被内化而非外显。立法机关、执法机关和司法机关等在从事立法、执法和司法等活动时，会将党的文件要求作为立法、执法和司法等的重要考量因素，把党的意图体现在其所制定的法律、作出的行政决定和司法裁判当中，但又不直接援引党的文件内容作为立法、执法和司法裁判的依据。三则，党的文件被当作风向标。制定和实施法律活动只能根据法定权限和程序进行，但法律制定和实施主体在作出相关立法安排、行政决定和司法裁判时，会自觉地对表党的文件要求，避免在方向上南辕北辙。比如，《中共中央关于全面深化改革若干重大问题的决定》提出废止劳动教养制度，在其正式被废止之前公安机关就不宜继续作出更多的劳教决定。四则，党的文件主要是用作内部决策依据而非外部证明依据。制定和实施法律应当贯彻落实党的文件精神，立法机关、执法机关、司法机关等在内部讨论、达成共识、作出决定的过程中，会将党的文件要求当作重要决策依据以保证决定内容方向正确、安排妥当，个人和组织的决策也会将党的文件精神当作重要参考，但是，国家政权机关对外不能引用党的文件证明其决定的合法性，个人和组织也不能援引党的文件来向国家政权机关和其他个人、组织主张相关法定权益。

由此可见，党的法规文件因其导向性、前瞻性、权威性，更多地被用作个人和组织在决策过程中的政策依据或者重要参考，而非被当作用来证明其决策结果合法性的法律依据，党内法规特别是党的规范性文件要求可以被转化为法律规定或者在法律文书的内容中有所体现，但一般不在法律文本中将其明确为立法依据，不在法律文书中援引为执法和司法依据，党的法规文件产生的是事实性效果而非法律性后果。

三、把党的规范性文件中的政策措施转化为国家法律

习近平总书记强调指出：“凡属重大改革要于法有据，需要修改法律的可以先修改法律，先立后破、有序进行。有的重要改革举措需要得到法律授权的，要按法律程序进行。”重大改革于法有据、先修法再实施改革举措，这是用法治思维和法治方式深化改革的具体体现，是依法治国和依法执政的必然要求。

党的规范性文件出台之际，往往是国家立法之始。党的规范性文件中有关经济社会发展的决策部署和提出的政策措施，会对社会预期产生深刻影响，其所传递的法律制度立改废释信号，会让人们做好调整行为选择的准备，静候国法变革佳音。如果党的规范性文件提出的法律制度改革的主张迟迟得不到落实，“只听楼梯响，不见人下楼”，或者“雷声大、雨点小”，在转化为国法时打了折扣、缩了水，那就会造成党的文件和国法规定“两张皮”问题，这不仅损害党的决策的权威性和党的文件的严肃性，还会扰乱正常的社会预期，进而影响社会关系的稳定性。鉴于此，党的规范性文件出台之后，就需要及时依法依规将其要求转化为国法规定，保证党的主张顺利“落地”。

如何把党的主张转化为国法规定？

这需要一套科学合理、运行有效的转化机制，包括谁来转、何时转、怎么转、转什么、转成什么等一系列内容。应当说，对于党执政治国而言，这套转化机制至关重要，它是保证党的领导、人民当家做主、依法治国有机统一得以实现的重要纽带。这套机制如果不健全，党的领导与国家立法就无法紧密联结。经过多年的实践探索，我

们党在领导国家立法的实践中已经逐步形成一套转化机制，基本实现了转化的制度化规范化程序化。一方面，党的组织要视情选择适当方式向立法机关提出立法意见和建议、表明立法主张。比如，既可以在公开发布的党的文件中提出，也可以在普发给包括立法机关在内的党政机关的党的文件中提出，还可以在专门印发至有关立法机关的文件中提出，此外还可以采用立法意见书、建议函等公文形式专门向立法机关提出；既可以就所涉法律制度体系完善问题提出"一揽子"立法主张，也可以就所涉若干法律文本或者法律条款提出立改废释主张，还可以针对一个法律文本或者某一个条款提出具体立法意见。另一方面，立法机关应当视情采取适当的转化方式。比如，既可以按照党的文件要求主动依法启动转化程序，也可以在收到党的组织的立法建议函、意见书等具体公文之后再依法启动转化程序；视党的组织提出的立法主张内容的不同，既可以依法启动"一揽子"审议程序，也可以依法逐一安排审议。

将党的主张转化为国法规定，难在"适"、关键是"度"，应当依法依规而为，全面准确及时转化，避免转化的缺位、错位、越位。

第一，转化主体应当适格。

所谓适格，是指依照规定享有某种资格。转化活动涉及两方主体，即提出转化建议的主体与接受建议予以转化的主体，双方主体都应当适格。

一方面，提议主体应当适格。党的组织向立法机关提出法律立改废释的意见和建议，代表的是党对立法工作的领导权，它既不属于《立法法》规定的法律案的提案，更不同于个人和组织向立法机关提出的制定建议，适格的提议主体应当是与相应的立法机关存在领导与被领导关系的党的组织。因此，提出转化建议应以党的组织名义提出，不能以领导干部个人名义提出，应当由党的组织向同级或者下级人大及其常委会、政府提出，不能向上级提出。

另一方面，接受提议的主体应当适格。接受提议的行为也属于组织行为，只能由特定立法机关来接受，接受主体的资格应当与其立法权限相匹配，有权接受转化为宪法和法律提议的只能是全国人大及其常委会；有权接受转化为行政法规提议的只能是国务院；有权接受转化为地方性法规提议的只能是《立法法》规定的地方人大及其常委会；有权接受转化为规章提议的一般应当是国务院各部委、直属机构以及特定的地方政府。

对于党的组织以立法意见书、建议函等公文形式提出的意见和建议，如果立法机关认为提议主体不适格，或者认为相关转化的提议不属于自身立法权限，应当及时告知提议主体并说明理由。

第二，转化程序应当适规。

党的组织提议将其立法主张转化为国法规定，这是一件非常严肃、极其重要的事情，属于党领导立法活动范畴，是党的组织重大决策事项。总结实践中转化做法，一个完整的转化程序主要包括以下 6 个环节：

其一，党的组织依规决定提出法律制度立改废释意见和建议。党的组织在形成决定过程中，一般应当就拟提议的立法事项广泛征求所涉党委部门、立法机关、其他有关国家机关、政协、人民团体以及党代表大会代表、专家学者等的意见，按照民主集中制要求审慎作出立法提议决定。这一环节属于党内活动，主要依靠党内法规来保证党的组织科学、民主、依规决策。

其二，党的组织依规向立法机关提出立法主张。相关提议应当在党的文件中载明，比如，《中共中央关于全面深化改革若干重大问题的决定》提出的“单独两孩”问题，在之后中共中央、国务院出台的《关于调整完善生育政策的意见》中予以明确。有些立法提议可以专门采用立法意见书、建议函等公函方式，向立法机关书面正式提出。按照提议程序规范化要求，党的组织的立法提议一般不宜采用会议纪要、领导批示或者口头传达等方式向立法机关提出。这一环节也属于党内活动，主要依靠党内法规来规范。

其三，有立法提案权的主体依法向立法机关提出立法议案。《立法法》等国家法确定了提案法定原则，立法提案只能由有提案权的特定主体依法向立法机关提出，比如，有权提出法律案的机构包括委员长会议、国务院、中央军事委员会、“两高”、全国人大各专门委员会等。享有立法提案权的机构在履职过程中，其党组应当发挥领导作用，根据设立它的党委或者上级党委的要求，研究讨论决定是否提案、如何提案等问题，之后，再以提案机构名义依法按程序向立法机关正式提出立法议案。这一环节涉及党委与党组、党组与提案机构之间关系的，包括党组向党委的请示报告活动以及党组落实党委要求之类的党内事项，主要依靠党内法规来调整；涉及提案机构如何向立法机关提出议案的，则主要依靠《立法法》等来规范。

其四，立法机关依法依规办理党的组织的立法提议与提案机构提出的立法议案。对党的文件载明的立法主张，特别是对党的组织以公函形式提出的立法意见和建议与提案机构正式提出的立法议案，立法机关应当在党组领导下研究讨论怎么依法将其列入立法议程。比如，对于向全国人大常委会提出的法律案，全国人大常委会党组应当研究讨论，并由委员长会议决定怎么列入常委会会议议程。在这一过程中，立法机关党组应当及时向党委请示报告所涉重大事项，比如，在正式召开人大常委会会议之前，应当提前请示党委审批会议议程安排、拟交付审议立法议案等事宜。在这一环节中，党组如何领导立法机关开展相关立法活动属于党的领导与被领导关系范畴，党委如何领导立法机关党组等问题属于党内关系范畴，二者皆由党内法规来规范；至于立法机关如何受理提案主体提出的立法议案，以及立法机关研究讨论立法会议议程安排、立法审议事项等活动，属于国家立法活动，主要由《立法法》等来规定。

其五，立法机关党组依规进行党内动员部署，统一思想、统一行动。参加立法审议活动的人大代表、委员以及其他参会人员，应当依法独立履职。同时，参加审议人员中的党员还应当按照党的组织要求履职、实现党委意图。以人大立法为例，人大常委会党组应当明确要求党员人大代表和常委会中的党员委员在审议立法议案时，按照党委要求和党委意图履职，以确保党的组织提出的立法主张顺利转化为国法规定。这一环节属于党内活动，主要依靠党内法规来规范。

其六，立法机关按照法定程序和要求依法审议通过立法议案。这一环节属于国家立法活动，应当按照《立法法》有关审议、表决、通过、发布程序的规定进行，最终完成将党的主张依法顺利转化为国法的立法任务。

不难看出，在把党的主张转化为国法规定的全过程中，党内法规与国法在不同环节、针对不同事项各自发挥作用，二者时分时合、交错调整、并行不悖，既有明确分工，又保持相互衔接；既保证了党依规领导立法活动，又保证了立法机关依法立法。党规与国法相辅相成、缺一不可，共同打造一条把党的主张转化为国法规定的制度化轨道。

第三，转化内容应当适当。

党领导立法工作，重在把握正确政治方向，实行的主要是方针政策的领导，既不宜强迫立法机关直接转化其立法主张，也不必强求立法机关将其所有对经济社会发展的决策部署都转化为国法规定。事实上，并非党的所有领导主张都适合转化为国法，即使是那些有必要转化为国法的主张，也未必一定得转化为法律。如此一来，就有一个转化的科学合理性问题，只有转得准才能转得对，只有转得妥当才能转得好。这就要求立法机关在研究贯彻落实党的组织提出的涉法主张时，必须解决好“应当转化什么”与“应当转化成什么”两个基本问题。

一则，在确定“应当转化什么”问题时应当恰如其分。

既要防止消极转化、选择性转化、变通转化、转化推诿、转化梗塞、形转实不转等问题，以免造成转化的打折扣、不到位，也要防止简单地以为转化多多益善、转化得越快越好的简单化倾向。立法机关如果机械地对党的文件要求见事即转、照单全收，转了不该转的内容就是过犹不及，既突破了国法调整的理性边界，造成国法越位；又可能挤占了党内法规和规范性文件的调整范围，制约了党内法规和党的政策发挥应有作用。

就此而言，立法机关在考虑将党的哪些主张转化为国法规定时，应当确立清晰的国法调整边界意识，只去转化那些适合转化为国法的内容，适可而止。比如，对于党的主张，立法机关应区分其所指的是理想信念道德品行方面的要求还是行为规范，适合转化为国法的一般只能是行为规范；应区分行为规范是针对党内生活还是经济社会发展活动，适合转化为国法的只能是适用于党外的公民、法人和非法人组织的规范；应区分是对立法机关提出政治导向要求还是具体立法意见，适合转化为具体国法规定的只能是具体制度变革建议；应区分是短期的政策措施还是中长期的制度安排，适合转化为国法的只能是适用时间较长的制度安排；应区分有关法治建设的主张是指执法、司法事项还是立法事项，适合转化为法律制度立改废问题的只能是立法事项，等等。

二则，在确定“应当转化成什么”问题时需要量身定制。

在转化实践中存在一种误解，认为党的主张转化成的法律制度位阶越高越好、内容越新越好、规定越细越好、要求越硬越好。科学的转化思维应当是根据党的主张所涉内容不同，选择成本最小、收益最大，能够最好实现党的组织意图的转化形式。

比如，要认真研究是对现有规定进行解释更好还是制定出台新规定更好？如需出台新规定，那么是采用直接出台制度规定进行全面调整更好还是采用授权试点先积累经验更好？如需直接出台制度规定，那么是采用立法更好还是制定规范性文件更好？如需立法，那么是采用制定新规定更好还是修改现有规定更好？如需制定新法，那么是采用人大立法更好还是行政立法更好？如需采用人大立法，那么是制定法律更好还是制定地方性法规更好？如需制定法律，那么是全国人大及其常委会制定一部法律更好还是专门作出一个法律性决定更好？如需制定一部法律，那么是全国人大制定基本法更好还是全国人大常委会制定非基本法更好？如需制定非基本法，那么是制定一般法更好还是制定特别法更好？等等。同时，立法机关在研究讨论转化党的主张时，还要考虑是采用激励性制度还是惩戒性制度更加合适、是转化成原则性规定还是具体规则要求更加合适等问题。

也就是说，在转化过程中，既要避免出现“小脚穿大鞋”问题，不要因在位阶上的就高不就低而造成转化上的小题大做，比如，可以制定和修改行政法规的方式转化党的主张的，就不必制定和修改法律；也要避免出现“小马拉大车”问题，不要因图省事以下位法去规定上位法事项而造成转化的违法无效，比如，对于涉及国家机构设置和职权配置、司法权行使、限制公民人身自由、影响公民政治权利和财产权等问题，不能因为法律制定和修改程序复杂就转而采用行政法规或者地方性法规方式来转化，否则就违反了《立法法》确定的法律保留原则。

为此，立法机关在决定“应当转化成什么”时，需要多方比较、反复论证、审慎权衡，树立体系化思维和系统性意识，遵循立法规律，考虑不同规范功能，特别是按照《立法法》上关于宪法、法律、行政法规、地方性法规、部门规章、地方性政府规章等之间的立法事项分工，恪守立法权限，遵守法律保留原则，以选择与党的主张相匹配的法律制度形态，保证党的主张得到精准转化。

此外，需要注意的是，立法机关在研究解决“转化什么”和“转化成什么”两个问题时，要特别注意法律法规起草过程出现随意扩张或者裁剪转化内容等问题，防止出现起草单位利用转化机会谋求不正当部门利益或者地方利益的立法设租问题。

第四，转化进度应当适时。

毋庸置疑，对党的主张立法机关必须贯彻落实，党的意志必须在立法过程中得到体现，党提出的立法意见和建议立法机关必须尽快转化，如果转化程序迟迟未启动或者久议不决、久拖不转、遥遥无期，就有可能错过立法时机，损害公众对党的领导力的信任，损及党的文件权威，影响对群众期待和社会关切的及时回应。在这个意义上，立法机关应当按照党的组织要求积极推进转化进程，尽可能早点把党的主张转化为国法规定，以取信于民、回应公众期待、稳定社会预期。

不过，也不能简单地认为立法转化进度越快越好。不能为转而转，更不能简单地将转化当作政治表态片面追求速度。快速转化本身不是目的，转化速度应当切合立法条件、服从转化质量，应当遵循立法规律、符合立法程序规定，成功的转化首先是好，其次才是快，应当审时度势、积极稳妥、适时而为地把握转化进度。

一则，立法转化进度应当视党的组织提出立法意见和建议的缓急程度而定。党提出的立法主张，本身就存在缓急之异，立法机关可以据此排出转化时间表，急用先立，不必强求整齐划一。以《中共中央关于全面深化改革若干重大问题的决定》为例，它对照2020年形成更加成熟更加定型的制度体系要求提出一系列法律制度立改废释主张，各种制度变革要求有急有缓，立法转化也可有快有慢。有些立法转化要求很紧迫，如废止劳动教养制度、出台“单独两孩”规定，有些转化要求在近期内完成即可，如修改组织法等以解决省级以下法院、检察院人财物统一管理问题，有些转化要求的落实则要经历一个较长时期，如农村土地制度改革。

二则，立法转化进度应当视立法条件成熟程度而定。法律是对社会现实的反映，不能违背经济社会发展规律、超越社会发展阶段，否则匆促出台的只能是先天不足的“早产”法。因为有生命力的法律制度是现实的而非浪漫的，是基于经验归纳的而非源于逻辑推演的，是切合实际的而非脱离实践的，是受立法条件限制的而非随心所欲的，是依赖各方共识的而非立法者一厢情愿的，是立法者对治理规律的“发现”而非其“发明”，所以，立法转化既要积极更要稳妥，特别对于“一揽子”立法建议，立法机关应当视各自立法条件成熟程度，科学制定转化方案，通盘考虑、统筹推进，合理安排转化进度、准确把握转化节奏，既要防止能立不立、消极转化倾向，也要避免不顾现实条件超前立法、突击立法。对于立法条件已经成熟的事项，应当抓紧制定出台；对于立法条件比较成熟的事项，应当抓紧启动立法程序；对于立法条件尚不成熟的事项，不能苛求一步到位，而应先行授权试点，反复试错、积累经验，待条件成熟后再正式立法，以保证党的主张在转化为法之后能够立得住、行得通、管得了。

三则，立法转化进度应当视立法时机而定。应当说，党的组织提出立法意见和建议，此于推进相关法律制度变革是一个契机，有了党的组织的领导和支持，立法阻力会减少许多。不过，除此之外，影响立法进度快慢的因素还要视其他时机而定。比如，由于法律体系是一个由多领域多位阶规范共同构成的统一体系，制定修改一项法律制度往往会涉及其他规定，因此，上位法的修改就为下位法修改提供了时机，而足够多的下位法的成功制定实施也可视为为上位法的出台提供了时机。又如，当特定立法的制度需求获得广泛社会认同，不同利益主体在制定出台特定法律制度方面已经达成共识，社会舆论普遍支持制定出台特定法律制度时，制定该法的时机即告成熟。再如，在党的组织提出立法主张之后，如果发生了与该法相关的重大社会事件并得到普遍关注，社会公众强烈呼吁该法早日出台，那么此类事件就会产生催化作用，明显加速推进转化进程。通常而言，党的组织提出的立法主张应当符合法律制度变革的大势，立法机关需要做的就是顺势而为、乘势而上，抓住立法时机，凝聚共识、顺其自然地完成立法转化任务。

四则，立法转化进度应当视立法程序繁简程度而定。制定和修改法律是件很难很严肃的事，不可能一蹴而就，需要经过广泛调研、反复论证，特别是法律和行政法规草案一般还要公开征求社会意见，这些都需要经历较长时间，急不得。法律制度是立法程序的直接产物，因此立法必须遵循严格程序，要经历起草、交付审议、表决、发布等若干法定程序，缺一不可，违反程序所立之法不具有合法性。既然完成转化工作需要经历若干多立法环节，那就决定着立法转化不是一朝一夕的事，需要耐心地按立法程序循序渐进。同时，不同位阶的法律规范根据其重要程度的强弱对应于严宽不等的立法程序要求，宪法修改程序最为严格，法律次之，行政法规再次之，地方性法规、规章较为宽松。比如，由于修改《宪法》的权力只能由全国人民代表大会行使，那么党的立法主张中涉及修改《宪法》规定的，只能等到召开全国人民代表大会时才能启动，按照惯例，一般是在全国人大换届伊始安排《宪法》修改。又如，根据《立法法》规定，对法律案的审议一般要经过3次，这就意味着如果立法转化需要修改法律，那么完成转化任务就得需要一个相对较长的时间。

由此可见，在落实党的立法主张、开展立法转化过程中，当然不能拖延迟误，但也不能贪多求快，简单地认为立说立改、立竿见影、越多越好、越快越好，理性的转化做法应当是遵循规律、实事求是，做到积极、稳妥、精准、依法转化。所谓“积极”，是指立法机关应当高度重视党的立法主张，抓紧研究转化方案，对条件具备、时机成熟的要抓紧完成转化任务，不能消极被动、拖延不决；所谓“稳妥”，是指按党的主张制定和修改法律制度时，应当立足实际、考虑条件、把握时机，保证立法质量，不急躁、戒草率，不盲目追求数量和速度；所谓“精准”，是指准确理解党的意图，选对选准“转化什么”和“转化成什么”，实现立法转化不多不少、不偏不倚，不搞差不多、大概齐；所谓“依法”，是指整个立法转化过程严格按照立法法和组织法等相关法律的刚性规定，依法立法、依法转化，确保立法转化的合法性，不越权、不逾矩、不乱步骤、不漏环节、不省程序。